中央电视台年鉴

1998

杨伟光　主　编

赵化勇
王　录　副主编

中国广播电视出版社

图书在版编目（CIP）数据

中央电视台年鉴　1998/杨伟光主编．－北京：中国广播电视出版社，1998.11
ISBN 7-5043-3218-6

Ⅰ.中…　Ⅱ.杨…　Ⅲ.中央电视台-中国-年鉴-1998
Ⅳ.G229.24-54

中国版本图书馆CIP数据核字（98）第29357号

中央电视台年鉴 1998

主　　编	杨伟光
编　　者	中央电视台研究室
责任编辑	沈楚瑾
装帧设计	阮双庆
责任校对	张莲芳
出版发行	中国广播电视出版社
社　　址	北京国家广播电影电视总局（邮政编码：100866）
经　　销	全国各地新华书店
印　　刷	利丰雅高印刷(深圳)有限公司印刷
开　　本	787×1092毫米　1/16
字　　数	700（千）字
印　　张	20.5
插　　页	64
版　　次	1998年12月第1版　　1998年12月第1次印刷
书　　号	ISBN 7－5043－3218－3218－6/Z·174
定　　价	180.00　元

亲切的关怀

1.1997年7月2日，江泽民、李鹏、乔石、李瑞环、朱镕基、刘华清、胡锦涛、荣毅仁等党和国家领导人观看庆祝香港回归大型文艺晚会《回归颂》。

2.1997年7月2日，江泽民等中央领导与参加《回归颂》晚会的部分演员合影。

亲切的关怀

1.1997年12月28日，中共中央总书记、国家主席江泽民在为1998年元旦表讲话录音录像后，与广电部领导、中央人民广播电台、中国国际广播电台、央电视台领导合影。

2.1997年12月30日，江泽民主席接受中央新闻纪录电影制片厂《周恩来交风云》剧组采访，并与中央电视台领导、摄制组人员合影。

殷切的期望

1

2

1.1997年12月28日，中共中央总书记、国家主席江泽民为1998年元旦发表讲话录像后，与广电部领导、中央电视台记者合影。

2、1998年春节前夕，李鹏总理等国务院领导在中南海亲切接见《春节联欢晚会》部分演职人员并合影。

亲切的关怀

1.1997年12月29日，中央政治局常委、国务院总理李鹏和夫人朱琳，以及李铁映、罗干同志视察中央电视台。

2. 李鹏总理和夫人朱琳，以及李铁映、罗干同志视察中央电视台新闻中心演播室。

3. 李鹏总理和夫人朱琳，以及李铁映、罗干同志视察中央电视台《焦点访谈》演播室，与主持人交谈并题词。

4. 李鹏总理等视察中央电视台时接见职工代表。

5.1997年11月28日，李鹏总理在中南海接受新影厂《丰碑》剧组的专访。

殷切的期望

1.1997年6月26日，丁关根、李铁映等中央领导在人民大会堂观看《回归颂》文艺晚会彩排。

2.1997年3月，中央政治局委员丁关根在广电部领导陪同下，来中央电视台视察动画节目制作。

3.1997年6月5日，中央政治局委员李铁映在人民大会堂会见柯受良，参加会见的还有中央电视台领导。

台长兼总编辑　杨伟光

副台长　赵化勇

副台长　刘宝顺

副台长　李　丹

副台长　刘宜勤

副台长　李东生

CCTV 中央电视台领导

中央电视台分党组、编辑委员会

中央电视台分党组成员。

中央电视台编辑委员会讨论节目规划。

中央电视台技术委员会、行政管理委员会

中央电视台技术委员会研究技术改进方案。

中央电视台行政管理委员会讨论加强对全台的行政管理。

’97中央电视台10件大事

1

1.1月1日，推出12集大型电视文献纪录片《邓小平》。该片记录了邓小平同志的光辉业绩和伟人风采，艺术地表现了邓小平理论的形成和发展过程。该片播出后，在海内外引起强烈反响。2月19日，邓小平同志逝世，中央电视台根据中央的宣传要求，及时、隆重、深情、有序地报道了邓小平同志的治丧活动，感人至深地反映了全国人民对邓小平同志的缅怀之情。

’97 中央电视台10件大事

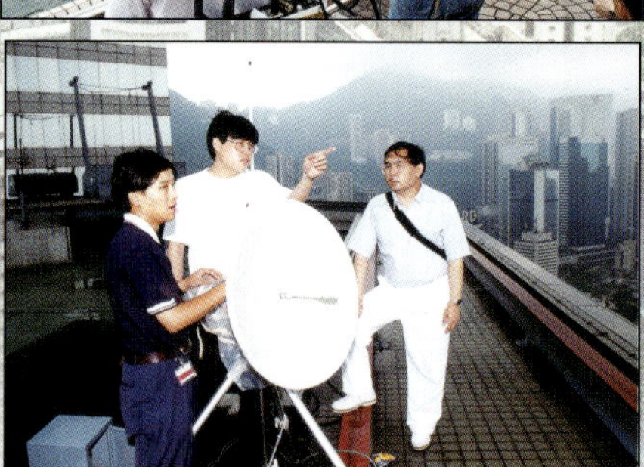

中央电视台

2. 按照中央统一部署，圆满完成了香港回归、党的十五大等重大历史事件的宣传报道。中央电视台对党的十五大的进程、内容、精神和人物作了及时、充分、全方位的报道。会议前后，播出了“展示新成就，迎接十五大”、“中国之路”、“十五大精神与实践”等系列报道和专题节目，有力地配合了十五大宣传，受到广泛好评。为及时、充分地报道香港回归的盛况，中央电视台精心组织，精心实施，打破常规，自6月30日凌晨到7月3日凌晨，第一、四套节目连续直播72小时，开办英语卫星传送频道，连续41小时现场直播报道香港回归的盛况，完成了中央电视台有史以来时间最长的大型直播报道。此外，还成功地进行了江泽民主席访美、长江三峡截流、黄河小浪底截流、南昆铁路全线铺通、日全食－彗星同现天象奇观的现场直播报道。这些重大新闻事件均拍摄了电影资料。

’97中央电视台10件大事

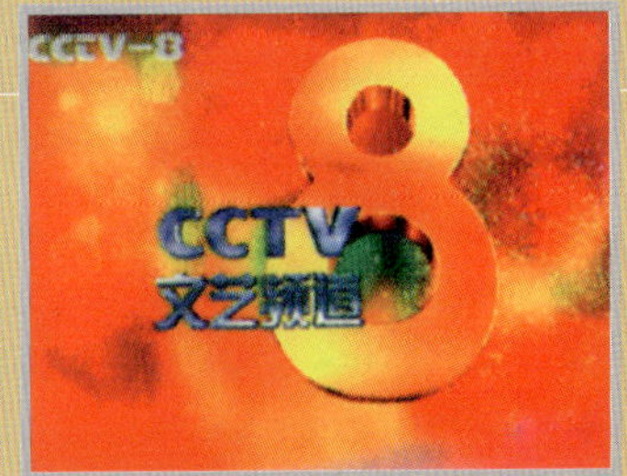

3.深化宣传改革，八个频道的特色更加鲜明。第一套节目提前一小时开播，开办6点早间新闻，以新闻为主的综合性频道特点更为突出；第二套经济节目进行全面改版，调整播出时段，经济栏目从两个增加到九个，首播时间从一小时增加到三个半小时。内容针对性加强，表现形式更加生动，经济宣传得到很大加强；试办了英语卫星传送频道，在党的十五大、香港回归等重大宣传报道工作中收到较好效果。

'97中央电视台10件大事

4

4.实施精品战略，收效显著。电视剧创作空前繁荣，制作播出了《香港的故事》、《和平年代》、《车间主任》、《潘汉年》、《水浒传》等优秀电视剧作品；青少年精品节目制作又上新台阶，完成了第二个“六个一百工程”；“心连心”艺术团在遵义、大庆油田、韶山、三峡工地和香港举行了五场慰问演出，受到群众热烈欢迎。文艺栏目、专题栏目质量均有提高。

’97 中央电视台10件大事

5. 中央电视台节目获得国内国际奖项数量增加。在中宣部举办的“五个一工程”奖评选活动中，中央电视台制作和参与制作的16部电视剧获奖，占获奖总数的57%；同时，音乐电视作品《珠穆朗玛》和《人与自然》丛书也分获“五个一工程”歌曲奖和图书奖。香港回归特别报道分别获得亚广联新闻交换奖和丹尼斯纪念奖；《旋转舞台·江河湖海系列（一）黄河的故事》在第三十四届亚广联年会上获得娱乐节目最高奖——文化放送亚广联娱乐奖；纪录片《我们西藏·八廓南街16号》获法国真实电影节大奖。此外，中央电视台与外单位合作拍摄的影片《鹤童》，科影厂拍摄的《种子正传》、《长城》、《羌塘》、《大脑潜能》均在国际电影节上获奖，中央电视台设计的片头《精品库》、《动物世界》分获国际片头大赛银奖、铜奖。1997年，是中央电视台节目在国际上获奖最多的一年。

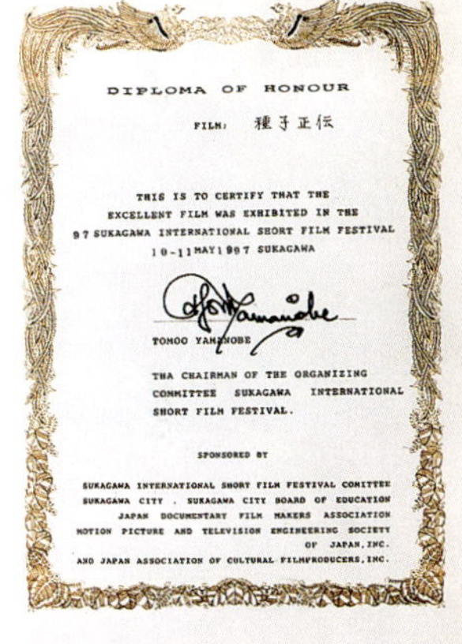
DIPLOMA OF HONOUR

FILM: 種子正伝

THIS IS TO CERTIFY THAT THE EXCELLENT FILM WAS EXHIBITED IN THE 97 SUKAGAWA INTERNATIONAL SHORT FILM FESTIVAL 10-11 MAY 1997 SUKAGAWA

TOMOO YAMANOBE

THA CHAIRMAN OF THE ORGANIZING COMMITTEE SUKAGAWA INTERNATIONAL SHORT FILM FESTIVAL.

SPONSORED BY

SUKAGAWA INTERNATIONAL SHORT FILM FESTIVAL COMITTEE
SUKAGAWA CITY . SUKAGAWA CITY BOARD OF EDUCATION
JAPAN DOCUMENTARY FILM MAKERS ASSOCIATION
MOTION PICTURE AND TELEVISION ENGINEERING SOCIETY OF JAPAN, INC.
AND JAPAN ASSOCIATION OF CULTURAL FILMPRODUCERS, INC.

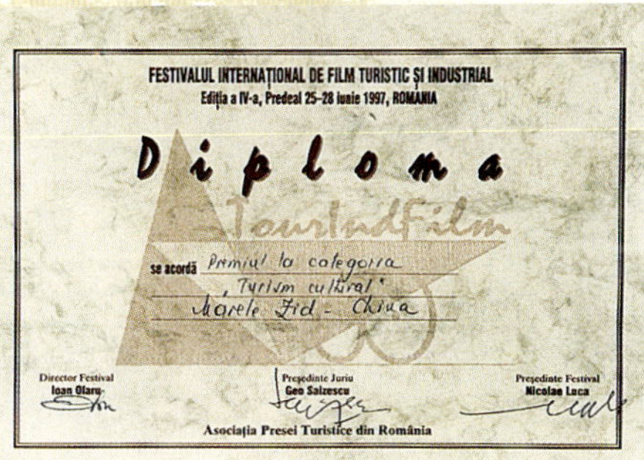
FESTIVALUL INTERNATIONAL DE FILM TURISTIC ŞI INDUSTRIAL
Ediţia a IV-a, Predeal 25-28 iunie 1997, ROMANIA

Diploma

TourIndFilm

se acordă Premiul la categoria „Turism cultural" Marele Zid - China

Director Festival Ioan Olaru
Preşedinte Juriu Geo Saizescu
Preşedinte Festival Nicolae Luca

Asociaţia Presei Turistice din România

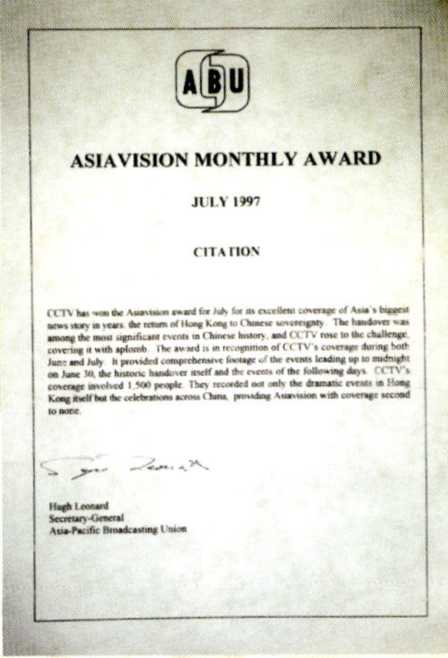
ABU

ASIAVISION MONTHLY AWARD

JULY 1997

CITATION

CCTV has won the Asiavision award for July for its excellent coverage of Asia's biggest news story in years: the return of Hong Kong to Chinese sovereignty. The handover was among the most significant events in Chinese history, and CCTV rose to the challenge, covering it with aplomb. The award is in recognition of CCTV's coverage during both June and July. It provided comprehensive footage of the events leading up to midnight on June 30, the historic handover itself and the events of the following days. CCTV's coverage involved 1,500 people. They recorded not only the dramatic events in Hong Kong itself but the celebrations across China, providing Asiavision with coverage second to none.

Hugh Leonard
Secretary-General
Asia-Pacific Broadcasting Union

'97中央电视台10件大事

6

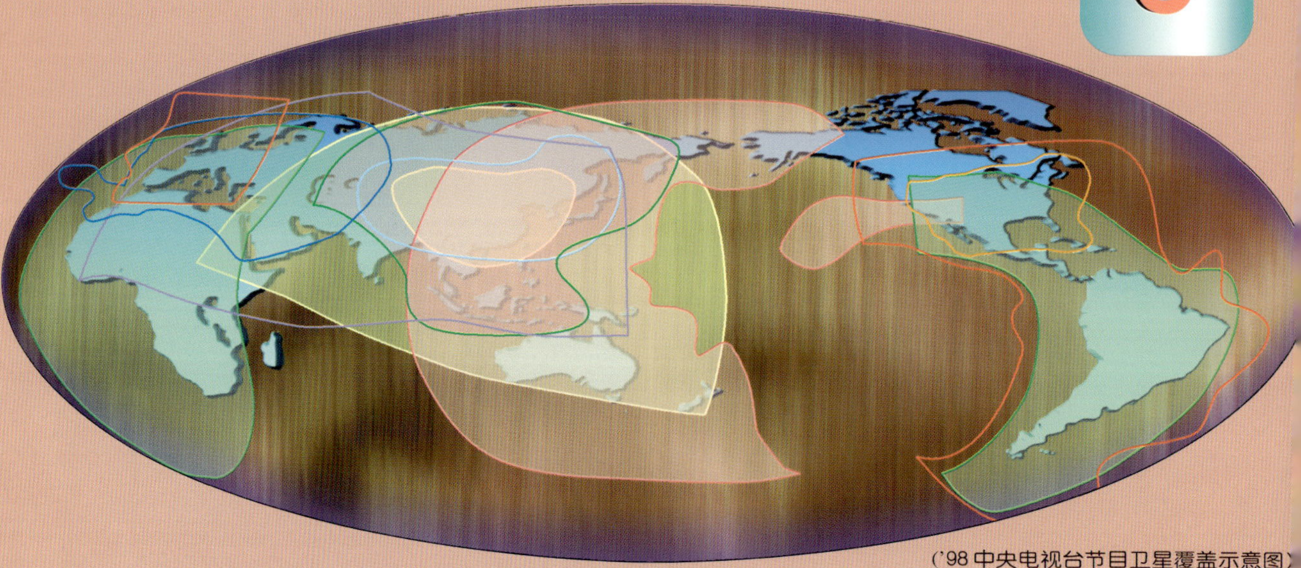

('98中央电视台节目卫星覆盖示意图)

亚洲2号　泛美2号　亚太1A　亚洲1号　泛美3号　泛美4号　热鸟3号　银河3R　泛美5号

6. 国际频道和英语卫星传送频道在海外落地取得突破性进展。中央电视台通过租用泛美4号、泛美5号、热鸟2号和银河4号卫星的Ku波段转发器，使中央电视台的节目实现了对欧洲、北美洲、澳洲、拉丁美洲和非洲的覆盖，这些地区的电视机构和家庭用户均可用小型天线高质量地直接接收CCTV节目。目前，中央电视台节目已覆盖全球98%的地区，并逐步进入外国主流社会。

7. 数字电视技术的采用给电视宣传带来革命性的进步。中央电视台在国内率先采用数字技术，大规模进行技术系统工程建设，建成了9个数字演播室、22个数字后期制作系统、3辆数字转播车、4套数字移动地面站、30套数字非线性编辑系统等多套数字编辑制作系统，扩大了生产能力，优化了制作工艺，加快了模拟技术向数字技术过渡的步伐。技术进步为重大新闻事件的现场直播创造了条件。

'97中央电视台10件大事

8

8. 全台规章制度的修订工作基本完成。此次由台办公室牵头，全台各部门参加，经过充分讨论，集思广益，全面修订了全台规章制度。这是中央电视台管理年的一项重大举措，将对全台规范管理起到十分重要的作用。修订后的中央电视台规章制度共分五册，即《中央电视台行政管理规章制度》、《中央电视台人事管理规章制度》、《中央电视台宣传管理规章制度》、《中央电视台技术管理规章制度》、《中央电视台财务物资管理规章制度》。

’97 中央电视台10件大事

9

9.中央电视台基本建设取得较大成绩，工作环境和职工居住条件得到较大改善。全年调整、分配职工住房430套（间），为400多名职工改善了住房条件。同时，彩电中心业务楼和空调改造工程年底基本竣工，初步具备使用条件，将改善全台的办公环境；一号演播厅第一期建设工程完成，有效地缓解了演播室紧张的状况，并为1998年春节联欢晚会现场直播提供了场地。

’97 中央电视台10件大事

10. 中国国际电视总公司重组完成，中视股份上市成功，集资3.9亿。全台全年广告收入达41.7亿元，创历史最高水平。上缴上级部门8.1亿元，上缴国家财政3.8亿元，均创历史最高水平。

大事记选登

5

1

2

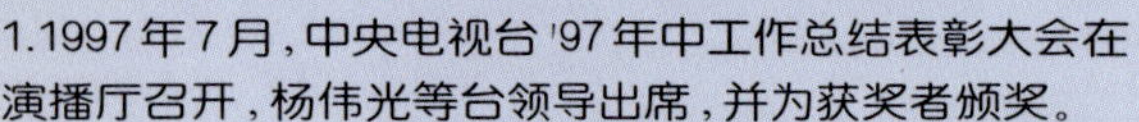

1.1997年7月，中央电视台'97年中工作总结表彰大会在演播厅召开，杨伟光等台领导出席，并为获奖者颁奖。
2.1997年6月，中央电视台在香港主办大型电视系列片《香港沧桑》(下部)首映式，香港特别行政区行政长官董建华等以及台领导杨伟光等出席。
3.1997年8月29日，中央电视台向解放军陆海空基层部队赠送《背负民族的希望》录像带仪式，在三军仪仗队驻地举行。
4.1997年9月3日，中央电视台十五大宣传报道动员大会在一楼放映厅召开，杨伟光等台领导出席会议。
5.1997年5月，香港特别行政区行政长官董建华在香港亲切会见广电部副部长兼中央电视台台长杨伟光。
6.1997年5月12日，中央电视台香港回归报道团在香港特首办采访董建华和范徐丽泰。

3

6

4

CCTV CCTV CCTV

总编室

1

4

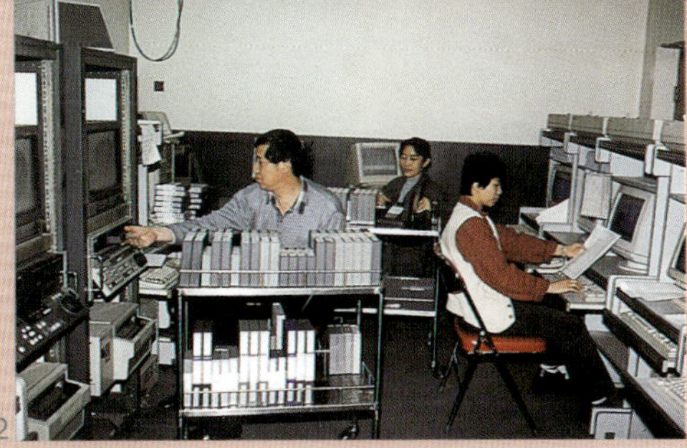
2

5

3

6

1. 总编室正在开例会。
2. 播出科在做播出的准备工作。
3. 节目宣传组在研究如何搞好《电视你我他》栏目。
4. 节目组在安排下一周播出的节目。
5. 观联组在统计收视率。
6. 规划组在研究 1998 年的节目规划。
7. 1997年5月20日，中央电视台在影视之家召开1997年全国电视观众抽样调查培训会。

7

新闻中心

1

4

2

5

3

6

7

1.1997年2月19日，邓小平同志逝世，台领导及中心负责人以最快的速度到新闻播出机房，布置报道工作。

2.黄河小浪底截流工程现场直播前，新闻中心领导在工地勘察地形。

3.香港回归报道期间，新闻中心领导与编导、技术人员一起研究报道方案。

4.1997年6月25日，广电部部长孙家正和副部长田聪明、杨伟光对中央电视台香港回归报道工作作指示。

5.为搞好党的第十五次全国代表大会的报道，新闻中心的编辑、记者、技术人员认真学习有关精神，研究报道方案。

6.1997年全国电视新闻年会于9月23—25日在福州举行。会议的主题是学习十五大精神，对宣传、贯彻十五大精神进行部署。

7.三峡大江截流合龙直播前，新闻中心领导与主持人最后确定解说稿。

新闻编辑部

1.1997年9月，新闻编辑部领导与编辑共同审定新闻节目。
2.1997年10月，中央电视台记者在越南采访拍摄。
3.1997年9月，新闻联播编辑与制作人员正在播出双语节目《时事纵横》。
4.1997年7月，新闻编辑部的同志正在播出“哑语新闻”。

新闻制作部

1.1997年6月，杨伟光台长向香港回归报道组制作人员作动员。
2.1997年11月，新闻中心领导和技术人员一起研究解决三峡大江截流直播的技术问题。
3.香港回归72小时现场直播在7月3日早6点胜利结束后，全体工作人员欢庆并合影。

新闻采访部

1

2

3

4

5

6

1.1997 年 3 月，八届全国人大五次会议记者招待会在北京召开，中央电视台记者在报道现场拍摄。

2.1997 年 10 月 28 日，江泽民主席访美期间到哈佛大学发表演讲。这是记者在哈佛大学行政楼前作现场报道。

3.1997 年，李鹏总理在非洲进行友好访问时，中央电视台记者在迎宾道上采访。

4.1997 年 9 月，在中共十五大闭幕大会之后，薄一波同志接受中央电视台记者采访。

5.1997 年 11 月，中央电视台记者在三峡大江截流现场策划报道工作。

6.1997 年 12 月，中央电视台记者在江西农村采访。

新闻评论部

4

1

5

2

6

3

1.1997年3月30日，《焦点外的时空》一书首发式暨签名售书在三联韬奋图书中心举行，节目主持人方宏进、敬一丹、水均益、白岩松、崔永元到场为读者签名。
2.1997年6月，“香港回归”直播组和专题组记者在香港勘察直播现场。
3.1997年6月30日，中央电视台记者在香港进行现场报道。
4.1997年7月18日，由中央电视台主办、新闻评论部承办的“首届北京国际纪录片学术会议”开幕。
5.1997年11月8日，三峡大江截流特别报道采取直播方式，主持人在演播室主持节目。
6.1997年11月，在三峡大江截流工地，中央电视台记者在现场报道。

军事部

1

2

3

6

4

7

5

1.1997 年 1 月 1 日，大型文献纪录片《邓小平》剧组采访李鹏总理后，剧组部分成员与李鹏总理合影。
2.1997 年 7 月 18 日，大型电视纪录片《背负民族的希望》编导向军委副主席刘华清汇报采访计划。
3.1997 年 10 月 20–22 日，全军电视宣传工作会议在北京召开。
4.1997 年 12 月 10 — 12 日，第七届全国优秀电视军事节目评选在北京举行。
5.专题片《孟良崮》摄制组在山东孟良崮山上拍摄外景。
6.《军事天地》栏目举办“军事天地之友”活动，图为主持人从观众来信中抽选幸运观众。
7.专题片《舰长 · 妻子 · 女儿》摄制组在青岛舰艇上采访舰长。

六 JUNSHIJIEMU

体育部

1.1997 年 5 月 10 — 18 日，第二届东亚运动会在韩国举行，记者现场采访金云龙主席。
2.1997 年 10 月，全国八运会期间，中央电视台记者采访萨马兰奇先生。
3.1997 年 10 月，全国八运会期间，中央电视台记者采访悉尼奥委会主席奈特先生。
4.1997 年 9 月 24 日，在德国慕尼黑举办网球大满贯总决赛，中央电视台体育部记者采访德国网球名将贝克尔。
5.1997年6月，中央电视台在美国芝加哥转播 NBA 总决赛。
6.1997 年 8 月，与台湾 TVBS 电视台同行研讨共同转播赛事。
7.1997 年 3 月，在北京龙泉宾馆召开 1997 全国足球电视宣传工作会议。
8.1997 年 8 月 16 日，1997 全国足球甲 A 联赛在上海实况转播。
9.1997 年 9 月 21 日，主持人正为 F_1 方程式赛车转播配音。

社教中心

中国广播电视新闻奖'96电视社教颁奖会1997年5月在沈阳举行，中央电视台参评22个节目，21个节目获奖，其中一等奖9个。

1997年4月，《大三峡》摄制组拍摄西陵峡谷。

1997年5月，陈慕华同志接见中央电视台《中国家庭》摄制组并为该节目题写了片名。

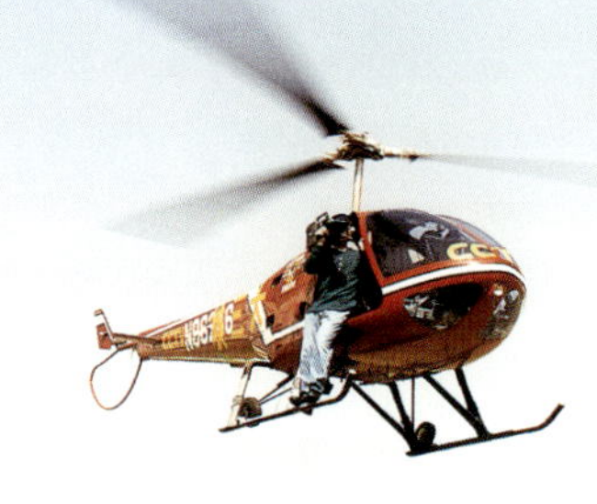

1997年8月，《大三峡》摄制组在空中拍摄西陵峡谷。

1997年9月，中央电视台社教中心和中国广播电视学会共同主持了《中国家庭》系列节目评奖活动。

1997年2月，《科教兴国》摄制组采访国务委员宋健后，宋健同志与摄制组部分工作人员合影。

1997年12月，中央电视台工作人员和日本演员在新400平方米演播室拍摄《阿杨在日本》(续集)。

1997年12月，《科技博览》研讨会在北京龙泉宾馆举行。

1997年10月，在郑州召开第八届全国电视教育节目颁奖暨研讨大会。

专题部

1

2

4

3

5

1.1997 年 1 月，《香港知识大赛》赴港摄制组采访原新华社香港分社社长周南。
2. 李东生副台长、社教中心领导在《读书时间》栏目研讨会上。
3. “去年是二等，今年总算圆了梦！”《社会经纬》栏目获 1997 年度 CCTV 杯优秀栏目一等奖。
4.1997 年 9 月，“情系老区”太行行慰问团在左权县送医送药仪式上接受锦旗。
5.1997 年 4 月，孙家正、鲁平、杨伟光等在《香港知识大赛》颁奖晚会上。

科教部

1997年10月，《随大山商访加拿大》摄制组成员在沿途合影。

1997年9月，《九九重阳节》栏目组在顺义拍摄现场。

青少部

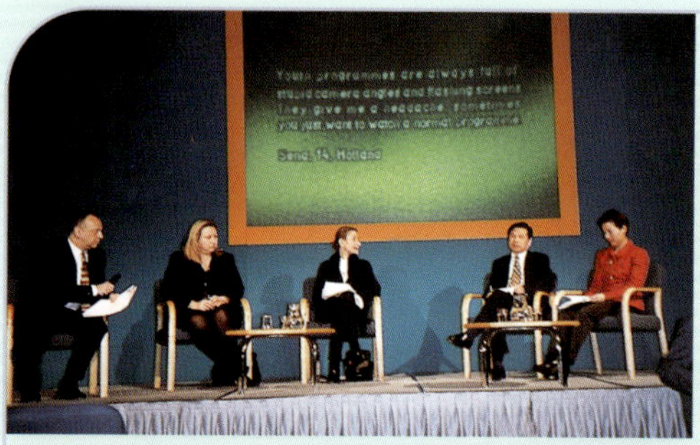
1

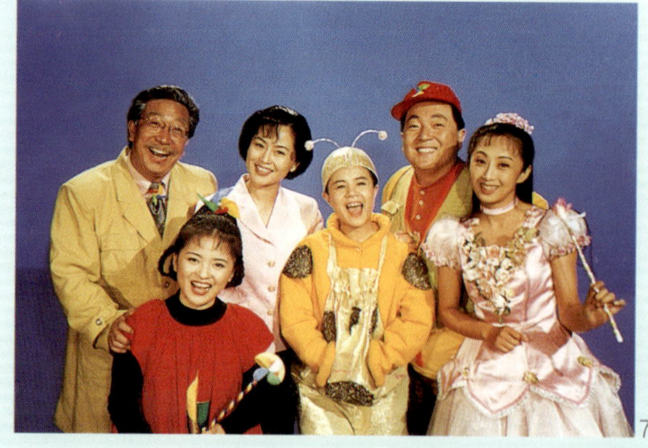

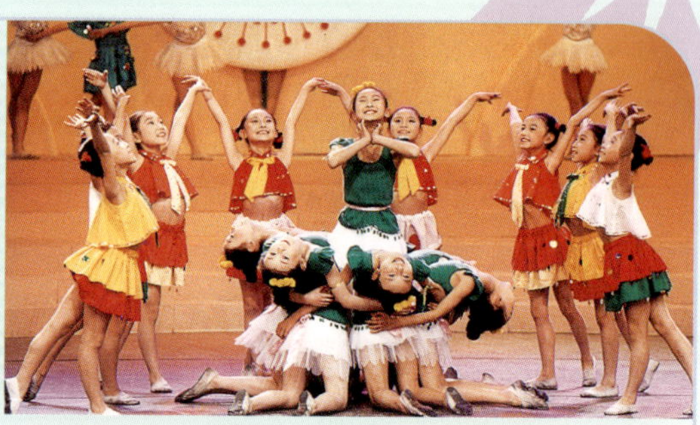
2

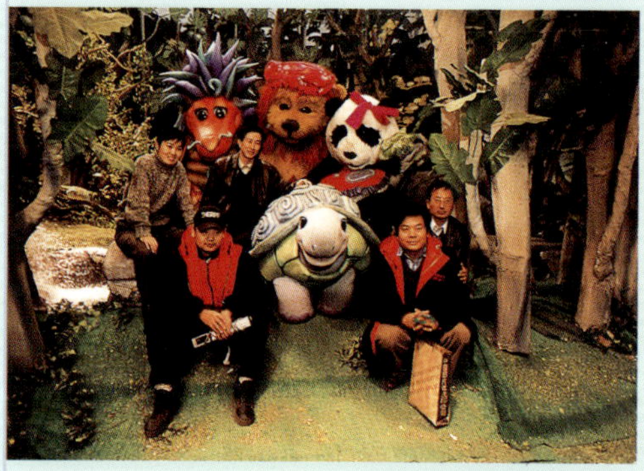
3

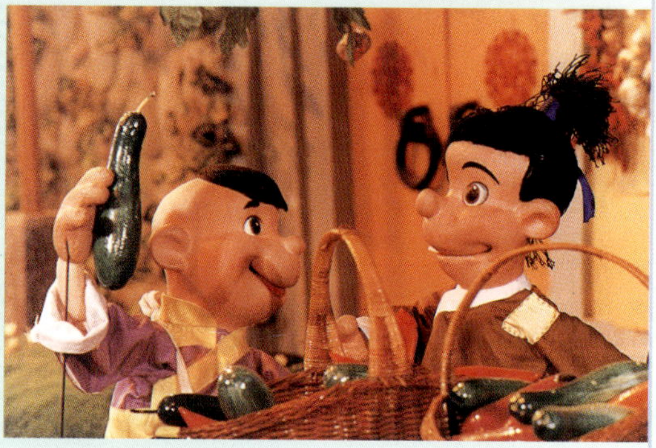
4

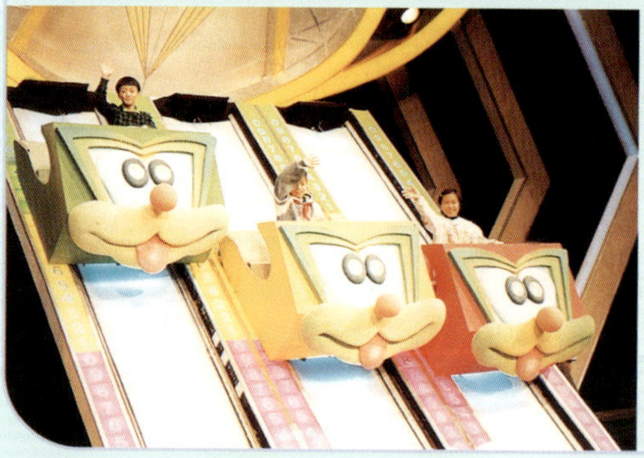
5

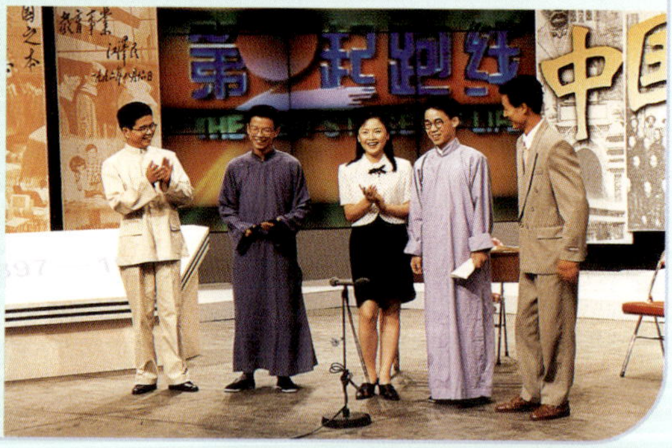
6

7

1.青少部领导在第二届国际儿童电视会上发言。
2.1997年1月24日，《我们的太阳》——三优专题晚会正在播出。
3.中澳合拍的52集人偶童话剧《神奇山谷》主创人员与四个人偶形象在一起。
4.'97“六个一百工程”中的木偶剧《葵花镇》剧照。
5.《芝麻开门》在录制科普知识竞赛节目。
6.1997年7月，湖南第一师范学校学生表演短剧《毛润之在长沙一师》。
7.《大风车》栏目六位角色主持人。

海外中心

1

2

3

4

5

6

1.1997 年 5 月 30 日，李丹副台长率电视台代表团访问南非，和南非多选付费电视公司签署合作协议。

2.1997 年 6 月，杨伟光台长考察国际频道对香港回归报道播出情况。

3.1997 年 6 月，赵化勇、李丹副台长与总编室主任罗明、海外技术部领导商讨英语传送频道技术方案。

4.1997 年 12 月，在庆祝第四套节目开播五周年活动中，海外中心领导与香港无线台负责人亲切交谈。

5.1997 年 11 月，外宣获奖编导代表团同加拿大 CBC 电视台编导座谈电视新闻发展趋势。

6.1997 年 7 月 15 日，海外中心新闻部举行香港回归报道总结表彰大会。

海外新闻部

1

2

3

4

5

6

海外专题部

1

2

3

4

5

6

1.1997年1月15日，记者在香港采访福建总商会会长王为兼(左二)。
2.1997年11月30日，海外中心专题部为纪念国际频道开播五周年举办《跨越星空》文艺晚会。俄罗斯快乐舞蹈团在晚会上营造出的欢腾热烈场面。
3.1997年2月20日，《香港沧桑》编采人员在伦敦采访著名中国问题专家叶胡达教授。
4.1997年5月14日，海外专题部《中国报道》组工作人员和嘉宾在演播室。
5.1997年7月，《天涯共此时》摄制组在海南省洋浦采访。
6.总导演及工作人员在切换台上忙碌地工作。

7

8

9

1.1997年1月26日，海外新闻部与湖北电视台合作现场直播沉睡长江的一代名舰“中山舰”打捞工作。
2.1997年2月25日，邓小平同志遗体送往八宝山火化时，新闻部记者在沿途采访悲痛的群众。
3.1997年3月18日，《中国新闻》记者在南昆铁路接轨现场八渡车站采访当地群众。
4.1997年3月23日，香港回归倒计时100天，《中国新闻》采访迎回归美国知名华人访京团。图为团长莫虎(左二，美国前纽约警察局副局长)等嘉宾与主持人在演播室。
5.喜迎香港回归报道组的工作人员，主任、主持人、嘉宾等在一起研究工作。
6.100集系列节目《香港百题》摄制组正在制作节目。
7.1997年6月30日，《中国新闻》各工种对香港回归报道进行直播预演。
8.1997年11月16日，田聪明等部、台领导到十三演播室指导三峡大江截流特别报道工作。
9.1997年12月29日中南建交，《中国新闻》记者在南非约翰内斯堡采访。

1

2

3

4

5

6

1.1997年11月，中央电视台举办庆祝国际频道开播五周年文艺晚会——《跨越星空》。
2.杨伟光、赵化勇、李丹等台领导与前来祝贺国际频道开播五周年的境外电视机构代表座谈。
3.李丹副台长(前排右三)及海外中心领导同幸运观众在一起。
4.十二名幸运观众在天安门前留影。
5.《海上升明月》主持人研讨串联词。
6.编导在指挥军乐队排练迎宾曲。

海外编辑部

文艺中心　文艺部

1

2

3

4

5

6

1997年春节播出的特别节目《卡通聚会》。

1997年初，《动画城》向海岛上的孩子们送去了大量的动画书刊，表达了《动画城》对小朋友们的一片情意。

52集剪纸动画系列片《人参王国》剧照。

7

8

9

10

11

12

1.1997 年 6 月 1 日，《旋转舞台》栏目组在黄河边拍摄柯受良飞越黄河的一瞬间。
2. 广电部领导同志出席观看"孔繁森之歌"晚会。
3.1997 年 6 月 20 日，广电部领导出席观看《梦圆九七—迎回归优秀歌曲演唱会》。
4. 为庆祝十五大召开举办的《继往开来》大型晚会。
5.《曲苑杂坛》栏目组织中国艺术家庆祝国庆赴港演出团。
6.《戏剧博览》栏目录制的话剧。
7.《梦想剧场》使业余戏剧爱好者梦想成真。
8. 名牌栏目《综艺大观》百期纪念。
9. 气势雄伟、情真意切的《回归颂》。
10. 台领导亲切接见参加演出的演员。
11. 首次在美国好莱坞碗型剧场成功举办的《为中国喝彩》晚会。
12. 策划、导演、摄像都为"心连心"艺术团的演出出谋划策。

动画部

已制作完的 52 集动画系列片《小糊涂神》剧照。

1997 年 3 月，丁关根同志来中央电视台专门听取国产动画事业发展情况汇报。图为丁关根同志在孙家正部长等陪同下观看中央电视台制作的动画节目。

国际部

1.1997年8月，录制《正大综艺·内蒙古专辑》节目现场。
2.国际部佳艺组栏目研讨会现场。
3.《'97环球》栏目主持人在演播室录像。
4.1997年11月，在《世界名著名片欣赏》栏目的英国故事片《起点和终点》译制中，导演在给演员说戏。
5.1997年12月，《人与自然》栏目摄制组赴南非拍摄节目。
6.1997年元旦，中央电视台转播“维也纳新年音乐会”，台领导与国际部工作人员在主控中心演播室。

1997 年 10 月，杨伟光台长、赵化勇副台长与参加第十六届飞天奖中央电视台首播获奖电视剧颁奖大会的全体代表合影。

1997 年 12 月，杨伟光台长参加"影视部获奖作品表彰会"，并给获奖人员颁奖。

影视部

影视部负责人、编辑、制片与合作方人员一起检查内景搭置情况。

18 集电视连续剧《林则徐》剧照。

16 集电视连续剧《问鼎长天》剧照。

17 集电视连续剧《校园先锋》剧照。

1

2

3

戏曲·音乐部

4

1.中央电视台'97春节戏曲晚会节目京剧《宝莲灯》剧照。

2.'97春节戏曲晚会节目豫剧《抬花轿》剧照。

3.《东西南北中》栏目摄制组在延边朝鲜族自治州，拍摄朝鲜族民间舞蹈后与演员会影。

4.1997年6月，在迎接香港回归的《九七恋曲》大型演唱会上，百名歌星同唱《一九九七永恒的爱》。

5.1997年6月，为迎接香港回归，中央电视台在清华大学校园举办了《九七恋曲》大型演唱会，导演正在与演员研究节目。

6.1998年1月1日，由中央电视台、中央人民广播电台联合举办的1998新年音乐会在北京世纪剧院举行。

5

广告经济信息中心　经济部

1

1.1997 年 5 月，《跨世纪的转变》摄制组在中南海西花厅采访国务院总理李鹏，采访后李鹏总理和剧组合影。
2.1997 年 7 月，中央电视台召开经济宣传顾问委员会成立大会暨第一次全体会议。中共中央政治局委员李铁映、广电部部长孙家正、中央电视台台长杨伟光出席会议。
3.1997 年 10 月 25 日，国务院副总理姜春云等领导出席经济部主办的《丰收之歌》农民晚会。
4.1997 年 12 月 26—28 日，经济部主办 1998 全国电视经济宣传工作会议。
5.3 月 15 日是世界消费者权益日。中央电视台举办“3 · 15”晚会—《世纪的力量》。
6.1997年7月，经济部召开《世界经济报道》国际座谈会。
7.1997 年 9 月，经济部部分同志参观青岛海尔集团。

2

3

4

5

6

7

广告部

1

2

3

4

5

6

7

1.1997 年 11 月 8 日，在梅地亚中心召开 “1998 年黄金段位广告招标大会”，第一次将拍卖方式引进广告销售。

2. 中央电视台 '98 广告黄金段位招标活动。

3. 广告部经常召开客户及广告公司代表座谈会。

4. 广告部召开销售业务会，布置下一周工作。

5. 广告部审查员在审查广告节目。

6.1997 年 6 月，广告部推出电视扶贫广告，得到中央领导的肯定和广大农民的欢迎。图为业务员正在审查扶贫广告节目。

7. 广告部业务员与客户签订播出合同。

研究室

1

2

3

4

5

6

7

1.1997年4月中旬，在中央电视台影视之家召开会议对国家"九五"社科规划重点项目——《中国电视论纲》一书的理论框架进行论证。

2.1997年5月，在北京举办"春节晚会与电视综艺节目走向"研讨会。

3.1997年12月5日，'97全国省级电视台理论工作年会在湖南省江华县召开。中央电视台副总编兼总编室主任罗明等出席会议。

4.研究室举办的《精品赏析》学术活动。

5.1997年4月15-19日，与福建电视台联合召开《电视研究》业务交流会。

6.1997年11月28日，中央电视台电视学会在北京召开。其所属的13个专业委员会秘书长会议，就有关学术问题进行交流。

7.中央电视台图文资料分系统，1997年4月开始运行。由研究室牵头，台办公室、科技处等有关单位直接参与，和北京施贝尔计算机系统有限公司联合开发。

中国电视报

1

2

3

4

5

6

1.1997年，“‘春兰杯’我最喜爱的春节联欢晚会节目”评选揭晓晚会现场直播后，工作人员与演员合影。

2.香港回归报道期间，中国电视报记者采访《焦点访谈》栏目主持人。

3.中国电视报社社长、副社长共同研究报纸版面。

4.香港回归报道期间，中国电视报出版了《香港回归电视快报》（日报）。对该报的出版，杨伟光台长极为重视和关心。

5.中国电视报社召开1997年工作总结大会，中央电视台副总编辑朱继峰和报社领导为先进集体、先进个人颁奖。

6.中国电视报社召开1997年工作总结大会。

技术管理办公室

1

2

3

4

5

6

7

1.'97 电视媒体应用计算机网络技术研讨会 1997 年 12 月 5 日在北京举行，国家科委副主任邓楠、广电部副部长张海涛、中央电视台副台长刘宜勤等领导及地方电视台代表参加了会议。

2.1997 年 12 月 1-4 日，'97 北京数字电视技术研讨会在北京召开，中央电视台台长杨伟光、副台长刘宜勤和地方电视台代表参加了会议。

3.1997 年 12 月，广电部副部长张海涛在刘宜勤副台长等陪同下视察一号演播大厅。

4.1997 年 12 月，中央电视台领导和技术部门有关领导在日本参观 JCSAT 测控中心。

5.1997 年 6 月，刘宜勤副台长在天安门广场检查香港回归电视报道微波设备。

6.1997年12月，刘宜勤副台长和技术管理办公室秘书们亲切交谈，希望他们保持成果，再创佳绩。

7.1997年5月，刘宜勤副台长、邵昌有总工程师等召集技术系统各部门领导开会，研究制订'97香港回归电视报道技术实施方案。

科技处

1

2

3

4

5

6

1.《电视技术论谈》(季刊)、《科技信息报》(月刊)是科技处1997年编辑出版的刊物;《'97香港回归电视报道技术实施方案》、《'97 卫星收视指南》和《'97 香港回归电视报道技术手册》则是专为配合香港回归电视报道编辑的刊物。

2.1997年3月, 在梅地亚中心召开“'97中央电视台提高电视节目技术质量座谈会”,就如何提高电视节目技术质量进行研讨。刘宜勤副台长和邵昌有总工程师出席了会议。

3.1997年8月26日, 第六届北京国际广播电视设备展览会在国贸中心举办。广电部部长孙家正等领导同志出席。

4.1997年8月,中央电视台与索贝公司联合开发的视音频非线形编辑设备参加第六届北京国际广播电视设备展览会。

5. 中央电视台科技处参加广电部举办的'97科技成果展览会。

6. 中央电视台科技处技术人员于香港回归期间在天安门广场安装信号传送注入点, 以供外国记者现场报道之用。

5. 科影演播室(灯光系统)。

4.工程维护处的同志向台领导汇报有线电视工程建设情况。

3.1997年1月,邵昌有总工程师验收军博制作区演播室。

信息通讯处

1

2

3

4

5

1.信息通讯处网络中心的技术人员在讨论网络应用方案。

2. 信息通讯处技术人员，在网络中心互联网制作发布机房，进行多媒体信息采制和网页制作发布工作。

3. 信息通讯处机务科技术人员在进行线路测试。

4.中央电视台程控交换机"114"查号台热情为听众服务。

5. 中央电视台国际互联网站点片头。

工程维护处

2. 一号演播厅等13项工程获中央电视台优质工程奖。

1. 工程维护处与SONY公司合作研讨开展1997年首次数字录像机大修和测试的问题。

技术制作中心

1. 刘宜勤副台长在技术制作中心 '97 年中总结会上讲话。
2. 技术制作中心领导在技术制作中心召开的科级干部会上讲话。
3. 刘宜勤副台长、邵昌有总工程师等领导在1000平方米演播室正在监看直播的春节晚会节目。
4. 制作部的化妆师在为参加 '97 春节晚会演出的演员化妆。
5. 杨伟光台长、刘宜勤副台长在春节晚会直播前到1000平方米演播室视察。

录制部

1

4

2

5

3

6

1. 影视制作机房。
2. 二维动画机房。
3. 军博演播室。
4. 三维动画机房。
5. 数字电编机房(第 8 电编)。
6. 虚拟演播室(第 12 演播室)。
7. 数字电编机房(第 18 电编)。

7

音频部

1.1997 年 8 月 29 日，第四届全国影视节目声音学会奖颁奖会在北京召开。

2.1997 年 3 月，在北京召开中日 '97 实用数字音频技术交流会，中国国际广播电台总工程师于济凯、中央电视台总工程师邵昌有出席会议。

3.中央电视台总工程师邵昌有在中日 '97实用数字音频技术交流会上讲话。

4.1997 年购进的大型音响录音车。

5. 重新装修后投入使用的 360 平方米音乐录音棚，获 '97 优秀工程奖。

6. 装有数字音频工作站的译配音合成机房正在为美国华纳公司加工译制片。

播送中心 播送部 转播部

1

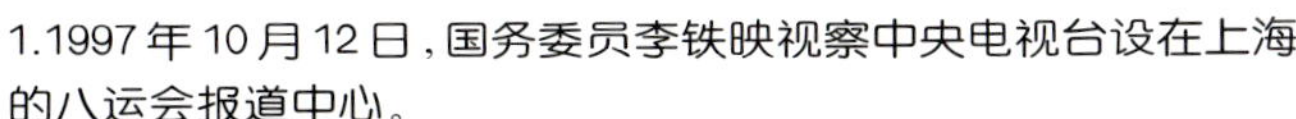

2 3

4

5

6

7

1.1997 年 10 月 12 日，国务委员李铁映视察中央电视台设在上海的八运会报道中心。

2.1997 年 10 月 26 日，播送部工程师正在为直播黄河小浪底截流报道调试设备。

3.1997 年 6 月 2 日，播送中心领导亲临柯受良飞越黄河直播现场，探讨地面与空中微波接力问题。

4.1997 年 1 月，中央电视台转播部工作人员在录制“心连心”艺术团在遵义现场演出情况。

5.1997 年 6 月 30 日 -7 月 3 日，播送中心在天安门广场架设多套微波直播设备，为现场报道北京庆祝香港回归盛况，提供技术保障。

6.1997 年 6 月 30 日，新引进的数字卫星车及改造后的六讯道数字转播车,在香港黄冈口岸成功地转播了驻港部队进驻香港的情景。

7.1997 年 11 月 8 日，在长江三峡大江截流直播中，播送中心采用具有世界先进水平的卫星移动地面站、直升机用陀螺仪，出色地完成任务。

播送部　转播部

8

9

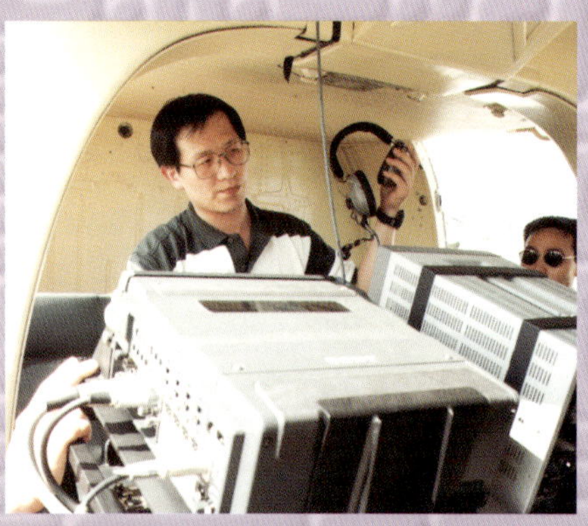
10

12

11

13

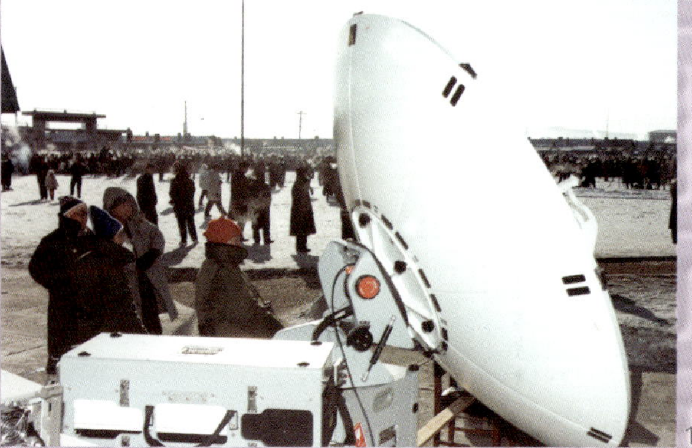
14

8.1997年6月30日-7月3日，播送部主控机房出色完成香港回归信号交换中心报道任务。

9.1997年6月30日晚，转播部技术人员正在为完成香港政权交接仪式、香港特区政府官员宣誓就职仪式的直播任务而紧张地工作。

10.1997年6月20日，播送中心工程技术人员为香港回归报道在直升机上调试设备。

11. 架设在中央电视台三楼的小型卫星地面站为海外电视媒体提供卫星传送服务。

12.1997年11月30日，转播部工作人员正在拍摄《水浒传》外景。

13.1997年6月24日，播送中心工作人员在深圳机场对直升机中继微波作最后调试。

14.1997年3月9日，工作人员在黑龙江漠河对日全食进行现场直播报道。

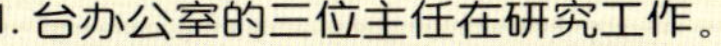

1. 台办公室的三位主任在研究工作。
2. 台办公室召开全体工作人员会议。
3. 1997 年台办公室编辑出版“中央电视台管理制度”、《香港回归画册》、中央电视台挂历。
4. 台办公室在顺义影视培训中心召开全台秘书工作总结表彰大会。
5. 台办公室领导主持召开全台秘书工作总结大会。
6. 刘宝顺副台长在全台秘书工作会议上讲话。
7. 1997 年 11 月，档案科完成了档案资料光盘贮存，工作人员正在检查文件扫描效果。
8. 1997年6月，中央电视台书画院在和平门电视画廊举办全国青少年书画大赛，图为来京的香港获奖小朋友。

党委办公室

1

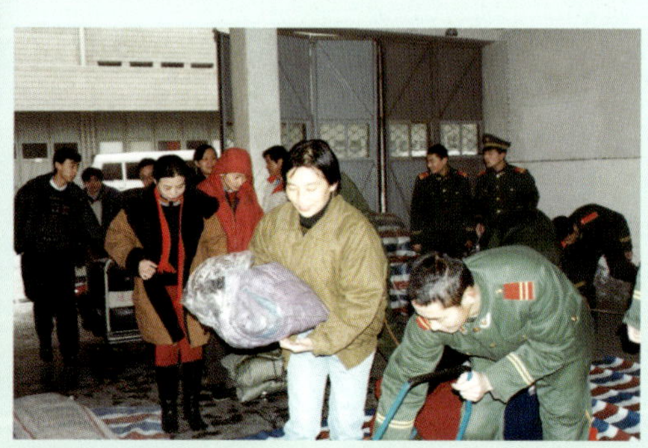

2

3

4

5

1.1997年5月4-6日，共青团中央电视台第七次代表大会召开。会上总结了第六届团委会工作，选举产生了第七届团委会。

2.1998年1月，张北地区地震后，台党委号召全台职工捐款捐物，支援灾区。全台职工共捐款17万元，捐衣物12000余件。

3.1997年1月，纪委书记率《健康之路》栏目组赴江西、湖北等革命老区，开展送医药京九行活动。

4.1997年“五四”，团委组织全台团员青年向贫困山区的少年儿童捐献图书的活动，全台共捐书2015册。

5.1997年10月，党委举办处以上干部学习十五大文件学习班，近200 人参加了学习。

6.党委主办职工闭路电视，针对全台职工思想拍摄电视片，进行自我教育。

6

监察室

1

2

3

4

5

1.1997年3月27日，中央电视台召开1997纪检监察工作会议。
2.1997年5月13日，中央电视台召开特邀监察员工作会议。
3. 参加特邀监察员会议的领导。左起：台分党组纪检组组长陈君、广电部纪检组组长王德新、中央电视台副台长刘宝顺。
4.1997年中央电视台“荧屏杯”法规教育小品比赛现场。
5.“荧屏杯”小品比赛评委正在打分。
6. 台纪检组组长陈君在纪检监察工作会上作反腐倡廉工作部署。

6

1. 人事处工作人员在进行业务学习。

2.1997 年 11 月，中央电视台举办处级干部管理科学培训班。

人事处　保卫处

1

2

3

4

1.1997 年 3 月 12 日，中央电视台召开 1996 年度精神文明建设、治安综合治理工作总结表彰大会。
2.1997 年 9 月 3 日，为贯彻落实国务院办公厅 14 号文件精神，武警总队与广电部、外交部等八大部委在中央电视台召开座谈会。
3.1997 年 12 月 2 日，北京市消防局、广电部保卫司的同志来台检查工作。
4.1997 年 9 月 4 日，公安部 22 局、广电部保卫司的同志来台检查安全保卫工作。

1

2

教育处

3

4

5

6

7

8

1.1997年10月29日，教育处召开1997中央电视台职工教育工作会议。杨伟光台长、刘宝顺副台长、广电部教育司副司长王伟国出席会议并讲话。

2.1997年11月17日，中央电视台与德国慕尼黑青少年基金会及歌德学院北京分院联合举办第三期国际儿童电视节目研讨班。李东生副台长在开班仪式上讲话。

3.1997年7月31日，中央电视台邀请ECM公司董事、美国哈佛大学商学院博士约翰·奎尔教授举办专题讲座。

4.参加《国际市场与传媒》专题讲座的学员十分踊跃。刘宝顺副台长等领导和大家一起听课。

5.1997年10月20日，中央电视台与澳大利亚影视学校联合举办“电视编辑”、“电视导演”培训班。图为该班师生在开学典礼上的合影。

6.1997年9月12日，中央电视台通信与电子系统专业研究生课程进修班开学典礼。

7.1997年12月1日，教育处与社教中心专题部共同举办“电视编导初级培训班”。

8.1997年12月18日，教育处与新影制作中心共同举办《中华文明之光》研讨班。

行政处

1

2

3

4

5

6

7

1.1997 年 8 月，组织职工子女参加趣味盎然、丰富多彩的夏令营活动。

2.1997 年，中央电视台精神文明建设取得显著成效，连续第五年被评为首都文明单位标兵。这是台精神文明建设委员会成员在研究部署工作。

3.1997 年 6 月，台职工积极报名参加无偿献血。

4.1997 年 7 月 14 日，中直工委副书记王景茂带队检查验收中央电视台精神文明建设工作。

5.1997 年 3 月，召开了 1996 年度精神文明建设和治安消防综合治理工作总结表彰会。精神文明建设委员会领导在会上作总结报告。

6.1997年中央电视台卫生绿化工作取得了新进展，连续第五年被评为北京市卫生红旗单位。这是水碧花香、环境优雅的庭院绿地。

7.在“讲文明、树新风”活动中，中央电视台积极开展创建文明小区的工作。这是刘宝顺副台长、南玉敏副书记在向海淀区检查验收团汇报工作。

房屋建设管理处

1.1997 年 10 月，业务楼外装修即将完成。

2.1997 年 12 月，工人们在 1998 春节晚会大厅抢装玻璃屋顶。

计划财务处

1.1997 年 1 月，计财处召开工作总结会，总会计师贾文增出席会议。
2.1997年，中央电视台被评为北京市个人所得税代扣代缴先进单位。计财处综合科的同志在认真统计纳税额。
3. 计财处计划科的工作人员在认真编制全台经费预算。

财产物资处

1.1997 年 6 月，物资处领导和工作人员共同商讨如何使赴港设备安全顺利通过海关。
2. 设备到货，物资处工作人员既是技术人员又兼搬运工，图为他们正在紧张地卸货、验货。
3. 赴港设备在深圳黄冈海关验收。
4. 物资处领导和技术人员共同对移动卫星车及前导车设备清点、验收。

工　会

1

2

3

4

5

6

1.1997年“三八”前夕，工会召开中央电视台巾帼风采演讲暨表彰大会，共有10个部门的女职工代表进行了演讲，并对 18 个巾帼建功先进集体和59个先进个人进行了表彰。

2.1997年3月27－28日，在有色金属研究院礼堂举办了台职工'97乒乓球比赛，共有20个部门、近300人参加。图为给优胜者发奖。

3.1997年8月，第九期暑期“少儿之家”在空军游泳馆举办了游泳训练班，共有40余名小朋友参加了游泳训练。

4.为贯彻《全民健身计划》，增强职工的体质，10月14－17日举行了'97健身活动周，共有53个部门的3500余人参加，其中220人次获奖。

5.1997年10月24日，中央电视台捐资兴建的宣恩荧屏特殊教育学校举行落成仪式，工会领导参加了落成仪式。

6.1997年12月20日，中央电视台首届保龄球友谊赛在海淀区锡华保龄球俱乐部举行。此次比赛共有32个代表队的150余人参加。

动力处

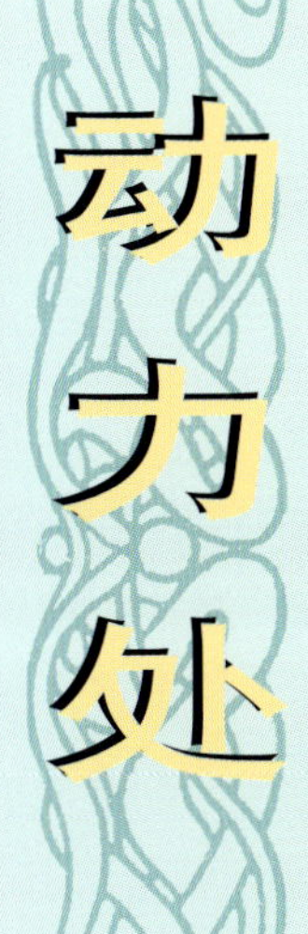

1

2

3

4

1.1997 年 5 月，动力处工程技术人员在美国 Teletrol 公司和美国技术人员座谈。

2.1997 年 5 月，动力处工程技术人员参观 BAC 公司试冷室。

3. 中央电视台冷站扩建工程于 1997 年 10 月 16 日开工，预计 1998 年 5 月竣工。图为总制冰量 5790TH 蓄冰池封顶浇筑现场。

4.1997 年 12 月 4 日，动力处空调科举办值班岗位证书考试前辅导。

服务中心

1

2

3

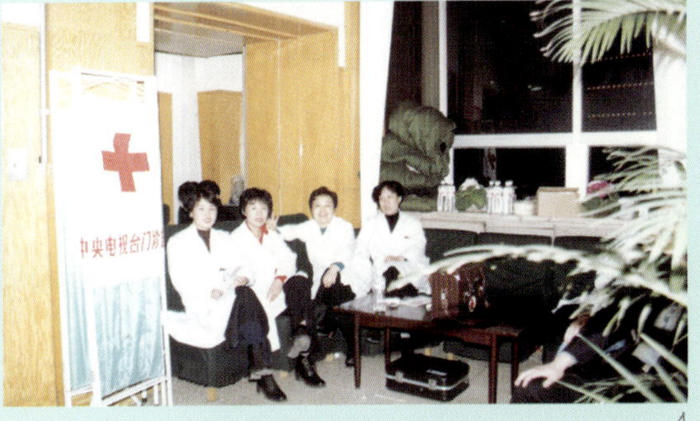

4

1. 食堂科工作人员在制作主食。

2.IBC 自助餐厅向全台职工供应各种主食。

3.IBC 自助餐厅向全台职工供应各种凉菜。

4. 门诊部工作人员在 1997 春节联欢晚会值班。

老干部处

1

2

3

4

5

6

7

8

1. 老干部们踊跃为张北地震灾区人民捐款捐衣。
2. 庆祝香港回归女子合唱队即兴演唱。
3. 老干部门球队在广电系统第二届门球赛上荣获冠军。
4. 中央电视台首次召开“尊老敬老”表彰大会。
5. 老干部监看组召开年终总结会。
6. 老干部处组织老同志到平津战役纪念馆参观。
7. 老干部钓鱼协会组织会员到白洋淀钓鱼游览。
8. 返聘老干部在东门接待室疏导上访人员。

中国电视剧制作中心

1

2

3

4

5

6

中国电视剧制作中心举办'97创作选题策划会。
997年2月24日，大型电视连续剧《香港的故
· 在香港举行首播酒会。
997年1月5日，中国电视剧制作中心在上海举
"新片观摩研讨"活动。
997年3月18日，杨伟光台长出席电视剧《东
列国·战国篇》封镜活动。
电视剧《午夜有轨电车》工作照。
997年3月，中央电视台召开'96全国优秀电
剧本颁奖大会。

中央卫星电视传播中心

2

4

中央卫星电视传播中心召开，1997年工作总结会，赵化勇副台长出席并讲话。
997年1月2日，中心领导与业务部门领导到云南乡镇广播站检查工作。
中央卫星电视传播中心全数字演播室控制机房。
向全国各有线收视台(网)提供专用接收解码器。

中央新闻纪录电影制片厂

1

2

3

4

5

6

7

8

1.1997年10月17日，国务院副总理兼外交部部长钱其琛接受《丰碑》剧组专访后与记者合影。

2.英国前首相希思接受《周恩来外交风云》摄制组采访。

3.《周恩来外交风云》摄制组采访美国前国务卿基辛格。图为基辛格为摄制组题词。

4.1997年1月14日，中央政治局委员、书记处书记、中宣部部长丁关根来厂观看影片《丰碑》。

5.中央文献研究室主任逄先知、广电部部长孙家正、中央电视台台长杨伟光等领导来厂观看影片《丰碑》，并与摄制组人员座谈。

6.1997年11月19日，中央政治局候补委员、中央办公厅主任曾庆红等来厂观看《江泽民主席访美》影片资料。

7.中央办公厅主任曾庆红、中央文献研究室主任逄先知、广电部副部长赵实、中央电视台台长杨伟光来厂观看影片《丰碑》。

8.纪录影片《山梁》获第十七届中国电影"金鸡奖"最佳纪录片奖。这是厂长李建和编导在颁奖会场。

北京科学教育电影制片厂

1

2

3

4

5

6

7

8

1.1997 年 1 月 31 日，刘宜勤副台长、邵昌有总工程师等到科影厂字幕车间检查工作。

2.1997 年 12 月 10 日 –14 日，科影厂厂长万迪基率电影代表团赴台参加“金马奖”影展活动。图为万厂长与台湾著名电影导演李行在《红河谷》首映式上。

3.1997 年 10 月 22 日，国家科委副主任邓楠主持即将投拍的《生物多样性与可持续发展》剧本审稿会，十余名专家和台总编室主任罗明、厂长万迪基等出席了会议。

4.1997 年 12 月 15 日，阎永铎编导的影片《介入疗法》获第十七届“金鸡奖”最佳科教片奖。

5.《田野》栏目专题片《乡音 · 乡情》在河南省内乡县外景地拍摄。

6. 专门制作体育节目的第四编辑室 1997 年再次被评为中央电视台先进集体。

7. 在全台各部门的大力支持下，科影厂三年转轨期间技术设备配置基本完成。图为新建成的三对一编辑机房。

8. 科普片《大脑潜能》摄制组工作照。该片 1997 年 11 月获伊朗第二十七届国际教育电影节银奖。

我们的朋友遍天下

1

2

5

6

9

10

13

14

1.1997年，杨伟光台长同美国泛美卫星公司总裁龙飞德在美国迈阿密签署卫星协议。

2.1997年5月，杨伟光台长与印度新闻广播部国务秘书纳瓦尼签署协议。

3.1997年4月，杨伟光台长与菲律宾ABS-CBN公司总裁洛佩兹三世签署协议。

4.1997年9月23日，中央电视台与美国映佳传播公司合作备忘录签字仪式在京举行，杨伟光台长和赵化勇、李丹副台长出席。

5.1997年11月28日，杨伟光台长与斯洛伐克电视台官员签署协议。

6.1997年5月16日，杨伟光台长会见波兰电视股份公司官员。

7.1997年9月，赵化勇副台长会见日本朝日电视台台长。

8.1997年11月，赵化勇副台长会见法国穆立业家族代表团。

9.刘宝顺副台长出席国际大专辩论会，会见新加

我们的友谊传四方

3

4

7

8

11

12

15

16

坡电视机构总裁李棹尧。

10. 刘宝顺副台长在新加坡出席国际大专辩论会颁奖仪式后与新加坡教育部高级政务部长兼卫生部高级政务部长简丽中合影。

11.1997 年 5 月 16 日，李丹副台长会见波兰电视股份公司代表。

12.1997 年 5 月 31 日，李丹副台长参加中央电视台国际频道在南非开播仪式。

13.1997 年 9 月 12 日，刘宜勤副台长在荷兰国际电视博览会索尼展台参观。

14.1997 年 9 月 11 日，刘宜勤副台长在德国电视台考察。

15.1997 年 12 月，李东生副台长接受特莱维萨新闻台记者采访。

16.1997 年 12 月，李东生副台长与墨西哥直播卫星公司总裁阿尔瓦莱兹在墨西哥签署该公司转播 CCTV-4 的合作协议。

中国国际电视总公司

1

2

3

4

5

6

7

1.1997年12月5日，中国共产党中国国际电视总公司党员代表大会第一次全体会议在京召开。
2.1997年11月18日，中国电视节目外销联合体第三次全体会议在京举行。
3. 广电部副部长田聪明出席会议并讲话。
4 中央电视台台长杨伟光在会上讲话。
5.1997年6月16日，中视股份A股在沪隆重上市，总会计师贾文增等领导在上海证券交易大厅。
6.1997年12月28日，中央电视台南海影视城"太平天国城"奠基典礼仪式在南海举行。杨伟光、贾文增等台领导出席。
7. 中国国际电视总公司领导和工作人员，在中国四川国际电视节上。

编 辑 说 明

一、《中央电视台年鉴》是反映中央电视台事业基本情况和发展变化的资料工具书，内容主要反映上一年中央电视台的重大事件和各方面工作的新情况、新资料。

二、本年鉴从1994年起，每年编印一册。1998年刊为第五卷，出版精装本。全书包括以下部分：1. 特载；2. 概况；3. 栏目、节目介绍；4. 专辑；5. 规章制度选载；6. 专论；7. 观众调查；8. 工作会议和研讨会；9. 新技术装备；10. 电视书、报、刊及音像出版物；11. 获奖；12. 机构；13. 大事记；14. 人物；15. 统计；16. 对港、澳、台交流与合作；17. 对外交流与合作；18. 附录；还有图片部分。

三、有关电视宣传情况的介绍是本年鉴的主体，分别在以下各专栏中反映：

“概况”——1997年各方面工作情况的综述；

“栏目、节目介绍”——介绍1997年开办栏目、改版栏目和优秀节目；

“专辑”——中央电视台´97香港回归电视报道；

“规章制度选载”——1997年中央电视台发布的宣传、事业、管理等方面的规章制度；

“专论”——在报刊上发表或在业务研讨会上宣读过的部分论文；

“观众调查”——选登部分观众调查报告、活动简介、来信分析；

“工作会议和研讨会”——选介电视工作、电视理论和业务研讨会、经验交流会简况；

“电视书、报、刊及音像出版物”——有关电视理论和业务的著译以及中央电视台编辑的电视书、报、刊的目录和简介；

“获奖”——社会和广播电视系统的评奖、电影评奖、全国好新闻评奖、电视报刊论文与稿件评奖、国际评奖名单，台获奖节目名单；

“机构”——介绍1997年中央电视台机构设置；

“人物”——在“人物志”中只介绍正处级以上职务人员和正高级专业职务人员，以及被社会有关部门授予和评选的先进模范人物；

“图片”——中央电视台重大活动、重点节目与栏目和有关业务活动的照片。

四、《中央电视年鉴》的编辑工作得到了台内外有关部门的领导、专家以及出版单位的大力支持。在此，一并表示感谢。

《中央电视台年鉴（1998）》编辑委员会

主　编： 杨伟光

副主编： 赵化勇　王　录

主　任： 杨伟光

副主任： 赵化勇　刘宝顺　李　丹　刘宜勤　李东生

编　委： 杨伟光　赵化勇　刘宝顺　李　丹　刘宜勤　李东生
陈　君　贾文增　万迪基　李　建　胡　恩
赵立凡（常务）　邵昌有　罗　明　李晓明　南玉敏
张海鸽　王晞建　许二春　孙玉胜　阎连俊　高长龄
赵宇辉　邹友开　余培侠　何宗就　李旋宗　丁文华
王　录（常务）

《中央电视台年鉴（1998）》编辑部

主　　任： 王　录

副 主 任： 王　甫　王亚平

文字编辑： 徐　敏　宋连昌　邓　涛　朱　宁　曹文莉
刘　珊　周　滢

图片编辑： 阮双庆

出版统筹： 尹桂馥　苏　英

分类目录

1 特 载

一、中央领导讲话

二、广播电影电视部领导讲话

2 概 况

3 栏目、节目介绍

二、1997年中央电视台新栏目介绍

4 专 辑

5 规章制度选载

6 专 论

7 观众调查

一、观众调查工作综述

二、调查活动及调查报告选登

8 工作会议和研讨会

一、全国性电视工作会议

二、全国性理论和业务研讨会

三、中央电视台工作会议和研讨会

9 新技术装备

10 电视书、报、刊及音像出版物

11 获 奖

二、文艺类

三、综合类

四、电影类

五、电视报刊、论文、稿件类

六、国际类

12 机 构

1997年中央电视台机构设置

13 大事记

14 人物

15 统计

16 对港、澳、台交流与合作

17 对外交流与合作

18 附 录

图 片

CCTV 1998 YEARBOOK

Contents

1. 特 载

一、中央领导讲话

江泽民为《邓小平经济理论学习纲要》撰写序言指出，坚持把邓小平建设有中国特色社会主义理论的学习引向深入

（1997年3月）

伟大的实践需要伟大的理论。富于理论创造精神的中国共产党，在把马克思主义同中国实际相结合的过程中，实现了两次历史性的飞跃，产生了两大理论成果。第一次飞跃，找到了中国自己的革命道路，创立了毛泽东思想；第二次飞跃，找到了中国自己的社会主义建设道路，创立了邓小平建设有中国特色社会主义理论。党的十四大确定用邓小平建设有中国特色社会主义理论武装全党，强调学习马克思列宁主义、毛泽东思想，中心内容是学习邓小平建设有中国特色社会主义理论。这是党的思想理论建设的一项长时期的具有战略意义的重大任务。

党的十四大以来，中央多次强调，要紧密结合形势和任务的要求，把邓小平建设有中国特色社会主义理论的学习、宣传和研究引向深入。这是推进我国改革开放和现代化建设的需要，是夺取建设有中国特色社会主义事业新的更大胜利的需要。邓小平同志视察南方重要谈话发表五年来，全党同志的马克思主义理论水平有了新的提高，祖国大地发生了新的深刻而又巨大的历史性变化。这再一次证明，理论一经群众掌握，就会变成巨大的物质力量。

我们国家正处于建立社会主义市场经济体制和推进社会主义现代化建设的重要时期。到本世纪末，要全面实现第二步战略目标，初步建立社会主义市场经济体制。在此基础上，向第三步战略目标迈进，使建设有中国特色社会主义在各方面形成一整套更加成熟更加完备的制度。我们要在深化经济体制改革的同时，继续推进政治体制改革，按照民主化和法制化紧密结合的要求，发展社会主义民主，健全社会主义法制，实行依法治国，维护社会稳定和国家长治久安。我们要继续贯彻两个文明一起抓的战略方针，进一步开创社会主义精神文明建设的新局面。新的形势和任务，要求我们一定要更加努力地把邓小平建设有中国特色社会主义理论的学习提高到新的水平，进一步用这一理论武装广大党员、干部特别是各级领导干部的头脑。

邓小平建设有中国特色社会主义理论，内容丰富，博大精深，涵盖我国现阶段经济、政治、文化、军事、外交和党的建设等各个方面的基本问题。把邓小平建设有中国特色社会主义理论的学习提高到新水平，就要组织广大党员、干部特别是各级领导干部从

深度和广度两个方面下功夫，对这一理论有更加完整的准确的认识，善于学习、掌握和运用这一理论体系来指导我们的各项工作。既要注意从总体上和科学体系上领会和掌握这一理论的基本内容、基本观点和基本精神，又要注意从这一理论论述较多的若干重要领域，对有关的思想理论和方针政策进行系统的学习和理解。毛泽东同志历来十分重视把党的总路线、总政策同具体工作路线和政策相互结合、相互统一起来加以贯彻落实，他强调“必须在总路线指导之下，在工、农、商、学、兵、政、党各个方面，有一整套适合情况的具体的方针、政策和办法，才有可能说服群众和干部，并且把这些当作教材去教育他们”。他还说：“得不到一整套的教材，得不到系统的政策教育，也就不可能真正有统一的认识和统一的行动。”邓小平同志十分重视毛泽东同志的这一观点，从新时期一开始就强调，为了更好地完成新的历史任务，必须认真贯彻毛泽东同志关于既要有总路线总政策、又要有具体工作路线和具体政策的指示精神。邓小平同志在1992年视察南方的重要谈话中指出：“改革开放以来，我们立的章程并不少，而且是全方位的。经济、政治、科技、教育、文化、军事、外交等各个方面都有明确的方针和政策，而且有准确的表述语言。”现在，为了更好地贯彻落实党的基本理论、基本路线、基本方针和党在若干重要领域的基本政策，继中宣部编写出版《邓小平同志建设有中国特色社会主义理论学习纲要》之后，中央有关部门又相继编写包括邓小平经济理论、军队和国防建设理论及其他一些领域的理论学习纲要，是很有意义的。这是把邓小平建设有中国特色社会主义理论的学习引向深入的一项重要举措。

深入学习邓小平建设有中国特色社会主义理论，首先仍然是要坚持认真研读原著，在学好原著上下功夫。同时，把若干方面的理论学习纲要作为重要辅助材料，这也将有助于深入地理解和把握邓小平建设有中国特色社会主义理论的科学体系和精神实质，增强贯彻执行党的基本路线、基本方针、基本政策的自觉性和坚定性。

深入学习邓小平建设有中国特色社会主义理论，最根本的是认真学习邓小平同志运用马克思主义的立场、观点和方法，研究新情况、解决新问题的科学态度和创造精神。重点是学习邓小平同志坚持社会主义道路的坚定政治立场和实现共产主义崇高理想的使命感；学习邓小平同志解放思想、实事求是，以实践为检验真理的惟一标准，大胆探索、勇于创新的科学态度；学习邓小平同志相信群众，尊重群众首创精神，坚持从群众中来、到群众中去的工作路线和工作方法，从而不断提高我们的马克思主义的思想政治理论水平，加强工作中的原则性、系统性、预见性和创造性。

深入学习邓小平建设有中国特色社会主义理论，还要紧密结合本地区、本部门、本单位和个人的工作和思想实际，有力地推进改革开放和现代化建设的各项工作。为此，各级党员干部特别是高级干部要带头做好，并通过深入、系统的学习和勇于实践，积极探索认识和掌握有中国特色社会主义经济、政治、文化和各项事业的发展规律，承前启后，继往开来，把建设有中国特色社会主义的伟大事业全面推进到21世纪。

（原载1997年3月17日《人民日报》）

江泽民在中国共产党第十五次全国代表大会上的报告《高举邓小平理论伟大旗帜，把建设有中国特色社会主义事业全面推向21世纪》第七部分：有中国特色社会主义的文化建设

（1997年9月）

有中国特色社会主义的文化，就其主要内容来说，同改革开放以来我们一贯倡导的社会主义精神文明是一致的。文化相对于经济、政治而言。精神文明相对于物质文明而言。只有经济、政治、文化协调发

展，只有两个文明都搞好，才是有中国特色社会主义。

社会主义现代化应该有繁荣的经济，也应该有繁荣的文化。我国现代化建设的进程，在很大程度上取决于国民素质的提高和人才资源的开发。面对科学技术迅猛发展和综合国力剧烈竞争，面对世界范围各种思想文化相互激荡，面对小康社会人民群众日益增长的文化需求，全党必须从社会主义事业兴旺发达和民族振兴的高度，充分认识文化建设的重要性和紧迫性。

有中国特色社会主义的文化，是凝聚和激励全国各族人民的重要力量，是综合国力的重要标志。它渊源于中华民族五千年文明史，又植根于有中国特色社会主义的实践，具有鲜明的时代特点；它反映我国社会主义经济和政治的基本特征，又对经济和政治的发展起巨大促进作用。建设有中国特色社会主义，必须着力提高全民族的思想道德素质和科学文化素质，为经济发展和社会全面进步提供强大的精神动力和智力支持，培育适应社会主义现代化要求的一代又一代有理想、有道德、有文化、有纪律的公民。这是我国文化建设长期而艰巨的任务。

在全社会形成共同理想和精神支柱，是有中国特色社会主义文化建设的根本。要始终不渝地用邓小平理论教育干部和群众。深入持久地开展以为人民服务为核心、集体主义为原则的社会主义道德教育，加强民主法制教育和纪律教育，引导人们树立正确的世界观、人生观、价值观。大力弘扬爱国主义、集体主义、社会主义和艰苦创业精神。提倡共产主义思想道德，同时把先进性要求和广泛性要求结合起来，鼓励一切有利于国家统一、民族团结、经济发展、社会进步的思想道德。发扬社会主义的人道主义精神。青少年是祖国的未来、民族的希望，要十分重视青少年思想道德建设。

发展教育和科学，是文化建设的基础工程。培养同现代化要求相适应的数以亿计高素质的劳动者和数以千万计的专门人才，发挥我国巨大人力资源的优势，关系21世纪社会主义事业的全局。要切实把教育摆在优先发展的战略地位。尊师重教，加强师资队伍建设。发挥各方面的积极性，大力普及九年义务教育、扫除青壮年文盲，积极发展各种形式的职业教育和成人教育，稳步发展高等教育。优化教育结构，加快高等教育管理体制改革步伐，合理配置教育资源，提高教学质量和办学效益。认真贯彻党的教育方针，重视受教育者素质的提高，培养德智体等全面发展的社会主义事业的建设者和接班人。努力提高科技水平，普及科技知识，引导人们树立科学精神，掌握科学方法，鼓励创造发明。消除愚昧，反对封建迷信活动。积极发展哲学社会科学，这对于坚持马克思主义在我国意识形态领域的指导地位，对于探索有中国特色社会主义的发展规律，增强我们认识世界、改造世界的能力，有着重要意义。

发展文学艺术、新闻出版、广播影视等事业，是文化建设的重要内容。新闻宣传必须坚持党性原则，坚持实事求是，把握正确的舆论导向。对新闻出版业要加强管理，优化结构，提高质量。深化文化体制改革，落实和完善文化经济政策。坚持为人民服务、为社会主义服务的方向，贯彻百花齐放、百家争鸣的方针，弘扬主旋律，提倡多样化，创作出更多思想性和艺术性统一的优秀作品。

营造良好的文化环境，是提高社会文明程度、推进改革开放和现代化建设的重要条件。要深入持久地开展群众性精神文明创建活动，大力倡导社会公德、职业道德和家庭美德。一手抓繁荣，一手抓管理，促进文化市场健康发展。加强文化基础设施建设。重视科学、历史、文化的遗产和革命文物的保护。积极推进卫生体育事业的改革和发展。提倡健康文明的生活方式，不断提高群众精神文化生活的质量。

我国文化的发展，不能离开人类文明的共同成果。要坚持以我为主、为我所用的原则，开展多种形式的对外文化交流，博采各国文化之长，向世界展示中国文化建设的成就。坚决抵制各种腐朽思想文化的侵蚀。

知识分子是工人阶级的一部分，在现代化建设中起着重要作用。要认真贯彻党的知识分子政策，充分发挥他们的积极性和创造性。知识分子要加强学习，提高自己，努力成为先进思想的传播者、科学技术的开拓者、“四有”公民的培育者和优秀精神产品的生产者，同广大工人、农民一起，为中华民族的振兴建功立业。

中国文化有着辉煌的历史。在社会主义现代化建设的伟大实践中，我们一定会创造出更加绚丽多彩的有中国特色社会主义的文化，对人类文明做出应有的贡献。

（摘自1997年9月22日《人民日报》）

李鹏接受中央电视台采访时，要求切实加强电视经济宣传力度

（1997年5月）

国务院总理李鹏4月25日接受中央电视台经济部《跨世纪的转变》节目组采访时说，现在经济建设是党和国家的工作中心。作为企业，要获得经济信息；作为个人，现在更多地参与经济生活；国家也需要通过电视宣传把方针政策以生动、活泼的方式传达给观众。因此，要切实加强电视经济宣传的力度。

李鹏说，我国现在正向社会主义市场经济体制转变，生活中有进步的一面，也存在不良的现象，电视作为重要传媒，应对好的东西加以表扬，对不良现象进行曝光，以利于实行舆论监督，促进我国社会主义市场经济更加健康发展。

李鹏说，中央电视台经济节目办得成功，《经济半小时》栏目影响很大，时效性较强，回答了电视观众直接关心的经济热点问题，同时传播了现代经济知识，传递了市场供求信息。5月5日中央电视台的经济节目扩版，要进入黄金时间段播出，希望你们继续努力，把中央电视台的经济节目办得更好。

（摘自1997年5月5日《人民日报》）

丁关根在全国省级广播电台、电视台台长研讨班上讲话时指出，新闻宣传要牢牢把握正确导向

（1997年5月）

中宣部、广电部于5月6日至9日在京举办全国省级广播电台、电视台台长研讨班。中共中央政治局委员、书记处书记、中宣部部长丁关根在和研讨班的全体同志座谈中强调：

新闻宣传工作要坚定不移地贯彻团结、稳定、鼓劲和以正面宣传为主的方针，牢牢把握正确导向，努力提高节目质量，为两件大事创造良好氛围。

今年是我们党和国家历史发展上很重要的一年。恢复对香港行使主权、召开党的十五大，这两件大事关系全局，举世瞩目。为确保两件大事顺利完成创造良好的氛围，新闻宣传战线必须坚持以正确的舆论引导人，牢牢把握正确导向。一定要认真学习邓小平同志的光辉思想、革命风格、创造精神和崇高品质，高高举起邓小平建设有中国特色社会主义理论的伟大旗帜，坚持党的基本路线不动摇。一定要讲学习、讲政治、讲正气，思想敏锐，纪律严明，坚定自觉地在思想上政治上行动上同以江泽民同志为核心的党中央保持一致。一定要心系大局，更好地为改革开放和经济建设这个中心服务，促进社会全面进步。一定要以大局为重，维护社会稳定，多做团结工作，把群众的积极性引导好、保护好、发挥好。

要进一步深入宣传党的十四届六中全会精神，积极推动群众性精神文明建设创建活动，大力宣传先进典型，倡导全心全意为人民服务的思想和爱国主义、集体主义、社会主义精神，引导人们树立正确的世界观、人生观和价值观，歌颂真善美，弘扬社会正气。

广播电视节目必须提高质量，多出精品。要树立精品意识，精办频道，精办节目，努力创作出广大群众喜闻乐见的，思想性、艺术性、观赏性俱佳的优秀作品。广播电视工作者要有高尚的道德情操和良好的文明素养，恪守职业道德，坚决制止有偿新闻，加强行业自律，接受社会监督，树立良好形象。

今年工作任务很重，我们务必恪尽职守，严细深实，谦虚谨慎，做好工作。要把人民放在心上，把党

的事业放在心上，尽力尽责，真干苦干。不计名利地位，不计荣辱进退，时刻以党和人民的利益为重。多学习、少应酬，多奉献、少计较，多实干、少空谈，兢兢业业、扎扎实实，积极完成国家交给我们的任务，迎接党的第十五次全国代表大会的胜利召开。

(摘自 1997 年 5 月 12 日《人民日报》)

丁关根在重大革命历史题材影视创作座谈会上强调，要再现中国革命波澜壮阔的历史画卷

(1997 年 9 月)

8 月 2 日上午，中共中央政治局委员、书记处书记、中宣部部长丁关根在看望重大革命历史题材影视创作座谈会的与会人员时，首先向对重大革命历史题材影视创作做出贡献的文艺工作者表示亲切问候和诚挚的敬意。他充分肯定十年来重大革命历史题材影视创作取得的显著成绩，强调重大革命历史题材影视创作的重要意义。他说，做好这项工作，再现中国革命波澜壮阔的历史画卷，展示革命领袖和先辈百折不挠、为国为民的高尚精神和光辉业绩，这是生动形象的党史教育和爱国主义教育，有助于人们特别是青少年了解革命艰难历程，珍惜今天来之不易的幸福生活，有助于发扬光荣传统，振奋民族精神，激发爱国热情，培育“四有”新人。他希望大家认真总结经验，倾注对党、对人民、对革命前辈的真挚深情，努力把重大革命历史题材影视片拍得更好，奉献给祖国，奉献给人民。

(摘自《电视研究》1997 年第 9 期)

丁关根在北京电视台谈 1997 年下半年宣传思想工作主要任务是迎接十五大，学习十五大，宣传十五大，贯彻十五大

(1997 年 7 月)

中共中央政治局委员、书记处书记、中宣部部长丁关根 29 日到北京电视台调查研究。他强调指出，下半年宣传思想工作的主要任务是，迎接十五大，学习十五大，宣传十五大，贯彻十五大，新闻单位要围绕十五大认真做好宣传报道工作。

丁关根强调，宣传思想工作的主要任务是，以科学的理论武装人，以正确的舆论引导人，以高尚的精神塑造人，以优秀的作品鼓舞人。宣传思想工作总的要求是，高高举起邓小平建设有中国特色社会主义理论的伟大旗帜，紧紧围绕经济建设这个中心，大大加强精神文明建设力度，牢牢把握正确舆论导向。坚持党的基本路线不动摇，坚持同以江泽民同志为核心的党中央保持一致，坚持为人民服务、为社会主义服务、为全党全国工作大局服务。

丁关根指出，从现在起到十五大召开，要进一步宣传江泽民同志在中央党校的重要讲话，深入进行党的基本理论和基本路线教育，大力宣传十四大以来两个文明建设的巨大成就，为十五大召开创造良好的舆论氛围。同时，要在全国持续深入地开展“讲文明、树新风”活动，在文明言行、环境卫生、服务质量、交通秩序四个方面见成效，以文明礼貌、清洁有序的社会环境迎接十五大召开。

(摘自 1997 年 7 月 30 日《人民日报》)

二、广播电影电视部领导讲话

把握大局　开拓前进
努力开创广播影视工作的新局面

——孙家正在全国广播影视厅（局）长会议上的讲话（摘要）

（1997年1月）

一、认清形势，牢牢把握广播影视工作的正确方向

刚刚过去的1996年，是实施国民经济和社会发展“九五”计划和2010年远景目标纲要的开局之年。在以江泽民同志为核心的党中央的正确领导下，全国的改革开放和社会主义现代化建设取得了巨大的成就，社会主义精神文明建设蓬勃开展。我们的国家经济发展、政治稳定、民族团结、社会进步、人民安居乐业，形势发展十分有利。

广播影视战线的形势也是非常好的。我们继续认真贯彻江泽民同志关于广播影视工作的重要指示，贯彻中办、国办（1995）27号文件精神，全面推进了广播影视工作，做到了舆论导向正确，把握平稳，引导水平有所提高；实施精品战略初见成效，优秀作品明显增加；事业建设稳步推进，节目覆盖继续扩大，重点工程进展顺利；管理工作加大了力度，法制建设加快了步伐；科技教育取得了新的进展，队伍建设进一步加强。整个广播影视战线呈现蓬勃向上的局面。当然，在发展的过程中，还存在许多困难、矛盾和问题，有些问题相当突出，我们务必保持清醒的头脑，兢兢业业地做好工作。

今年，是我们国家历史发展上十分重要的一年，两件举世瞩目的大事将牵动整个国家和民族：一是我们将恢复对香港行使主权，二是将召开党的第十五次全国代表大会。这两件大事，意义重大，影响深远。党中央要求我们，要正确认识和把握形势，努力抓住新的发展机遇，坚持党的基本理论、基本路线和基本方针，正确处理改革、发展和稳定的关系，促进经济发展和社会全面进步，巩固和发展全党和全国各族人民以巨大努力赢得的好形势。

根据中央的精神和广播影视系统的实际，今年广播影视工作要以邓小平建设有中国特色社会主义理论为指导，把握大局，再接再厉，同心同德，开拓前进，开创广播影视工作新局面，更好地为人民服务、为社会主义服务、为全党全国工作大局服务。实践证明，广播影视工作要坚持正确的方向，最重要的是要把握好以下四点：

一是坚定不移地坚持以邓小平建设有中国特色社会主义理论指导广播影视的全部工作，这是确保广播影视事业沿着正确的政治方向发展的根本保证。

二是坚定不移地在思想上政治上与以江泽民同志为核心的党中央保持高度一致，自觉维护党中央的领导权威，维护全党、全国各族人民的团结。要把这一条作为严肃的政治纪律和宣传纪律，模范地遵守，自觉地维护。

三是坚定不移地坚持以经济建设为中心，全面贯彻党的基本路线，动员和鼓舞全国人民为实现“九五”计划和2010年远景目标而努力奋斗。

四是坚定不移地坚持“以科学的理论武装人，以正确的舆论引导人，以高尚的精神塑造人，以优秀的作品鼓舞人”，大力推进社会主义精神文明建设。

二、把握重点，全面完成今年的各项任务

（一）关于新闻宣传工作

广播影视工作中，最重要的是新闻宣传、舆论导向。江泽民同志视察人民日报社时明确指出：“舆论导向正确，是党和人民之福；舆论导向错误，是党和人民之祸。”要求我们要始终把坚持正确的舆论导向放在工作的首位。今年的广播电视宣传工作，总的要按照丁关根同志的讲话和中宣部的部署进行。结合广播电视宣传的实际，主要是要牢牢把握好三点，精心

组织好两件大事的宣传。

牢牢坚持以经济建设为中心，大力加强改革开放和现代化建设的宣传。经济建设宣传，不能简单地理解为仅仅是对经济政策、改革措施的宣传，至少要在以下几个方面下功夫：一是深入宣传社会主义的根本任务是发展生产力，继续动员全国人民为“九五”计划和2010年远景目标的实现而团结奋斗。二是围绕切实推进两个根本性转变，进一步做好加强农业基础地位、加快国有企业改革步伐、加大经济结构调整力度、继续保持良好的宏观经济环境、提高对外开放水平、实行可持续发展战略的宣传。三是加强科技教育的宣传，努力推动科教兴国战略的实施。四是继续加强对改革开放先进地区和单位成就和经验的宣传，推进深化改革、扩大开放、促进发展。

牢牢抓住贯彻六中全会精神的极好时机，切实加大精神文明建设宣传力度，努力开创精神文明建设新局面。一是要深入宣传邓小平建设有中国特色社会主义理论，引导广大干部群众深刻领会和把握这一理论的科学体系。二是继续宣传精神文明建设的指导思想和奋斗目标，宣传十四大以来精神文明建设取得的积极成果和各地开展的精神文明创建活动。三是大力宣传各条战线的先进集体、先进人物，把思想道德建设进一步落到实处。四是大力弘扬创业精神和艰苦奋斗的作风，注意报道精神文明和物质文明相互促进、协调发展的先进典型。

牢牢把握大局，把维护政治、经济、社会的稳定放在更加突出的地位。要坚持团结稳定鼓劲、正面宣传为主的方针，批评、揭露性报道要坚持实事求是，使之有利于化解矛盾，维护社会稳定。

精心组织好香港回归和党的十五大召开两件大事的宣传报道。对香港回归的报道，一定要按照中央的统一安排进行，切不可自作主张，各行其是。党的十五大召开之前，要深入开展党的基本理论、基本路线的宣传教育，宣传十四大以来的改革开放成就和先进基层党组织、模范党员的事迹，增强广大干部群众坚持走有中国特色社会主义道路的坚定信念，激励人们为实现跨世纪宏伟目标而奋斗。会议之后，要按中央的部署，全面深入地学习、宣传好十五大精神。

要进一步加强对外宣传工作，增强主动性、针对性和时效性，维护和树立我国在国际上的良好形象。

(二) 关于繁荣广播影视文艺，多出优秀作品

以优秀作品鼓舞人是今年的重点工作。

要组织广大影视文艺工作者认真学习江泽民同志在中国文联第六次全国代表大会和中国作协第五次全国代表大会上的重要讲话。通过学习，树立正确的创作思想，深入生活、深入实际，以极大的热情，自觉担负起“以优秀的作品鼓舞人”的神圣职责。我们一定要在把握正确创作思想的前提下，在艺术上下苦功夫，努力创作更多思想精深、艺术精湛、制作精良，无愧于伟大时代的优秀作品，为社会主义文艺事业的全面繁荣和社会主义精神文明建设做出应有的贡献。

要认真贯彻党的文艺方针，加强对广播影视文艺工作的政治领导，加强对广播影视文艺工作队伍的思想道德教育，加强对广播影视艺术和学术的引导。要遵循文艺的客观规律，用符合文艺规律的办法来管理和指导广播影视文艺工作。热忱地鼓励广播影视文艺工作者进行不倦的探索和创造，支持艺术上不同形式、不同风格的自由发展；为他们深入生活、深入群众，不断提高思想业务素质，充分增长和发挥艺术创造力，提供良好的条件。

(三) 关于贯彻中办、国办37号文件精神、切实加强管理

最近，中央办公厅、国务院办公厅发出了《关于加强新闻出版广播电视业管理的通知》。大家已经进行了认真的学习和讨论。对于管理工作，部党组一直抓得很紧，从1994年开始停批县级台，1995年全面停止批台。应当讲，对于治散治滥，我们见事不算迟，行动也不慢，但力度不够，效果不明显。两办通知的下发，充分体现了党中央、国务院对加强广播电视行业管理，抓好治散治滥工作的高度重视，是贯彻党的十四届六中全会精神的一项重要措施。我们要从政治上与党中央保持一致的高度，从社会主义精神文明建设的全局来认识和对待这个问题，坚决贯彻执行两办通知精神，切实采取有力措施，全面开展治理工作。

应当看到，加强管理，治理散滥，是广播电视事业发展的客观要求。改革开放以来，广播电视事业获得了迅速的发展。这对扩大广播电视节目覆盖，满足人民群众日益增长的精神文化需求，起了积极的作用。但是，由于事业发展很快，管理工作、法规建设、队伍素质等方面没有完全跟上，也出现了不同程度的散滥现象。这次治散治滥，就是为了集中治理解决这些问题。惟有如此，才能巩固广播电视这块社会主义精神文明建设的重要阵地。

这次治理的涵盖面比较大，两办通知已对治理的基本内容、主要任务作了原则规定，部里也明确了具体的治理措施和实际步骤。

在做好治理工作的同时，要十分重视加强内部管理，特别是加强播出管理。近年来，由于内部工作人员的责任心问题和内部管理问题，播出事故不时发生，险情不断。我们一定要从讲政治的高度，以强烈的政治责任心，切实负起责任，采取有力措施，从根

本上加强管理，消除隐患，严格制度，确保安全播出。

（四）关于依靠科技进步，推进事业发展

加强广播电视覆盖网建设，实现到2000年广播和电视人口覆盖率分别达到85%和90%，这是八届人大四次会议通过的《国民经济和社会发展“九五”计划和2010年远景目标纲要》规定的任务。《中共中央关于加强社会主义精神文明建设若干重要问题的决议》明确提出：“要以提高中央和省级广播电视覆盖率为重点，加强广播电视覆盖网建设。”中办、国办37号文件再一次重申：“以提高中央和省级广播电视覆盖率为重点，加强广播电视传输覆盖网的规划、建设和管理。”在不到一年的时间里，党中央、国务院在三个重要文件里明确提出广播电视事业建设的重点任务，这充分体现了对广播电视事业的高度重视和巨大关怀。为此，我们要坚持依靠科技进步，大力加强和完善以中央台和省级台为主体、以市县台为基础的全国广播电视传输覆盖网；要继续加强对各级骨干发射台、转播台进行技术改造，最大限度发挥传播效益，有效扩大中央台和省级台第一套节目的覆盖面，切实增强对内对外广播的实力；要加速卫星广播电视网的发展，逐步建成全国广播电视专用卫星传输系统；要加强有线广播电视光纤与同轴电缆网络的发展，加快微波线路的数字化改造和干线建设等等。

事业发展的重点是覆盖，覆盖的重点在农村。据最新统计，1996年底我国广播、电视人口覆盖率分别为83.7%和86.1%，分别比上一年增长了5个百分点和1.6个百分点。尚未实现覆盖、收听收看不到广播电视的地区，基本上属于经济落后、地形复杂、偏远闭塞、交通不便、生产和生活条件很差的农村特别是老少边贫地区。如何提高广播电视人口覆盖率，扩大农村广播电视覆盖面，尽快解决农村群众听不到广播、看不到电视、看不到电影的问题，是我们事业建设面临的重要任务。

（五）关于科研、教育和理论研究

当今世界科学技术发展很快，特别是广播电视相关技术发展更为迅速，卫星传送技术、高清晰度电视、数字技术等日臻成熟，这些都为广播影视利用先进技术、改善视听条件，提供了极好的外部环境。能否大力依靠科技进步，积极跟踪国际先进科学技术，加强高新技术的研究、推广和应用，加速技术改造和设备更新，关系到广播影视事业以什么面貌和实力跨入21世纪。1997年将在已经取得进展的基础上，继续加强重大科研项目，如数字音频广播、高清晰度电视、数字视频广播、数字电影制作关键技术、有线电视宽带综合信息网技术的研究和实施，以推进广播影视的现代化。

适应广播影视事业发展对人才的需要，要以培养合格人才、提高教育质量和办学效益为中心，积极稳妥地进行广播影视院校办学体制、管理体制和教育教学改革。进一步调整院校专业设置，加强重点学科、重点专业建设，大力提高教师队伍的政治业务素质。切实抓好“九五”国家级、部级教材的编辑出版工作。继续办好部属院校和各省的中专学校，为广播影视多出人才，实现跨世纪奋斗目标服务。

广播影视理论研究一直是一个薄弱环节，某些错误的理论观点、学术观点也不时干扰我们的工作。因此，迫切需要在以邓小平建设有中国特色社会主义理论的指导下，科学总结我国广播影视事业的历史和现状，积极开展广播影视理论研究，以促进广播影视事业的繁荣发展。

（六）关于队伍建设

改革开放以来，广播影视事业特别是电视事业，获得了巨大的发展，与此同时，队伍也迅速扩大，队伍的整体素质远远跟不上事业发展的要求。因此，建设高素质的广播影视队伍，已成为我们整个系统紧迫的任务。

江泽民同志在视察人民日报社的重要讲话中强调：“新闻事业能不能办好，关键在有没有一支高素质的新闻队伍。”他指出，新闻工作者必须努力提高思想政治素质和业务素质，要打好理论路线根底、政策法律纪律根底、群众观点根底、知识根底和新闻业务根底，要坚持和发扬敬业的作风、实事求是的作风、艰苦奋斗的作风、清正廉洁的作风、严谨细致的作风、勇于创新的作风。我们要认真贯彻落实江泽民同志的讲话精神，全面加强广播影视队伍建设。

加强队伍建设，首先要抓好领导班子的建设。要把政治上可靠的优秀人才选拔到关键性岗位上来，把广播影视的领导权牢牢地掌握在忠于马克思主义、忠于党、忠于人民的人手里。

其次，所有工作人员，都要具备三个基本条件：一是熟悉党的基本理论、基本路线和基本方针；二是懂得广播影视基本法规和与本岗位相关的基本规章制度；三是掌握本职工作的基本知识和基本技能。此外，要模范遵守法纪和职业道德，坚决反对有偿新闻、假公济私等不正之风。

以上所讲的，归纳起来，就是要坚持一个根本指针、推进六项建设。一个根本指针，就是要努力学习和掌握邓小平建设有中国特色社会主义理论，并以这一理论武装广播影视工作者的头脑，指导广播影视全部工作。六项建设，一是理论建设，要在邓小平建设有中国特色社会主义理论指导下，逐步探索和建立具有中国特色社会主义广播影视理论体系；二是精品建设，要努力推出一批又一批思想精深、艺术精湛、制作精良的广播影视作品；三是技术基础建设，要努力建设一批适应信息社会需要的技术先进、装备精良、安全畅通的广播影视技术基础设施；四是法制建设，要努力制定一套体制完备、结构科学、内容严密、形式规范的广播影视法规体系，实行依法管理；五是人才建设，要重视科研教育，加强后备人才的培养，努力造就一支政治强、业务精、纪律严、作风正，适应未来广播影视事业发展需要的队伍；六是队伍的思想作风建设，要努力在全系统形成讲政治、讲大局、讲团结、讲奉献、讲风格的职业道德风尚和敬业守责、严谨务实、清正廉洁、艰苦创业的思想作风。

三、务求实效，努力提高领导工作水平

一是要加强学习，努力提高思想理论水平和业务能力。讲学习，首先要认真学习马列主义毛泽东思想，特别是邓小平建设有中国特色社会主义理论，深刻理解邓小平理论是党在新时期各项工作的根本指针，也是确保广播影视事业沿着正确的政治方向发展的根本保证。同时要努力学习现代科学文化知识，学习广播影视工作所需要的新闻、文艺、科技、管理、法律等有关业务知识，不断开拓自己的知识领域和业务视野，了解世界、社会和广播影视的未来发展趋势。希望同志们工作越忙越要坚持学习，要努力造成浓厚的学习空气，养成善于动脑、勤于思考的好习惯，努力改进工作方法，提高领导艺术和工作水平。

二是要突出重点，推动工作的全面开展。今年广播影视工作任务重、头绪多、要求高。这就要求我们在工作中要善于分清主次，分清轻重缓急，要把主要精力放在那些带有全局性、导向性的问题上。《1997年广播电影电视工作要点》提出了六个方面的工作任务，其中围绕两件大事做好新闻宣传工作、以优秀作品鼓舞人工作方面取得明显成效和治散治滥加强管理等三个方面是今年工作的重点，是广播影视系统的中心任务；事业发展、科研教育、队伍建设等三个方面是关系长远的基础性工作。我们在工作中，一定要突出重点，把着力点放在抓舆论导向、抓精品创作、抓治散治滥上，确保三项重点工作的圆满完成。同时，也不能放松三项基础性工作，要通过抓三项重点工作，带动三项基础性工作的全面开展。

三是要狠抓落实，把总体规划和具体工作措施有机结合起来。

四是要注重调研，增强工作的预见性和主动性。

五是要团结协作，正确处理好系统内外的各种关系。当前广播影视事业面临着一个极好的发展机遇，同时也遇到了一些挑战。在这样的形势下，能否妥善协调处理好系统内外的各种利益关系，是广播影视事业健康有序发展的一个十分重要的问题。我们一定要站在全局的高度，立足于事业的长远发展，来认识这个问题。既要看到部门之间、单位之间在工作中难免会产生一些竞争，也要看到这些竞争是以共同目标、共同利益为前提的，以相互支持、相互协作为条件的社会主义新型竞争关系。对广播影视系统内部来讲，要提倡以大局为重、相互谅解、相互支持的风气，以增强凝聚力，充分发挥广播影视系统的整体优势；对外部来讲，广播影视部门一定要高举团结、联合的旗帜，加强全局观念，加强同有关部门的协作和合作。在工作中要注意把原则性与灵活性很好地结合起来，既要敢于依法管理，又要善于协商解决问题，求大同、存小异，使广播影视事业的发展能继续得到社会各方面、各部门的理解和支持，同时，又能更好地运用广播影视为各行各业的改革发展服务。

（摘自《决策参考》1997年第1～2期）

努力建设高素质的广播影视队伍

——田聪明在全国广播影视厅（局）长会议上的讲话（摘要）

（1997年1月）

一、关于领导班子的思想政治建设问题

由于地方厅（局）的领导班子是地方党委管，广电部部党组所能做的工作，一是根据中央的精神和我们的工作特点，提一些原则和要求；二是通过纪检、

监察系统的工作，在政治宣传纪律、廉洁自律、行业管理等方面进行党纪、政纪监督和执法检查，包括查处一些涉及领导干部违纪的案件。

对广电部部机关和直属企事业单位领导班子的建设，首先是继续下功夫抓邓小平建设有中国特色社会主义理论和党章的学习。去年我们继续实行部党组中心学习组、各单位中心学习组与在职学习相结合，采取了自学、集体讨论、民主生活会与讲党课相结合等一些新的措施。

第二，根据中央“德才兼备”的干部标准和干部队伍“四化”要求，积极选拔和培养优秀青年干部，并从机关和各直属单位领导班子的年龄结构、业务结构和工作需要出发，把他们逐步提拔到领导岗位上来。现在，中央三台及近半数的机关和企事业单位领导班子实现了至少有一位40岁左右的青年干部的年龄结构要求，业务知识结构也趋于合理。

第三，加大了领导干部交流的力度。1996年有两名司局级干部交流到山东和内蒙古工作，中央三台之间相互交流了一名副台长。机关和企事业单位之间，司局级干部和处级干部共交流了23名。

第四，加大了对领导干部管理和监督的力度。一是逐步建立谈话制度。二是由人事司、机关党委和纪检部门共同组成检查组，对机关和部分单位领导班子坚持贯彻党的民主集中制的情况进行了一次检查。三是坚持年度考核制度。四是坚持民主生活会制度。五是对企业班子建设作了些改革。

1997年领导班子的思想政治建设，从工作措施上讲，主要还是上面这几条，其中对企业领导班子的建设要进一步加大力度。我们要继续认真学习江总书记去年“七一”重要讲话和他视察人民日报社时的重要讲话，把中央和中组部的部署与我们的实际结合起来坚持不懈地抓。特别要在开展以“讲学习、讲政治、讲正气”为主要内容的党性党风党纪教育中，从理论与实践的结合上，用正反两方面的典型教育全系统各级领导，尤其是要教育主要领导干部正确对待和运用手中的权力。

我上面讲的这些，对各省、自治区、市厅（局）来说，主要是请你们在加强厅（局）班子自身建设和对所属电台、电视台、厅（局）机关及直属单位班子建设时注意。

对部机关和直属各单位的主要领导，则必须根据部党组的部署和要求，首先搞好本机关和本单位领导班子的思想政治建设，同时认真抓好处级和部门领导班子建设。

二、关于加强培训工作，不断提高现有干部队伍素质的问题

这项工作我们过去也一直在做，1996年加大力度，又采取了一些新的措施。概括起来有以下几点：

第一，制定了广电部《1996—2000年干部培训规划》（以下简称《规划》）。

第二，在制定这个《规划》中，坚持将中央的精神和全系统干部队伍的管理体制、素质状况及实际工作需要相结合；坚持将制定《规划》同宣传《规划》、部署《规划》相结合，因而使《规划》实施有了比较好的基础。经半年多实践证明，《规划》比较切实可行，实施比较顺畅。

第三，我们从制定《规划》开始就注意正确处理好两个问题：一是收费问题。我们明确规定，起码这五年的干部培训，各个环节上都不以赚钱为目的，而政府要增加投入。二是培训时间和内容，总的要求是在比较短的时间内有比较大的收获。在培训内容上，我们强调要有针对性，要有实际内容，要管用。

第四，把干部培训和解决干部管理、干部培养中的一些实际问题结合起来，为干部的健康成长和素质的不断提高创造条件。比如，今后播音员、节目主持人，除按干部德才标准由组织人事部门考核，党委（党组）集体决定外，还应抓紧确定专业考核测试的机构和人员。经同国家语委几次商量，确定逐步在省级广播电视厅（局）设立播音员、节目主持人专业能力测试机构。为此，由部人事司和国家语委语言司一起，在广播学院培训省级台播音员、节目主持人骨干，经考试合格者，发给国家承认的国家级普通话测试员资格证书，能够测试、认定播音员、主持人普通话的等级。

第五，半年多来，部里共办管理干部培训班两期，培训了91人；办专业干部培训班四期，培训了200余人。电影制片厂厂长培训班正在进行，有50多人参加。

各省、自治区、市厅（局）的干部培训工作发展尚不平衡。到目前为止，有半数以上的省、自治区厅、市（局）已经制订了培训规划，有些省、自治区厅、市（局）还没有拿出来，培训也没有开展，希望引起重视、抓紧做工作，不要拖后腿。

1997年的培训任务相当繁重。根据当前的实际，要着重解决好这样几个问题：

第一，领导重视问题。从目前各省、自治区、市厅（局）和部机关、直属单位的领导来说，总的是越来越重视，但还要继续加强。

第二，要有一个切实可行的规划。特别是还没有做出规划的厅（局）应尽快做出，已有的规划也要随着情况的变化适时加以调整。

第三，要做出具体安排。一方面按部里的五年《规划》和1997年培训计划，按时派出参加培训的人员，特别是厅（局）长和电台、电视台台长等。

第四，抓好广播影视系统的干部培训，提高干部队伍素质的工作，要在党组（党委）的统一领导下，由人事部门牵头，按业务分工，各职能部门、有关部门共同来抓。

三、关于办好广播影视院校，为广播影视队伍不断培养合格人才问题

我们全系统共有高校4所、中专20所（不包括电影中专学校）。1996年毕业的学生共3665人。

我们绝不是说今后全国广播影视系统的人才都要从我们这些院校培养，因为这既没有可能，也没有必要。但有三点应该是明确的：一是在一些学科和专业中，如广播影视新闻，电影电视文艺编导，播音、节目主持，以及广播影视节目制作等方面的专业人才，广播影视院校无疑是培养输送的主渠道；二是我们的广播影视院校理所当然应当成为广播影视干部队伍接受继续教育的主要基地；三是各级广播影视机构所需要的中级人才，主要靠我们自己培养。因此要紧密结合广播影视事业当前和长远的人才需求，逐步调整和优化专业结构，下功夫办好重点学科和重点专业；逐步改进教学内容和教学方法，提高教学质量，培养高素质人才；逐步改革管理体制，建立激励机制，充分调动广大教职员工特别是广大教师教学、科研的积极性、主动性和创造性，下决心培养一批在国内外有影响的教学科研骨干；逐步增加财政投入，尽力增加学校创收，努力拓宽社会助学渠道，适度发展办学规模。进而逐步形成教学质量、办学效益逐年提高，办学条件、教职工住房等生活设施逐年改善的良性循环。

根据这一基本指导思想，近两年我们主要抓了这么几件事：一是决定从中央电台、中央电视台广告收入中拿出一部分，建立了教育专项补助金。二是采取切实措施加强教师队伍建设。如对年轻教师考取硕士、博士研究生，由专项补助金支付学费。同时每年都要从全国硕士以上毕业生中择优接收一部分充实教师队伍，还集中部里的进京户口指标吸引各地高学历、高素质的中青年教师到我们的高校工作。三是加强了高校的科研工作。四是进一步明确了高校重点学科。五是继续推进办学体制改革。

在教育方面，各厅（局）和直属各单位要注意做的工作，一是今后大中专院校将有计划地增加定向招生的人数。二是地方各厅（局）、电台、电视台、电影制片厂等广播影视单位，要更多地支持广播影视教育。

总之，为了不断培养又红又专的广播影视人才，不断为跨世纪的广播影视队伍输送新鲜血液，主要靠广播影视院校的党政领导把中央的精神同学校的实际相结合，团结带领全校教职员工，集中精力，一心一意做好工作。同时，从部党组开始，部机关各部门都要继续重视、关心和支持教育事业。这样，建设高素质的广播影视队伍就有了坚实的基础。

（摘自《决策参考》1997年第1～2期）

实施电视剧精品战略　推动电视剧精品生产

——刘习良在1997年度全国电视剧题材规划会议暨第十六届电视剧“飞天奖”颁奖会议上的讲话（摘要）

（1997年3月）

1996年是我国实施“九五”计划和2010年远景目标纲要的第一年。国民经济持续、快速、健康发展，社会全面进步，为电视剧创作提供了一个十分有利的大环境。中共中央十四届六中全会通过了《关于加强社会主义精神文明建设若干重要问题的决议》；江泽民同志和其他中央领导同志就文艺工作多次发表重要讲话；特别是江泽民同志《在中国文联第六次全国代表大会、中国作协第五次全国代表大会上的讲话》，对当前文艺战线的形势和任务以及繁荣社会主义文艺的指导思想和基本原则作了深刻的阐述，这是

指导包括电视剧在内的我国文艺工作的又一个具有历史意义的重要文献。

目前，我们正在认真学习这些文件和讲话。我们要以文件和讲话的精神为指导，总结电视剧创作的经验和教训，加强科学管理，坚持正确的创作方向，出精品，出力作，为繁荣电视剧创作做出新的努力。

我根据个人的学习体会，结合近两年电视剧创作的实际情况，谈三个问题，供大家参考。

一、对近两年电视剧创作的基本评价

如何看待近两年电视剧创作形势，存在着不同意见。我想，我们还是应该通过客观的分析，做出符合实际的评价，争取达到基本一致的认识，以利于电视剧创作沿着正确的方向健康发展。

前面提到的几个文件和讲话对文艺工作的形势都做了概括性的分析。谈到十几年来文学艺术各个门类的创作成就时，江泽民同志说："作品数量之多，形式、风格、流派之多样，体裁、题材、主题之丰富，都是前所未有的。"我认为，这个评价完全符合我国电视剧创作的实际成绩。

先看数量。电视剧生产数量的迅猛增长是不争的事实。只要举出两个数字，就足以说明问题：1990年我国电视剧年产量是5224集，而1995年和1996年的年产量均达到了8000集左右。为什么电视剧数量增长这么快？原因是社会需求量越来越大。目前，国产电视剧主要是供中央电视台及地方电视台播出使用。1990年，我国共有509座无线电视台，行政区域有线电视还处于起步阶段。1995年，无线电视台达到837座，1996年为880座，有线电视台1178座。即使以每家电视台平均每年播出5集新制作的国产电视剧来计算，那就需要生产10000集电视剧。因此，每年保证电视剧生产达到相当的数量，是一个不可忽视的问题。

再看质量。电视剧是精神产品，和数量多少相比，质量高低是个更为重要的问题。质量高超，可以"振奋民族精神，陶冶道德情操，提高审美情趣，丰富文化生活"；质量低劣，会给人们带来精神损失，助长社会不良风气，引发各种社会问题，尤其是影响青少年的健康成长。而且，正反两种影响都具有持久性，甚至可以传代。因此，对电视剧质量要求更严格些，完全是合情合理的。

1995年和1996年生产的电视剧质量如何？

我先通报一下第十六届全国电视剧"飞天奖"的评选情况。

第十六届"飞天奖"评委会共收到参评作品143部920集。经过严格的评选，共有58部426集电视剧获得名次奖，占参评作品总集数的46%。另外，还评出了11个单项奖，7部作品获得提名奖。

从评选结果来看，1995年度的电视剧创作取得了明显的进步。

首先，现实题材电视剧和历史题材电视剧播出量比例失衡状况有明显改变，现实题材和革命历史题材电视剧佳作迭出，成绩斐然。

《英雄无悔》在全国"五个一工程"的电视剧和"飞天奖"长篇电视连续剧评奖中都力拔头筹，既得到专家好评，又受到观众欢迎，是近年来电视剧创作中的一个重大收获。《西部警察》、《天网》、《咱爸、咱妈》、《梦醒五棵柳》、《苍天在上》、《乡下人·城里人·外国人》、《坨子屯纪事》等从不同视角真实地反映了改革开放以来我国城乡现实生活的巨大变化，细腻地描绘了在经济体制转型过程中人们的生存状态、处世心理、道德观念的嬗变。这几部现实题材电视连续剧主题严肃，风格多样，既能给观众以人生启迪，又能给观众以审美愉悦。剧中塑造的一些人物性格鲜明，给人留下较深的印象。以真人真事为基础拍摄的电视剧中，《孔繁森》和《牛玉琴的树》将写实与艺术加工巧妙结合，以朴实无华的风格向观众展示了当代先进人物的模范事迹和高尚的情操，不愧为中、短篇电视剧的领衔佳作。革命历史题材电视剧《七战七捷》、《邓颖超和她的妈妈》、《黄土岭1939》等将观众带回民主革命年代，唤起人们对我党、我军优良传统的回忆，对各个年龄段的观众都很有教育意义。

这两年，历史题材电视剧和根据古典文学名著改编的电视剧，数量仍然不少，有些作品博得观众喜爱，境外电视公司也乐意购买。

其次，中、短篇电视剧的创作水平有所提高，一些有见识的电视台对这两类电视剧的播出给予了更多的方便。

进入本届"飞天奖"终评的中篇电视剧共有23部，获得名次奖的为15部，占65%；短篇电视剧共有18部，获得名次奖的为9部，占50%。这个比例是相当高的。中、短篇电视剧的总体质量有所提高，中篇电视剧水平提高尤为明显。其中有几部作品思想性和艺术性结合得相当完美，美学品位相当高超。

电视剧质量优劣不取决于集数多少。长篇电视连续剧容量大，易于容纳复杂的情节、广阔的时空以及人物起伏跌宕的生活经历和情感变化。但是，近年来，电视剧越拍越长，节奏缓慢，情节拖沓，故意"卖关子"。并非全是主创人员不懂得电视剧创作的艺术规律，而是受到资金的制约，服从于商业行为的要求。我们呼吁抑制电视剧趋长风，主要目的是希望大家按艺术创作规律办事，把每位艺术家的才能真实地体现在电视剧的创作之中，为观众奉献“含金量”高的艺术精品。

为了鼓励多拍摄一些优秀的短篇电视剧，中央电视台在去年10月举办了“优秀短篇电视剧展播”活动。此前，上海电视台也采取了类似行动。参加展播的短篇电视剧紧跟时代步伐，力求在一两集的篇幅内突现人物性格，体现时代精神。这类活动将会改变短篇电视剧严重匮乏的状况，为倡导和鼓励短篇电视剧的创作做出积极贡献。

少儿电视剧、戏曲电视剧和反映少数民族生活的电视剧一直是电视剧创作的弱项。近两年来，这些弱项均有所加强。在本届“飞天奖”评选中，共有10部少儿电视剧和13部戏曲电视剧获奖。反映少数民族生活题材的电视剧，如《布依女》、《南诏奉圣乐》等，都受到好评。相比之下，戏曲电视剧的进步更为明显，如越剧《秋瑾》、黄梅音乐剧《家》、评剧《情醉老龙沟》等，都是上乘之作。

为了鼓励短篇电视剧创作，加强电视剧创作中的弱项，1997年还将在适当时候举办类似展播活动，希望各个制作单位踊跃参加。

除了第十六届“飞天奖”以外，去年还进行了第五届“五个一工程”、第六届全国少数民族题材电视艺术“骏马奖”、第十四届“大众电视金鹰奖”和第四届全国法制题材电视剧“金剑奖”的评奖。据估计，1995年度制作的电视剧中大约有10%在这几项具有全国影响的电视剧评奖中获奖。

1996年4月15日以后，各家电视剧制作单位又生产出一大批电视剧，像《遵义会议》、《长征岁月》、《弘一大师》、《浦江叙事》、《男人没烦恼》、《别了，莫斯科》、《平平常常的故事》、《一号机密》、《同船过渡》、《李润五》、《午夜有轨电车》、《万事如意》、《官场现形记》、《蝴蝶兰》、《炎黄二帝》、《毛泽东在陕北》、《儿女情长》等，引起评论界和观众的关注。大体上说，电视剧创作和播出仍然保持了前一时间的良好势头。

在介绍了这些情况以后，我想可以对近两年生产的电视剧成绩做如下的基本评价：1995年、1996年的国产电视剧数量稳步增长，质量有较大提高，现实题材和历史题材的电视剧比例失衡状况有所改变，中、短篇电视剧水平有所提高，电视剧创作中的弱项有所加强，特别是制作出了一批现实题材和革命历史题材的优秀电视剧，其中一部分作品基本上达到了“思想精深、艺术精湛、制作精致”的精品电视剧的要求。

在看到电视剧创作的成绩和进步的时候，我们绝对不能忽视实际存在的问题。

就我看过的电视剧而言，大抵可以分为四个等级。一等品是优秀电视剧。二等品是普通电视剧。三等品是平庸电视剧。四等品是低劣电视剧。

优秀作品偏少，平庸之作偏多，国产电视剧总体质量欠佳，国产电视剧令人忧心的状况，至今仍没有根本扭转。我们要设法使这种状况有较大改观。

根据中央的统一部署，广播电影电视部对1997年广播影视工作提出了总的要求，这就是：在以江泽民同志为核心的党中央领导下，坚持党的基本理论、基本路线、基本方针，紧紧围绕恢复对香港行使主权和党的十五大召开两件大事，认真贯彻党的十四届五中、六中全会精神和中央关于广播影视工作的一系列重要指示，按照“把握大局、再接再厉、同心同德、开拓前进”的根本要求，全面落实四项主要任务，牢牢把握正确舆论导向，大力提高节目和影片质量，努力推进事业协调发展，坚决稳妥地开展治理散滥工作，进一步加强队伍的思想政治建设，更好地为人民服务、为社会主义服务、为全党全国工作大局服务。

关于广播影视文艺工作，孙家正同志根据中央的要求，提出：“以优秀作品鼓舞人是今年的重点工作，各地在这方面要花更大的力气，力求有明显的进步。”

具体到电视剧创作，部里提出：1. 坚持适当控制数量、猛攻质量的原则；2. 下力气抓好现实题材电视剧和中短篇电视剧的创作；3. 开好题材规划会，加强宏观调控，强化跟踪落实措施；4. 召开全国重大革命历史题材影视创作座谈会，总结十年来的经验，进一步加强重大革命历史题材影视创作的规划和管理；5. 在党的十五大召开前后，集中播出一批反映党的伟大业绩的优秀影视剧。总起来说，要力求今年电视剧的思想性、艺术性都有明显进步。

二、多出精品，普遍提高电视剧质量

这些年我们搞市场经济，渐渐悟出一个道理，产品要适销对路，质量是产品的生命。对精神产品来说，这个道理也同样适用。这就要求我们每年都要制作出适合大多数观众正当需求的、高质量的电视剧。

为了多出精品电视剧，就要树立精品意识，实施精品战略，推动精品生产。具体来说，要加强规划，抓住重点，提出奋斗目标和保证措施。从确定剧本开始，就要邀集各方专家反复论证，对剧本进行认真修改；投拍时，要调集精兵强将，并给予资金保证。

对艺术精品的内涵，1996年6月10日，江泽民同志在视察八一电影制片厂时，要求电影工作者“努力创作出更多思想精深、艺术精湛、制作精致，具有强烈吸引力、感染力的优秀作品”。“三精”标准同样适用于电视剧创作。

作为电视剧管理人员，我想提出以下三点意见，供电视剧主创人员参考。

第一，认真学习马克思列宁主义、毛泽东思想和邓小平建设有中国特色社会主义理论，以科学的理论武装头脑，以科学的观点观察世界、观察历史、观察现实，透过错综复杂的社会现象认识生活本质，把握时代精神。

其次，学习马克思主义文艺理论和党的文艺方针，树立和坚持正确的创作方向，永远把“为人民服务，为社会主义服务”作为电视剧创作的基本要求，按照思想性和艺术性尽可能达到完美统一的观点正确处理“主旋律”和“多样化”的关系。

前几年，我们既存在对“主旋律”“泛化”的理解，也存在“窄化”的理解，把“提倡主旋律”简单地看作是题材选择问题。1994年初，江泽民同志指出，弘扬主旋律就是要在建设有中国特色社会主义理论和党的基本路线指导下大力倡导四种思想和精神。从那以后，大家在认识上基本取得一致。当前，特别要强调表现“主旋律”的电视剧要大力提高艺术性，加强吸引力和艺术感染力，使深刻的思想蕴含通过生动感人的精湛艺术表现给人以启迪。在题材、品种、风格、样式上也要百花齐放，不拘一格。绝不要把表现主旋律的电视剧创作简单地视为政治任务，命题作文。另一点是我们要自觉地抵制“远离现实生活”、“淡化英雄”以及片面强调电视剧的娱乐功能，虚化教育功能和认识功能等错误观点，更不要有意地去“打擦边球”。

第三，要切实尊重电视剧艺术的创作规律，管理人员和主创人员都要按照符合电视剧创作规律的办法进行管理，投入创作。

电视剧是一门独立的艺术形式，要以具体生动的形象揭示社会生活的本质。脱离了人民群众的生活，电视剧创作人员的艺术生命就会枯竭。因此，我们必须提倡深入生活，深入实际，从人民群众的现实生活中汲取题材、主题、情节、语言、诗情和画意。只有和人民群众同呼吸，共命运，才能对生活有新的发现；才能激发创作灵感，启动创作激情，进行艺术构思；才能把主要精力用来“讴歌英雄的时代，反映波澜壮阔的现实，深刻地生动地表现人民群众改造自然、改造社会的伟大实践和丰富的精神世界”。

电视剧创作也是一种复杂的精神劳动，题材的选择，主题的提炼，形象的塑造，形式的创新，无不体现着电视剧主创人员的文化意识、审美修养和艺术功底以及专业水平。作为电视剧管理人员，我们会满腔热忱地支持电视剧艺术上不同形式、不同风格的自由发展，为电视剧主创人员充分发挥艺术创造力提供良好的条件，而不会横加干涉，干那些我们自己还没有搞懂的事情。

三、加强管理，全面繁荣电视剧创作

电视剧是一项影响巨大的文化事业，需要一套行之有效的管理办法，为繁荣电视剧创作营造良好的外部环境。

电视剧管理包括规划管理、制作管理、审查管理、合拍管理、进出口管理、发行管理和播出管理。为了加强管理工作，改革开放以来，广电部已经发布了几项条例、规定。目前正在制定《电视剧管理规定》。这项规定将会使电视剧管理更加规范化、法制化，对繁荣电视剧创作会起到推动作用。

1. 规划管理

自1985年以来，广播电影电视部每年年初都召开一次全国电视剧题材规划会议，对上一年电视剧创作的成败得失进行认真的总结，对当年的电视剧创作做出规划，确定重点选题，协调选题撞车，加强弱项创作。

据统计，1996年全国155家持有电视剧生产许可证单位总计落实规划剧目505部、5707集，分别占年初规划总数的60.9%和51.9%，大体保持了1995年的水平。

1997年共有85家持长期许可证和120家持临时许可证的单位报上规划的电视剧剧目859部，12684集；和1996年相比，部数增长3.6%，集数增加15.4%。

题材规划一般是年度性的。但有些重大问题需要从早计议。例如1999年是新中国建国50周年，部里要求创作一批有分量的影视剧，迎接国庆50周年。

2. 影视制作经营机构审批管理和电视剧制作许可证发放管理

根据1995年9月下发的《影视制作经营机构管理暂行规定》，至1996年底，共审查批准影视制作单位210家，其中有电视剧制作权的141家。为了使电视剧制作单位能够做到规范、合法经营，对中央所属的30多家单位进行了法人代表上岗前的法规培训。根据中央关于加强广播电视业管理的规定，部里要求各省管理部门严格按照规定的程序和要求，对申请设立影视制作机构进行审批和管理。

1996年，广电部社会管理司完成了电视剧制作长期许可证的换发工作。经过严格复审，批准了持长期许可证单位102家，比上一轮减少8家。临时许可证的发放根据新的规定，严格掌握审批条件和审批范围。

1997年还将对持电视剧制作长期许可证单位和

影视制作经营机构实行年检。

3. 发行管理

长期以来，电视剧的发行是采用“以物易物”或低价补偿的办法。随着社会主义市场经济的发展，又出现了“贴片广告”以至一次性买断播映权或发行权的办法。

但是，这些年来，在电视剧的制作和发行中引进市场机制一直是在自发地进行，在全国范围内尚未形成统一有序、公平竞争的国产电视剧市场。估计，在今后几年内按市场经济的要求进行电视剧和电视片的交易活动会有较快的发展。

4. 同境外合拍电视剧的管理

与境外影视公司合拍电视剧在电视剧生产中占了相当大的比例。近年来，港、澳、台地区以及新加坡、日本、泰国等国家的影视公司对与我合拍电视剧表现出浓厚的兴趣。随着香港回归祖国，香港的影视公司已经提出更多的合拍要求。广电部对与境外合拍电视剧一直持积极支持的态度。

当前存在的问题，主要是在合拍中我方介入得太少，把关不严，把制作权拱手相让。这种“假合拍”出来的电视剧中，有一部分作品内容上有比较严重的问题，也有的艺术质量和制作质量很差。

为了改变上述情况，1996 年 8 月 12 日，经广电部领导批准，外事司和社会管理司联合下发了《关于进一步加强中外合拍电视剧管理工作的通知》。《通知》要求各省级广播电视行政部门应切实做好本行政区域内中外合拍电视剧（录像片）的管理工作，认真履行合拍电视剧报批手续，严格审查中方合作单位的资格和合拍双方的条件。在合拍工作中，要真正体现“以我为主”、认真参与的原则，杜绝假合拍，克服单纯追求经济效益的做法。《通知》还要求合拍电视剧也要树立精品意识，把社会效益放在首位；在内容上，必须遵守我国宪法、法律及有关规定，尊重我国民族感情与收视习惯，杜绝胡编乱造。合拍电视剧也是关系到精神文明建设的大事，一定要给予足够的重视，千万不可疏忽大意。

（摘自《中国电视》1997 年第 4 期）

抓好建设重点　注重科技进步
稳步推进我国广播影视事业的发展

——何栋材在全国广播影视厅（局）长会议上的讲话（摘要）

（1997 年 1 月）

一、“九五”广播影视发展计划有了一个良好的开端

1996 年是执行广播影视“九五”发展计划关键的第一年，在许多方面取得了可喜的成绩，为实现我国广播影视事业到本世纪末的发展目标打下了一个良好的基础。归纳起来主要有以下一些：

1. 多方推进全国广播电视传输覆盖网络的建设。1996 年，我们继续把事业建设的重点放在了扩大广播电视人口覆盖上，采取多种措施、通过多方努力来解决中央和省级第一套广播电视节目的覆盖问题。到 1996 年底，部里和一些省、区的一批大中型骨干发射台、转播台的改扩建工程初见成效，特别是已有 10 个省、区的广播电视节目上了卫星，使这些省、区的广播电视覆盖面进一步扩大。全国有线电视网络建设在 1996 年继续保持了健康、持续、快速发展的势头，全年新增用户 1000 万户。“九五”边境广播电视建设计划和 1996 年“三区”广播电视计划进展顺利。与中央扶贫委员会合作的“万乡电视扶贫工程”也取得了一定的成果。据初步统计，1996 年底全国广播电视人口覆盖率有望比 1995 年底分别提高 5 个和 1.6 个百分点。

2. 广播电视节目制作能力进一步提高。中央人民广播电台、中国国际广播电台的两座新大楼的建设，历经几年，先后投入 7 亿元资金，1996 年终于基本完成土建工程，可望 1997 年全面或大部投入使用，这对于提高两台的广播节目制作能力和节目播出质量提供了强大的现代化的技术物质保证。一些还没有广播电视节目制作中心的省、自治区、直辖市，正千方百计创造条件抓紧建设或筹备建设。

3. 广播影视科技在许多方面取得了重大进展。

1996年广电部同时承担了3项国家重大科技项目。第一个是“高清晰度电视技术研究”。第二个是数字音频广播——DAB。目前DAB试验室已经建成，DAB广东先导网也已于1996年12月15日开播。第三个是广播电视宽带综合信息网试验小区的建设。此外，我们还组织进行了“数字电影关键制作技术”的研究开发，并正在申报，有望列入“国家科技攻关项目”。

4. 广播影视科技规划与管理工作迈上了一个新台阶。部里先后制定、完善了7个规划：全国广播电视专用网总体规划、全国广播电视专用微波网总体规划、全国广播电视卫星应用总体规划、全国广播电视无线覆盖网规划、全国广播电视联网规划等；全国调频规划进一步完善，并制定出了50万以上人口城市的调频广播覆盖方案；同时，广播电视数字传输技术体制业已制定完毕。

5. 广播电视技术维护、监测和实验工作进一步加强。1996年全国广播电视发射台、转播台的管理工作逐步走向规范化、科学化、制度化管理，广播电视播出设备、监测设备、实验设备的维护水平有所提高，技改力度进一步加大，一批新建的实验台全面投入使用，增大了实验发射能力。1996年，广播电视安全播出工作取得良好成绩，播出质量有了明显提高。

6. 广播影视“九五”援藏工作开创了可喜的新局面。根据“九五”援藏计划，国家将补助西藏广播电视建设资金9000多万元，用于建设共15类1190个大小项目；部直属单位和全国14个对口援藏的省市将投入资金近5000万元，援建39个项目。这些项目中有一批1996年已经启动。

7. 国家对广播电视的投入增加，优惠政策进一步得到落实。1996年，国家财政对广播电影电视部的事业拨款6.23亿元，比1995年增长10.85%；地方上，绝大部分的省、自治区、直辖市对广播电视的财政拨款都有不同程度的增长，有的增长幅度还比较大。有关部门给予广播电视部门的优惠政策的进一步落实，促进了广播电视事业的发展。随着全国有线电视用户的增加，网络维护费收入已成为广播电视系统的第二大创收来源。不断开拓以广播电视行业为依托的多种经营项目。图文电视、电视会议、报纸传版、金融信息传输等，也取得了很好的社会效益和经济效益。据统计，1996年部直属单位创收37.7亿元。

二、稳步推进全国广播影视事业发展的几个思路

1. 在广播电视网络建设中把卫星放在优先发展的位置。多年来，覆盖上不去一直是个老大难问题，综合各种因素，并从长远考虑，发展Ku波段电视直播卫星，是加快我国广播电视事业发展和提高中央广播电视节目覆盖的一条投资省、见效快的科学途径。要完成国家“九五”计划规定的覆盖率任务，按常规办法需要投入上百亿元，然而，发射一颗中等容量的大功率直播卫星，只需要投资十多亿元即可覆盖全国，同时解决节目高质量和多套节目的直接入户收看问题，更能推动高清晰度电视和数字电视以及电影的发展。

2. 把加快广播电视光纤网络建设和微波网络改造，作为本世纪末事业建设的三大重点工作（覆盖、网络、节目生产制作能力）之一。我们用几十年时间业已建成的广播电视覆盖网，已经在我国的宣传教育、经济建设、文化娱乐、信息服务等方面起了非常巨大的作用。随着国家对社会主义精神文明建设的重视和投入的增加，这个工具将会发挥越来越大的作用。当前网络建设尽管存在一些困难，受到一些干扰，但总的形势是好的。我们一定要经过“九五”期间的努力，在各方面的支持配合下把这项工作完成好。只要我们把联网工作做好了，做到天上有卫星，地面有网络，就能保证在任何时候、任何情况下，安全、可靠、高效、高质地传送中央的政令和声音。

3. 要努力提高全国有线电视网建设在国家信息化进程中的地位。我国的有线电视网主要是在近十年里发展起来的，发展速度超出了我们的预料。当前，国家十分重视信息化的工作，正在制定国家信息化的“九五”计划和2010年长远规划。我们一方面要加快研究，一方面要联合社会上的有识之士一起做工作。一手抓普及，一手抓提高。要千方百计地发展有线电视网络和用户，同时要加快有线电视网络多功能的开发，提高有线电视网络在国家信息化进程中的地位和作用。

4. 广播影视事业发展要依靠科技进步，科技进步必须为广播影视宣传和事业发展服务。这几年可以说广播影视科技工作形势是最好的时期之一。在一些比较重大的技术问题上，我们的技术规划和决策基本上是正确的。这几年，我们瞄准世界广播影视新技术、新制式、新标准，发展的步伐也大大加快，并且跟得很紧。再经过几年的努力，我国广播影视技术水平同世界先进水平的差距将大大缩小。为切实发挥科学技术第一生产力的作用，保证我国广播影视现代化和“九五”计划的实现，第一，各厅（局）领导一定要重视科技工作，要不断增加科技投入，加强科技队伍建设；第二，先进科学技术的引进、吸收、消化、创新，一定要从中国国情和我国广播影视实际出发，

切忌盲目地跟在别人后边跑，这样才能保证我国广播影视科技进步少走弯路。

5. 要从讲政治的高度自觉做好技术维护、监测、实验工作。目前国内形势比较安定，经济平稳发展，政治上出事故的可能性在减少。但是，我们也应看到，以美国为首的西方国家并不希望中国强大，千方百计地搞渗透、搞分化。这些都向我们的工作提出了新的更高的要求。我们一是要保证在任何时候、任何情况下，中央和各省、自治区、直辖市党委和政府的声音都能够传送到千家万户；二是要保证在一旦出现特殊情况时，能够按中央的布置，集中足够的广播电力压制外台的渗透与宣传。

6. 要继续坚持以国家拨款作为主渠道和广开财源的事业发展方针。没有政府的经济支持作为财政后盾，作为党和政府的宣传工具和喉舌的广播电视是难以为继的。但是仅靠国家拨款是远远不够的，我们在创收和多渠道筹集资金方面一定要再上一个新台阶。为此，在广播电视管理部门掌握节目权、产权和管理权的前提下，可以引进资金合作建设，也可以搞股份制试点。我们还要进一步加强与国外广播影视机构、学术团体、著名厂商的合作，欢迎国外研究机构在我国合作建立有线电视、视频、音频、数字技术、压缩技术的研究机构，以便使我们尽快了解国际新技术、新动向，及时抓住各种有利于加快我国广播影视事业发展的机遇。

三、1997年事业建设和科研开发的重点工作

1. 要继续通过多方努力扩大中央台和省台一套节目的覆盖。1997年我们将有12台100千瓦短波发射机投产，中央台第一套广播节目全国短波覆盖问题基本上可以得到解决。同时，我们正在争取把地方上转播中央台节目的发射设备的改造列入国家计划，特别是对起骨干作用的转播台的更新改造，将给予足够的重视。切实保证转播好中央台一套节目。

2. 要继续把农村和老少边穷地区作为扩大覆盖的重点。我们很快将建成几个大功率的中波转播台，利用一部分天波晚间对广大农村进行覆盖。

3. 要切实抓好国家重点建设项目的收尾、投产工作。对于纳入国家“九五”计划的广播影视重点项目的建设，1997年要继续抓紧、抓好。其中，中央人民广播电台、中国国际广播电台的两个大楼，1997年要争取全面完工投入使用。对外广播的10部500千瓦短波发射机、10部600千瓦中波发射机，1997年也要投入使用，从而切实增强我国对内、对外广播的实力。

4. 要加快全国广播电视网络的建设工作。1997年，全国广播电视光纤联网工程要在具备条件的省、自治区、直辖市全面启动。同时，将原有的模拟微波改造成为数字微波的工作今年也要启动，先从改造一条电路做起，争取到本世纪末能改造1.8万公里的模拟微波为数字微波。

5. 要认真做好省级广播电视节目上星的准备工作。现在已批准上星的省、自治区有17个，力争其他几个申请的省、自治区能尽早上星。

6. 要继续保持全国有线电视持续发展的势头。我国有线电视的发展已经连续几年每年递增近千万户，但要达到本世纪末全国有线电视用户发展到7000万～8000万户的目标，任务还是很艰巨的。1997年，一要抓紧农村、乡镇有线电视网的建设；二要着手有线电视联网的有关工作，通过联网充分发挥全国有线电视的主功能和多功能。

7. 要采取各种措施切实保障安全播出和实验播出。1997年香港回归，党的十五大的召开，都是全世界瞩目的大事，广播电视宣传任务十分繁重。因此，我们一定要依靠科学技术，依靠技术改造，依靠高水平的维护和严格的管理，努力争取广播电视播出不间断，要把事故压缩到最低的限度，力争做到万无一失。

8. 要继续抓好国家重大科技项目的研究工作。

9. 要认真抓好广播影视援藏任务的安排落实。

10. 要继续做好广播影视经营创收及其管理工作。1997年我们要乘大好形势的东风，继续广开财路，提高创收水平。各级广播影视财务部门要进一步密切与财政、计委、审计、税务等部门的工作联系，认真学习和贯彻落实国务院《关于加强预算外资金管理的决定》，加大广播影视预算外资金的管理力度，管好钱、用好钱。加强对创收收入的宏观调控，把更多的钱用于支持教育与科技事业的发展。

（摘自《决策参考》1997年第1～2期）

加强行业管理　促进事业健康有序发展

——同向荣在全国广播影视厅（局）长会议上的讲话（摘要）

（1997年1月）

一、1996年行业管理工作的回顾

1996年，应该说是我国广播影视发展史上很重要的一年。

年初，江泽民同志在全国宣传部长会议上谈到“加强舆论宣传的指导、监督和管理”，丁关根同志谈到“进一步完善新闻出版事业的宏观管理体系”。遵照中央领导同志的讲话精神，1996年广电部在广播影视行业管理方面，主要做了以下几项工作。

一是认真学习领会中央领导指示精神，统一思想，提高全系统领导干部对治理散滥工作重要性、必要性和迫切性的认识。

二是加强了广播影视行业管理的力度，采取了一些遏制散滥现象继续蔓延的措施。为了控制住总量，我们暂停批台，暂停批建影视制作机构，暂停增加节目套数，控制影视片进口数量，查处通报了个别播出单位的违纪行为，推行年检年审制度，举办了全国国产电视节目展示交易会，召开了农村有线广播电视工作管理座谈会和全国百强县广播电视工作座谈会。同时，广电部还相应地制定下发了若干文件或通知，初步遏制了散滥蔓延势头。

三是做一些建章立制的工作。为改变广播电视立法滞后、管理相对薄弱的状况，使管理工作不断法制化、规范化，提高广播影视行业的依法行政水平，1996年的法制建设主要做了以下几方面的工作：1.修改、协调《广播电视管理条例》。2.出台了《电影管理条例》。3.制定、发布了《广播电视台设立审批管理办法》、《音像制品内容审查办法》、《关于加强广播电视台播出管理的通知》等。4.开展了多层面的普法宣传和培训，使全系统领导干部依法决策、依法管理的观念进一步加强，执法水平有所提高。

除以上三方面的工作之外，1996年我们还为中办、国办起草《关于加强新闻出版广播电视业管理的通知》（以下简称《通知》），提供了比较切合实际的建议和意见。这个文件，应该说在中国广播影视发展史上有其重要的意义，是保证我国广播电视业健康有序发展的纲领性文件。

改革开放以来，我国的广播电视事业发展迅速。但由于立法滞后，管理相对薄弱，不可避免地出现了这样或那样的问题。这些问题制约了事业进一步健康有序发展，因此我们必须重新认识广播电视发展的实际。对行业中的散滥现象必须坚决制止和纠正。针对这种情况，部党组及时提出了三条原则：1.有利于党对广播电视的领导；2.有利于保证正确的舆论导向；3.有利于广播电视业的健康有序发展。

从这三个原则出发，广电部及时拿出了本行业的治理意见。中央、国务院十分重视我们的意见，并派员做了大量的实地调研，最后形成了《通知》中有关加强广播电视业管理的11条意见。

二、1997年行业管理工作的重点和要点

认真贯彻落实中办、国办《关于加强新闻出版广播电视业管理的通知》，是1997年乃至本世纪末这几年我们行业管理工作的重点。

如何搞好这个重点？

一是要把思想统一到中办、国办（1996）37号文件即《通知》上来。为了增强管理的意识，提高管理的水平，我们要认真学习和理解中央、国务院关于加强新闻出版广播电视业管理的重要意义，把行业管理思想真正地统一到中办、国办（1996）37号文件上来。采取有力措施，实行综合治理，促进广播电视业健康有序发展。

二是要制定出一个切实可行的贯彻落实中办、国办《通知》的具体方案。这次会议印发的文件之三，就是部里提出的《关于贯彻落实中办、国办〈关于加强新闻出版广播电视业管理的通知〉的方案》（以下简称《方案》）讨论稿。这个《方案》的特点，是紧紧围绕中办、国办《通知》中关于广播电视业治理的11条做文章。

三是分级负责、分步实施。第一阶段，是1997年上半年，认真学习中办、国办（1996）37号文件，

统一认识，研究讨论修改制定广电部《方案》，部署全系统的治理工作。各地要结合本地实际，再制定出具体治理方案。第二阶段是从1997年下半年开始，重点解决擅自建台和乱播滥放问题。第三个阶段是从1998年开始，全面开展各项治理工作。第四个阶段是从1999年下半年开始，总结、提高、巩固治理成果，基本改变散滥状况，使广播电视业进入健康有序的发展轨道。

在有关广播电视播出机构的调整过程中，要采取切实有效措施，牢牢把握正确的舆论导向，确保安全播出。同时要做好撤并单位和人员思想政治工作及善后工作。在治理方案未实施前，现有的播出机构、人员、资产、资金保持不变，其中人员编制以1996年12月14日在册人数为准。防止属于调整范围内的机构、人员的膨胀和资产、资金的转移、流失。

在抓好重点工作的同时，1997年在行业管理方面还有几项比较重要的工作要做。

第一，搞好我们行业的第一次年检工作。丁关根同志在1996年全国宣传部长会议上，要求我们“用申办审批、年检登记、持证上岗三大措施，促进新闻出版事业繁荣健康发展”。这次年检登记工作，对我们系统来说是第一次，需要主要领导亲自上阵，组织部署，总结经验，以利来年再干。

第二，举办好第二届全国国产电视节目交易会。以后每年上半年办全国国产电视节目展示交易会，下半年办上海或四川电视节。另外还将在北京着手筹建一个常年性的现代化的全国电视节目交流中心大楼。不断规范全国电视节目市场，促进电视节目精品生产。

第三，1997年将召开一次引进影视剧管理工作会议。全面总结近年来的引进工作，并根据中央的有关指示精神，修改调整现有引进、审查、发行方面的管理规章和办法。

第四，加快立法进程，强化执法力度。随着广播影视事业的发展，管理工作也日趋繁重，只有加强法制建设，运用法律手段来规范管理，才能更好地保护我们的合法权益，协调各类矛盾，提高管理效率、水平和权威。

1997年，广电部将协助国务院法制局最后完善《广播电视管理条例》，并促成尽早颁布。抓紧制定《电影管理条例》的配套法规，修订《广播电视设施保护条例》，制定《电视剧管理办法》。着手《广播电视法》的调研、论证等基础性工作。进一步明确和强化分级管理的职责，加大执法力度，严格依照《行政处罚法》和部制定的《广播影视行政处罚程序规定》查处违法违规行为。

（摘自《决策参考》1997年第1～2期）

提高舆论引导水平
为两件大事创造良好舆论氛围

——杨伟光在中央电视台1997年工作会议上的讲话（摘要）

（1997年3月）

1996年，是中央电视台全面圆满完成中央交给的各项重大宣传任务、迈上新台阶的一年。在这一年中，我们的工作创造了一系列的新纪录：（一）新开办四个频道，使中央电视台频道由四个增加到八个；（二）中央电视台五套加扰卫星电视迅速发展，已同30个省、区、市有线电视台联网，收费用户1500万户，实际用户达3000万户以上，在较大程度上满足了群众对电视文化的需求；（三）租用五颗卫星上的七个转发器传送第四套和第五套节目，比计划提前四年把信号送到全球；（四）国际频道落地工作取得新进展。泰国、澳大利亚、菲律宾、新加坡、蒙古、越南等国有线电视台转播我们的国际频道节目；（五）八套节目每天播出时间达140多小时，创下历史最高纪录；（六）大型文献纪录片《邓小平》在1997年1月播出后，在国内外引起前所未有的强烈反响，获得举世好评，创造了高收视率；（七）六次组织“心连心”艺术团下基层演出，把文艺界下基层活动推向了高潮；（八）1996年是中央领导表扬或肯定中央电视台报道和工作最多的一年。据不完全统计，政治局委员以上的领导同志批示达35次；（九）1996年中央电视台有七个节目在国际评奖中获奖，是在国际上获奖最多的一年；（十）引进和增添了一批电视设备，提高了节目制作能力。移动上行卫星地球站的使用，使中央电视台随时到各地去转播重大新闻事件成为可能；（十一）数字技术系统、三维动画、计算机系统、计算机动画制作系统全面投入使用，为提高节目质量提供了有力保障；（十二）1996年顺义影视培训中心、演员宿舍开始启用，分配新建住房600多套，基建竣工面积创历年之最；（十三）广告收入达35亿元，创历史最高纪录。中国国际电视总公司和中国电视代理公司的营业额也创新水平；（十四）唐城、三国城组成的中视影视基地公司已获批准上市，为发展三产开创了新局面；（十五）顾全大局，积极为广电部提供资金，上缴部和支持部有关部门达3.6亿元以上。总之，1996年是中央电视台全方位上新台阶的一年。这是党中央领导关怀的结果，是部党组正确领导的结果，是台分党组审时度势作出正确决策的结果，是全台职工团结奋斗的结果。

1997年，是我们党和国家发展史上重要的一年。在这一年中，我国将恢复对香港行使主权，将召开党的十五大。在新形势下，中央电视台1997年的工作，要根据党中央的统一部署，在广电部领导下，坚持以邓小平建设有中国特色社会主义理论为指导，坚持党的基本路线和基本方针，在思想上、政治上同以江泽民同志为核心的党中央保持高度一致，解放思想，深化改革，坚持以宣传为中心，以管理为重点，以事业建设为基础，以队伍建设为关键，全面提高全台工作的水平。

一、关于宣传工作

1997年的宣传工作要高举邓小平理论的伟大旗帜，紧紧围绕经济建设这个中心，大大加强精神文明建设的力度，牢牢把握正确舆论导向，为两件大事创造良好的舆论氛围。

（一）以邓小平理论为指针，坚持正确舆论导向，提高舆论引导水平，完成全年重大宣传任务。

1. 精心组织好党的十五大的报道。

根据中央精神，做好大会的报道工作。播出介绍十四大以来党中央各方面重大决策和取得巨大成就的大型专题片；介绍优秀党支部和优秀党员的先进模范事迹；介绍历次党代会的有关情况；播出大型文艺晚会和反映党的伟大业绩的影视剧。

2. 高水平地搞好香港回归的报道。

1997年7月1日香港回归，报道好这一举世瞩目的重大事件，是全台今年宣传报道的重点之一。为此，我们将全力以赴，集中最优秀的编辑、记者和技术人员，按党中央及广电部的总体部署，圆满地完成我们承担的报道任务。

3. 在抓好香港回归和党的十五大胜利召开的宣传同时，要认真抓好其他重点宣传：

（1）做好新年、春节期间的宣传报道。

（2）做好“两会”宣传。

（3）做好纪念建军70周年的宣传报道。

（4）做好内蒙古自治区成立50周年纪念活动的报道。

（5）做好长江三峡工程大江截流的报道。

（6）做好第八届全国运动会的宣传报道。

（二）紧紧围绕经济建设这个中心，根据中央经济工作会议精神，加强经济宣传，把第二套节目办成以经济宣传为主要特色的频道。

要准确、及时、深入地做好国家各项经济政策、法规的宣传；大力宣传经济领域各条战线改革开放的成就；对经济领域中出现的一些热点、焦点问题做好正面引导工作；深入开展农业和国有大中型企业改革以及发展第三产业的宣传。

要下气力办好《经济半小时》、《生活》、《中国财经报道》、《环球经济》等栏目。要做好“3·15国际消费者权益日”的报道活动和《20世纪世界经济回顾》等重点系列节目，从而使经济节目和经济频道更具特色和吸引力。

（三）认真贯彻党的十四届六中全会精神，深入宣传《中共中央关于加强社会主义精神文明建设若干重要问题的决议》，加强精神文明建设的力度，认真落实江泽民总书记的“以科学的理论武装人，以正确的舆论引导人，以高尚的精神塑造人，以优秀的作品鼓舞人”的指示。

按照中宣部的部署，着重报道好三个宣传教育活动：以深入学习邓小平关于社会主义精神文明建设思想和十四届六中全会精神，大力弘扬社会正气；以庆祝香港回归为契机，广泛开展爱国主义教育；以迎接党的十五大为主题，深入进行党的基本理论和基本路线教育，继续宣传好精神文明先进集体和先进个人，为在全社会树立良好的社会风气和精神风范，倡导健康文明的生活方式起积极的推动作用。

提高电视的理论宣传水平。1997年中央电视台在电视理论宣传方面已推出了《邓小平》，还将播出《中华魂》、《香港沧桑》（下部）、《科教兴国》、反映党的十四大以来重大决策和重大成就的大型专题片《辉煌》（暂名）和反映我军光辉业绩等重点系列专题节目。同时要提高《焦点访谈》、《新闻调查》、《文化视点》等节目的理论色彩。

进一步加大“科教兴国”的宣传力度。在第一套节目中将开辟时段播出新的科技栏目。

(四) 继续实施精品战略，制作更多的思想性和艺术性完美结合的节目。

1. 继续做好把第一套节目办成精品频道的建设工作。

2. 各节目部门要认真研究，提高栏目的整体水平，努力创办一批名牌栏目。要削减或兼并一些节目质量不高，在观众中反响不大的栏目。

3. 新闻类节目要继续提高《新闻联播》、《东方时空》、《焦点访谈》、《新闻30′》、《晚间新闻报道》、《新闻调查》、《实话实说》、《中国体育》、《世界体育报道》、《军事天地》等栏目的质量。

4. 认真学习和贯彻江泽民总书记在中国文联、作协会议上的重要讲话和中共中央《关于加强文艺工作的意见》的精神，全面提高电视文艺的水平。

根据中央精神和广大观众的要求，对《综艺大观》、《曲苑杂坛》、《东西南北中》、《正大综艺》等文艺类栏目要进行改版，使其有新的面貌；同时，要抓好重要赛事的报道。

电视剧的生产要坚持以现实题材为主。在第一套黄金时间播出的电视剧中，现实题材的应占三分之二以上。

要集中人力、物力、财力抓好几部大戏的制作。电视剧中心和影视部应认真抓好《水浒传》、《东周列国》、《潘汉年》、《和平年代》、《香港的故事》、《抗美援朝战争》等重点剧目的创作，积极筹拍《中国解放战争》、《李自成》等剧目。

5. 海外中心的工作重点是：提高节目质量，扩大落地区域。1997年，巩固落地的重点地区是亚洲、澳洲和北美，要继续办好“美洲东方卫视”，按计划筹办与美国映佳公司合作的24小时中文有线电视频道，继续加强与港、澳、台地区和澳大利亚、新加坡、菲律宾、泰国等国家电视机构的合作。同时，要主动向独联体、欧洲、拉丁美洲和非洲国家开拓新的落地区域，进一步提高《中国新闻》、《中国报道》和《中国文艺》的节目质量，增加播出次数，加大对台宣传力度，要围绕“一国两制”组织系列报道。积极创造条件，准备开办英语频道。

6. 新影厂要重点抓好《中华文明之光》和《名段欣赏》的制作。同时，要抓好党和国家重大活动的电影资料拍摄工作。

科影厂要继续办好《科教片之窗》栏目。制作系列科普节目。积极发展动画和译制片的制作能力。

7.《中国电视报》1997年将加大宣传力度。从现有的16个版（北京地区除外）增至24个版，使报纸时效和印刷质量上个新台阶。

8. 研究室1997年要完成《中国电视论纲》一书的撰稿、编辑工作。完成《图文资料分系统》计算机软件开发的硬件配置工作。做好《电视研究》期刊的改版工作，努力提高刊物的理论水平。

9. 强化重点意识、系列意识，以高质量系列化的节目充分显示电视宣传的优势。各部门都要做好这方面的规划，精心选题，精心制作。

二、关于加强管理工作

最近几年，由于事业发展较快，业务领域不断扩大，加强管理已经成为中央电视台健康发展的关键。因此，台分党组决定把加强管理工作作为今年工作的重点。

(一) 提高对管理工作重要性的认识。

这几年，中央电视台从四个频道发展到八个频道，每天播出节目从60多个小时增加到140多个小时；人员从2000多人发展到5000人左右（包括招聘职工和临时工)。这样大的摊子显然要靠制度管理。必须严格执行规章制度，真正做到有章必循，违章必究，奖惩严明。

(二) 总编室要加强节目管理，从节目立项、栏目设置、播出安排等都要纳入管理范围。

1. 重要专题节目、文艺节目应报编委会讨论，总编室立项，否则，不给资金，不安排播出。

2. 除新闻节目和现场实况必须直播外，凡是时效性不强，能事先制作好再播出的栏目都应采取录像播出方式。

3. 加强节目播出编排的协调工作，从第一到第八套节目的节目安排由总编室统一协调。临时调整节目应由总编室报主管台长批准。

4. 建立严格的交接班制度和下达任务通知时的签收制度。

5. 加强磁带管理，严格技审制度。

6. 加强资料工作，实现计算机管理，有计划地整理全部磁带资料。

(三) 强化职能部门的管理工作，提高工作效率和服务水平。

1. 充分发挥行政办公会议的作用，协调好全台各职能部门之间的相互关系，保证重大宣传活动和重要大型会议的顺利进行。

2. 台办公室要加强行政系统协调工作，提高办公自动化系统的水平，提高办公效率，理顺各方面的关系，确保全台上下情互达，政令畅通。

3. 加强治安、消防综合治理工作。

4. 加强人事管理工作，搞好全台职工的专业培训。人事处要加强干部考查和培养，按照政治强、业务精、作风正的要求做好机构升格后的机构设置和人员调整配备工作。

人事处和教育处要认真贯彻“人才兴台”的方针，积极实施“三六九”人才工程、“九五”职工教育培训规划，搞好1997年职工教育培训工作。

5. 继续搞好计划财务改革，完善有关制度。

(1) 编制好1997年全台的计划财务预算，为全台的电视宣传和事业发展提供可靠的资金保证。

(2) 争取上级主管部门早日批准1997年申报的新一轮包干方案。

(3) 加强节目制作经费的投入，保证节目频道和栏目调整、节目量增加的资金需求。

(4) 总结“技术设施、设备有偿使用”的经验，提高资产的使用率，节约资金，减少浪费。

(5) 加强对包干部门和包干栏目的资金核算工作。

(6) 加强全台经营产业化规范管理，抓紧落实非经营资产转为经营资产的申报工作。

(7) 制定统计制度和办法，做好全台节目、栏目经费和其他费用、物资消耗的统计工作。

(8) 推行即将出台的新的事业财务准则和新会计制度，做好培训工作，提高财会人员的业务素质，加强财会工作。

(9) 根据财务政策的改变，春节后提出调整奖金分配和创收奖励办法。

6. 外事处要加强外事管理，积极参与世界性电视业务活动，加强同世界大电视台和周边国家电视台的业务交流。

7. 做好老干部的工作。

8. 做好后勤服务工作，改善职工工作、生活条件。

(四) 技术管理办公室要强化全台技术工作的规范管理。

1. 技术标准是对全台各个部门的要求，它不仅关系到节目技术质量，而且关系到节目制作效率、播出安全、人身安全，必须严格执行。

2. 要加强科学管理，用现代科学管理手段，促进决策的科学化。要加强重大项目（包括大型节目、工程建设）的科学论证工作，避免盲目投资，造成浪费。

3. 加强专业技术培训和技术交流，培养专业人才，为科学管理奠定人才基础。

4. 逐步建立节目系统和技术制作系统的专业序列化，与世界先进的节目制作方式和管理方法接轨，提高节目制作效率和节目技术质量。

三、关于技术工作

1. 做好系统配套工作，尽快建设一个现代化的节目后期制作基地。

2. 把安全播出放在首位，合理配置播出线的人力、物力和设备，确保播出安全。

3. 进一步改善节目制作和播出的工作环境，以保证引进的高新技术设备能够正常运转，并发挥有效作用。努力提高供电的质量和水平，为节目制作和安全播出提供优质的动力保障。

4. 继续推行全台计算机信息网络和管理系统的建设。

5. 积极完成“两会”、香港回归和党的十五大等重大电视宣传报道活动所需的电视技术设备和设施的筹备建设等工作，为圆满完成宣传任务提供可靠的技术保障。

6. 为了满足电视事业迅速发展的需要，要努力扩大生产规模、增加技术实力，跟踪和研究新技术问题，引进和开发新技术。

7. 完成为抢救和整理大量影视资料所需的技术设备的配置工作，细致调研，提出具体计划，积极组织实施。

8. 努力完成《中国电视报》的卫星传版和中央电视台与省、市电视台的通讯工程。

9. 成立专门班子，开展地面电视数字广播的实验工作。

10. 进一步改善新影和科影的节目生产制作条件。

11. 进一步加强管理，完成和完善一批技术标准和规范的制定工作。

12. 进一步开展技术培训和交流，以适应新技术和新设备不断发展的需要。

13. 完成技术工程公司的组建工作，为技术发展开拓新思路，开创新方法。

14. 完成广电部下达的援助西藏的任务。

15. 协助中国国际广播电台完成对外广播节目的卫星传送覆盖任务。

四、关于加强和发展三产

1. 依照电视事业发展的需要，加快对现有企业改制、改造、转换机制的论证，按照已经成熟的若干领头企业，组织调整、归队。

2. 继续推行经营目标管理，以确定改造的几个领头公司为考核单位，进一步测算确定税后利润增长率和费用下降率。

3. 经营管理处要会同人事等部门，组成定向考核小组，加强对企业经理的监督考核。

4. 对企业经理和岗位骨干分期、分批进行专业和业务培训。

5. 按现行政策和法规，对台属企业的下属公司、分支机构、挂靠机构进行清理整顿，对不符合标准的提出改进和撤销意见。

6. 加强对企业的指导、监督和协调，对个别领导薄弱的企业要调整和充实领导力量。

7. 做好唐城和三国城组成中视影视基地公司的上市工作。

8. 建立 VCD 盘生产线，把优秀节目迅速制作成 VCD 盘。

五、加强党的工作和队伍建设

1. 继续组织全台职工学习邓小平建设有中国特色社会主义理论，“用科学的理论武装人”。有计划地组织好干部职工对江泽民同志多次讲话精神的学习，正确把握电视宣传的舆论导向，使全台同志在政治上、思想上、行动上同以江泽民同志为核心的党中央保持高度一致。

2. 加强全台社会主义精神文明建设。培养一批政治强、业务精、作风正的优秀编辑、记者、主持人、工程师、经济师和管理人员。

3. 开展党风、党纪、政纪教育，搞好廉政建设工作。

(1) 组织全台职工学习中国记协制定的《中国新闻工作者职业道德准则》和中宣部等四单位制定的《关于禁止有偿新闻的若干规定》，认真执行台里对社会各界的承诺，反对有偿新闻，反对以片谋私、以播谋私。

(2) 积极开展党风、党纪、政纪教育，宣传贯彻中央反腐倡廉的各项制度规定，表彰先进，批评违反纪律的人和事。全台干部职工都要以对党对人民的事业极端认真、极端负责的态度做好工作。

(3) 加强执法监察力度，对全台重大宣传活动、重大经济活动和其他重大事项进行监察。

(4) 继续抓好领导干部廉洁自律，认真做到个人自查自纠、组织检查、群众评议、严格执行纪律等各个环节。把“禁止有偿新闻”作为纠风重点，保证宣传任务的顺利完成。

(5) 在廉政建设当中，各级领导要当模范，凡是要求职工做到的，首先自己要做到。

4. 坚持民主集中制，重大事务集体讨论决定，日常工作分头大胆负责。各级党组织要重视思想政治工作，表扬先进，批评后进，团结一切可以团结的人，共同奋斗，出色地完成党中央交给我们的各项宣传任务。

5. 反骄破满。我们要在广电部党组领导下工作，要尊重部机关的领导，谦虚谨慎，戒骄戒躁，不断开创新的局面。

1997 年是我们党和国家发展史上不寻常的一年。香港回归祖国，洗雪百年耻辱；党的十五大召开，再创新的辉煌，我国将满怀信心跨入新的纪元。为此，我们要在坚持正确导向的前提下继续实施精品战略，制作一批在国内有轰动效应，在国外有重要影响的新闻、专题节目、文艺节目和电视剧，让更多的中国节目占领世界市场和世界各国屏幕，为树立中国的良好形象做出新的努力!

(摘自《电视研究》1997 年第 3 期)

提高质量　规范管理
努力开创重大革命历史题材影视创作的新局面

——赵实在全国重大革命历史题材影视创作座谈会上的讲话（摘要）

(1997 年 8 月)

第一，十年来，重大革命历史题材影视创作取得了可喜的成就。

对过去的十年怎么看，作如何评价？代表们的答案是充分肯定的。认为过去的十年，伴随着我国改革开放和社会主义现代化建设事业的蓬勃发展，我国影视界进一步解放了艺术生产力，重大革命历史题材影视创作从起步到成熟，呈现出良好的发展势头，可以说是成就斐然、硕果累累的十年；是我们党加强对文艺工作的领导，使重大革命历史题材影视创作逐步进入有组织、有领导、有规划的十年。

十年来，涌现出一大批具有强烈艺术感染力和广泛社会影响的优秀作品。这些作品奏响了主旋律的最强音；再现了中国共产党领导亿万军民砸碎旧世界、创建新中国的辉煌斗争史；塑造了爱国主义、集体主义、革命英雄主义的民族魂；讴歌了中国共产党人、老一辈无产阶级革命家献身革命事业的崇高美德。这些作品已成为有中国特色社会主义影视画廊中独具魅力的灿烂篇章。

十年来，造就了一支具有高度责任感，具有强烈事业心，具有杰出才华，勇于拼搏、勇于奉献的艺术家骨干队伍。

十年来，积累了一套丰富的可资借鉴的创作经验和管理经验。

这些成果，这支队伍，这些经验，为进一步推动重大革命历史题材影视创作的繁荣与发展奠定了坚实的基础。

第二，充分认识重大革命历史题材影视创作的重要性、严肃性，进一步增强使命感、责任感。

通过讨论，代表们对重大革命历史题材影视创作的重要意义有了更深刻的理解和认识，一致感到：正是由于重大革命历史题材影视作品具有重要的政治意义、广泛的社会影响、严肃的教育功能、独特的审美价值和特殊的地位与作用，才更要高度重视，更要强调责任。“要有一个严肃的创作态度，不仅仅是我们个人的责任，还是我们这一代的责任。”因此，我们要把重大革命历史题材影视创作放到建设有中国特色社会主义的文艺事业的大局中来考察，放到建设社会主义精神文明的总体布局中来考察，进一步增强政治责任感和历史使命感，充分认识、充分发挥其“以史鉴今、以史育人”，“服务现实、把握未来”的重要作用。

第三，刻苦学习，潜心研究，认真作好创作准备，是创作成功的必由之路。

许多艺术家在讨论中都谈到了一个不可忽视的重要问题，就是要搞好一部重大革命历史题材的影视作品，光有创作热情是远远不够的，还必须作好充分的理论准备、知识准备和情感积累，也就是说，要有一个“沉下去又跳上来”的过程。

理论准备，就是要学习马克思主义理论，以科学的理论指导创作，要坚持马克思主义唯物史观在历史题材创作中的指导地位，用辩证唯物主义和历史唯物主义的观点去认识历史，把握历史，处理好现象与本质、偶然与必然、主流与非主流的关系，严格遵守党对重大历史问题所作的有关决议，树立正确的历史观、战争观和审美观。

知识准备和情感积累，就是要学习历史、深入历史、研究历史、感知历史，不断丰富自己对历史事件、历史人物的材料积累、感情积累，实现把自己最真挚深厚的感情和最强烈的创作冲动全部融进历史这样一个质的飞跃，然后厚积薄发，一气呵成。这样的创作准备，是精品诞生的必由之路。

第四，繁荣重大革命历史题材影视创作的当务之急，是努力提高作品的思想艺术质量。

针对目前创作中出现的领袖热、数量多、篇幅长的趋势，针对某些作品存在的概念化、简单化、虚假、粗糙、拖沓、直白、缺乏感染力、吸引力等问题，代表们提出了许多好意见。

一是必须实施精品战略。我们要求所有影视工作者都要树立精品意识，尤其是重大革命历史题材影视作品一定要是精品。因为题材优势并不等于质量优势，“不能因为题材的优势而放弃对艺术品位的追求，这样才能创作出无愧于先辈、无愧于时代的佳作”。要按照江泽民总书记提出的“思想精深、艺术精湛、制作精致”的标准，精心组织、精心创作，精益求精。在数量与质量的辩证关系中，提高质量是第一位的任务，是当务之急。要贯彻丁关根同志在顺义会议上提出的重大革命历史题材创作要坚持“少而精”的原则。

二是必须尊重历史规律、艺术规律和生产规律。要处理好历史真实与艺术真实的关系，处理好写史、写戏与写人的关系，处理好写伟人与写普通人的关系、史与诗的关系。在历史事件写清楚的同时，要着力刻画好人物，还要运用典型化的方法，把不朽的历史人物塑造成不朽的艺术典型。

三是必须找准历史与现实的契合点。要观照现实，服从和服务于全党全国工作的大局。

四是必须研究电影、电视剧的市场规律，树立观众意识。电影、电视剧都是大众艺术，失去观众则失去了作品存在的价值和效益，所以除了以质取胜，还要狠刹“长”风，要考虑观众的需求与消费特点和观赏习惯，要打动观众，赢得观众。

五是必须进一步解放思想，树立创新意识。艺术贵在创新，要鼓励作家、艺术家勇于探索，努力创作出更多具有独特魅力、独特风格、独特个性的艺术精品。

第五，加强宏观调控，作好题材规划。

由于我们的题材资源与创作资源都是有限的，所以必须加强宏观调控，保证资源的科学配置，避免题材不平衡、题材撞车等问题。

当前，要注意抓好几件事：一是梳理。按照中央要求，领导小组首先对重大革命历史题材的创作情况作一次梳理，做到心中有数。二是选材。哪些题材适合拍，哪些不适合拍，哪些适合拍电视，哪些适合拍电影，哪些需要重拍，应该进行严格的筛选。三是开掘。要注意在广阔的革命历史风云中，深入开掘题材资源。四是策划。各地对重大题材的创作要精心组织、精心策划，当前特别要抓紧做好 1999 年和 2000 年重点剧目的策划和筹备。五是协调。主要是领导小组与各地宣传、广电部门要加强协调，多做工作，避免重复投入造成浪费。

第六，加强领导，规范管理，搞好服务。

重大革命历史题材是整个影视创作中的重要项目、重点工程，必须重点扶持。实践证明，抓与不抓是不一样的。没有领导小组、没有地方党政主管部门、没有制片单位等各级组织的指导、帮助、策划、把关，重大革命历史题材的创作是不可能成功的。各级管理部门要进一步明确管理职责，切实抓好两个管理：

一是报批管理。目前，绝大多数重大革命历史题材电影、电视剧都是按规定报批的，对领导小组提出的意见也能认真对待，但也存在一些把关不严、未经批准擅自投拍、播出的现象。因此，需要强调，报批是个原则问题，必须严格地、规范化地执行送审报批制度。希望各地主管部门对此给予高度重视，切实负起责任。

二是质量管理。要从策划开始，抓好创作、生产的各个环节，包括剧本创作、班子配备、二度创作、后期制作、完成片审查，都要严格把关。要以严肃的态度、严密的组织、严格的管理，确保作品的质量。

同时，还要加强对重大革命历史题材影视作品的宣传评论，要发挥影视合流的优势，做好宣传评论工作。

第七，加强队伍建设，提高自身素质。

代表们对人才的培养和队伍建设十分关心，认为能够从事重大革命历史题材创作的艺术家目前数量不多，却肩负着光荣的使命。编剧、导演特别是扮演领袖人物的演员在人格修养、敬业精神、业务水平等方面都应不懈努力，以保持良好的公众形象。要加强对主创人员的资格论证，加强对扮演领袖人物的演员的培养教育及管理。同时，各级管理部门，要为艺术人才的涌现与成长提供更多的学习条件、创作条件。

第八，发挥“龙头”作用，促进整个影视创作的全面繁荣。

这次会议，我们专题研究了重大革命历史题材影视创作的问题，说明了重大革命历史题材影视创作的重要性。但重大革命历史题材影视创作不是全部，也不是惟一，相对于整个影视艺术创作，这是“龙头”，是独特的艺术类型。在抓好重大革命历史题材创作的同时，我们还要大力提倡抓好现实题材的创作，而且现实题材的比例还应更大一些。要以重大革命历史题材影视精品力作作为“龙头”，带动影视创作的全面繁荣。

这次会议是重大革命历史题材影视创作历史上又一次具有重要影响的会议，必将对今后重大革命历史题材影视创作的繁荣发展，以及整个创作的繁荣发展，产生重要的指导和推动作用。希望这次会议作为重大革命历史题材影视创作迈向新阶段、再上新台阶的标志和新的起点，激励广大影视工作者同心同德、再接再厉，为拍摄出更多无愧于时代、无愧于历史、无愧于先辈、无愧于人民的优秀作品，做出更大的贡献。

（摘自《电视研究》1997 年第 9 期）

2. 概 况

1997年中央电视台 10件大事

1997年，在中央领导同志关怀下，在广电部正确领导下，中央电视台坚持以邓小平理论为指针，坚持党的基本路线，自觉地同以江泽民同志为核心的党中央保持一致，全面贯彻执行中央的宣传方针政策，把握正确舆论导向，加强管理工作，圆满完成全年各项重大宣传任务，宣传工作和事业建设上了一个新台阶。据不完全统计，中央领导对中央电视台节目和工作的肯定达64人次，台里收到中办等单位表扬信153条（部门收到的表扬信件未计算在内）。全年突出的有以下10件大事：

1．1月1日，中央电视台推出12集大型电视文献纪录片《邓小平》。该片记录了邓小平同志的光辉业绩和伟人风采，艺术地表现了邓小平理论的形成和发展过程。该片播出后，在海内外引起强烈反响。2月19日，邓小平同志逝世，中央电视台及时、隆重、深情、有序地报道了邓小平同志的治丧活动，感人至深地反映了全国人民对邓小平同志的缅怀之情。

2．按照中央统一部署，圆满完成香港回归、党的十五大等重大历史事件的宣传报道。中央电视台对党的十五大的进程、内容、精神和人物作了及时、充分、全方位的报道。会议前后，播出了《展示新成就，迎接十五大》、《中国之路》、《十五大精神与实践》等系列报道和专题节目，有力地配合了党的十五大宣传，受到广泛好评。为及时、充分地报道香港回归的盛况，中央电视台精心组织，精心实施，打破常规，自6月30日至7月3日，第一、四套节目连续直播72小时，开办英语传送频道，连续41小时直播报道香港回归的盛况，完成了中央电视台有史以来时间最长的大型直播报道。此外，成功地进行了江泽民主席访美、长江三峡截流、黄河小浪底截流、南昆铁路全线铺通等国家重点建设项目和漠河地区日全食——彗星天象奇观的现场直播报道。这些重大新闻事件均拍摄了电影资料。

3．深化宣传改革，八个频道的特色更加鲜明。第一套节目提前一小时开播，开办六时早新闻，以新闻为主的综合性频道特点更为突出；第二套经济节目进行全面改版，调整播出时段，经济栏目从两个增加到九个，首播时间从一小时增加到三个半小时，内容针对性加强，表现形式更加生动，经济宣传得到很大加强；试办了英语卫星传送频道，在党的十五大、香港回归等重大宣传报道工作中收到较好效果。

4．实施精品战略，收效显著。电视剧创作空前繁荣，制作播出了《香港的故事》、《和平年代》、《车间主任》、《潘汉年》、《水浒传》等优秀电视剧作品；青少年精品节目制作又上新台阶，完成了第二个“六个一百工程”；“心连心”艺术团在遵义、大庆油田、三峡工地、韶山和香港举行了五场慰问演出，受到群众热烈欢迎；文艺栏目、专题栏目质量均有提高。

5．节目获得国内国际奖项数量增加。在中宣部举办的“五个一工程”奖评选活动中，中央电视台制作和参与制作的18部电视剧获奖，占获奖总数的57%；同时，音乐电视作品《珠穆朗玛》和丛书《人与自然》也分获“五个一工程”歌曲奖和图书奖。香港回归电视新闻报道分别获得亚广联新闻交换奖和丹尼斯纪念奖；《旋转舞台·江河湖海系列（一）黄河的故事》获亚广联文化放送娱乐节目奖；中央电视台与西藏文化传播公司合拍的纪录片《我们西藏·八廓南街16号》获法国真实电影节大奖。此外，中央电视台与龙江电影制片厂合拍的儿童影片《鹤童》，科影厂拍摄的《种子正传》、《长城》、《羌塘》、《大脑潜能》均在国际电影节上获奖；中央电视台设计的片头《精品库》、《动物世界》分获国际片头大赛银奖、铜奖。今年，是中央电视台节目在国际获奖最多的一年。

6．国际频道和英语传送频道在海外落地取得突破性进展。中央电视台通过租用泛美4号、泛美5号、热鸟2号和银河4号卫星的Ku波段转发器，使节目实现了对欧洲、北美洲、澳洲、拉丁美洲和非洲的覆盖，这些地区的电视机构和家庭用户可用小型天线高质量地直接接收中央电视台节目。目前，中央电视台节目在全球覆盖率已达98%，并逐步进入外国主流社会。

7．数字电视技术的采用给电视宣传带来革命性的进步。中央电视台在国内率先采用数字技术，大规模进行技术系统工程建设，建成了9个数字演播室、22个数字后期制作系统、3辆数字转播车、4套数字移动地面站、30套数字非线性编辑系统等多套数字编辑制作系统，扩大了生产能力，优化了制作工艺，加快了从模拟技术向数字技术过渡的步伐。技术进步为重大新闻事件现场直播创造了条件。

8．全台规章制度的修订工作基本完成。此次由台办室牵头，全台各部门参加，经过充分讨论，集思广益，全面修订了全台规章制度。这是中央电视台管理年的一项重大举措，对全台规范管理起到十分重要的作用。修订后的中央电视台规章制度共分五册，即《中央电视台行政管理规章制度》、《中央电视台人事管理规章制度》、《中央电视台宣传管理规章制度》、《中央电视台技术管理规章制度》、《中央电视台财务物资管理规章制度》。

9．基本建设取得较大成绩，工作环境和职工居住条件得到较大改善。全年调整、分配职工住房430套（间），为400多名职工改善了住房条件。同时，彩电中心业务楼和空调改造工程年底基本竣工，初步具备使用条件，将改善全台的办公环境；一号演播厅建设工程完成，有效缓解了演播室的紧张状况，并为1998年春节联欢晚会现场直播提供了场地。

10．中国国际电视总公司重组完成，中视股份上市成功，集资3.9亿。全台全年广告收入达41.7亿元，创历史最高水平。上缴上级部门8.1亿元，上缴国家财政3.8亿元，均创历史最高水平。

1997年中央电视台宣传工作概况

1997年，是中国历史上极其重要的一年。

这一年，中央电视台按照党中央的统一部署，在广电部领导下，坚持以邓小平理论为指导，坚持党的基本路线和基本方针，在思想上、政治上同以江泽民同志为核心的党中央保持一致，“把握大局，再接再厉，同心同德，开拓前进”，始终贯彻中央宣传思想工作的基本思路。宣传工作把握一条主线：高举邓小平理论的伟大旗帜，紧紧围绕经济建设这个中心，大力加强精神文明建设的宣传力度，牢牢把握正确舆论导向，为香港回归和十五大召开两件大事创造了良好的舆论氛围。

1997年，中央电视台在保证重点宣传计划顺利实施的同时，进一步提高日常栏目和节目质量，加强“两个文明”建设的宣传力度，取得了全年宣传工作的胜利。

一年来，中央电视台各部门严格执行各项宣传管理制度，抓重点、出精品，节目数量和质量都有很大提高。截止到12月底，全台八套节目总播出量52858.32小时，英语传送频道全年播出3256小时，总平均每天播出153.7小时。全台八套节目的栏目设置已经发展到222个。

一、九大宣传“战役”取得圆满成功

中央电视台1997年的宣传工作是紧紧围绕新年春节、邓小平同志治丧活动、“两会”、香港回归、十五大、八运会、黄河小浪底工程、三峡工程、江泽民主席出访等重大活动展开的。

1．新年春节宣传先声夺人

根据中央领导同志的决策，从1997年1月1日起，中央电视台先后在第一、二、四套节目黄金时间隆重推出12集大型文献纪录片《邓小平》，在海内外产生强烈反响。领导同志评价说，该片不仅形象生动地表现了邓小平同志一生光辉的业绩和伟人的风采，同时也推出了以江泽民同志为核心的第三代领导，为十五大的召开营造了良好的舆论氛围。

与该片播出同时开始的中央电视台新年春节宣传，充满了欢乐祥和的气氛。四台春节晚会都取得了圆满成功。《春节联欢晚会》、《春节歌舞晚会》、《春节戏曲晚会》、《枫雪桑梓情——多伦多华人华侨春节联欢会》在不同领域代表了我国电视文艺节目的最高水平。此外，《新年音乐会》、《正月正——曲苑杂坛特别节目》、《音乐电视城春节特别节目》、《地方台文艺节目展播》、《'97维也纳新年音乐会》、《新年京剧晚会》、《'97元旦相声小品晚会》、《公仆颂》等节目也进一步丰富了中央电视台屏幕。

新年春节期间，中央电视台还派出二十几路记者奔赴长江三峡、新疆、西藏、吉林等地的厂矿、农村、工地采访，利用移动卫星地球站在新闻栏目中直播了各地群众在春节期间的工作生活情况。

2．邓小平同志治丧活动的报道隆重、庄严、深情、有序

2月19日，邓小平同志逝世。中央电视台反应

迅速，表现出良好的政治素质和较强的应变能力。在整个事件的报道中，自始至终遵循了中央提出的“隆重、庄严、深情、有序”的方针。从20日起停播一切娱乐性节目和一些不合时宜的栏目，全面调整播出节目，增加新闻播出时间，仅20日当天即播出新闻497分钟，近正常状态（170分钟）的3倍。中央电视台派出十几个摄制组连夜深入北京各界，分赴四川广安、广西百色、上海、深圳等地采制全国各族人民深切悼念邓小平同志的新闻和专题，同时组织我驻美、驻港等地记者站及各地方电视台进行采访，深入、广泛地反映了全国人民及世界华人、华侨、国际友人对邓小平同志的哀思。邓小平同志追悼大会的直播过程中，参加工作的近200名同志密切配合，忙而不乱，顺利地完成了任务。

在对邓小平同志逝世的报道期间，中央电视台有史以来首次将八套节目并机播出，许多重要节目反复播出。各部门职工大力协同，夜以继日赶制节目，体现了良好的政治素质和业务素质。

2月20日、25日，全国大多数电视台（包括有线台）都与中央电视台并机播出，其他大部分时间也录播中央电视台节目，反映出在重大事件宣传中，中央电视台不可替代的权威性。

3．“两会”报道圆满成功

邓小平同志治丧报道尚未结束，一年一度的“两会”宣传又拉开了帷幕。参加报道的同志在经过新年春节、邓小平同志逝世两场宣传大战极度疲劳的状况下，又发扬连续作战的精神，投入到“两会”报道中。

在以“把握大局，再接再厉，同心同德，开拓前进”为基本要求，以“民主、求实、团结、稳定、鼓劲”为基调的原则指导下，1997年的“两会”报道特别注重处理好三个方面的问题：一是把握正确宣传导向，节目整体安排与邓小平同志治丧活动报道衔接，注意逐步过渡的原则；二是层次分明，重点突出，围绕1997年的热点和焦点问题，发挥电视特色，进行充分报道；三是配合形势，选准时机，加强针对性。

4．香港回归报道世人瞩目

中央电视台在中宣部及广电部领导下，团结鼓劲，克服各种困难，按照预定计划完成了香港回归宣传报道任务，在这场各大媒体介入的新闻大战中始终处于主要地位。受到中央领导和广大电视观众的充分肯定，引起海内外观众强烈反响。

在这期间，中央电视台八套节目都投入香港回归报道，还新开了英语传送频道，专门向海外播出外语节目。9套节目共播出221小时。重大活动现场直播25次，英语频道直播9次。

整个报道达到中央领导同志提出的“安全、准确、及时”的要求。除直播原定的八场重大活动（香港政权交接仪式、解放军驻港部队进入香港、香港特区政府成立庆典、香港特区政府庆祝回归招待酒会、首都人民庆祝香港回归大型焰火晚会、国务院庆祝香港回归招待会、首都各界庆祝香港回归祖国大会、香港回归大型文艺晚会——《回归颂》）外，还实现了江泽民总书记到达香港、外交部驻香港特派员公署开署仪式等内容的独家直播。

除了香港回归本身的宣传外，在香港回归之前中央电视台还做了大量前期配合性宣传。从年初起就在《新闻联播》节目中每日播报倒计时日期；在距回归百日之时开辟《香港回归倒计时》栏目，进行了《香港知识大赛》的总决赛；在距回归50天时播出了大型专题片《香港沧桑》的下部5集。此外，中央电视台还播出了反映香港历史、文化、风情的专题节目、文艺节目和电视剧。新影厂还拍摄了大量影片资料，计划编辑制作大型纪录片《世纪大典》。

5．十五大报道隆重、热烈、准确、充分、生动

党的十五大是党的历史上具有里程碑意义的重要会议，不仅全国人民关心，而且世界瞩目。中央电视台精心部署，严密组织，圆满地报道和宣传了这次会议。

中央电视台对十五大的报道有如下特点：

（1）宣传规模大，报道时间长

香港回归电视报道结束之后，全台上下的工作重心立刻转至十五大报道工作。十五大宣传报道分会前、会期内、会后三个阶段，主要内容分别是迎接召开、宣传报道、学习精神、贯彻落实，时间跨度约为四个月。

（2）时效迅速，充分发挥电视优势

在十五大宣传报道中，尤其是对会议的报道中，中央电视台集中精兵强将和先进设备，充分发挥电视媒体的优势，保证了电视新闻的时效性。凡是会议的重要活动均采取现场直播的方式进行报道，如大会开幕式、新选出的中央政治局常委会见中外记者等。而其他重要新闻，中央电视台也是最快播出的。

（3）内外结合，报道充实

此次报道过程中，不仅充分重视会议的各项活动，也对会场外的种种反应给予关注，扩展了报道面，形成了内外结合的格局。会议期间，报道组还加强了与各地方电视台的联系，以便及时反映全国各地干部群众关心十五大、学习江泽民总书记报告的情况。

（4）深度报道，精辟入理，收到很好的效果

会议期间，中央电视台制作播出了大量深层次报道的专题节目，其中会议专题节目8个，记者招待会专题节目7个。这些专题节目紧紧围绕大会报告提出的问题展开分析，做到主题鲜明，重点突出，收到了良好的宣传效果。

(5) 精心策划，周密组织，配合性宣传丰富多彩

除会议报道的各档新闻和专题节目外，十五大宣传报道过程中，各部门发挥主观能动性，积极进行配合性宣传，内容十分丰富，与主题宣传相得益彰。理论宣传、人物宣传、成就宣传，无不对会议本身起到了极好的气氛烘托作用。经济节目、科教节目和文艺节目也围绕十五大这一中心任务展开，形成和谐的环境，为会议宣传创造了良好氛围。

(6) 积极拓展节目落地，对外宣传影响广泛

统计情况表明，此次共有48个国家和地区的76家电视机构转播了中央电视台第四套节目和英语传送频道的信号，现场直播了十五大开幕式和新当选的中央领导集体会见中外记者的招待会。转播中央电视台节目的电视机构遍及亚洲、欧洲、北美洲、南美洲、非洲和大洋洲。尤其值得指出的是，美国CNN、C-SPAN转播了中央电视台英语传送频道的直播信号，使中央电视台播出的重要新闻直接进入美国主流社会，同时传播到世界各个角落。这是1997年中央电视台继香港回归电视报道之后，取得的又一对外宣传的重大进展，扩大了中央电视台在世界公众和媒体中的影响。

(7) 利用互联网络，拓宽宣传手段

从9月11日起，中央电视台国际互联网站开始发布中、英文版“十五大专辑”。大会期间每天几乎与电视新闻同步发出相关新闻。共制作新闻近500页，图片100多幅以及部分活动画面和声音等。

6．八运会报道及时、丰富、有新意

八运会是我国在本世纪举办的最后一次体育盛会。为了全面、及时、准确、生动地报道八运会盛况，展现中华民族满怀信心迈向新世纪的精神风貌，满足广大电视观众的收视需求，中央电视台的八运会报道采用“杂志”式的节目形式，在信息的生成、采集、传播上力求同步，最大限度地缩短与观众的距离。为了实现上述目标，本次八运会报道全面使用目前国际上最先进的电视报道手段，在6个主要场馆设立单边注入点，由记者在第一时间为观众作风格化的现场报道和评论。这6个单边注入点所凸现的强烈现场感令观众耳目一新。

节目深度和广度是本次报道所强调的另外两个因素。为此，八运会节目在事件、人物、背景、评论等报道形式上做了深度挖掘。

八运会电视报道使中央电视台在采访能力、编辑手法、节目包装和主持艺术等方面赢得了好评。八运会组委会及其他省级电视台一致认为：由中央电视台负责提供的网球、游泳公用信号，是所有公用信号中图像、声音质量最好、镜头语言运用得最饱满的。

7．黄河小浪底截流报道圆满成功

黄河小浪底枢纽工程是本世纪我国最伟大的治黄工程。对于工程的施工进展情况，《新闻联播》、《新闻30′》、《中国新闻》和《晚间新闻报道》等新闻栏目都进行了及时充分的报道。

10月28日8时40分开始，中央电视台第一套节目和第四套节目并机现场直播小浪底大坝合龙，英语传送频道也进行同步英语现场直播3小时，向观众展示了小浪底工程的宏伟、雄险，使观众目睹了龙口合龙的壮观情景，了解了小浪底工程在抗御洪水、减少黄河下游泥沙、蓄水发电、灌溉、防止凌汛、减少断流等方面的重要作用。

小浪底大坝合龙的现场报道方式受到李鹏总理的高度评价。

8．三峡工程大江截流报道气势磅礴

三峡工程大江截流是人类工程建设史上的伟大壮举。为了让海内外电视观众亲眼目睹大江截流的壮观场面，中央电视台从11月8日上午8时开始，通过第一套、第四套节目连续14小时现场直播这一举世瞩目的人类征服自然的伟大壮举。

现场直播生动地反映了江泽民、李鹏等党和国家领导人对这一世纪工程的关注和重视。整个报道全方位、多角度地反映了三峡工程的重要作用，既有声势，也有科学的论证，通俗易懂，现场感强。

此外，围绕三峡工程大江截流合龙这一焦点，中央电视台从11月4日起在第一套节目中播出8集电视纪录片《大三峡》，在第四套节目中播出12集系列片《三峡备忘录》，《中国报道》播出4集反映三峡大江截流的专题报道。这些节目为大江截流现场直播作了很好的铺垫。

据央视调查咨询中心的收视率统计显示：三峡工程大江截流现场直播报道期间，白天时段的收视率大大高于平时。

9．江泽民主席出访美国的报道规模宏大

10月26日至11月2日，江泽民主席应美国总统克林顿的邀请对美国进行国事访问。这是我国元首12年来首次对美国进行国事访问，它标志着中美关系进入了一个新的发展阶段，同时也是我国1997年的重大外交政治活动，举世瞩目。中央电视台抓住这一有利时机，调集精兵强将，精心策划，周密组织，提出“准确、及时、充分、生动”的报道原则，圆满

完成了江泽民主席访美的报道任务。多角度地展示了美国总统克林顿欢迎江泽民主席的隆重场面，成功地报道了江泽民主席访美期间的42场活动，30多次讲话。这次报道在保证准确的前提下注重时效，采取多点现场报道，突出电视的现场感。这次新闻播出创下两个“最”：其一是10月30日《新闻联播》播出的江泽民主席在美国访问的新闻长达25分钟，为历次领导人出访新闻中最长的一次；10月31日《新闻联播》中播出13条江泽民主席访美新闻，为领导人出访新闻条数最多的一次。

对外宣传报道为江泽民主席访美营造了良好的舆论氛围。在江泽民主席出访的9天里，《中国新闻》、《粤语新闻》、《英语新闻》、《中国报道》利用每天近10次的滚动播出时间，及时、充分报道了江泽民主席赴美的每一个访问活动和美国各界及国际反应。江泽民主席访美结束后，《中国新闻》、《英语新闻》和《中国报道》及时播出了新闻综述，对这一事件进行了全面回顾，并请专家从全球战略的高度对江泽民主席此行的成果及未来的中美关系进行评述。

中央对这次报道十分满意。江泽民主席委托外交部副部长李肇星转达了他对此次报道的意见，认为报道很成功。

二、“两个文明”建设的宣传向深度、广度发展

1．认真贯彻中央经济工作会议精神，切实做好经济工作宣传报道

1997年，中央电视台认真贯彻中央经济工作会议精神，切实做好经济工作的宣传报道，经济报道较有特色。在新闻和经济节目中播出的《“九五”头年话开局》、《现代企业制度试点为国企改革增添活力》，以及广告经济信息中心经济部在9月推出的多台“重头戏”：《跨世纪的转变》、《软着陆》、《难点突破》等系列节目，分别对经济改革中的热点问题进行分析，受到各方面关注。

中央电视台在加强农业报道方面也卓有成效。着重报道了农业丰收、农业强化科技、农村精神文明建设、冬季农田水利基本建设等方面的消息。

1997年的“3·15”晚会，在继续发挥新闻曝光、权威部门抽验结果发布等内容优势的同时，注重观众的参与效果。从3月1日起，《经济半小时》推出了“3·15特别行动系列”，对各地一些维护消费者权利的先进人物及先进经验进行了报道，同时对往届晚会报道过的重大案例进行回访与反思，为经济报道作出了一次全新的探索。

2．精神文明建设宣传形成系列

党的十四届六中全会以后，中央电视台进一步加大精神文明宣传力度。以推出先进典型和先进集体为重点，在《新闻联播》中开办《精神文明建设巡礼》系列报道，先后推出张金根、王启民等典型。大型系列报道《边疆行》受到西藏、云南、广西等地广大边防战士的好评。

1997年，中央电视台“心连心”艺术团共组织了五次演出。年初到贵州，除在遵义会议会址前演出外，还派出小分队深入到苗寨、侗乡等偏远贫困的少数民族地区进行慰问演出；5月到大庆油田演出；9月赴三峡大坝工地演出；10月到湖南，除在韶山毛主席铜像广场演出外，还分别在毛主席故居、刘少奇故居、彭德怀故居和秋收起义旧址广场进行演出；11月“心连心”艺术团首次赴香港演出，亚视、凤凰卫视、九仓有线都现场直播，在港引起强烈反响，受到香港各界赞扬。

此外，弘扬中华民族优秀传统文化的大型系列节目《中华文明之光》继续播出。

根据中宣部关于开展文化、科技、卫生“三下乡”活动的通知精神，在《新闻联播》中报道了南京、成都、太原、合肥等十城市开展“三下乡”活动的消息。《健康之路》主办了“情系老区——健康之路京九行”的卫生下乡活动，促进了当地农村保健三级网的建立及农村合作医疗制度的进一步完善。

1997年中央电视台科教宣传声势浩大。3月9日，中央电视台首次动用卫星地面站，微波多系统配合，成功地完成了对日全食——波普彗星同现的天象奇观现场直播，这是一次成功的科普宣传教育活动。为宣传中央、国务院“科教兴国”的战略，中央电视台摄制的14集大型系列专题片《科教兴国》从3月3日至11日在一套黄金时间播出。该片受到舆论界、科技教育界和知识分子的普遍关注。5月还开办了新的《科技博览》栏目，在原《九州神韵》时段播出。这是一个融科学性、知识性、可视性为一体的新栏目，也是科教兴国战略在电视屏幕上的具体体现。

三、其他宣传工作取得全面成功，受到各方好评

1997年还完成了一系列重要的宣传报道。如第四十四届世界乒乓球锦标赛报道，在《新闻联播》、《晚间新闻报道·体育新闻》中直接插播前方比赛；直播了打捞“中山舰”仪式；配合内蒙古自治区成立50周年的宣传，拍摄了《今日内蒙古》系列报道共10集；圆满完成了对中国海军舰艇编队出访美洲四国、南亚三国报道任务；完成了飞越黄河壮举的直播；完成了建军70周年报道；现场直播了第五届中

国艺术节大型文艺晚会《百花赞》，对艺术节期间国内外各艺术团体的近20台演出进行实况录像；国庆宣传，除“心连心”赴三峡大坝工地的慰问演出外，还播出了丰富多彩的各类文艺节目。

《中国电视报》全面改版，加强重点节目宣传，宣传质量和报纸质量不断提高，发行量继续名列全国各报之首。在全国十佳报刊评比中，再次上榜。

研究室完成了电视图文计算机系统。在“香港回归”电视报道期间，赶编了17集的《香港回归资料专辑》，为香港回归报道人员提供了方便。研究室还新开办了“精品赏析”学术研讨活动，为用电视手段研究电视作出有益尝试。《电视研究》1997年改版，版式庄重统一，受到台领导和地方电视台同志的肯定。

剧中心摄制的大型历史剧《东周列国·战国篇》、黄梅戏音乐剧《春》、儿童电视剧《贾里的故事》以及连续剧《吴天祥的故事》和革命历史题材长篇电视连续剧《潘汉年》等，播出后受到好评。“香港回归报道”期间播出的电视剧《香港的故事》，反响尤为强烈。

卫星电视传播中心努力扩大联网成果，进一步加强财务管理，及时进行设备管理及维护，重视提高各有线电视台技术人员素质，积极开展业务和管理知识培训。同时，卫星电视传播中心加强内部管理，狠抓建章立制，较好地完成了全年的工作。全年累计联网2500个台、网，交费收视用户达1800万户，其中农村用户55万户。

新影厂把深化管理体制改革作为全年工作重点，提出“调整、改革、提高”的工作方针。继续制作大型系列片《中华文明之光》；《纪录片之窗》由每周播出一期扩展为每周二期；《世纪回眸》在总结1996年经验的基础上，由5分钟扩展为15分钟，并为《名段欣赏》栏目制作了一批节目。新影厂还生产了大型纪录电影《周恩来外交风云》、《丰碑》。

科影厂上半年完成了3部电影创作，制作了动画片《灰豆儿》，并投产《小贝流浪记》，完成供中央电视台播出的英语科教片18部，参与系列专题片《科教兴国》的制作，完成《科技博览》44集，还改版农村科教系列节目。

四、强化精品意识，实施精品战略，进一步提高日常栏目和节目质量，制作一批思想性、艺术性都好的精品节目

1. 新闻节目进一步提高质量

精心组织，周密策划，圆满完成了'97香港回归、十五大、江泽民主席出访美国、八运会等报道，实现了长江三峡水利枢纽工程大江截流合龙、黄河小浪底水利工程截流合龙、漠河地区日全食——彗星天象奇观、南昆铁路全线铺通等大型现场直播。

2. 制作了一批既有思想性、又有艺术性的专题节目

推出《邓小平》、《香港沧桑》、《科教兴国》、《大三峡》、《达赖喇嘛》、《孙子兵法》等大型纪录片。

3. 文艺节目精彩纷呈

春节四台晚会取得成功。出色完成配合香港回归、十五大宣传的文艺节目，如：《回归颂》、《首都人民庆祝香港回归联欢晚会》、《九七恋曲》、《继往开来》等大型文艺晚会。在第一套节目黄金时间播出了电视剧《和平年代》、《校园先锋》、《香港的故事》、《车间主任》、《大漠丰碑》、《潘汉年》、《红十字方队》等。

4. 一批优秀节目在国内外获奖

在中宣部举办的“五个一工程”评奖活动中，《邓小平》获“五个一工程”纪录片奖；《香港沧桑》获“五个一工程”电视片奖；《珠穆朗玛》获“五个一工程”歌曲奖；《人与自然》丛书获“五个一工程”图书奖；《鹤童》获“五个一工程”电影奖；《香港的故事》、《车间主任》、《和平年代》、《校园先锋》等18部电视剧获“五个一工程”电视剧奖。

中央电视台香港回归电视新闻报道获亚广联电视新闻交换奖和丹尼斯纪念奖。

由文艺部制作的电视艺术片《黄河的故事》获亚广联文化放送娱乐节目奖。

由中央电视台与西藏文化传播公司联合摄制的系列片《我们西藏》之一《八廓南街16号》获法国第十九届“真实电影”国际纪录片电影节大奖——真实电影奖。

由中央电视台与龙江电影制片厂联合摄制的儿童影片《鹤童》，在7月8日至18日俄罗斯和乌克兰共同举办的第五届阿尔特克国际电影节上，荣获热爱大自然浪漫题材创作奖和最佳影片音乐奖。

由中央电视台科教节目制作中心（科影厂）拍摄的《种子正传》于1997年5月，在日本须贺川国际短片电影节上，获优秀影片荣誉证书；6月在'97斯洛伐克国际环保电影节上，荣获共和国教育部奖。

1997年6月，在罗马尼亚第四届国际旅游电影节上，由中央电视台科教节目制作中心（科影厂）摄制的《长城》荣获旅游文化一等奖。

1997年6月，在罗马尼亚第四届国际旅游电影节上，由中央电视台科教节目制作中心（科影厂）摄制的《羌塘》荣获旅游资源一等奖。

1997年11月，在伊朗德黑兰第二十七届国际教育电影节上，中央电视台科教节目制作中心（科影厂）摄制的《大脑潜能》获银奖。

1997年10月，中央电视台技术制作中心制作部设计的戏曲栏目片头《精品库》在日本富士电视网举办的第二十六届亚太地区片头设计大奖赛上获得银奖，录制部的《动物世界》获铜奖。

五、加大宣传改革力度，明确规章制度，进一步调整栏目结构

从5月5日开始，中央电视台五套节目都有不同程度的调整。第一套节目更加突出新闻特色，增加一次新闻播出，即在早6时增加一档15分钟的《早间新闻》。《早间新闻》是中央电视台最早的一档新闻，它的开办，使中央电视台新闻节目提前了一个小时。它使一批前一天夜间发生的新闻尤其是国际新闻能够更早地与观众见面，同时满足了希望早6点时段收看新闻的观众的需求。《晚间新闻报道》由35分钟延长到45分钟，成为颇具特色的一个新闻节目。第二套节目调整相对较大，目的是强化经济特色。经济栏目《经济半小时》、《生活》、《中国财经报道》进入了二套晚上黄金时间。此外，二套9时以后增加了精品电视剧的播出量。第三套、第八套节目适当增减一些栏目，增加了晚间娱乐节目的总量。较受观众欢迎的《音乐电视城》、《东西南北中》、《中国音乐电视》等栏目也以新的面目出现。第四套国际频道根据“加强重点栏目、合并同类栏目、改造一般栏目、停办较差栏目”的原则进行了较大调整，突出了外宣特色，增加了对外报道的针对性、时效性及主动性。

《综艺大观》、《正大综艺》、《文化视点》、《万家灯火》、《健康之路》、《生活》、《中国报道》等一批栏目都进行了改版。观众来信明显增加，收视率有了不同程度的提高。

1997年中央电视台技术工作概况

1997年，中央电视台的技术工作始终围绕宣传工作这个中心任务，积极采用新技术，大力开发新技术，努力掌握新技术，确保了播出安全。

一、全力以赴做好重大电视报道任务的技术保障工作

1997年，中央电视台重大宣传任务高度集中，野外实况报道工作繁重，各项报道活动时效快、规模大、环节多、要求高。技术系统始终围绕台的中心任务，团结协作，克服困难，在香港回归、邓小平同志治丧活动、江泽民主席访美、长江三峡和黄河小浪底截流、南昆铁路接轨、八运会、十五大、“两会”等报道以及建军70周年、国庆晚会等重大宣传任务中，全力以赴，确保万无一失，高质量、高水平、高效率地完成了任务。

1．根据宣传需要，确定技术方案

在各项重大活动中，技术系统根据总体宣传报道计划，按照“高度可靠、全面配合、周密实施、勇于创新”的指导方针确定和修改技术方案，及时调整工作安排，认真协调部门关系，保证了技术方案的科学性、可靠性。充分反映出中央电视台承担大型报道任务的整体实力和技术水平，受到中央领导、广大观众和全国电视同行的好评。

2．调集精良设备，提供优良服务

1997年，技术系统为中央电视台全面完成重大任务，调集和配置了大量具有当今先进水平的精良设备，涉及的范围是建台以来所未有的。尽管在系统设计、技术准备、设备安装、协调运作等方面存在许多困难，但技术系统仍以自己的卓越能力和勤奋精神出色地完成了任务。同时，技术系统在各次重大报道活动中，对设备和系统进行了认真的检查和准备，以最佳的设备和严肃认真的工作作风投入到节目的拍摄、制作和播出中，全面完成了技术保障任务。

3．野外直播，技术创新

1997年多次野外大型综合性实况直播的实践证明，中央电视台技术系统在利用直升飞机航拍、直播、中继以及把转播设备、无线摄像机、微波传送接力设备和移动地面站等电视设备合理地综合配套使用，实现在地形复杂的野外进行多点大型现场直播的技术是成功的，在亚洲地区电视技术界也是名列前茅的。

4．克服困难，积极开拓

1997年的各项重大电视报道任务对于技术系统来说，工作环境复杂，条件恶劣，新技术、新设备多，技术规模大，系统复杂，连续直播时间长，给技术工作带来极大的困难。技术系统克服困难，积极开拓，在较短的时间内，较好地完成了任务。

通过1997年各项重大宣传报道任务，中央电视台的技术队伍经受了一次严峻的考验和全面的锻炼，也积累了不少宝贵的经验，技术队伍的应变能力和技

术水平都有了进步和提高。

二、采用数字技术给电视宣传带来革命性的推进

数字技术是电子技术的一场革命，中央电视台在国内率先采用了数字技术。1995年在采用数字压缩技术将多套节目压缩在一起通过卫星转发取得成功后，近年又加快了使用数字视频技术和音频数字化的步伐。在节目制作方面，建立了数字演播室、数字后期制作系统；在播出线上建立了数字录像机播出系统和数字压缩系统，为在野外转播建立了数字EFP和数字转播系统；在电视传输方面建立了数字移动地面站和移动数字卫星新闻采集转播系统，使节目制作、播出、传送的工艺流程发生了革命性的变化。移动数字卫星新闻采集转播系统和移动数字卫星地面站这两项新技术的采用，使新闻采集和电视实况转播扩大了空间，缩短了时间，使过去不能进行的电视实况转播变成可能。这标志着我国电视开始进入数字化的时代。

截止到1997年底，中央电视台已建成和具有9个数字演播室、22个数字后期制作系统、3辆数字转播车、4套数字移动地面站、1辆数字卫星新闻收集转播车、2套数字压缩系统、30套数字非线性编辑系统、8套数字播出系统、1套大型计算机三维动画制作系统、1套高画质影视后期制作系统、2套计算机二维动画制作系统、3个数字译配音机房、2个数字录音棚和1辆数字录音车。

三、技术工程建设和改造，扩大了生产能力，为节目制作、安全播出、行政管理提供可靠的保证

1．在军事博物馆建立了经济节目制作基地。

建成3个演播室，4个后期制作机房，20套1:1自编系统，10套2:1编辑系统，5套多媒体非线性编辑系统。

2．建成国内规模最大、技术最先进的动画制作基地。

1997年建成由20套微机联网的二维动画制作系统，制作了《动画卡拉OK》、《哪吒》、《丑小鸭》等动画片，共760分钟。三维动画全年共创作和制作节目片头、片尾、片花及栏目片头共7930秒，是1996年的2.93倍。此举不仅结束了中央电视台动画节目单纯依靠买进的历史，还为中央电视台培养了许多动画节目制作人才。

3．建成数字录像机播出系统。

1997年12月30日正式接受数字录像带播出。

4．计算机网络系统进一步发挥效益。

办公自动化、节目管理系统全面应用，图文资料、人事管理、物资管理系统、海外中心新闻文稿编辑系统正式投入使用，工作条件得到明显改善。中央电视台国际互联网站点建设取得阶段性成果，国际顶级域名CCTV.COM的申请注册工作完成，每天定时发布中、英文新闻消息和其他相关信息，访问人数激增，开始产生影响并发挥作用。开通64个Internet（因特网）用户和62个电子信箱。

5．空调改造发挥效益，达到国内先进水平，供电系统建设取得良好效果。

空调改造一期工程顺利完成后，使1000平方米、800平方米、600平方米演播区、二楼新闻制作播出区、三楼播出区等重点机房温度全年都能控制在23摄氏度左右，解决了长期存在的室内温度过高，影响安全播出和节目制作的问题。1997年下半年又完成圆楼三层J、K段空调的改造任务，为节目制作、播出提供了一个良好的环境。冷机扩容工程年底完成，这一工程采用世界当代最先进的冰蓄冷技术，将满足业务楼和一号演播厅以及大楼冷源发展的需要。供电系统改造取得良好效果，播出系统由集中UPS供电改为分套供电，使播出安全更有保障。

四、加强技术管理，节目技术质量进一步提高，工程管理更加合理，安全播出得到保证

由于加强了对技术质量、安全播出的统计管理工作，技术质量有了明显提高。1997年在全国电视节目录制技术质量奖评比中，获专题、综合文体、电视剧三个一等奖。工程建设管理也纳入科学的管理轨道，实行工程建设立项论证逐级审查、分级负责制度，重大工程项目集体审定制度，引进技术进行严格论证、设备购置采取技术谈判和商务谈判分开制度，保证了技术的先进性、价格的合理性。近年来完成的多项工程建设，引进新技术、新设备没有出现任何失误。由于加强了管理，完善了各项规章制度，1997年播出线未出现重大的人为责任事故。安全指标达到每百小时1.7秒，大大优于广电部规定的播出安全指标。

制定了《话务员工作考核办法》，实行分项量化考核。在台114查号台举办了“优质服务评比月”活动，通过评比提高了服务质量和水平。以准确、迅速、热情、文明、礼貌的优质服务，为电视宣传作贡献。

五、学术研究、技术交流、应用培训取得新进展

1997年9月成功地举办了北京国际电视设备展览技术研讨会，12月又举办了′97北京电视技术研讨会和第一届电视媒体应用计算机网络技术研讨会，还举办了虚拟演播室技术和新设备展示会及各类新技术应用培训班，取得了很好的效果。通过研讨交流，使中央电视台的技术人员积极跟踪世界先进电视技术发展，不断掌握新技术，逐步更新知识结构，进一步拓宽了工作思路，为中央电视台技术发展奠定了基础。各中心还结合本部门工作实际，进行岗位培训，熟悉系统和设备的功能、特点和操作方法，保证了节目制作和播出的需要。技术系统的中青年技术人员，勤奋学习、努力钻研，有37位同志参加了中央电视台与北京广播学院、北京理工大学联合开办的电子通讯专业和计算机专业研究生学位课程的学习。1997年有8位同志在广电部优秀中青年科技论文比赛中获奖。

六、技术制作系统其他工作也不断取得新成绩

1．国际频道节目直接入户取得突破性进展

1997年，中央电视台租用南非多选公司的泛美4号卫星、热鸟2号卫星和美国休斯卫星公司银河4号卫星Ku转发器转发国际频道节目，覆盖了非洲、欧洲和北美洲。电视观众可用80公分左右的小型天线直接收看中央电视台节目，实现了节目直接入户的计划。1997年10月，改用大功率泛美5号卫星代替泛美3号卫星，美洲电视机构和电视用户可用较小的天线高质量地接收中央电视台的节目。这样，到1997年10月，中央电视台节目卫星全球人口覆盖率达到98%。

2．一号演播厅工程建设达到春节晚会的基本要求

技术系统与各有关部门密切配合，经过85天的努力奋战，于1997年12月31日工程建设达到春节晚会的基本要求，舞美、灯光安装就绪，移交春节晚会剧组使用。

3．舞美、灯光、服、化、道工作取得新成绩

1997年春节四台晚会的舞美、灯光设计，采用全方位、多景区的方式充分体现动感及效果，得到专家、同行和观众的好评。歌舞晚会美术和灯光设计荣获“星光奖”。为此四台晚会还召开了专门的研讨会，总结经验，为以后多出精品打下了良好的基础。

4．对全台固定资产进行了进一步清理，摸清了家底

1997年，技术系统组织力量对全台固定资产作进一步清理统计，对长期搁置不用的设备和器材作了调整，重新安排使用，对废旧设备作了妥善处理，使固定资产的管理更加合理。经过清理统计，全台主要的电视设备、设施有：演播室22间、合成机房75个、自编机房104个、大录音棚2个、音乐合成设备21个、播出设备14套、转播车7辆、EFP4套、ENG450台、演播室摄像机141台、录像机1576台、微波设备36套、移动卫星地面站5套、多媒体32套。

5．新技术引进、科学研究取得好成绩

(1) 数字地面广播试验工作顺利进行，系统设备完成安装调试，已进入第一阶段闭路系统的试验。

(2) 与索贝集团联合开发研制的非线性编辑系统进入实用阶段。

(3) 与天津大学联合开发的计算机辅助控制演播室灯光系统开始试验。

(4) 资料存储磁光盘（MO）软件开发已经完成，将投入使用。

(5) 数字通用光盘技术调研论证工作结束，开始引进部分设备。

6．按时完成了广电部下达的援助西藏广播电视厅的任务，并帮助中国国际广播电台完成国际广播节目覆盖全球的计划，大大地提高了我国的国际广播节目质量。

根据台分党组要认真落实援藏任务的指示精神和技委会确定的原则，组成了以副台长刘宜勤为组长的由工程维护处、海外中心制作部、电视周报社、财产物资处等部门组成的援藏工作组。依据广播电影电视部在1996年全国广播影视系统援藏工作会议上确定的中央电视台对口援助西藏广播电视厅各项工程任务，即600平方米演播室，视、音频系统，两套全固态发射机（用于转播中央一套和二套节目），一套激光照排机，一套一对一自编设备。工作组在援藏工作中，克服了高原缺氧等许多困难，经过设备维护、预安装及调试、培训、运输、现场安装及调试、验收六个阶段，在较短的时间内圆满地完成了任务，得到西藏自治区党委、政府、自治区党委宣传部、广电厅及电视台的高度赞扬。

1997年中央电视台党政工作概况

1997年，中央电视台党政职能部门切实推行管理年计划，突出强调“管理出效益、管理出生产力”的观念，不断深化改革，加大管理力度，规范工作行为，促进了管理水平的全面提高。

一、行政管理不断加强，管理手段有所进步

1．完成了《中央电视台管理规章制度》的修订工作

1997年9月至12月，由台办公室牵头，党政职能部门积极参与，在全台各系统共同努力下，完成了全台现行规章制度的修订工作。这是继1996年整理汇编全台规章制度之后，又一次系统、全面地建章立制工作，是中央电视台管理年的一项重大举措，对全台规范管理起到十分重要的作用。

2．公文、档案管理和信息服务水平进一步提高

进一步巩固1996年公文管理年活动取得的成效，向全台各部门提出规范公文处理方式、建立良好的处理机制的要求。同时，抓住有利时机，促进档案管理和信息服务工作上了新台阶。档案资料管理初步实现计算机管理，使用光盘存储资料，提高档案资料的使用率。将原《工作日报》、《宣传日报》合并为《工作日报》，集中反映全台信息，信息处理质量也有明显提高。

3．加强对外交流与联络，顺利完成全年外事工作任务

1997年出访团组274批、1860人次，如香港回归报道团289人，“心连心”艺术团赴港演出108人。紧急任务增加，外事部门以高效率的工作，保证了各团、组按时出访和中央电视台与海外电视机构的交往。

4．顺利完成重大宣传报道期间的安全保卫工作，保证全台的安全稳定

全年重大宣传活动的安全保卫工作均得到上级部门的好评。此外，还加强了治安、消防综合治理工作，积极组织安全检查和消防检查，查缺补漏，加强安全、消防知识的教育，全年未发生火灾事故。

二、不断完善用工制度，加强台内人事管理

1997年，中央电视台继续实施人才兴台战略，不断完善聘用人员制度，加强临时用工管理，增强人事工作的基础建设和服务意识，为全台各部门工作提供组织保证和人员保证。

1．完善聘用人员制度，加强对全台临时用工的统一管理和开发

1997年重点抓了临时用工管理问题，按照统一开发、集中管理、提高服务、降低人力成本的基本思路，对全台临时人员逐一审核，建立了临时人员档案，进行计算机管理。

2．加强干部考核、监督与管理工作

对处级干部考核的方法作较大改革，增加廉政情况的考核内容，制定下发了《中央电视台关于领导干部报告个人重大事项的暂行办法》，加强对处级领导干部的日常监督与管理。完成了专业人员考核续聘和全员考核工作。

3．为机构调整做积极准备

中央电视台升格后就台内机构设置的功能标准、机构数量、职责范围、编制数量进行反复论证，拟定了《中央电视台机构设置方案》。同时，启用人事管理计算机网络系统，加强人事工作科学化、规范化管理，提高工作效率。

4．落实“三六九”人才工程计划，加强职工教育培训工作

全年共举办各个层次、多种形式的培训班38期，1383人次参加了学习。尤其注重加强了针对新入台人员的岗前培训、提高业务技能的岗位培训和电视业务观摩研讨活动。同时，大力开展职工学历教育，目前中央电视台已有在职博士、硕士学位研究生125人，在职专续本科学员39人，大专学员132人。

5．积极主动地做好老干部管理服务工作

在1997年老干部工作中，注重发挥党总支的作用，组织老同志发挥余热，为电视宣传服务。同时积极关心老同志生活，在全台倡导尊老敬贤的良好风气，积极开展各项文娱活动，使老同志健康愉快地安度晚年。

三、加强财务税收管理，为事业发展当好家、理好财

1．围绕重大宣传报道，做好资金保障工作

在中央电视台重大宣传报道期间，计财部门全力以赴，加强管理，确保各项资金及时、到位、安全。

2．加强财务管理，理顺财务关系

1997年，进一步理顺财务管理关系，解决了经费管理体外循环的问题，形成全台统一管理的格局。顺利完成台属企业非经营性资产转经营性资产和产权变更登记工作。以及境内外国有资产年度统计工作。完成了新老会计制度的接轨工作，加强了财务管理。此外，建立健全了住房公积金制度。

3．基本完成第三轮财务预算包干方案的报批工作

按照台分党组提出的“确保事业发展不受影响，确保各项宣传任务的顺利完成，确保职工生活水平总体不降低”的指示精神，计财部门会同财政部、广电部计财司进行了历时7个月的第三轮财务预算包干方案的协调工作，并达成共识。第三轮财务预算包干方案在广告收入管理、集体福利基金、奖励基金等的提取比例方面均作了调整。

4．完成1997年财务包干任务，全年实现事业收入突破40亿元

全年事业费预算按照新的会计制度和第三轮财务预算包干方案的精神进行了调整。全年事业总收入44.86亿元，其中广告收入41.74亿元，其他收入3.12亿元，圆满完成当年预算。全年事业支出将达到42.87亿元。本年上缴广电部款项8.1亿元，上交国家财政3.8亿元，全年收入与年度支出大体持平。

四、努力搞好基本建设，提高后勤保障工作水平

1．围绕重大宣传报道任务，做好各项服务保障工作

1997年中央电视台重大宣传报道任务频繁，后勤服务部门表现出高度的政治责任感和集体协作精神，保证前方报道人员食宿、交通、医疗服务、文件印刷和办公设施的配备。

2．房屋基本建设成绩显著，职工住房困难进一步得到缓解

1997年，中央电视台基本完成了两项重要的基本建设工程，即彩电中心业务楼和一号演播厅的建设施工。此外，房建部门认真细致地做好住房的调整分配工作，全年为400多名职工分配或调整了住房。同时做好职工宿舍管理、服务工作，为职工加装生活设施，加强小区综合管理，为职工创造舒适的居住条件。

3．发挥桥梁和纽带作用，为职工解忧愁、办实事

1997年，台工会配合各项中心工作，开展了丰富多彩的活动。他们致力营造有电视特色的文化氛围，充分展示电视巾帼风采，家访百户职工，奉献爱心帮困，举办“少儿之家”，实施“希望工程”，做了大量有益的工作，收到显著成效。

4．高质量地完成后勤服务工作，取得了较好的服务效益和经济效益

1997年，服务中心进行了职工就餐方式的改革。在1996年开办IBC餐厅职工自助餐的基础上，又在食堂二楼开办了更大规模的职工自助餐，使全台正式职工都可以受到经济实惠、方便快捷的餐饮服务，全年补助职工伙食达290万元。同时，库房管理、节日职工副食品供应、会务接待、医疗服务、文印服务质量均有明显提高。

五、切实做好党建工作，增强干部职工凝聚力和战斗力

1997年，台党委紧密配合电视宣传中心任务，以搞好党员评议、迎接香港回归和党的十五大召开两项工作为重点，切实发挥党支部的战斗堡垒作用和党员的先锋模范作用，做了大量深入、扎实的工作。

1．积极开展学习邓小平理论和十五大精神的各项活动，以科学的理论武装人。

2．紧密配合重大宣传报道活动，主动开展党的工作，加强对先进人物、先进事迹的宣传。

台党委在各次重大报道活动中，特别强调发挥党组织的战斗堡垒作用和共产党员的先锋模范作用，成立前方报道组的临时党委、党支部，从组织上保证了报道任务的顺利完成。党委紧密结合重大宣传活动，加大对台内先进人物、先进事迹的宣传，拍摄了《除夕之夜的电视人》、《难忘的72小时》、《激战三峡》、《一枝一叶总关情》、《小关的一家》等反映职工忘我工作的专题片，受到大家的欢迎。

3．加强组织建设，提高党组织的凝聚力和战斗力

1997年，台党委顺利完成了十五大代表推选工作，在中央直属机关党代会上，孙玉胜同志当选党的十五大代表。在全年工作中，台党委注重加强基层党组织建设，完成了中国国际电视总公司党的机构组建工作和6个支部的换届选举；加强组织发展工作，1997年共发展党员60名。进一步严格每月一次的党务干部联席会制度和评议制度，抓好领导干部民主生活会，提高民主生活会质量，通过党员民主评议工作的开展，进一步提高组织的凝聚力、战斗力。

4．加强共青团工作，培养跨世纪的电视人

1997年，台团委召开了中央电视台第七次团员代表大会，选举产生了第七届团委会。在台党委的领导下，共青团工作开展得有声有色，加强了对青年干部的发掘、培养和表彰工作，积极开展适合青年特点

的文体活动。

六、狠抓廉政建设，积极树立电视人的良好形象

1．大力加强廉政规章制度建设

1997年，台分党组纪检组、监察室相继制定《中央电视台禁止有偿新闻十项规定》、《中央电视台关于厉行节约制止奢侈浪费行为的若干规定》、《关于加强通讯工具管理的若干规定》等多项廉政规章制度；重新修订了《中央电视台行政纪律处分规定》、《中央电视台关于廉政建设制度的规定》。并根据广电部党组《关于健全民主集中制、加强集体领导的若干规定》文件精神，结合中央电视台工作实际，制定了关于重大决策的内容和程序、关于干部的任免和机构编制审批、关于重大项目安排和大额度资金使用的若干规定，使纪检监察工作得到进一步规范，收到良好的效果。

2．反腐败三项任务的完成情况良好

在1997年里，中央电视台进一步加大反对奢侈浪费力度，重点加强了对公装住宅电话和移动电话使用情况的调查摸底与清理。同时，狠抓反对行业不正之风，严格采访纪律，规定惩处办法，坚决禁止有偿新闻。通过坚决查处违纪案件，维护政治纪律和宣传纪律的严肃性。1月至11月底，台分党组纪检组、监察室共接举报案件70件。其中立案3件，在查8件，结案59件（包括澄清23件，批评教育9件）。

3．充分运用电视优势，开展形式多样的反腐倡廉教育

1997年，台纪检监察部门专门下发通知，大力宣传中央颁布的六部法规，并在全台开展学习、贯彻六部法规的教育活动。举办了“中央电视台‘荧屏杯’法规教育小品比赛”，通过自我教育、寓教于乐的方法强化廉政法规教育，突出教育效果。此外，还制作完成了廉政教育片《致命的诱惑》、《梦断影视城》，利用反面典型进行教育，在职工中引起强烈反响。

4．积极开展财务收支审计工作

建立了中央电视台基本建设内部审计规定，并积极开展工作。全年共开展财务收支审计5项，审计金额达4000多万元，提出增收节支、促进管理、提高效益的合理化建议16项。全年开展基建维修工程审计10项，节约资金188万元。实践证明，内部审计工作的开展，在减少浪费、节约开支、加强管理、提高效益等方面，发挥着越来越重要的作用。

七、大力弘扬良好风气，深入开展精神文明建设

1997年，中央电视台精神文明建设工作成绩显著，连续五年获得首都文明单位标兵和北京市卫生红旗单位称号。此外还被评为北京市海淀区绿化先进单位，彩电宿舍小区被评为北京市海淀区文明小区等。

1997年中央电视台经营工作概况

1997年中央电视台加快发展第三产业，努力建立第二大经济支柱。

一、经营管理系统调整思路、转变职能、加强协调、规范管理，努力提高职能部门指导与协调经营管理工作的能力

1997年以来，经营管理系统十分重视自身的改革和进步。在发挥职能作用、推进企业转制和经营结构调整的同时，强调观念更新，以适应机构改革的需要。组织修订和完善工作职责；确定以思路创新、制度创新、措施创新为职能转变的标志；提出现阶段职能工作的重点应放在推动现代企业制度的建立与促进现代企业管理措施的推广上。增加经营管理工作的透明度，增强国有资产保值增值的保障手段，提高职能管理的工作质量，开辟职能管理工作的新局面。

1．根据台分党组指示，提出了《关于中国电视产业集团的搭建构思》、《关于中国电视产业集团实施方案及操作步骤》等改革草案。并从发展集团化经营的实际出发，结合台属企业经营现状，完成重组中国国际电视总公司的各项组织筹建工作；同时完成了对若干中小企业进行改造，使之成为集团成员。

2．协助“中视股份”上市前的策划与筹备工作。具体组织了对无锡拍摄基地的股份制改造，依照现代企业制度的要求进行规范，提供管理保障，完成正式挂牌前的各项组织管理工作。

3．组织了全台对国有企业和境外国资企业的资产登记及调查工作和对集体所有制企业开展清产核资的调查摸底工作。按照国家有关规定，会同有关部门组成专门领导小组，全面完成了登记调查工作。结合台属集体企业的现状，按照先易后难的原则，分阶段、抓重点，组织开展对台属集体企业清产核资的调查摸底。

4. 组织修订了转变经营管理职能的实施草案。经营管理系统从发展电视产业集团的全局出发，更新思路、转变职能、寻求定位、发挥作用。提出规范管理权限，规范决策程序，规范资产管理办法，规范立项投资审批制度，规范经营管理规章制度，促进了系统更好地为调整与改革服务。

5. 组织对台属企业及创收单位的项目投资与经济合同的执行情况进行监督指导。着重检查项目投资与经济合同的前后期管理及执行效果，帮助企业和创收单位增强管理能力、增加经营工作透明度，提高国有资产保值增值的责任心，扩大经营效果。

6. 中国广播电视音像资料馆的筹建工作顺利进行。先后组织完成十余项准备工作，为1998年4月工程启动提供可靠保证。

7. 1997年，经营管理系统还成功举办了涿州影视城“中秋晚会”；协调完成无锡拍摄基地“水浒城”的开业庆典、威海影视城少儿景区的开业典礼；配合香港回归报道和十五大报道，提供服务保证；进一步提高影视之家和顺义影视培训中心的管理水平。

二、中国国际电视总公司扩大企业规模，初步形成企业集团框架

1997年2月，中国国际电视总公司按照集团企业模式进行重组，扩大了企业规模，初步形成了拥有中国电视节目代理公司等4家骨干企业和国内外38家子公司、分公司、合资合作公司的企业集团框架。一年来，在台领导的关怀与指导下，总公司上下一致，同心协力，以加强管理为重点，基本上理清了集团内部企业产权关系，建立健全了规章制度，初步形成了以开发电视产业为主，旅游、广告多业并举的经营格局。通过股票上市，开辟了新的融资渠道。1997年预计实现经营收入48,715.78万元，利润总额13,061.91万元，净利润10,349.17万元，净资产收益率达到11.55%。

1. 积极开展经营活动，努力提高经济效益

1997年，总公司采取多种措施，加大国内外市场开发力度，拓展市场覆盖面，增加市场份额，提高规模效益。

充分发挥影视音像制品生产制作和广告方面的优势，全面扩大经营成果。总公司1997年共投资、合资、合作生产电视剧4部，90集。广告部全年完成营业收入5684万元。节目代理公司，坚持以市场为导向，抓住时机开展经营。年初，组织发行了6万套大型文献纪录片《邓小平》的录像带和VCD盘，还向73个省市电视台提供播出版权。向境外销售电视剧90多部5000多集、纪录片116集、其他剧目38集，总金额为200多万美元。国内销售电视剧623集，提供全国无线电视台节目1016集。音像发行工作也取得了较好的成绩，实现利润667万多元。特别值得提出的是，1997年总公司投资15万元成立的上海分公司，在总公司的支持下，积极开拓以上海为中心的华东市场，在1997年后四个月取得46万元经济效益的基础上，全年产值达2000万元以上，年底可向总公司上缴利润134万元。

大力开展外向型经济，积极开拓国际市场。总公司先后与20多家境外卫星节目公司开展了业务联系，目前已经与10家境外卫星节目公司签订了代理协议。具体签署的协议计175份。CNN收费代理也取得了可喜的成绩。在与北京、上海、广东、江苏等老客户续签协议的基础上，又在湖南、江西、山东等地建立了新的业务关系。目前，已经与全国17个省市的管理部门建立了合作关系，完善了收费网络，与150多家宾馆、饭店和涉外公寓签订了业务合同，基本覆盖了全国的经济发达地区，总协议额达100多万美元。

通过提高产品质量和服务质量提高经济效益。中视经济影视中心树立精品意识，在节目的质量上狠下功夫。他们所拍摄的系列短剧《欢乐家庭》常出常新，收视率一直排在第二套节目同时段榜首。梅地亚中心突出强调服务质量，以质量求生存、求发展，在市场相对萧条的情况下，仍然取得了较好的经营业绩，截止到1997年10月底，完成经营收入7477.35万元，利润率达到36.55%。

积极培育新的经济增长点，扩大增收渠道。央视调查咨询中心重视市场开发和增强发展后劲，1997年先后在青岛、无锡、广州开展了一系列以拓展市场为目的的业务推广会和营销活动，组织了许多知名企业参观央视的产品和服务，收到理想的效果，并发展了一些新客户。央视各项生产营销目标顺利完成，截止到1997年10月底，实现利润693万元，比1996年提高26%。中视电视技术开发公司发挥施工技术优势，多方承揽工程，现已完成了军博制作基地、中央电视台圆楼演播室和机房等多项工程。未来广告公司注意研究市场，寻找新的发展机遇。他们通过访问企业、参加各种展销会、招商会等方法，扩大了与企业的联系和合作，大大增加了广告客户。全年可实现净利润530万元，超额完成了总公司下达的利润指标。深圳分公司发挥特区的优势，广开经营门路，广告、音像制品、房屋租赁多项并举，1997年实现利润300多万元。

2. 实现了中视股份上市，开始尝试资本经营

1997年，总公司经过多方努力，精心运作，将原本按事业单位模式运作的无锡太湖影视城改为股份

制企业，并于6月份成功地将“中视股份”推上市，成为全国广播电视系统中的第一支影视概念股。中视股票的上市，为总公司今后的发展开辟了一条新的融资渠道，也为今后开展资本经营奠定了基础。半年来，无锡中视股份公司在经营中，积极转变员工思想观念，树立市场竞争意识；规范内部管理，提高服务质量；加大基础设施建设，积极开展营销活动；使中视股份在股市总体下跌的情况下，基本上稳定在合理的价位上，没有出现失控现象。从目前情况看，可以取得较为满意的投资回报。

3．影视基地逐步由事业服务型向企业经营型转化

1997年，总公司各影视基地不同程度地开展了由事业型向企业型的转化工作。在内部管理上，改进了原有的事业管理方式，引进了企业管理机制，面向市场，积极开展经营活动。涿州影视基地实现事业收入742.2万元，比上年提高44%。威海影视基地提前完成了300万元的经营指标。南海影视基地在“太平天国城”建设中充分考虑拍片与旅游双重功能，为今后提高创收能力打下了良好的基础。

与此同时，经过重组的总公司在生产要素配置中，坚持把人才放在首位。一方面是制定了吸纳人才的优惠政策，向全社会广招人才；另一方面根据工作需要，开展岗位培训，大力加强思想政治工作和职业道德教育。1997年12月5日，总公司召开了第一次党员代表大会，选举产生了中国国际电视总公司党的委员会和纪律检查委员会。这对发挥国有企业党组织政治核心作用，进一步加强总公司党组织建设，充分发挥党组织的战斗堡垒作用具有积极的意义。总公司还注意扩大对外影响，树立良好形象。

3. 栏目、节目介绍

一、1997 年中央电视台栏目目录

（一）总编室（10 个）

《请您欣赏》
《电大教学》
《人口与计划生育》
《星火科技》
《农业教育与科技》
《电视你我他》
《银幕采风》
《收视指南》
《周末导视》
《节目预告》

（二）新闻中心（65 个）

《早间新闻》
《新闻 30′》
《新闻联播》
《晚间新闻报道》（晚间新闻、世界报道、体育新闻）
《时事纵横》
《焦点访谈》
《东方时空》
《新闻调查》
《实话实说》
《军事天地》
《人民子弟兵》
《军事新闻》
《兵林史话》
《军事纵横》
《生命线》
《环球军事》
《和平树下》
《军营文化》
《后勤战线》
《神州军旅》
《祝你成才》
《军事百科》
《节目预告》
《体育新闻》
《体育大世界》
《体育现场直播》
《卫星赛场》
《赛场纵横（NBA)》
《国内竞技场》
《拳击台》
《台球城》
《中国足球联赛》
《车王世界》
《电视教练》
《体育商城》
《体育大百科》
《中国体育》
《网球世界》
《乒乓球》
《全国篮球联赛》
《运动休闲》
《体坛精华》
《实况录像》
《广告与欣赏》
《体育广场》
《国际健身术》
《意大利足球联赛》
《德国足球甲级联赛》
《健康城》
《世界体育报道》
《广播操》

《体育游戏宫》
《国际篮球集锦》
《足球之夜》
《足球俱乐部》
《黑白世界》
《名将说牌》
《象棋世界》
《高尔夫球》
《乒乓球擂台赛》
《保龄球》
《纹枰论道》
《闻鸡起舞》
《体育漫谈》
《假日体育》

（三）社教中心（32 个）

《地方台 30 分钟》
《祖国各地》
《半边天》
《万家灯火》
《社会经纬》
《健康之路》
《读书时间》
《中华民族》
《当代工人》
《书坛画苑》
《美术星空》
《大风车》
《第二起跑线》
《12 演播室》
《儿童剧场》
《开心岛》
《故事钟》
《蒲公英》
《和爸爸妈妈一起看》
《芝麻开门》
《七巧板》
《天天动画》
《儿童音乐电视》
《传感风铃》
《农村系列节目》
《文化长廊》
《电视讲座》
《电视教育普及类》
《外语教学》
《科技博览》
《五分钟学烹饪》
《夕阳红》

（四）文艺中心（61 个）

《综艺走廊》
《黄金分割线》
《专题文艺》
《音乐电视赏析》
《综艺大观》
《旋转舞台》
《曲苑杂坛》
《文化视点》
《戏剧天地》
《艺苑风景线》
《电视书场》
《电视剧场》
《文艺广角》
《周末大回旋》
《戏剧博览》
《中外歌舞》
《曲艺与杂技》
《音乐厅》
《正大综艺》
《正大剧场》
《世界各地》
《外国文艺》
《人与自然》
《'97 环球》
《动物世界》
《国际影院》
《午夜剧场》
《世界影视城》
《每日佳艺》
《佳艺五线间》
《佳艺影院》
《佳艺剧场》
《世界名著名片欣赏》
《动画城》
《东西南北中》
《音乐电视城》
《地方文艺》
《星光舞台》
《每周一歌》
《请跟我唱》

《中国音乐电视 60 分》
《银屏歌声》
《外国音乐》
《音乐大舞台》
《音乐直播厅》
《星星擂台》
《星星音乐会》
《音乐桥》
《音乐知多少》
《九州戏苑》
《戏苑百家》
《戏曲大舞台》
《梨园群英》
《戏曲采风》
《戏迷园地》
《知识库》
《名段欣赏》
《戏曲库》
《戏曲直播》
《中国京剧音配像精萃》
《戏曲精品库》

（五）海外中心（35 个）

《中国新闻》（早间报道、上午版、午间报道、晚间报道）
《粤语新闻》（中午版、下午版、晚间版）
《中国报道》
《天涯共此时》
《中国风》
《中国旅游》
《希望之旅》
《龙之乡》
《海峡两岸关系论坛》
《中华文明之光》
《中国音乐电视》（英）
《中华艺苑》（英）
《电视剧场》（英）
《教汉语》（英）
《英语新闻》
《华夏风情》（英）
《中国投资指南》（中、英）
《今日中国》（英、法）
《外国人看中国》（英）
《英语专题集锦》
《中国各地》（英）
《中国烹饪》（英）
《中华武艺》（英）
《中华体育》（英）
《神州风采》（英）
《周日话题》（英）
《欢聚一堂》
《中国文艺》
《神州戏坛》
《收视指南》
《电视信箱》
《东方时空》（海外）
《华夏掠影》
《乡音》
《变化中的中国》

（六）广告经济信息中心（15 个）

《中国财经报道》
《世界经济报道》
《生活》
《经济半小时》
《商务电视》
《金土地》
《经营有道》
《供求热线》
《欢乐家庭》
《广而告之》
《商桥》
《综合经济信息》
《农业综合信息》
《全国物资商品供求、质量监督信息》
《金融证券实时信息》

（七）研究室（1 个）

《精品赏析》

（八）新影厂（2 个）

《世纪回眸》
《纪录片之窗》

（九）科影厂（1 个）

《科教片之窗》

二、1997年中央电视台新栏目介绍

《早间新闻》

1997年5月1日开播的综合新闻栏目。每天早6时播出，使中央电视台全天新闻播出的最早时间提前了一个小时，并与改版后的7时、8时早间新闻互相呼应，形成以新消息为主的完整新闻时段，新消息比重占60%以上。另外，《早间新闻》还精编重播前一天的重要时政新闻及体育消息。在新闻编排上，打破国内与国际分列的旧模式，按新闻重要性对国内国际新闻进行混编。每日6:00至6:15在第一套节目播出。

《假日体育》

1997年12月15日开播的体育休闲栏目。其宗旨是寓健身于轻松愉快之中，主要报道非奥运竞技体育项目。由《假日季候风》、《假日精品屋》、《假日互联网》、《假日大放送》4个小栏目组成。每周一20：20至21：50在第五套节目播出。

《当代工人》

1997年5月19日开播的专题栏目。其宗旨是歌颂工人阶级丰功伟绩，展现工人阶级时代风采。采用真诚、朴实、厚重、生动的风格，全方位、多视角地反映当代工人阶级的时代风貌，宣传党的全心全意依靠工人阶级的根本方针，热情歌颂工人阶级在社会主义物质文明和精神文明建设中所做出的巨大贡献。每周一10：40至11：10在第一套节目播出。

《科技博览》

1997年5月5日开播的科技栏目。该栏目以宣传科教兴国的基本国策、传播科技知识、提高全民素质为宗旨，坚持科学技术是第一生产力，倡导科技进步。内容主要涉及科技探索与创新、科技与人物、科技与生活、科技与环境、科技与经济、科技与文化等，融科学性、知识性、可视性、趣味性于一体。每日19：55至20：00在第一套节目播出，该栏目在多套节目重插，播出频率较高。

《儿童剧场》

1997年8月17日开播的儿童戏剧栏目。其宗旨是弘扬民族文化，扶植儿童戏剧，推出优秀作品，服务少年儿童。该栏目主要依靠社会与地方电视台的力量，与全国有儿童剧团的省、市电视台建立合作关系，统一规划，联合录制。节目种类以儿童话剧、木偶剧、童话剧、课本剧为主，同时还播出儿童电影、电视剧。该栏目每期播出一部主戏，并设有《剧场休息》、《戏里戏外》、《剧场快讯》、《回音壁》4个小栏目。每月双周的周日9：30至11：10在第二套节目播出。

《美术星空》

1997年9月1日开播的美术专题栏目。其宗旨是弘扬祖国文化，提高美育教育。主要介绍美术史料，传播美术知识，反映艺术家创作，展示人类绘画成果。其前身为《书坛画苑》，1997年5月经过重新策划、编排和包装，对原有内容和形式加以整合，更加关注美术现象和问题，贯穿历史，诠释当代，形成用文化诠释美术的栏目特征。每周日15：24至15：54在第一套节目播出。

《专题文艺》

1997年3月18日开播的文艺栏目。其宗旨是融思想性、艺术性、知识性、趣味性、欣赏性为一体，发挥文艺专题类节目深刻揭示主题、广泛选择题材的优势，注意发挥电视编导者的创造性，挖掘与开拓电视的表现手法，追求独特的风格和鲜明的个性。该栏目每期围绕一个主题，重点突出，结构完整，不另设小栏目。每周二21：40至21：55在第一套节目播出。

《戏剧天地》

1997年10月3日开播的戏剧栏目。由原《人间万象》改版而成。该栏目以《梦想剧场》为主要板块，突出观众的参与性，为广大戏剧表演爱好者提供展示才华的机会，观众自己唱主角，自编、自导、自演，在娱乐中了解和掌握一定的戏剧知识或表演技巧，使他们多年的表演梦得以成真。另外还设有《戏剧人》、《戏剧潮》、《戏剧史》3个小栏目。隔周五23：30至0：15在第一套节目播出。

《戏剧博览》

1997年5月7日开播的戏剧栏目。其前身是1996年7月1日开播的《话剧园地》。该栏目为满足广大观众欣赏话剧艺术的愿望，转播话剧实况，播出专场录像、小品专辑、精彩话剧片断荟萃、戏剧界特别节目等，并将中外话剧经典作品重新编辑播出。改版后的《戏剧博览》专设了主持人，并增添了采访编剧、导演及主要演员等内容，加大了小品专辑、精彩片断欣赏及特别节目的制作量。隔周三19：35在第八套节目播出，每期100分钟。

《曲艺与杂技》

1997年5月9日开播的戏曲栏目。由原《说唱园》和《魔术与杂技》两个栏目合并而成，主要播出相声、小品、地方曲艺、评书、评话和杂技等节目，并采用编辑为主、拍摄为辅的形式，满足观众欣赏中国民族民间艺术的需求，使中国的传统文化和宝贵的民间艺术发扬光大。隔周五18：05至18：55在第八套节目播出。

《中国新闻》（早间报道）

1997年7月28日开播的综合性要闻栏目。每日早8时播出。该栏目是应北美观众要求开办的，由于时差的原因，北京早晨8时正是美国东部华盛顿、纽约晚上7时的黄金收视时间，当地华人、留学生及使领馆、各部委企业驻美办事处工作人员通过收看该栏目可及时了解国内新闻。另外该栏目还播出当天收到的最新国际新闻，突出了新闻的时效性。每日8：00至8：15在第四套节目播出。

《周日话题》（英）

1997年9月15日开播的英语访谈栏目。旨在对中国重大新闻事件作深入访谈，或从中国角度谈论国际问题。内容涉及政治、经济、文化、外交、教育等方面。被采访人物多为中外嘉宾，节目形式采用演播室采访的方式。每周一0：30至1：00在第四套节目播出。

《世界经济报道》

1997年5月5日开播的介绍世界经济的新闻杂志型栏目。由原《环球经济》改版而成。该栏目重在报道世界经济热点和影响世界经济发展的重大事件，分析事件背后的经济原因，同时对世界市场的重要行情和走势进行分析评论。是中国人了解世界经济的窗口，也是中国企业和产品走向国际市场的桥梁。设有《世经热点》、《环球市场》、《人物专访》、《世纪梦寻》、《海外传真》等小栏目。每周日6：15至6：45在第二套节目播出。

《商务电视》

1997年5月6日开播的综合性商务信息栏目。每日大量、准确、及时地播报各类权威性商务信息，并利用计算机系统等信息技术手段加以整理和储存。内容涉及金融、商贸、产业投资、房地产、旅游、交通等多个领域。该栏目显示了电视媒体与电子技术充分结合的优势，体现了多元化商务信息传播与反馈系统的日趋完善，是对未来新型传媒体系的一种探索。每日18：00至18：30在第二套节目播出。

《经营有道》

1997年5月8日开播的经济栏目。由原《企业家》栏目改版而成。该栏目以当代经济生活为基本背景，记录具有高素质的企业管理者、经营者这一特殊群体，通过反映他们的生活和工作情态，介绍成功者在企业经营和发展过程中运用或创造出的智谋和策略。每周四18：30至19：00在第二套节目播出。

《中国财经报道》

1997年5月5日开播的经济新闻类栏目。该栏目以全方位报道发生在中国及世界的重要经济新闻为主旨，以迅速传递权威信息并提供服务为己任，突出及时性、权威性、知识性和服务性，是中国大众获取中国市场经济信息、了解全球财经动态的重要信息渠道。设有《财经要闻》、《今日专讯》、《沪深股市》、《证券市场》、《房地产》、《财经人物》、《市场观察》等小栏目。每日6:00、8:30、12:30、17:50、19:35、0:30在第二套节目滚动播出，每次30分钟。

《农业综合信息》

1997年1月开播的图文电视专业信道栏目。内设《国内经济》、《国际经济与农业》、《体改政策》、《农业科教》、《价格行情》、《农业生产》、《分析预测》、《市场供求》、《经贸项目》、《新技术新产品》、《通告》、《财政金融》、《资源环境》等小栏目。每日10:20至10:40，18:00至18:20在第一套节目逆程850信道播出。

*《全国物资商品供求、质量监督信息》

1996年4月1日开播的图文电视专业信道栏目。内设《供求信息》、《质监信息》、《国际商贸》、《新技术、新产品》等小栏目。每日9:30至9:40，16:30至16:40在第一套节目逆程8E0信道播出。

*《金融证券实时信息》

1996年6月开播的图文电视图文页金融股票信息栏目。动态播出每日沪、深股市行情及每日股市排行。在第二套节目逆程图文页中昼夜播出。

*《综合经济信息》

1993年底开播的图文电视图文页栏目。几经改版。主要播出综合经济信息，内设《金融财经》、《市场动态》、《价格行情》、《供求信息》、《国际商情》、《信息扶贫》、《物业房产》、《中外展会》等小栏目。每日在第一套节目逆程中播出。

* 为1997年以前开设的栏目，特予补充。

《精品赏析》

1997年1月30日开办的揭示影视精品创作规律的学术性谈话节目。主要内容是对中央电视台近期播出、在国内外有一定影响，或在国内外获得相关奖项的精品节目、栏目及优秀影视作品进行赏析。旨在用电视的手法，展示创作经验，揭示艺术规律，从而达到宣传精品、增强编导精品意识、提高观众欣赏和审美品位、推动精品战略的实施与发展的目的。栏目风格寓学术性于趣味，寓高品位于平实。1997年共播出大型电视文献片《邓小平》、《'97春节联欢晚会》、电视连续剧《东周列国·春秋篇》和《党员二愣妈》等赏析节目，每期30分钟，不固定播出时间。

三、1997年中央电视台改版栏目介绍

《晚间新闻》

1994年4月1日开播的新闻栏目。为强化节目内容的背景报道，该栏目于1997年5月5日进行了改版，长度由10分钟增加到15分钟。改变了以短消息为主、比较零碎的原有状况，对当天的重要新闻事件，在及时报道事实的基础上，充分调动各种背景材料进行深入解释和说明，节目深度和立体感得到加强。同时增设了小栏目《观众之声》，对观众来信中反映的比较有典型性、代表性的问题作摘要播发。该栏目与《世界报道》、《体育新闻》统一包装，注重栏目间的内在联系，共同构成长45分钟的《晚间新闻报道》，每晚22:00在第一套节目播出。

《世界报道》

1994年4月1日开播的国际新闻栏目。对重大国际事件进行快速跟踪、背景介绍和分析、评述等，内容上包罗面广，尤其关注国际经济、金融、科技、文化等领域的最新动态。该栏目开播伊始，每晚22时在第一套节目播出，时长10分钟。1995年8月28日改为直播。1996年4月2日改版，与《晚间新闻》、《体育新闻》在栏目片头、内容提要等方面风格更趋统一，内容相互呼应，形成晚间新闻报道的整体格局，并增加了信息量及涵盖范围，知识性、趣味性消息增多，时效性加强，每周六、日分别固定播出两个小栏目《本周新闻人物》和《环球一周扫描》。1997年1月1日改在22:12

播出。1997年4月1日又改为22:17播出,时长增加为12分钟。

《地方台30分钟》

1990年5月为全国地方电视台开辟的专门播出纪录片的栏目。其前身为《地方台50分钟》,节目类型有电视艺术片、纪录片、政论片等多种形式。该栏目始终追求节目的高品位和高质量,播出的节目多次获得国内、国际奖项。1997年5月改版,制作了新的片头和片尾,对每期节目进行精心包装,增强了节目感染力。每周二22:52至23:22在第一套节目播出。

《祖国各地》

1978年9月30日开播的专题栏目。主要介绍各地独特的山水风光、风俗民情、历史文化、人物事件和建设成就,有一定的艺术品位,强调欣赏性、趣味性、知识性。该栏目播出20年来在形式和内容上进行了一系列改进,1997年3月开始的改版,对栏目片头和形式作了全新包装,摒弃了过去较为随意的松散结构,确立了明快的杂志版样式,设有《城市年轮》、《旅游探索》、《中国一绝》3个小栏目,在求新、求异、求时代感的同时更加注重对中国文化底蕴的揭示。每周六12:40至13:10在第二套节目播出。

《半边天》

1994年4月开播的妇女栏目。其宗旨是展示女性风采,监测女性社会形象,传播女性科学、生活知识,促进男女两性在社会生活中和谐发展。1997年5月1日改版后,节目更加注重思想性、可视性、实用性的结合,尤其关注当今的文化思潮、商业化社会、高科技信息化社会和女性的关系,揭示在社会转型期妇女群体面临的新情况、新观念、新知识、新问题。不再设小栏目,每期节目内容分为社会人物和女性生活知识两类,采用主持人串联和嘉宾访谈的形式构成节目整体。每周四、五、六10:40至11:10在第一套节目播出。周日版为谈话节目,隔周日10:40在第一套节目播出。

《12演播室》

1991年12月28日开播的以18~25岁青年观众为主要收视对象的栏目。其宗旨是关注青年命运,反映青年心声,展示青年风采,开拓青年视野。1997年8月6日改版,在强化栏目整体性、导向性、服务性、参与性、前卫性方面进行了调整,不再设固定小栏目,每期节目将围绕一个主题结构全篇,由服务类、人物类、文化类、创新类节目贯穿其中,栏目主持人与节目相关人物以在演播室的访谈来推动主题的深入和拓展。每周三22:52至23:22在第一套节目播出。

《综艺大观》

1990年3月4日开播的综艺娱乐性栏目。该栏目采用现场直播的方式,现场感强,节奏明快,信息量大,雅俗共赏。原有小栏目《音乐星空》、《开心一刻》、《天南地北》、《周末有约》、《综艺快车》等。1997年4月12日改版,增加了《新起点》、《综艺传真》、《系列剧》等小栏目,更加追求纪实性与艺术性的统一,加强了直观性和观众参与性,主持人风格亦逐渐形成并日趋成熟。隔周六20:05至20:55在第一套节目播出。

《文化视点》

1996年5月7日开播的文化专题类栏目。旨在加强文艺评论,普及文化知识。1997年5月进行了改版,从片头、主持人到风格、内容均有大幅度调整。改版后采用主持人访谈的形式,邀请文化界名人与热心观众参加,对文艺、影视等文化现象开展讨论,在传播文化知识，引导文化消费，提高文化品位等方面有新探索。长度亦由45分钟改为30分钟，隔周二21:10在第一套节目播出。

《艺苑风景线》

1992年7月开播的由中国广播艺术团和中央电视台联合主办的杂志型综艺栏目。其宗旨是“以宣传广播为己任、以艺术团节目为主体”，将中国广播艺术团和中央人民广播电台、中国国际广播电台的优秀作品和人物拍摄成多种形式的电视节目播出。多年来几经改版，逐步形成独特的艺术风格。1997年2月23日改版后设5个小栏目：《艺术团专列》、《无线风采》、《名家大院》、《幽默帐篷》和《乐坛金曲》。隔周日22:52至23:22在第一套节目播出。

《文艺广角》

1993年8月8日开播的文艺专题栏目。其宗旨是以宽广敏锐的文化视野，高雅纯正的艺术品位，丰富多彩的栏目形式宣传党的文艺方针、政策，弘扬民族文化，提高电视文艺的品位，不断满足广大观众的欣赏需求。内容以报道重大的文艺活动、介绍文艺界的杰出人物、展示影视拍摄的最新动态为主。1997年4月改版后设有8个小栏目：《今夜星辰》、《文学之窗》、《影视专递》、《神州揽胜》、《精品天地》、《艺苑采风》、《文化简讯》和《广角剧场》。每周日19:35至21:05在第八套节目播出。1997年8月该栏目增加精编版，隔周日10:55至11:25在第一套节目播出。

《中外歌舞》

1996年6月18日开播的文艺栏目。其宗旨是传播高雅艺术，对历年来中央电视台各文艺晚会中的节目精品进行编辑与再现。1997年5月改版，固定了栏目形式，设有《民歌精粹》、《芭蕾赏析》、《乐林漫步》、《歌剧殿堂》和《翩翩起舞》5个小栏目。播出时间由每周二改为每周日18:05至18:55在第八套节目播出。

《每日佳艺》

1996年10月28日开播的杂志型综艺栏目。由美国映佳国际传播公司提供节目素材，中央电视台负责节目的制作与播出。该栏目旨在向观众提供集知识性、欣赏性、娱乐性为一体的综艺节目，既符合中国观众的审美情趣，又不失异国情调。节目内容丰富多彩，有歌舞表演、生活时尚、风土人情、科技动态等。1997年10月改版，将每周播放3期的节目分别定位为综艺版、社会版和时尚版。综艺版为观众“敞开艺术之门，构筑缤纷天地”，设有小栏目《演艺圈》、《佳艺舞台》、《艺术写真》、《万花筒》等；社会版旨在“深入人类生活，关注社会发展”，有《长镜头》、《世纪风》、《绿色带》、《生命缘》等小栏目；时尚版展示“生活的时尚，时尚的生活”，有《T型台》、《请跟我来》、《闲情逸趣》、《运动节奏》等小栏目。每周二、三、四18:05至18:55在第八套节目播出。

《佳艺五线间》

1996年10月29日开播的音乐栏目。由美国映佳国际传播公司提供节目素材，中央电视台负责节目的制作与播出。该栏目主要播放西方古典音乐。1997年10月改版后拓展了节目内容，栏目定位为播放严肃音乐和以严肃音乐为载体的相关艺术形式，如关于乐器制作、音乐家生平的专题片及部分流行音乐，设有《音乐厅》、《幕间休息》、《音乐故事》等小栏目。每周一21：18至21：48在第八套节目播出。

《东西南北中》

1993年1月开播的综艺栏目。该栏目以弘扬民族文化为宗旨，内容突出地方特色，形式以外景拍摄为主，精编细作，是专为地方电视台在中央电视台开辟的一个窗口。1997年3月进行了改版，调整、增添了一些小栏目，现有《地方风采》、《请跟我来》、《各地一星》、《地方演播室》、《音乐电视大赛》、《地方一绝》等十几个不定期小栏目。每隔三周的周六20：05至20：55在第一套节目播出。

《中国音乐电视60分》

1996年7月1日开播的音乐栏目。该栏目为追求形式丰富、内容精彩，加强与观众的紧密联系，于1997年4月1日进行了改版，保留了原有的《新歌速递》、《好歌回放》小栏目；新增了《写真》小栏目，它是介绍歌手以及音乐人、音乐电视人的专辑，每期5分钟左右，有访谈，还有其作品展示；将原有的《歌迷时间》改为《点唱机》，专门播出观众点歌。每周一、三、五21：08至22：08在第三套节目播出。

《银屏歌声》

1996年7月1日开播的音乐栏目。1997年5月7日改版，确定了“听歌里的故事，看故事里的歌”的栏目宗旨，向观众展示影视佳作，传播影视音乐文化，介绍与影视音乐相关的名人趣事，在原单一编辑性节目的基础上，增加了赏析性、访谈性节目，设有《时代之歌》、《经典》、《影视乐谈》、《音乐蒙太奇》4个小栏目，时长增加为30分钟。每周三、五20：35在第三套节目播出。

《中国报道》

1991年6月1日开播的新闻栏目。其宗旨是向世界报道中国，以中国人的视点报道世界。该栏目关注国内外大事，重点报道中国政府出台的新政策、新举措，着手解决的新问题，中国的新变化，中国政府对国际问题的政策、立场和观点等。原为板块式栏目，1997年5月5日改版，加强了时效性与深度报道，在节目形式上分为两部分，前5分钟为新闻报道，着重交代新闻事件的来龙去脉；后10分钟为演播室访谈，请有关专家、学者、政府官员对新闻事件作出权威性的分析和评论。每日21:30至21:45在第四套节目播出。

《天涯共此时》

1992年5月开播的涉台专题栏目。旨在沟通海峡两岸亲情，促进祖国和平统一大业。原有《天下事》、《今天我是角儿》、《一方水土》、《恭喜发财》、《天涯专线》、《两岸飞鸿》6个小栏目。1997年7月改版，对小栏目进行了调整，除保留《一方水土》外，还设有《台湾故事》、《寻亲絮语》、《百家姓》和《神州记事》，共5个小栏目。每周一22:52至23:22在第一套节目播出。

四、1997年中央电视台重点节目介绍

12集大型文献纪录片《邓小平》

中共中央文献研究室和中央电视台联合摄制的12集大型电视文献纪录片《邓小平》，不仅记录了邓小平坎坷伟大的一生，而且艺术地表现了邓小平理论的形成和发展过程，以及这一理论给中国带来的巨大变化。1997年1月1日在第一套节目中陆续播出，播出后在海内外引起强烈反响。该片全长600分钟，拍摄历时三年，1997年11月获“五个一工程”奖。

′97春节晚会系列（3台）

1997年我国对香港地区恢复行使主权以及党的十五大召开为′97春节晚会系列（3台）提供了难得的历史契机。

《′97春节联欢晚会》以“团结、奋进、自豪的中国人”为主题，在四个半小时的现场直播节目中，有黄宏、巩汉林表演的小品《鞋钉》，赵本山和众多业余演员表演的小品《红高粱模特队》，王刚、孙悦等人表演的音乐剧《天长地久》，歌舞组合《老唱片与激光唱盘》，京剧名家名段联唱，主持人程前、朱军共同表演的相声小段，四位青年演员表演的小品《三姐妹当兵》，刘欢和小演员蒋中一联袂演唱的主题歌《手挽手，心连心》等等。主持人赵忠祥、倪萍以“北京时间”为串连主线造成观众对零点的期待，把晚会逐步推向高潮。

′97春节音乐歌舞晚会《春在九七》，围绕“热爱祖国、团结振奋”的主题，充分体现“高雅、严肃、媚而不俗”的创作宗旨，集中外艺术经典之大成，出新出精。整台晚会180分钟，由序曲“金牛吼春”、6个主题篇章“春的呼唤”、“江山如画”、“岁月如歌”、“八面来风”、“黄河之水”、“民族之神”以及“尾声部分”组成。60余个节目节奏舒缓有致，“包装”精巧新颖。晚会的舞美效果亦不同凡响。

′97春节戏曲晚会《菊苑颂春》以“欢乐、祥和、奋进、蓬勃”为主题，精编了以京剧为主兼顾昆曲、越剧、黄梅戏、豫剧、川剧、秦腔、粤剧等13个地方戏剧种，以及创作节目和由传统戏重新设计的节目近40个。长度3小时52分54秒，在北京世纪剧院录制完成。

三台晚会于1997年2月6日春节除夕之夜分别在中央电视台第一、二、三套节目中播出。

′97多伦多华人华侨春节联欢会《枫雪桑梓情》

《枫雪桑梓情》作为春节期间中央电视台向海外华人华侨推出的春节联欢晚会，选择加拿大多伦多为晚会主会场，以“心向祖国、情系中华”为主题。在长达100分钟的节目里，既有舞狮表演、赛龙舟、华人华侨的年俗活动，也有赞美祖国、情系中华的深情演唱；既有展示民族文化精粹的器乐演奏，也有独具东方神韵的歌舞表演以及戏曲、曲艺、相声、小品等节目。多伦多侨界共300多人参加了演出活动。中央电视台于1997年2月8日（正月初二）在第四套节目通过卫星向全世界播出。

“心连心”演出系列（5台）

中央电视台“心连心”艺术团在1997年组织了五次演出活动。春节前夕为贯彻落实中央领导同志关

于文化下乡的指示，“心连心”艺术团于1997年1月20日在革命历史名城遵义会议会址前，拉开了首场慰问演出的帷幕，并派出小分队深入偏远、贫困的山寨进行慰问演出。这台名为《山水情深》的节目将主会场与小分队深入基层慰问演出融为一体，于1997年2月11日（正月初五）在第一套节目播出，全长100分钟。

“五一”文艺晚会《劳动赞》，是“心连心”艺术团赴大庆为广大石油工人献上的一台文艺演出，1997年5月1日在第一套节目播出，全长100分钟。

赴三峡慰问演出活动作为国庆晚会，以《和祖国心连心》为题，突出体现了十五大之后第一个国庆的节日气氛，又为三峡大坝合龙营造了声势。1997年9月30日在第一套节目播出，全长100分钟。

1997年10月15日，“心连心”艺术团在湖南韶山毛泽东铜像广场，为老赤卫队员、老红军、老军烈属等4万观众演出了一场感人至深的文艺节目《情满潇湘》，并派出小分队赴毛泽东故居、刘少奇故居、彭德怀故居、浏阳文家市秋收起义旧址进行慰问演出。该台节目于1997年10月26日在第一套节目播出，全长100分钟。

1997年10月31日至11月8日，“心连心”艺术团赴香港演出，带去了民族特色浓重的歌舞、小品、相声、戏曲、杂技等精品节目，既符合香港的实际，又符合香港同胞的欣赏习惯。1997年11月3日中央电视台第一、四套节目及香港亚洲电视、香港凤凰卫视、香港九仓有线电视同时向全世界现场直播了这场名为《万水千山总是情》的演出，全长120分钟。

“心连心”艺术团的五次演出活动，受到当地观众的热烈欢迎和广大电视观众的高度评价，真正体现出“人民需要艺术，艺术更需要人民”。

新闻特写《在大海中永生》

新闻特写《在大海中永生》以邓小平同志骨灰撒放大海为契机，回顾总结了这位世纪伟人波澜壮阔的一生和他对中国人民和中国建设事业的伟大贡献。作品以大海为纽带串起了邓小平同志生命中一个个历史阶段、一桩桩具有历史意义的事件和一项项推动历史脚步前进的决定。该片运用新闻纪实和文艺描写相结合的手法，选取大量珍贵历史资料镜头，配合音乐、鲜花、大海等浪漫浓郁的文艺表现形式，烘托出邓小平同志的崇高风范与品德，表达了人民群众对他的爱戴和缅怀之情。1997年3月3日在第一套节目播出，全长12分40秒。

14集大型系列电视专题片《科教兴国》

为宣传党中央、国务院科教兴国的发展战略，中央电视台摄制了14集大型系列专题片《科教兴国》。

该片调动丰富的电视表现手段，采取“夹叙夹议”的方式，对科教兴国发展战略进行了全方位、多侧面的阐述。从历史与现实、中国与世界的比较中，生动阐述科教兴国的必要性、紧迫性、必然性；从我国工业、农业、国防、教育、信息、人才、国民素质等方面的客观现实出发，阐释科教兴国的巨大力量和正确性，力图使人信服实施“科教兴国”是我国经济保持持续高速发展的正确抉择。该片共14集，每集25分钟，1997年3月3日至10日在第一套节目连续播出。

日全食——彗星天象奇观现场直播

1997年3月9日8时至10时22分现场直播日全食——彗星天象奇观。

这次现场直播不仅仅是对现场实况的记录和同步传播，而且紧紧围绕天象奇观这一新闻事件，对发生在不同新闻现场的相关事件进行全方位、多侧面的同步报道。为此中央电视台与地方电视台密切配合，在三个主要城市安排了现场记者，又将两位天文学专家请到演播室，与主持人一起主持节目，既提高了节目的权威性，又增强了观众的现场参与感。

在现场直播的内容上，除了注重对新闻现场的及时报道外，还精心制作了与新闻事件有关的各种新闻背景，详细介绍了许多有关的天文学知识以及我国天文学的历史、现状和未来的发展趋势，使现场直播的信息量得到扩充，延伸了新闻报道的内容。此外，制作了大量彩色图示、电脑动画、精彩镜头回放等丰富生动的视听影像，充分发挥了电视特有的多符号传播优势。

《′97“3·15”特别节目》

中央电视台联合司法部、卫生部、国家工商行政管理局、国家技术监督局、国家进出口商品检验局、中国消费者协会等单位共同制作的《′97“3·15”特别节目》，由两个密切相关的部分构成，一是《“3·15”特别行动》系列报道，二是作为特别节目最重要部分的“3·15”晚会《世纪的力量》。

《“3·15”特别行动》系列报道是特别节目的开端和前奏，由中央电视台联合新华社、人民日报社、经济日报社、法制日报社、中国青年报社、中国消费者报社、中央人民广播电台及有关省市电视台等新闻单位，通过捕捉重点题材，联合采访，共同发稿，推出一系列有权威的报道。

“3·15”特别节目的高潮是“3·15”晚会《世纪的力量》。晚会以新闻线索贯穿，以新闻样式结构，强调整体的纪实风格，融服务性、知识性、参与性、娱乐性于一体，并力求突破往年“3·15”晚会内容，突出加强国际性。1997年3月15日中央电视台第一套节目现场直播。

百集系列节目《香港百题》

《香港百题》是为配合′97香港回归的对外宣传而制作的系列节目。该节目融政策性、知识性、服务性于一体，围绕“一国两制”的伟大构想，以全新的视角、翔实丰富的材料和权威人士的解答，针对海外观众最为关心的有关香港问题进行报道。如“九七”后香港谁来管理；“九七”后内地居民可否随便进入香港；香港人与内地人如何办理结婚手续等，这一系列问题以设问为切入点，内容包涵香港的昨天、今天和明天，力图成为香港问题的小百科。从1997年3月23日香港回归倒计时100天始，至1997年6月30日香港回归前夕，每天同时在第四套节目《中国新闻》、《英语新闻》和《粤语新闻》栏目中播出，该节目共100集，每集4分钟。

中、俄、哈、吉、塔五国边境裁军协定签字仪式现场直播

1997年4月24日15时至16时08分现场直播了中国、俄罗斯、哈萨克斯坦、吉尔吉斯斯坦、塔吉克斯坦五国边境裁减军事力量协定签字仪式。

整个直播分为三个部分：一是签字仪式前的背景介绍部分（包括签字现场的介绍、有关国家的状况、这次签署文件的内容以及一些花絮等）；二是签字仪式部分（包括各国元首讲话、签署文件等）；三是演播室部分，由外交部新闻发言人唐国强就这次协定的签署作一些评述。为了使观众了解俄、哈、吉、塔四国的情况，直播中还插入专门制作的介绍四国的短片，既增加了观众对四国的了解，又把握了直播的节奏。另外，演播室谈话过程中一些图表、资料画面的适时插入，也起到了画龙点睛的作用。

大型电视系列片《香港沧桑》（下部6集）

《香港沧桑》是一部回顾香港百年历史、记录现实、展望未来的大型电视系列片。下部共6集，每集50分钟。重点介绍新中国成立以来香港经济出现的奇迹及其成因，介绍祖国内地给予香港的强有力的支持以及香港同内地在经济上唇齿相依的关系，展示中国政府对香港恢复行使主权、保持香港长期繁荣稳定所作出的正确决策，阐述邓小平同志“一国两制”的伟大构想及其在香港问题上的实践，记录基本法起草委员会、香港特区筹委会的委员们以及全体爱国爱港的香港同胞，为维护香港的繁荣稳定和平稳过渡，为香港特别行政区的筹建所做出的努力和付出的辛劳，生动描述香港回归祖国的盛大庆典，同时介绍英方有远见的政治家和友好人士为解决香港问题所做出的贡献。

该片气势宏大，史料翔实，不仅具有较强的观赏性，而且具有很高的文献价值。1997 年 5 月 11 日于香港回归倒计时 50 天之际在中央电视台第一、四套节目中播出。

18 集电视连续剧《车间主任》

18 集电视连续剧《车间主任》以车间工人生活为主要内容，以车间主任为主线，塑造了一批在改革开放背景下艰难行进而又铁骨铮铮的国营企业职工形象。该剧通过肖岚、刘义山、李万全、小鼻涕等人不同的命运展示，刻画出中国工人阶级吃苦耐劳的精神；通过工人家庭以及诸种社会关系的描写，挥洒出当代中国社会的真实生态和心态；通过劳模问题、金钱问题、反腐败问题等深层次的揭示，反映出建立现代企业制度所必须碰撞的许多冷僻环节。

该剧由中央电视台影视部制作，1997 年 5 月 16 日开始在第一套节目连续播出。

52 集系列童话剧《神奇山谷》

《神奇山谷》是中央电视台与澳大利亚广播公司、澳大利亚“南方之星”影视制作公司经过一年多的通力合作，共同构思创作的一部系列人偶童话剧。

该剧讲述了在一座白云缭绕、层峦叠翠的美丽山谷中居住着的四个非常要好的伙伴——熊猫、小狮子、小龟和小龙之间发生的有趣故事。全剧共 52 集，每集 10 分钟。1997 年 6 月 1 日起在第一套节目中连续播出，受到中、澳两国儿童的喜爱。

29 集电视连续剧《香港的故事》

中国电视剧制作中心和香港银都机构联合制作的 29 集电视连续剧《香港的故事》，以香港女性阿带从一个戏班的烧火丫头到事业有成的企业家的奋斗历程及其一家三代近一个世纪的经历为主线，巧妙地将香港历史一系列的大事件同阿带一家的命运融为一体，通过曲折、真切的故事情节和复杂生动的人物关系，折射出香港历史近百年演进的曲折过程，生动地塑造了以阿带为代表的香港人民在承受苦难的同时，自强不息，奋斗不止，为反抗殖民主义的侵害，为建设自己的家园做出巨大贡献的典型形象。

该剧演职员阵容强大，制作精良，是一部迎香港回归的力作。1997 年 6 月 12 日开始在第一套节目中连续播出。

《九七恋曲演唱会》

《九七恋曲演唱会》是为庆祝香港回归，由中央电视台在北京清华大学校园内广场举办的一台大型露天演唱会。演唱会根据特定的主题，选用了开放的广场露天表演形式，由海内外近百名著名歌手演唱音乐作品，在数万名大学生的热烈回应共鸣中，形成了激动人心的现场氛围。充分展现出华夏儿女热爱祖国、建设祖国、期盼祖国完全统一的自信心、自豪感，以及中华民族强大的生命力和凝聚力。1997 年 6 月 28 日在第一套节目播出，全长 100 分钟。

′97 香港回归电视报道

香港回归祖国，是本世纪末重大的国际政治事件，全国关心，世界瞩目。中央电视台的香港回归电视报道于 1997 年 6 月 30 日 6 时开始，7 月 3 日 6 时结束，历时 72 小时。

直播报道的形式新颖，内容丰富。其中包括：重大活动直播——香港政权交接仪式，中国人民解放军驻港部队入港，香港特区政府宣誓就职仪式，首都各界庆祝香港回归祖国大会，庆祝香港回归大型文艺晚会《回归颂》等。新闻背景介绍——相关历史背景的专题，香港百年屈辱的历史，我国政府为收回香港所做的种种努力及特区政府的组成，香港各界人士、各国政要专访等。新闻滚动播出——十几次滚动新闻及时反映回归活动，各界庆回归盛况，表达庆回归的喜悦，增强继续保持香港繁荣稳定的信心。庆回归音乐电视系列（25集）播出——体现了喜迎香港回归的主题，活跃了整个报道气氛。

香港回归直播报道创造了中央电视台报道同类节目的八个“最”——连续播出时间最长、报道规模最大、新闻时效最快、收视率最高、覆盖面最广、报道中心最大、节目包装最成功、特色最鲜明。中央电视台还首次成为向世界提供主信号的媒体。这次成功的报道，海内外观众反响强烈，得到了中央领导和全国人民的肯定，在中央电视台的历史上，写下了光辉的一页。

′97中国大型音乐歌舞焰火晚会《为中国喝彩》

为庆祝香港回归祖国，弘扬中国文化，中央电视台、上海东方电视台联合在美国洛杉矶的文化中心——好莱坞碗型剧场举办了一台有两万多观众参加的大型音乐歌舞焰火晚会《为中国喝彩——′97中国之夜》。晚会集中了我国在外国的20多位优秀艺术家，其中有钢琴、小提琴、大提琴、声乐、舞蹈、民乐等方面的艺术家，他们都是国内培养出来的又在世界大赛中获得巨大成绩的、在国际上有影响的艺术家。由他们演奏、演唱中国的优秀歌曲和西方名曲、名作，并有美国优秀乐团的配合表演，在美国产生了前所未有的震撼力，晚会现场无论是炎黄子孙还是占百分之六七十的美国观众都情不自禁地欢呼、鼓掌，表达他们对中国艺术的热爱，对中国取得辉煌成就的祝福和对香港回归中国的祝贺。

该晚会由中央电视台和上海东方电视台在当地录制后，连夜编辑成80分钟的节目，通过卫星传送回国，于1997年7月3日在中央电视台第一套节目向全国播出，在国内也产生了巨大的影响。

23集电视连续剧《和平年代》

中央电视台影视部与广东省委宣传部、广州军区政治部、广东电视台联合拍摄的23集电视连续剧《和平年代》，是一部正面描写改革开放条件下部队建设，以及军队与地方关系的军事题材的电视长剧。

该剧在1978年底党的十一届三中全会决定全党工作中心转移的大背景下展开，着力表现了军队如何由战争准备走向和平时期的艰难历程。全剧以一支特种作战部队的组建、成长、壮大，最后发展成为进驻香港特区的象征主权的部队为主要线索，通过一批背着战火硝烟走进和平年代，来到经济特区，面对全新情况的军人的变化，全景式地再现了改革开放十五年来军队的建设和发展，表现了新形势下的新型军民关系，揭示了当代军人在这一特殊年代的心路历程。讴歌当代军人甘于寂寞、忍受清贫、无私奉献的高尚情怀，成功地塑造了以秦子雄、慕容秋、闻勇、章大军、闻皓夫、慕容青、闻璐为代表的当代新军人形象。1997年7月24日起在第一套节目连续播出。

10集大型电视纪录片《背负民族的希望》

由江泽民主席题写片名的10集纪录片《背负民族的希望》，是为庆祝建军70周年，在党中央、中央军委的关心支持下，历时三年摄制而成的。该片以翔实的史料，上千人次的人物采访，丰富的内涵和全新的电视艺术手法，生动形象地展示了我军的光荣历程和各个历史时期的丰功伟绩，是对基层部队进行革命传统教育的好教材。从1997年7月28日起在第一套节目连续播出，全长450分钟。

《黄河的故事》——旋转舞台“江河湖海”系列一

《黄河的故事》是《旋转舞台》栏目推出的“江河湖海系列”的第一集。该节目通过内外景结合的方式，艺术地展示了中华民族的母亲河——黄河源头及其上游青海、甘肃、四川三省独具特色的文化风情与自然景观。有舞蹈《黄河的故事》、《秦王点兵》，歌曲《青藏高原》、《康定情歌》，器乐演奏《阳关三叠》等。该节目1997年10月在韩国首都汉城获亚广联文化放送娱乐节目奖。1997 年 8 月 9 日在第一套节目播出，全长 30 分钟。

十五大特别报道《中国之路》

为迎接党的十五大召开，中央电视台拍摄的特别报道《中国之路》，展示了党的十四大以来党和国家在社会主义现代化建设的各个领域推出的许多重大举措，凸显出五年来我国改革开放取得的辉煌成就和所走过的道路。该片共 14 集：旗帜、成功的“软着陆”、小农户大市场、海纳百川、走进主战场、攻坚八千万、跨世纪的校园、文明的约定、精品年代、战略转变、和平盾牌、你我的方舟、中国风范、向着彼岸。1997 年 8 月 25 日至 9 月 8 日在第一套节目《焦点访谈》栏目中播出。

6 集电视连续剧《党员二愣妈》

憨直纯朴的农村党员二愣妈怀着为村民办实事的心情，当上了头对沟村村长。故事围绕着砍林、扣人、放人、告状，最后把宋乡长关进大狱，二愣妈痛打林局长这条主线，展示了农村反腐倡廉的现状，也塑造出二愣妈这个独特的艺术形象。该剧由中央电视台影视部与内蒙古电影制片厂联合摄制。1997 年 8 月 26 日至 9 月 1 日在第一套节目连续播出。

大型电视文献纪录片《达赖喇嘛》

大型电视文献纪录片《达赖喇嘛》，是一部关于十四世达赖喇嘛丹增嘉措的政治评论片。该片通过对 20 多位历史见证人和藏族学者的访谈以及大量珍贵的历史影片资料，描述了一个普通的藏族农家孩子拉木登珠，在旧西藏被选为政教合一的封建农奴制总代表达赖喇嘛的真实历程，以及他成长、亲政、和中央政府合作、最终背叛祖国和西藏人民的生命轨迹，并使用社会学、人类学、政治学等学科的方法，深刻地分析了达赖喇嘛和封建农奴制度的关系，展现了本世纪西藏分裂与反分裂的历史背景，点明了达赖喇嘛在其中的历史作用，是一部气势宏大、结构严整、风格沉稳、逻辑性和可视性都很强的电视片。

该片 1997 年 8 月在中央电视台第四套和第一套节目分别播出后，在海内外引起了很大反响。先后又以英、法、西班牙、阿拉伯、德、俄、印地等文版在境外 167 个电视台播出，境外观众超过 2000 万人次。该片长度为 90 分钟。

10 集电视系列片《跨世纪的转变》

《跨世纪的转变》是在世纪之交的大背景下，以电视系列片的形式，展示和证明在我国国民经济持续、快速、健康发展的新时期，实施经济体制和经济增长方式这两个根本性转变的紧迫性、必要性和科学性，并对“两个转变”的现实作用和目标深入浅出地加以阐释。

1997 年 4 月，国务院总理李鹏在中南海西花厅接受了该剧组的采访，同时为本片题写了片名。1997 年 5 月，国务院副总理李岚清也接受了该片的专题采访。该片共 10 集，每集 30 分钟。1997 年 9 月 1 日至 10 日在第二套节目中播出。

庆祝党的十五大胜利闭幕直播晚会《继往开来》

庆祝党的十五大胜利闭幕直播晚会《继往开来》，以全国人民在党的新一代领导人的带领下，满怀豪情地迈向新世纪为主题，创作了一批歌颂 70 多年来几代共产党人对中华民族无私奉献的群体形象的节目。晚会分成“歌颂今天”、“缅怀昨天”、“奔向明天”三个层次。主要节目有小品《大决战前》、报道剧《生命作证》、参加十五大的英模代表到现场和观众一起同唱“纪念张思德”、反映十四大以来祖国各方面的建设成就的民族弹唱等。晚会全长90分钟。1997年9月19日十五届一中全会闭幕当晚在第一套节目直播。

第八届全国运动会现场直播

第八届全国运动会于1997年10月12日至24日在上海举行。中央电视台第一、二、五套节目共播出205个小时，提供公共信号75个小时。

在对八运会12天的连续报道中，有以直播比赛为主的《八运赛场》、长达6小时的大杂志型的《八运会综合报道》、45分钟的《八运会专题报道》。在这些节目中，运用新闻、专题、评论、谈话等形式，每天平均播出约19个小时。这些节目及时、生动、准确地反映了八运会的全貌，重大比赛无一遗漏，节目形式丰富多彩，满足了不同层次、不同地域观众的需要，体现了中央电视台作为国家电视台的报道特色。

黄河小浪底水利枢纽工程截流合龙现场直播

黄河小浪底截流合龙现场直播于1997年10月28日8时40分开始，至11时02分结束。

小浪底水利工程是本世纪最伟大的治黄工程，是中外水电建设者治理黄河水患的一大壮举，也是我国第一个与国际工程管理全面接轨的特大型国家重点工程。对这样一个载入史册的宏伟工程胜利合龙进行电视直播报道，让全国人民通过电视目睹这一重大新闻事件的全过程，并使观众更深入地了解小浪底工程，是中国电视史上的首创，具有历史和现实的魅力。中央电视台和水利部、河南电视台合作，在中央电视台第一套节目中现场直播了这一盛况。

直播分三项内容：在截流现场全面、细致、通俗地介绍小浪底水利枢纽工程，并围绕它的建设特点和作用，宣传在中国共产党领导下人民治黄的伟大成就，以及未来黄河流域的可持续发展等问题；直播大坝合龙的最后时刻，直播李鹏总理到现场观看的全过程；直播李鹏总理宣布合龙成功，以及大坝合龙庆祝大会的全过程。

8集电视纪录片《大三峡》

电视纪录片《大三峡》，采用纪实手法展示了五年来三峡工程建设的重大成就和宏伟气势，真实记载了在市场经济环境中三峡二期工程的大投标、移民搬迁建设新家园、三峡建设者的风采与业绩，以及大江截流等三峡工程的大背景、大事件。该片航空拍摄气势恢宏，纵深开掘细致入微，是一部内容丰富翔实，人物生动鲜明的纪录片。1997年11月4日至7日在第一套节目播出。全片共8集，每集25分钟。

三峡工程大江截流特别报道

三峡工程大江截流特别报道于1997年11月8日8时开始，至22时结束。历时14小时的大江截流连续直播，采用同步、全面、生动的报道方式，做到了安全、顺利、隆重、热烈。13段直播报道，为观众提供了高质量的电视信号，镜头组接顺畅、音效逼真清晰、解说通俗易懂。12段演播室话题和27个新闻专题，为观众提供了丰富厚重的新闻背景，它们围绕大江截流从人们最关心也最感兴趣的角度，报道三峡工程的伟大意义、巨大作用、科学的决策依据、崭新的建设模式；展示三峡建设者的风采；介绍三峡库区迷人的风光名胜以及它们在工程完工后的新姿。船载演播室的首次启用，高空航拍直播的初次尝试，移动地面卫星站的成功对接，开创了中国电视新闻报道的新纪元。

52集动画系列片《小糊涂神》

52集动画系列片《小糊涂神》讲述了九重天的小神仙小糊涂神下凡误入小学生小宝的家中，两人成了好朋友的故事。

这部轻松幽默的动画片，努力追求寓教于乐的效果，在创作上采用与国际标准接轨的美术设计和造型设计，既有现代卡通特点，又有中国民族特色，是国际性和民族性相互融合的尝试。该片色彩明快、动作流畅、节奏鲜明、制作精良。1997 年 11 月 17 日起在第一套节目播出，每集 13 分钟。

《焦点访谈·“罚”要依法——309 国道交警乱罚款》

309 国道是晋煤外运的主要通道，其山西段的日平均车流量在 4000 辆左右。负责维护这段国道交通秩序的山西梨城、潞城交警利用手中职权对过往车辆随意罚款，引起群众特别是过往司机的强烈不满。该片通过记者环环紧扣的深入采访，对个别交警无视国家相关法规的霸道言行，进行了生动的记录和恰当的评述，节目主题深刻，具有极强的现实针对性。特别是节目中定位准确的记者行为、客观冷静的采访风格、流畅到位的拍摄手法，使主题更加鲜明，整体节目更具个性化。节目播出后引起社会的强烈反响，同时为舆论监督在客观公正与以理服人方面提供了启示。节目总长 13 分钟，1997 年 11 月 25 日在第一套节目播出。

国际频道开播五周年志庆晚会《跨越星空》

《跨越星空》大型文艺晚会是中央电视台为庆祝国际频道（CCTV－4）开播五周年而特别制作的综艺晚会。晚会以展现世界华人血脉相连的民族文化情感和祖国开放时代的民族自豪与文化交融为主题，综合了“中华古乐”、“中国戏曲”、“思乡亲情”、“异国情调”、“民族风情”和“流行季风”等 9 个板块的多种文艺形式。来自近 20 个国家的外国艺术家和国际友人同海内外知名的华人艺术家、艺术团体欢聚中央电视台，共庆国际频道开播五周年。整台晚会高雅热烈、真情感人。在设计构思中充分考虑到海外电视观众的文化心理期待和欣赏背景，突出了文艺节目的深层文化内涵和情感力度。1997 年 11 月 30 日在第四套节目现场直播，全长 103 分钟。

30 集系列纪录片《中国家庭》

《中国家庭》是中央电视台联合全国各地方电视台合作拍摄的 30 集系列纪录片。该片以“健康的家庭和家庭的健康”为主题，在强调反映生活真实的前提下，运用自然、朴实的方法，通过描写一个个具体的家庭，比较全面地反映了中国不同地域的家庭生活，同时积极地反映了改革开放给所有家庭带来的变化，共同构成了中国当今社会、当今时代的画卷。1997 年 12 月 1 日始在第一套节目中陆续播出，每集 30 分钟。

电视科教片《介入疗法》

由科影厂摄制的电视科教片《介入疗法》，以心脏的功能和病情为背景引出介入疗法，选择典型病例，运用内窥镜加逐格摄影，把血管壁上脂质条纹、斑块形成的病变机理表达得淋漓尽致。并辅以动画、模型等手法，将介入治疗的方法、疗效，清晰、生动、准确地展示出来。观后令人信服、赞叹。该片共 30 分钟，分两集于 1997 年 12 月 5 日、12 日在中央电视台第一套节目《科教片之窗》栏目中播出。

淮河治污系列报道

1997 年 12 月 31 日是淮河流域污染企业达标排放的期限。淮河治污系列报道以淮河治污达标倒计时这一重大新闻事件为主线，从不同侧面真实生动地反映了淮河治污过程中取得的成绩和存在的问题，烘托了淮河治污时不我待的紧迫性和达标排放的严肃性。

形式上采用全景式现场报道和重点事件追踪报道相结合的方式，在点位选择上力求新闻内容的新、鲜、活。记者戴上防毒面具取污水水样等细节的表现，增强了电视画面的视觉冲力，同时融汇了大量的新闻背景和记者的采访感受，使系列报道形成立体化报道格局。《新闻 30′》不间断连续播出该新闻报道 60 余条，《新闻联播》选用近 20 条，有 4 条新闻分获“′97 中华环保世纪行”一、二、三等奖。1997 年 12 月 12 日至 1998 年 1 月 12 日在第一套节目连续播出。

新闻综述《难忘九七》

《难忘九七》是中央电视台在 1997 年末推出的一个特别节目，节目长度 20 分钟。该节目站在历史的高度，回顾与分析了在即将过去的不平凡的 1997 年中国所发生的一系列历史事件，以及这些事件将对中国乃至世界的影响。既对大事件进行了深入分析，又用点睛之笔荟萃了中国及世界社会生活的方方面面，同时对 1998 年人们关心的问题进行了展望。1997 年 12 月 29 日在第二、四套节目中播出。

′97“六个一百工程”

1997 年“六个一百工程”推出的少儿节目系列，包括百集人偶剧（含木偶剧）、百集文学宝库、百集好儿童系列片、百首新儿歌、百集游戏节目和百集国产动画片。

百集人偶剧有 52 集人偶童话剧《神奇山谷》、31 集木偶系列剧《三字经的故事》、20 集人偶童话剧《玉米人农庄》和 30 集木偶系列剧《孔子的故事》。百集文学宝库是为继承和发扬中华民族的灿烂文化，提高少年儿童的文学素养，改编和拍摄的 100 部我国儿童文学名著。此外，配合中宣部推出的“百部爱国主义教育图书”，录制了 50 集儿童系列剧《书中跳出的故事》。百集游戏节目旨在提高少年儿童的生存能力、智力和体力，设计和创作了《游戏大战》节目。百首新儿歌，为让少年儿童在优美健康的歌声中成长，中央电视台联合各省市电视台举办了第二届全国儿童音乐电视大赛，并从这次大赛中挑选出一百首优秀作品进行展播。百集儿童系列片是与团中央少工委合作，挑选全国一百名各具特色的好儿童拍成的专题片，每人一集，每集 10 分钟。百集动画片有 52 集动画系列片《小糊涂神》等。′97“六个一百工程”系列节目在 1997 年底陆续摄制完成，并在少儿栏目中陆续播出。

4. 专 辑

′97 香港回归电视报道

中央领导对香港回归电视报道的评价

1997年7月，在国务院新闻办公室召开的香港回归报道庆祝大会上，国务院新闻办主任曾建徽转达了江泽民总书记对电视报道的评价："每天打开电视机都能看到香港回归的报道，使大家有深刻的印象。"

1997年7月1日，江泽民总书记在从香港飞往北京的专机上对中央电视台记者说："这次中央电视台报道香港回归的新闻很及时，报道面很广，有的新闻很有深度，总的说来搞得很好。"当听说很多同志为了这次72小时直播连续两夜都没睡觉时，江总书记关切地说："大家辛苦了。"

中央领导同志还称赞庆祝香港回归大型文艺晚会《回归颂》。江泽民总书记看了晚会后连声说"好"，他说："人逢喜事精神爽，看了这样的好节目，我感到很有精神。"李鹏总理说："晚会很有新意。"乔石委员长说："晚会很有气势。"全国政协主席李瑞环说："这台晚会很有层次，值得好好总结。"

丁关根同志在1997年的全国宣传部长会议上对香港回归电视报道作出指示："安全、准确、及时"；并多次打电话指示："安全第一，防止出现差错。"7月2日在电话中对中央电视台报道给予肯定："中央电视台香港回归报道工作做得不错，是一次很好的爱国主义教育。从电视上看，中央电视台工作人员的精神状态很好。"

香港回归电视报道综述

香港回归电视报道从1997年6月30日6时开始，至7月30日6时结束，第一套、第四套节目连续72小时播出，并加开41小时英语传送频道。

香港回归祖国，是本世纪末重大的政治事件，全国关心，世界瞩目。在香港集中了700多个新闻媒介的记者8400多人，200多个电视台派记者团到香港采访。实际上，香港成了以我方为代表的东方传媒与以英方为代表的西方传媒进行新闻大战的一个战场。

中央电视台作为中国国家电视台，在香港回归这一重大事件的报道中，根据中央宣传精神，在广播电影电视部香港回归报道总指挥部的领导下，团结鼓劲，精心组织，全面实施报道计划。参加香港回归报道的近1700人，赴港人员289人，派往全国8个重点城市和海外15个大城市采访的记者近百人；技术系统投入了有史以来数量最多、性能最先进的设备，圆满完成了香港回归电视报道的重大任务。

历时72小时的电视报道，形式新颖，内容丰富。其中包括：

重大活动直播——香港政权交接仪式，中国人民解放军驻港部队入港，香港特区政府宣誓就职仪式，首都各界庆祝香港回归祖国大会，庆祝香港回归大型文艺晚会《回归颂》等。

新闻背景介绍——相关历史背景的专题，介绍百年屈辱的历史，我国政府为收回香港所做的种种努力及特区政府的组成，香港各界人士、各国政要专访等。

新闻滚动播出——十几次滚动新闻及时反映回归活动、各界庆回归盛况，表达庆回归的喜悦，增强继续保持香港繁荣稳定的信心。

庆回归音乐电视系列——分25集播出的音乐电视，体现喜迎香港回归主题，活跃整个报道气氛。

可以说，香港回归电视报道，创造了中央电视台报道同一节目的八个之“最”——

连续播出时间最长。

报道规模最大。

新闻时效最快。

收视率最高。

覆盖面最广。第四套节目和英语传送频道在欧洲和非洲的落地工作出现突破。收看中央电视台国际频道的我驻外使领馆从69个增加到92个，增加了三分之一；转播中央电视台国际频道的海外电视台从14个增加到64个；转播中央电视台英语传送频道的海外电视台达58家。

在香港建成的报道中心最大。中心占地540平方米，是集演播室、控制室、后期制作和信息服务为一体的综合性报道中心。

节目包装最成功。专门制作了《展现辉煌》等不同长度、不同版本的宣传片，在各套节目中播出。同时，第一套节目设总主持人，香港演播室设分主持人，第四套节目和英语传送频道均设立了自己的主持人，使节目更加连贯、通畅。《中国电视报》也在6月29日至7月3日出版了《香港回归电视快报》（日报），在北京、天津发行。

三套节目特色最鲜明。第一套节目以确保重大活动报道为主；第四套节目和英语传送频道在依托一套的基础上，充分体现对外宣传的特点，广泛而有效地引导和影响着国内外舆论。

另外，在世界重大事件的报道中，中央电视台首次成为向世界提供主信号的电视媒体。

这次成功的报道，海内外观众反应强烈，得到中央领导和广大观众的肯定，在中央电视台的历史上，写下了光辉的一页。

经对分布在全国33个城市的4000余户家庭的电话调查，有93%的家庭收看了天安门广场的庆典活动；94%的家庭收看了香港政权交接仪式；91%的家庭收看了香港特别行政区政府成立庆祝大会；83%的家庭收看了在北京工人体育场举行的首都人民庆祝香港回归祖国大会。重要活动的收看人数达到8亿以上，这一收视率在世界上也是少有的。

香港回归电视报道方案

一、宣传报道方案

1. 宣传报道思想

1997年香港回归是世界现代历史和中国现代历史上的重大事件，是将载入史册的、里程碑式的事件，为世界瞩目。中央电视台′97香港回归电视宣传报道将按照中央的要求，组织一流的人才，使用一流的设备，制订一流的计划，高标准、高质量地完成报道任务。′97香港回归电视宣传报道的总体原则是“以我为主、主动出击、全球覆盖、扬我国威”，力求导向正确、内容丰富，在遵循电视规律并充分利用电视新技术手段的前提下，打破常规，做到及时充分、准确权威、平实深刻、鲜活明快。在实施宣传报道计划中，要遵循以北京为中心、以香港为重点、以国内和海外重点地区为辅助的方针，采用平面与立体相结合的网络结构体系，实现在第一时间全方位、多角度宣传报道的目标。

2. 宣传报道计划概况

1997年香港回归电视宣传报道整体上分三个阶段：

第一阶段（1997年3月23日至6月29日）

从香港回归倒计时100天起，在《新闻联播》及各次整点新闻中播出“香港回归倒计时的系列报道”，预计持续到6月30日。《东方时空》、《焦点访谈》也陆续播出特别节目。《中国新闻》、《英语新闻》、《粤语新闻》开始播出《香港百题》。3月23日，在晚上黄金时间播出《百年香江知多少——香港知识大赛》。此外，还将重播《香港沧桑》的上部，并在倒计时60天时播出《香港沧桑》的下部。5月26日在工人体育馆举行《迎回归、爱祖国万人歌咏大会》。6月1日中午在黄河壶口瀑布现场直播柯受良先生飞越黄河。6月16日至7月11日进行“香港回归祖国音乐电视作品展播”。在此期间，电视剧安排播出《林则徐》、《香港的故事》、《大命运》。这一阶段的整体节目安排原则是逐渐加大有关香港的新闻密度，为香港回归营造良好的气氛。自6月20日起，中央电视台设在香港会议中心的IBC（国际广播电视服务中心））将正式启用，香港演播室与北京中心演播室实现对接。

第二阶段（1997年6月30日至7月3日）

从6月30日6时至7月3日6时的72小时，是整个香港回归报道的重中之重，尤其是6月30日19时至7月1日23时的报道更是重点里的核心部分。这三天的节目将按照新闻频道设计，无论是报道内容、形式还是整体频道的包装和节奏，都将体现世界大台新闻频道水平。节目力求在宏观上规模浩大，全方位，多角度；在微观上见人见事，平实鲜活。在凸显新闻事件的同时大量注入新闻背景，特别是历史背景。这三天第一套节目、第四套节目及英语传送频道将同步报道回归盛况。大型直播活动主要包括以下内容：

香港（6月30日至7月1日）

（1）直播政权交接仪式全过程；

（2）直播特区政府宣誓就职全过程；

（3）直播在红勘体育馆举行的庆祝大会；

（4）直播庆祝香港回归招待会。

政权交接仪式及特区政府宣誓就职仪式前将播出北京、上海、天津、广州、深圳、南京等地群众期待回归历史时刻到来的镜头。这些重要活动直播结束后，还将在其他重要时段反复重播这些活动的精编版。

北京（6月30日至7月2日）

（1）直播在人民大会堂举行的庆祝酒会；

（2）直播在工人体育场举行的庆祝活动；

（3）直播在人民大会堂举行的庆祝晚会；

（4）直播天安门广场庆祝香港回归的群众性联欢活动。

其他方面：

（1）实况传送我驻港部队进驻香港的全过程。

由一架直升飞机、中心转播车及若干附属设备、若干固定地点拍摄、传送设备组成摄制传送网络。部队入港实况报道分信号传输和报道“两步走”，有驻港部队司令员、政委的介绍，以及若干战士的介绍（提前准备），行进中选择时机播出；部队入港全过程报道要保证时效，采取直播新闻、字幕新闻、口播新闻等不同形式。

（2）录像播出北京、香港等地的庆祝活动。

如：香港花车游行、焰火晚会等。此外，还将派记者赴伦敦、巴黎、纽约、洛杉矶、澳门、里斯本、东京、大阪、新加坡、曼谷、马尼拉、雅加达、台北、悉尼、多伦多等地，及时传回有关报道。

专题节目：

（1）介绍相关历史背景。充分展示英国人是如何掠取香港的，中国历届政府对收回香港的打算，中英关于香港问题的谈判全过程，后过渡期的主要进程，基本法的起草，筹委会预委会的成立，筹委会的运作，推委会的运作，行政长官的产生，临时立法会的成立等。

（2）人物专访。将采访香港各界人物，播出各国政要言论，播出介绍特区行政长官董建华及临时立法会主席范徐丽泰的专题片。

（3）配合节目主要有：专题片《今日香港——香港的经济、社会与政治》、《香港的今天与昨天——变化的与不变化的》、《香港的掌故》、《香港老百姓的故事》、《香港：现实的繁荣与繁荣的未来》、《香港回归第一天》、《祝福香港》等。此外，还将制作一批短片，穿插在几场重要活动直播的过程中。

第三阶段（1997年7月3日至7月15日）

每天各次主要新闻节目中都有发自香港的报道，主要介绍香港政府的运行情况和香港各界、各阶层的反应，必要时北京中心演播室在直播状态下与香港演播室对接。《东方时空·时空报道》、《焦点访谈》制作一到二期节目。7月4日播出一期相关内容的《新闻调查》。

7月9日至7月15日，香港演播室关闭，大部分人员离港返京。但每天仍有新闻传送，在新闻节目中开辟系列报道“回归之后”，《东方时空》制作一期特别节目“历史瞬间”，《东方时空·时空报道》、《焦点访谈》各制作一期节目。7月13日，赴港人员全部回京，香港报道结束。

7月3日至7月5日，播出《为中国喝彩——美国洛杉矶‘中国之夜’音乐舞蹈晚会》。7月5日至7月7日，播出大型专题艺术片《百年梦归》（上、中、下）。7月11日，在广州天河体育馆举行《1997交响音乐会》。

二、技术实施方案

根据台领导有关香港回归电视报道“要全力以赴，采用一流的设备，创造一流的质量，以当今世界可能采用的最先进的各种报道手段，实施最大限度、全方位、多层次、立体式的进行报道”的指示精神，技术方案的策划、设计、组织和实施以“高度可靠、全面配合、周密实施、勇于创新”的方针展开。

此次香港回归电视报道将以北京为中心，以香港为重点，以国内几个主要城市、世界重要的华人社区为背景，形成立体的、多层次的报道。在香港进行的多项仪式和庆祝活动以及各界的反应都要实时报道；对中央和北京市组织的多项庆祝活动，以及对全国和世界各地的反应要做准确及时的报道。为便于操作、简化系统、统一归口，分别在香港和北京建立报道中心，两个报道中心通过泛美2号和亚洲2号两颗卫星共四个转发器连接起来，实施全方位报道。

1.′97香港回归电视报道技术工作遵循的主要

原则

（1）确保安全播出，系统简化，便于操作，实行岗位责任制。

（2）充分满足编辑部门的需要。为便于三套节目办出自己的特色，分别在三个演播室设立制作和播出系统。

（3）采用当今世界上的先进技术和设备。重要的实况转播都采用数字转播系统；使用直升机航拍和做节目传送中继；配备自动跟踪系统、数字卫星转播车和移动地球站；在直升机上安装防震式陀螺航拍摄像机等。

（4）为节省经费，将充分利用现有设备，不足部分通过租借和购置的办法解决。

2. 在香港和北京建立报道中心

（1）香港报道中心

香港报道中心位于香港会议展览中心（HKCEC）七层的新闻广播中心（PBC）显著位置，面积为540平方米，是集演播室、控制室、编辑机房、后期合成系统、配音间和办公信息服务为一体的综合报道中心。为了增强香港实地气氛，在香港君悦饭店的顶层开辟80平方米的以维多利亚湾和九龙实景为背景的演播区。

香港报道中心除完成ENG采访、后期编辑合成、主持串联之外，还将把在香港的所有庆祝活动和仪式的实况信号传回北京作为直播信号。

在香港报道中心所进行的转播内容及技术方案是：

①政权交接仪式和特区成立仪式

采用数字转播设备分别在政权交接仪式（香港会展中心扩建部分五层）和特区成立仪式（会展中心七层）组成八讯道和十讯道直播系统，并采用吊臂摄像机和特殊镜头，同时在五层和七层的滚梯处架设两个讯道，用以提供首脑人物入场镜头。

②驻军入港

驻军入港要实现全线的实况直播，这是本次报道中技术最复杂、操作难度很大的实况直播系统。本系统使用两辆移动转播车，一辆为前导车，另一辆为主干车，另在行进的队伍中架设一台无线摄像机，组成跟进式地面转播系统。然后将前导车和主干车信号送直升机中继，并在直升机上架设航拍摄像机进行空中拍摄。把这三路信号送至香港大帽山和君悦饭店，再传回中央电视台香港报道中心。还在驻军的入港起点和沿途的大埔及沙田分别架设固定摄像机，作为补充拍摄点。队伍行至终点威尔士大厦，由事先架设好的四讯道EFP系统现场转播营地交接仪式。从而构成全线立体式现场直播系统。

③国家领导人抵港和港督离港

中方首脑抵港和港督离港，将利用DSNG卫星移动车（三讯道）进行现场直播。

④港英政府最后一次降旗和特区政府第一次升旗

此两项活动将使用四讯道EFP进行现场直播。

⑤红勘体育馆庆祝大会

六讯道转播车在7月1日凌晨转播完驻军入港后，同日10时执行庆祝大会的实况直播任务。

香港报道中心最终形成三路信号回传北京报道中心，即HK1为主信号，HK2为无字幕备用信号，HK3为驻军入港新闻和专题的回传信号。

（2）北京报道中心

北京报道中心是这次报道工作的大本营。这里将香港报道中心回传的信号、北京地区庆祝活动的信号、海外多个城市的卫星收录采访信号和国内多个城市微波回传信号进行串联、包装和播出。

北京报道中心集指挥、调度、制作、播出为一体，向全国和全世界播出和传送'97香港回归的电视报道节目。

①设立三个播出、制作系统

为使在香港回归电视报道期间各套节目办出自己的特色，从技术上确保安全播出，所以对第一套节目、第四套节目、英语传送频道节目分别建立播出、制作系统和直播系统。其他的第二、三、五、六、七、八套节目在三楼播控中心各自原有系统播出。

第一套节目：在二楼250平方米新闻演播室制作、串联、包装和播出。从6月30日早6时开始连续播出72小时。

播出通道：二楼新闻演播室→播控APC1。

第四套节目：在圆楼Y253演播室串联、包装和播出。从6月30日早6时开始连续播出72小时。

播出通道：圆楼Y253演播室→主控→播控APF4。

英语传送频道：在圆楼Y402演播室串联、包装和播出。从6月30日早7时开始播出41小时。

播出通道：圆楼Y402演播室→主控→播控APF2。

②北京地区庆祝活动的现场直播

北京地区届时将有四场重大活动进行现场直播：

6月30日晚天安门广场庆祝活动和7月1日凌晨升旗仪式，使用六讯道转播车和两台无线摄像机，组成八讯道转播系统进行现场直播。

7月1日16时30分人民大会堂宴会厅庆祝酒会，使用六讯道EFP现场直播。

7月1日晚工人体育场庆祝大会，使用八讯道数字转播车另加两台无线摄像机，组成十讯道转播系统进行实况转播。

7月1日晚人民大会堂文艺晚会，使用六讯道数字转播车另加两台无线摄像机，组成八讯道转播系统进行现场转播。

3. 北京IBC（国际广播电视服务中心）

北京IBC主要为境外电视机构提供技术服务。考虑到工作方便和台里目前用房困难，该中心设方楼一层传送区，还有部分设在梅地亚中心电视部（日本五家电视台）。

IBC功能：

(1) 提供20路同时上星传送业务；

(2) 提供香港、北京实况信号；

(3) 开辟18个标准房间，供境外记者租用（含梅地亚）；

(4) 组建3个演播室和30套编辑机供租用；

(5) 另有4个公共传送间、2个配音间、3套自编间；

(6) 办理视音频设备、ENG、磁带和附属办公用品租用业务。

4. 中央电视台卫星传送

传送通路：

(1) 香港→北京

HK1 香港报道中心→香港电讯→泛美2号卫星→云岗地球站→中央电视台主控

HK2 香港报道中心→DSNG移动卫星车→亚洲2号卫星→CCTV地球站→中央电视台主控

HK3 香港报道中心→DSNG移动站→亚洲2号卫星→CCTV地球站→中央电视台主控

(2) 北京→香港

在北京将第一套节目的信号和北京庆祝活动的实况信号，传送给中央电视台香港报道中心，再送至香港IBC。

中央电视台主控→压缩频道→亚洲2号卫星→DSNG移动卫星车（或0.9米移动地球站）→中央电视台香港报道中心→香港IBC。

5. 信息通信

(1) 移动通信系统

采用租用香港集群网络的无线对讲机和插入香港电讯的SIM卡的GSM手机并用方式。

(2) 信息服务

通过租用三条64K数据专线来完成以下工作：

中央电视台香港报道中心4台终端与台内新闻中心数据网联接；

中央电视台报道中心4台终端与台内海外中心数据网联接；

6部远距离台内分机和1台保密电话；

1台终端与台内办公系统联接，用于日常办公和行文；

建立香港报道中心的E-mail，并与中央电视台计算机信息网络相联。

6. 动力保障

(1) 强化值班纪律，加强值班巡视，随时注意设备运行状况，保证所有动力设备设施处于最佳工作状态，发现问题及时解决。加强供电系统的负荷控制，确保安全运行。

(2) 充分保障播出用电，对二楼新闻演播室、圆楼Y253、Y402三个承担播出任务的演播室的供电系统和用电负荷进行进一步检修和确认。播出区UPS保持并列运行方式。

(3) 保证节目制作的用电要求，积极配合各部门解决新增设备和新建临时系统的用电问题。

(4) 做好事故预想处理方案，做好备用发电系统的准备工作，使三部发电车处于最可靠的预备状态，分别接在1号站的工艺系统和灯光系统以及4号站的工艺系统。

(5) 保证节目制作和播出环境，所有节目制作、传送、播出区域的环境温度不得超过25℃。

香港回归电视报道组织机构

一、总指挥部

总 指 挥：杨伟光

副总指挥：赵化勇、刘宝顺、李 丹、刘宜勤、李东生

办公室主任：李晓明

副 主 任：刘建中、许二春、徐 威、范昀、张百莉

二、北京对内分指挥部

指 挥：赵化勇

副 指 挥：朱继峰、罗 明

三、香港分指挥部

指 挥：李东生

副 指 挥：李 建、丁文华、孙玉胜、盛亦来、周 经

四、对外分指挥部

指　　挥：李　丹

副 指 挥：赵宇辉、盛亦来、拉　白

五、技术分指挥部

指　　挥：刘宜勤

副 指 挥：邵昌有、刘广全、许世杰

六、北京 IBC

组　　长：刘宜勤

副 组 长：贾文增、刘广全（常务）

七、综合分指挥部

指　　挥：刘宝顺

副 指 挥：贾文增、陈　君、李晓明

香港回归电视报道主要节目（第一套首播）

6 月 30 日

6：00　专题报道：香港回归特别报道开篇

8：14　新闻背景：香港百年大事记

8：44　专题报道：期待回归

9：30　现场直播：驻港部队待命入港

10：52　人物访谈：历史见证人

11：26　动态报道：各地迎回归（一）

11：46　人物访谈：关于内地与香港的关系

13：13　专题报道：走进香港，体验香港

13：51　新闻背景：今日香港

14：46　人物访谈：知名人士谭惠珠等

15：25　专题报道：共同的心愿

15：50　专题报道：回归前后

16：25　现场直播：香港总督撤离港督府

16：42　新闻人物：行政会议议员介绍

16：58　现场直播：中国政府代表团抵达香港

17：38　动态报道：各地迎回归（二）

18：15　动态报道：海外传真（一）

19：58　现场直播：人民解放军驻港部队先头部队出关欢送仪式

20：31　人物访谈：各国政要谈香港回归

20：47　现场直播：人民解放军驻港部队先头部队入港

21：06　人物访谈：董建华

21：32　动态报道：海外传真（二）

22：02　动态报道：各地迎回归（三）

22：08　现场直播：北京市人民迎接香港回归祖国联欢晚会

22：25　现场直播：人民解放军驻港先头部队抵达司令部

22：29　动态报道：各地迎回归（四）

22：36　现场直播：北京市人民迎接香港回归祖国联欢晚会

22：41　动态报道：海外传真（三）

22：47　现场直播：北京市人民迎接香港回归祖国联欢晚会

22：59　最新消息：江泽民主席、李鹏总理会见布莱尔首相

23：03　现场直播：北京市人民迎接香港回归祖国联欢晚会

23：16　现场直播：香港政权交接仪式

7 月 1 日

0：13　现场直播：人民解放军驻港部队司令部升旗

0：19　现场直播：英国领导人离开香港

0：39　动态报道：普天同庆（一）

0：52　现场直播：天安门广场的欢庆场面

1：16　现场直播：香港特别行政区政府成立暨特别行政区政府宣誓就职仪式

2：07　现场直播：北京市人民迎接香港回归祖国联欢晚会

2：21　最新消息：江泽民主席会见查尔斯王子

2：24　现场直播：北京市人民迎接香港回归祖国联欢晚会

2：37　动态报道：香港民间庆祝活动

2：43　现场直播：香港特别行政区临时立法会会议（一）

3：00　新闻人物：香港特区政府高级官员

3：34　专题节目：香港百题

3：36　香港知识：传统节日在香港

3：48　现场直播：香港特别行政区临时立法会会议（二）

3：56　最新消息：江泽民主席、李鹏总理会见联合国秘书长安南

4：04　动态报道：各地庆回归（一）

4：32　现场直播：人民解放军驻港部队海军舰艇驶离驻地赴港

4：44　现场直播：天安门广场升国旗仪式

4：56 动态报道：海外传真（四）
5：30 现场直播：人民解放军驻港部队大部队入港
8：27 现场直播：人民解放军驻港部队航空兵直升机起飞赴港
8：35 动态报道：海外各界友人话回归（一）
8：36 现场直播：人民解放军驻港部队航空兵直升机抵达目的地
8：39 动态报道：海外各界友人话回归（二）
8：53 动态报道：海外传真（五）
9：20 动态报道：普天同庆（二）
9：56 现场直播：香港回归祖国和特区政府成立庆祝大会
11：46 现场直播：中央政府向香港特别行政区政府赠送礼物揭幕仪式
13：47 人物访谈：香港知名人士霍英东等
14：27 动态报道：百姓话回归
14：57 现场直播：外交部驻香港特派员公署开署仪式
15：34 人物访谈：鲁平等人谈一国两制
16：03 动态报道：海外传真（六）
16：18 现场直播：香港特区政府庆祝香港回归祖国招待酒会
16：41 最新消息：江泽民主席离港返京
16：55 现场直播：国务院举行庆祝香港回归祖国招待会
17：54 新闻人物：人民解放军驻港部队司令及政委
19：50 现场直播：首都各界庆祝香港回归祖国大会
22：52 动态报道：各地庆回归（二）
23：09 动态报道：海外传真（七）
23：26 录像集锦：香港及内地庆回归焰火晚会

7月2日

0：02 专题报道：百年梦圆时（上）
0：56 现场直播：'97香港：光芒万丈庆回归
2：17 专题报道：百年梦圆时（下）
4：01 录像集锦：龙的光辉——香港各界庆回归文艺汇演集锦
6：09 香港知识：护照与国籍
6：41 香港知识：赛马
8：20 动态报道：海外传真（八）
8：48 专题报道：居安思危 建设未来
9：24 专题报道：香港回归第一天
10：11 录像集锦：各地庆回归文艺晚会精粹（一）
10：31 现场直播：香港特别行政区政府举行大紫荆勋章颁授仪式
10：52 人物访谈：香港知名人士金庸等
11：16 专题报道：香港夜与昼
13：13 录像集锦：各地庆回归文艺晚会精粹（二）
13：46 专题报道：人民解放军驻港部队专集
14：57 新闻人物：香港特区行政长官董建华
15：15 新闻人物：香港特区临时立法会主席范徐丽泰
15：59 人物访谈：香港特别行政区主要官员
16：38 人物访谈：香港工商界名人
17：12 人物访谈：香港学术界及演艺界名人
17：42 动态报道：各地庆回归（三）
18：02 专题报道：香港回归第二天
18：21 人物访谈：关于内地和香港往来
19：59 现场直播：庆祝香港回归大型文艺晚会——回归颂
21：51 动态报道：海内外华人庆回归活动最新报道
22：23 专题报道：回归梦圆时
23：31 专题报道：祝福香港

7月3日

0：16 录像集锦：历史瞬间
1：00 专题节目：人民解放军驻港部队入港实况剪辑——历史性的进驻
5：22 专题报道：中国迈向新世纪
5：53 结束语

香港回归电视报道大事记

1997年2月18日

杨伟光台长在1997年中央电视台工作会议上作题为《提高舆论引导水平，为两件大事创造良好的舆论氛围》的报告。两件大事：一件是香港回归宣传，一件是十五大宣传。

3月23日

香港回归倒计时100天，在第一套节目播出全国香港知识竞赛总决赛。新闻中心制作的《香港回归倒计时》栏目开播。海外中心在《中国新闻》、《英语新闻》、《粤语新闻》中同时推出系列节目《香港百题》。香港回归电视报道工作进入倒计时阶段。

3月26日

举行香港回归电视宣传报道工作汇报会。曾建徽、杨伟光、李冰、王凤超及中宣部、广电部、外交部、公安部、中办会议处、新华社香港分社宣传部等有关领导听取汇报。

3月31日

成立'97香港回归电视宣传工作协调小组。

4月8日

召开200多人参加的香港回归报道动员大会。杨伟光在会上对全体人员提出六点要求，副台长李东生通报了香港回归电视报道初步方案。

5月6日

成立香港回归电视报道总指挥部，杨伟光任总指挥。总指挥部下设北京对内分部、香港分部、对外分部、技术分部、综合分部等机构。

5月7日

大型电视系列片《香港沧桑》（下部）首映式在北京人民大会堂举行。

5月9日

在香港举行《香港沧桑》（下部）首映酒会。

5月11日

香港回归倒计时50天，第一套节目播出《香港沧桑》（下部）。

5月12日

总指挥部办公室正式运行，安排人员值班，协调各分部工作。台《工作日报》开专栏通报香港回归报道工作进展情况。

5月15日

副台长刘宝顺主持召开综合分部工作会议，研究落实综合分部的工作要点和小组分工。

5月16日

副台长赵化勇主持召开北京对内分部工作会议，确定了北京对内分部的主要任务。

5月20日

技术分部北京国际广播电视服务中心（IBC）成立。

5月21日

北京分部举办培训班并召开动员大会。孙家正部长，刘习良、杨伟光副部长出席动员会并作动员。

5月26日

香港回归电视转播技术设施启运赴港；香港分部举行赴港前动员大会。

5月27日

召开香港回归电视报道国内新闻通气会。首批44名赴港人员由北京经深圳赴港，随即投入全方位报道工作。

5月28日

在梅地亚中心向境外记者介绍香港回归电视报道方案。直升飞机谈判小组赴港与英航管处进行谈判。

5月29日

举行全国八个重点城市庆祝活动宣传报道情况介绍会。杨伟光到会讲话，要求同心协力，做好各地庆祝活动的报道。

6月2日

第二批赴港人员离京。技术设施运输车队抵达深圳。对外分部成立对外联络组，负责英语传送频道的落地工作。

6月4日

进入香港会展中心，技术人员开始安装、调试各种设备。

6月6日

副台长刘宜勤主持召开技术分部领导干部会议，全面落实技术准备工作。

6月7日

总指挥部召开会议，研究审定第一套节目、国际频道和英语传送频道节目播出方案。香港分部研究驻军入港电视转播技术方案。

6月9日

在人民大会堂举行《香港的故事》首映式。

6月11日

对外分部召开香港回归对外宣传战前动员大会。

6月15日

香港会议展览中心的新闻广播中心正式启用。有关人士对中央电视台报道中心的设计及准备情况给予高度评价。

6月17日

北京对内、对外、技术三个分指挥部召开联席会议，全面协调工作。北京分部举行第一次播出演练。香港回归电视报道计算机通信系统建设工程圆满完成。安装在香港会展中心的计算机与台内办公自动化系统、新闻中心及海外中心的新闻稿件编辑分系统联网；同时在港、京两地建两个电子信箱，首次将台内程控电话分机延伸至外埠。

6月18日

杨伟光等到香港检查香港分部工作落实情况。香港报道中心开始为境外记者提供新闻资料服务。天安门微波传送平台完成验收交接。

6月19日凌晨

技术系统举行第一次实战模拟演练。

6月20日

香港分部与北京分部首次实现新闻对接。中央电视台独家采访香港特区首任行政长官董建华。北京国际广播电视服务中心（IBC）正式启用。

6月22日

国际频道、英语传送频道进行首次频道播出演练。289名赴港人员全部到位。

6月23日

技术分部召开包括广电部、邮电部、航空航天工业总公司有关部门在内的技术系统协调会。

6月24日凌晨

举行第一次全系统综合演练。北京对内分部召开会议，协调首都各界庆祝香港回归大会直播工作和天安门广场欢庆活动转播工作。

6月25日下午

孙家正部长，田聪明、杨伟光副部长视察中央电视台第一、四套节目及英语传送频道播出实战演练。

6月26日

三套节目进行总长30分钟的应急演练。丁关根、李铁映、钱其琛、罗干等审看《回归颂》彩排。钱其琛、罗干、曾庆红、贾庆林等观看《首都各界庆祝香港回归祖国大会》和《欢庆香港回归》大型文艺演出彩排。《香港回归电视快报》（日报）试刊号出版。

6月27日

北京对内分部、香港分部、技术分部进行系统演练，模拟播出7月1日第一套节目内容。英语传送频道正式试播，取得成功。

6月28日

杨伟光到香港全面检查报道方案的落实情况。

6月29日

《回归颂》晚会进行最后彩排；香港回归各项报道工作准备就绪。

6月30日6：00至7月3日6：00

第一套、四套节目开始连续72小时播出。

6月30日7：00～7月1日24：00

英语传送频道播出。

7月2日

丁关根同志打来电话，认为中央电视台香港回归电视报道工作做得不错，是一次很好的爱国主义教育。从电视上看，中央电视台工作人员的精神状态很好。

7月8日

国务委员李铁映出席香港回归广播电视报道工作座谈会，高度评价这次报道工作。

7月13日

最后一批赴港人员全部返京。

7月29日

举行总结表彰大会，全台共评出一等奖45名，二等奖910名，三等奖852名。

8月12日

广电部召开香港回归宣传报道表彰大会，中央电视台有12个部门获先进集体称号，29名同志获先进个人称号。

8月12日

亚广联举行第二十四届新闻工作组会议，会议的首要议程是向中央电视台颁发一项特别奖，表彰中央电视台对香港回归进行快速、准确、全面的报道。

香港回归电视报道经验总结

立足中国　面向世界

——香港回归电视报道工作回顾

杨伟光

一、立足中国，面向世界，制定宏大的宣传计划

1．争当东道主，使报道处于主动地位

香港政权交接仪式报道，是报道英国把香港管辖权交还给中国。谁主宰交接仪式的报道，自然就对谁有利。经过几轮的艰苦谈判，我方终于赢得中、英两国电视台对等拥有交接仪式报道权利，现场各有11个机位。这一胜利，为香港回归电视报道取得了主动权。

2．立足中国，面向世界

我们争报道权，更重要的是向世界报道，让世界人民听到中国的声音。为此，我们决定制订一个覆盖全国和全球的报道计划：

（1）第一套节目打破常规，连续72小时报道香港回归盛况；

（2）第四套节目打破常规，连续72小时向世界报道香港回归盛况；

（3）为满足英语国家受众的需求，开办英语传送频道，连续41小时播出香港回归盛况；

（4）在香港、北京建立新闻中心，为外国记者提供重要庆典活动的电视信号：在香港的PBC传送三路信号，在北京给IBC传送北京和香港重要活动的信号；

（5）把有关香港的历史资料片译成英、法、德、西、俄语，供外国电视台选用。

3．贯彻“安全、准确、及时、生动”的方针，制订了细致、稳妥的实施计划

基于此次报道的重要意义，我们提出“同步报道

回归庆典活动，全面反映普天同庆盛况”的总要求。报道工作安排：以北京为中心，以香港为重点，以天津、上海、重庆、广州、深圳、南京、东莞等国内8大城市和洛杉矶、伦敦、里斯本等海外15个大城市为报道点，形成全方位、多角度、立体式报道阵势。

二、香港回归宣传报道工作概况

1997年6月30日6时至7月3日6时为中央电视台香港回归报道集中播出时间。在这72小时中，中央电视台的八套节目和英语传送频道共播出有关香港回归的节目221小时。其中：

重大活动现场直播：第一套、第四套节目播出25次，英语传送频道直播9次。

新闻共播发687条，总计19小时35分钟。其中第一套节目共播出新闻216条，计9小时29分钟；第四套节目播出新闻201条，计6小时06分钟；英语传送频道播出新闻270条，计4小时。

专题节目播出63小时48分钟。其中第一套节目共播出26小时30分钟；第四套节目播出17小时17分；英语传送频道播出20小时01分钟。

文艺节目播出29小时57分钟。其中第一套节目播出14小时25分钟；第四套节目播出9小时32分钟；英语传送频道播出6小时。

此外，第二套节目至第八套节目从6月30日22时至7月1日4时与第一套节目并机播出。

三、香港回归报道工作的几个特点

1. 认真贯彻党中央的有关宣传精神，实现了“安全、准确、及时、生动”的总要求

香港回归报道政策性强，加之此次香港回归电视报道在异地工作，语言不通，气候恶劣，多点传送和活动日程经常发生变化等复杂因素，给节目编排和信号传输带来前所未有的难度。为此，在报道和实施过程中各级领导反复强调安全第一，做到万无一失。三天之中，中央电视台的第一、四套和英语传送频道三套节目播出的内容导向正确，事实准确，播出安全。

在香港回归报道的三天时间中，中央电视台第一套、四套节目和英语传送频道以重大活动的现场直播为重点，加大新闻密度，及时进行动态消息的报道，在突出新闻事件的同时大量注入新闻背景，特别是历史背景资料。整个报道显得既重点突出，又富有层次。香港和北京报道分部还制作了一些有特点的节目。此外，首都各界庆祝香港回归祖国大会和庆祝香港回归大型文艺晚会《回归颂》的转播，画面优美，镜头切换讲究，具有较高的艺术品位。一些从国内和海外发回的现场采访也做到了生动感人，采访对象语言朴实，各具特色，反映了普天同庆的热烈气氛。

在三天的专题节目中，我们力求在宏观上做到规模浩大，全方位、多角度；在微观上做到见人见事，平实鲜活。节目的内容主要包括：介绍相关历史背景的专题；人物专访，采访了香港各界人士、各国政要。其他配合性报道，介绍大量新闻背景，反映各界庆回归盛况。

为使整个报道气氛活跃，体现“喜迎香港回归”的主题，中央电视台还专门制作了“庆香港回归音乐电视系列片”，在一套节目中分25集播出。

2. 坚持正确舆论导向，形象生动地进行爱国主义教育

根据中央精神，坚持“以我为主，同步报道，准确生动，全球覆盖”的总体构想。在宣传中，通过大量事实，突出宣传了邓小平同志“一国两制”构想是实现祖国和平统一的伟大创举、香港回归的重大意义、香港《基本法》、中央领导同志在香港回归期间的重要活动和讲话等内容。报道通过大量的背景资料介绍，充分反映了中华民族不屈不挠的斗争精神，说明了只有在中国共产党领导下，中国强大了才能顺利收回香港的道理。观众反映，中央电视台的宣传虽然没有把爱国主义挂在嘴上，但用事实进行了一次生动的爱国主义教育。

3. 全台动员，勇于改革，在多方面实现新的突破

（1）连续播出时间长

为报道同一事件而打破常规，连续72小时播出，并加开英语传送频道，这在中央电视台的历史上都是第一次。

（2）报道规模大

香港回归报道是中央电视台建台以来报道规模最大的一次，直接参加报道的有1660多人，赴港人员289人，在全国8个重点城市和海外15个大城市进行采访的记者近百人；技术系统投入了有史以来数量最多、性能最先进的设备，相当于一个省级台的规模。

（3）新闻时效快

为加强与国外各传媒的竞争力，中央电视台对有关回归的活动尽最大努力做到同步报道，实行直播。

（4）收视率高

据调查测算，国内收看香港回归重要活动的人数达到8亿左右，创造了最高纪录，这一收视率在世界上也居首位。观众对直播节目普遍反映满意。

（5）覆盖面广

中央电视台作为香港回归电视报道东道主为各国

电视机构提供公用信号，同时，还积极抓好节目在海外的落地工作，使中央电视台节目进入外国主流社会，尽量扩大节目的覆盖面与影响力，同时注意收集反馈意见。为此，专门成立了对外联络组，多次向我179个驻外使领馆及40多家海外电视机构发送介绍频道节目内容和接收方式的信函1000多封；在电子信箱中，也输入了72小时国际频道和41小时英语传送频道的节目播出表、收视技术参数等，以方便海外观众收看香港回归报道节目。

此次香港回归报道，中央电视台除完成自身报道外，还负责向境外电视机构提供公用信号。为此，中央电视台分别在北京和香港成立了国际广播电视服务中心。北京国际广播电视服务中心（IBC）于6月20日正式启用，为国内外电视机构提供了11路卫星传送和直接上星业务，向境外记者提供香港和北京回归庆典实况信号；为18个国家和地区的44家电视机构来京报道香港回归提供采访和传送服务，同时还向境外记者提供了机房、电视设备、车辆、办公用品等服务。IBC资料服务中心还向境外记者提供了关于香港历史、政治、经济以及中英两国政府关于香港问题谈判的情况等58类图像资料以及英、法、德、西、俄五种译文的文字资料。此外，中央电视台还根据惯例向世界80多个国家和地区发行了《跨越九七》、《香港沧桑》等节目400多套，时间长约1800分钟。

（6）在香港建成最大的报道中心

为了适应激烈的竞争，满足报道工作需要，中央电视台在香港会展中心设立了报道中心，该中心占地540平方米，是集演播室、控制室、后期制作和信息服务于一体的综合性报道中心。在众多电视机构中，中央电视台的报道中心最大。报道中心建成时，香港和世界的传媒纷纷前来采访报道，一时间成为热点。

（7）节目包装好

为配合回归报道，中央电视台专门制作了18分钟的宣传片《展现辉煌》，该片几乎调动了所有的电视手段，制作得十分精致。在此基础上，我们还制作了多个不同长度、不同版本的宣传片，在7月1日临近之际，陆续在各套节目中播出。在72小时连续播出期间，每一报道段落之间都以频道片头相接，既保证了节目的连贯性，又形成了一定的节奏感，加强了自身宣传。同时，第一套节目设总主持人，香港演播室设分主持人，第四套节目和英语传送频道均设了自己的主持人，使节目更加连贯、协调、流畅。

（8）三套节目各具特色

从总体上看，三套节目均按照新闻频道进行设计，但又各具特色。第一套节目以确保重大活动报道为主。第四套节目和英语频道在依托一套节目的基础上，充分体现对外宣传的特点，广泛而有效地引导和影响着世界舆论。为体现对外宣传特点，负责向世界报道香港回归情况的第四频道，除重大活动与一套节目同步播出外，还针对海外不同时区观众的需求，在每次新闻中及时添加最新消息，在重大事件汇编之后反复重播。同时，专门聘请了三位嘉宾主持与中央电视台主持人配合，深入浅出地介绍背景情况，引导观众收视。此外，第四套节目还播出了两台文艺晚会《祝福你——香港》和《梦圆九七》。

四、香港回归报道成功的主要原因

1．中央高度重视、关心和支持电视宣传

丁关根、李铁映同志及中央外宣办、国务院港澳办、外交部、解放军总政治部的领导多次对香港回归电视宣传作出具体指示。

中央各部委和北京市在各个方面为中央电视台的报道工作提供许多便利条件，广开“绿灯”。

为方便全国观众收看香港回归的盛况，中央领导还作出决定，全国各电视台（包括有线电视台）都要完整转播中央电视台关于香港回归的几场重大活动的报道，扩大了这次报道的影响。

2．广电部党组正确领导，社会各界热心支持

部党组成立了香港回归报道总指挥部，从宣传口径到实施方案对中央电视台的报道工作进行具体指导。

社会各界的支持主要表现在：凡中央电视台提出的要求，各地电视台都予以满足；香港特区政府对中央电视台的工作给予积极配合；我国驻世界各国的使领馆对中央电视台派往采访的记者提供了许多方便。

3．认真学习文件，准确把握中央精神和宣传口径

为准确把握香港回归的宣传口径，对内、对外、香港、技术等分指挥部分别举办培训班，组织全体人员学习中央有关文件和钱其琛副总理、国务院港澳办领导关于香港问题的报告。

4．组织工作严密，实施计划安排细致

（1）建立“战时体制”。5月12日，中央电视台成立香港回归电视报道总指挥部，杨伟光任总指挥，赵化勇、刘宝顺、李丹、刘宜勤、李东生任副总指挥。总指挥部下设北京对内分指挥部、香港分指挥部、对外分指挥部、技术分指挥部、综合分指挥部和总指挥部办公室。各分部根据需要，下设数量不等的小组，小组内部分工进一步细化，定人定岗。总指挥部办公室作为总指挥部的办事机构，由宣传、技术、行政后勤系统人员组成，负责协调各分部有关香港回归报道的具体工作。这种“战时体制”打破了原有的

行政界限，便于统一指挥，统一协调，形成合力，极大地调动了工作人员的积极性。

(2) 制订周密计划。在总指挥部的统一部署下，各分部拟定了详细的实施方案和倒计时表，各播出环节均准备了至少一套备播方案。根据前方情况的变化，北京对内分部在总编室的协助下，对6月30日至7月3日的节目单进行了数十次的修改。总编室节目组除保证其他各套节目的正常播出外，还对第一、第四频道及英语传送频道的节目单进行了反复调整。总指挥部办公室还印制了《′97香港回归电视报道实施手册》和《′97香港回归电视报道技术实施方案》，以指导各部门工作。三个节目分部都制定了详细的节目实施表。这个节目表的时间安排精确到秒，同时制定了突发性事件的各种处理预案。

(3) 认真准备，反复演练。第一套节目、国际频道、英语传送频道各进行了很多次实战演习。演习从难从严出发，使一线操作人员心中有数。在6月30日以前，总指挥部还集中组织了四次包括应急方案演练在内的综合演练，并逐一地解决了演练中暴露出来的问题。这样，在72小时的连续播出过程中，参与直播的各工种实际是在执行各种备播方案，而不是在遇到问题时临时想办法。

(4) 精心组织。重大活动的实况直播由新闻中心人员承担，但庆祝活动和庆祝大会、庆祝晚会则由文艺中心人员负责。这样可各展所长，保证重要直播活动的安全和精彩。

5. 有一支富有敬业精神，敢打硬仗的优秀队伍

各岗位的工作人员都有很强的责任感，也备加珍惜亲身参加这样重大宣传战役的机会，具体表现为：

(1) 政治上忠于党的电视事业，自觉地同以江泽民同志为核心的党中央保持一致。

(2) 精通电视业务，采访活动积极主动。

(3) 具有肯于吃苦、敢打硬仗的敬业精神。

(4) 具有不甘落后的竞争精神。

实践证明，我们的这支队伍在政治上是可以信赖的，思想作风是优良的，富有开创精神和团结协同作战的精神，有为祖国增光、为建设世界大台做贡献的决心和信心。

6. 技术后勤热情服务

技术系统为此次播出作出了极大的努力，技术为宣传服务的思想得到充分体现。凡是宣传部门提出任务，技术系统均千方百计地予以保证。

(1) 在硬件保障方面，根据台领导有关香港回归电视报道“要全力以赴，采用一流的设备，创造一流的质量，以当今世界各种先进的报道手段，实施全方位、多层次、立体式的报道”的要求，技术系统投入了有史以来数量最多、性能最先进的设备。

(2) 72小时连续播出，对人、对设备都是个前所未有的考验，为了将播出风险减少到最小，技术部门制定了详尽的应急方案。

(3) 由于多点异地传输难度大，且使用的技术装备是新近购进的，人员需要熟悉，设备需要磨合。为此，技术部门事先做了详细的技术预案，进行了多次演练，确保了任务顺利完成。

(4) 安全保卫工作部署严密。

(5) 后勤服务工作热情周到。

香港回归是本世纪末的重大历史事件，香港回归报道政治性、政策性要求之强，技术设备要求之高，报道规模之大，战线之长，都是前所未有的。中央电视台经受住了严峻的考验和挑战，积累了大型活动报道经验，锻炼了队伍，提高了水平，标志着中央电视台组织大型活动报道上了一个新的台阶。

（摘自《电视研究》1997年第8期）

由′97香港回归电视报道看新闻频道

张文华

香港回归电视报道可以说是1997年中央电视台最大的一件事。这也可以看做是中国电视事业发展至今最为壮观的一件事。作为电视业内人士，我们最感欣喜的是：中国电视界首次有了新闻频道的成功尝试，因为新闻频道符合世界电视新闻发展的趋势。中央电视台第一套节目长达72小时的直播，是按新闻频道特别节目设计的，无论是报道内容和形式还是整体包装和节奏，都按照世界大台新闻频道的标准来要求。因此，将这次新闻频道的设置作一次经验上的探讨和总结，对中央电视台未来的发展是很有意义的。

一、新闻频道的外部组织

新闻频道的设置涉及采编播多个工种，因此，合理而科学地组织人员搭建系统，是保证新闻频道顺利进行的先决条件。中央电视台为这次香港回归报道组建了总指挥部，下设北京对内分指挥部、香港分指挥部、对外分指挥部、技术分指挥部、综合分指挥部等五个分指挥部。其中与第一套72小时新闻直播最为紧密相关的，应该说是北京、香港、技术三个分指挥部。北京对内分指挥部主要负责72小时新闻频道播出，包括在北京地区的重大活动的直播、海内外对香

港回归的反应及庆祝活动的播出等；香港分指挥部主要负责香港地区各项活动的报道和直传；技术分指挥部自然是对这次报道在技术上提供强有力的保障。而在每个分指挥部之下，又建立了相应的分系统。

拿北京对内分指挥部来说，其人员以新闻中心、文艺中心为主，兼跨海外中心、社教中心、总编室、中国电视报社、新闻纪录电影制片厂等多个部门，人员众多，工种繁杂。按照系统论的优化观点，北京对内分指挥部根据实际的需要和各分系统的特点和优势，酝酿筹建了 22 个从指挥协调到包装策划、新闻采编、节目播出、资料保存、综合服务的既相对独立又密切关联的工作组，总人数近 600 人。各分部根据总指挥部的部署安排工作，各分系统又根据各分部的指示制订落实计划。有了这种各自相对独立又密切相联的系统，就如同有根红线牵系着每一位参加香港回归报道的工作人员，各项任务得以具体落实到人，使整个大系统工作井井有条，向预定目标平稳推进。

二、新闻频道的总体设计

频道的总体设计和 72 小时节目单的编排确实是件难事。因为'97 香港回归电视报道频道是围绕一个新闻事件进行的连续 72 小时的不间断播出，它既不同于我们现在的综合频道，又不完全等同于国外的新闻频道，这就使得频道设计和节目编排没有任何经验可以借鉴；加上节目量大，而且很多事件的时间、地点、方式都很难提前确定，因此节目编排难度很大。通过大量的调查研究，通过反复策划和广泛征求意见，根据报道筹备的进展情况和各方面的变化，数十次地修改节目单，终于在节目开播前完成了频道的总体设计和具体编排工作。节目单既按新闻频道的要求进行设计，又体现了专题频道的特色。这一成功设计在中央电视台历史上是一项具有开创意义的工作。

在节目内容的设计上，充分体现了香港回归电视报道的原则——在遵循电视规律并充分利用电视新技术手段的前提下，做到及时充分、准确权威、平实深刻、鲜活明快，力戒浮躁、空洞、华而不实。要真实记录这一历史事件过程，有些片断要让观众终生难忘。

在播出方式的设计上，充分发挥了电视迅速快捷的优势：一是 72 小时大直播，其中与事件同步报道的内容占四分之一；二是多点直播。

在节目形态的设计上，充分展示了电视节目形式的丰富多彩——有现场直播、新闻节目、背景分析，也有大型专题节目、人物访谈、音乐电视。使 72 小时节目在凸显新闻事件和事实的同时，大剂量注入新闻背景，特别是历史背景，增加了香港回归报道的厚重感和历史感。

大量的直播新闻节目容易使整个频道显得严肃有余而活泼不足。如何在严肃的新闻节目之间加入一些轻松节目，活跃一下气氛，也是频道设计中应该考虑的一个问题。包装精美的节目宣传片和反映重要历史性时刻的短片可以起到一定的缓冲作用，用动画技术制作的“香港百题”和“香港风光”也可以使观众在接受大量信息之余放松一下。此外，香港回归系列音乐电视作品被引进 72 小时节目中播出。这些既有思想性、又有艺术欣赏价值的音乐节目，播出后受到广大观众的好评。

三、新闻频道的包装策划

对这次香港回归报道进行分析，其频道包装可分为三个部分：一是整体频道的包装；二是具体节目的包装；三是主持人方式。

频道的整体包装注重了频道本身的宣传。精心制作的频道宣传片《展现辉煌》，是一部表现中央电视台各部门在倒计时状态下为香港回归报道进行准备工作的专题片。此片早在 6 月 25 日就在中央电视台一套的黄金时间推出；类似频道的标志和标志片——45 秒、1 分钟、3 分钟的宣传广告片，也在中央电视台最主要的栏目中高密度播出。这样让观众一看到它，或一听到它的音乐就知道在收看的是什么频道。这些长短不一的宣传片，在观众中产生了强烈的反响，对营造回归气氛，扩大回归报道的收视率起了很大的促进作用。可以说，这是中央电视台第一次对自己的节目进行大规模宣传的成功范例。

频道的整体包装还包括节目预告的大量引进。它针对某一个时段来进行宣传，通过对节目大致内容及时间的介绍，吸引观众收看。观众看到，这些节目预告总是以第一时间制作出来，并在频道中以第一时间播出。

具体的节目包装重点体现在两个方面：一是新闻的包装；二是现场直播、新闻专题、人物访谈等节目的包装。由于统一制作的片头、间隔片头、题图、图版、字幕等都被统一使用在频道中，使每个节目既有自己个性化的特点，又形成了频道的统一风格，频道整体效果更加突出。

三天的回归报道，是围绕一个主题进行的长达 72 小时的直播。内容的有机联系为设计者提供了一个加强节目间内在合力、使频道具有整体感的机会，因此设立了总主持人。纵观整个香港回归报道，总主持人的作用体现在三个方面：一是通过串联词将频道内的主要节目串联起来，形成频道的整体感；同时，串联也加强了对节目的主题提炼的能力。二是总主持人把和香港演播室的主持人及各地的现场主持人或现场记者之间的彼此交流组织起来，以中央演播室为核心，将全国各地的信号串联起来，形成多点直播。三是在频道开播和结束时，总主持人集体出现在屏幕上，与各地的主持人进行双向通话，共同完成频道的开端和结尾。这种集体亮相形成了一股气势，隐含了中央电视台'97香港回归报道的宏大规模。

（摘自《电视研究》1997年第8期）

香港回归对外电视报道留下的启示

杨刚毅

在香港回归电视报道画上句号的时候，香港回归报道对外分指挥部总指挥、副台长李丹曾说："如果一年365天都能办成这样的节目，中央电视台就会成为国际上有重要影响的世界级大台，就能与美国的CNN这样的世界新闻大台一争高低。到那时，中国的对外宣传就可以说成其气候，就会彻底改变世界传媒领域中西强我弱的局面。"这是壮志满怀的肺腑之言。它不能不引发我们去思考这样一个问题：香港回归电视报道为我们中央电视台直接与世界媒体竞争的国际频道留下了什么启示？

启示之一：新闻频道是世界级大台实力的体现。新闻频道是新闻报道最灵活多变的载体。新闻频道必须由密集的新闻作为支柱。

在中央电视台香港回归电视报道中，无论是第一套和第四套，还是英语传送频道，都是名副其实的新闻频道。

正因为要办新闻频道，就必须关注香港回归的每一个事件，以及与其相关的世界每一个角落，同时还要及时传播给全球观众，所以中央电视台才会在人力和技术上有很大的投入。这种投入，小台是绝对做不到的。

也正因为办了新闻频道，才使播出权始终掌握在新闻导播的手里，播出的每一时间都处于动态变化之中，既能放开，又能收住，灵活机动地发出来自不同地方的每一个最新信号。因此才有在国际频道的72小时之内同步直播香港回归重大活动25次、总长达15.3小时和直播新闻39次、总长达13.4小时的纪录。

新闻频道在播发新闻时随到随播，这自然不在话下，而新闻频道对新闻专题报道亦是如此。72小时中文国际频道在6月30日夜间政权交接仪式直播前，播出的10分钟《中国报道》特别节目《回归时刻，让全世界听到邓小平的声音》就是一个例证。这种临时应急处理，只有在开放式的可供随时插播的新闻频道中才能得以实现。所以说，只要有了新闻频道，我们就可以随时把世界尽收荧屏之内。

新闻频道必须有足够密集的新闻作为支柱。这是因为新闻本身的规律就要求必须以最快的速度进行传播。新闻节目对大信息量的容纳功能和短而快的特点是其他形态的节目所不能替代的，新闻频道必须让观众在任意时段中都能及时收看新闻。因此，每次播发的新闻要做到要闻不漏，且次次更新。在香港回归特别报道中，中文国际频道和英语传送频道的一个重要特点就是，兼顾世界不同时区的观众，增加新闻播出次数，以短而快的新闻栏目见长。此外，中文国际频道还播出了新闻性专题节目49个，有力地配合了香港回归这一重大事件的全方位报道。

总之，通过香港回归电视报道新闻频道的实践，我们更加认识到，中央电视台开办以新闻和新闻性节目为主的对外频道已势在必行。只有拥有这样的对外频道我们才能跻身于世界级大台的行列。

启示之二：频道意识的确立应先于栏目意识。频道创意应是每个栏目和节目的灵魂。频道的设计者应是每个栏目和节目的统帅。

我们的电视已经走过了办节目和办栏目的两个发展阶段，如今应该说，我们已经进入了办频道的时代。正确的逻辑应该是，先有整个频道的意识，再有栏目意识。只有这样，每个栏目和节目才能找准自己在频道中的位置，才能做到局部合理与全局合理的统一。

在这次香港回归电视报道中，频道意识、频道设计就是一次成功的实践。由于要办两个频道，一个中文国际频道和一个英语传送频道，海外新闻部和外语节目部的业务主管被推上了频道设计者的位置。他们从一开始就非常了解香港回归报道的宗旨和基调，他们知道有多少重大活动要直播，他们会根据频道的需要主动组织预约节目，他们知道开头、高潮和结尾应该做成什么样的节目，哪些节目已经制作完成，哪些节目正在制作过程当中，进而精心编排设计每一分钟的节目，以及随着情况的变化或新的认识而增减节目，优化编排节目。在这次香港回归报道中，他们手中的节目表是几十次易其稿。

正如大家所看到的，72 小时中文国际频道的每一个节目都由主持人串联，承上启下，频道的宣传片所介绍的也是整个频道的节目，体现了连贯性和整体性。由于频道意识深入人心，频道整体设计合理，每一个节目都能找到自己的位置又互为存在，互为补充，富于内在逻辑联系，浑然一体。

总之，要使频道达到整体效应，就要加强频道的宏观调控。频道的设计者和管理者应该是每一个栏目和节目的统帅。只有这样的机制才会有成功的频道诞生。

启示之三：内外并举，才是大台风范。内外有别是客观现实的需要。英语频道崛起之日，才能真正实现全球有效覆盖。

在这次香港回归电视报道中，中央电视台之所以说大爆冷门，其中一个重要的原因就是内外并举，仅对外就办了两个频道。据统计，在海外有五大洲的 54 个国家和地区的 125 家电视台全部或部分播出了中央电视台中文国际频道和英语传送频道的 2170 小时节目。这是一个非常了不起的数字，它标志着中国电视首次全面、直接深入到海外的主体社会。

杨伟光台长曾经说过："香港回归报道的三个频道如果办成一个样，那就不能说是成功。对外频道应把握好共性和个性的关系。"众所周知，由于意识形态不同、文化背景不同、思维方式不同、认知程度不同、收视习惯不同，因此也就决定对外宣传需要比较客观地介绍事件、介绍政策、介绍背景，巧妙地引导舆论。对外宣传不仅要考虑说什么，还要考虑怎么说。

为了更多地介绍香港的背景知识，以解疑释惑，72 小时中文国际频道聘请了三位香港问题专家作为嘉宾主持，这是一种国际通行的做法，而且越是在重大复杂的报道中越是被更多地采用。采用专家作为嘉宾主持对于香港回归如此之大规模的直播的确是明智的选择。嘉宾们的渊博知识、深刻见解，大大丰富了 72 小时国际频道的节目内涵。

除在内容、形式上内外有别之外，对外宣传的语言也是一个重要的因素。由于新闻要求快，而语言翻译又不能在短时间内解决，因此在这种时候，原原本本地转播我们的英语节目就成了海外众多电视台的首选方式。可见，英语对外宣传有何等重要的地位。

随着中国在世界影响的日益扩大，越来越多的包括西方主体社会在内的海外观众需要了解中国，然而他们当中更多的人却需要用英语来沟通，因此开办英语频道已成为当务之急。只有开办英语频道，才能促进中国电视在世界更大的范围内落地，才能真正实现全球有效覆盖。

启示之四：制作、播出、落地、反馈是一个完整的系统，缺一不可。电视就是要切来切去，大台新闻要放眼世界，需要的是时空的及时切换对接，而不只是镜头剪辑。

通常的电视人只是更热衷于做出精彩的节目，然后安排好播出。而在这次香港回归报道中，海外中心却把"落地"作为一件头等大事来抓。为了能够最大限度地使 72 小时中文国际频道和 41 小时英语传送频道让海外电视媒体采用，海外中心印制了《香港回归特别报道概览》手册，内容包括两个频道的播出计划、节目安排以及卫星参数，在海外广为散发；召开新闻发布会，通过海内外各种媒体宣传两个对外频道；制作《世纪报道》等长短各异的宣传片提前反复播出；与我国所有驻外使领馆广泛联系，通过他们促成当地电视台转播中央电视台节目。从 6 月 27 日起，英语传送频道即全天试播，大量播出宣传片、预告片，公布联系电话、电子邮箱（E-MAIL）地址。同时，还把各有关资料和节目输入互联网络（INTERNET），供全世界各传媒用户查阅使用。在北京和香港设立 IBC（国际广播电视服务中心），准备了 5 种语言约 10 万字的文字资料和近百部图像资料，供海外媒体选用。为了做好落地工作，海外中心专门成立了中、英文两个频道的海外落地对外联络组。这两个组从 6 月 16 日开始，至 7 月 2 日，坚持每天 24 小时昼夜值班，先后向我国 179 个驻外使领馆和海外电视机构文传节目介绍、节目内容和接收指南 1000 多份。而且是节目每变动一次就传真一次，仅中文国际频道的节目表就传送了 17352 页。

除了落地，中文国际频道还非常重视反馈。他们开设了热线电话和电子邮箱（E-MAIL），从观众的即时反馈中来了解播出效果，以便调整、改进、完善报道的方式和内容，做到有的放矢，加强对外宣传的针对性和有效性。据统计，在香港回归报道期间，共收到海外的电子邮件 322 件，热线电话 518 个。

香港回归对外电视报道的实践证明，制作、播出、落地、反馈是一个有机的系统，我们只有完整地操作这每一个环节，才能有效地达到全球传播的目的。

随着卫星技术的成熟，电视直播已越来越被有能力的世界大台所采用。电视说到底本身最大的优势就在于可以同步时空转换，这是任何其他媒体都无法完成的手段。过去，我们只是单一地把现场信号传回本台并直播出去，而在这次香港回归电视报道中，我们欣喜地看到，中央电视台已经真正实现了多点连续直播，真正实现了演播室直播和现场直播的自然对接，真正实现了多侧面表现新闻事件的全方位立体报道。

在这次香港回归电视报道中，中文国际频道节目的直播切换难度可谓最大。因为他们依托的是第一套节目的现场信号，国际频道自己的主持人又要频繁地出现，而且既要保持对外频道主持人形象的统一完整，又不能切出第一套节目总主持人的镜头。英语传送频道就更难了，他们不仅要准确地切出现场直播的公用信号画面，而且每一句话都要靠自己用英语来说，几乎要比中文增加一倍的工作量。

高频率、多信号的切换，使中文国际频道和英语传送频道的导播们经受了一次前所未有的考验。他们处变不惊，有条不紊，应付自如。实践证明，西方大台能做到的，我们照样能够做到。更重要的是，我们已经充分认识到，现代化的电视就是要这样切来切去，电视报道并不只是在后期制作时一个镜头一个镜头挑选剪辑后再来报道，而且要有远距离的时空与时空切换对接的大台新闻报道方式。只有这样，才能与事件同步报道新闻。今天我们能切出来自香港的信号，明天我们也能够切出来自全中国、全世界各地的信号。

（摘自《电视研究》1997年第8期）

5. 规章制度选载

中央电视台关于学习《中国新闻工作者职业道德手册》及下发《中央电视台关于禁止有偿新闻十项规定》的通知

剧中心、新影厂、科影厂，台各中心、部、处、室：

为贯彻中央六中全会精神和江泽民总书记视察人民日报社重要讲话精神，中宣部主持召开了全国宣传单位禁止有偿新闻的电话会议。中宣部、广电部、新闻出版署、中华全国新闻工作者协会联合制定了禁止有偿新闻的若干规定。中华全国新闻工作者协会将这些规定汇编成册，编发了《中国新闻工作者职业道德手册》。这些规定对我们维护新闻工作的严肃性和声誉，保证党的新闻事业健康发展，建设一支政治强、业务精、纪律严、作风正的新闻队伍具有极其重要的意义。全台同志要认真学习，坚决执行。根据中央电视台情况，特制定《中央电视台关于禁止有偿新闻十项规定》。现下发给你们，请在工作中严格执行。凡违反规定进行有偿新闻活动的，将予以从严处理。请各单位将有关学习情况和执行情况及时向台纪检组、监察室反馈。

（1997 年 1 月 30 日发文）

中央电视台关于禁止有偿新闻十项规定

中央电视台全体工作人员完全拥护中国记协制定的《关于中国新闻工作者职业道德准则》和中宣部、广电部、新闻出版署、中国记协下发的《关于禁止有偿新闻的若干规定》，根据中央电视台的情况，特重申并制定以下十项规定：

一、不准利用采访、拍片、制作、审片、播出等工作，向采访报道对象索要财物或接受采访报道对象以任何名义给予的钱物、有价证券、信用卡。严禁以片谋私，以播谋私，以设备谋私。

二、不准以试看、试听、试用或借用等名义，向采访报道对象索要或接受住房、交通工具、通讯工具等物品。

三、新闻报道不准收费，不准以新闻报道形式为企业或产品做广告。广告和产品信息类广告应按规定播发广告标识。

四、中央电视台新闻中心只接收地方电视台的新闻片；需发新闻的单位直接同新闻中心联系。中央电视台不准接收个人或中间人送来的新闻。

五、记者、编辑、播音员、主持人等非广告业务人员不准从事拉广告等经营活动。

六、播音员、主持人、记者不准为企业做广告片。

七、不准从事第二职业，私自在外单位兼职，领取报酬并在采访报道对象单位参加评模选优领奖。

八、赞助活动和合办节目必须按台的规定报批，所有赞助经费必须汇入中央电视台财务账户，不准把赞助费放在中央电视台以外的账户上。

九、不准利用职务便利，以批评报道相威胁或以表扬报道相引诱，为个人或小集体谋利。

十、外出采访的记者、主持人应主动出示中央电视台介绍信和采访证，严防假冒。不准参加个人擅自组织的采访报道活动。

本规定由中央电视台纪检组、监察室监督实施。凡违反以上规定者，将视情节轻重给予批评教育、通报批评、行政警告直至行政开除公职的处分，并给予相应的经济处罚，触犯法律的移送司法机关处理。

欢迎社会共同监督，举报电话为 68511147。举报信请寄北京复兴路 11 号，中央电视台监察室。邮政编码：100859。

（1997 年 1 月 30 日发文）

中央电视台关于
精神文明建设的若干规定

第一条　中央电视台是社会主义精神文明建设重要宣传阵地。全台工作必须坚持“两手抓，两手都要硬”的方针，既要完成好精神文明建设宣传任务，又要认真抓好自身的精神文明建设，开展群众性的精神文明共建活动，把精神文明建设落实到各项工作中去。

第二条　中央电视台精神文明建设以提高职工素质和全台文明程度为目标，加强职工的职业道德、科学文化知识和遵纪守法教育，开展创建文明单位活动，实现优美环境、优良秩序、优质服务和综合治理达标。

第三条　共建精神文明活动条例

为了使中央电视台精神文明建设活动规范化、制度化，根据北京市、中直机关和广播电影电视部有关文件的精神，结合中央电视台具体情况和几年来精神文明建设活动经验制定本条例。

（一）机构设置

中央电视台设精神文明建设活动协调委员会（简称协调委）。协调委主任由台领导兼任，副主任分别由专职党委副书记和行政处领导兼任，成员由党委办公室、工会、共青团的负责人和有关职能部门的领导组成。工作原则是分工明确、各负其责；主要职责是决策和协调台精神文明建设工作。协调委设立的办公室是协调委的办事机构，办公室设在行政处。

（二）会议制度

精神文明建设活动应做到年初有计划，半年有检查，年终有评比。协调委每季度定期召开全体会议，研究精神文明工作。每年第一季度召开全台精神文明总结表彰会。

（三）评比检查制度

每年第一季度，由协调委统一安排进行全台精神文明建设活动评比，具体要求按台《精神文明建设活动评比条例》实施。义务献血、计划生育、卫生、绿化、交通安全等单项评比，可根据北京市、中直机关、广播电影电视部有关要求进行。

按广播电影电视部现行规定，中国电视剧制作中心、新影厂、科影厂、中央卫星电视传播中心、中国国际电视总公司作为独立单位参加广播电影电视部的精神文明建设活动和评比工作。

第四条　精神文明建设活动评比条例

（一）台精神文明建设活动评比分为台级“精神文明建设先进集体”和“精神文明建设先进个人”。

（二）台精神文明建设活动评比办法

1. 评比工作在每年12月份由台协调委统一安排进行。

2. 精神文明建设先进集体以台属各部、处、室为单位，按其总数的8%比例评出。

3. 精神文明建设先进个人，按台本部职工总数的8%比例评比。

4. 凡义务献血、计划生育、绿化、交通安全、爱国卫生单项达标，可评为单项精神文明建设先进个人。

（三）奖励办法

1. 精神文明建设先进集体的奖励与台级先进集体相同。

2. 精神文明建设先进个人享受台级先进个人的奖励。台上报中直机关和广电部的精神文明先进个人，从台级精神文明建设先进个人中产生。

（四）先进集体、先进个人条件

1. 精神文明建设先进集体评比标准

（1）部门领导重视精神文明建设工作，严格遵守台内各项规章制度，积极配合台精神文明建设活动协调办开展工作，组织得力。

（2）行政领导和党、团、工会组织，坚持开展丰富多彩、寓教于乐的思想教育活动，干部、职工思想觉悟高，完成任务表现突出。

（3）部门整体精神面貌良好，积极向上，团结互助，干部、职工的工作积极性、主动性、创造性得到了较好的发挥，政治素质、文化素质、业务素质有明显提高。

（4）遵纪守法蔚然成风，部门管理秩序良好。无经济案件和刑事案件，无重大治安事故和责任事故。年内部门职工受到台通报批评和纪律处分不超过两人次。

（5）创“三优”（优美环境、优良秩序、优质服务）活动成绩显著，综合治理水平较高，部门间协作好。

2. 精神文明建设先进个人评比标准

（1）坚持四项基本原则，积极参加精神文明创建活动。

（2）积极参与本部门的管理，献计献策，在思想教育活动中表现突出。

（3）积极完成本职任务，勇于克服困难，工作成绩显著。

(4) 廉洁奉公，遵纪守法，团结协作，以身作则，能正确处理国家、集体、个人三者之间的关系，自觉抵制不正之风。

(5) 积极参加义务献血、绿化、卫生活动，严格遵守计划生育有关规定，遵守交通规则，无严重违章事故，在各种社会公益活动中表现突出。

3. 精神文明建设单项先进个人评比标准

(1) 义务献血先进个人的评比，遵照关于无偿献血和义务献血若干规定进行。

(2) 计划生育先进个人的评比，遵照广播电影电视部计划生育有关规定进行。

(3) 绿化、卫生、交通安全的先进个人和精神文明建设先进工作者，由广播电影电视部或上级主管部门分别评出。

(4) 精神文明建设先进工作者的评比范围，只限于台协调委成员和协调办工作人员。

第五条 计划生育暂行条例

根据《北京市计划生育条例》和广播电影电视部、中直计生办的要求，结合中央电视台的实际情况特制定本条例。

(一) 实行计划生育是我国的一项基本国策，是关系到建设社会主义物质文明和精神文明的大事，各级领导应高度重视，切实加强对计生工作的领导，在人、财、物上给予大力支持，保证计划生育工作的顺利进行。中央电视台设立计划生育领导小组，各部、处、室设兼职宣传员。

(二) 计划生育工作必须贯彻“宣传教育为主”、“避孕为主”、“经常性工作为主”，结合本单位的情况，利用各种形式，宣传计划生育的各项方针、政策，各级领导要加强对已婚育龄职工、合同工、临时工的计划生育工作的管理。

(三) 提倡晚婚、晚育和优生。

1. 男25周岁、女23周岁以上办理结婚登记手续为晚婚年龄。

2. 职工结婚应先到台计划生育办公室（行政处）领取婚检申请表，到指定医院进行婚检，再到人事处领结婚登记申请表。尔后持婚检合格证明及结婚登记表到户口所在地区的婚姻登记处办理结婚登记。

3. 男、女双方晚婚假享受国家规定的3天结婚假和晚婚假7天，遇有法定假日顺延。

4. 女方年满24岁以上生育为晚育。

5. 已婚女职工生育第一胎必须先申请生育指标，待指标落实后方可怀孕。办理生育指标须先到台计划生育办公室填写申请指标三联单，再到户口所在街道计划生育办公室办理生育指标。怀孕期间应到医院进行检查，检查占用时间按公假处理，孕检费全部给予报销。怀孕7个月以上的，每日减少一个小时工作。

6. 已婚而无生育指标者不得随意生育，在未取得生育指标前必须采取避孕措施。

(四) 产假规定

1. 晚育者，除享受生一个子女正常产假3个月外，另增加晚育假30天。

2. 晚育女职工除享受规定的产假外，经所在单位批准也可增加产假3个月，但减发3年的父母奖励费（即独生子女费）。

3. 因工作需要，女职工不能休晚育假的，也可由男方休30天，但须有女方单位证明。

4. 男、女双方都不休奖励假可给女方1个月工资，由双方单位各承担50%。

5. 剖腹产假须有医院证明，除按规定休假外，可再休不超过半个月的假。

6. 女职工生育后30天内领取独生子女证者，可发给营养补助费100元。

7. 育龄女职工生育后上环者，可奖励100元；男、女双方进行结扎手术，根据医生的证明准予休息，假期工资、奖金照发并奖励100元。

8. 做人工流产不发营养费，如上环后又怀孕者可做特殊情况发给营养费100元。

9. 只生育一个子女的育龄妇女，如不采取长期避孕措施（上环）或采取其他有效的避孕节育措施，出现了第一次人流，产假按病假计算，并罚款100元。如出现第二次人流，产假按病假计算，罚款300元，手术费、医疗费自理。无论何种原因导致三次以上人流或一次大月份引产，罚款1000元，医疗费、手术费自理，休假按事假处理，还要根据情节轻重给予必要的行政纪律处分。

(五) 临时工计生管理办法

1. 根据北京市暂住人口计划生育管理办法的要求，各单位要认真负责加强对本单位临时工的计划生育宣传教育、咨询服务和管理工作。

2. 录用已婚女临时工时，必须到台计生办上交女临时工户籍所在地人民政府或街道办事处计划生育主管机关开具的“婚育证”，经审查不合格的，不准录用。

3. 凡录用已婚育龄女临时工的部门，必须与台计生办及其本人签订计划生育责任书，按责任书的要求负责其计划生育工作。

4. 需在本单位生育子女的女临时工，必须持户籍所在地计生主管机关开具的“生育证明”到台计生办登记。无“生育证明”怀孕的必须限期终止妊娠。逾期不终止者，除实行经济处罚外并停止务工，同时将违反计生情况用书面形式通知其当地计生部门。

（六）奖惩办法

1. 对计划生育工作做出成绩的单位和宣传员，应在年终评比时给予表扬和奖励。

2. 按照《条例》规定可以生育第二胎而不再生育的夫妇，根据本人申请和上级计生委批准给予一次性奖励1000元，男、女双方单位各出50%。

3. 凡发现非婚生育、早婚早育、无指标怀孕、不再生育而不采取避孕节育措施造成怀孕人流或大月份引产、单位录用已婚育龄女临时工不上交“婚育证”、不签订计划生育责任书等之一者，对有关人员实行经济处罚。从发现之日起，当月罚本单位党政一把手和主管计生工作的领导各200元。对下属部门负责人、专职计生干部、兼职计生干部各罚100元。对违反规定的当事人罚款500元至1000元。罚款办法由台计生领导小组书面通知违者单位主管计划生育工作的党政领导及财务部门从工资中直接扣除。

凡违反计划生育条例情节严重者，将取消本人一次晋级和提职机会，实行一票否决。违反计划生育者个人及所在单位当年不能评比各类先进。

第六条 无偿献血和义务献血规定

无偿献血和义务献血是公民应尽的义务，凡年龄在18至50周岁的健康女职工、18至55周岁的健康男职工都应履行。

（一）台共建精神文明活动协调办公室将上级部门每年下达的义务献血指标，根据全台献血适龄人数，按比例分配到各部门。这是一项硬性指标，务必配合协调办组织落实，不得以任何理由改变或拖延。

（二）在台工作一年以上的临时工、合同工均可参加献血，一切待遇同台正式职工。

（三）对按时完成当年献血任务的部门，年终计分评奖加分奖励，对超额完成献血指标的部门的领导给予奖励，对完成全台献血任务指标的组织者给予奖励。对没有完成献血任务的部门，停发部门一个季度综合奖金的50%，停发部门领导（正、副职）一个季度综合奖金。

（四）设义务献血基金。全台职工，每年每人集资10元，作为义务献血基金专款，由协调办公室负责实施奖励。

（五）义务献血者和无偿献血者，应享受600元营养补助费、休假三天、台每年统一组织“休疗”一次，一次无偿献血或三次连续义务献血，可作为台“创先争优”活动评比条件之一。

（摘自中央电视台《行政管理规章制度》第九章）

中央电视台关于廉政建设制度的规定

第一条 中央电视台的廉政建设，由台廉政建设领导小组总负责。台廉政建设协调小组根据分工具体负责反腐败各项任务的落实，办公室设在台监察室。

第二条 中央电视台工作人员严禁以片谋私，以播谋私，以设备谋私，不准利用采访、拍片、制作、审片、播出等工作，向对方索要或接受以任何名义给予的财物。

第三条 中央电视台工作人员不准以试用或借用等名义，向采访报道对象索要或接受住房、交通工具、通讯工具等物品。

第四条 禁止有偿新闻，不准以新闻报道形式为企业或产品做广告，广告和产品信息类广告应按规定播发广告标识。

第五条 中央电视台新闻中心只接收播出地方电视台的新闻，不准接收播出个人、单位凭关系提供的新闻，不准参加采访报道对象单位的评模选优领奖。

第六条 未经允许不准从事第二职业，不准私自在外单位兼职，领取报酬；未经允许不准经商办公司或其他经济实体。

第七条 节目赞助、合办节目必须按台的规定报批，赞助经费必须汇入中央电视台财务账户，不准私设账户存放赞助费。

第八条 不准利用职务之便，以批评报道相威胁或以表扬报道相引诱，为个人或小集体谋利。

第九条 外出采访的记者、主持人应主动出示本台介绍信、采访证和工作证。不准参加个人擅自组织的采访报道活动。

第十条 个人或单位为地方电视台服务时所收取的费用如实上交台财务部门。

第十一条 禁止个人与外单位合作（或委托）办节目或以播出为手段收取好处费。

第十二条 任何单位或个人送影片、电视剧、专题、文艺等节目要求在中央电视台播出，需逐级审查，未经批准，任何人不得私自同意播出，不得收取钱物作为播出代价。

第十三条 与外单位联合录制节目，不得委托外单位人员以拍片为名打着中央电视台旗号在社会上拉赞助。

第十四条 个人不得以中央电视台名义拉广告、拉赞助。

第十五条 节目需收费或拉赞助的，必须经上级批准，履行合同手续，所赞助的钱、物必须全部纳入中央电视台财务、行政管理部门。不准在拉广告、拉赞助活动中提成或拿回扣。

第十六条 不准公款私存。各单位创收经费必须上交台财务部门，不准转移、挪用，不得借用账户和私设小金库。

第十七条 未经外汇管理部门批准，不得以任何名义将公款存入国外或港澳地区。

第十八条 办节目要厉行节约，严禁挥霍浪费，不得超标准住星级或外资、合资饭店、宾馆。不得超标准用餐。

第十九条 出差、外出采访应按当地标准用餐，不准接受影响公正执行公务的宴请。

第二十条 不准参加用公款支付的营业性歌厅、舞厅、夜总会等公共娱乐场所的活动；不准用公款为上级机关和其他部门及本单位职工在营业性歌厅、舞厅、夜总会等公共娱乐场所安排活动。

第二十一条 在执行公务中，不准接受单位或个人的邀请，参加用公款支付的营业性歌厅、舞厅、夜总会等公共娱乐场所的活动。

第二十二条 在国内、外交往中不得接受影响公正执行公务的礼品馈赠，因故未能拒收的礼品，不论种类和价值大小，一律登记上交。

第二十三条 在国内、外交往中（不含亲友间馈赠）因故未能拒收的礼金、有价证券、金银珠宝制品，不论价值大小，一律登记上交。

第二十四条 担任中央电视台各类节目评选工作的人员（组织者、评委、普通工作人员），不得利用参加评选工作的职务之便接受有关单位和个人的任何金钱、物品馈赠和宴请招待。

第二十五条 担任评选工作的人员，不得参加与自己或亲属有关节目的评选，应主动回避。

（摘自中央电视台《行政管理规章制度》第七章）

中央电视台关于电视节目管理的规定

第一条 中央电视台的节目实行栏目化管理。

第二条 节目选题规划

（一）凡在中央电视台播出的电视节目必须纳入宣传计划，由总编室统一管理。

（二）节目编辑部门，必须在每年的12月份向总编室申报下年度的重大宣传选题、节日配合性大型节目的选题和能够提前确定的栏目内正常播出的重要节目选题，总编室整理汇总后制订全台年度宣传计划，上报编委会审批。

（三）制作节目应根据栏目要求先确定选题，填写“选题计划表”，经中心主任签字后报送总编室。

（四）总编室根据栏目要求、节目计划和宣传需要，对所报选题给予“节目代码”。

（五）节目代码是编导申请经费、设备、磁带及报播节目的依据。

（六）计划外节目，经总编室审核并报台领导批准后，由总编室负责安排播出。

第三条 节目经费管理

总编室为全台的节目经费主管部门。总编室按照台分党组批准的全年节目制作经费和编委会对各中心全年播出节目的要求，以计财处下达的节目制作经费为基数，参照各中心上年度的节目制作费用及增长比例提留一定的机动经费，将节目制作经费指标一次性分配下达给各中心，会同计划财务部门共同管理节目经费的使用。其管理细则见《财务物资管理规章制度》第四章第一条。

第四条 节目内容审查

（一）禁止制作、播放载有下列内容的节目：

1. 危害国家的统一、主权和领土完整的；

2. 危害国家的安全、荣誉和利益的；

3. 煽动民族分裂、破坏民族团结的；

4. 泄露国家秘密的；

5. 诽谤、侮辱他人的；

6. 宣扬淫秽、迷信或者渲染暴力的；

7. 法律、行政法规规定禁止的其他内容。

（二）节目审看

台内制作的各类节目，完成后经部主任审看签字，报送总编室安排播出。对专业性较强的节目，应请有关部门的领导、专家共同审看。有争议的节目或部门主任把握不准的节目，应送中心主任或主管台领导审看。

1. 栏目内一般性节目（包括广告节目），由部主任审定签发报播。

2. 地方电视台或社会其他单位送来的节目在栏目内播出，由编辑部门主任签发。

3. 重要的文艺节目、大型系列片、国际参评节目由编委会审定。

4.《新闻联播》由台领导审定。

5. 重大政治活动、突发性重大事件、涉外内容的宣传报道，由主管宣传的台领导审定。

6. 节目送审通过前不得进行播出预告。

（三）总编室审片组审片规定

1. 审查的节目范围：

（1）第一、二套节目黄金时段播出的电视剧；

（2）译制片；

（3）栏目外播出的专题节目；

（4）新影厂和科影厂播出的固定栏目；

（5）台领导委托审看的有关节目。

2. 编辑部门或制作单位送审的节目带必须是制作完成的播出版。

3. 重大革命历史题材的电视剧，须由重大革命历史题材创作领导小组审查通过。专业题材电视剧和专题节目，如军队、公、检、法等，先经主管部门审查通过。送审时，应交送部门审查通过的书面材料。

4. 节目审查意见未经同意，不得对外传播或片面摘引。节目送审部门如对节目审看持有不同看法，可同审片人员交换意见。节目编导不得向审片组个人探听审看情况，审片组个人也无权擅自承诺有关节目审查和播出安排。

5. 送审部门根据审片组提出的修改意见在播出前做认真修改。节目部门意见与审片组意见不一致时，由总编室领导和台领导审看后签署具体处理意见。

（四）对有版权争议或有违纪嫌疑的节目，台监察室、法律顾问室提出书面意见，由总编室领导或台领导决定是否播出。

（五）坚持节目重播重审制度。重审的节目须在《节目录像登记卡》上注明重审时间、重审人签字和重审部门主任的签字。

第五条　节目磁带技术审查

节目编辑、制作部门应严格按照电视节目技术质量标准制作节目。

（一）送审要求

1. 送审的每盘节目播出带必须附有《中央电视台录像节目登记表》，认真填写节目代码，并有编辑部门领导签字、磁带条形码标志和节目负责人工作证号。

2. 节目送审应在节目见报预告前进行。对特殊的三日内急播节目，优先进行技术审查。

3. 台内制作的节目磁带，应有技术质量合格章、技术员签字及其工作证号。

（二）技术审查

1. 播出节目磁带必须符合台《播出节目磁带规范化基本要求》。

2. 台内制作的节目由承担节目录制完成版的技术员签字并加盖技术质量合格章；台外制作的节目由总编室技审科技审人员签字并加盖技审合格章。

3. 不合格节目加盖修改或禁播章，由节目负责人修改，直至合格为止。如遇特殊情况，不合格节目必须播出时，由总编室主任签字批准，只允许播一次。

（三）录入认可

1. 技审结论和技术数据由总编室技审科专人录入。经总编室批准的直送播出线节目和来不及入库的直播节目的录入工作，由总编室播出科负责。

2. 节目选题名称应与技审单上填写的节目名称相符，若不符，应到总编室规划组修改。

3. 录入工作完成后，录入人员在节目登记表上加盖认可章。

（四）编导应签字后取走录入认可的节目播出磁带直接转入播出磁带库，办理入库手续。

（五）已经入库的节目，在首播前不得借出。若节目内容必须修改，须经节目部门主任和总编室主任批准。借出的节目带再次入库，必须重新技审。

（六）节目技审单是节目磁带的技术认证单，非技审人员不得填写。有关人员更改节目数据时必须签字并注明更改日期。丢失技审单，本人要做书面检查，经部门主任签字和重新技审后才能补单。

（摘自中央电视台《宣传管理规章制度》第二章）

中央电视台关于安全播出管理的规定

第一条　贯彻执行广播电影电视部《关于确保各级广播电视台（站）播出安全的通知》。

第二条　各级领导和全台职工务必执行下列安全播出措施：

（一）严格执行领导干部值班制度。

（二）台领导和各中心、部、处、室领导及全台编播第一线上岗工作人员，定期检查安全播出规定执行情况，对发现的隐患及时采取措施，确保安全播出。

（三）安全播出奖惩制度。

1. 对于堵住节目播出差错的人员给予奖励；对于堵住节目播出重大事故的给予重奖。

2. 对违反制度，造成节目播出差错的给予行政纪律处分；对造成重大政治性播出事故的，加重纪律处分。

第三条 录像节目安全播出管理

（一）总编室播出科根据节目组传送的《节目播出单》和计算机软盘并与《中国电视报》刊登的节目单核对，制作《节目播出串联单》。

（二）导播要认真核实播出节目名称、实长，准确制作《节目播出串联单》，并在技审单上做好播出记录。

（三）节目导播根据《节目播出串联单》内容填写《播出磁带借用单》，到播出磁带库借出播出磁带。

（四）备播时，导播如发现有禁播节目、技审不合格节目、实长有误差节目，要及时通报节目组并做好记录。

（五）《节目播出串联单》由导播签字生效。应在当日14点前连同播出软盘和播出带送到播出机房，由机房技术值班人员签收播出磁带和输入软盘。如遇特殊情况（节假日），不能按时送到，应及时与播送中心值班人员协商。

（六）导播无权更换、增加、撤销节目。如需更换、增加、撤销，应有主管宣传的台领导或总编室主任签字批准，并由总编室节目组及时下达通知单。

（七）技术值班人员向导播交接播出磁带后，值班导播应在节目播出后次日9点前归还播出磁带库。

（八）导播应坚守工作岗位，如遇难以处理的节目播出问题，应及时请示总编室领导或当班的台领导，并做好记录。

（九）凡送到播出机房的播出磁带，任何人不得拿走。如遇特殊情况需要修改的，必须由该节目的部门负责人和总编室主任签字批准，经值班导播同意并进行登记方可借走，必须在该节目播出前一小时送回，并且要有节目部门主任签字。

（十）所有播出节目，未经批准而超过其栏目所规定的节目实长，导播有权卡掉超长部分。

（十一）如遇突发事件或重要新闻而需要插播时，必须由新闻中心提出申请，总编室主任确认，报台领导批准。值班导播和技术人员要以最快的速度进行处理，以保证安全播出。

（十二）临时送播出线的新闻性和时效性较强的节目，应在该节目播出前30分钟送到。

（十三）值班导播负责处理播出中所发生的节目播出问题，其他人员不得擅自处理。

第四条 现场直播安全管理

（一）凡直播节目，节目编辑部门必须填写《中央电视台现场直播通知单》，提前一星期交总编室主任审批，由总编室节目组送各有关节目部门，坚持登记签收制度。

（二）节目编导应在现场直播前二小时与播出科当班导播协调直播工作，并提供经过审查的备播带或垫播节目，以应付直播时的突发事件。

（三）现场直播前的彩排和直播过程中，播出科当班导播应到现场，负责检查直播节目的起始与长度，并负责前后播出节目的协调。

（四）遇有重大节目直播或技术调整（如改换直播地点等），必须由台宣传管理与技术管理部门一起召开协调会，落实各项工作后方能执行。新闻节目的直播，提前15分钟互试通道，检测各项技术指标和数据。台内其他节目直播，在播出前30分钟由总编室导播、播送部技术人员、演播室技术人员、节目部门导演等四方面互相确认直播信号通道及播出内容，如有疑问，四方必须立即协调解决。

（五）现场直播如有赞助广告，须事先签订协议，由广告部领导签字生效，直播过程中不得随意叠加广告内容和厂家名称。

（六）现场直播的节目录像带，应在播出后一周内入播出磁带库。

（七）现场直播如不能准时结束，须经总编室领导或台领导批准延长播出时间，否则，播出科按规定有权卡播超长部分。

（八）节目编辑部门如遇非常规直播，必须通知总编室召开有关部门参加的协调会，落实具体工作细节，责任到人。节目编辑部门还须在《中央电视台现场直播通知单》或《一周直播通知单》上注明与常规不同之处，最后交总编室审核。

（九）凡重要直播节目或当节目有较大改动时，总编室和技术部门领导要亲临现场检查落实情况。

（十）技术部门应坚决杜绝境外节目信号和不应该播出的节目信号进入备播通道，以避免因切换失误而造成播出事故。

第五条 节目播出有关工作人员，必须按操作规程操作，节目播出过程中必须始终坚守岗位，不得擅离职守。

（摘自中央电视台《宣传管理规章制度》第四章）

中央电视台关于行政纪律处分的规定

第一条　为了加强中央电视台的管理，维护中央电视台规章制度的严肃性，保证政令畅通，教育全台工作人员遵纪守法，依照国家有关法规制定本规定。

第二条　中央电视台各单位和全体工作人员都受本规定约束，凡违反行政纪律的，都按本规定给予纪律处分，处分结果记入档案。

第三条　实施行政纪律处分的原则

（一）处理违纪行为，坚持实事求是的原则。重证据，重调查研究，以事实为依据，以规定为准绳。

（二）纪律面前，人人平等。任何人违反纪律都必须受到追究。

（三）坚持教育与纪律处分相结合，惩罚的目的是为了维护纪律的严肃性和教育违纪者本人。

（四）建立举报制度，接受群众对中央电视台工作人员违纪行为的控告和检举。

第四条　行政纪律处分分类

根据违纪行为的性质和情节轻重，分别给予警告、记过、记大过、降级、撤职、开除公职的纪律处分。

（一）受到警告处分的人员，一年内不得提升职务；违反外事纪律而受警告处分，还要停止出国（境）工作资格一年。

（二）受记过处分的人员，一年内不得提升职务和参加中级以上职称评定；违反外事纪律而受记过处分，还要停止出国（境）工作资格两年。

（三）受记大过处分的人员，两年内不得提升职务和参加中级以上职称评定；违反外事纪律而受记大过处分，还要停止出国（境）工作资格三年。

（四）受降级处分的人员，三年内不得恢复原职级和参加职称评定；违反外事纪律而受降级处分，还要停止出国（境）工作资格四年。

（五）受撤职处分的人员，五年内不得恢复原职务，四年内不得参加职称评定；违反外事纪律而受撤职处分，还要停止出国（境）工作资格五年。对于担任两种以上行政领导职务的，应明确是撤销一切职务，还是某一职务。如果撤销一个职务，则撤销所担任的最高职务。

（六）不得以任何方式使用受开除公职处分的人员，包括担任临时工作和劳务。对违反规定而使用被开除人员的单位或个人，应进行批评教育，责令清退，并扣考绩分，取消评选当年各类先进资格；对拒不改正者，给予纪律处分。

（七）对受到纪律处分的单位或个人，视情况附加或单独进行以下处罚：

1. 停发季度、半年、全年奖金；

2. 没收或追缴违纪所得收入，拒不交出的，从工资或其他收入中扣除并加重处分；

3. 停止或取消违纪者上岗资格，聘用人员予以解聘；

4. 停聘或缓聘技术专业职称；

5. 取消当年评选各类先进的资格。

第五条　行政纪律处分的执行

（一）台监察室、人事处、保卫处或其他台授权部门，负责对违反纪律的行为进行调查。

（二）中央电视台给予本台工作人员行政纪律处分，由台监察室、人事处会同有关部门提出处理建议，报台分党组批准，以台发文形式向全台公布。

（三）监察室查处违纪案件，有权对被查处的单位、个人采取下列措施：

1. 要求提供有关的文件、资料、财务账目及其他材料；

2. 责令违纪人员在指定的时间、地点，就调查所涉及的问题作出解释和说明；

3. 责令被监察的单位和个人立即停止违纪行为；

4. 可以扣留或封存有关违纪行为的文件、资料、财务账目及其他有关材料；

5. 建议暂停严重违纪人员的工作。

（四）违纪单位或个人，主动交代、检举，主动挽回损失或阻止危害事件发生，主动退赃退赔，可以从轻处理。

（五）违纪单位或个人，伪造、销毁、藏匿证据，应从重处理。

（六）对因触犯刑律而被判刑的，一律给予开除公职处分。

第六条　违反政治纪律的处分

（一）违反规定，制作、主持、播放有严重政治问题的影视片，采访有严重政治问题的题材或人员，对主要责任者和负责人给予记过、记大过、降级处分；情节严重而造成严重后果的，给予撤职、开除公职处分。

（二）公开发表反党、反政府、反对四项基本原则的文章、演说、宣言、声明等的，给予行政开除公职处分。

（三）拒不执行台分党组关于发展电视事业的重

大决策、决定的直接责任者，给予记大过、降级、撤职处分；情节严重的开除公职。

（四）中央电视台职工在履行公务期间，擅离岗位而滞留国外、境外不归，或逃往国外、境外的，一律开除公职。为叛逃人员提供方便条件的，给予撤职处分或者开除公职处分。

（五）在涉外活动中违反规定，造成恶劣政治影响，损害党和国家尊严与利益的，给予记大过、降级处分；情节严重的，给予撤职、开除公职处分。

（六）违反节目审查（包括技术审查）报播规定，审查不严、不经审查签发或伪造审查人签名而播出不符合播出要求的节目，造成恶劣影响的，给予直接责任者警告、记过处分；情节严重的，给予记大过、降级处分；造成重大政治影响的，给予撤职、开除公职处分。

（七）违反重播重审制度，播放有严重问题的节目或节目中有不准播的内容，给予责任人警告处分；经批评教育仍坚持错误的，给予记过、记大过处分。

（八）违反播出工作程序和规定而影响安全播出的，节目制作人员延误或不入库播出节目，播出技术人员脱岗，造成播出事故或者影响正常播出的，给予直接责任人警告、记过处分；造成播出事故的，给予记大过、降级处分；造成重大播出事故的，给予撤职、开除公职处分。

（九）擅自复制、借用中央电视台资料带，出借、出租、赠送、出卖给外单位的，给予警告、记过处分；以此牟利的，给予记大过、降级处分；出借、赠送、出卖给国外（境外）组织、个人，或者出借、赠送、出卖的内容涉及国家秘密和中央电视台机密的，给予撤职、开除公职处分，并追缴违纪所得。

（十）私刻中央电视台公章，伪造中央电视台公文、证件的，未经领导批准擅自使用印章的，使用与自己身份不符的证件、证明文件的，出借、出卖中央电视台有效介绍信、证明文件的，给予警告、记过、记大过处分；造成恶劣影响或进行其他违纪活动的，给予撤职、开除公职处分。

（十一）违反保密规定，泄露国家秘密和中央电视台机密的，因失职而造成失密的，给予记过、记大过处分；造成严重后果的，给予撤职、开除公职处分。

（十二）制作新闻、专题类节目弄虚作假，歪曲党和国家的方针、政策，贬损党和国家、民族形象的，进行批评教育，责令停止制作，将节目素材封存；不接受批评教育，继续制作该类节目，或将节目素材播放、传播、流散的，给予记过、记大过处分；情节严重或将该类节目在国外、境外播放、传播，参加评奖的，给予降级、撤职、开除公职处分。

（十三）违反治安、消防规定，威胁安全播出或造成播出事故的，给予记过、记大过处分；造成重大播出事故的，给予撤职、开除公职处分。

第七条　违反人事纪律的处分

（一）违反民主集中制原则，拒不执行或者擅自改变分党组的决定，给工作造成较大损失的，给予警告、记过处分；造成重大损失的，给予记大过、降级、撤职处分。

（二）在重大问题上，下级不执行上级的决定，对主要责任者给予警告、记过处分；后果严重的，给予记大过、降级、撤职处分。

（三）借选拔任用干部之机谋取私利，有下列行为之一的，给予警告、记过处分；情节严重的，给予记大过、降级、撤职处分：

1. 采取不正当手段为自己谋取职位；

2. 泄露酝酿讨论干部任免情况；

3. 在工作调动、机构变动时，突击提拔干部；

4. 在干部考察中隐瞒或者歪曲事实真相；

5. 在干部选拔任用工作中封官许愿，打击报复，营私舞弊。

（四）领导干部利用职权和职务上的影响为亲友及身边工作人员谋取利益，有下列行为之一的，给予警告、记过处分；情节严重的，给予记大过、降级处分：

1. 要求或者指使提拔配偶、子女、亲友及身边工作人员；

2. 用公款支付配偶、子女及其亲友学习、培训的费用；

3. 为配偶、子女及亲友出国（境）旅游、探亲、留学，向国（境）外个人和组织索取资助；

4. 妨碍涉及配偶、子女、亲友及身边工作人员案件的调查处理；

5. 为配偶、子女及亲友经商、办企业提供便利和优惠条件。

（五）拒不执行台分党组、人事部门的干部分配、调动、交流决定的，给予警告、记过处分。

（六）在干部、职工的考试、招聘、录用、考核、评定职称、晋升及评选先进等方面，利用职权违反规定或隐瞒、歪曲事实真相，为本人、亲友、有利害关系的人谋取利益的，给予警告或者记过处分；情节严重的，给予降级、撤职处分。

（七）临时出国、出境的团（组）人员，擅自延长在外期限、擅自变更旅途路线，造成不良影响、经济损失的，给予主要责任者警告、记过处分；情节严重的，给予记大过、降级、撤职处分。

（八）在干部招聘、考核、晋升等工作中，泄露试题、考场舞弊、涂改试卷和档案，故意隐瞒本人真实情况，导致重大工作失误的，给予记过、记大过处分；造成严重后果、影响恶劣的，给予降级、撤职处分。

第八条　违反经济纪律的处分

（一）利用职务之便，侵吞、窃取、骗取或以其他手段贪污公共财物、数额1000元以下，情节较轻的，给予警告、记过处分；数额1000元至3000元，情节较重的，给予记大过、降级处分；数额3000元以上不满10000元的，给予撤职、开除公职处分。有悔改表现、积极退赃的，可以从轻处理。

对多次贪污未经处理的，按照累计贪污数额处罚。以个人名义存储公款，按贪污论处。

（二）利用职务或工作之便，非法占有国家、集体、他人财物，情节较轻的，给予警告、记过处分；情节较重的，给予记大过、降级处分；情节严重的，给予撤职、开除公职处分。由公家报销个人的支付费用，以侵占公共财物论处。

（三）利用职务之便，占用公物三个月以上的，给予警告、记过处分；情节严重的，给予降级、撤职处分。用公物进行营利或非法活动的，给予开除公职处分。

（四）利用职务之便，为他人谋利而受贿的，比照第八条（一）之规定处理。对索取贿赂的、因受贿造成重大损失的、因索贿未遂而报复对方的，加重处分。经济往来中收受回扣的，以受贿论处。

离（退）休人员，利用原职务影响，为他人谋利而收受财物的，以受贿论处。

（五）任何单位非法收受财物为他人谋取私利，经济来往中收受回扣，对直接责任人给予警告、记过处分；情节严重的，给予记大过、降级处分；情节特别严重的，给予撤职、开除公职处分。

（六）接受影响公正执行公务的馈赠礼品而不登记交公的，给予警告、记过处分；所受礼品 、礼金数额较大而不登记交公的，以受贿论处。

（七）利用职务之便，挪用数额较大公款逾月不还的，给予警告、记过处分；数额巨大逾两月不还的，给予记大过、降级处分；逾三个月不还的，给予开除公职处分。

（八）个人财产或支出明显超过合法收入，隐瞒不报在国外、境外较大数额存款，而不能说明收入来源的合法性，差额部分以非法所得论处。

（九）利用职权用公款超标准建房、买房、装修住房供个人居住的，给予警告、记过处分；情节严重的给予记大过、降级处分。

（十）国内交往中接受影响公正执行公务的宴请，态度恶劣拒不承认错误的，给予警告、记过处分。

（十一）违反规定用公款旅游，参与用公款支付的营业性歌厅、舞厅、夜总会等娱乐活动，以及以其他方式挥霍浪费国家、集体资财的，给予警告、记过处分；情节严重的给予记大过、降级、撤职处分。

（十二）违反规定经商办企业，参与其他营利性经营活动，利用职务之便为亲友经商办企业谋利益的，给予记过、记大过、降级处分；情节严重的，给予撤职、开除公职处分。

（十三）处以上领导干部违反廉洁自律规定买卖股票的，给予警告处分。

（十四）擅自用公款包租客房供个人使用，用公款配备、使用通信工具的，给予警告、记过处分。

（十五）未经领导批准，利用本台设备为外单位或个人制作节目收取非法所得，出租、出借本台设备的，给予警告、记过处分；若非法所得数额较大，给予记大过、降级处分；情节严重的，给予撤职、开除公职处分。

（十六）台内制作节目，私下收受所谓好处费、辛苦费、制作费、加班费、报销票据的，参照第八条（四）之规定以受贿论处。

（十七）利用采访、拍片等工作之便，索取、收受误餐费、补助费，利用为台工作、办事和创收之机捞取回扣、提成的，参照第八条（四）之规定以受贿论处。

（十八）违反规定，将合办、协办节目经费放在第三者账户上，或另设账户不入台账，赞助实物不入台库的，对主要责任人，参照第八条（一）之规定以非法侵占公款、公物论处。

（十九）签订合同，如有下列情形之一，未造成损失的，对承办人或者有关负责人进行批评教育；造成损失的，按其情节轻重分别给予相应的纪律处分、经济处罚或移交司法机关处理。

1. 订立假合同、无效合同、违法合同；

2. 个人拿回扣收受贿赂，订立损害本台利益合同；

3. 未严格审查对方真实情况，导致上当受骗，合同无法履行而造成经济损失；

4. 在签订、履行合同过程中未尽到责任，导致合同纠纷而被罚款、索赔；

5. 承办人丢失或擅自销毁合同及有关文件而造成损失；

6. 不追究对方违约责任造成重大损失；

7. 违反规定程序私自与外单位签订合同。

第九条　违反其他行政纪律的处分

（一）因工作失职、渎职、铺张浪费造成难以挽回的政治、经济、外事影响的，视情节给予警告以上直至撤职的处分。

（二）利用职权，大办婚、丧事，造成不良社会影响的，给予警告、记过处分；情节严重的给予撤职、开除公职处分。

（三）制售、传播、观看淫秽表演或影视书画，接受色情按摩，进行淫乱活动，接受三陪服务的，给予警告、记过处分；情节严重、造成严重后果的，给予开除公职处分。

（四）聚众赌博的，给予警告、记过处分；屡教不改的，给予记大过、降级处分。处以上干部参与、组织赌博的，给予撤职处分。

第十条 本规定由中央电视台分党组纪检组、监察室负责解释。

（摘自中央电视台《行政管理规章制度》第八章）

附 录

1997年中央电视台办公室编撰了《宣传管理规章制度》、《行政管理规章制度》、《人事管理规章制度》、《财务物资管理规章制度》、《技术管理规章制度》。现将五册书的目录附后，以便查阅。

宣传管理规章制度

行政管理规章制度

人事管理规章制度

人事档案转递规定
流动人员档案管理
第九章　职工教育培训
第十章　离退休人员管理

财务物资管理规章制度

第一章　总则
第二章　收入管理
第三章　预算管理
第四章　经费管理
第五章　财务开支标准及规定
第六章　奖金及其分配使用办法
第七章　缴纳个人所得税
第八章　会计档案管理
第九章　物资管理

技术管理规章制度

第一章　总则
第二章　播出系统管理规定
播出数据管理
播出磁带管理
新闻播出管理
直播演播室播出管理
传输线路管理
第三章　制作系统管理规定
演播室机房使用管理
转播设备使用管理
摄像机使用管理
后期制作机房使用管理
采录设备使用管理
自编机房使用管理
第四章　技术设备、设施与技术质量管理规定
技术设备、设施使用管理
节目制作技术质量管理
录像磁带技术指标管理
节目技术质量评比办法
第五章　技术工程管理规定
技术工程项目管理
技术工程项目合同管理
工程项目竣工验收管理
技术工程质量评比办法
第六章　科研与奖励管理规定
科研项目管理
科学技术进步奖励办法
技术改进奖励办法
技术维护奖励办法
第七章　技术资料档案管理规定
第八章　供用电管理规定
第九章　信息通信系统管理规定
计算机应用系统管理
计算机网络管理
计算机软件管理
国际互联网（Internet）资源使用管理
电话安装及使用管理

6. 专 论

学习六中全会精神 加强电视队伍建设
——在中央电视台新闻评论部会议上的讲话

新闻中心评论部的改革翻开了中央电视台新闻改革新的一页，上了一个很大的台阶。

三年多的时间，从《焦点时刻》发展到《焦点访谈》，基本站住了脚。

1994年开办《焦点访谈》，当时我是非常想办，但感到难办，把群众最关心的节目放在黄金时间播出，如果出一点问题，影响太大。最后我们经过一年的努力，基本上站住了脚。到1996年提出一个新的、更高的要求，办了《新闻调查》。《新闻调查》的过关，标志着中央电视台整个新闻改革已取得了阶段性的成果。因为《新闻调查》这样深层次的节目能把握得很好确实不易，我们也有了可以和世界水平相比的节目。我们正在攀登高峰。

新闻评论部是一支政治上、业务上都非常好的队伍。那么，现在为什么又提出队伍建设的问题？就是因为我们很多同志来自不同的地方，不同的单位，现在还不十分了解在中央电视台的岗位上工作有什么要求，要具备哪些基本素质。所以，在取得很大成绩的情况下，要找找我们的差距，加强队伍建设是保证我们这支队伍走向成熟的必要措施。

现在的学习时机非常好，一是党的十四届六中全会刚刚开完，中央通过了《关于加强社会主义精神文明建设若干重要问题的决议》，我们作为生产精神产品的单位，每天播出140多个小时的节目，对广大群众有很大的影响，所以，学习、宣传和贯彻好六中全会的精神非常重要。二是江泽民总书记在六中全会之前到人民日报社视察，发表了非常重要的讲话，对怎样建设好中国的新闻媒介，对新闻工作者的基本素质提出了中肯的具体要求。在历史上，毛主席在解放战争时期有一个《对晋绥日报编辑人员的谈话》，指导了我们党几十年的新闻工作。在新的历史时期，江泽民总书记的讲话，将指导我们整个新时期的新闻工作，是一个非常重要的文献。进入新时期以后，很多人对广播电视的性质、任务、规律认识不一致，江泽民总书记的讲话回答了这些问题。我们要以这个重要讲话统一全体职工的思想。

我们要按照江泽民总书记的要求加强中央电视台的建设，做到以下几点：

第一，有坚定正确的政治方向，要把它放在一切工作的首位。这是对我们新闻媒介提出的政治要求。有些同志不了解电视，以为想怎么做就可以怎么做，这种认识是不对的。电视台工作任务繁重，重要岗位也很多，但首要的是什么？就是要认识到自己的地位和作用，要在政治上和党中央保持高度一致，宣传马列主义、毛泽东思想和邓小平建设有中国特色社会主义的理论，宣传党的路线方针政策，这就是正确的政治方向。

第二，强化两个意识：一是树立大局意识；一是全局意识。我举一个简单的例子，是关于《新闻联播》如何把关的问题。有一次当江泽民总书记在俄罗斯访问的时候，有关部门拿来一个反映沈阳军区的部队进行军事演习的新闻。我们看了以后，觉得这条新闻不能发。江泽民总书记那边讲加强合作，这是一个全局。所以在全局里看这条消息是不能发的，这就是政治上的把关。所以，中央电视台在宣传上一定要有全局意识。我们的《东方时空》和《焦点访谈》都要考虑这个问题，什么可以发，什么不可以发。

第三，做到“三个忠于”，江泽民总书记讲，在新闻单位工作的领导干部必须忠于马列主义，忠于党，忠于人民。作为新闻岗位的领导同志，在这方面必须懂得并自觉地认真地实践，信仰马列主义、毛泽东思想，对党的事业无限忠诚。我们国家的新闻媒介都必须掌握在忠于马列主义、忠于党、忠于人民的人手里，不能掌握在别的人手里。

第四，四个坚持。一是坚持以邓小平建设有中国特色社会主义理论和党的基本路线为指导，在思想上政治上同党中央保持高度一致。二是坚持党性原则。三是坚持正确的舆论导向，江泽民总书记在视察人民日报社的讲话中说："舆论导向正确，是党和人民之福；舆论导向错误，是党和人民之祸。"中央电视台如果出现舆论导向错误的话，就要影响国家的大局；就会出很大的问题。四是坚持政治家办报（台）。

第五，打好五个根底。这是对新闻工作者素质提出的要求。这五项要求是：打好理论路线的根底；打好政策法律纪律的根底；打好群众观点的根底；打好知识的根底；打好新闻业务的根底。

第六，发扬六个作风。一是发扬敬业的作风；二是发扬实事求是的作风，要报实情讲真话；三是要发扬艰苦奋斗的作风；四是发扬清正廉洁的作风，坚决抵制拜金主义、享乐主义的侵蚀；五是发扬认真细致的作风，要一丝不苟，精益求精，防止差错；六是发扬勇于创新的作风。我希望大家在学习六中全会文件的时候，把这些融会贯通地来学习。

下面我想对大家提几点具体的要求。

第一，要当好党的宣传员，不要当"无冕之王"。中央电视台是国家电视台，丁关根同志曾经讲，"中央电视台对内代表党和政府的形象，对外代表国家和民族的形象"，这已经提得非常高了，实际上我们是在代表党和政府在说话，在传达党和政府的声音。中央电视台播出的节目必须符合中央的精神，不能违背。落实在我们的工作上，就是要意识到我们就是党的宣传员，要认真全面地宣传中央的路线、方针和政策，应该全心全意地为人民服务，应该深入到群众当中去，要能够真正反映人民群众的呼声，把宣传中央的精神和反映人民群众的要求有机地结合起来。我觉得这几年我们做的工作，如果说有成功之处的话，那就是始终不渝地坚持做党的宣传员。

在反映群众的要求、呼声方面，我们作了非常成功的探索。像我们的《焦点时刻》（现在是《时空报道》）、《焦点访谈》大量地反映了社会的热点问题，大家都关心，领导重视。带有普遍性的问题，通过我们的传播媒介反映出去，有两个作用：第一，中央领导人可以了解到基层的实际情况。每年我们有不少报道得到中央领导同志的肯定。第二，是通过舆论的宣传和监督，让广大群众知道，对现在基层的一些不正之风，中央是坚决反对的。

更重要的是在反映群众呼声方面我们作了新的探索，付出巨大的劳动。比如《生活空间》的记者就很不容易，有时是整天跟踪拍摄，这种敬业精神是非常值得赞扬的。《生活空间》反映了最基层群众的思想感情、要求和愿望，非常真实，这一点非常好。我们党的根本宗旨是为人民服务，如果你不反映人民群众的要求、愿望，你就忘记了我们的宗旨。

不要当"无冕之王"。西方的记者自诩为"无冕之王"。而我们则是党的宣传员，不当"无冕之王"，这一条非常重要。因为一讲"无冕之王"，就会自以为是"钦差大臣"了，下去之后指手划脚，这样不好。

我们下去是作为党的调查研究工作者去调查实际情况的，然后根据实际情况作报道。我们不是救世主，也不是"无冕之王"，这一点大家一定要意识到。

第二，电视新闻要真实，不要搞假大空。新闻是客观事实的反映，是以事实为基础的，新闻的真实性是新闻里一个非常重要的原则。新闻的真实包括两个方面：一个是本质的真实，比如改革开放好，推动了生产力发展，人民生活水平提高了，这就是本质的真实。不要因为改革有个别不成功的事例，就抓住一两件事情说改革不好，要抓住事情本质的东西。第二是细节的真实，要报道新闻，就必须通过大量的细节来反映新闻事件的本质，这样才能生动活泼。这些细节不能是编造的，应该是来自生活当中的真人真事。

这几年，我们的新闻改革是站在扎实的土地上进行的，像《生活空间》，人家看了就觉得很真实，生活本身就是这样。《东方之子》介绍了很多对中华民族有贡献的人物，过去我们对这些很有贡献的人都不介绍，对我们自己的专家不尊重，总是认为外国的好。最近我看了《东方之子·张锦秋》，我看那个女建筑师非常有追求，做得非常好。还有一个《东方之子·任焕章》，他从沈阳到深圳去，设计"世界之窗"微缩景观，那个节目我觉得很好，非常动情。我们介绍了很多这样有贡献的人，可以提高我们民族的自豪感和凝聚力。

我们的报道都比较实在，不是搞空洞的报道，所以受到大家喜欢。现在不光是国内观众喜欢，连居住国外的华侨、华人也很喜欢，外国的记者也服气，说中国的节目做得好。不要搞假的，一定要客观公正，要么不报道，一旦报道就应该客观公正，不带感情色彩，这样报道才真实可信。有时批评性的报道是很困难的，你们的节目还没播，各方面的反应就来了，如果是真实的就能顶得住，如果不真实就会碰到很大的麻烦和困难。

第三，要坚持真理，不要向邪恶势力屈服。特别是搞《焦点访谈》和《时空报道》，要涉及到揭露社会上一些腐败现象，被揭露的单位可能不高兴，在这种情况下怎么办？我们还是要坚持真理，不要怕。前不久我收到山东一个小学校长的告状信，说我们记者对他们搞高收费的报道不属实。我看了那个节目，省教委、市教委的领导都说她违反规定，而且在采访过程中被采访人没有一句真话，很明显这是有问题的。这个不揭露，根本没法执行党的方针政策。后来给她回了一封信，告诉她来信是收到了，但是信中讲的情况不真实。我们支持记者的报道。

还有一次有一个单位没有经过任何批准就搞名牌产品的评选，只要给钱，名牌的桂冠就归你了，这完全是不正之风。我们的记者揭露他，他不接受采访还写威胁信，说我要让你的《焦点时刻》办不成，后来中宣部严厉批评了这个单位。所以一定要坚持真理。当然有一些事关国家全局利益的问题，我们一定要慎重。

第四，要不断开拓创新，不要因循守旧，不要满足于已有的成绩。我们党的社会主义事业在不断发展和前进。但改革是长期的，不可能在一两年内完成。新闻改革同样是如此。这几年，我们都是一年做几件事情，只要确定下来，就必须做好。1993 年实现新闻滚动播出，开播《东方时空》，1994 年开办《焦点访谈》、《晚间新闻》，1995 年开办《新闻 30′》，1996 年开办《新闻调查》、《实话实说》。

不断地开拓进取，不断创新，这一点对评论部的领导和同志来说，具有特殊的重要性。因为这几年的步子确实迈得不小，得到观众的肯定，在这时我们不要有满足感，反而应该不断找出自己的不足，然后提出新的目标，在原有基础上再向前迈进一步。

第五，要廉洁自律，不要搞有偿新闻。对有偿新闻，中宣部发文严禁，广大群众深恶痛绝，很有意见。有偿新闻是新闻行业里不正之风的主要表现。中央电视台公开向观众承诺过，不搞有偿新闻。不管是正式招聘的，还是临时的，只要在这里工作就要遵守中央电视台的台规台纪。这一条是一个很重要的原则。

第六，要遵守纪律，不要搞自由主义。一个是宣传纪律，哪些东西可以报道，哪些不能报道，不能以个人的好恶为准。报道首先应该报选题目，题目有价值才能去做。不能因为你跟他关系好就表扬他一下，和他关系不好就批评他一下，如果都这样，还算什么国家电视台？

遵守纪律，包括审片，就是说改了以后还看不看，不看了，那是对你的信任。如果你没有改，这就是你自己不信任自己，不尊重自己，这样就不好。宣传纪律应该遵守。

再一个重要的问题是反对自由主义，要形成凝聚力，大家都必须互相尊重，注意团结，互相支持。在这方面我觉得评论部做得还是相当好的。

第七，要树立严细的作风，不要“马大哈”。因为新闻工作是一个时效性非常强非常紧张的工作，就更需要我们树立严细的作风，比如每个节目的时长必须准确。节目的错别字多，一个文化单位，经常出错，这和我们的地位很不相称。另外录音音响效果太差，这要求大家要学习专业知识，在这些方面大家找差距，要提高节目质量。

第八，谦虚谨慎，不要骄傲自满。一个同志，一个单位，如果有了成绩以后，能够保持一种谦虚谨慎的态度的话，这个单位或个人就可以继续发展。如果有了成绩以后，就沾沾自喜，飘飘然，那就是你落后的开始。“满招损，谦受益”，这是真理。评论部这几年成绩很大，在新闻界和全台都是公认的。所以我还是强调要找差距。骄傲就会对别人不尊重，对兄弟单位不尊重，你就脱离群众了。越有成绩，越要注意谦虚谨慎，找出差距，不然就没有前进的动力了，没有新的目标了。

第九，要强化台的意识，为台争光，不要损害台的荣誉，不要损害《东方时空》、《焦点访谈》的荣誉。作为中央电视台的一个成员，每个人都应该为台里争光添彩，不能给台里抹黑，特别是评论部的成员，不能给《东方时空》、《焦点访谈》、《新闻调查》抹黑。

我今天提出的是对评论部的要求，也是对台里全体同志的要求，大家都应该这样做。我希望大家通过这次学习，根据六中全会的精神和江泽民总书记视察人民日报社的重要讲话来规范我们的行为，要根据台里的有关规定来规范自己的行为，把我们评论部建设成一个团结战斗的、有创造精神的、朝气蓬勃的、在新闻战线上最有活力的一支队伍。

（杨伟光）

（摘自《电视研究》1997 年第 1 期）

总结经验　再创辉煌
——在全国重大革命历史题材影视创作座谈会上的讲话

重大革命历史题材影视创作领导小组1987年7月4日经中央书记处批准成立，到现在整整十年了。在党中央、中央军委的重视和关怀下，在中宣部、广电部的直接领导下，十年来，重大革命历史题材影视创作取得了丰硕成果。下面我讲四个问题：

一、回顾历史　硕果累累

重大革命历史题材影视创作，是改革开放新时期的产物。“文革”结束后，党的十一届六中全会通过了《关于建国以来党的若干历史问题的决议》，歌颂老一辈无产阶级革命家的丰功伟绩，揭露林彪、“四人帮”的罪行，表达人民的心声，在当时成为文艺创作的主旋律。1979年摄制了《报童》、《曙光》等影片，以后又陆续推出了《陈毅市长》、《南昌起义》、《梅岭星火》、《西安事变》、《风雨下钟山》、《四渡赤水》等影片。80年代，重大革命历史题材电视剧创作也开始繁荣，出现了一批重大革命历史题材电视剧，如《秋白之死》、《父亲》、《故园行》，以及《周总理的一天》、《朱德》、《李大钊》等，当时只要毛泽东、周恩来等领袖的艺术形象在屏幕上一出现，便立即引起热烈掌声，人们无不为之激动。

为了通过影视艺术更好地对群众特别是广大青少年进行国情、近代史、爱国主义和革命传统教育；为了明确重大革命历史题材影视的创作原则，加强组织领导，进一步提高思想艺术质量，1985年2月7日，中央书记处提出了反映革命历史题材的作品必须遵循的四条原则：1. 为塑造老一辈无产阶级革命家的光辉形象，再现历史真实，在反映革命历史题材的作品中，用文艺形式塑造当时领导人的形象，原则上是允许的。2. 严格把握历史的真实，不要拔高。为慎重起见，凡出现我党领导人形象的电影、电视剧，在公演之前，一律须经中央领导同志审查。3. 建国以后的现任党和国家领导人，一般不要以文艺的形式表现。4. 以各种文艺形式出现的党和国家领导人，一律讲普通话，不宜用方言。1987年7月4日成立了以丁峤同志为组长、徐怀中同志为副组长的重大革命历史题材影视创作领导小组。从此，这方面题材的电影、电视剧创作进入有组织、有领导、有规划的新阶段。1996年8月，中宣部、广电部对重大革命历史题材影视创作领导小组进行了调整、充实。新一届领导小组由广电部副部长杨伟光同志任组长；广电部副部长赵实、中宣部文艺局局长李准、原总政文化部部长徐怀中同志任副组长，原广电部电影局局长滕进贤同志任常务副组长。成员由10人扩大为22人。

十年来，重大革命历史题材影视创作取得了很大成就，方向对，路子正，出了作品，出了人才。据统计，十年来领导小组共审查通过重大革命历史题材电影剧本45部69集，已摄制完成或即将完成的有25部40集，正在摄制或筹拍的有3部5集；共审查通过重大革命历史题材电视剧本123部1006集，已录制完成的有89部570集。这些作品内容丰富，大部分既有思想深度，又有艺术魅力。较为成功地塑造出李大钊、瞿秋白、毛泽东、周恩来、刘少奇、邓小平、刘伯承、宋庆龄等几十位领袖人物形象。同时，涌现出一批思想好、业务精的重大革命历史题材影视编剧、导演、演员等优秀人才。

党和国家领导人对重大革命历史题材影视创作的成就给予高度评价。江泽民同志为《大决战》、《大转折》、《特殊连队》等多部作品题写片名。对电影《周恩来》，江泽民同志作出了“精致、深刻、感人”的高度评价，李鹏同志亲笔写下了“演技绝伦，情出于心，再现总理，光照后人”的题词。丁关根同志对重大革命历史题材电影创作的成就给予很高评价。他说，新中国电影发展史上曾经出现过两个高潮。50年代末60年代初，为庆祝建国10周年创作了一批优秀影片，形成了第一个高潮。为纪念建国40周年、建党70周年和毛泽东同志诞辰100周年，推出了一批革命历史题材“大片”，中国电影出现了第二个高潮。同时，中央领导同志对重大革命历史题材的电视剧创作也给予了充分肯定。

重大革命历史题材影视作品的大量涌现，在社会上产生了广泛而深刻的影响。中宣部、国家教委、广电部和文化部联合推荐的全国中小学生百部爱国主义教育影片片目中，就有13部重大革命历史题材电影故事片和1部电视剧。观看和评论重大革命历史题材影视片，已成为许多群众学习和文化生活的重要内容。在全国性的影视评奖中，重大革命历史题材的影片约有80%获奖，电视剧有22部获广电部“飞天奖”。

二、总结经验　再创辉煌

十年来，重大革命历史题材影视创作已经积累了丰富的经验。

1. 坚持马克思主义唯物史观，对重大革命历史事件、重要历史人物获取丰富的真实的历史资料和全面、准确、辩证的认识，是重大革命历史题材影视创作的灵魂所在。

重大革命历史题材影视创作，目的是运用影视艺术生动地再现中国共产党领导下的重大革命斗争历史事件，塑造我党革命领袖的光辉形象。因此，必须坚持马克思主义唯物史观。只有这样才能像邓小平同志说的那样“教育和引导人们正确地对待历史”，才能真正理解历史的进程，才能把握历史的内在规律和发展趋向，才能真正发掘出重大历史题材所蕴含的历史内容及历史意义，才能对历史人物、历史事件作出实事求是的准确评价，从而准确、深刻地塑造革命领袖的形象。回顾《西安事变》、《开天辟地》、《开国大典》、《孙中山》、《周恩来》、《大决战》等优秀影视作品，就不难发现创作这些作品的作家、艺术家坚持站在历史唯物主义立场上审视历史所具有的高屋建瓴的思想眼光，就不难发现唯物史观给重大革命历史题材影视创作提供了“驾驭”历史的能力。

第一，这些作品对革命领袖人物既不神化，也不庸俗化、一般化，而是形象、准确地把握领袖人物伟大的思想情操和人格魅力，在荧屏上再现他们独特的个性，给人留下了难忘的印象。

第二，这些作品对历史事件采取历史唯物主义态度，敢于真实地反映领袖人物之间由于对问题的看法不同而引起的争论和冲突，还历史以真相，并从这些冲突和争论中展现领袖人物的伟大风格和宽广胸怀。

第三，对历史上曾有过功绩，后来落伍、堕落乃至沦为革命对立面的重要历史人物，这些作品坚持以唯物史观艺术地给予适当的表现。

第四，这些作品对历史上的反面人物，也坚持唯物史观，既不丑化、脸谱化，也不简单化，而是形象、深刻地刻画其精神实质。总之，描写中国革命重大历史题材，离不开马克思主义唯物史观的指导。

2. 学习历史、深入历史、感知历史，从而获得“史实”和对革命领袖人物真挚深厚的情感积累，是重大革命历史题材影视创作的必要前提。

学习历史、深入历史、感知历史，是获得“史实”的前提，是获得创作素材、获得对历史的艺术感知的途径。在这一点上，是没有捷径可走的。想在这块艺术园地中有所作为，首先要求创作者老老实实地进入历史环境、氛围、事件及人物的精神世界，感知、体验、理解历史。只有这样才能真正进行艺术创造。

十年来的成功经验证明：学习历史、深入历史、感知历史，从而获得“史实”和对革命领袖人物真挚深厚的感情积累，是创作出无愧于伟大革命历史和革命领袖的影视作品的必要前提。短篇电视剧精品《秋白之死》的创作，就是电视剧艺术工作者“努力学习，求助于学者、专家”的结果。张天民同志创作的电影剧本《开国大典》，史超等同志创作的电影剧本《大决战》，张子良同志创作的电视剧本《西行漫记》，以及王铁成同志在电影《周恩来》中扮演周恩来，王仁同志在电影《毛泽东和他的儿子》中扮演毛泽东，赵有亮同志在电视剧《秋白之死》中扮演瞿秋白，都在这方面有着深刻独到的体会。

3. 遵循艺术创作的特殊规律，将镜头的焦点对准人物的精神世界和情感世界，坚持写人、写事、写精神风貌，着力塑造好活跃于重大革命历史事件中的领袖人物形象。

十年来的经验还证明：重大革命历史题材的影视作品，离不开对重大革命历史事件的叙述，因为事件反映了历史的进程，是历史的外在表现。人物才是事件的“主体”。这就要求重大革命历史题材的影视创作必须处理好叙述“事件”与塑造“人物”的辩证关系。二者是相辅相成的。写人，离不开人之所作所为所想；写事，实际上写的还是人之所作所为所想。如果说史学的任务主要在于叙述历史事实，那么历史题材的文艺创作则主要是塑造人物形象。十年来，在重大革命历史题材影视创作中，一系列鲜明生动的领袖人物形象从“历史”中走出，走到人民群众中间。这些作品深受人民群众欢迎，给人民群众以鼓舞，就是因为领袖的精神和人格感动了人民，推动了历史的进程。

4. 加强和改善党的领导，努力实现题材资源的最佳配置和创作生产力诸因素的优化组合，是重大革命历史题材影视创作出精品、出人才的有力保证。

十年来的经验还表明：党中央高度重视重大革命历史题材影视创作，不断为繁荣这方面的创作指明方向和创造条件。十年来，八一电影制片厂拍摄的这类题材影片数量最多，题材创作难度最大，投资最多，发挥了部队电影厂的优势，实现了最佳配置和优化组合。十年来已完成6部12集“大片”（1部2集的《巍巍昆仑》，3部6集的《大决战》，1部2集的《大转折》，1部2集的《四渡赤水》）；5部10集的《大进军》中的《解放大西北》已审查通过，《席卷大西南》正在后期制作，《南线大追歼》在摄制中，《渡江之战》等正在筹拍。

长影厂、潇湘厂、广西厂等都拍摄了多部这类题材的影片（长影厂：《开国大典》、《重庆谈判》；潇湘厂：《毛泽东和他的儿子》、《刘少奇的四十四天》、《秋收起义》；广西厂：《周恩来》、《百色起义》）。

三、多出精品　繁荣创作

十年来，我国重大革命历史题材影视创作成就喜人；但比起党和人民寄予的厚望，还有较大距离。因此，要重点处理好以下几个辩证统一关系：

1．进一步正确处理好历史真实与艺术真实的辩证关系。

重大革命历史题材影视创作，是通过艺术的方式再现历史。这就要求艺术创作必须在“尊重史实”的基础上进行艺术创造。如果忽视了历史的“尊严”，不顾基本的历史事实而随意编造所谓“情节”，势必导致对历史的“伤害”或“歪曲”，以至于传播错误的历史知识，最终也无法达到对历史的真实反映。

当然，这并不等于说，艺术创作在这里不能有任何虚构和想像，如果是这样，那就无法进行艺术创作了。我们知道，历史已经成为过去，虽然大的历史事实是确定不移的，但历史事件的具体细节大都失落在历史时空中了，这就要靠艺术想像来“充实”，通过艺术想像和艺术虚构以达到对历史的真实再现，达到艺术真实。但这里的艺术想像和虚构，又必须是符合于历史规律、历史环境及人物性格内涵的想像和虚构。我们反对对重大革命历史题材及其史实进行随意“戏说”的倾向，反对对革命领袖形象塑造的任何随意编造。

2．进一步正确处理好艺术家加强自身的责任感、使命感与提高自身的艺术创造能力的辩证统一关系。

重大革命历史题材的影视创作，是社会主义精神文明建设和有中国特色社会主义文艺的重要组成部分，其重要性和严肃性都决定了艺术家必须充分认识到自己肩负的社会责任和时代使命。缺乏这种责任感、使命感，就不能清醒地认识到重大革命历史题材影视创作的地位和作用，就容易背离严谨的现实主义创作道路而将重大革命历史和革命领袖写“歪”、演“歪”。但是，我们还应当辩证地看到：仅有这种责任感、使命感而缺乏将重大革命历史和革命领袖艺术化、形象化的审美创造能力，同样会把波澜壮阔的重大革命历史和伟大的革命领袖写得或演得公式化、概念化，这也是另一种形式的写“歪”、演“歪”，同样对革命有害。我们应当把加强自身的责任感、使命感与提高自身的审美创造能力辩证统一起来，不做空头政治家，也不做不懂政治的艺术家。

3．进一步正确处理好数量与质量的辩证关系。

人类文艺发展的历史表明：没有数量就无所谓质量，但没有质量的数量也是没有意义的。近十多年来，方兴未艾的重大革命历史题材影视创作，数量上经历了由少到多、质量上经历了由较低到逐步提高的过程。但发展到今天，提高质量已成为当务之急。丁关根同志说：“提高文艺作品质量已经成为促进文艺全面繁荣的关键环节。”重大革命历史题材的影视创作，尤其需要强调以质取胜，强调“少而精”的原则。这是因为：第一，一部精品的作用是一百部一般化的作品都无法比拟的；第二，重大革命历史题材资源是有限的，极其珍贵，所以，更要精心创作，务求出精品；第三，重大革命历史题材影视创作，再现的是波澜壮阔的历史场景，塑造的是革命领袖人物，创作难度大、投资高，若盲目追求数量，势必造成资金分散，影响质量；第四，重大革命历史题材，一般说来，至少在相当一段时期内不会重拍，故一旦决策上马，就应以质取胜，否则将造成难以弥补的损失；第五，观众的欣赏水平日益提高，要求看到更多的精品，否则会出现有作品、无观众的情况。

控制数量，不仅指作品的数量，而且每部作品本身也要精练，篇幅不要拉长。今后，应定个原则，能拍成一集的影片不要拍成两小时；能拍成两小时的，不要拍成上下集；影片最长不要超过三小时，否则不利于观众欣赏，也不符合电影市场运作规律，将会大大影响社会效益和经济效益。

4．进一步正确处理好加强宏观调控与尊重艺术创作规律的辩证关系。

重大革命历史题材的影视创作，需要加强宏观调控，避免盲目性和随意性。但宏观调控主要是把握作品导向，控制拍摄总量，协调选题计划，核实重要事实，以保证作品的质量。作为领导小组主要是做好服务工作，咨询工作，指导工作，并不干预作家和艺术家的具体艺术创作。在重大革命历史题材的影视创作当中，我们一定要尊重艺术创作规律，充分尊重作家、艺术家的创造性劳动。调动他们的积极性，激发他们的创作热情，使他们的艺术才华得到充分发挥，从而促成重大革命历史题材的影视创作百花齐放，春色满园。

四、加强领导　搞好规划

党中央对重大革命历史题材影视创作历来十分重视。1985 年，中央书记处提出了反映重大革命历史题材作品必须遵循的四条原则；1987 年，经中央书记处批准，成立了重大革命历史题材影视创作领导小组；1990 年，中共中央宣传部、解放军总政治部、广播电影电视部、文化部作出了《关于重大革命历史题材作品拍摄和审查问题的规定》；1992 年，召开了“重大革命历史题材创作会议”；1996 年，又对领导小组进行了调整、充实。各省、自治区、直辖市党委宣传部和广播影视厅（局）也十分重视重大革命历史题材影视创作。为了保证将繁荣创作的措施落到实处，应进一步加强领导，重点解决好以下几个问题：

1. 抓好题材规划。

领导小组不仅仅是个审查机构，而且还要加强对重大革命历史题材电影电视剧创作的规划和协调。近几年来，重大革命历史题材的电影电视剧发展很快，每年都有几部影片、几十部电视剧投入制作，这说明重大革命历史题材电影电视剧创作的繁荣。但也存在一些问题，主要是：(1) 题材不平衡。有些领域和人物涉及到了，有些领域还是空白。(2) 存在题材撞车和重复投资的问题。(3) 存在题材涉及的历史事件和历史人物面过宽过广或过小过碎的问题。(4) 有些作者不够严肃，掌握材料很少，就动笔编剧，剧本未审定就要开拍。(5) 有的部门工作不够认真，送审剧本未进行论证就签字、盖章，送领导小组。(6) 扮演革命领袖的演员选择不当，神形都不像，有损党的领导人的形象。今后在每年电视剧题材规划会上，要把重大革命历史题材的选题单列一项，做好平衡协调工作。

2. 加强规范化管理。

重大革命历史题材电影电视剧创作之所以要加强规范化管理，建立严格的送审报批制度，目的是为了保证政治上导向正确，史实上准确无误，创作上精益求精。近年来，绝大多数重大革命历史题材的电影电视剧都是按照规定报送的，对领导小组提出的意见也是尊重的。但也存在重大革命历史题材影视作品把关不够严格，出现不经审批擅自投拍、上映、播出的现象。

为此，领导小组认为：必须严格此类题材电影电视剧创作的管理工作，一定要严格按照中宣部、解放军总政治部、广电部、文化部《关于重大革命历史题材作品拍摄和审查问题的规定》执行。

江泽民总书记在中国文联和中国作协代表大会上讲话时指出："一个伟大民族的过去、现在和未来，都会有文艺的发展和繁荣相伴随。文艺是民族精神的火炬，是人民奋进的号角。"我们国家正处在改革开放的新时期，政治稳定，经济繁荣，国泰民安，必然伴随文艺创作的新的繁荣。我们一定要在以江泽民同志为核心的党中央领导下，坚定不移地坚持"二为"方向和贯彻执行"双百"方针，团结一致，奋发图强，创作出更多的思想精深、艺术精湛、制作精致的重大革命历史题材影视作品。

（杨伟光）

（摘自《电视研究》1997 年第 9 期）

跨世纪的选择
——关于社会主义精神文明建设的思考

改革开放以来，伴随着我国社会生产力水平和人民生活水平的提高，社会主义精神文明建设已取得了很大成就。但是,，目前在精神文明建设方面还存在着一些不容忽视的问题，对这些问题如不加以研究和解决，建设有中国特色社会主义的宏图大略就可能变得苍白，21 世纪的中国或许会走入一个畸形发展的误区。

一、社会主义精神文明：机遇和挑战

社会主义精神文明的建设，离不开特定的时代背景。当代中国建设社会主义精神文明，就必须着眼于社会主义市场经济。社会主义精神文明的建设，是在一个充满活力的经济体制中发生和发展的。实践对创建精神文明具有积极的影响，具体来说：

（一）社会主义市场经济体制促使人们平等和独立意识的增强。社会主义商品经济的市场规则，是建立在相互独立的法人主体的交往基础上的。在商品交换中，不承认任何权贵和家族的力量。任何企业与个人，作为社会机体的一部分，相互之间都是平等的，大家通过公平竞争，获得各自的发展。市场经济所以能唤起人的解放，这是由市场经济的内在特点所决定的。社会主义市场经济体制的建立和完善，将促使人们增强平等和独立的意识，即通过商品交换塑造新的人与人的平等关系，价值规律构成了社会联系的一个重要尺度。

（二）社会主义市场经济将促使人的道德自律意识增强。市场经济的人格价值就是诚实守信，这是市场经济的通行证。在成熟、规范的市场经济中，每一个参与商品交换的人，首先必须是一个讲信用、重名誉的人。离开这一点，他在市场经济的大潮中将寸步难行。所以，这就必然引导公民强化道德自律意识。

（三）社会主义市场经济的发展有助于新的道德规范的建立。市场经济机制是在一整套透明、公正的规范中运转的，这就需要一整套道德规范与之相适应。比如现在的承诺制、职业道德等，都是在社会主义市场经济中应运而生的。

在承认社会主义市场经济对推进社会主义精神文

明建设的正面效应的同时，它的负面效应，也不可避免地给我们的精神文明建设带来消极影响。

首先，市场经济作为一种资源配置方式，必然促使每个集团和个人朝着利润最大的方面努力，都企图以最小的投入获得最大的利润。对此，我们必须看到：一方面，市场经济确实增强了生产力发展的动力；另一方面，市场经济将诱发拜金主义、个人享乐主义和地方本位主义的萌生与泛滥。当我们看到某些企业为了扩大市场占有份额，采用种种卑劣手段，千方百计地贬损对手，抬高自己的情况时；当我们看到那些为了暴富，置人民生命健康于不顾，大肆出售假冒伪劣产品的丑恶行为时；当我们看到那些一掷千金的大款，闲得无聊，竟然目无法纪地比赛烧人民币的恶作剧时，我们仅仅鄙视和愤恨就显然不够了，冷静地追溯产生这些现象的原因，并采取相应的措施才能真正防患于未然。

其次，市场经济已在导致社会生活和规则的错位。发展社会主义市场经济，是历史必然的选择，但市场经济是有一定的范围和界限的。如果不着边际地发展，必将导致社会角色的错位和国家秩序的混乱，而在此基础上形成腐败和堕落是难以避免的。从现实的情况来看，市场经济规则已经在向不能市场化的领域和部门侵入。比如教育，某些部门的个别人为了一点蝇头小利，竟然置百年树人的崇高职责于不顾，对学生入学漫天要价，结果使一些品学兼优的学生因家庭经济困难而被阻在校门之外。再说文化艺术部门，我们提倡艺术品也应当适应市场经济的内在机制而进行运营，但绝不是说艺术创作的过程就要完全迎合市场。文化艺术的创作是人类精神的创造，它需要对生活和未来有着满腔的热情与冷静的思考，任何急功近利和浮躁心态都不可能创作出无愧于时代的伟大作品。如何将市场经济和艺术的超越有机地结合起来，这是我们文化部门建设社会主义精神文明的一个重要且又具体的课题。另外，我们党内目前存在的腐败现象，就是由于某些党员干部已经忘记党的全心全意为人民服务的宗旨，忘记了自己是人民的公仆，将市场交换原则带进了党内生活，将人民交给他的权力变成为自己谋取私利的工具，这就必然引起群众的不满和义愤。

总体上说，在社会主义市场经济的背景下建设社会主义精神文明，是一个新的历史尝试。我们既要看到新体制对新的道德观念的呼唤，又必须正视市场经济本身所带来的种种问题。如何把握跨世纪的机遇和挑战，需要的是马列主义、毛泽东思想和邓小平建设有中国特色社会主义理论的指导。

二、物质文明和精神文明的辩证关系

哲学的基本问题就是社会存在和社会意识的关系问题。辩证唯物主义科学地解决了社会存在和社会意识的关系：即社会存在决定社会意识，社会意识对社会存在具有反作用。

很显然，在处理物质文明和精神文明的关系时，必须坚持历史唯物主义的观点。具体来说，我们研究精神文明决不能局限在精神领域中，而必须从物质文明和精神文明的互动角度，把握社会主义精神文明的内在特征。“在社会主义时期，物质文明为精神文明的发展提供物质条件和实践经验，精神文明又为物质文明的发展提供精神动力和智力支持，为它的正确发展方向提供有力的思想保证。”（见《中共中央关于加强社会主义精神文明建设若干重要问题的决议》）

物质文明以商品的生产、流通和消费活动为自身存在的形式。在商品交换中所形成的价值导向，构成了物质文明和精神文明互动关系的中介环节。在资本主义社会中，由于资本主义固有矛盾的存在，致使物质文明和精神文明在根本上难以统一。一些资产阶级学者也看到了资本主义社会的这一痼疾，并力图来治愈它，如企图通过宗教等手段来净化人们的心灵。但这是徒劳无益的。因为他们没有或者不想看到，正是由于资本主义生产关系所内生的价值导向，才使得人的价值观念错位，正是资本的人格化，在操纵着资本主义的精神交往。

当我们把视角转到社会主义精神文明的构架中时，就不能不审视我们现有的商品生产和商品交换关系。党的十四届六中全会决议指出：“在改革开放和现代化建设的整个过程中，思想道德建设的基本任务是：坚持爱国主义、集体主义、社会主义教育，加强社会公德、职业道德、家庭美德建设，引导人们树立建设有中国特色社会主义的共同理想和正确的世界观、人生观、价值观。”这一论断，可以成为社会主义精神文明建设的理论指南。但我们仅仅认识到这一点还不够，我们还要追问的是，为什么社会主义精神文明必须以爱国主义、集体主义和社会主义为核心，社会主义精神文明和资本主义精神文明在何处体现着根本的区别。这一问题的答案，只能是社会主义的生产方式。社会主义公有制所内生的价值目标，必然将引向爱国主义、集体主义和社会主义的精神旗帜下。直接地说，现有的以公有制为主体的社会主义生产关系，是建立社会主义新型人际关系的基础，是宣传集体主义的源和本。离开这一点，社会主义所宣传的集体主义精神就成了无本之木，无源之水。

为什么长期以来，在两个文明一起抓的问题上存在“一手比较硬、一手比较软”的问题？为什么在一些领导同志的心目中会出现对于精神文明“口头上喊重要，工作起来次要，忙起来不要”的看法？就是因为这些同志将物质文明和精神文明“分而治之”，片面理解以经济建设为中心，将精神文明建设排除在社会主义现代化建设任务之外。而直接从事精神文明建设的文教宣传部门，尽管也意识到精神文明建设的重要性，但由于没有从物质文明和精神文明互动的整体角度出发，在研究和布置建设精神文明的工作时，就精神文明谈精神文明，这显然是缺乏力度的。历史唯物主义的基本原理告诉我们，对于人们的精神观念，既不能从它们本身来理解，也不能从所谓人类精神的一般发展来理解。

问题的关键还在于现有的生产方式。比如现实社会，为什么“人无横财不富，马无夜草不肥”这类腐败思想又会在一些人的头脑中萌发？就是由于我们的法制建设还不完善。一些人正是利用这一点大发横财，更有些人则是利用手中的权力，置党纪国法于不顾，大肆挥霍、鲸吞国家财富。再比如，我们国家是以按劳分配为主的，但在现实生活中，有一部分人并不是依靠自己的诚实劳动致富，而是通过走私、逃税、贩黄、贩毒等歪门邪道成为暴发户的。试想：如果那些爱岗敬业、勤奋工作的人，将自己的收入与那些暴发户相比，心理怎么会平衡？由于社会分配不公所形成的扭曲的价值导向，我们千万不可小视。作为现代化传媒的电视，在宣传社会主义精神文明方面，一定要弘扬爱国主义、集体主义、社会主义的主旋律，引导人们树立正确的世界观、人生观和价值观，为建设有中国特色社会主义自强不息，顽强拼搏。

要真正解决一些单位在两个文明建设中存在的“一手比较硬、一手比较软”的问题，办法只有一个，就是将二者统一起来。对于直接从事物质生产和商品流通的决策者来说，恐怕不能仅仅满足于卖多少货，占有多少市场份额，而必须考虑到自己的经济活动所产生的价值导向和社会后果。如果根本无视社会主义精神文明的大环境，一味地追逐利润，结果将既害人又害己。同样，对于精神文明建设的决策部门来说，应当视野更加开阔一些，要注意堵住在现有的物质生产和商品流通领域中存在的落后价值观的源头，把握社会主义的价值导向。这也就是我们常说的两个文明要齐抓共管，常抓不懈。

三、注意研究社会主义精神文明的自身规律和特点

作为社会主义意识形态的社会主义精神文明，当然有受制于现实的社会物质生活条件的一面，但社会主义精神文明有其自身的演进规律，存在着相对独立性。

首先，社会主义精神文明作为一种社会意识形态，具有一种相对独立性。主要表现在三个层面：一是社会主义精神文明与社会存在变化发展的非同步性。一般来说，社会意识的变化往往落后于社会存在的变化，这就需要我们在改变社会物质生活条件时，要毫不松懈地在转变人们相对滞后的观念上下功夫。当然，这种非同步性还表现在先进的思想意识可以超越现实社会存在的发展状况，成为社会变革和发展的思想先导。如马克思主义和邓小平建设有中国特色社会主义理论。还有从雷锋到孔繁森，作为一种共产主义思想道德的象征，他们的人格精神就体现着对现实存在的超越。二是社会主义精神文明和社会经济发展水平的不平衡。有一种观点认为，经济上去了，精神文明自然而然就上去了，这种观点是很片面的。三是社会主义精神文明具有历史继承性。社会主义精神文明不是凭空产生的，它是在对传统优秀文化的继承基础上形成的。中华民族数千年历史，具有丰富的优秀思想传统，社会主义精神文明只有吸收中华传统文化的营养精华，才能立足于当代，也才能真正立足于世界。

其次，社会主义精神文明建设具有长期性和复杂性。社会主义精神文明作为当代中国人的精神坐标，既必须从中国传统文化中汲取营养，又面临如何有批判地继承西方文化。一个人新的价值观的建立，并不是一朝一夕的事。用行政命令，搞群众运动的方式去抓精神文明，可以收到一定的宣传效果；但如果仅仅依靠这种方法，不考虑社会主义精神文明建设的长期性和复杂性，那就很难形成建设社会主义精神文明的合力。社会主义精神文明作为一种精神生产，在较短的时间内不一定有很好的经济回报，我们不能急功近利。

再次，社会主义精神文明具有高度的创造性。西方一位学者曾指出，政治的尺度是权力的公正；文化的尺度是精神的创造；经济的尺度是物质的盈利。这一观点对我们是有一定启发意义的。我们说社会主义市场经济是中国人民的历史创造，而在此基础上所建设的社会主义精神文明，更是一种空前的创造。

社会主义精神文明所具有的高度创造性，主要表现在以下几个方面：一是保持社会主义精神文明同社会主义市场经济的协调性。二是社会主义精神产品具有不同于物质产品的不可重复性。十二亿中国人，每个人的道德观念、文化素养皆不尽相同，千篇一律地推出一些精神产品，是不可能产生好效果的。必须根据不同层次的人，有针对性地推出精神产品，要将社会主义精神文明的先进性和广泛性有机地结合起来。

三是精神文明的创造具有非盈利性。精神文明建设的内在特点是精神创造行为，而不是市场行为。将这两者作出简单的等同，就必然会使精神产品失去创造性。这一点我们是有过经验教训的。

我们正处于一个伟大创业的时代，伟大创业的时代需要伟大创业的精神。如果将建设有中国特色社会主义比做一艘历史巨轮的话，那么社会主义精神文明就是这艘巨轮的舵手。只有摆正舵手的位置，发挥舵手的作用，这艘历史巨轮才能乘风破浪，一往无前。

（赵化勇）

（摘自《电视研究》1997年第4期）

提高电视科普宣传水平的一次成功尝试

——在现场直播报道《日全食——彗星天象奇观》座谈会上的发言

这次日全食的直播非常成功，领导同志和广大观众都交口称赞。这是科技工作者和电视工作者成功合作的一个最新成果，我代表中央电视台对各位科学家给予的具体指导和大力帮助表示衷心感谢！借这个机会，我想谈一下为什么要投入这么大力量搞这场大型直播。

我们搞这场直播的目的，最主要的是想探索电视如何进一步加大科技和科普宣传的力度。现在各国的竞争，从表面上看，体现在政治、经济、科技、文化等诸多方面，但是，经济因素在竞争中的分量越来越重，而经济领域的竞争归根到底还是科技实力的竞争。“我们再也不能容忍、漠视，我们一艘万吨巨轮，满满的一船货物，换不回人家一小集装箱的东西！”这种不等量的交换实质上是我们的科技实力弱于别人的一种表现。面对这种情况，我们深深地感到，中央电视台作为国家电视台，作为党的喉舌，作为一个有影响的大众传媒，应该把提高全民族的素质作为一项十分重要的宣传任务。电视台不可能搞出什么尖端的科技成果，但是如果我们在科学普及教育、在提高亿万群众的科学意识上做出一些卓有成效的工作的话，我们对中国科技进步所起到的推动作用同样是不可估量的。

在直播日全食——彗星天象奇观的时候，中科院的一位院士讲了一句话，说自己从小就是一个天文爱好者，由于看了一次日全食，后来便走上了天文学研究之路。那么，在观看我们这次直播节目的观众当中，或者在漠河现场观测的那些观众当中，将来也许会出现一些有成就的天文学家或者是其他学科的科学家。为了通过电视节目激发广大青少年对科学的热爱，当获悉3月9日将要出现天象奇观的信息后，我们毅然决定，利用卫星和微波，将北京、南京、昆明、漠河四地联成一个网络，直播这次天文奇观，普及天文科学知识。这不是一场普通意义上的直播，我们希望通过这个节目探索一种更有效的科普宣传方式。直播结束后，有些观众来信说，我不懂日全食的科学秘密，也搞不清科学家如何能计算得如此精确的科学道理，但是你们的直播引发了我对认识自然界的极大兴趣。观众的这席话使我们感到欣慰，它表明我们的直播基本上达到了预期的目的。我们搞这场大型直播，就是想通过自己的节目，增强全国人民的科技意识，使之对科技的爱好和兴趣更加浓厚。直播结束后，我在一些6岁到10岁的儿童中作了一次调查，他们对这场直播表现出了比大人更浓厚的兴趣，他们提出的问题虽然摆不上大雅之堂，但他们看了这个节目后，所表现出来的对自然奇观的兴趣、爱好和探索愿望，使我们感到很欣慰。有了这种探索大自然奥秘的愿望，也许能为他们今后成为科学家奠定一个小小的基石。

最近一段时间，中央电视台正好在黄金时间播出了系列专题片《科教兴国》，所以有的观众联系这次大型现场直播，说中央电视台兴起了一场“科技热”。

对于日全食和彗星的出现，中国历史上有过各种各样的说法。至今，在我国广大农村仍流行了各式各样的传说，其中不乏一些迷信说法。这是科学普及不够所致。破除迷信，光靠行政手段，很难有说服力，很难达到目的，它还需要靠科学普及教育。所以我们也想利用这次机会，进行一次扫除迷信的科普宣传。事后我们采访了一些农民，他们都认为这次直播的效果很好。看了这次直播，使他们对日全食和彗星这两种自然现象有了正确的认识。在这一点上，我们的直播也达到了目的。因为在屏幕上讲话的，不是我们的记者，而是科学家，可信度非常高，科普的力度也非常大，效果非常好。这是我们为什么要搞这个直播的第二个原因。

第三，电视作为一个大众传媒，为广大观众服务是我们的职责。虽然日全食的出现，是一个非常吸引人的天文现象，但是由于受地域、天气等因素影响，能看到的人毕竟有限。作为电视工作者，我们有责任利用现代化的传播工具，来满足亿万电视观众观看这次天文奇观的需求，所以我们同步直播了昆明、南京、北京的日偏食和漠河的日全食，较好地满足了各地观众的需求。我们采用多点直播的方式，把几个地方的景观同时展现在观众的面前，使观众足不出户，就对这次发生在全国范围内的日食天象有了一个全方位的认识和了解。这也是当初我们决定直播的一个重要因素。

还有一个重要原因，就是电视传播本身发展的需要。电视本身就是科学技术发展的一个产物，我们的传播工具，包括我们的直播设备本身就是先进科技的一种表现。这次日全食——彗星天象奇观的直播，在中央电视台的历史上，从技术和操作的难度上来讲，可以说是空前的。运用现代电子技术为观众服务，就要不断地实践、总结和提高。

我们这次是四点联网直播，而且直播的内容是不断变化发展着的新闻事件，卫星、地面微波信号都有，切换频繁，直播时间长，技术难度很大。这次直播是对我们电视队伍的整体素质以及我们的工具的一次考验。当初决定直播的时候，我们就要求编导、记者、工程技术人员，要把目前掌握的各种传播手段的最大潜能发挥出来，要把每个人的智慧最大限度地发挥出来。表现在哪儿呢？最终体现在屏幕上。这次直播的结果表明，我们的高科技，我们电视工作者的智慧，在为亿万观众服务方面获得了圆满成功。

以上就是我们当初考虑要直播这次日全食——彗星天象奇观的几个主要原因。现在看来，我们的直播是很成功的。当然也还有不少值得改进的地方。所以欢迎各位专家、学者对我们提出意见，提出要求。

（李东生）

（摘自《电视研究》1997 年第 5 期）

关于重大时政活动现场直播的思考

电视现场直播是让人们以最快的速度了解新闻事件、获得信息的重要方法之一。它既有生动的画面，又有真实的音响效果，具有令人身临其境的独特魅力，因此已成为人们喜闻乐见的一种报道形式。

随着电视事业的迅速发展，党和政府的重大政治活动，已经越来越多地采用现场直播形式与观众见面。这就要求电视工作者，要认真研究和探讨时政活动现场直播的内在规律，把握好直播工作要领，以高水平的节目来满足观众对现场直播的需求。

一、时政活动现场直播一定要讲政治

对于时政活动的直播，要讲政治。同样是一场活动，不讲政治，不把握好政策尺度，就会产生不同的播出效果，甚至还会造成大的差错。讲政治，就是要按照党的路线、方针、政策去做，把握正确的舆论导向。如何才能做好，首先有一个对镜头的处理问题。

对镜头的处理是很有学问的。比如对人物镜头的处理，时间是长还是短，是全景还是特写；对新闻事件中的重要人物要用大特写，以引起观众的注意，而对另一些人则可以用全景一带而过。如果突出的是一些次要的人物，就会喧宾夺主，分散观众的注意力。此外，对同样的人采用不同的表现手法，也会产生截然不同的效果。讲政治，就是要求导演在人物镜头的处理上，要做到该突出的一定要突出，该平等对待的一定不能远近大小不一，不然就会引起观众的一些不必要的猜测。

对于场景的渲染，也有一个讲政治的问题。也就是说，通过什么样的表现手法来达到预定的目的和效果。比如，在香港政权交接仪式上，当听到中华人民共和国国歌在大厅中奏响，当看到鲜艳的五星红旗冉冉升起，看到我国领导人出席仪式并讲话时的激动人心的场面，多少人被震撼、被感动！抑制不住热泪夺眶而出，用鼓掌、欢呼、跳跃来表达心中的感情。如果在这关键时刻没有飘扬着的五星红旗的特写，没有国家领导人行注目礼的场景，没有适时的对交接仪式场景的交代，就难以引起观众强烈的共鸣，难以产生震撼人心的效果。

又比如，在香港特别行政区成立暨特区政府宣誓就职仪式上，宣誓人是背对着观众宣誓，如果只简单地把镜头处理成中近景，没有特定环境的烘托，就达不到庄严、神圣的效果。在当时的直播现场，导演在处理画面时，特意将画面景别拉大，使主席台正中的五星红旗出现在画面中，与宣誓人相互呼应，立即使画面突出了主题。载入历史的镜头是：宣誓人在香港回归祖国后，第一次向中华人民共和国宣誓，向包括广大香港同胞在内的中国人民宣誓。

由此可以看出，对于时政活动的现场直播，讲政治非常重要。对导演和摄像等工作人员的要求不仅仅是简单地如实记录事件本身，而应正确把握党和国家的方针政策，并通过重大时政活动现场直播准确无误地来宣传党的方针政策。

二、时政活动现场直播要有周密的计划

电视现场直播需要多工种、多部门的协调和配合才能完成。导演的设想与意图，必须通过各种途径、各种方式去表现，去渲染，去烘托。什么时候需通过

镜头的组接来表现，什么时候要靠解说来点睛，什么时候要让音响来烘托气氛，要用动画特技来强调……总之，导演的意图要让每一个摄像、导播、主持人和技术等工作人员了如指掌，心中有数，这样，他们才能配合导演完成任务。

有了计划性就可减少盲目性。计划本身就要求导演去作更多的调查研究，吃透每一个细节，并对可能出现的意外情况提前想好应付的办法。香港回归祖国的几场现场直播之所以能取得成功，计划性强是一个重要的原因。当时制定了详细周密的直播计划。每一场重要的直播方案都写了几稿，甚至十几稿，反复斟酌、修改。在交接仪式开始后，画面上什么时候出党和国家领导人的图像，什么时候出国旗，什么时候交代环境，什么时候出特写，都有详细的计划；整个直播过程紧张有序，忙而不乱。从这件事中可以看出，详细制定方案将促使人们深入核实情况，避免差错的发生。

三、时政活动现场直播要有较强的应变能力

时政活动的现场直播，要求报道本身与新闻事件同步进行，使观众从电视屏幕上与新闻事件的参与者一同了解事件的整个过程。因此镜头的拍摄和组接不能像新闻片或专题片那样，可以反复琢磨、反复推敲和反复修改。现场直播则要求一步到位，没有修改的机会和余地，一旦出差错，马上就会造成不良影响，留下无法弥补的遗憾。因此对导演的要求很高，包括其组织协调能力、对意外情况的应变能力、对镜头的处理运用、对现场气氛的烘托渲染等等。对摄像的要求则包括镜头的构图、迅速捕捉最具表现力的画面、对座机的操作熟练程度、对导演指令的快捷反应等等。下面，就电视工作者的快速反应和应变能力的问题谈点不成熟的看法。

在直播现场，即使有了详细的计划，也不能说就已万无一失。事件进行中常常会出现意外，这就需要导演和摄像能够在现场保持冷静，对突发的意外情况作出快速反应，在最短的时间里拿出解决问题的办法。不能死抱住原来的计划和方案不放，而应当随机应变，灵活处理。一般来说，在这种情况下，摄像要快速捕捉目标，导演应从容调机，让观众及时了解到现场发生的最新情况。

在电视屏幕上，文艺演出和体育比赛大量采用现场直播。近年来，随着我国电视事业的发展，对时政活动采用现场直播的方式也日趋频繁，这是时代进步的客观要求，也是进一步增强电视宣传效果的重要手段。而对时政活动现场直播规律的探索和理论上的研究还很欠缺，笔者在此对时政性活动现场直播中的政治性、计划性、灵活性问题进行探讨、论证，旨在引起电视同仁的关注，以期从理论上不断丰富完善，促进我国电视事业的日益繁荣。

（陈　征）

（摘自《电视研究》1997年电视业务增刊）

制片人如何经营节目

中央电视台《焦点访谈》和《东方时空》栏目的制片人，是中国电视新闻节目制片人制度的肇始者。所谓制片人，依我的理解就是栏目（节目）的经营者。那么，制片人在栏目（节目）的经营中究竟应发挥哪些作用呢？

一、选题的确立和筛选

选题是节目整个流程的起始。“只要选题选好了，即使有的地方不妥当，是技术问题，改一改、扭一扭就行了。假如选题有问题，再怎么改也是无济于事。”那么，用什么标准选题？简而言之：政府重视、群众关心、普遍存在。制片人要用这三条经线纬线编织的筛子过滤选题，确定留下什么，删去什么。

制片人是一个栏目的“灵魂”，这不仅仅体现在对单个选题的筛选上，更重要的是表现在对系列报道、重点报道的组织策划，把握节目的基调、风格和调配记者等方面。《焦点访谈》创办之初，曾涉猎“扫黄打非”的报道，但因为零打碎敲未能形成气候。1994年10月，我提出变“打一枪换一个地方”为“集团攻势”。经过周密策划，广泛深入采访和精心制作，我们相继推出了《堵黄，这里有漏洞》、《贩黄，这里有暗流》、《扫黄，这里在行动》。这三个节目环环相扣、步步深入，重在探究屡禁不绝的深层原因，整体风格紧张、厚重。播出后，在社会上产生了较为强烈的反响。

1995年春节前夕，新闻评论部把春节期间的节目采制任务交给了我所在的记者组，究竟应该报道什么？春节是阖家团圆的喜庆节日，单纯的应景之作容易落入俗套。经过深思熟虑，我们确立了移风易俗破旧立新的主题。在农历正月初二、初三、初四三天，先后推出了关于春节的话题系列报道《迎来送往话拜年》、《猫冬消闲话禁赌》、《推杯换盏话饮酒》。这三集节目既显现了历史的凝重、文化的蕴涵，又突出了

时代的气息、新闻的价值，观众在收看之余，会把自己在春节期间的所见所闻和所作所为“套进”节目里，心有所动，脑有所思。

二、对采访过程的组织指挥

采访是将已经确立的选题付诸实施的过程，也是节目制作过程中最艰苦、最重要的一环，《焦点访谈》、《东方时空·时空报道》的记者在外奋战，尤其是在身陷困境孤立无援之际更是如此。作为制片人，非常需要倾听他们的有关情况与想法，帮助出主意、想办法。

1994年7月，记者肖晓琳、朱邦录到湖南采访一起重大的经济纠纷案。甲、乙两厂本是各自拥有法人资格的企业，甲厂老李和乙厂小李在某个场合一见如故，于是决定联手经营，但经济关系完全建立在哥儿们义气的情谊上，后来，“兄弟”翻脸，老李说小李欠他数百万元货款没还，小李言老李信口雌黄，最后闹到法庭打起官司。这起经济纠纷的案情错综复杂，记者觉得无从下手，于是打回电话和我商量。我建议他们剪除枝节，抓住关键。从市场经济是法制经济，经济来往要依法规范行为这个主题入手。这样坚定了记者的信心，随后的采访进行得非常顺利，拍出了《亲兄弟明算账》。节目播出后，受到人们的好评。

1994年夏季，华南地区暴雨成灾，中央电视台评论部派出汪清、王晓鹏赴广西，肖晓琳、朱邦录赴湖南，方宏进、刘文赴广东三路记者奔赴灾区采访，我和编辑叶晓林坐镇评论部。为了避免三路记者采访内容重复，出发前有言在先，记者必须把每天的采访情况向后方“总部”报告，由制片人确定采访角度。汪清、王晓鹏到广西后，发现重灾区梧州洪水已退，原定的报道灾情的计划落空。记者在电话中谈到，洪水过后灾区的物资供应丰富，物价出乎意料的平稳，“总部”当即决定广西这一路的报道就放在这个新闻点上。第二路肖晓琳、朱邦录的报道重点表现灾区群众自救方面，于是就有了一户灾民月夜赶路，回家重建家园的故事。赴广东方向的记者侧重报道党和政府关心灾民的情况，用镜头纪录下了中共广东省委书记谢非慰问农户的感人场面。三路报道三个角度，形成了立体，使观众既对整个华南灾区的总体情况有了一定了解，又看到了有血有肉的细节故事。在整个报道过程中，制片人、责任编辑和前方记者前呼后应，内外配合，环环相扣。

三、对节目的初审

在节目初审时，制片人要扮演领导和观众双重角色。制片人应与节目保持一定距离，对节目有所知有所不知，这对客观评价节目非常重要。有所知，是制片人对节目的基本内容有所了解，可以指导记者在现有素材的基础上谋篇布局，遣词辑画；有所不知，制片人毕竟不等同于记者，他以第一观众产生的直觉来感受观众的看法，从观众的角度来建议记者考虑着眼点。

《′95国债今天开始发行》开始拍摄时，我和记者商定了基本思路，要着重表现今年国债发行的意义和规模以及与往年不同的特点。节目完成初审时，我看到这些既定的内容都已充分体现，整个节目结构严谨、脉络清晰、主题鲜明，从政策把关角度来讲也无可挑剔。此时，我从“审”的角度转为从“观”的角度看节目还应强调什么。购买国债是利国利民的好事，节目在利国一面表现得非常充分，但在利民一面表现得还欠缺一点，即购买国债具体到购买者身上能得到多大的好处？于是，我问记者有没有对比算账的内容，记者说素材里有。当时记者在现场让营业员比较用5000元储蓄和购买国债，何种作法更合算，结论是购买国债要比储蓄划得来。我觉得这段采访非常具体实在，决定将此加入片中，成为节目的一个“兴奋点”。

那么，作为制片人在初审时，具体从哪些方面入手呢？

1．角度——怎么来说。

同样一个问题，“横看成岭侧成峰”，站在不同的立场，会得出不同的结论。同样，对《焦点访谈》、《焦点时刻》而言，寻找正确的角度无疑是至关重要的。

比如，我们曾经做过一期《让悲剧不再发生》的节目。讲的是鞍山市一对老年夫妇，在百般无奈的情况下“大义灭亲”——杀死了自己的逆子。这个选题看起来很吸引人，但做起来却很棘手。如果单从案子讲，就会成为一个耸人听闻的凶杀案件；如果从这个逆子该不该杀入手，就会陷入情与理的两难局面。后来我们从悲剧为什么会发生这个角度，谈任何矛盾不要等尖锐化到不可收拾时再处理；有关部门也不要把家庭成员之间的冲突，仅仅看做是家务事而袖手旁观，应探讨如何避免此类悲剧的再发生。节目没有陷入案件本身，而是由此生发出去，使选题具有了普遍意义。

2．分寸——说到什么份上。

解决了怎样来说的问题，接下来就是说到什么程度了。从事焦点报道的记者常会有这样的感受，说浅了不是，说深了也不是，分寸究竟怎样来把握？

为了引起广大家长和社会各界注意，我们曾做过一个关于流浪儿童的节目，题目叫《回家的路有多长》。

这个选题，如果分寸把握不好便会事与愿违。假如我们的目光狭窄地只盯在流浪儿童身上，自然主义地展示流浪儿童的悲惨境遇，不去反映政府为此所做的大量、艰苦的工作，也许节目的“观赏性”会更强。但是，那将会产生什么样的效果呢？显然，这个分寸要把握好。

我们在拍摄《回家的路有多长》这个节目时，既有选择地表现了流浪儿童的生活状况，又实事求是地分析了这些儿童离家出走的原因，还反映了党和政府为此所做的卓有成效的工作。一位中央领导同志看了这个节目后，称赞节目分寸把握得比较好。

3. 时机——什么时候说。

时效性是新闻要素之一，可以说，它是新闻的生命。但是，时效不应简单地理解为就是“快”，还应包含“时机”这层意思。对《焦点访谈》、《东方时空·时空报道》这类深度报道栏目，这点显得尤为重要。

我国如此之大，又处于改革开放的社会变革时期，新的矛盾、新的问题无时不有，无处不在，如果发现一个搞一个，搞出来就播，热闹倒是热闹，但节目播出后不一定都能有利于问题的解决，有时还会帮倒忙，甚至添乱。

那么，什么时候是节目播出的最佳时机呢？我们认为，最佳时机即是节目发挥最大新闻价值的时候。对于大多数报道，特别是突发性事件，能快则快，一分钟一秒钟都不能耽误。而对问题性报道，则要选择良机，早了晚了都不行。早了矛盾正处于白热化，问题正值扑朔迷离之时，说了可能会“添乱”；晚了，矛盾冰释、问题解决，这时再播便成了“马后炮”。

不仅问题性报道要讲时机，正面报道也要讲究时机。1996年4月，我们了解到天津新兴街街道通过开展邻居互帮互助活动，建立起一种新型的人际关系。题目不错，把握起来也不难，但是，放在整个社会大背景下考虑，此时播出效果一般。到了5月下旬，我们敏锐地感觉到时机成熟了，派遣记者叶晓林、孙杰、朱邦录赴津采访，节目于6月3日晚播出。“人人帮我，我帮人人”、“高楼的一扇扇铁门可以是关闭的，但是人们友善的心扉却应是敞开的”这样的主题、这样的话语，在这个特定时间里说出，它的新闻价值大大膨胀了。

（梁建增）

（摘自《电视研究》1997年第12期）

漫谈栏目形象与包装

近年来，许多电视栏目就像春天里的年轻姑娘一样，纷纷穿起了多彩的服饰。一时间，把荧屏装点得像个五彩缤纷的大花园。

电视节目栏目化的发展，使栏目的包装成为一门颇为时髦的行当。单个节目小包装，整体栏目大包装，包装方式也各有千秋。既然包装问题如此之快地推到电视事业发展面前，那么，如何提高对包装的认识，审美情趣就显得很重要了。下面就此谈点个人看法，以与电视同仁一道探讨。

理性思维之后

我常常把栏目的包装和人们的服饰相比较，因为我感到它们之间有许多相似的地方。要出门上街了，人们往往要从着装上下点功夫，目的是使自身的形象更漂亮。栏目要和观众见面了，也要考虑以一种什么样的形象面对观众。形象应该包括两个方面：一是“形”，指表面可视的外貌、形态；二是“象”，即通过外形表现出来的气质、精神，同时也包括自己在他人心目中留下的印象。由此看来，一个栏目的包装，只解决了它的“形”的问题，而“象”，则要通过节目本身的定位、宗旨、形态与受众的关联以及深入程度来决定。这是一个很复杂的问题，这里，我仅想取其一，就“形”的问题来作些探讨。

人们的服装虽然随着观念的不断更新，经历了一次又一次的衍变，但总的趋势还是向着实用、大方、美观的方向发展。那么，栏目的包装呢？它虽然只有短短几年的历史，但已经是一步跨入电子时代的激烈竞争中去了。

电子特技手段，为人们提供了思维的广阔天地。但是，先进的制作手段也要运用得当，这里面有一个审美情趣问题。拿一位姑娘打比方，从头到脚有多少包装呢？帽子（或头饰）、耳环、面部化妆、发型、项链、服装、装饰带、手袋、袜子、鞋。如此之多的东西，把一个人包装起来，就出现了一个搭配是否得当的问题。那么一个栏目呢？有片头、主持人串联、广告、内容提要、小板块的片头、节目过渡提示、片花、宣传片、片尾字幕等等。同样的道理，栏目的包装也有个搭配是否得当的问题。

因栏目制宜为好

每个栏目在确定了自己的宗旨、功能、形态、涉及范围及受众面之后，就要考虑树立本栏目的形象了。按说，这么多栏目，形象应是千姿百态，各有特色，但现实并非如此。仅以片头为例，如今的片头基本上都是用三维特技制作的：多重画面的叠加，翻滚的字幕，绚丽的色彩。第一个用三维特技制作片头的栏目大概不会想到，短短几年后，已被成百上千个同样的片头淹没了。中央电视台的八套节目，现有200多个栏目，就按每天有100个栏目播出，每个片头按30秒计算，光播片头的时间加起来就得50分钟，再重播一次就是100分钟，相当于一台大型晚会的时间。它提醒我们，要珍惜这30秒钟，要找到适合自己的“帽子”。非要用三维特技吗？动画行不行？两维行不行？

用三维特技做一个片头，最少要花两万元钱。100个片头就是200万。一年换一次，开支的确不得了。因此，我认为栏目的“帽子”要创新，关键要看做得是否适合，把英格丽·褒曼的小呢帽戴在刘姥姥头上是肯定不会好看的。

站远点看更明白

太太买了套新衣服，我是当然的第一位鉴赏者。每当她装扮好后，我总要说：“劳驾，站远一点。”

站远点儿，为的是看全貌。一个新栏目，从头到脚包装了一遍，也要“站远点”多看几遍。小王从广告制作公司把新做的片头和片花拿回来了，大家兴致勃勃地反复看，而且赞不绝口。可等把它们放入栏目中再从整体上看，就觉得并不是那么舒服。原因在哪儿呢？经过一番认真思索后才明白：制作公司是人家开的，形象设计是自己做的，相互之间没有经过思想和感觉的沟通，创作就很难达到预想的效果。

假如我是制片人，我宁愿在一开始就花上一笔钱，将美术设计师、文字编辑和节目制作公司的制作人员请到一起，关起门来谈上个把星期，把问题谈得透透的，这样，再做出来的东西就会大不一样了。这种方式，其实很简单，“站远一点”琢磨琢磨，你就明白了。

还是别出心裁好

我感觉栏目包装有三忌：

一忌“人家穿什么，我也穿什么”。有一次听几个姑娘聊天，说了这样一句话：“××裙不能再穿了，满大街都是。”这是个常理，人家穿什么，你也穿什么，最后不又回到“蓝制服”的天下去了吗？现在，许多栏目都有自己的小标识，犹如商品的商标，目的是让人能从商品的海洋中识别出自己来。中央电视台《焦点访谈》的“大眼睛”给人留下了极深的印象。但在栏目定位之后，人们不是靠“大眼睛”去识别《焦点访谈》，而是靠节目的内容、主持人的风格、熟悉的音乐和固定的播出时间。对栏目标识从头挂到尾的方式我始终存有疑问，每个栏目都这样挂，有无必要？我感觉，不如点到为止来得更有新鲜感，更清新些。

二忌“人家有什么，我也要有什么”。人家戴项链，我也要戴，脖子再短再粗也要戴，为什么不能试换一枚漂亮的胸针呢？一个30分钟的栏目，全部包装材料要占去2分钟，广告占去3分钟，就仅剩下25分钟了。节目终究是主体，喧宾夺主总不合适。《新闻联播》有“内容提要”，我们就非要有吗？像《生活》式的作几秒钟的过渡性介绍不也很清新吗？简单，明确，又省时省力，何乐而不为？

三忌“声音打架”。片头有音乐，广告有音乐，片花有音乐，片尾有音乐，用得过多，声音显得杂乱无章，就像一首曲子用了过多的不和谐音符，听起来令人感到不舒服。因此，精选材料、搭配适当，才能让观众看起来舒服，听起来是一种享受。

愿我们的荧屏百花盛开，和谐美好。

（安仲凯）

（摘自《电视研究》1997年电视业务增刊）

批评性报道的采访技巧

近几年来，在中央电视台的新闻及新闻评论性节目中的批评性报道，深受电视观众的喜爱和各级领导部门的重视。像《焦点访谈》、《时空报道》等栏目，观众评价很高，主要原因是这些栏目以批评性报道见长。但是，批评性报道的操作有一定的难度。一方面因为批评本身就是对事物存在的矛盾的深刻揭示，另一方面是目前电视的影响日益扩大，电视上的批评性报道将会对被批评者造成很大的不利。因此，一些被批评者往往会设置种种障碍阻止记者采访。正因为如此，记者从事批评性报道，必须掌握一定的采访技巧，通过各种方法排除障碍，设法拍摄到真实、生动、具体的第一手资料。

一、排除障碍　获取实据

在日常生活中，每个人都存在于一个相对固定的环境中，扮演一定的社会角色。人们在自己熟悉的环境中，言谈举止会非常自然，充满自信。在正面报道中，我们常常把采访者安排在劳动、生活的具体环境中，力求真实自然。但批评性报道如果也这样做，则常常会被一些被批评者所利用。他们常常会凭借自己的特殊身份，或推而不见记者，或左右搪塞，谈话不着实质问题。所以我们在进行批评性报道时，要随时准备碰硬，应放弃传统的采访程序，力求采访的突然性。1995年，某地一家大型企业的总经理携款外逃。此事让当地有关部门十分紧张，他们采取了种种措施，防止新闻曝光。我们在采访时，事先有意不与他们沟通，而是准备好摄像机，直接去有关部门寻找领导。当我们突然出现时，被采访者猝不及防，陷入了被动。我们只用几个提问便轻松地了解到所需要了解的情况。

二、迂回采访　巧妙设问

在一些批评性报道的采访中，常常看到有些同志穷追猛打，像一名法官在判案。虽然有时也能让被批评者承认错误，但总让人感到记者在这里把自己的位置放错了。其实在批评性报道中，用迂回采访、巧妙设问的方法，把对事实真相的揭示同对被批评者的机智诘问相结合，让观众通过这种客观的报道看出被批评者的问题所在。记得《焦点访谈》曾播出一个节目：《收购季节访棉区》。当时记者随内贸部检查团了解部分地区小棉纺厂违反国家规定，私自高价收购棉花的情况。检查团一到，这些小棉纺厂闻讯后，马上停止了违法活动，给检查工作带来了困难。我们的记者仔细考虑之后，离开了检查团，出其不意地来到一个当时没有做好掩饰工作的棉纺厂，拍下了私自收购加工棉花的真实场面，然后再驱车到了当地有关领导部门。此时，该地领导人正在向检查团大讲今年全县如何采取措施，扭转去年违法收棉的混乱局面。在其汇报后，我们的记者走上前去，从容发问：您认为今年这里已经没有私自收棉的现象了吗？此时，被问者如果回答“是的”，那么我们的记者拍到的现场收棉的素材将令他无法自圆其说。

记者在拍摄到重要的事实真相之后，剩下的问题就是在采访中巧妙设问，让被批评者难以自圆其说。《焦点访谈》节目中曾有过这样一个内容：记者向一个冒充科学家的人了解他“发明”的信息茶的情况。记者问：“你们的信息茶有什么作用？”答：“可以治肝病、心脏病、癌症、糖尿病等等。”问：“信息茶怎么会有这么大的作用？”答：“因为那里有我发功注入的信息。”问：“那在茶叶加工时你为什么不在现场？”答：“我是远距离发功。”问：“那你可不可以用这种方法让所有的茶叶都带上信息，造福全国人民？”被采访者语塞。在这一连串的对话中，记者并没有去直接过问信息茶到底有什么科学依据，而是通过迂回的方法，先让被采访者谈信息茶的好处，使被采访者放松了警惕，夸夸其谈。这时记者话锋一转却问信息茶是怎么加工的问题，从而让其陷入被动和难堪，随之使伪科学的真面目在观众面前暴露无遗。

电视采访是重装备的行动，尤其是对批评性报道而言，对方往往充满戒备，而我们常常是人生地不熟，直截了当地进入采访不仅会使双方关系紧张，而且还会使我们的采访具有某种风险。在这个时候，迂回的采访提问和拍摄方法则可以事半而功倍。

三、正反对比　深化报道

目前，随着中央电视台的新闻性栏目越来越多，批评性报道接触的社会面也越来越广。许多问题像扫黄打非、环境污染，在我们的报道中都有涉及。如何不再简单地就事论事，而把批评性报道引向深入，则是我们许多记者所思考的。从一些成功的批评性报道来看，解决这个问题的一个办法就是采用正反对比的方式，加强批评报道的生动性和理性思维色彩。这就使许多本来比较复杂，需要用道理去阐明的问题，通过正反两方面事例对比的方式准确地找出答案。

1994年武汉社会各界为给孤儿院筹集资金，举办了几场募捐义演。但少数组织者却把筹集的资金，作为高额演出费付给了参加演出的演员。消息传出后，一片哗然。可是，有些人认为在市场经济条件下搞这样的活动，只有花点钱才好办事。当时我们了解到无论是文化部还是武汉市文化局，还没有制定有关法规规范这类义演活动。经过仔细研究，我们决定通过对同一件事情的正反两种做法的采访和报道，进行对比分析，让观众在对比分析中得出一个正确的结论。于是，我们一方面对少数人利用这次义演获取高额演出费的情况作了如实报道，另一方面，我们又专门采访了这次义演中分文未取的两位老演员，将他们的想法、做法和他们的简朴生活，进行了如实报道。在节目的制作中，我们把这两位老人的故事与义演的丑闻平行剪辑，通过正反事例两相对比，对那些利用义演发不义财的人进行了深刻的批评，使报道取得了预期效果。

（叶晓林）

（摘自《电视研究》1997年第2期）

电视制片人的现状

近年来，“电视制片人”一词，频频见诸媒体。但是，全国省、自治区、直辖市和部分省会市电视台，实行或试行电视制片人制的到底有多少？这支队伍的现状又是怎样的？为了使电视制片人的队伍更加完善，使电视制片人制度更加规范，很有必要在深入调查研究的基础上，作出量化分析的比较。

一、电视制片人制方兴未艾

据调查，目前有相当多的电视台已经实行了或开始试行了制片人制。已经实行的占 34.2%，开始试行的占 44.7%，而没有这方面的制度、只是节目部门这么称呼的只占 21.1%。统计数字至少说明两个问题：一方面电视制片人制正在被越来越多的电视台所采用，正在发挥着它的优势与作用；另一方面，电视制片人制发展尚不平衡，还有三分之二的部门对实行电视制片人制还处在探索阶段，还没有和过去的行政领导及剧务的职责完全区别开来。中央电视台的统计数字也与此相似，已经正式实行制片人制度的占 33%，开始试行或只是节目部门这么称呼的占 66.7%。各电视台的制片人制的运作、发展各不相同，甚至在同一单位里也存在不同的操作方式。这种不规范、不成熟的状况是制片人制发展的必经阶段，但如果不从理论上及时加以总结，不在管理制度上给予严格规范，那么制片人制很容易步入误区，从而使得脱胎于科（组）级领导、带有科（组）级领导基因的制片人，成了科组长（或部主任、处长）的代名词，不同的只是在原有行政管理的权限范围中，又增加了导演、编导、剧务的职责内容。

尽管如此，制片人在各台的作用还是显著的，队伍也在不断扩大。从统计数字看，各电视台所拥有的比较固定的制片人数，1 至 39 人的占 81.1%，40 人以上的占 18.9%，平均数量为 26.8 人，最大数量是 160 人。实行或试行制片人制的节目部门，占电视台全部节目部门的 77.0%。从平均比例来分析，各台有三分之二多的节目部门实行或试行了制片人制。再从自办节目来看，实行或试行制片人制的平均数是 25 个，占电视台全部自办节目的 73.5%。也就是说，有超过三分之二的自办节目是电视制片人运作的。众所周知，自办节目最能代表一个电视台的制作能力和综合水平，最能体现地域特色、艺术个性和民族风貌，在电视频道竞争和节目竞争中最富于吸引力，在电视市场的角逐中也是最有竞争力的。因此，努力使自办节目进入精品行列，在全国各项评奖中榜上有名，是各台的电视从业人员孜孜以求的。而各台近三分之二的自办节目采用制片人的体制去运作，正说明了制片人制正为各台所重视，而制片人制本身也处在方兴未艾的发展状态中。

二、电视制片人的成就

制片人制的发展，是新的生产关系对旧体制、旧观念的冲击。衡量实行制片人制是否成功，要用以下三个标准来检验。那就是：是否有利于电视节目质量的提高；是否有利于电视事业的发展；是否有利于电视从业人员工作条件和生活条件的改善。制片人制的形式因地制宜、多种多样，全国各电视台的具体操作是采取了允许试验、积极稳妥的方针，制片人的作用越来越显著。实践证明，实行了制片人制度的单位，确实在提高节目质量、合理使用人员、节约使用经费、缩短制作周期和多种渠道筹集经费方面，取得了“效果较好”的评价。

全国省、自治区、直辖市和部分省会市电视台，凡是实行了制片人制度的部门，提高节目质量效果较好和很好的占 85.8%；合理使用人员，效果较好和很好的占 77.2%；在节约使用经费方面，效果较好和很好的占 70.6%；缩短制作周期效果较好和很好的占 74.3%；多种渠道筹集经费，效果较好和很好的占 56.7%。虽然，最后一项统计数字仅是微弱的多数，但是提高节目质量的效果比值是相当高的。这里以率先实行电视制片人制的中国电视剧制作中心为例，任大惠、靳雨生、王扶林等著名制片人推出的《西游记》、《红楼梦》、《三国演义》等由古典文学名著改编的长篇电视连续剧，在国内外都产生了轰动效应，在继承优秀民族文化遗产、弘扬民族精神和传播普及文化历史知识方面，都发挥了巨大作用。他们推出的长篇电视连续剧《努尔哈赤》、《唐明皇》、《东周列国·春秋篇》等，也在中国电视剧发展史上写下了辉煌篇章。再以上海的制片人张雪村为例，从 1981 年拍摄电视剧《卖大饼的姑娘》开始，十多年来，她担任制片人拍摄的电视剧，分别获得过“飞天奖”、“金鹰奖”、“五个一工程奖”和“白玉兰奖”等各种奖项，其中不少电视剧，如《围城》、《离婚前后》、《大潮汐》等，还取得了全国性的轰动效应。

三、电视制片人的素质

“制片人”一词是一个舶来品，最早出现在西方发达国家，它是为适应电影产业的激烈竞争而逐步形成的一套运作机制。我国的电视制片人制是在引进、借鉴国际通用的电影制片人制的基础上建立的。虽然也具有通常对制片人界定的属性，如：独立承担制片任务，自负盈亏，自选题材，自主创作，部分或全部自筹资金，自己组合制片班子，自己负责推销产品，具有相应的责、权、利等，但是，电视业毕竟有别于电影业，特别是作为党和国家的喉舌与宣传机构的中央及各地方电视台，其事业的发展有自身的特点，这些都决定了中国电视制片人的特色。

为了解这支队伍的构成及特点，我们特设计了几道问卷题，首先是制片人产生办法，答卷表明：由电视台人事部门正式任命的占 29.1%；由电视台领导指定的占 18.2%；由业务部门指定的占 41.8%。这三项加起来占 89.1%。而“谁能拉来钱，谁就当制片人”的只占 3.6%，是极少数。中央电视台的统计数字表明，前三项加起来占 83.3%，而“谁能拉来钱，谁就当制片人”的是 0。这就说明电视台的栏目制片人和我国影视行业中的公司独立制片人是有区别的，前者是人事部门或行政领导任命或指定的，必须对上级领导负责，而不是独立行使职权。

那么，这支队伍的构成又是怎样的呢？从我国各省、自治区、直辖市及部分省会市电视台的制片人年龄构成看，29 岁以下的占 10.8%，30 岁至 39 岁的占 75.7%，40 岁以上的占 13.5%，后两项加起来占 89.2%。他们当中 97.2% 的人有大专以上学历。中央电视台电视制片人的年龄，29 岁以下的没有，30 岁至 39 岁的占 66.7%，40 岁以上的占 33.3%，平均年龄 39 岁。他们当中有 98.7% 的人拥有大专以上学历。以上的统计数字说明，我国从中央至地方的主要电视台，拥有一支年富力强、又有相当文化水平的制片人队伍，他们有旺盛的精力去拼闯、去投入、去创造，而且能很快地接受和吸纳电视发展中的新技术、新观念、新经验，也容易团结、组织一支精干的班子去完成任务。大专以上学历的知识结构，有助于对节目进行策划，有助于自我提高和岗位培训深造，有助于在激烈的市场竞争中，捕捉信息、把握机遇和预测市场风云，有助于以前瞻的眼光把握观众的社会心理和审美情趣，从而推出精品，赢得观众。

关于我国电视制片人的素质，还可以从下面两个统计数字来说明：

一是制片人的身份。制片人是电视台正式职工的占 96.4%，是电视台招聘人员的占 2.6%，这两项加起来共占 99%，临时聘用人员只占 1%。中央电视台的制片人中没有临时聘用人员。统计数字说明，制片人是经过审核、考察的，也有正式的组织手续，这就在政治素质和业务水平方面有了可靠的保证，也便于电视台对制片人监督、管理和奖惩。

二是制片人的来源。来源于部处领导的占 11.2%，科组长的占 40.1%，编导、记者的占 42.4%，后两项加起来占 82.5%；来源于剧务、制片、技术人员（舞美、灯光等）和普通职工的只占 6.3%。中央电视台各相应部门的制片人，来源于部处领导的占 9.8%，来源于科组长和编导、记者的占 81.8%，来源于剧务和制片的占 8.4%，而舞美、灯光等技术人员和普通职工没有担任制片人的。制片人来源于部处领导或科组长，说明他们具有相当的喉舌意识和政策水平，懂得把握宣传口径，也有领导组织能力、协调各工种的能力和社会活动能力，便于团结一班人马去完成任务。来源于编导、记者的制片人，具有一定的电视业务水平，了解电视的前期拍摄以及对摄像、录音、舞美、灯光等各工种的要求，懂得后期制作及特技的运用等技巧，明白电视艺术的综合性以及调动各工种、借鉴姐妹艺术的重要性。作为制片人，由于掌握了电视节目的创作规律，因此，他相对来说能够以高效率去筹划安排节目的拍摄、制作，以行家里手的眼光去审视电视节目的优劣，从而保证节约资金，以较少的经济投入使电视节目在强手如林的市场竞争中脱颖而出，既取得较好的社会效应，又有相当的收益。

综上所述，从中央电视台和省、自治区、直辖市及部分省会市电视台关于制片人问题调查问卷的统计数字可以看出，我国已经拥有了一支人数众多、素质良好的制片人队伍，他们在电视事业改革中发挥着重要作用。

（周金华　朱　宁）

（摘自《电视研究》1997 年第 11 期《全国省市级电视台制片人状况分析》一文第二部分）

由“多莉”引起的联想

——我看生活服务类节目

今年 2 月 27 日，英国出版的《自然》杂志报道：7 个月前，爱丁堡的一个科研小组，利用无性繁殖的方法，成功地培育出了一只小母羊“多莉”。从遗传学的角度讲，“多莉”和她的妈妈完全一样，是她妈妈的复制品。

无疑，“多莉”的诞生，是生命科学研究的重大突破，它表明人类已经能够通过“克隆”技术复制出新的生命个体了。联想到电视屏幕，人们不是也常常能够见到许多“克隆”节目吗？然而，与“克隆羊”在生物学上的价值绝然不同，“克隆节目”在电视节目的创作上毫无意义。因为，一切电视节目贵在创新，重复不是艺术。

今年6月，我在沈阳有幸参加了中国广播电视新闻奖′96电视社教节目评选，集中观看了生活服务类的全部参评节目。我认为，除了个别的以外，有相当数量属“克隆节目”。

综观生活服务类节目中的“克隆”现象，共有两种类型：一种是纵向“克隆”，一种是横向“克隆”。

前一种是自己“克隆”自己。举个例子，在这次参评节目中，有6个节目的内容是关于饮食的，占参评节目的30%左右。“民以食为天”，讲讲菜怎么烧、饭怎么做，虽不失为一种有意义的选题，但是，如果从60年代直到90年代末，还是几十年一贯制地“糖少许、醋少许、味精少许……”就不免给人老一套的感觉。其实，随着时代的发展，生活水平的提高，吃的观念、方法、品种、口味、习惯、用具等等都已发生了很大变化。勤于思考、善于观察的编导是大有用武之地的。再看屏幕上的化妆节目，全都在折腾女人，从头发、眉毛、眼睛、耳朵、鼻子、嘴唇……，一直讲到脚趾甲上画花是如何的美丽，分门别类，不厌其烦，细而又细。

后一种是“克隆”别人。某台做个什么样的节目，其他台赶紧复制一个。从内容到形式似乎都差不多，但实际上又差了许多。仅以休闲题材节目为例，由于国家规定一周内职工有两个休息日，加之生活状况的改善，人们闲暇时间大大增加，“休闲”就成为一种流行时尚。其实，事物被冠以“时髦”一词都是有原因、有道理的，不能不究其因、不懂其理地去“赶”。譬如，在经济、文化相对发达的地区，人们对有些休闲内容和行为方式是可以接受的，而被经济、文化相对落后的地区一“赶”，再由屏幕“克隆”出来，则变得不伦不类，很不协调。当观众的眼眶里还充满着对失学女童的同情之泪时，哪还有心思再观赏珠光宝气的半老徐娘在婚纱摄影机前的矫揉造作？可恶的是记者还要问上一句：“千元钱照一回，你觉得贵吗？”红唇一张，总是说：“不贵，不贵。”

有一位新闻界的老前辈曾说：电视节目要防止贵族化的倾向。有些事情人们可以做，但不要去宣传。这是一个很中肯的提醒。

从创作的角度说，如果编导具有“江水皆东我独西”的逆向思维方式，不轻易盲目从众，不任意随俗沉浮，那么，屏幕上也就不会有这么多的“多莉”出现了。

问题还有另一个方面值得我们思考。

由于休闲时尚节目大量地涌进电视屏幕，在一定程度上，冲淡了编导们对于社会主流意识以及社会主流生活的注视，这将导致生活服务类节目的视角变得越来越小，关注的人群变得越来越少，表达的内涵变得越来越浅。

防止节目出现这种现象的措施很多。对于目前从事生活服务类节目的编导来说，特别有必要走出从小报小刊的版面上去寻找选题的误区，应把注意力转到对国内外大事的研究上，转到对我国政治、经济、文化等领域的各项方针政策的研究上，转到对新闻事件、新闻人物的研究上。那种认为生活服务是找些边边角角的选题的看法是片面的，而跟在小报屁股后边去炒作，就更没有意思了。事实上，重大的新闻事件往往隐藏着或者蕴涵着许多适合于做生活服务类节目的资源。与新闻部门的记者一样，编导们也应具有新闻敏感和工作热情，善于从新闻资源中挖掘出具有自己独特视角的选题。

为了说明上面所言不虚，现试举二例。

其一，1994年11月，在热带美丽的都城雅加达，18国首脑人物云集于此，召开了亚太经济合作组织领导人非正式会议。东道主印度尼西亚总统苏哈托，别出心裁地向与会的18国首脑每人赠送了一件休闲服。这是一种黄褐色的用印尼传统丝绸制成的花衬衫，不同的图案体现了印尼的民族风格。主人让客人们在会议之暇，穿上休闲服在花园中结伴散步，相互间谈笑风生，真正组织了一次名副其实的“非正式”会议。这里的休闲服，巧妙地跟国际政治、国际经济、国际竞争和国际合作产生了联系。这样新颖而有趣的事实难道不能引起做节目的兴趣吗？而且不要忘了，《新闻联播》中有一大段生动的图像可供你插入节目之中。

其二，今年2月，邓小平同志逝世，这是全国乃至全世界都十分关注的大事。做生活服务类节目的编导，当然不可能跟新闻部门的记者一样，去301医院、去八宝山、去人民大会堂拍摄沉痛悼念邓小平同志逝世的种种场面。但是，《人民日报》2月21日发表了邓小平同志的亲属致江泽民总书记并党中央的信，透露了邓小平同志“捐献角膜”，并“解剖遗体供医学研究”的遗愿。这充分表明了邓小平同志彻底的唯物主义精神以及完全彻底为人民服务的精神。同时，也表明了一位93岁的老人，对于生死问题的达观态度。敏感的编导将会从角膜捐献和遗体解剖这两条信息中，获得创作的巨大空间。

生活是美好的。在生活多姿多彩的流程中，将源源不断地涌现出各式各样的新闻事件、各式各样的新闻人物。资源面前人人平等，关键就看你自己如何利用了。

（寿沅君）

（摘自《电视研究》1997年第10期）

中央电视台人事制度改革之前瞻

近几年来，在广电部的指导和台分党组的直接领导下，中央电视台对原有的干部人事管理制度进行了一系列改革。其中，在用人制度、分配方式、职称评聘、人才选拔等方面进行了许多尝试，取得了阶段性的成果，为今后的工作积累了一些有益的经验。

在人事管理体制上优化组织结构和人员结构

优化组织结构：由于历史的原因，目前中央电视台在组织结构的纵向层次上实行的是台、中心、部三级管理体制。按照国家对事业单位内部机构设置的要求和中央电视台实际情况，我们要在现有三级管理体制基本格局不变的情况下，强化中心（室）这一层次的管理职能，弱化部（处）的管理作用，将部（处）内部人、财、物的日常管理权划归中心（室），以便于部（处）全力以赴地搞好各自分管的业务工作；部、处机构要按统一的功能标准、不同的职责范围合理设置，杜绝因职责不分导致的人力浪费现象。

优化人员结构：目前，中央电视台党政、技术、编播、经营系统的人员分别占总人数的13.6%、27.3%、51.6%、7.5%；知识结构方面，硕研以上(含硕研)、大学本科、大专以下（含大专）人员分别占总人数的3.1%、36.7%、60.2%；职称结构上，高、中、初级人员占已评定职称人员总数的比例分别为：20.8%、57%、22.2%；年龄结构上，30岁以下、30岁至40岁之间、40岁至50岁之间、50岁以上的人员分别占总人数的13.9%、34.5%、37.3%、14.3%。据此，在“九五”期间，我们要积极充实经营人员队伍；加大本科以上人员在职工队伍中所占的比例。在人才引进中，坚持年轻化，年龄以35岁为限，逐步实现人员结构的合理化、科学化。

分期分批实行人事代理制度，坚持合同化管理

人事代理制度是社会主义市场经济条件下产生的一种新的人事管理方式，是我国事业单位人事改革的重要内容之一。人事代理制度可以有效地解决用人单位的职工“能进不能出”、“能上不能下”的难题，打破人才单位(部门)所有的格局。目前，中央电视台聘用制人员实行的就是人事代理制度。今后，对新入台人员(含大学生、转业军人)，我们一定要坚持由人事代理机构来进行社会化管理。对现有的固定职工也要进行试点，分期、分批将其纳入人事代理制的管理范围，逐步实行聘任合同化管理，淡化其与台的依附关系。

控制人员总量，建立多层次、多样化的用人制度

在人事制度改革的过渡阶段，保持现有固定人员队伍基本稳定，不再增加新的固定人员。对于新入台人员，要坚持聘用合同制，同时实行严格的指标控制。对于台临时人员、公司聘用人员要采取面向社会、动态的管理方式。

由于中央电视台在人员入口上实行了聘用制，加之一部分人员流向公司，固定职工在总量上呈现逐年下降的趋势。我们的大致目标是：到2000年固定职工人数保持在1800人左右，聘用人员以不超过900人为宜；临时人员主要视台里各项事业发展的具体情况灵活掌握；台属企业人员，视企业的经营情况自主确定，完全按市场化方式操作。

总之，我们要以固定人员、聘用人员为骨干，辅之以临时流动人员、客串人员、公司聘用人员，逐步建立一种精干、高效、多层次、多样化的用人制度。

分流事业编制人员，探讨公司体制下事业单位人员管理的新路

随着电视产业的快速发展，中央电视台在“九五”期间将重新改造中国国际电视总公司，并组建一批专业化公司。一大批节目将转由公司制作，节目的市场化又允许我们分流一批固定人员到公司里去。凡到台属企业工作的事业编制人员，台里暂时保留其档案、工资晋升、离退休等人事关系。对今后入台的招聘人员，全部纳入企业化管理，按公司方式运作。对于企业面向社会自行聘用的人员，完全由公司管理，台里不作干预。

建立和推行职员制度

中央电视台职工队伍主要由专业技术人员、管理

人员和工勤人员组成。党的十一届三中全会以来，相继实行了专业技术职务聘任制和工人技术等级考核制，已基本建立起对专业技术人员和工勤人员正常的考核、晋升、激励机制。但对管理人员还没有相应的管理办法，结果造成管理岗位留不住人，在岗人员攀比、挤靠专业技术职务、素质偏低的局面，在一定程度上影响了全台的高效运转。

根据国家人事部关于建立事业单位职员制度的精神，我们要加紧制定建立管理人员职员等级序列的办法。在实行职员等级制的同时，建立正常的考核激励机制，使职员的职级晋升与考核结果挂钩；对职员职务实行聘任合同制管理。总之，最终要建立职员的晋升机制，为各级管理人员开辟一条正常的晋升渠道，从而提高管理队伍的整体素质和工作积极性。

改革和完善专业技术职务聘任制

逐步推进职称评审的社会化，把评审的专业性和社会性结合起来。减轻人为的影响，把评估权力真正授予专家，使非专业因素降到最低程度。分期、分类逐渐把待评人员放到政府授权的社会性的评审委员会中去，提高评审的客观性和公认度。

认真核定专业技术工作岗位，逐步改变目前被聘职务与所从事工作岗位不一致的情况，使专业技术职务的聘任能够随着岗位、任务的变动而变化，即高职可以低聘，低职也可高聘，从而发挥职称改革激励竞争的导向作用。

此外，要加强聘后管理，制定出不同层次专业技术职务的考核标准，并将考核结果作为续聘和解聘的重要依据。

继续推行工人技术等级考核制

中央电视台工勤人员的技术等级考核制度已渐成规范，但由于相关措施欠缺，这一制度还有待完善。我们准备从建立竞争机制入手，强化这一制度：全面核岗，以岗定人，通过考试、考核技术等级，建立淘汰机制，优化结构；对辅助性的后勤工人，主要实施合同化管理。

完善新工资制度，搞活内部分配

把工资中活的部分真正用活。要进一步规范岗位职责，实行岗位工资制，做到在什么岗位，享受什么待遇。坚持目标责任制，对完成各项考核指标的部门，可增发一定数额的考核津贴，并由部门自主分配。要逐步实行部门工资总额切块包干，增人不增工资总额，减人不减工资总额，根据个人的岗位及工作成效，拉开分配差距，最大限度地发挥工资分配制度的激励作用。

建立培训机制

加快实施中央电视台培育跨世纪人才工程，加大培训的投入与力度，开辟多渠道培养人才的新路子，逐步实行持证上岗制度。要根据政治和业务相结合、学用一致、按需施教、讲求实效、分级分类培训的原则，采取在职学习、离职培训的形式，有计划地对广大在职人员进行上岗与导向培训、岗位与技能培训、转岗培训、资格培训、在职轮训等。

探索社会保险新办法

社会保险制度的进展程度在某种意义上决定着中央电视台人事制度改革的成败。一是对台聘人员，我们要继续建立和完善大额疾病医疗保险制度、养老保险金制度、失业保险制度；对聘用人员的子女，我们要加快完善青少年、幼儿疾病保险，幼儿平安保险，幼儿平安保险附加意外伤害医疗保险制度。二是对固定职工，在国家关于事业单位社会保险政策未出台之前，要重点探索中央电视台养老保险的新办法，筹集资金，在条件成熟时，先行建立一种养老储备金制度。

以整体性人才资源开发为重点，实施“三六九”人才工程，加快培养跨世纪的优秀电视人才

搞好整体性人才资源开发，已成为中央电视台人事工作的核心。在“九五”期间，我们要抓紧高层次人才、紧缺人才和后备人才队伍的建设。在人才引进上，要强调高定位，要重点突出，促进人才引进与使用的结合，使人才的引进具有针对性和实效性。同时，要制定和实施吸收高层次人才的优惠政策，舍得高投入，建立人才专项基金，资助引进高层次紧缺急需人才。在引进人才工作中，逐步建立起适应不同层次、专业、职务、岗位需要的科学的人才评价体系，使引进人才的质量得到保证。同时，要稳定、使用好现有人才。并建立沟通与台外电视人才联系的人才信息库，进行人才储备，以最大限度开发与使用全社会的电视人才资源。

坚决贯彻、实施台长杨伟光提出的培养跨世纪人才的“三六九”工程，即在本世纪末、下世纪初，重点建立、培养以下三个层次的人才：一是有权威性、代表性的卓越人才，或称“帅才”，至少要有30位。二是杰出人才，或称为“将才”，至少要有600人。

三是优秀人才，或称为“骨干”，至少要有900人。

为确保“三六九”跨世纪人才工程的顺利实施，我们要做好以下工作：一是统筹规划，分步实施，建立对他们的跟踪考察和动态管理制度。二是建立三个层次的人才库，积极组织多层次、多种类的人才培训与研修。三是为他们提供施展才华的舞台，让他们在实践中锻炼成长。四是大胆使用，委以重任，定向培养，必要时给予一定的政策倾斜或支持。

（晞建　杨晓民）

（摘自《电视研究》1997年第5期）

紧紧围绕电视宣传中心任务，把党的工作推上一个新台阶

改革开放以来，在邓小平建设有中国特色社会主义理论伟大旗帜指引下，中央电视台各项事业取得了重大发展。与此同时，党的工作解放思想，实事求是，积极主动地探索新形势下发挥党组织监督保障作用的新路子，从而加强了党的建设，提高了干部素质，促进了电视事业的发展。回顾这几年党的工作，我们有切身的体会。

一、找准定位——紧紧围绕电视宣传中心任务，开展党的工作，做到目标明确，有的放矢

随着改革的不断深入，人们的观念发生了重大变化，各种思想十分活跃，给党的工作提出了许多新的任务和课题。中央电视台作为党的重要宣传单位，而且是一个知识密集型的单位，思想活跃，情况复杂，如何在新形势下开展党的工作，成为摆在我们面前的重要课题。党委结合电视台工作的实际，决定要紧紧围绕电视宣传中心任务开展党的工作，服务、服从于电视宣传工作的需要。

具体说，中央电视台党的工作思路是：

把握三条脉搏。即把握党中央的方针、政策的脉搏；把握上级机关及台分党组每个阶段重点工作的脉搏；把握全台宣传规划、计划、动向及各项事业发展的脉搏。这是开展党的工作的依据。

树立三个意识。即信息意识——时刻倾听群众的呼声，了解大家在想什么，释疑解难；参与意识——党委出谋划策，为分党组决策提供可靠的依据；务实意识——实事求是地提出问题，解决问题，把党的工作渗透到业务工作之中。这是开展党的工作的关键。

强调三个转变。即思想观念的转变——解放思想，冲破一切旧的观念和模式，不等不靠，提倡创造性；工作作风的转变——深入基层，调查研究，协助工作，开阔视野；工作方法的转变——变单一型为多样型，把思想政治工作融于灵活、生动、多样的活动之中。这是党的工作方法。

提高两个水平。即提高专兼职党务干部的政策理论水平；提高专兼职党务干部做好思想政治工作的业务水平。这是党的工作的要求。

发挥两个作用。即发挥基层党支部的战斗堡垒作用；发挥共产党员的先锋模范作用。这是党的工作的保证。

实践证明，党委的这一决策，使党的工作找准了自己的位置，摆正了关系，使党的工作有了明确的目标，工作起来更能有的放矢。

二、抓住关键——坚持把理论学习放在首位，用邓小平理论武装全体党员、干部和职工

中央电视台是党、政府和人民的喉舌，它对内代表党和政府的形象，对外代表国家和民族的形象。这种特殊的地位和它所承担的重要任务，要求我们必须加强政治理论的学习，用邓小平理论武装全台党员、干部和职工。只有这样，才能在电视宣传中始终坚持正确的舆论导向，宣传好党的路线、方针和政策。

领导干部理论水平的高低，在很大程度上决定着领导水平的高低。只有掌握了正确的理论，才能有正确的思想和行动。为此，我们始终坚持抓邓小平理论的学习不放松，并形成了自己的特点：

1. 台分党组、台党委及各级党政领导对学习理论很重视，切实提上了工作日程。党委抓处级以上领导干部的学习，处级干部抓本单位科组长的学习，科组长抓群众的学习，一级抓一级，形成了一种很浓的理论学习氛围。

2. 紧密结合业务工作，开展理论学习，做到学有所思、学有所获。在学习上强调理论联系实际的学风。一方面要求开动脑筋，思考问题，联系实际；另一方面要求动笔写出理论文章，用理论总结回顾自己的工作。

3. 根据电视台工作的实际，采取灵活多样的学习方法。我们强调学习要突出重点，有点有面，虚实结合，不拘形式，不强求一律，对不同部门、单位和不同的工作人员有不同的要求。从而保证了学习的质

量。

三、抓中心环节——以电视宣传为中心，开展内容丰富、形式多样的思想政治工作

党委根据电视台的实际情况，确立了开展思想政治工作的基本思路：紧紧围绕宣传中心工作，采取多种形式，调动积极因素，团结鼓劲，求是务实，不断增强全台干部、职工的凝聚力和战斗力。其具体做法是：

主动深入宣传工作第一线，使思想政治工作渗透到业务工作中去。每逢大型的电视宣传活动，党委都派人参加。一是派出党务干部深入报道组、摄制组，直接参与工作；二是充分发挥各总支、支部的专兼职党务工作者的作用，主动细致地开展思想工作。

围绕狠抓精品节目，树立、宣传新时期共产党员先锋队的新形象。我们认为，新时期党员的模范作用不仅表现为政治强、作风正，而且要业务精。对此，党委对全台党员提出了具体要求。从1993年起，党委组织了一系列“共产党员与精品节目”专题座谈会，请创作获国际国内大奖节目的共产党员讲述他们是怎样牢固树立党员意识，坚持正确舆论导向，创作精品节目的体会。

利用具有电视台特点的宣传教育方式和阵地，开展卓有成效的思想教育工作。几年来，我们摸索出了一条行之有效的“三一”宣传教育方式，即充分利用一报、一刊、一橱窗开展生动活泼的思想政治工作，形成了多角度、多层次、立体式的宣传教育网络。

总结多年来开展党的工作的经验体会，我们概括了“四不”原则，即：党的工作要始终坚持，不能丢；党的工作要深入到各个角落，不能虚；党的工作要落实到业务、行政等实际工作中去，不能空；党的工作要形式多样，生动活泼，不能僵。

四、狠抓社会主义精神文明建设

党的十四届六中全会决议指出：建设物质文明关键在党，建设精神文明关键也在党。各级党委必须始终坚持“两手抓，两手都要硬”的方针，把两个文明建设作为统一的奋斗目标，一起部署，一起落实，一起检查。中央电视台是精神文明建设的重要宣传阵地，抓好自身的精神文明建设尤其重要。台党委对精神文明建设很重视，把它当作加强队伍建设的大事来抓，结合中央电视台的工作实际，制定了一系列带有电视台特点的精神文明建设具体措施，并取得了显著的成就。中央电视台从1993年到1996年，连续四年获得首都文明单位标兵，在计划生育、植树、献血、救助灾区等方面都做出了突出成绩。

总结几年来的工作，我们深深感到：党的工作只有摆正位置，即紧紧围绕中心任务，紧密结合业务工作，才会切实有效，才能赢得广大群众的欢迎和领导的支持；党的工作只有用马克思列宁主义、毛泽东思想和邓小平理论武装广大党员、干部和职工，才能把握好新时期党的工作方向；党的工作只有解放思想，实事求是，不断创新，不断进取，才能使党的建设在改革中得到加强，使党的工作充满生机与活力；党的工作只有依靠和建立坚实的基层党组织，培养造就一支热爱党的工作并甘于奉献的党务干部队伍，才能把党的工作推向深入。

（南玉敏　李彦吉）

（摘自《电视研究》1997年第10期）

电视美术设计与客观条件的关系

在为一台节目作美术设计之前，设计人员要考虑众多的因素，因为电视美术设计是一门综合性的艺术，不是某一个人可以单独完成的。如节目的内容、主题、形式，导演对节目的想法、要求等等。同时，还要调动设计人员平时积累的各方面的知识，诸如美术方面、建筑方面及其他姊妹艺术等。下面，仅就电视美术设计与客观条件的关系谈点个人的体会。

一、美术设计与节目播出形式的关系

节目的播出形式有录播和直播。录播包括单场录像和实况录像。有时直播的节目中也有先录制好的内容，在直播中插播。

单场录像的设计与实况录像及现场直播的设计就不一样。这就是说，客观实际给设计人员提供的条件不一样，设计人员所考虑的问题就不一样。单场录像没有观众，有时间可以换景，因而，每个节目之间可以有较大的区别，几个节目可以有几个完全不同的景。单场录像往往只用一个单机拍摄，可以在演出之前放景，放在摄像机前，让摄像机去移动位置。这样可使空间拉大，纵深感增强。

由于单场录像没有观众，不用怕景挡住观众的视线。另一类是既有宏大的场面，又有小型的节目；既要单场录像，又要实况转播，即使不带观众也要造成一台晚会的感觉。如1995年的春节歌舞晚会，60多

个节目，我做了40多个变化，每次的变化都较大，这在现场直播中恐怕是做不到的，因为剧场的吊杆、空间有限。单场录像的优点就在于有时间换景，不必太多地考虑吊杆的数量及景物搬上搬下的时间问题，可以在每个节目场景的设计上有较大的变化。当然，设计人员还要根据具体的节目内容及允许的时间去考虑如何既巧妙又合理地搭配景物。

实况录像和现场直播也不一样。特别是现场直播，换景时不准许有半点的失误，因为播出的镜头是不可能收回来的，所以这一失误是没有办法予以弥补的。实况录像要比现场直播好一些，即使出了点儿错，也可以停下来再录一遍，其影响不会太大。所以，现场直播的美术设计要非常严谨。如1990年的《中华之声》文艺晚会，整个场景有20多个变化，设计者必须把握好画面及场景的调度。否则，将会乱成一片。

搞好现场直播与实况录像美术设计的关键，在于设计者要熟悉节目内容，与导演密切配合，巧妙地利用舞台上给设计者提供的条件，迅速地实现节目与节目之间的换景。有时，巧妙的换场会成为整个节目的一个组成部分，成为节目风格的重要体现方式之一。

在录播与直播中，设计者不仅仅是将每场的形象设计出来，还要处理好两个场景之间的衔接问题，如同电影中的蒙太奇。舞台的吊杆有限，如何合理地分配吊杆，如何使吊杆的景物与舞台上的景物相协调，如何升降吊杆、旋转舞台，使上一个节目顺畅地转变为下一个节目，这是在现场直播中最令设计者费神的地方。

二、美术设计与录制场地的关系

电视录制场地，也是美术设计人员应该考虑的一个重要方面。设计人员要根据场地所提供的客观条件进行设计构思。如有的演出在演播室，有的在剧场，有的在体育馆，有的在露天场所。演播室和剧场也各不相同。比如，目前中央电视台的演播室一律不具备吊杆，无法升降景片；没有副台，不可能在演出中撤换场景。而且还有舞台纵深浅、高度不够比例等不足。如在其中录制节目，设计人员就要想到这些不利条件。在这样的场地录制节目，一般都无法做场景变化，特别是现场直播的节目。如果是录播的节目，场景还有可能做不太大的变化，因为节目与节目之间可有半天或一个小时的换景时间。

一般来说，舞台上有吊杆，瞬间就可以把整个场景改头换面，这是舞台所具备的优势。但与舞台相比，演播室没有边沿幕，可以适应各机位角度的变化，这是演播室与舞台所录制的节目效果不一样的原由所在。在剧场设计电视布景时，如将边沿幕去掉，便可将舞台的优势与演播室的优势结合起来，设计出的场景会有良好的效果。

在体育馆录制节目，观众常常是三面的，有时甚至是四面的，因此无法在台的两侧搭景，也不可能在台后立景，因为这样会妨碍观众的视线。体育馆的观众席都是阶梯形的，观众的视线都是俯视的，设计者可以充分利用地面做文章。体育馆的空间也很大，可以从顶棚往下吊景。所以场景的不同，设计者的思路就应不同。

三、美术设计与节目类型的关系

节目的类型也是设计人员应该考虑的一个因素。有的节目在小演播室，但它所需的制作经费并不比一台在舞台或在大演播室录制的节目少。原因在于它是一台长期使用的场景，多数是主持人的背景。主持人的背景与晚会的背景不同，大型晚会要的是整体气氛，而主持人的背景则需要小而精。因为主持人距离景具很近，景中所采用的材料质地、工艺等会精细地出现在镜头里，来不得半点马虎。如大型晚会的背景你可以用人工绘制，从全景上看可以乱真，近景上也不会发生大的纰漏，这是由于演员与布景毕竟有一定的距离。但主持人的背景若用人工绘制，就会让人觉得制作粗糙，效果欠佳。

在制作上亦是如此，你要选用什么材料，在设计时就要考虑到。电视美术与室内装饰 不同，它的制作强调的是电视的屏幕效果，而不是肉眼的直观效果。它也不用像室内装饰那样需要长久保留，都必须要真材实料。特别是大型晚会的布景，有能替代的就不用真的，这样可以降低节目的制作成本。

四、美术设计与制作经费的关系

一个节目要制作场景，就要花钱。设计者在为每个节目设计之前，一定要大概了解它的舞美预算是多少。如果盲目地进行设计，即使设计很出色，有许多有新意的东西，但没有足够的经费做保证，等于是一张白纸。另一方面，如果节目的经费很充足，而你设计得很简单，就不能达到令人满意的效果。所以经费充足与否，是设计能否成功的重要因素之一。

电视美术设计是一门综合艺术，它不仅需要设计人员掌握各方面的知识，还需要得到各工种的配合，才能在所给予的有限的客观条件下，创作出最佳的作品。

（张冬彧）

（摘自《电视研究》1997年电视业务增刊）

电视多媒体后期制作与展望

近年来，广播电视多媒体技术如雨后春笋，蓬勃发展。其应用范围遍及电视摄录编播各个环节。在后期制作方面，非线性调协以特有的优势占据了一部分传统磁带对编系统的世袭领地。非线性编辑不仅在国际上成为热门话题，在国内也得到了广泛应用。播出方面，越来越多的广播机构正热衷于配置盘基的新闻、广告播出系统。网络化应用的发展不仅是设备电脑化和许多新的技术突破的必然结果，也是实际应用需求的反映。甚至带有非线性特征的摄像机也早已不是天方夜谭。多媒体技术在广播领域普及的深度、广度、尤其是速度十分惊人。“多媒体革命”正成为跨世纪的发展潮流。尽管今天多媒体技术还存在许多有待改进的方面，但完善这些不足只不过是时间问题。本文以目前多媒体技术发展水平为基础，探讨一些新的技术动向及其应用前景。

一、后期制作

非线性技术在广播电视领域最早的突破口是后期编辑。有感于线性磁带对编工作方式的繁难，一些开发人员很早就开始研究非线性编辑的可行性。甚至试制出了一些原始的样机。

(1) 图像质量。

最早的非线性系统采用的是“脱机”编辑的工作方式。考虑到当时计算机的处理速度和硬盘存储能力，脱机系统只能将视频信号加以大幅度压缩以提高存储时间。非线性编辑完成之后，再将编辑决策表传至线性系统自动重新合成，完成最终编辑。有的系统甚至仅将每一段镜头的首帧图像存储成小画面，整系统用来代替传统编辑控制台。脱机系统对画面的压缩并不会影响最终的编辑质量。但随后开发的“在线”产品由于将压缩过的信号直接输出到磁带上，非线性系统对图像带来的损失就成为用户首先需要把握的要素。

由于硬件水平和制造成本的限制，早期非线性系统采用较大压缩比，画面损失比较严重。仅可用于一些对指标要求不高的节目。为了提高视频质量，满足广播级电视制作的需要，非线性厂家近年来都在致力于不断降低压缩比。就目前普遍采用的，以 DCT 变换为基础的 MPEG 的压缩方式而言，随着压缩比下降到 8:1 以下，压缩产生的损失（方块效应）正大幅度降低。今天的非线性系统可以提供最低达 2:1 (M·JPEG) 的压缩比，考虑到编辑过程避免了多版复制，编辑过程的损失已小于模拟分量对编系统。可以想像，再前进一步就是无损压缩，甚至无压缩的境地。

在考虑最低压缩比时有一点需要了解，即非线性系统是否能为这一压缩比提供实时特技。降低压缩比就要提高数据传输率，主要瓶颈是硬盘速度。提供实时特技不仅要有相应的特技硬件，还意味着硬盘至少要支持两个如此高的视频数据流实时回放（还包括若干音频流）。而无实时特技的系统在同样条件下只要支持一路视频数据流即可。

非线性系统本身是数字处理，如果素材也源于数字信号，避免了 A/D、D/A 转换，可以将视频损失大幅减少。这样的前提是前期拍摄采用数字记录，而且期望能够自始至终采用一致的数字格式。这方面从技术上讲是完全可行的，问题仅在于掌握数字记录格式的少数大厂家是与众多的非线性厂商合作，还是期望一厂一家能够提供全面而完备的解决方案。

由于目前尚没有完善的手段测试数字压缩系统，评价一个非线性系统的视频质量，主要采用客观测试结合主观评价的方式。

(2) 提高性能及系统配置的灵活性。

作为后期编辑系统的几个基本要素，非线性产品都已具备，但还远不能说尽善尽美了。因而不断提高多媒体产品的性能成为当务之急。当前非线性系统集成配置，缺乏灵活性。未来系统将采用模块化设计，用户可以根据应用需要和经费情况配置系统。例如，今天非线性系统中的特技模块，每个产品仅有一种配置。如果用户需要不同的特技种类、指标或价格的产品，则没有选择的余地。非线性系统将来也可以实现开放的标准接口，以连接不同厂家、特性不同的特技模块。再如，今天非线性系统中字幕的功能尚不够强大。一条路是强化非线性系统的字幕软硬件环境，以改进字幕功能。但也许更好的方法是提供一路下游键，将专业字幕机的输出与视频输出叠合。还有，为了增强音频处理的能力，将非线性系统与调音台相联接。调音台参数调整与非线性系统内视频轨锁定。合成的音频效果可以由系统驱动电动推子回放。任何进一步的修改也将得以保存。因而，非线性系统的未来并非是集成全部编辑功能，而应当发挥其独有的优势，结合现有的音视频技术和产品，配置出更理想的系统。

(3) 减少乃至消除素材下载时耗。

未来的非线性系统将大量减少素材下载时耗，甚至完全消除之。目前大部分非线性产品是先将音视频素材以播放速度录入硬盘，再进行编辑。这对于需要精细剪辑，复杂合成的节目可以大大提高制作速度。而相对简单的节目制作则速度优势不明显。非线性系统工作在模拟设备环境中，这一问题很难解决。但数字技术的发展提供了前所未有的机会，可能大幅度降低数据传输时耗，甚至彻底消除这一问题。可能的方案有：将摄像机中线性数字磁带的数据多倍速下载到非线性载体，如硬盘。或者将摄像机拍摄的信号直接记录到非线性载体上，如硬盘、光盘。目前已有相应产品面世，拍摄的镜头可以直接插入非线性系统进行编辑。随着相关技术的发展，采用芯片作为记录媒体，生产全固态摄像机也是一种可能。这类摄像机可消除素材传送的时耗。

（4）系统的创作能力进一步增强。

非线性编辑系统在制作复杂合成，多层画面等方面独具优势。高档系统可以提供几十个视频轨。尽管目前能够实时处理的最多两层，但其余视频轨仍然很有意义。较多的视频轨可以让编辑清晰地了解各层各片断之间的顺序关系。一旦任何部分需要修改，不致于打乱原先的总体设计。随着硬件能力的提高，今后也将出现更多的硬件支持的视频轨，从而减少生成时间。同时由于电脑相应器件（主要是 CPU）性能的大幅度提高，高级绘画箱（Paint Box）产品的多层图像处理，色彩变换，帧内局部修饰，软键等等功能也将逐步植入非线性编辑系统中。这些功能依赖强大的硬件运算能力，以前由一些专用“黑盒子”或高档工作站完成。未来桌面 PC 的处理能力一定会达到甚至超过今天图形工作站的水平。工作站的功能就可以逐步移植到桌面编辑系统中。这是非计算机类视频编辑系统不能想像的。一旦由软件来创作特技和实现视频合成，由于软件较之硬件在设计和改进时有更大的灵活性，同时可以组合多家软件的优势，特技效果的创作空间将没有任何限制。这将对制作人员创作能力和想像能力提出更高的要求。

（5）素材长期保存和检索。

解决素材长期保存和检索的问题。这是困扰广播电视行业的一个带有普遍性的问题。随着数字化技术的发展，采用数字磁带、数据磁带乃至 DVD 做的载体，可以将大量宝贵音像资料长期无损保存。近年来，多媒体网络、多媒体数据库技术日益成熟，在网络上直观地检索音像正成为现实。尤其是一些新型多媒体数据库生成工具，可以使用户在建立数据库过程中避免繁复的编程工作，库结构的调整也变得轻而易举。

多媒体技术的发展和普及，得益于许多相关技术的发展和突破。但它并不仅仅是运用了一种新的手段来完成传统设备的功能。它是比磁带对编系统更强大灵活的创作工具。编导人员的创意能够藉此发挥得更加淋漓尽致。至于那些欠缺处，只要假以时日，终会一一得到解决和完善。可以预言，非线性编辑系统将在电视后期制作中占据越来越重要的位置，并逐渐成为主流编辑设备。

二、网络及系统集成

由于非线性技术的发展，网络化成为一大趋势。由于多媒体文件与文档文件相比数据量要大许多，因而多媒体网络要求很高的带宽。针对影视播放的特征，有些应用需要稳定的实时性，这需要网络提供应用分级和等时服务能力。未来多媒体网络将结合不同的解决方案，满足不同应用需求。目前可供选择的方案有：ATM，Fiber Channel，快速以太网，FDDI 等。其中非常引人注目的是既作为网络方案又作为连接接口的 Fiber Channel。其最大传输距离可达 10km，数据传输率达 850Mbps。传输介质可以是光纤或同轴电缆。它定义了三种工作模式：一是设备间点对点的连接；二是由智能集线器切换连接多台设备；三是构成环状结构，通常构成双环作为冗余。每台设备还有旁路功能，保证某一设备失效不致造成整个环路瘫痪。环中数据帧将通过所有设备，每个设备将把自己的数据帧加到总线中替换其中的空帧。需要的数据取下来后换成空包。此外，IEEE 正在制订 1000m 以太网的技术规范。该标准将于 1998 年早些时候完成。其传输速率将真正达到 1000Mbps。同时，该协议针对不同的应用和成本，使 1000Mbps 的信号传输 3000m（单模光纤），550m（多模光纤）链路。低成本方案能够支持 300m62.5μm 多模光纤链路。为短线制订的技术规范，支持 25m 高品质的屏蔽双绞线电缆。它是为同处一室或同一机架上的设备连接设计的。可以看到，1000m 以太网也为高速数据传输提供了新的标准。

随着网络性能提高，成本下降，由多种档次服务器构成的多媒体网络能支撑电视台的局部工作，再逐渐扩展成较大规模的局域网，并向广域扩展。多媒体网络技术今天还处在萌芽阶段，其发展的潜力正未可限量。

（冯　奇）

（摘自《电视技术论谈》1997 年第 4 期）

电视直播三峡工程大江截流特别报道的思考

1997年11月8日，中央电视台在第一套、第四套节目以及英语传送频道连续14个小时的《三峡工程大江截流特别报道》播出后，引起国内外强烈反响。这次报道的成功，为中央电视台1997年的大型直播报道画上了一个圆满的句号，证明中央电视台又向世界级大台迈出了坚实的一步，已经可以在任何条件下进行各种规模的直播报道。

这次报道无论是从技术手段（24个机位）、操作程序（两个一级切换交叉的二级切换），还是从地理环境（转播的区域方圆十多公里）等诸多方面的多变性和复杂性上看，都远远超过中央电视台以往任何一次现场直播。

三峡截流是这次直播的动因和新闻点，重中之重的“点睛”之笔就体现在大江合龙的瞬间。14小时特别报道的节目包装、铺垫和渲染都是围绕这一重点展开的。因此，这次直播，始终注意把握强调突出这一重点，通过24个机位换位交替切换，展示长江三峡大江截流宏伟壮观的气势，从而产生了水、陆、空立体交叉的全方位效果。

这次报道，在镜头语言的运用上区别于以往的是，大胆夸张地、反复交替地运用了特写、大全景两级极限镜头以形成强烈的反差，来表现长江合龙的磅礴气势。这种特定环境下的特定手法的运用所产生的意境，达到了蒙太奇效果。因此，长江三峡大江合龙成功的切换，渲染、烘托、升华了主题，达到了突出和强化主题的效果。

经历了这场如此大型和如此高密度、高难度的直播，我们深深感受到，做一名成熟、优秀的电视直播导演，不但要成功地接受每一次直播的考验，更重要的在于，每一次直播之后的研究、思考和探索。

（沈 忱 王建宏 霍 燕）

重在交流感

——电视节目主持人的语言追求

交流感是主持人语言最应具有的特征，就是主持人在语言上追求的方向。

交流感的形成，建立在语言的内部技巧和外部技巧的结合之上，是语言的内容和语言的形式共同作用的结果，同时，全靠有声语言和副语言交流方式的配合来完成。

面对采访者，交流感的形成有赖于主持人在语言的内容和形式两方面的结合上倾注力量。在现今中国电视屏幕上，似有两种倾向：一种是强调语言的内容，忽视形式，也就是注重“说什么”，忽视“怎么说”；另一种是强调语言的形式，忽视内容，也就是注重“怎么说”，忽视“说什么”。

在不同的语言环境中，交流感的表现方式千差万别。

面对被采访者。采访是主持人与被采访对象共同完成的。这种交流看似直接的、自然的，但由于采访是在摄像机前进行的，带来一些非自然因素，因而交流又是具有独特性的。

独自面对镜头。这种主持人常用的方式实际上是与想像中、虚拟中的观众交流。面对黑黝黝的镜头，能够像对着活生生的观众一样表情生动、语意连贯、兴致盎然、滔滔不绝，这需要强有力的内心支撑力量。在这样的特殊交流方式中，心理训练和心理调适非常必要。这种“目中无人，心中有人”的交流方式，是主持人的基本功。

面对搭档，同时面对摄像机。这种情形实际上是一种三角形交流。这种方式可以让节目形式活泼，话题便于提出、转换，搭档间的交流实质上是为了强化与观众的交流。处于这种语境中的主持人要有兼顾的技能。

（敬一丹）

（摘自《电视研究》1997年第4期）

当我们面对关注的时候

新闻主持人的生命力在于对许多事物，特别是众多新闻背景的长期跟踪和掌握，在于用最快的速度，利用最多的信息得出令人信服、于人有益的分析和判断，更在于善于运用自己的知识，自己的头脑。而所有这些都需要我们能够静下心来，扎扎实实地读书、看报、跟踪、学习，在于我们面对关注的时候，能否平静我们的心态。

然而，面对越来越多的关注，我发现我面临的最大挑战恰恰就是如何使自己静下心来。

作为一名电视节目主持人，我时常想到的是有许多人委托我到现场为他们身临其境地面对所发生的一切，这令我兴奋无比也备感责任重大。仅仅为这一点，我们每一期节目都不敢马虎。想想看，面对这么多人的关注，他们当中还包括我的父母，我的亲人，我的朋友，我又怎么好意思让他们失望?

电视节目主持人，从一定意义上说，是一个公众人物。你的存在，你的生命力，在于你的人品，你的心态，你的文化。准确地讲，在于你面对关注的时候是否能静下心来，有更高的文化追求。

（水均益）

（摘自《电视研究》1997年第3期）

电视经济宣传的发展状况、存在的问题及对策

电视经济宣传,近两年来经历了量的增加和质的提升,初步形成了规模。中央电视台经济节目的成功尝试,主要体现在:1.经济节目调整格局,三个主打栏目《经济半小时》、《中国财经报道》、《生活》栏目进入19:00至21:00的黄金时段,三个栏目的收视率进入二套节目前十名。2.九个栏目的定位逐步到位,各栏目的特色正在形成。一批重点节目产生良好社会效果。经济部播出专题系列片《话说农民负担》、《千秋万代话资源》(12集)、《跨世纪的转变》(10集)、《难点突破》、《软着陆》(5集),这批重点节目产生了良好的社会效果。3."3·15特别行动"从3月1日持续到3月23日,同时推出一台晚会形成高潮。《'97丰收之歌》农民晚会是中央电视台惟一的一台以农业为题材,融新闻纪实报道、文艺节目和牵动全社会的"十佳"评选活动为一体的大型专题文艺晚会。

中央电视台的经济报道有如下特点：导向正确、质量上乘、特色鲜明、贴近生活、管理有招。1997年领导的重视是经济节目发展和成长的关键，一个好的机制是经济节目获得成功的基础和保障。同时，得到了社会各界及地方电视台的大力支持，并有一个懂业务、善管理、有追求、肯奉献的年轻化领导班子，有一支具有一定业务水平、道德水准的电视采编制作队伍。

电视经济宣传中尚需解决的问题是：各级领导在思想上要更加重视，电视经济宣传的定位要准确，地位要稳固，机构要健全，队伍素质还需提高。此外，评奖等级份额应与蓬勃发展的电视经济节目相适应。

（经济部）

7. 观众调查

一、观众调查工作综述

1997 年中央电视台节目收视率年度报告（摘要）

一、中央电视台各频道总体收视状况

1997 年是不同寻常的一年。在这一年我们经历了伟人的陨逝，香港回归，党的十五大，黄河小浪底截流，三峡截流等令人难忘的历史性事件。1997 年也是中央电视台锐意创新，精益求精的一年。为了及时准确地向全国人民报道这些重大事件，中央电视台投入了大量的人力和物力，并在报道形式、节目制作、播出安排上坚持精品路线，力求在节目中体现国家电视台应有的技术和水平。这些努力都达到了预想的结果。下面仅从收视率和收视占有率两方面，对中央电视台八个频道在全国的收视情况作一概述：

1. 在国内所有开通频道中，中央电视台的八个频道在整体上具有较强竞争力。

对一天 24 小时以 15 分钟为单位进行了时段划分，计算出中央电视台八个频道在每个时段的全年总平均收视占有率。如图 1—1 所示：就全年总体而言，作为一个整体，中央电视台的八个频道在各时段基本上都具有较强的竞争力。除去 18：30 至 19：00 时段，在其他时段，中央电视台八个频道的总平均收视占有率均高于 30%。也就是说，在一天的绝大部分时间里，超过 30% 以上的观众会把收看频道锁定在中央电视台的八个频道之中。这表明中央电视台八个频道的节目对广大观众具有较强的吸引力。

另外，在一天 24 小时中，中央电视台八个频道的总平均收视占有率的峰值分别出现在 6：00（61.2%）；7：45（68.8%）；12：00（46.3%）；17：30（54.2%）；19：15（72.9%）。

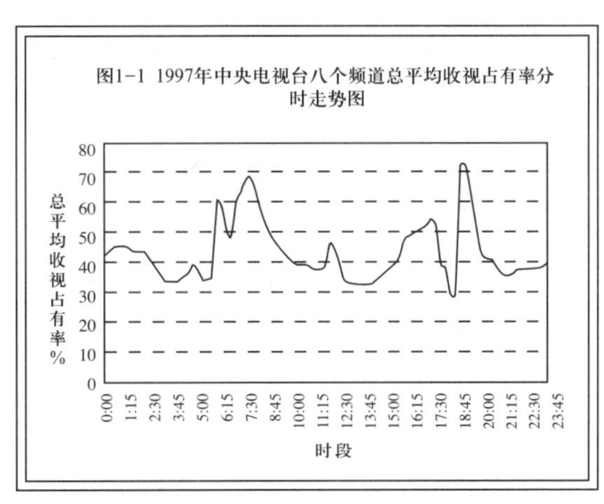

占有观众份额较低的几个时段为：

12：45 至 15：00（33.21%）、18：30 至 19：00（28.5%）。

2. 在不同时段，观众对中央电视台八个频道的收视情况存在差异。

（1）在全天各时段中，中央电视台第一套节目（CCTV-1）都明显占有较大的份额。尤其在早晨和 19：00拥有的观众份额最多。

（2）电影频道（CCTV-6）在白天及 21：00 以后，收视份额在八个频道中明显较高。在上午及 21：00 以后，观众收视份额也仅次于第一套节目。下午则超过第一套节目，在八个频道中拥有观众份额最大。

（3）下午时段，文艺频道（CCTV-8）相对拥有较多的观众收视份额。

（4）中央电视台第二套节目（CCTV-2）和体育频道（CCTV-5）在各时段中拥有观众收视份额大体相当，变化趋势也基本一致。只是第二套节目

(CCTV-2) 在早间拥有观众收视份额相对要大。

(5) 戏曲·音乐频道 (CCTV-3)、国际频道 (CCTV-4) 以及少儿、军事、科技、农业频道 (CCTV-7)，在各时段拥有的观众收视份额相对较小。

另外，如表 1—1 所示，中央电视台各频道收视峰值出现的时段也不尽相同。由于平均收视占有率是以全国电视观众总体为基数的绝对数值，而收视占有率则是以当时正在收看电视的观众数量为基数的相对数值，所以，平均收视率与收视占有率的峰值可能并不在同一时段。

表 1—1：中央电视台各频道的平均收视率及收视占有率峰值及出现时段对应表

频　　道	平均收视率		收视占有率	
	峰　值	出现时段	峰　值	出现时段
2 (CCTV—1)	32.3%	19：15	70.15%	19：15
8 (CCTV—2)	1.23%	20：00	6.32%	6：15
15 (CCTV—3)	0.21%	21：00	1.43%	16：00
32 (CCTV—4)	0.19%	21：00	6.76%	5：00
33 (CCTV—5)	0.93%	21：00	5.94%、5.60%	2：45、16：00
18 (CCTV—6)	2.87%	21：00	16.75%	16：30
30 (CCTV—7)	0.23%	20：00	1.73%	9：00
29 (CCTV—8)	0.41%	21：00	5.23%	17：00

3. 在不同时段，观众的收视行为具有明显的差异。

以第一套节目 (CCTV-1) 为例，分析观众在一天中的收视变化情况。如图 1—2 所示：在一天 24 小时中，1997 年的观众收视变化情况与 1995、1996 年基本一致。观众的收视行为主要受其作息规律的影响。观众收看电视的几个主要峰值基本出现在晚上、中午和早上的非工作时间。《新闻联播》依旧是晚间收视峰值之所在，其后，收视率逐渐下降。

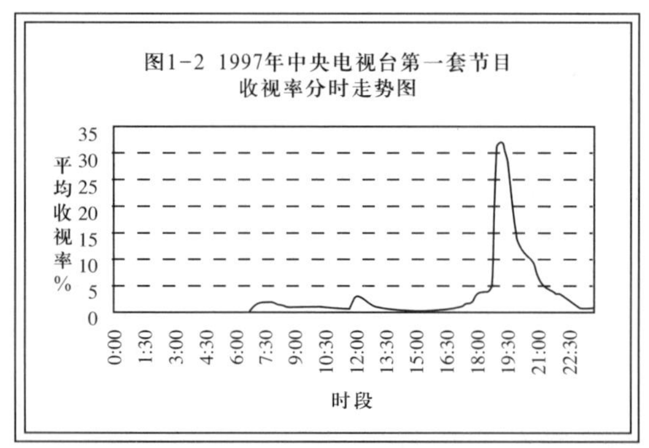

在一周中，观众的收视行为也不尽相同。星期天平均收视率最高，星期三最低，从星期天到星期三收视率逐步降低，星期三到星期六又逐步走高。

4. 中央电视台各频道在 18：30 至 19：00 之间收视占有率较低。

如图 1—1 和图 1—2 所示，尽管 18：00 以后第一套节目 (CCTV-1) 等频道的收视率在稳步上升，但各套节目在 18：30 至 19：00 之间均出现明显收视占有率的低谷，总平均收视占有率处于全天最低点。也就是说，与全国其他电视频道相比，该时段中央电视台各频道的竞争力相对较弱。

二、新闻类节目

1. 新闻类直播节目。

1997 年中央电视台新闻类直播节目无论在时间跨度上、技术运用上、直播内容的选取上，都取得了较大的突破。如表 2—1 所示：

(1) 凡是较具新颖性和震撼性或对观众工作具有较大影响的政治事件或新闻事件的直播，收视率较高。如：日全食、邓小平同志追悼大会、香港回归报道、十五大开幕式等。尤其是香港回归 72 小时直播报道，尽管跨越 3 个通宵，整个过程的平均收视率依然达到 12.95%，远远高于平时的日平均收视率 2.71% 的水平。而且从 6 月 30 日 19:00 到 7 月 1 日 0:42，近 6 个小时的节目播出过程中，观众的收视率一直维持在 40% 以上。这在中央电视台节目播出史上是少见的。

表 2—1：1997 年主要新闻类直播节目收视率一览表

播出日期	节 目 名 称	开始时间	结束时间	收视率%
2.25	邓小平同志追悼大会	9：50	11：00	29.20
3.01	八届人大会议开幕式	8：55	11：40	1.80
3.09	日全食	8：00	10：20	4.70
3.18	南昆铁路铺通庆典	9：30	10：30	0.60
4.24	中、俄、哈、吉、塔五国签订协议	15：00	15：50	0.09
6.01	飞越黄河	12：35	14：30	7.55
6.30－7.02	香港回归 72 小时电视报道	6：00	6：00	12.95*
9.12	十五大开幕式	8：55	11：30	6.92
9.19	新当选的领导人与公众见面	10：58	12：33	2.66
10.12	世界石油大会开幕式	14：55	15：20	0.51
10.28	黄河小浪底截流	8：40	11：02	1.55
11.08	三峡工程大江截流	8：00	12：00	9.68
11.08	三峡工程大江截流	12：30	19：00	7.52
11.08	三峡工程大江截流	19：35	22：00	12.43

*注：香港回归 72 小时电视报道的收视率是以 72 小时内各档直播节目的收视率为基数所作的粗略算数平均。

(2) 1997 年中时间跨度较长的几次新闻直播也都取得了较好的收视效果。如：日全食直播、三峡截流等的收视占有率基本都在 50%以上。最高时竟达 70%。

2.《新闻联播》、《焦点访谈》、《东方时空》、《新闻 30′》，1997 年全年走势基本平稳，年平均收视率均高于 1996 年（见表 2—2）。

表 2—2：主要新闻栏目 1996、1997 年平均收视率比较表

栏 目 名 称	1997 年收视率	1996 年收视率
新闻联播	33.78%	32.8%
焦点访谈	25.78%	21.3%
东方时空	1.89%	1.1%
新闻 30 分	2.96%	2.1%
新闻调查	3.90%	6.2%

3. 新闻板块类节目。

(1)《新闻联播》

1997 年《新闻联播》基本呈现平稳走势。周末收视率高于平时收视率。全年平均收视率为 33.78%，高于 1996 年（32.8%）的收视水平，与 1995 年（33.8%）的收视水平基本持平。

1997 年《新闻联播》的观众结构依然呈现如下格局：男性观众（34.68%）高于女性观众（32.83%）；城市观众（38.11%）高于农村观众（25.55%）；收视率基本随年龄及文化程度的增长而增长。

(2)《焦点访谈》

1997 年《焦点访谈》也基本呈现平稳走势。周末收视率高于平时收视率。全年平均收视率为 25.78%，明显高于 1996 年（21.3%）的收视水平，略低于 1995 年（26.6%）。1997 年《焦点访谈》存在几个明显的峰值和低谷：峰值主要分布于：2 月 6 日除夕、2 月 22 日至 2 月 26 日邓小平同志逝世期间、6 月 29 日和 7 月 3 日香港回归前后，最低点为 3 月 31 日。

《焦点访谈》的观众结构特点与《新闻联播》基本一致：即男性观众（26.28%）高于女性观众（25.26%）；城市观众（28.79%）高于农村观众（20.11%），收视率也基本随年龄及文化程度的增长而提高。

另外，1997年7月以后，每天《新闻联播》对《焦点访谈》的播出内容进行了预告，收到了良好的效果。

(3)《东方时空》

因收视率调查样本户的调整，《东方时空》在4月6日前的收视率与4月6日后的收视率存在明显的差异。4月份至7月份收视率基本呈上升趋势；7月份至11月份保持平稳格局；11月以后略有下降。

但就全年的收视率而言，1997年《东方时空》的平均收视率（1.89%）明显高于1996年（1.1%）和1995年（1.49%）。收视占有率，也仅次于《新闻联播》，是早间对观众具有很强吸引力的一个栏目。《东方时空》的观众结构特点与《新闻联播》、《焦点访谈》基本一致。

(4)《新闻30′》

《新闻30′》是第一套节目（CCTV-1）白天收视峰值最高的栏目之一，全年平均收视占有率为29.67%。可见观众对其新闻的时效性和对新闻事件的深度追踪报道多予以肯定。

《新闻30′》全年收视走势，基本保持平稳趋升的格局。全年平均收视率为2.96%，明显高于1996年(2.1%)。1997年《新闻30′》存在的几个收视率峰值，主要与当时的新闻事件有关，峰值的分布主要为：2月25日邓小平同志追悼会，6月1日飞越黄河，11月8日，三峡工程大江截流等。

(5)《新闻调查》

《新闻调查》是第一套节目（CCTV-1）每周五21：00档播出的新闻专题类栏目。

1997年该栏目收视率波动幅度较大，且在总体走势上略呈下降趋势。21：10段的平均收视率(3.90%)明显低于1996年该段的年平均收视率(6.2%)。尤其是城市观众流失比较明显。

(6)晚间新闻节目

22：00段晚间新闻节目由《晚间新闻》、《世界报道》、《晚间体育新闻》三个板块构成。

三个板块1997年全年收视走势基本相同。即上半年呈上升趋势，7月以后呈下降格局。

比较1995年以来三个板块的年平均收视率，如表2—3所示，也均呈现逐年下降的格局。

表2—3：晚间新闻类节目三年来收视率之比较

栏目名称	1997年	1996年	1995年
晚间新闻	3.42%	3.5%	4.48%
世界报道	2.77%	4.0%	5.25%
晚间体育新闻	2.33%	2.9%	3.56%

三、21：00档专栏节目

21：00至22：00专栏节目一直是中央电视台的重头栏目，其中各栏目之间的相互竞争也比较激烈。

表3—1：1997年21：00档专栏节目收视率（%）一览表

栏目名称	播出时间	最大值	最小值	1997年平均收视率	1996年平均收视率	星期	1997年排名	1996年排名
电视你我他	21：10－21：25	8.70	2.42	5.86	7.7	六	1	1
军事天地	21：10－21：25	7.43	2.60	4.90	6.3	一	2	5
体育大世界	21：10－21：55	9.10	3.15	4.30	6.4	日	3	4
旋转舞台	21：25－21：55	7.69	2.97	4.10	6.8	六	4	3
新闻调查	21：10－21：55	5.70	2.92	3.90	6.2	五	5	6
音乐电视城	21：25－21：55	4.88	3.00	3.90	6.2	六	6	6
文化视点	21：10－21：40	4.87	2.88	3.69	6.2	二	7	6
万家灯火	21：10－21：55	9.53	2.45	3.66	4.8	四	8	13
人与自然	21：25－21：55	5.07	2.43	3.63	5.3	一	9	12
九州戏苑	21：10－21：55	6.50	2.61	3.58	5.6	二	10	9
′97环球	21：10－21：55	6.20	2.60	3.49	5.6	三	11	9
社会经纬	21：10－21：55	4.78	2.51	3.40	5.5	四	12	11

注：表中统计的是各栏目在21：00档播出的收视率，其他时段播出的收视率未在统计之列。

综合分析 1997 年各专栏节目的收视情况，有如下特点：

1.1997 年各专栏节目的收视率均明显低于 1996 年，最大降低幅度达到 2.7%。

2.1997 年收视率排名的格局与 1996 年相比变化较大。

如《军事天地》、《体育大世界》、《新闻调查》、《人与自然》和《万家灯火》的名次有所上升。尤其以《军事天地》、《人与自然》和《万家灯火》上升幅度最大。排名相对稳定的是《电视你我他》和《音乐电视城》。

3.1997 年 21：00 至 22：00 时段各专栏节目的收视率基本围绕特定收视率数值平稳波动，但部分栏目收视率在下半年有下降趋势。

四、经济类节目

为了更加突出第二套以经济节目为主的综合频道特点，中央电视台继 1996 年 7 月进行较大的栏目调整后，1997 年 5 月 5 日，又进行了大的播出格局的调整。观众可在早晨(6:00—9:30)、午间(11:40—12:40、13：10—14：10)、晚间(17：30—21：00、00：30—01:15)的 5 大板块集中收看到完整而系统的经济节目。如果对 9 个经济栏目全年的收视率走势进行分析和比较就会发现（表 4—1 所示)：

1. 1997 年第二套节目（CCTV-2）的主要经济类栏目的平均收视率均低于 1996 年。

表 4—1：第二套经济节目 1997 年全年平均收视率情况

栏目名称	首播时间	1997 年平均收视率	1996 年平均收视率
经济半小时	20：30—21：00	0.84%	1.4%
生活	20：00—20：30	1.19%	1.28%
商务电视	18：00—18：30	0.25%	—
供求热线	17：30—17：50	0.12%	0.24%
中国财经报道	8：30—8：40	0.16%	0.13%
	12：30—12：40	0.22%	0.26%
	17：50—18：00	0.25%	—
	19：35—19：50	0.76%	1.02%
金土地	18：30—19：00（星期一、三、五）	0.29%	0.44%
欢乐家庭	18：30—19：00（星期二、六）	0.66%	0.70%
经营有道	18：30—19：00（星期四）	0.29%	0.50%
世界经济报道	18：30—19：00（星期日）	0.36%	0.53%

注：《生活》、《中国财经报道》、《金土地》、《欢乐家庭》、《经营有道》、《世界经济报道》等的 1996 年平均收视率为 7 月至 12 月 31 日数据。

2.1997 年，尤其是 5 月改版以后第二套节目(CCTV-2) 的主要经济类栏目的收视情况大都走势平稳或呈现上升格局。

3.《商务电视》是频道调整以后播出的新节目，其收视率逐步上扬，平均收视率为 0.25%。

4.1997 年，农村观众对《经济半小时》的平均收视率（1.17%）超过了城市观众（0.82%）。而 1996 年农村观众的收视率为 1.0%，城市观众的收视率为 1.3%，可见城市观众在 1997 年流失较为明显。

五、青少年节目

中央电视台1997年在第一套播出的少儿节目除了《大风车》、《第二起跑线》和《12演播室》外，在《大风车》栏目播出前还增加了两个新栏目：《芝麻开门》和《动画城》。从而使少儿节目更加丰富。

1.《大风车》

《大风车》是面向儿童的栏目，每天18：09～18：49在中央电视台第一套播出。

该栏目的主要观众对象是4岁至14岁儿童。1997年的平均收视率较1996年上升了近两个百分点(如图5—1所示)。

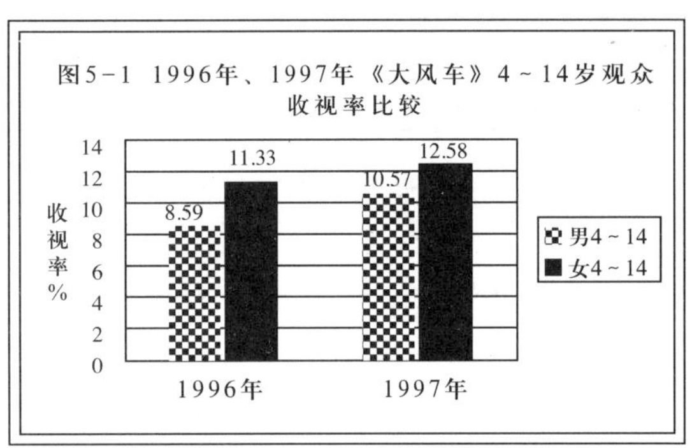

9月份以后《大风车》的收视率呈平稳上升趋势。尽管该栏目1997年观众总体的平均收视率为4.04%，比1996年有所下降（1996年为4.80%），但4岁至14岁儿童的收视率要比总体高得多，其平均收视率达到11.48%。而1996年该年龄段的平均收视率仅为9.96%。

2.《动画城》

《动画城》是目前惟一的国产动画片综合性栏目，每周一至周六继《芝麻开门》之后的17:30—18:00播出。

该栏目全年的平均收视率为1.56%，其中4岁至14岁观众的平均收视率为6.19%。9月份以后，该栏目的收视率逐渐走高，最高收视率超过了9%。因为这一时期播出了《小糊涂神》和《大头儿子小头爸爸》等优秀国产动画片，吸引了不少小观众。可见，国产优秀动画片对儿童具有很强的吸引力。

3.《第二起跑线》

《第二起跑线》是面向中学生的节目。该栏目的全年平均收视率是0.54%，较1996年的0.80%有所下降，但从其走势看，收视率表现出上升的态势，特别是在3月至6月更为明显，达到了1.18%的峰值。看来，该栏目已经走出低谷，而呈现出稳步回升的趋势。

六、影视剧

1. 20：00档电视剧

1997年,仅在中央电视台第一套黄金时间（20：00档）就播出了22部电视剧，其中连续剧有19部。这19部剧具有以下特点：

(1) 题材广泛，内容丰富

反映部队生活的作品所占比例最大（如图6—1所示)。反映校园生活题材的作品也占较大比例。

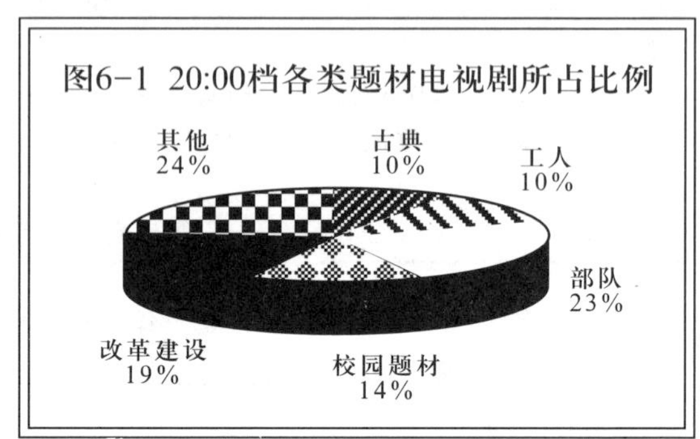

(2) 从收视率排名看，贴近现实，体现时代精神的作品受到观众青睐。如电视连续剧《香港的故事》在1997年平均收视率排行榜中居第一位。最高收视率接近22%。《红十字方队》1997年的收视率走势稳中趋升，平均收视率位于1997年排行榜的亚军。其他如《和平年代》、《校园先锋》、《血战万源》和《潘汉年》等的收视率也呈上升趋势。见表6—1。

但是，从1997年20：00档电视剧的总体情况看，收视率比1996年低。收视率排名第一的《香港的故事》在1996年也只能排在第十四位。

2. 国际影院

据不完全统计，1997年《国际影院》在中央电视台第一套和第二套共播出译制片162部，以美国片居多。但是韩国电视连续剧《爱情是什么?》却掀起了1997年《国际影院》的收视率高潮。其收视率曾进入中央电视台第一套收视率排行榜的前十名。这在《国际影院》栏目的收视史上是少见的。并且该剧的最高值已超出1996年该栏目（9：10播出的）最高值两个百分点。

中央电视台每周六22：00以后播出的译制片收视情况：

第一套节目22：00以后播出的译制片是世界名著名片欣赏系列。收视率排名如表6—2所示。法国片《铁面人》以1.78%的收视率位居第一位。

从影片的国别来看，英、法、美等国的影片比较受欢迎，在收视率排行的前十名中，除这三国的影片外，只有一部英、意和西德合拍的影片。

表 6—1：1997 年中央电视台第一套节目 20：00 档电视剧收视一览表

节 目 名 称	播 出 日 期	播出集数	最大值	最小值	平均值	排名
香港的故事	6.13—7.21	29	21.97	10.77	14.38	1
红十字方队	10.2—10.19	14	14.12	11.67	13.13	2
和平年代	7.24—8.25	23	14.43	10.35	12.71	3
长河入海	2.18—3.11	5	14.7	8.8	12.22	4
总督张之洞	2.2—2.3	2	12.9	11.0	11.95	5
深圳人	2.12—2.17	5	12.4	10.4	11.50	6
东周列国	4.6—5.9	29	15.18	10.09	11.49	7
党员二愣妈	8.26—9.1	6	11.55	10.47	10.98	8
国旗之子(上)	3.8	…	…	…	10.7	9
潘汉年	11.16—12.17	28	11.89	9.13	10.32	10
血战万源	1.14—1.23	10	12.0	9.3	10.55	11
校园先锋	9.7—9.29	16	11.11	8.95	9.74	12
驱逐舰舰长	12.18—12.24	5	10.55	8.28	9.65	13
相约在春天	1.25—2.1	7	10.6	8.4	9.33	14
黑天鹅	3.12—3.16	4	10.5	7.1	9.28	15
民办老师	9.2—9.5	4	9.27	8.61	8.99	16
车间主任	5.16—6.11	20	9.73	8.00	8.87	17
司马迁	10.20—11.14	16	9.81	7.99	8.60	18
雪太阳	12.25—12.29	3	9.13	7.67	8.39	19
问鼎长天	3.17—4.3	15	9.8	5.7	8.26	20
我想要朵小红花	12.30	1			7.50	21

注：表中均以 20：00 档播出的收视率为基础，其他时段播出的未在统计之列。

表 6—2：中央电视台第一套节目《国际影院》(22：00 以后时段) 收视率前十名

播出日期	名　　称	开始时间	结束时间	收视率	排　名
6.21	铁面人（法）	22：50	00：56	1.78%	1
2.15	威尼斯商人（美）	22：42	24：00	1.40%	2
4.19	逃往雅典纳（美）	22：42	24：00	1.28%	3
5.24	卡桑德拉大桥（英、意、西德）	22：52	24：00	1.23%	4
10.25	火车上的追捕（英）	23：11	24：00	0.99%	5
5.10	傲慢与偏见（中）（英）	22：52	24：00	0.93%	6
7.12	制作玩偶的女人（美）	22：56	24：00	0.89%	7
8.23	莫尔费兰德斯（美）	22：52	24：00	0，89%	8
5.17	傲慢与偏见（下）（英）	22：55	24：00	0.85%	9
7.26	壮美的草原（美）	22：52	24：00	0.85%	10

七、综艺晚会类节目

1.1997 年 20：00 档《综艺大观》、《曲苑杂坛》和《东西南北中》三个栏目的平均收视率比 1996 年都有所降低。如图 7—1。其中《综艺大观》降低了 1.37 个百分点，《曲苑杂坛》下降了 1.09 个百分点，《东西南北中》下降了 2.91 个百分点。

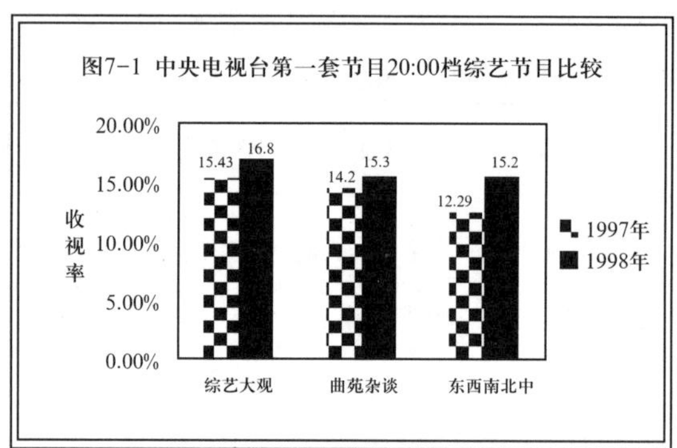

图7-1 中央电视台第一套节目20:00档综艺节目比较

就收视率而言，《综艺大观》的收视率虽然比1996年有所降低，但仍是黄金时间档最引人注目的综艺栏目。从图7—2可以看出，1997年上半年《综艺大观》收视走势相对比较平稳，但下半年波动幅度比较大，在10月份出现了全年最高收视率18.15%，和全年的最低点12.5%，相差近6个百分点。

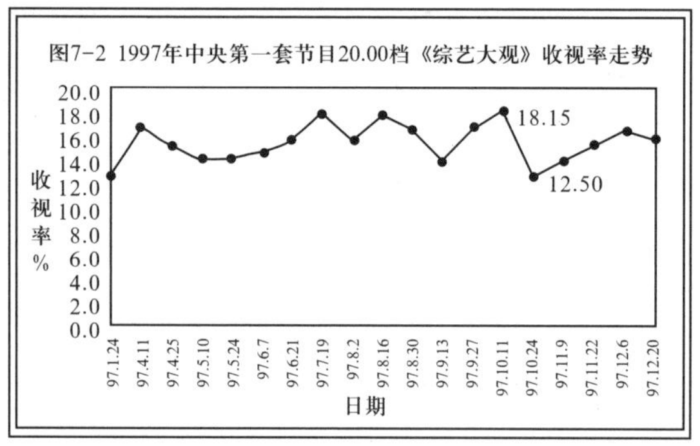

图7-2 1997年中央第一套节目20.00档《综艺大观》收视率走势

《曲苑杂坛》的平均收视率低于《综艺大观》，但其收视率走势还是比较平稳的。

《东西南北中》是一个以地方文艺特色为主的栏目，6月28日一期最高收视率达到18.44%，但最低收视率却在10%以下。

2.1997年中央电视台第二套节目（CCTV-2）首播的《正大综艺》（含《正大剧场》）较1996年吸引了更多的观众。

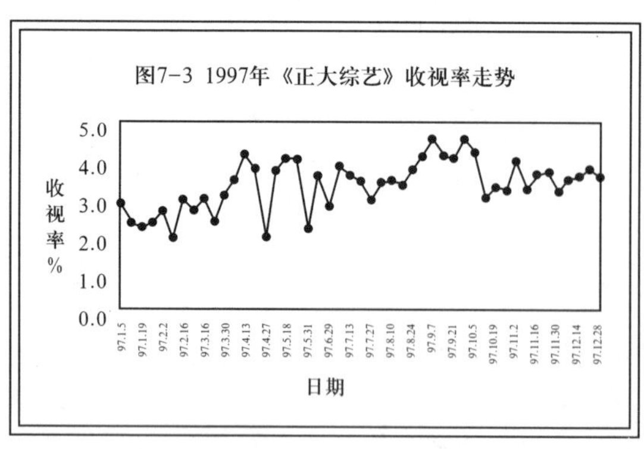

图7-3 1997年《正大综艺》收视率走势

从1997年全年首播情况看，《正大综艺》（含《正大剧场》）的收视率是上升的（3.55%）。尤其是1月份到9月份上升的趋势比较明显。第四季度，收视率比9月份略有降低，但收视率仍保持在3%至4%之间（如图7－3所示）。

3.1997年春节联欢晚会收视情况较1996年有明显改变。

为了便于了解历年春节联欢晚会的收视情况，我们收集了从1989年以来春节晚会的收视数据(1990年缺)。收视率数据显示(如图7—4所示)，从1991年至1994年的收视趋势是下降的。1995年出现了1991年以来的最高收视率53.60%以后，1996年降至几年来的最低点。1997年的收视率又开始回升。可见，除夕之夜收看春节联欢晚会仍是大多数人的收视选择。

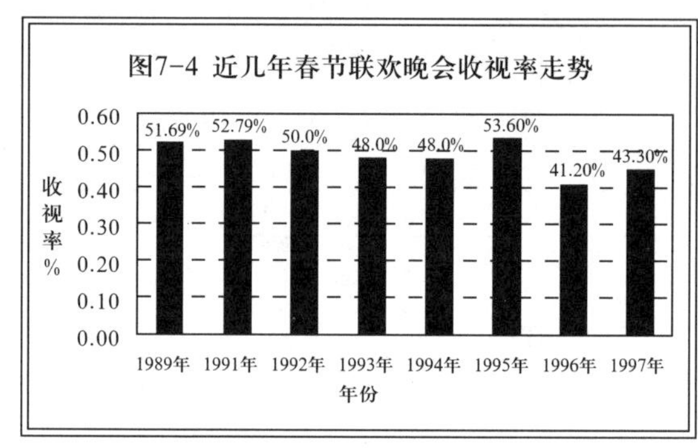

图7-4 近几年春节联欢晚会收视率走势

4.1997年几台以“香港回归”为主题的晚会受到欢迎。

据不完全统计，1997年中央电视台第一套共播出晚会35台（如表7—1所示）。

其中以香港回归为主题的晚会受到欢迎，收视率排行进入前十名的就有4台晚会。尤其北京市人民迎接香港回归祖国联欢晚会，收视率达到了46.57%，成为历年来惟一一台收视率超过了春节联欢晚会的晚会。

另外，节日期间（如春节和国庆）的晚会也比较受欢迎。

表7—1：1997年中央电视台第一套播出各类晚会收视率一览表

播出日期	晚会名称	开始时间	结束时间	收视率%
6.30	北京人民迎回归晚会	22:08	23:14	46.57
2.6	′97春节联欢晚会	19:59	24:30	45.30
7.2	庆回归晚会——回归颂	20:00	22:00	30.17
2.9	′97正月正晚会	20:05	20:55	16.10
2.8	公安部′97春节晚会	20:10	21:50	16.00
2.7	文化部′97春节晚会	20:10	23:10	15.20
10.1	国庆晚会	20:10	21:50	15.00

（总编室观众调查组供稿）

二、调查活动及调查报告选登

综艺类电视节目全国观众调查项目研究报告

调查背景

进入90年代，中国的电视市场蓬勃发展，电视频道迅速增加，电视网络结构日趋复杂，导致各电视台间争夺观众的竞争日益加剧。受其影响，中央电视台、地方电视台的一些综艺节目收视率也普遍下滑。究其原因，我们认为来自三个方面的挑战：

第一，来自人们生活方式的挑战。现实生活水平的不断提高，娱乐方式的多样化分流了电视观众，在一定程度上减弱了以娱乐为目的的收看电视行为。

第二，来自电视同行的挑战。全国各电视台都在综艺节目上不断推陈出新，制作了大量形式与内容各异的综艺节目。特别是一些经济较发达城市的电视台，通过增加投入或联合制作与播出等方式，以良性体制制作了一些高质量的综艺节目，对中央电视台的综艺节目是一场严重的挑战。

第三，来自观众欣赏口味多元化的挑战。观众对综艺节目的要求在不断提高与变化，呈多元化发展。

基于以上因素，央视调查咨询中心于1997年9月受中央电视台总编室委托，就综艺类节目收视的有关问题，从观众的收视行为与心理角度展开调查和研究。

调查方法和技术手段

本次调查采取以问卷调查为主，定性小组座谈会为辅，并补充以专家深度访谈和案头研究的方法。

1. 总样本规模设计为1200份。为保证调研城市在地域上和经济收入方面具有代表性，本次调查选取北京、上海、广州、成都、武汉、昆明六个城市。

2. 北京、上海两地区，以概率与规模成比例系统抽样方法（即PPS）进行；广州、成都、武汉、昆明采取分层等距随机抽样方法进行。

3. 在确定样本户内被调查对象时，采用选取家庭户内12岁至70岁常住居民收看过电视综艺节目的成员。

4. 定性小组座谈会选在北京、上海、广州三个典型城市进行。主题座谈分散于各个年龄层次、文化层次和职业层次。涉及参加座谈人员59人。

5. 专家深度访谈2人。

6. 案头研究涉及33个电视频道综艺节目的播出情况比较分析。

7. 本次调查共收回有效问卷1186份，有效回收率为98.8%。

调查报告主要结论

（一）综艺节目的市场分析

1. 在11类（新闻类、经济类、综艺类、戏曲类、影剧类、军事类、音乐类、体育类、法制类、少儿类、科技类）电视节目中，综艺类节目的收看频度排在新闻类节目和影剧类节目之后为2.56%，在观众收视中占有19%的市场份额，说明电视娱乐在人们生活中仍处于重要地位。

2. 国内电视综艺节目正步入成熟期，并具有典型的市场成熟期特征：

（1）观众群趋于稳定；

（2）观众对栏目内在品质的要求逐渐增多；

（3）综艺节目内部之间争夺观众的“瓜分蛋糕”现象加剧。

3. 未来国内综艺节目大的竞争将集中表现在两个方面：

（1）电视网结构变化：北京、广州、上海等城市随着节目上星及有线网发展，其综艺节目将对中央电视台的综艺节目提出挑战。

（2）节目形式革新和观众细分：栏目设置及栏目内容上将会按观众的喜好，进行细分以稳定观众群；在节目形式上，将利用各种高科技手段以新颖的形式吸引观众。

4. 周末综艺节目将面临电视剧的强烈竞争和自身量的饱和。21.8%的观众认为周末自己喜欢的电视剧太多，没有时间看综艺节目；44.7%观众认为周末各电视台的综艺节目太多，在时间上错不开。

19：40之后观众收看各类节目的频度

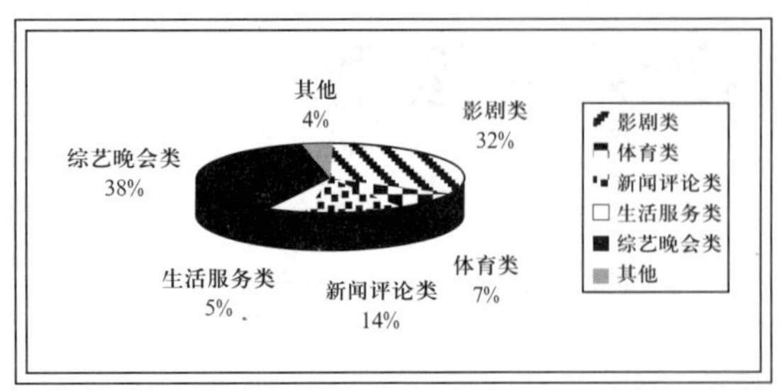

（二）综艺节目的观众群体分析

1. 九成以上的观众都接触过综艺节目，且有一半以上观众接触频繁。其中，50岁以上和中等学历的观众收看较为频繁，而21岁至35岁和没有受过正式教育的观众收看频度最低。

2. 观众群体行为分析：

	经常收看	断断续续收看	偶尔收看
定期收看	23.1%	7.2%	1.9%
不定期收看	24.1%	28.7%	15.0%

3. 忠实型观众（其特征为女性并且年龄偏大）对综艺节目的行为是积极而忠实的，约占64.4%；游离型观众（其特征为未婚男性青年、高等教育水平）随机性最强，为可挖掘的观众群体，约占43.7%；苛求型观众：要求苛刻，口味专一，约占1.9%。

4. 周六是观众收看综艺节目的普遍理想时间（54.6%），中青年观众选择周五的稍多，而12岁至30岁和50岁以上观众多选择周日。

5. 19：30至21：00是首选时段，但17.8%的观众（21岁至35岁）倾向于21：15至22：45。

6. 74%的观众是在家中和亲朋好友一起收看综艺节目。在家中独自收看的以50岁以上和没有受过正式教育的观众较为显著。

7. 应精心安排好周末综艺节目的重播，这是44.7%的观众的普遍要求。

不同年龄观众对综艺节目的忠实程度（%）

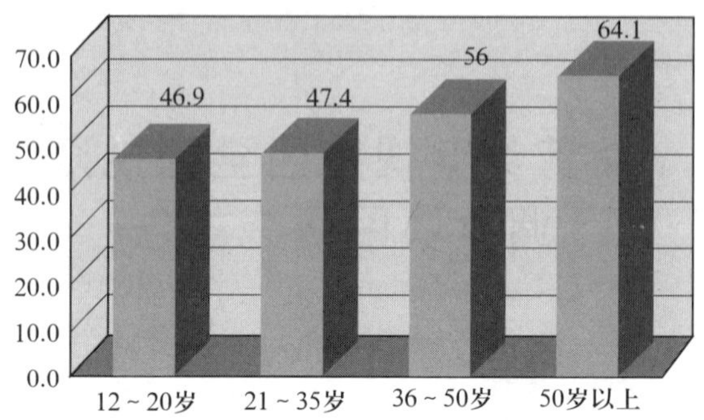

（三）综艺节目的内部因素分析

1. 晚会类综艺节目依然是人们第一喜爱的节目，属形式主导型，非晚会类综艺节目属内容主导型。

2. 地理与风情、奇闻与趣味、生活与戏曲、影视与欣赏，以及其他内容，是观众在选择非晚会类综艺节目时的五个主要收视取向。

3. 知识性和趣味性完美融合的综艺节目是受观众喜爱的关键。

4. 主持人是影响综艺节目特别是非晚会类综艺节目的重要因素。因节目的内容与嘉宾每期都在变化，只有栏目的主题与主持人是延续的。观众理想中的男主持人的形象是：知识面广、应变能力强、幽默；女主持人理想形象是：举止大方自然、知识面广、外表形象好，如表—1所示。

5. 采取的竞猜方式、现场观众、嘉宾与导游目的是调动观众的积极性。

表—1

	倪萍	王刚	袁鸣	程前	赵忠祥	王雪纯	杨澜	周涛	胡瓜	张政	姜丰	蓝心媚
知识面广	11.4	7.2	3.1	4.9	55.1	6.6	8.7	4.2	5.2	9.2	7.6	0.9
应变能力强	14.6	18.7	9.2	13.1	6.9	7.7	5.6	11.0	7.2	13.0	11.6	1.8
幽默	0.6	50.5	3.6	11.7	2.5	0.8	0.8	2.3	56.4	3.8	7.1	14.2
外表形象好	5.9	1.6	19.3	34.3	2.6	5.6	10.1	18.5	1.0	17.4	8.1	7.1
口才好	7.5	10.2	9.6	14.8	9.9	9.4	7.6	12.7	3.8	8.2	21.2	3.3
举止大方、自然	53.7	3.4	9.8	6.6	16.5	10.2	9.3	20.8	2.7	32.1	10.6	5.9

	倪萍	王刚	袁鸣	程前	赵忠祥	王雪纯	杨澜	周涛	胡瓜	张政	姜丰	蓝心媚
活泼	2.0	2.2	15.3	3.5	0.3	21.4	9.3	7.1	13.4	4.3	6.1	36.8
外语好	0.0	0.3	3.4	0.7	0.0	2.6	25.7	2.6	0.3	0.0	5.1	0.3
多才多艺	2.7	5.4	7.1	7.9	5.1	8.2	2.3	9.7	8.2	5.4	9.6	16.6
清纯	1.0	0.1	18.4	1.4	0.3	26.5	7.2	9.4	0.0	2.7	8.1	12.5

（四）综艺节目在不同地区的比较分析

1. 不同地区的观众对综艺节目收视特征和内容取向存在较大差异，应引起中央电视台综艺节目编导的高度重视。

2. 在收看频度上，北京和武汉的观众收看频度较高；昆明、成都、上海的观众收看频度中等；广州观众收看频度最低。

3. 北京、上海、成都、武汉、昆明观众以星期六为收视高峰，广州的收视高峰在星期日。

4. 中央电视台的《正大综艺》和《综艺大观》已不再具有明显优势：在上海地区受到上海电视台制作的《智力大冲浪》的冲击；在北京和成都受到地方电视台联合制作的《东芝动物乐园》的冲击；在广州地区受到香港电视台娱乐节目的冲击。

5. 北京观众对各类节目内容的喜爱程度比较均衡，积极性高；上海、成都观众选择奇闻异事类和影视欣赏类节目；昆明观众喜欢世界文明类的节目；广州观众对节目内容选择的兴趣和积极性都很低。

6. 各台综艺节目汇总结果显示，中央电视台综艺节目在星期五的编排上比重低，缺乏抗衡的力度。

观众对不同节目的喜爱度比较

节目名称	喜爱度	名次
东芝动物乐园	94.3	3
环球360	38.8	5
正大综艺	120.7	1
江山如此多娇	30.8	6
曲苑杂坛	78.6	4
综艺大观	101.9	2
智力大冲浪	29.0	7
鸡蛋碰石头	12.7	8
快乐大本营	6.3	9

（五）中央电视台综艺节目的策略研究

中央电视台综艺节目在全国综艺节目市场中仍占首位，但受到的竞争比中央电视台其他栏目要强。

中央电视台综艺节目面临着观众的地区差异、观众欣赏口味细分化、较有实力地方电视台联合制作播出的精品综艺栏目的挑战等诸多不利因素。

中央电视台综艺节目的编排应更加适应观众的要求，在巩固现有时段的同时，扩充其他时段，并重视周末主要综艺节目重播的安排。

中央电视台综艺节目的市场策略之一：晚会与非晚会类综艺节目之间应有良好的搭配，以充分发展非晚会类综艺节目，使之符合观众收视取向多样化的需求；策略之二：应使栏目建立主题品牌形象，这对非晚会类综艺栏目尤为重要。策略之三：应按照观众理想中主持人形象，"制造"出观众认为适应于某栏目的适当主持人。

（央视调查咨询中心供稿）

香港回归报道收视率浅析

香港回归是一件具有划时代意义的大事，全中国乃至世界各地的人们都对这一事件给予了极大的关注。中央电视台从6月30日6：00至7月3日6：00对香港回归进行了72小时的连续报道，为人们了解这一历史盛事提供了广阔的荧屏空间。报道所取得的良好社会效果，在收视率方面得到充分的体现。

从总体情况看，在连续报道期间，观众的收视规律与平时相比不同。特别是在6月30日晚至7月1日凌晨的五六个小时内，收视率持续处于高峰值。中央电视台一套节目的最高收视率超过了50%（未加地方电视台转播及中央电视台并机播出部分的收视率）。

一、中央电视台第一套节目收视率变化情况

（一）6月30日至7月2日三天收视率走势情况

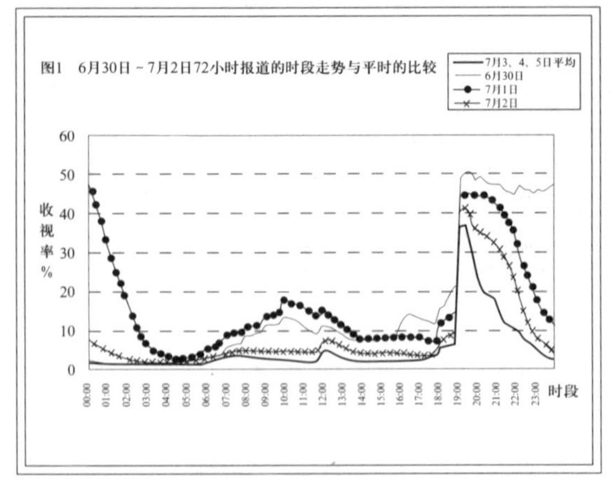

为了全面、直观地了解报道期间收视率的整体变化，我们做了中央电视台第一套节目6月30日至7月2日三天与平时收视率的曲线对比图。发现收视率的走势有以下特点（如图1所示）：

1. 从6月30日清晨6：00回归报道一开始，收视率就超过了2%，直至7月2日24：00，收视率最低值也保持在0.04%以上。即在连续报道的前66个小时中，始终有观众关注着中央电视台第一套节目的电视屏幕，最低时的收视观众全国也能达到34万人。这说明了在连续报道之前，此次报道的宣传和预告确实起到了很好的导视作用；另外也反映了回归期间的报道取得了很好的社会效果。

2. 6月30日晚19：00播出的《新闻联播》创下了近年来的最高收视率。仅中央电视台第一套节目的收视率就已超过了50%（未加地方电视台转播部分）。在《午间新闻》播出时，收视率也有峰值出现。这说明观众密切关注着香港回归这一世界性大事。同时也说明了在对重大事件的宣传报道上，中央电视台的新闻节目在观众心目中占据着不可取代的重要地位。

3. 从6月30日收视率走势的波形看，全天曾掀起三个比较明显的收视率高潮（见图1）。这三个高峰分别是：上午10：00左右的动态报道——“驻港部队情况”、下午16：30左右的直播——“香港总督撤离港督府”和晚上19：00开始直至7月1日凌晨政权交接仪式前后的直播报道。

4. 在收看完政权交接仪式以后，观众收看电视的热情依旧很高，直到7月1日凌晨2：30以后，收视率才逐渐降至10%以下。在凌晨4：00至5：00之间经过最低值1.85%以后，从6：00开始，收视率又开始抬升。7月1日上午直播“特区政府成立大会”时峰值达到15.52%，创下了三天中白天收视率的最高值。

5. 7月2日，收视率的走势虽已接近平时的状态，但收视率依然高于平时，说明香港回归报道仍吸引着相当数量的观众。

（二）报道期间每天的平均收视率与平时比较

全天的平均收视率在很大程度上体现出观众对中央电视台连续报道的关注。6月30日和7月1日每天的平均收视率均是平时（7月3日、4日和5日）平均收视率的4倍多，7月2日是平时的近2倍（如图2所示）。

二、中央电视台第一套直播的“香港政权交接仪式”时的观众构成

在对“香港政权交接仪式”直播的一个小时中，中央电视台第一套节目的平均收视率高达46.06%（不含地方电视台转播及并机播出的收视率），不同层次的观众对“香港政权交接仪式”都表现出了极大的关注，收视率均比平时高出很多。就所有收看这一直播节目的观众而言，男性观众相对较多，并以25岁至34岁的青年人占多数，其中管理人员所占比例最大；工人、学生和离退休人员所占比例相同；农民、服务业和无业人员的比例也大致相当，高中文化的观众占相对多数。这说明此时的观众，不论年龄、性

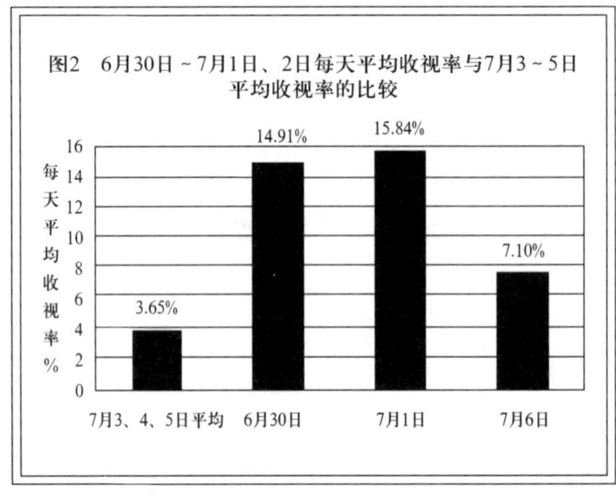

别、职业和文化程度有多大差异，都对“政权交接仪式”表现出同样的关注。

另外，各地区的收视率情况也不尽相同。以北京地区为例，观众在72小时连续报道期间的收视率普遍高于全国平均收视率。例如，在直播“香港政权交接仪式”时，中央电视台第一套节目的收视率为48.56%，第二套节目的收视率为0.56%，第三套节目的收视率为0.47%，第五套节目的收视率为0.28%。北京电视台第一套节目的收视率为7.88%。其他电视台转播的收视率为1.29%，总计59.04%，

比中央电视台第一套节目的全国平均收视率高出13个百分点。

需要说明的是，这里所说的收视率与电话调查的结果不同，其差别具体有以下几点：1．抽样的范围不同。全国收视率调查是对全国55个地区，11600个家庭进行连续调查；电话调查的抽样是在有电话的家庭中进行。2．可推断的总体不同。全国收视率调查结果可推断全国观众收看电视的情况；电话调查只代表了有电话家庭的情况，没有电话家庭的收看情况不包括在内（特别是一些农村观众的收看情况未包括在内）。3．两种调查结果的含义不同。收视率是指节目在其跨越时间段内的平均值。如“香港政权交接仪式”跨度近一个小时，其收视率即取这一小时的平均值；电话调查一般统计的是观众对某一节目的接触率（到达率）。例如观众是否收看过“香港政权交接仪式”，因而电话调查的结果值相对要高一些。

（摘自《观众与分析》1997年第3期）

8. 工作会议和研讨会

一、全国性电视工作会议

中日′97实用数字音频应用技术交流会

中日′97实用数字音频应用技术交流会于1997年3月17日至18日在中央电视台举行。全国各省市广播电台、电视台及各电影厂共80个单位,350名代表参加了会议。会议邀请了日本NHK国家广播电台日本广播协会技术局藤木敏朗局长,NHK广播电台日本广播协会音频技师大冢丰先生到会。

交流会主要内容:

1. 数字音频技术给音频制作带来的革命及展望,由日本广播协会广播技术局藤木敏朗局长主讲。

2. YAMAHA数字全自动多功能调音台03D新产品发布及PM 4000、PM 2800大型调音台的应用,日本广播协会制作中心音频部大冢丰技师主讲。

本次交流会旨在推广普及数字音频技术在我国的应用,加速广播电视音频技术更新的步伐。

′97全国电视对外宣传选题规划会

1997年3月24日至26日,′97全国电视对外宣传选题规划会在大连召开。来自全国47家电视台的近百名电视外宣工作主管领导及代表参加了会议。广电部副部长刘习良、部总编室主任张振东、部外事司司长马元和、国务院台办新闻局局长张铭清、中央外宣办三局副局长任一农出席会议并讲话。中央电视台副台长李丹作工作报告,表示要围绕党的十五大的召开和香港回归这两件大事,调整栏目、规划选题,突出中央电视台国际频道以新闻和新闻性节目为主的特色,加强重点栏目、改造一般栏目、合并同类栏目、停办较差栏目,进一步提高质量、狠抓精品,再上台阶。与会代表在讨论中表示,要以中央电视台为龙头,以地方电视台为依托,发挥系统优势,开创电视外宣工作新局面。

第九届全国电视广告“印象奖”颁奖大会暨全国第三届电视公益广告研讨会

由中国广告协会电视委员会和中央电视台联合主办、大连电视台承办的第九届全国电视广告“印象奖”颁奖大会暨第三届全国电视公益广告研讨会1997年5月24日在大连召开,广电部、中广协、大连市有关领导及近40家省、市电视台的代表出席了会议。

广电部副部长刘习良到会祝贺,并作了题为《努力创作具有浓郁的民族风格和时代气息的电视广告》的讲话。他说,历经九届的全国电视广告“印象奖”忠实地记录了新时期我国电视广告从小到大、从幼稚到逐渐成熟的发展历史及我国电视广告的思想、艺术水平稳步提高的过程。他强调指出,为了提高电视广告的文化品位和美学品位,一方面我们要从优秀的民族传统文化中开掘宝藏,汲取营养,创作出具有浓郁的民族风格的电视广告;另一方面,要以极大的热情和敏感,关注当代人生活和观念的变化,创作出充满时代气息的电视广告,这样才能使我国的电视广告以独具特色的姿态跻身于世界优秀电视广告之列。希望通过这次评选及专题研讨,促进我国电视广告更上一层楼。

第九届全国电视广告"印象奖"评委会从58个参评单位报送的207条电视广告中,择优评选出58条,分获一、二、三等奖及四个单项奖。其中,公益广告37条,获一等奖的5名:《勿忘历史》、《酗酒有害》、《生命不息,缔造辉煌》、《我想有个家》和《帮助更多的人获得光明》;二等奖9名;三等奖23名。商品广告21条,获一等奖的3名:《孔府家酒·想家篇》、《大宝日霜晚霜》和《黄河汽车》;二等奖6名;三等奖12名。四个单项奖是:《酗酒有害》获创意奖;《松下寻呼机》获制作奖;《我想要一片绿地》获音乐奖;《孔府家酒·想家篇》获广告语奖。

全国电视新闻年会

1997年全国电视新闻年会9月23日至25日在福州举行。中央电视台和各省、自治区、市电视台主管新闻工作的台级领导和新闻部主任参加了会议。

中央电视台副台长李东生在会上作了主题发言,并就十五大精神的学习、宣传、贯彻作了部署。党的十五大代表、中央电视台新闻中心副主任孙玉胜在会上传达了十五大的主要精神以及自己参加十五大学习江总书记报告的切身体会。

李东生同志在发言中指出:十五大制定的方针政策,为全党、全国人民实现跨世纪的宏伟蓝图指明了方向。全体电视新闻工作者必须认真学习和掌握十五大的精神实质,把十五大精神贯彻到我们的宣传工作中去,变成群众的自觉行动。全面准确地宣传报道十五大精神,是我们义不容辞的责任。李东生说,舆论导向正确与否,要看人民群众是否准确地从屏幕上了解了十五大精神;要看我们的新闻报道是否鼓舞了人民满腔热情地投入到社会主义现代化建设中去。我们电视新闻工作者要以对党、对国家和对人民高度负责的精神,坚持实事求是,依据我国社会主义初级阶段的现实状况来选择选题、选择报道方式,在最佳的传播时机,以高质量的新闻节目满足人民群众的需求。

与会代表按照会议确定的"学习贯彻十五大精神"的主题,展开了热烈的讨论。代表们充分认识到了深入、扎实地学习贯彻十五大精神的重要性,并结合本地实际介绍了一些好的典型,谈了各自的报道思路。同时,会议还确定了贯彻落实十五大精神的报道重点。

全军电视宣传工作会议

全军电视宣传工作会议1997年10月20日至22日在北京召开。中国人民解放军总政治部副主任袁守芳、中央电视台副台长李东生出席会议并讲了话。

全军电视宣传工作是从1986年开始的,中央电视台先后在全军各大单位成立17个记者站后,每年召开一次电视宣传工作年会。这次会议总结了解放军电视宣传中心成立一年多来取得的成绩,找出了差距。同时还重点围绕深入宣传十五大精神,做好明年的电视宣传工作,改版军事节目、提高军事节目质量作了深入的研究和讨论。

总政治部副主任袁守芳要求全军电视宣传队伍扎实工作,努力把党的十五大精神学习好、宣传好。他说:电视军事宣传要以党的十五大精神作指导,大力加强电视军事宣传队伍的自身建设,在进一步提高宣传质量上下功夫。他在讲话中还要求各级领导和政治机关要重视、关心、支持电视宣传工作,创造"拴心留人"的工作环境。

中央电视台副台长李东生在讲话中说:电视军事宣传是整个电视宣传的重要组成部分,电视军事宣传队伍是一支特别能战斗的队伍。他要求电视军事宣传要自觉地置于全党、全国中心工作的大局中,在队伍作风上下功夫,多下基层,反映部队基层官兵生活,制作出有思想、有深度、能引人思考的好节目,更好地完成党中央和中央军委交给的各项宣传任务。

解放军电视宣传中心主任刘效礼和总政宣传部副部长兼解放军电视宣传中心政委熊焰在会上分别作了《高举邓小平理论伟大旗帜,开创电视军事宣传新局面》和《振奋精神、加强学习,努力提高电视宣传质量》的发言。

来自中央电视台驻全军17个记者站的负责人和解放军电视宣传中心的代表共60多人参加了会议。

′97中国电视节目外销联合体第三届全体会议

中国电视节目外销联合体第三届全体会议于

1997年11月18日在北京召开。

外销联合体秘书长张永富向大会报告了两年来的工作,提出了对今后工作的设想;公布了1996年至1997年各制片单位提供节目、海外销售情况细目表和1996年至1997年10月电视节目外销收入分配细目表。

广播电影电视部党组成员、中央电视台台长杨伟光到会讲话。他首先对与会的各电视台领导和同志表示热烈欢迎,对两年来外销联合体的工作表示肯定。指出:一个国家有47家电视台联合起来对外宣传和销售,是一股巨大的力量,是世界上其他国家无可比拟的。他强调指出:随着中国政治、经济形势的迅速发展,中国电视节目的海外销售潜力很大;其次,要树立"精品意识",只有优秀节目才能受到欢迎并获得好的经济效益;第三,要有"冲出亚洲,走向世界"的雄心壮志;第四,要讲究推销艺术,善于包装。他预祝联合体成员台的节目外销工作今后获得更大的发展。

18日下午,与会代表分为四组对联合体工作报告、杨伟光的讲话、中国电视节目外销联合体章程修改(草案)、节目销售细则(草案)及常务理事台候选名单(草案)等进行了热烈的讨论。

大家首先肯定了外销联合体的工作,认为联合体从成立至今,逐步发展,从没有节目外销渠道到"统起来"、"销出去",销售额平均每年已达数百万美元,联合体的作用"功不可没"。

其次,对常务理事会提出的修改章程、细则(草案)和候选名单,多数代表表示认同,一些代表也提出意见。

第三,为改进联合体办公室的工作提出建设性意见。

广播电影电视部副部长田聪明、外事司副司长安利、国家版权局局长沈仁干分别就有关问题作了报告。

′98全国电视经济宣传工作会议

′98全国电视经济宣传工作会议于1997年12月26日至28日在北京召开,全国66家省、市电视台负责经济宣传的台长、副台长、经济部主任、副主任和代表参加了会议。

中央政治局委员、国务委员李铁映对会议作了批示,要求电视经济宣传工作者要"研究经济,宣传经济,服务经济"。中宣部副部长徐光春、广电部副部长田聪明、中央电视台台长杨伟光分别到会讲话。

本次会议的主要议题是:1.认真学习十五大精神,了解国家经济发展的基本情况,明确1998年电视经济宣传重点,为贯彻落实十五大精神创造良好的舆论环境做好思想准备。2.总结和交流1996年7月以来全国电视经济宣传的成功经验,使全国电视经济宣传再上新台阶。3.商讨全国电视经济节目委员会工作,研究如何进一步发挥研究会的作用,共同规划中央电视台与地方电视台联手合作,发挥电视系统优势,加大电视经济宣传的力度,使全国电视经济宣传进入一个新的历史发展阶段。

电视理论宣传工作座谈会

为了贯彻落实1996年中宣部、广电部联合召开的电视理论宣传规划工作会议精神,进一步做好用电视宣传邓小平建设有中国特色社会主义理论的工作,1997年4月24日至25日,中宣部理论局与广电部总编室在天津联合召开了10省市电视理论宣传工作座谈会。中央电视台及各省宣传部理论处和电视台负责理论宣传的同志参加了座谈。

会议期间,中央文献研究室冷溶和中央电视台军事部汪恒分别介绍了大型电视文献纪录片《邓小平》的创作经验,与会代表交流了电视理论宣传重点电视片脚本撰写、拍摄、制作的进展情况,观摩了一些理论宣传的电视片,并就如何进一步落实1996年制定的规划及今后的宣传设想等问题进行了研讨。

中宣部副部长白克明在会上就如何进一步搞好电视理论宣传工作发表了讲话。白副部长在讲话中首先肯定了近两年电视理论宣传所取得的成绩。他说:杨伟光副部长在1996年的电视理论宣传规划会上提出的"六个落实"很好,在电视理论宣传方面,中央电视台做出了表率,取得了显著的成绩。近年来,通过大家的共同努力,在全国范围内涌现出了以《邓小平》一片为代表的一批优秀电视理论宣传节目,但当前电视理论宣传仍属于探索阶段,要进一步提高对电视理论宣传重要性的认识,克服困难,积极探索电视的形象化与理论的抽象化相结合的道路,提倡表现手法及风格的多样化,加强电视理论宣传的针对性。

中央电视台新闻中心召开西部省区新闻报道工作会议

1997年12月11日至12日，中央电视台新闻中心在北京召开了西部省区新闻报道工作会议。会议由新闻中心主任阎连俊主持，新疆、云南、甘肃、青海、贵州、西藏、宁夏7省区电视台主管新闻的副台长、新闻部主任参加了会议。中央电视台台长杨伟光看望了与会代表。

中央电视台副台长李东生在会议发言中指出，要站在全国战略发展的高度看待西部省区新闻报道。西部省区要正视与东部省区的差距，要扬长避短，增强信心。要突出抓好人才的培养和队伍建设，主管新闻的台长和新闻部主任应当成为两个方面的标兵：一个是政治上的，一个是业务上的。要努力在各台形成钻研业务的氛围，不断提高节目质量。

与会的7省区代表踊跃发言。他们说，这次会议使他们感到加强西部宣传的重要性和紧迫性。虽然西部的经济发展与东部相比差距很大，设备和技术力量远不如东部，但一定要努力克服困难，积极开拓，增强责任感和使命感，争取在较短的时间内使西部省区的新闻报道工作有一个较大的突破。

代表们还提出了许多好的意见和建议：定期或不定期召开西部省区新闻报道工作会议，交流各自的体会和经验；借鉴这次会议的经验，开短会，开务实的会；每季度向中央电视台提供选题计划；进一步加强与中央电视台的沟通、联系、合作；有计划地选派编辑、记者到中央电视台学习、参加培训。

会上，7省区的同志分别提出了各自的选题，新闻中心、新闻编辑部负责同志逐一推敲，征求各台意见，并落实了7省区20多个新闻题目，准备在近期安排播出。

中央电视台新闻编辑部、新闻采访部、《新闻30′》的负责同志参加了这次会议。

二、全国性理论和业务研讨会

《电视研究》召开全国业务工作交流会

1997年4月15日至19日，由中央电视台研究室主办、福建电视台承办的《电视研究》业务工作交流会在福州市举行，全国27个省级电视台、6个市级电视台的50多位代表参加了会议。

会议重点探讨了如何办好电视理论刊物，推动电视理论研究的进一步深入和发展。福建省广播电视厅厅长林爱国到会并致欢迎词。中央电视台研究室副主任、《电视研究》副主编孙秋萍在会上作了《实践需要我们加大理论研究工作的力度》的专题发言。她在发言中说，对电视现状与发展进行理性的思考，有利于更好地指导电视实践。通过这次会议，我们希望与各兄弟台取得共识——认清形势，提高认识，找准定位，确立目标，共同繁荣电视理论事业。《电视研究》副主编张复华介绍了《电视研究》1997年改版情况。他说，现在的人文科学与社会科学研究机构很关注电视发展状况，作为电视界自身，更应该重视理论建设。《电视研究》有义务，也有责任为探索和发展科学的电视理论作出努力。

与会代表肯定了《电视研究》1997年改版后所取得的成绩，同时也表达了对刊物的殷切期望；《电视研究》质量提高了，但不要离地方电视台太远；《电视研究》不光是中央电视台台刊，它还是地方电视台同志心目中较有影响的电视专业理论刊物，它应该立足中央，面向全国，真正办成全国电视理论刊物中的名牌。

本着相互交流、促进合作、共同发展的愿望，与会代表希望《电视研究》能牵头把全国各地方电视台的电视业务刊物联系起来，形成合力，共同开发研究项目，让电视理论真正发挥服务实践，指导实践的作用。大家对即将投入运作的几项工作达成了共识：1.建立全国电视理论信息网络；2.开展电视理论优秀论文评比活动；3.共同探讨地域电视特色。

与会代表还对《电视研究》的发行工作和特约通讯员条例及征订发行条例提出中肯的建议。

首届全国电视制片人研讨会

1997年8月21日至22日，由中央电视台研究室主办、甘肃电视台承办的全国首届电视制片人研讨会在兰州举行。全国近30个省、自治区、直辖市和地区电视台的80多名制片人、有关的领导及研究人员出席了会议。

中国电视剧制作中心主任胡恩在讲话中转达了杨伟光副部长对大会的祝贺与期望：电视制片人的出现，是电视产业从小生产到大规模生产的需要，是电视业不断发展的标志。制片人不仅要懂得管理，还要懂得艺术。不懂艺术，不熟悉电视业务，也无法搞好管理。希望大家共同努力，为我国电视事业培养出更多高水平的电视制片人。

研讨会上，中央电视台研究室提交了专为这次研讨会准备的《全国省市电视台制片人情况》调查报告。甘肃、广东、北京、上海、浙江、福建、安徽、陕西等电视台的代表、中国电视剧制作中心、北京广播学院的代表在会上作了重点发言。与会人员还就电视制片人相关的理论问题进行了深入交流。

根据全国调查情况，1995年是各地电视台推出制片人制的高峰期，经过两年多的建设，目前已有近80%的电视台实行或试行制片人制度，77%的栏目实行了制片人制。全国制片人制的形式因地制宜、多种多样，具体操作采取的是“允许试验，积极稳妥”的方针，制片人的作用越来越明显。

与会代表认为这次会议给全国的电视制片人提供了相互交流、相互学习、相互探讨的机会，对全国电视制片人制度的发展、完善，起到很好的推动作用，也对电视制片人理论研究的深入起了带动作用。

首届全国电视生活服务节目专题研讨会

中央电视台经济部于1997年11月6日至8日在北京召开了“首届全国电视生活服务节目专题研讨会”。来自全国32个省、市电视台的经济部负责人及生活服务类节目制片人、编导、主持人参加了会议。中央电视台广告经济信息中心主任谭希松、经济部负责人汪文斌、刘连喜，《生活》栏目制片人王进、主编骆幼伟、韩青、袁彬及部分编导和节目策划评估专家学者出席了会议，经济部其他栏目的制片人及主编也列席了会议。会议由刘连喜主持。

这次会议是在中央电视台《生活》栏目开办近一年半、播出近300期之际召开的。会议的任务是：认真总结全国电视生活服务类节目，尤其是《生活》栏目开办以来的成功经验；共同探讨以《生活》栏目为代表的全国电视生活服务类节目迈出第一步后，如何更好地走入新的发展阶段，使生活服务类节目更加健康、稳步、快速地发展，并使之日趋成熟。

会议的主要议题是：

一、商讨联合各省市台共同制作系列节目《最会生活的人》、特别节目《生活1997》；

二、商讨组建全国电视生活服务类节目制作联络网；

三、交流有关节目创作体会的论文，观摩代表作品。

中央电视台广告经济信息中心主任谭希松在会上指出：生活服务类节目在全国电视界已形成一股创作潮流，以其贴近时代、贴近生活、贴近百姓得到了社会各界的认可。

′97电视媒体应用计算机网络技术研讨会

1997年12月5日至6日，′97电视媒体应用计算机网络技术研讨会在北京举行。来自全国各地方电视台和有关单位的代表共150多人参加了此次研讨会。

广播电影电视部副部长张海涛,国家科委副主任邓楠,航天工业总公司科技委副主任、中国科学院院士梁思礼、中央电视台副台长李丹、刘宜勤、总工程师邵昌有,国家科委高技术司司长冀复生,国家科委中创集团常务副总经理兼总工程师景新海,中国系统工程学会副理事长于景元,航天工业总公司七一〇所所长孙永成等领导同志出席了研讨会的开幕式。在开幕式上,刘宜勤副台长代表中央电视台致词,他首先热烈地欢迎来自海外的嘉宾和全国各地的代表前来参加此次研讨会。他说,“这次研讨会是在计算机技术迅速发展并且在电视领域广泛普及应用的时候举办的,电视媒体作为新闻行业中的核心单位之一,充分利用计算机多媒体和网络通讯技术,具体结合电视业务特点,推动和促进电视技术的发展提高,已经成为一种趋势。由于电视技术与计算机技术的融合愈加密切,计算机技术应用在电视节目的制作和传输中的比重也越来越大,未来电视技术进一步发展将更多地依赖于计算机技术的进步,计算机将作为最主要的支持和辅助手段,参与到电视节目的制作、播出、传输、存储等各个环节,由此而改变电视技术领域中的许多传统工艺和工作流程。”刘宜勤副台长说,“中央电视台从1995年开始建立计算机信息网络和管理系统,经过两年多的努力已经取得不小的进展,开始在工作中发挥良好的效益,它对于推动中央电视台的事业发展具有积极的意义和重要的作用。”最后刘宜勤副台长表示,期待这次研讨会在加强电视媒体与计算机技术行业之间的了解、沟通彼此之间的联系方面发挥出积极的促进作用。

在开幕式上,国家科委中创集团常务副总经理景新海、航天工业总公司科技委副主任梁思礼也分别代表主办单位致了词。

在两天的研讨会上,来自海外、香港特别行政区以及国内的有关专家,就计算机网络技术在电视媒体中应用的若干热点问题共进行了8场专题演讲。与会同志认为,这次研讨会总结、介绍和交流了许多新观念和新技术,使大家相互促进、取长补短、开阔思路、共同提高,对做好工作很有帮助。

′97北京电视技术研讨会

1997年12月2日,′97北京电视技术研讨会在北京举行。来自全国各地方电视台和有关单位的代表、海外嘉宾以及部分电视设备生产厂家与代理公司的人员参加了开幕式。中央电视台台长杨伟光、广电部科技司司长陈智教、中央电视台副台长刘宜勤、总工程师邵昌有、中国电影电视技术学会常务副理事长刘国典、副理事长孙同耕等出席了开幕式。杨伟光台长在开幕式上致词,他首先代表中央电视台对来自海外的嘉宾和来自全国各地的代表表示热烈的欢迎。他说:“纵观当今世界广播电视技术的发展,最突出的特点是数字化的进程加快,数字化技术深入和广泛地应用,使原有的技术观念和系统构成都发生了根本性的变化。由于数字技术迅速发展的带动,中国的广播电视事业将进入一个新的发展时期。”杨伟光台长还说:“广电部已经提出在本世纪末以前完成从模拟向数字技术的全面过渡,中央电视台将在现有基础上,在节目的制作、播出和传送方面加速实现全面的数字化,并争取在2000年以前在北京地区建成数字地面电视广播的实验台。”另外,在开幕式上,佑图国际有限公司总裁周茂年先生、中国电影电视技术学会常务副理事长刘国典也分别代表主办单位致词。

北京电视技术研讨会的举办至今已经五届了,它在促进国内广播电视技术的交流提高、加强国内对于世界广播电视新技术的学习了解、推动广播电视事业的科技进步,发挥了重要的作用。自1993年开始举办北京电视技术研讨会以来,数字技术迅速发展,全国各地许多电视台在数字技术应用方面都有不同程度的提高。中央电视台在数字化方面积累了积极的经验,并取得了良好的效果。在′97香港回归、八运会、三峡工程大江截流等重大电视报道活动中都发挥了重要作用。

《科技博览》选题规划暨业务研讨会

1997年12月16日至18日,中央电视台社教中心科教部在北京举办《科技博览》栏目1998年选题规划暨业务研讨会。

会议邀请了湖北、河北、山东、江苏、安徽、大连、黑龙江、天津、重庆等部分地方电视台的近20名业务骨干出席会议。参加会议的还有中央电视台总编室、研究室、音频部和北京广播学院的有关专家学者。

社教中心主任高长龄、科教部主任丁俐丽、副主任孙素平分别在会上就中央电视台《科技博览》栏目的组织策划,栏目的播出和现状以及如何发挥系统优势,进一步办好《科技博览》栏目作了重点发言。随后,大家对栏目的定位、风格样式,尤其是选题范围,中央电视台同地方电视台的合作方式,进行了热烈的讨论。

与会者普遍认为,中央电视台 1997 年 5 月推出的《科技博览》栏目,是在电视宣传上落实“科教兴国”战略的具体体现。中央电视台勇于在第一套节目的黄金时段开辟科技栏目,为地方电视台的科技宣传树起了一面旗帜。《科技博览》推出的高新技术、实用科学、自然科学等科普知识节目,既深入浅出、通俗易懂,又不乏精品意识。观后知其然,更知其所以然,引起社会各方面的普遍关注。

有关专家对该栏目给予很高评价,认为栏目定位在提高全民的科教意识,极为必要。对科学的热爱将成为一种时尚,只要上下结合,这个栏目的发展趋势必将更好。希望栏目要拓展题材面,要敢于大题小做或小题大做,切忌做成纯科教片。要注重栏目自身的知名度,通过一些特别节目,进行适当的自我包装。要树立竞争意识,精品意识。

各地方电视台的同志,在肯定《科技博览与兄弟台合作的意见》的同时,希望中央电视台要加强科技宣传的培训,组织科技节目的交流,每年要有组织地设置一些重点合作选题,建立网络协作,发挥系统优势,以便各地方电视台的科技宣传与中央电视台接轨,使我国的电视科技宣传迈向新的目标。

′97 全国省级电视台电视理论年会

1997 年 12 月 5 日至 7 日,′97 全国省级电视台电视理论年会在湖南省江华召开。中央电视台副总编辑兼总编室主任罗明到会并讲话,中央电视台研究室主任王录主持了会议。罗明说,我国的电视理论研究工作应紧密联系电视发展实际,注重提高研究的深度和广度,选准理论研究课题,加强对电视大型直播活动、专栏节目的定位和高科技、市场经济等社会因素对电视发展的影响等重大课题的研究。他希望各台研究室、总编室之间加强联系,及时交流经验,为我国电视理论工作的繁荣与发展而努力。

三、中央电视台工作会议和研讨会

中央电视台经济部召开′97 栏目规划会

1997 年 1 月 25 日至 26 日,中央电视台经济部召开了 1997 年栏目规划会,广告经济信息中心主任谭希松、副主任王进友、经济部领导、各栏目制片人、主编参加了会议。

会议总结了 1996 年 7 月 1 日经济部 8 个栏目开播以来的工作经验,分析了当前国家的经济形势和经济宣传政策。会上与会者对每个栏目的定位、1997 年的规划进行了认真讨论。广告经济信息中心和经济部今年在调整、巩固、完善、提高的前提下提出强化三个意识,即频道意识、精品意识、创新意识;实施三个工程,即名牌工程、管理工程、人才工程;以及完善一个机制,即奖优罚劣的机制。

频道意识,即通过对现在栏目的不断改进,创新和相互协调、配合,强化中央电视台第二套节目的经济特点。

精品意识,做能代表中央电视台水准的高品质的栏目、节目。

创新意识,就是站在电视节目探索的最前沿,采用最新的报道样式,最新的报道手法,最新的包装方式。

围绕这三个意识,1997 年要打出自己的名牌栏目,创作自己的经典节目,采用先进的管理方式,一流的人才队伍保障。

通过这次规划会和在此之前的准备工作,经济部上下确定了目标，沟通了思想，为1997年的工作打下了坚实的基础。经济部全体同志雄心勃勃，要把电视经济报道推上一个新的阶段。

研究室举办精品赏析活动研讨电视纪录片《邓小平》

中央电视台研究室于1997年1月30日举办了大型文献纪录片《邓小平》的精品赏析活动。广电部副部长兼中央电视台台长、中国电视艺术家协会主席杨伟光参加了这次活动。他说《邓小平》这部文献纪录片引起这么大的反响主要有三个方面的原因：一是真实地反映了邓小平三落三起传奇式的革命历程和伟大业绩；二是通俗生动地宣传了邓小平同志提出的建设有中国特色社会主义理论；三是体现了一种继往开来的精神。《邓小平》创作组的主要成员参加了这次活动，并分别就这部片子创作中的独到之处进行了探讨。

中央电视台和中国电视艺术家协会的领导于广华、鲁文浩、朱景和、罗明及研究室主任王录、军事部主任刘效礼参加这次赏析活动并作了发言。精品赏析活动的总策划、研究室副主任王甫，就怎样搞好精品赏析活动和进一步用电视手段研究电视，不断推动理论研究工作谈了看法和打算。

这次精品赏析活动由中央电视台和中国电视艺术家协会共同举办。在总编室、军事部、文艺中心、技术制作中心有关部门的共同协作下，这次大规模的综合性应用电视手段研究电视作品的学术活动取得圆满成功。有关专家认为，这是实施电视精品战略的一种新的有益尝试。

《时事纵横》召开座谈会

1997年4月3日，中央电视台新闻中心新闻编辑部邀请中国残联、北京市残联有关人员及北京聋哑学校的师生代表，在中央电视台每周一期的双语节目《时事纵横》开播两周年之际，就如何让该栏目更好地为残疾人服务进行座谈。

与会者认为，《时事纵横》开办后，在社会上尤其在全国6000万残疾人中引起强烈反响。栏目为残疾人了解社会、了解国内外大事开辟了一个窗口。这个窗口也在健康人与残疾人之间架起了一座沟通的桥梁。更重要的是，《时事纵横》的开办，体现了残疾人平等参与社会生活，是我国文明进步的一个标志。与会者还就《时事纵横》栏目如何改进报道，使栏目生动活泼，更贴近残疾人等进行了研讨，提出了一些宝贵意见。

新闻中心主任阎连俊表示，今后将根据各方意见，把《时事纵横》栏目办得更出色，更好地为残疾人服务。

社教中心举办优秀节目、栏目研讨会

1997年4月23日，中央电视台社教中心举办优秀节目、优秀栏目研讨会，旨在及时总结交流经验，不断提高全体工作人员的精品意识、创新意识。中央电视台副总编罗明出席会议并讲话。

罗明同志对社教中心去年所取得的成绩给予了充分肯定。他指出，在社教中心全体同志共同努力下，近年社教中心积极进取，变压力为动力，不断提高节目质量和文化品位，创出精品。罗明同志对社教中心今年的工作提出要求，他说，社教节目在促进社会进步、促进世界了解中国方面发挥着重要作用，应成为中央电视台大力实施精品战略的主要环节。中央电视台社教节目在全国电视系统中虽然一直处于领先地位，但并没有绝对优势，不少节目仍要改革，不创新就没有出路。在谈到电视节目与国际接轨，引进人类先进文化成果的重要性时，罗明同志强调，表现人类永恒主题的节目要制作精良，要具有长久的社会价值和历史价值。他说，社教中心的宣传任务很重，节目制作难度较大，且竞争激烈，希望在新的一年发扬优良传统，继续创新开拓。

社教中心主任高长龄希望中心所属各部门根据节目特点，不断总结经验，树立精品意识、创新意识和竞争意识，把节目做得更精、更深、更专、更好看。

会上，社教中心近十名优秀节目、栏目负责人和编导发言，从栏目特点、节目定位等角度对社教节目进行了多方位研究。

求进一步推动研究精品的学术氛围。

《精品赏析》研讨"心连心"艺术团慰问演出

在毛泽东同志《在延安文艺座谈会上的讲话》发表55周年纪念日，1997年5月25日，由中央电视台文艺中心和研究室举办的以研讨"心连心"艺术团慰问演出活动为内容的精品赏析活动，吸引了首都文艺界、电视界人士的关注。有关方面的领导、专家、学者和著名文艺工作者一道，就中央电视台1996年至1997年"心连心"艺术团举办的8次慰问演出活动，展开了形式新颖、气氛热烈的研讨。

这次精品赏析活动中，中国作协党组书记翟泰丰，广电部副部长兼中央电视台台长、"心连心"艺术团名誉团长杨伟光，中国文联副主席李准，中宣部文艺局局长李宝善，中央电视台副台长、"心连心"艺术团团长赵化勇等领导同志高度评价了"心连心"艺术团慰问演出对于促进社会主义精神文明建设的重要意义，阐述了党中央关于发展社会主义文艺事业的基本原则，期望"心连心"艺术团要在文艺为人民服务、为社会主义服务的道路上坚定不移地继续走下去。

金铁林、周振天、朱羽君等知名作家、学者、评论家在本次精品赏析活动中，对"心连心"艺术团慰问演出活动进行了深入分析。他们认为，"心连心"艺术团的演出活动为建设有中国特色社会主义文艺事业树立了新风，体现了文艺为人民服务、为社会主义服务的重要性，并说明文艺工作者只有深入群众、深入生活并准确地把握电视文艺自身创作规律，才能创作出无愧于时代并为老百姓喜闻乐见的电视文艺精品。

"心连心"艺术团的艺术家刘炽、王昆、陈强、马玉涛、刘秉义、关牧村、冯巩、宋祖英、刘斌等人也应邀来到精品赏析活动现场，讲述了在慰问演出过程中的体会和感想。他们认为，生活是文艺创作的源泉，人民群众是文艺作品应着力表现的对象。与工农兵大众的期待相比较，"心连心"艺术团的旅程还只是刚刚开始。

文艺中心主任邹友开和"心连心"艺术团慰问演出的导演、策划人、组织者，向与会者介绍了演出的成功经验和今后的设想及需要改进的问题。

这次精品赏析活动形式别开生面，现场气氛活跃。中央电视台把这次活动编辑成专题节目播出，以求进一步推动研究精品的学术氛围。

《商务电视》举办观摩研讨会

1997年6月3日中央电视台《商务电视》栏目在北京召开观摩研讨会。与会者对《商务电视》栏目的开播给予好评，认为以立足大众传播媒体特性，面向中国与世界，为国家理财、集体理财、个人理财拓宽沟通渠道，为推动中国社会经济生活现代化提供方便、快捷、有效的全方位信息服务为宗旨的《商务电视》节目层次较高。虽说目前节目内容还主要是关于市场商情的报道，但基本上做到了用全新的形式、全新的角度去实践电视在经济领域宣传中的作用，节目内容实用，形式新颖。同时指出，《商务电视》这个名字很大，要办好这个栏目一定要有准确的节目定位，收视群的定位，日常版、周末版和周日版这三大板块应各有侧重，各有特点，以适应现代社会商品经济世界飞速发展的形势。相信《商务电视》经过不断地改进磨合，会制作出更多、更好的电视经济类精品节目。

经济部召开"3·15"特别节目总结研讨会

1997年3月30日，中央电视台经济部召开"3·15"特别节目的总结研讨会。中央电视台有关领导出席会议并讲话，国家工商局公平交易局副局长刘小平、中国消费者协会秘书长杨竖昆、秘书长助理武高汉及卫生部、国家技术监督局等合作单位的代表与"3·15"特别节目全体工作人员一起认真总结研讨了1997年"3·15"特别节目的成功经验。

经济部就这次特别节目的组织运作以及在内容、形式上的探索和创新进行了总结。陈君同志代表台领导对节目取得的成功表示祝贺，并对社会各界给予的大力支持表示感谢。广告经济信息中心主任谭希松在总结中强调：这次特别节目有力度、有声势，主要靠的是方方面面的配合，靠的是经济部团结、拼搏的优良传统。年轻人只要善于学习，肯于钻研，用制作精品的标准要求自己，就一定能做出好节目。

与会的其他同志认为′97“3·15”特别节目同往年相比，具有新的特点：1.规模大。此次特别节目由6大新闻单位、30多家地方电视台、6大部委联合举办；从节目安排上看，除3月15日晚推出一台晚会外，从1997年3月1日至23日还在《经济半小时》栏目每天播出30分钟“3·15”特别行动，使整个报道活动有铺垫、有发展、有高潮，形成了“点面结合”的结构。2.导向正确。在用正面手法报道负面事件方面做了有益的探索。3.注意了节目形式的多样化。有追踪、回访、知识性介绍，也有专家的论谈及权威的忠告，从多方面有力地烘托了主题。

此前，中央电视台庞啸等5位老记者对“3·15”特别节目进行了评点，并认真分析了节目存在的问题，提出了节目中需要研究的问题。

中央电视台教育处、新影制作中心联合举办《中华文明之光》研讨会

1997年3月24日至25日，中央电视台教育处、新影制作中心（新影厂）联合举办大型电视系列片《中华文明之光》研讨会。

研讨会上，新影厂厂长李建、副厂长张建华、一编室主任周东元以及有关导演、摄像等近30位同志进行了热烈的讨论。

李建、张建华同志在讲话中认为，《中华文明之光》主创人员不满足已取得的成绩，认真寻找不足，这一点非常可贵，希望再接再厉，为在1997年完成《中华文明之光》努力工作。

一编室主任周东元说，三年来，在新影转轨进入电视片制作的过程中，通过制作《中华文明之光》，走出了一条比较符合实际情况的大型系列片创作路子，摸索出了一些规律，取得了一些成绩，获得了领导和观众的承认。现在，要继续总结经验，争取使这一节目成为精品系列。

经过两天讨论，大家认为节目还有如下不足：表现手法略显单调枯燥，氛围沉闷，主持人与教授侃谈太多、太专业；节目的切入点及转换还不够讲究；资料的运用还不够充分；职员表不规范；字幕错别字及读音尚要注意；摄影的表现力、音响效果还显粗糙等。

大家表示，今后要注意调动各种电视手段，把《中华文明之光》后50集拍得更好。

150集大型系列电视片《中华文明之光》目前已完成100集。自1994年开始拍摄以来，质量逐步提高，已完成的部分电视片获得中央电视台1996年优秀系列节目一等奖。

《精品赏析》研讨“香港回归电视报道”

中央电视台研究室1997年7月30日举办了“香港回归电视报道”精品赏析活动。李丹、刘宜勤、罗明等台领导，有关专家、大专院校师生及参与这次报道的中央电视台部分编辑、记者250余人，从各个角度分析了72小时香港回归报道的成功经验。

研讨会上，台领导通报了香港回归电视报道的一些基本情况。这次报道是中央电视台有史以来投入人力最多、投入设备最精、连续报道时间最长、覆盖面最大的一次报道，并开辟了国际互联网，扩大了收视群。这次报道创造了中央电视台有史以来最高的收视率，根据央视公司的收视率调查，1997年6月30日至7月1日，中央电视台第一套节目收视率是平时的4倍多，1997年7月2日至3日也是平时的2倍多。

新闻中心、海外中心的有关负责同志就频道形象设计、在直播节目中插播特别节目、增设嘉宾主持等作了研讨，指出频道形象设计是电视发展的必然。水均益、白岩松、罗京、李瑞英等记者与主持人，强调了记者心理素质在直播报道中的重要性，以及节目包装对主持人的作用和影响。中国社会科学院、中国人民大学、中国广播电视学会的专家充分肯定了中央电视台这次香港回归电视报道的成功。

香港回归广播电视报道人员座谈会

1997年7月8日上午，中共中央政治局委员、国务委员李铁映与广电部参加香港回归广播电视报道

工作的同志座谈，对香港回归广播电视报道的圆满成功给予祝贺，向参加香港回归广播电视报道的全体人员表示慰问。

座谈会由广电部部长孙家正主持，广电部副部长刘习良、杨伟光，广电部总编室主任张振东，中央电视台副台长刘宝顺、李丹、刘宜勤、李东生及中央人民广播电台、中国国际广播电台的有关同志参加了座谈。

听取了工作汇报后，李铁映同志指出：广电部系统、全面、圆满地完成了中央交给的历史性任务。香港回归祖国将永载史册，对香港回归的报道工作也将永载史册。

李铁映同志说，这次报道是一次具有深远历史意义的报道。香港回归是个划时代的历史事件，标志着中华民族从此走向全面复兴，屹立于世界民族之林。香港回归也是本世纪末最大的新闻热点，你们能够抓住这一热点，进行正确报道，向全世界展示了中华民族的健康形象，展示了党、国家和人民的良好形象，这是令所有中国人和海外华人为之骄傲和振奋的，其影响必将长久。随着时间的推移，事件本身的重要性和报道的重大影响将越来越明显。

李铁映同志指出，这次报道积累的经验是宝贵的财富。香港回归报道是一次新闻大战，也是世界各新闻媒体间的一次“奥林匹克大赛”。这次报道的成功，凝结了广播电视新闻、技术、后勤等各系统多年来的努力，是多年来奋斗积累的结果，希望你们认真总结分析，把这次报道工作形成的经验作为一个成果继承下去，进一步提高中央电视台及地方电视台的工作水平，使全国的广播电视系统以此为契机再上一个新的台阶。

李铁映同志要求广播电视工作者树立更高、更长远的目标。希望三台办成国际性的大台，真正跨入世界级大台的行列，同我们国家日益提高的国际地位相称。中央三台是国家台，是党的喉舌，体现了国家民族的风貌和时代前进的步伐，希望你们讲党性、讲政治、讲学习，造就一支优秀的、特别能战斗的队伍。

最后，李铁映同志说，香港回归报道是对你们的一次考试，事实证明你们是合格的、优秀的，在全世界面前打了高分。国家的每一件大事，都是你们的战役，要一仗仗打好。大家要继续保持高昂的斗志，更好地完成党和国家交给的任务。

中央电视台经济宣传顾问委员会成立大会暨第一次全体会议

1997年7月8日，中央电视台经济宣传顾问委员会成立大会暨第一次全体会议在北京举行。中共中央政治局委员、国务委员李铁映，广播电影电视部部长孙家正参加了大会并发表讲话。广播电影电视部副部长、中央电视台台长杨伟光主持颁发聘书仪式，中央电视台副台长赵化勇主持专家发言。广告经济信息中心主任谭希松介绍了委员会的工作计划。中央12个部委办领导和14位著名经济学家、企业家应邀请担任中央电视台经济宣传顾问。

随着'97香港回归和市场经济改革的深入，加强电视经济宣传的权威性日益重要。为此，中央电视台专门成立了一个经济宣传顾问委员会，以指导影响不断扩大、任务愈加繁重的电视经济报道工作。

这个顾问委员会是根据中央领导关于加强电视经济报道的指示精神成立的。其组成人员都是中央主管经济工作的部、委、办领导和大学教授等经济界权威人士。中共中央政治局委员、国务委员李铁映在成立大会上向顾问颁发了聘书。

新闻采访部召开“讲文明、树新风”电视新闻研讨会

配合中宣部“讲文明、树新风”活动的开展，1997年7月中央电视台新闻中心新闻采访部组织近20位记者，对全国15个大中城市存在的不文明现象进行了报道和追踪采访，在短短的一周内，先后共播发新闻20多条（次），60多分钟，形成了在中央电视台各档新闻栏目（主要是《新闻联播》）中对城市不文明行为的连续报道，在社会上产生了巨大的轰动效应，得到有关领导的重视和肯定。

为继续深入开展“讲文明、树新风”活动的报道工作，1997年8月1日，新闻采访部举办“讲文明、

树新风”电视新闻研讨会，邀请中国社会科学院、中国人民大学、北京师范大学等单位的专家、学者及首都部分新闻单位的同行参加，听取意见，同时确定下一阶段的报道重点。

会上，中国社会科学院社会学所所长单光鼐研究员说，在建设社会主义精神文明的工作中，中央电视台担负着很重的宣传教育任务，中央电视台播出“讲文明、树新风”活动的新闻非常好，加大了新闻节目对不文明现象的批评力度，引起了更多人的重视。与会专家们认为，中央电视台《新闻联播》大段报道社会不文明现象十分难得，为加强精神文明建设做了一件大好事。此次系列报道角度选择巧妙，画面组织得当，视觉感强，时效性强，充分发挥了电视的特点，收到了很好的社会效果，起到了舆论监督的作用。同时他们建议，应进一步挖掘报道的宽度、深度。《光明日报》、《中国青年报》、《北京青年报》的记者们认为，此次“讲文明、树新风”系列报道动作快，声势大，显示了中央电视台的宣传水平。

海外中心召开′97香港回归对外报道总结会

1997年7月14日上午，中央电视台海外中心召开′97香港回归对外报道总结会，为历时一年多，特别是1997年6月30日至7月3日三天总计113小时的香港回归对外报道画上圆满的句号。副台长李丹，海外中心主任赵宇辉，副主任盛亦来、拉白及对外分部280多人参加了大会。会议对72小时中文频道、41小时英语传送频道播出，有关专题文艺节目的制作、节目编排播出、对外发行节目、对外联络、海外落地播出反馈、技术制作保障等工作进行了总结。

大家认为，香港回归对外报道的圆满成功，全面地锻炼了队伍，再次充分展示了中央电视台对外宣传队伍的精神风貌和实力，为今后的对外宣传提供了全方位的启示和经验，也为今后外宣事业的进一步发展壮大，奠定了良好的基础。

副台长李丹在总结报告中指出：香港回归对外报道成功的最根本原因，就是从领导到每一个同志都充分认识到了香港回归祖国和对香港回归的报道具有重要的历史意义。正是基于这样一种思想认识，全体同志才焕发出知难而进、知难而胜的信心，表现出高度负责和拼搏奋发的精神、高度的组织纪律性和一丝不苟的工作规范性、敢打硬拼连续作战的工作作风；在具体工作中，才克服了一系列困难，以饱满的热情、充足的精力创造了一流的工作成绩，在世界媒体报道中脱颖而出。

副台长李丹指出，通过这次报道，应该总结的经验主要有：

1. 工作要有主动性和创造性，要创造性地贯彻中央的精神。

2. 领导必须搞好整体策划，做好案头工作，要运筹帷幄。

3. 要重视整个频道的设计和宣传。

4. 要不拘一格用人才。

海外中心主任赵宇辉总结香港回归对外电视报道取得的基本经验是：把握正确导向要坚定不移；频道总体设计要突出海外特点；频道宣传要提前到位；通讯联络要及时有效；节目信号落地要齐抓共管；技术制作播出要充分保障；队伍建设要常抓不懈；团结协作要达成共识。

香港回归电视报道综合分部召开总结会

1997年7月16日，香港回归电视报道综合分指挥部召开总结会。综合分部指挥、副台长刘宝顺，副指挥贾文增、李晓明和台机关党委专职副书记南玉敏出席会议并讲话。台党政职能部门120多人参加了会议。

刘宝顺同志对综合分部的工作给予充分肯定。他说，综合分部各工种的同志尽职尽责，明确分工，周密计划，千方百计地做好各项服务工作，保障了香港回归电视报道工作的顺利完成。刘宝顺同志认为，综合分部的同志在工作中做到：1. 充分认识报道工作的重大意义，树立了高度的政治责任感；2. 健全组织，明确任务，责任到位；3. 把握主动，团结协作，提高服务水平；4. 发扬连续作战的精神。他说，综合分部各小组的工作均十分出色，党办、监察室、人事处、审计处、工会、老干部处等部门也积极配合一线工作，做出了自己的贡献。

贾文增同志在会上说，此次报道工作点多、线长、面广、时效性强，对后勤保障工作提出了很高的要求。综合分部指挥得当，各部门认真负责，全体同志积极主动，圆满完成了综合保障任务。事实证明，后勤服务部门训练有素，有很强的保障能力，能够在各种条件下完成任务。贾文增同志希望各部门认真总结，在今后的工作中做到“平战结合”。

《中华人民共和国广播电视简史》(电视部分)写作研讨会

1997年7月16日，台史志编写小组召开《中华人民共和国广播电视简史》(电视部分)写作研讨会。《广播电视简史》主编阎玉、副主编戚庆莲，台史志编写小组组长章壮沂、常务副组长王甫及编委、作者等12人参加了会议。

阎玉等同志对中央电视台史志工作给予肯定，同时对中央电视台所承担的《中华人民共和国广播电视简史》的任务做了细致的分析，对素材的论证和写作范围都做了明确的布置。

会议由章壮沂同志主持。他说，中央电视台史志编写小组于1996年7月成立后，工作开展顺利，目前已完成：1.《中华人民共和国广播电视简史》(电视部分)10万字的编写提纲。2.社科院的重点选题《中国广播电视通史》(电视部分)的初稿。3.《中国少数民族广播电视通史》(电视部分)的初稿。4.《北京志》有关中央电视台部分10万字初稿。章壮沂同志说，1998年是中央电视台建台40周年，史志编写小组准备在上述工作基础上出版一本具有权威性的台史。他说，史志工作是一项重要、严肃的工作，一定要做到史实准确、观点正确，要经得起历史的检验。台领导十分关心、重视史志工作。史志编写小组人员少，工作量大，但大家工作情绪饱满，愿齐心协力做好这项工作。

技术系统召开′97香港回归电视报道总结会

1997年7月16日至17日，中央电视台召开′97香港回归电视报道技术系统总结会，副台长刘宜勤，总工程师邵昌有，副总工程师刘广全、许世杰出席并讲话。会议由技管办主任何宗就主持，来自香港分部、技术分部、IBC等技术系统的同志共190余人参加。

副台长刘宜勤在会上作了香港回归电视报道技术工作总结。他指出，在部党组和台分党组的领导下，作为参加这次前所未有的电视报道工作的技术队伍，以全面、严谨、细致的技术方案，充足、一流的设备，精湛的技术技能和吃大苦耐大劳的工作作风，给编导提供了充分的用武之地，有力地保证了电视报道的需求，没有辜负党中央的希望，向全国人民交了一份满意的答卷。在整个香港回归电视报道过程中，中央电视台安全无误地完成了三套节目连续播出任务，在香港建立了最大的庆祝活动报道中心，在北京建立了三个实况播出制作演播室、信号分配中心，建立了北京国际广播电视服务中心(IBC)，并协同海外分部使中央电视台节目在海外落地，特别是欧洲落地方面取得新进展。

会议期间还举行技术观摩活动。香港分部的技术人员对系统运转情况进行了详细总结，着重对存在的问题与大家交换了意见。大家一致认为，重大活动之后认真总结经验非常重要，也非常必要，这种工作方式应该大力发扬。

中央电视台1997年年中工作会议

中央电视台′97年中工作会议7月24日在顺义影视培训中心召开。中国电视剧制作中心、新影厂、科影厂、中央卫星电视传播中心及台内各中心、部、处(室)的主要负责同志130人参加了会议。

副台长刘宝顺主持会议。副台长赵化勇代表台分党组作题为《历经考验，再创辉煌——中央电视台1997年年中工作总结》的报告。

7月26日，台长杨伟光作重要讲话。他说，经过近十几年的发展，特别是近几年来的深化改革，中央电视台已经成为中国最大、在世界上也具有一定影响的电视台，但是我们仍面临严峻的挑战。他要求全台各部门重点抓好十个方面的问题，简称“十化”：

1.管理要制度化。2.决策要民主化。3.节目要精品化。4.节目规划、制作要系列化。5.制作设备要现代化。6.节目覆盖全球化。7.三产要集团化。

8. 节目生产要基地化。9. 思想工作要经常化。10. 队伍要优化。杨伟光代表台分党组部署了下半年的重点工作。

杨伟光同志说，中央电视台下半年的宣传重点是以江泽民总书记在中央党校省部级干部进修班毕业典礼上的讲话为指导思想，为十五大的胜利召开创造良好的舆论氛围。要贯彻落实“高高举起邓小平建设有中国特色社会主义理论的伟大旗帜，紧紧围绕经济建设这个中心，大大加强精神文明建设的宣传力度，牢牢把握正确舆论导向”的工作目标。同时，继续提高管理水平，改善技术手段，加强和发展第三产业，推进中央电视台电视事业进一步发展。

香港回归电视报道香港分部召开工作总结会

1997 年 7 月 20 日至 21 日，香港回归电视报道香港分部召开工作总结会。广电部副部长兼中央电视台台长杨伟光、副台长李东生出席了会议并讲话。香港分部各小组进行了认真讨论，总结了经验，并以小组为单位在全体大会上作了发言。

杨伟光同志说，香港回归宣传报道工作取得了很大成功，从中央领导同志到广大电视观众均给予很高的评价。总结此次报道成功的原因，首先是我们的立足点较高，将香港回归宣传报道工作视为本世纪末的一次新闻大战，视为东西方新闻媒体的一次较量，树雄心、立大志，决心打好这一仗；二是将此次报道工作视为中央电视台建设世界大台的重要机遇，反复动员，调动最精锐的部队完成这项任务；三是成功地完成了新闻组的谈判，为报道工作的开展争取了主动权；四是建立了北京、香港两个新闻中心，突出展现了中央电视台的力量；五是制定了一个宏大的计划，同步报道重大庆典，全面反映了普天同庆的动人场面。杨伟光同志强调，这次报道成功有几个好的条件：一是中央领导关心；二是部党组重视，部领导亲自审定方案并到一线指挥；三是有包括香港人民在内的社会各界群众的支持。

杨伟光同志说，在报道工作中，香港分部的同志们克服了异地作战、语言不通、英方制造麻烦、天气恶劣等困难，很好地把握了舆论导向，顺利地完成了任务。通过此次报道工作，证明我们这支队伍政治思想性强，具有敬业献身、艰苦奋斗的精神，表现出了不怕困难、敢于吃苦的过硬作风。最后，杨伟光同志代表台分党组向为香港回归电视报道做出特殊贡献的香港分部的全体人员表示感谢。

李东生副台长在总结会上谈了自己的感受。

中央电视台特邀制片人联席会成立大会

为了保证创作出思想性、艺术性俱佳的优秀电视剧，1997 年 8 月 9 日，中央电视台在武汉召开了特邀制片人联席会成立大会，强调发挥中央电视台的指导作用，推进电视剧制片人管理体制的开展。广播电影电视部副部长兼中央电视台台长杨伟光、副台长赵化勇及来自全国各地方台的 40 余名制片人参加了大会。

杨伟光在讲话中谈到加强制片人队伍建设的必要性，强调必须提高质量，制作更多精品，实施精品战略。制片人联席会就是要保证精品电视剧的产出，培养出一批有高度政治觉悟，有精深艺术修养和精干工作能力的适合我国国情的电视制片人。

会议期间，与会代表谈到当前电视剧制作过程中存在的一些问题，比如有的演员稿酬要价太高，甚至拍摄中间罢演，要求增加稿酬等。代表们表示，要坚持“二为”方向，贯彻“双百”方针，遵循党的文艺方针和国家的经济政策，规范电视剧的艺术创作、生产、发行及播出，狠刹各个环节存在的不正之风，保证多出精品。

中央电视台教育处与社教中心专题部举办《中华民族》栏目研讨班

1997 年 9 月 4 日至 8 日，中央电视台教育处与社教中心专题部《中华民族》栏目组一行 28 人，赴内蒙古呼伦贝尔盟新巴尔虎左旗，举办了一个别开生面的研讨班。

《中华民族》栏目以反映改革开放中多姿多彩的

少数民族生活为宗旨。这次组织编辑、记者到牧区去，共同探讨“如何做好民族节目”，这对锻炼队伍，把栏目办得更有新意，是十分有意义的。

新巴尔虎左旗是呼盟最贫困的旗。条件虽然艰苦，但研讨班却办得非常成功，大家认识到：今天的民族节目应该具有时代特色，要用更新的视角对准中华民族，关注少数民族同胞的生活和民族地区的经济发展，关注各民族之间的交流与团结进步，关注少数民族对祖国建设的贡献。在反映民族风情民俗时，要体现深厚的文化底蕴。

《精品赏析》研讨十五大宣传报道

为更好地总结中央电视台十五大宣传报道工作的成功经验，1997年9月29日，研究室特邀请有关方面领导、十五大代表和参加此次宣传报道的部分主创与编播人员及人民日报、文艺报的编辑、记者和部分大专院校师生，举办了“十五大宣传报道工作”的精品赏析研讨活动。

中央电视台副总编辑兼总编室主任罗明说：中央电视台十五大宣传报道做到了隆重热烈、安全准确、及时充分，发挥了电视的优势，圆满完成了中央交给的任务。罗京、李瑞英就新闻播音员在重大政治活动直播工作中应具备的素质等问题，谈了自己的见解与经验，其中特别强调心理素质和对现场内容把握的重要性。他们说：播音员不是演员，而是新闻思想内容的传播者，新闻的思想内容决定播音员的声情与表现。就专题片主持人风格问题，水均益与白岩松强调节目风格是新闻内容的写照与强化，没有思想不可能形成风格，风格也不是一成不变的。他们说：新闻无定势，一切均需随机应变，临场把握关键在于心理素质。

《精品赏析》研讨《党员二愣妈》

中央电视台播出的6集电视连续剧《党员二愣妈》受到社会各界的广泛关注和好评。为加强《精品赏析》研讨的理论深度，使来源于生活的艺术再走进生活，1997年10月8日至9日，中央电视台研究室与内蒙古自治区党委宣传部、《人民日报》文艺部、《文艺报》等部门共同举办了一期别开生面的精品赏析活动。活动地点选择在电视剧《党员二愣妈》的外景拍摄地、距呼和浩特市190公里的一个偏远的小山村——内蒙古清水河县祁家沟村。有关领导、专家、该剧的部分主创人员和当地群众参加了这次活动。

研讨活动的会场就设在老乡的院落中，现场气氛非常热烈，屋顶上、院子里都站满了村里的乡亲们。研究室主任王录指出：此次精品赏析活动是电视理论研究工作的一次大胆尝试，其目的在于加强理论研讨的客观性与真实性。电视剧《党员二愣妈》的编剧、导演、演员简要谈了创作过程。与会的专家分别就该剧的思想性、艺术性、可视性等作了评述。他们认为：该剧以真实自然、朴素大方为总体基调，以写实的风格，将真实生活化为独特的戏剧艺术，突出展现了人物丰富的内心情感。编剧、导演、演员们不时与老乡们进行热烈的讨论，使高深的艺术理论在老百姓朴实的话语中得到升华。

到场的专家与演员们纷纷发出由衷的感慨：第一次参加这样的理论研讨，很受鼓舞。理论研究工作也需要深入生活，只有这样才能使工作更有深度，更真实客观。感谢《精品赏析》在专家、编创人员与观众之间架起了一座沟通的桥梁。

《12演播室》举办新版研讨会

1997年10月16日，《12演播室》新版研讨会在北京举行，共青团中央书记处书记姜大明等有关方面的领导、青年专家20多人参加了研讨会。

与会者对改版后的《12演播室》给予了很高评价，并对今后如何更好地发展进行了广泛探讨。《中国青年》杂志总编助理杨浪认为：“8月份推出的新版《12演播室》无论从内容还是从形式上看，都有了不小的变化。节目有想法、有追求，有些段落可以用‘精彩’二字来评价。”《中国青年报》副总编马役军认为：“新版节目在选题上有了新突破，视野更宽了，对青年人所做的、所想的、所希望的都有关注，节目的感染力很强。”北京广播学院文艺系副主任胡志峰说："栏目改版后进步明显，感到编导自身的责任感和整个栏目对青年问题的责任感都增强了。节目制作也较以前精致、好看。"中国人民大学舆论所所长喻国明认为，《12演播室》节目比较务实，但也应该注意适时宣传自己。

与会的专家们对栏目今后的发展也提出期望。共青团中央书记处书记姜大明希望"《12演播室》树立起青年栏目的权威性，对青年的调查、了解要深入到思想深处"。北京广播学院视听中心副主任徐舫洲建议："节目选题要更接近生活，策划要形成系列，同时注意时效性。"

由到会的领导、专家组成的评审组，还对新版的七期节目进行评比，评出一等奖1名，优秀奖2名。会上还确定将评审制度固定化，每季度评审一次。

电视军事节目委员会第一届理事会

1997年10月23日，电视军事节目委员会第一届理事会在北京召开。中国广播电视学会副秘书长江欧利、联络部主任张伟中，中央电视台研究室副主任王甫及电视军事节目委员会的62名理事出席了会议。

电视军事节目委员会是经解放军总政治部、民政部和中国广播电视学会批准成立的，是在中国广播电视学会领导下进行电视军事宣传研究的学术团体。它的任务是对电视军事节目进行调查研究和学术研讨，撰写学术论文和研究报告，促进电视军事宣传的繁荣和发展，积极开展有关的学术研究活动，承办全国优秀电视军事节目评选，为全军各单位培养电视宣传骨干。此次会议选举产生了电视军事节目委员会新的领导成员，讨论研究了今后的工作方针和任务。

《半边天》举办研讨会

1997年12月3日至5日，社教中心《半边天》栏目组在怀柔举办了为期三天的研讨会。北京广播学院、全国妇联妇女研究所、人民日报社的几位专家和《半边天》栏目组的全体成员共60多人参加了研讨。会上几位专家分别讲了关于"中日电视节目比较"、"大众传媒中的女性形象"以及栏目策划等问题，与会者围绕有关话题展开了热烈的讨论。会后还隆重举行了《半边天》秋奖颁奖会，副台长李东生和社教中心领导出席了颁奖会。

这次研讨会就《半边天》栏目的现状和发展方向展开了讨论，各编导、制片人就栏目的内容、主持人风格、全年节目的整体规划等问题畅所欲言，各抒己见。

制片人赵淑静和主编穆晓方总结了《半边天》栏目一年来的运行情况，提出在新的一年里把主要精力放在节目上，搞出拳头产品和主打产品。妇女节目有其自身的优势，《半边天》要利用这种优势努力拓宽选题，更新形式，提高栏目收视率。他们还提出了栏目有待加强的几个问题，一是要严格选题制度，增强编辑部意识；二是要加强编导队伍的培养和锻炼；三是要加强和群众的联系与交流。

主编寿沅君在回顾一年来《半边天》栏目在全国获奖的情况时说，《半边天》有一支实力较强的编导队伍，但所有这些都已成为过去，重要的是今后还需继续努力。她建议《半边天》要完善评奖制度，鼓励竞争意识，让《半边天》出现更多更好的作品。

《英语新闻》开播十周年联谊会

在中央电视台《英语新闻》开播十周年之际，中央电视台海外中心于1997年12月14日在北京举办了中外电视观众联谊活动。

中央电视台台长杨伟光到会并讲话。他说："《英语新闻》是中央电视台海外中心的重要栏目，从1986年创办到现在已经走过整整十个春秋，在国内外都有一定影响。中央电视台《英语新闻》每天通过第二套和第四套节目，分别播出半小时和20分钟的国内外新闻，覆盖全国和全世界80多个国家和地区，特别是北美地区。虽然外语电视节目主要对象在海外，但在境内也有数千万支持我们的中外观众。今天借此机会与观众朋友们一起纪念这个有意义的日子，并一道回顾历史，展望未来。欢迎大家给我们提出意见和建议，把《英语新闻》办得更好。"出席联谊活动的还有许多国家的驻华使节及外交官。收视率调查表明，中央电视台《英语新闻》在国内拥有数千万中外观众。

《世界经济报道》召开节目研讨会

1997年12月13日《世界经济报道》栏目组全体采编创作人员，邀请首都十几家新闻单位的同行在北京举行研讨会，来自《人民日报》（海外版）、《中国日报》、《国际商报》、《经济参考报》、《北京青年报》等报社及新华社等新闻单位的同仁及栏目的顾问，在看完两期改版后的《世界经济报道》（改版前为《环球经济》）节目后，纷纷谈感受，并分别提出建议。

与会同志对《世界经济报道》栏目全体同志精心办节目的敬业精神表示赞赏，认为改版后的《世界经济报道》不论在内容还是形式上都比从前有明显提高，尤其为《百年一回首》、《跨越2000年》这两个新板块叫好。在对节目给予充分肯定的同时，他们也提出了今后要多从生活、民众的角度切入节目，把栏目办得既上档次，又能抓人。由于刚刚改版，5个板块，各段落之间的衔接还略显生硬，有待改进。《世界经济报道》给人的整体感受可以概括为“别开生面，独具一格，前景广阔，有待改进”。

9. 新技术装备

DSNG 数字卫星转播车

1997 年 6 月，中央电视台引进了美国 BAF 公司的卫星转播车。该车由视音频系统和卫星上行站系统两部分组成。

1. 视音频通道部分

视频系统以 12 路数字切换台为中心，配有 3 台 HITACHI SK－2800PXE 便携式数字摄像机；3 台 SONY DVW 数字录像机及一套无线摄像机设备。

音频系统由 12 路数字调音台、4 路无线话筒基站和无线、有线及市话线通话等设备组成。

2. 卫星上行站部分

(1) 编码部分由两套 DMV 数字压缩编解码器及两套 LNR 模拟编码器组成，可根据需要选择数字或模拟传输方式；另配有一套 SONATA 数字通信/数据编解码器，可在发送视音频主载波的同时发送一路通信/数据载波。

(2) 双路上变频器及高功放通过选切开关及相位合成器既可主备倒换，也可在抗雨衰时功率合成，还可以同时发送两路载波信号。

(3) 天线部分为三轴电驱动四端口 2.4 米 Ku 波段天线。这是中央电视台移动卫星地面站中口径最大的天线。所配 GPS 和电罗盘组成定位系统，可根据卫星轨道数据自动寻找跟踪卫星。4 个传输端口可同时接收和发射两路相同极化或正交极化方向的载波信号。

3. 该卫星转播车启用于′97 香港回归报道。

6 月 25 日开赴香港，承担了驻军入港、国家领导人抵达香港的现场直播及中央电视台香港报道中心播出信号的传输任务。系统运行正常，工作稳定，传送信号质量达广播级水平。

DSNG 数字卫星转播车的引进和投入使用，标志着中央电视台在电视节目转播传送手段上已经进入了世界先进行列。

陀螺仪稳定摄像机

1997 年 4 月，中央电视台从加拿大 WESCAM 公司引进了一套陀螺仪摄像机，用于直升机航拍工作。该系统参加了柯受良飞越黄河、香港回归、大江截流、元旦“步步高”登长城赛的航拍报道工作并出色地完成了任务。

此套系统主要分为两大部分：机内控制部分和机外陀螺仪摄像机部分，两部分通过两根多蕊电缆连接。

机内控制设备主要包括：电源交换器、陀螺仪控制基站、图像自动跟踪系统、图像增强器、摄像机部分（不包括镜头、CCD 及编码录像机和监视器）。电源使用的是直升机提供的 280V 直流电，通过电源交换器变为 110V、400Hz 交流电及 12V 直流电供各部分使用。摄像机采用 SONY 公司的 BVP－70P，为减小机外设备的体积和重量，对其进行了改装，镜头、CCD 和编码部分结合为一体，安装在机外陀螺仪内，其他部分则留在飞机内再通过多蕊电缆连接成一体。陀螺仪控制基站，主要负责控制机外陀螺仪的各种参数，并为图像叠加坐标，以方便操纵人员准确判断摄像机的拍摄方向。图像自动跟踪系统可自动锁定目标进行跟踪拍摄。图像增强器可在夜间拍摄时提高图像全部或部分亮度，但由此信噪比会下降，一般只用于监视。

机外陀螺仪设备外形为 24 英寸直径圆球体，一侧有一摄像窗口，该窗口可根据镜头的转动而转动。球内设备包括四部分：摄像机、陀螺仪、平台处理器和电源分配器。陀螺仪部分主要是靠三个陀螺高速旋转（2万转/分）达到三个方向的平衡作用，以抵消直升机的震动对摄像机的影响。摄像机镜头为24倍镜头，拍摄角度为水平360°，垂直-90°～+30°。

此系统是我国引进的第一套陀螺仪摄像机。它的成功使用是中央电视台在技术设备上向世界大台迈进的重要一步。

直升机微波中继系统

1997年5月，中央电视台购进直升机微波中继系统。这套直升机微波中继系统是安装在直—9型直升机上，由三个接收机、四个发射机组成，即3RK-4TX系统。另一套两收两发（2RX-2TX）系统装载在另外一架直升机上，作为3RX-4TX系统的备用系统使用。

3RX-4TX系统的机柜上有三个RF200D接收机和四个RF223发射机。每个接收机都有一路视频信号和两路音频信号输出连接到与之对应的发射机上，通过发射机把接收到的信号传送出去。另一发射机可接入任意视、音频信号传送到地面。例如可传送安装在直升机上的陀螺仪摄像机的航拍信号。本系统可接入21V～56V的直流电，再通过直流变压器转换成12V直流电提供给接收机、发射机以及机柜冷却风扇使用，实际接入系统的是直—9型直升机上所提供的28V直流电。本系统设计使用的发射天线是C0L-4全方位天线。它的波束呈40°，右旋极化，天线增益4dB。接收天线设计使用的是C0L-4全方位天线及LP-5下方接收天线，两个天线可通过机柜上的一个切换开关相互倒换使用，它们的极化方向都为左旋。C0L-4可接收天线侧面40°范围内的波束，增益是4dB。LP-5可接收天线下方90°范围内的波束，增益是5dB。

直升机微波中继系统已是现代电视转播中不可缺少的重要手段。尤其是在像马拉松比赛这样长距离跟进，要求信号不中断的转播中更能发挥其功效。在表现宏大场面的直播中它与机上的陀螺仪摄像机结合使用也是必不可少的。

自1997年5月以来，直升机微波中继系统已在柯受良飞越黄河、驻港部队进驻香港、三峡截流报道及1998年元旦“步步高”登长城转播中发挥了其应有的作用。在实际应用中，它将被电视工作者进一步认识和接受，发挥出其更大的潜能。同时，直升机微波中继系统也在某一侧面显示出了一个世界级大台的转播水平。

新建400平方米演播室视频系统

1997年6月，中央电视台新建400平方米演播室交付使用。新建400平方米演播室是全数字处理、兼容4:3和16:9两种格式的节目制作系统。

400平方米演播室属于中型演播室，讯道数量不多，但功能要求却较齐全。根据中型演播室机器流动空间较小的特点，因而运用三台AQ-235W便携机可以灵活拍摄，一台AQ-23W座机用于大场景，这样足以满足节目制作的需要。四台摄像机均采用2/3″M-FIT60万像素CCD，16bit数字处理，10bit数/模转换；具有动态范围大、图像质量高、稳定性好等特点；具备动态细节、肤色校正、暗区细节调整、阴影校正等功能；具有镜头文件存储，电子快门速度可变控制等特色。机头与基站之间采用光纤连接，实现了从图像处理到传输全部为数字信号，无信号劣化，无相位失真，无信杂比劣化，不受外界干扰。

根据演播室的特点选用了GVG-2200数字切换台，它属于中型切换台，共32路信号源，首选16路，换档（SHIFT）后选另16路。将常用的信号源设置在前16路，当需要变更信号顺序时，很容易通过菜单改变。该切换台有两级M/E，每级M/E具有相同的功能，可分别做两次键信号处理；带有色键、亮度键、线性键等功能，扫画可做旋转、图形分裂、边缘对称、透明软边、图像变形等花样。为切换台配置5条辅助母线，利用这些辅助母线可实现对数字特技的视频信号和键信号的输入选择；技控台、立柜机房等的技术监看以及灯光师调光时的监看选择。另外还利用一条辅助母线提供给演播室供大屏幕或其他监视选择。

1．Y402演播室直播/录制系统主要设备

（1）四讯道数字处理摄像机：

松下AQ-235W（大）一台

AQ-23W（小）三台

（2）四台录放像机：

SONY数字放像机DVW-510P二台

数字录像机DVW-500P二台

（3）32路数字处理视频切换台：GVG-2200

数字特技机：GVG4300

（4）字幕机二台

（5）数字 10X1 视频切换器（用于紧急切换）

2. 外来信号及播出信号路径

（1）从主控来的传输节目信号，先经 PD 分配后再进入 Y402 演播室的帧同步器，然后通过切换台选择输出。

（2）Y402 演播室的输出信号一主一备直接送主控。

Y402 演播室备有相应的应急措施。系统设有 10X1 紧急切换器，一旦切换台发生故障，将由紧急切换开关切出信号播出。1997 年香港回归报道期间，在中央电视台英语传送频道上星节目中，实现了 67 小时连续安全直播。

第十八机房

1997 年 10 月，中央电视台第十八机房在原“西德机房”的基础上改造完成。已投入使用的有一个全数字、三讯道、两放两录、双字幕机、单通道数字特技的前期录像机房；及新增加的第十二、十三电编机房两套三放一录、双字幕机、单通道特技的数字后期制作系统。

经过改造的第十八机房前期数字系统演播室，可承接中、小型表演节目的现场录像及栏目主持人串联等录像节目。在录制手段上，除可做一般要求的录像外，也可充分利用切换台、特技机、双字幕机等先进设备做抠像、叠画、扫画及抠像时的背景画面的特技处理；用字幕机叠加各种字幕和图形等，使节目的录制更加丰富多彩。另外，必要时两台录像机可同时录出两版相同的素材带。

第十二、十三数字电编机房，可承接任何数字录像带的节目后期制作。其配置的 A8100 切换台和 A5100 特技机，足以满足各种要求的节目特技变化；两台字幕机可充分提供上字幕及图形变化的要求；三台放像机可使素材带较多的节目，减少频繁换带子的不便。

上述三个全数字制作系统，都已通过了中央电视台内进行的指标测试及验收评定，结果显示技术先进、制作手段丰富、质量优秀。

军博第一、第二、第三演播室系统

1997 年 8 月，中央电视台军博第一、第二、第三演播室竣工。

三个演播室系统功能设计和设备配备完全一样，均为数字视频系统。为对应台播出系统要求，系统配置 D/A 转换器，使记录格式既能为 DVCPRO 数字格式、也可为 SP 分量格式。

系统的前期制作按三讯道摄像机通过视频特技切换进行 DVCPRO 数字格式或 SP 分量格式录像，后期按 DVCPRO 数字格式两放一录带三维特技编辑合成，或直接合成为 SP 模拟分量格式的数字视频系统设计。摄像机采用松下 AQ－20，将分量信号输出通过 A/D 转换送入切换台。其中第一演播室是在一期工程的基础上，将原在三楼的模拟复合系统改为数字系统；并在第二演播室配备了彩色大屏幕设备和图文接收系统（供《商务电视》使用），作为现场录像背景和监看，时效性较强的图文电视接收信号和其他节目源信号可通过切换输入至大屏幕。

演播室系统均采用一级半 GVG1200 数字视频切换台为主，通过 SONY BVE2000 编辑机实现对切换台和录像机的编辑遥控。每套摄像机均可进行色键抠像。系统配备了 GVG 的 Krystal－4300 三维实时特技、带数字接口的 CKD 多功能字幕机等辅助设备，除增强了演播室的节目制作功能、进行串编录像、抠像及叠加字幕制作以外，还可以进行节目的后期特技编辑合成。节目主持还配备了双功能的提示系统，为提高制作效率和将来的直播创造了条件。

演播室音频系统以 SONY MXP－S390 12 路调音台为核心，设计为四路话筒输入、八路线路输入。配备了 SONY DAT 录音机和 CD 激光放音机，以满足不同节目录制的需要。

另外，军博制作区还拥有四个特技合成编辑制作机房，十套 2:1 编辑合成系统，五套多媒体编辑系统。

虚拟演播室系统

近两年来，虚拟演播室系统技术成为电视领域中的一个热点。为了跟上世界电视技术发展的潮流，进一步丰富节目制作手段，1997年底，中央电视台在录制部所属录制二科第十二演播室引进了一套美国益世电脑公司研制生产的MINDSET200双机位虚拟演播室系统。

该系统将摄像机拍摄的图像实时地与计算机三维图形进行合成，通过摄像机跟踪器的跟踪及超级图像发生器的实时计算，实现了传统抠像无法实现的前、后景的同步运动。它具有一些传统演播室无法达到的功能和优点：这一技术使编导、美工人员摆脱了时间、空间及道具制作等方面的限制，充分发挥他们的想像力，利用计算机三维动画软件（3DS、3DMAX、SOFTIMAGE）进行虚拟场景的自由创造，并能完成一些传统视频技术做不到的特技效果，如主持人漫游在星空等。此外，虚拟演播室系统可以更为有效地使用演播室资源，节省大量的演播室制景费用及装、拆布景所耗费的时间和人力；虚拟演播室的场景制作只需三维动画软件师一人在计算机上独立完成，场景的更换与修改也十分方便、快捷。虚拟演播室技术在今后电视节目的制作方式、包装手段上将做出自己独特的贡献。

第五、六、七、八、九、十数字电编机房系统

1997年8月，中央电视台新建了第五、六、七、八、九、十数字电编机房。

新建数字电编机房是全数字化的电视节目后期制作系统。该系统采用了目前世界上先进的数字技术，在设备选型上选用了相对较成熟的产品，是一个制作功能强、操作简便的系统。

数字电编机房以GVG公司的产品为主。该系统的视频切换台GVG-2200具有两级M/E，可实现八个键控功能和一帧画面存储功能，与双通道数字特技机GVG-4300配合，可完成多种复杂特技、扫画和叠画效果。编辑器VPE-331可以实现对切换台、特技机、调音台和录像机的遥控，操作方便准确。该系统的视频设备还包括两台奥维讯数字字幕机、两台数字录像机DVW-500P和两台兼容模拟磁带的数字放像机DVW-A510P。

该系统音频设备的配置为SONY数字处理调音台DMX-E3000、数字录音机PCM-7030、激光唱机CDP-3100，可以满足不同节目制作的需要。两路话筒输入用于完成后期配音工作。

数字电编机房系统设计力求方便实用，可满足各类节目的制作需要。由于各机房的主要设备在中心机房集中放置并保持各系统同步，通过视频及音频跳线可方便地实现各机房之间的信号传递，从而使系统使用灵活，便于今后的扩充和发展。

第二十六、二十七、二十八电编机房

1997年11月，中央电视台录制部的第二十六、二十七、二十八电编机房改建完成。

这三个机房是三对一的合成机房，即三放一录，另配有录音机、数字录音机、两套字幕机、配音间、调音台及编辑机等设备。选用的编辑机是SONY BVE 2000，可以遥控一录五放或两录四放，另有三路辅助。目前除遥控录像机外，还控制数字录音机、特技机（ABEKAS5100可以当一台放机）、调音台及切换台，可以做声音的自动转换及视频的自动转换。机房所选用的字幕机是新奥特NC8000，可以制作出节目所需的各种方式的字幕，如：飞滚、唱词、卡拉OK等，它能直接输出数字信号给切换台，这样避免了信号在A/D转换、D/A转换中的损失。调音台是SONY MXP-390，它共有12轨，操作比较方便。ABEKAS 8100切换台除能做一般切换台所能完成的切换、叠画、画像、亮度键、色键外，它本身还有一些独特的技术。ABEKAS 8100的reTouch彩色校正器使彩色校正非常容易，可以做负像、油画等特技，可以准确控制翻转每个彩色分量；ABEKAS 8100的键技术是处于世界领先地位的；ABEKAS 8100共有两个画像发生器，一个在M/E中，一个在PGM/PST中，两个元件中都包含一个超级衬底发生器，用于增强复杂背景和颜色清洗。ABEKAS 8100的时间线技术使得操作多种复杂特技非常容易。A5100特技机也是ABEKAS公司的产品，它除能实现

画面放大、缩小和翻转等一般特技外，还有超级阴影、浮出水面、极端卷曲等独特功能，它与A8100配合使用，可以出现一般特技机和切换台所不能完成的效果。另外，无论是A5100还是A8100在软件上都可以升级而不改变硬件。这样，在以后的很长时间中，ABEKAS的设备都不会落伍。

三维动画机房

三维动画机房始建于1992年，经数次机房扩展工程，形成了一个以开放式计算机工作站为主的全数字图形图像制作系统。特别是1996年机房扩展工程后，增加了一台8CPU的SGIONYXs大型工作站及两台SGI Indigo2 MAX IMPACT桌面式图形工作站，网络方面采用传输速度100M/S的FDDI光纤网，且FDDI光纤网与原有的以太网并存，将新旧共七台SGI工作站连接在一起。软件方面现已有Softimage/3D、Alias/wavefront、Flint/Flame等多种当今国际流行的三维动画及数码合成软件，构成一流的电脑动画设备群。1996年以前，由于设备的限制，机房只能作30秒左右长度的片头。1996年机房扩展后，由于在ONYX大型机上安装了Flame数码合成软件及配备了48000多帧容量的磁盘矩阵，实现了实时输入/输出及部分实时操作，现已能承作1分钟以上长度的大型片头及一些MTV作品，制作时间仅为原来的三分之一，处理效果也更加丰富多样。

三维动画机房成立至今，一直承担着中央电视台重点节目片头、专题栏目片头的创意制作，例如，历年春节三台晚会片头，《新闻联播》、《曲苑杂坛》、《大风车》、体育频道等众多片头的创作。特别是1997年香港回归报道期间，完成了《香港沧桑》、《世纪报道》等片头及一些MTV精品的制作，为中央电视台的节目包装做出了重要贡献。其中，《胜利》、《动物世界》的片头分别在第二十四、二十六届日本富士电视网亚太地区片头设计大赛中获奖。

影视制作机房

1997年底，中央电视台录制部影视制作机房初步建成。

影视制作机房是集电视电影胶转磁、彩色校正、平面设计、三维动画、数字图像合成为一体的全数字后期制作机房。其系统的主要单元QUADRA电视电影胶转磁、达芬奇彩色校正单元以及宽泰HAL数字合成单元，已安装调试完毕，进入单机运行和培训阶段，整体系统还将进一步完善，并逐步达到系统设计功能——高画质影视全数字后期制作。

影视机房的主要功能：

一、胶转磁达芬奇校色功能

1. 电视电影胶转磁功能

完成电影35mm底片胶转磁加工，数字视频信号可分别记录在D5、DVW录像机或经D/A转换记录到BVW录像机，亦可直接进入宽泰HAL数字合成系统进一步加工制作。

2. 彩色校正功能

除胶转磁之后的数字图像可以进行彩色校正之外，磁带图像也可以进行彩色校正处理。达芬奇彩色校色功能强，校色范围大，并可针对单一色彩进行调整。校正后的图像信号质量绝对不损失。

二、节目包装功能

1. 平面设计、静止画绘图

本机房有专门人员从事节目、栏目的形象包装设计和宣传品等设计工作。此外，还可以完成节目中的静止插图绘制等工作。

2. 三维动画

进行三维动画的制作，并可将三维动画图像直接送入宽泰HAL合成。

3. 数字电脑合成

将三维动画、平面图形及胶转磁图像、录像素材送入宽泰HAL中进行抠像、字幕、动画、特技、效果合成成为电视节目的片头或动画片断。

中央电视台空调自控系统

1997年11月，中央电视台空调自控系统第一期工程验收。

中央电视台空调自控系统采用美国Teletrol公司的产品。Teletrol系统适用于空调、给排水、冷冻站、热力站系统的自动控制，采用了集散式控制，由中央管理工作站现场控制机、通讯网络、末端各种电动执行器和各类传感器组成，整个控制网络的各种硬件的选型均按照 IS09001 国际质量认证。与其他控制系统的不同之处在于 Teletrol 系统采用了国际流行的标准主板结构及标准通讯方式，因此，产品的互换性很好，设备维护简单方便。Teletrol 系统的图形软件是在 Windows 环境下去开发的，为用户提供了友好的动态显示界面。Teletrol 系统的控制软件的主要功能包括：数据采集与管理、系统运行状态显示、运行记录报表与参数曲线打印、调度指挥运行、故障诊断和报警、定时开关机等功能。

中央电视台空调系统改造全部使用 Teletrol 系统，收到很好的控制效果。新闻播出机房全年环境温度控制在 21°±2℃，1000 平方米、800 平方米、600 平方米等演播室控制在 23°±2℃。同时，全年任何时候，新风量不少于总风量的 15%，人均新风量不少于 $30M^2$/L·h 技术标准。1997 年年底建成的 1 号演播厅也使用了 Teletrol 系统，圆满地完成了 1998 年春节联欢晚会的空调运行工作。

目前，中央电视台 Teletrol 空调控制系统规模为 1500 个控制点，预计 1998 年全台空调改造完成后，控制点数将达 3000 点的规模，可实现整体最优化控制，为电视台提供一个高标准的工艺性及舒适性高的人工环境。

中央电视台冰蓄冷系统

1997 年 10 月，中央电视台冰蓄冷工程开工，预计 1998 年 5 月投入运行。

冰蓄冷技术就是在不需供冷或需冷量很少的时间段里（如夜间），利用制冰设备将一定量的水制成冰，实现冷量蓄备，使用时融冰将此冷量释放，一般用在空调用冷的高峰期。冰蓄冷技术的特点是：转移了制冷设备的运行时间，一方面充分利用夜间的廉价电力，降低运行成本，另一方面减少了白天的用电峰值负荷，达到电力移峰填谷的目的。

我国使用冰蓄冷技术刚刚起步。由于此项技术有较明显的节能前景，国家已将冰蓄冷技术作为重点节能措施之一在全国推广。

中央电视台冰蓄冷系统采用静态浸水盘管型。设计总冷量为 17567TH。总制冰量为 5790TH。在夜间制冰 8 小时，蓄冰装置供冷量为 5727TH。蓄冰系统的主要设备如下：

1.500 冷吨双工况螺杆式冷水机组 2 台，美国约克（YORK）公司产品。

2. 蓄冰盘管 26 组，总蓄冰能力 6188RTH，美国巴尔的摩气冷盘管公司（BAC）产品。

3. 板式换热器 2 台，换热面积 294 平方米，瑞典阿法拉伐（ALFA LAFAL）公司产品。

4. 横流式冷却塔（$420M^3$/h）2 台，美国 BAC 产品。

5. 冷却水泵 2 台，冷冻水泵 4 台，乙二醇水泵 3 台，均为美国太平洋泵业公司（P. ACO）产品。

6. 容水量约 $350M^3$ 的地下钢筋混凝土蓄冰池一座，建在冷站北侧的马路下边。

7. 钢制冷却塔平台一座。

8. 水泵电控柜 9 面。

原有的冷机及冰蓄冷系统的运行采用自动化控制。自动控制系统使用瑞士兰吉尔公司 S 600 计算机网络控制系统，采用美国微软公司 MSDOS 6.22 及 WINDOWS 95 中文操作系统、汉化软件界面及各类传感器、电动执行机构等硬件组成。控制系统的主要功能是对冷站各主要设备的运行参数进行监控，根据各时间段负荷分布的分析计算选择以下四种运行模式：

A. 单融冰供冷

B. 融冰＋基载主机供冷

C. 制冰

D. 制冰机进入空调工况制冷

此系统能实现手动/自动运行切换，事故报警及对运行参数的收集、分析、存储、显示、打印等。

10. 电视书、报、刊及音像出版物

一、1997 年中央电视台编辑新书选介

《焦点外的时空》

主编　孙克文，32 万字。

本书收集了从中央电视台新闻评论部的内部周刊《空谈》中挑选出来的一些文章。全书分为采访纪实、“曝光”题外话、自己的故事、采编心得四部分，收集文章 128 篇。另有 11 篇附录，包括中央电视台新闻评论部大事记、新闻评论部获奖节目、《东方时空》金奖节目等。书中收集的这些文章，大部分是记者、编辑、主持人在节目采访或制作过程中对一些问题的感悟和体验，它们虽然没有学术文章那么周密、政论文章那么严整、教科书那么系统，但都是评论部从业人员的真情实感。通过这些文章，读者可以了解一些在电视上看不到的内幕，从而感受电视人的酸甜苦辣。书中附有 122 幅黑白照片。生活·读书·新知三联书店 1997 年 3 月出版。

《实话实说》

编辑　中央电视台新闻评论部，主编　时间，25 万字。

本书为中央电视台栏目《实话实说》的解说词。中央电视台谈话节目《实话实说》1996 年 4 月正式开播。本书收集了 1996 年播出的 25 期《实话实说》节目的文字稿，其中包括引起极大反响的节目《谁来保护消费者》及《拾金不昧要不要回报》等，还收录了金奖节目《为什么吸烟》、《不打不成才》等，并在每期节目前加上了说明性的编者按。书中附有 16 幅照片。华龄出版社 1997 年 3 月出版。

《中国农民》

编辑　中央电视台经济部，35 万字。

《中国农民》是有关中央电视台经济部制作的 8 集电视专题片的文章汇集。1996 年春节在中央电视台第二套节目播出后，反响热烈，事后经济部又组织了专家研讨会。本书不仅收集了《中国农民》的解说词，而且把许多理论工作者和大学教授对《中国农民》的评论、《中国农民》主创人员的创作体会和论述也汇集到一起。本书分为领导论述、解说词、分镜头本、研讨会发言、专家评论、编导札记、论谈等七部分，另有序、跋各一篇。中国广播电视出版社 1997 年 3 月出版。

《电子新闻媒介栏目编辑学》

作者　刘志筠、宋昉，19 万字。

本书为中国人民大学新闻广播电视专业指定教材。书中以新闻编辑学的一个分支——电子新闻媒介

栏目编辑学为研究对象，着重探讨了广播、电视新闻栏目编辑工作的规律和方法。该书一方面从宏观着眼，从新闻学的共性出发总结了新闻编辑的基本原则；另一方面又从微观着手，从电子新闻的特性出发探讨单个节目（稿件）的选择、修改、标题制作以及栏目的设置、编排、主持、播出。力求在全面介绍电子新闻媒介栏目编辑各个环节的基础上，总结出一些规律性的东西。中国人民大学出版社 1997 年 4 月出版。

《辉煌与梦想——CCTV无锡太湖影视城的十年奉献》

主编　冷敏述、郭宝祥、潘泰泉，32 万字。

本书是在无锡太湖影视城建立十周年之际，影视城的建设者们把他们在影视城发展历程中的亲身经历撰文结集出版。其中有各级领导的热情指导，创业者们的亲身经历，编导的拍摄体会共 52 篇，有各新闻媒体对影视城的报道 14 篇。书中附有中央电视台无锡太湖影视城大事年表以及历届管理委员会成员名单。中央电视台 1997 年 4 月内部出版发行。

《对外新闻的采访与编辑》

作者　李海明，17.4 万字。

本书为“中央电视台职工岗位培训丛书”中的一部。作者为中央电视台资深记者，参与创办了中央电视台对外新闻栏目《中国新闻》。他把《中国新闻》采访与编辑的一些经验整理出来，并上升到理论高度进行了分析。全书包括对外必须区别于对内、选材离海外观众近些再近些、主题的提炼、怎样把会议新闻做得让人爱看、如何让经济报道鲜活起来、节目编排等六部分。作者多角度、多层面地阐述了对外新闻采访与编辑的方法，并辅以具体实例进行分析讲解。中国广播电视出版社 1997 年 6 月出版。

《岁月之歌》

作者　武晋先，6 万字。

本书是一本反映电视职工生活的诗集。全书收录了作者 148 首诗，共分五大部分。1. 言志篇：用诗的语言和形式表达了广大电视工作者的责任感和自豪感。2. 教育篇：作者根据自己从事教育工作的体验，描述了教师的生活，抒发了对教育事业的情感和热爱。3. 抒情篇：作者抒发了自己对生活的感受。4. 咏物篇：在此篇中，作者用拟人、象征等手法来歌咏事物，赞美祖国山水风光。5. 兵团篇：通过记录兵团连队艰苦而又紧张的战斗生活片断，形象地歌颂了军垦战士改天换地的坚强意志和大无畏的精神。书中附照片 11 幅。中国广播电视出版社 1997 年 6 月出版。

《香港百题》

编辑　中国中央电视台海外中心新闻部，14.1 万字。

本书为《香港百题》节目的解说词。中央电视台在香港回归倒计时最后 100 天里播出了这个节目，它以问答的形式结合一个个生动的事例解答了人们最关心的 100 个有关香港的问题，本书把这些内容整理出版，有助于更多的人士加深对“一国两制”以及对香港的了解。旅游教育出版社 1997 年 6 月出版。

《兵林史话》

主编　韩金度，61.9 万字。

本书是中央电视台 1996 年度优秀栏目《兵林史话》的解说词。《兵林史话》是 1996 年 3 月 1 日开始播出的栏目，每天 5 分钟。本书尽可能按照一年 365 天的时间线索结构全书，以古今中外军事史上有特点的战例、事件、人物、谋略，特别是以 20 世纪人类科学技术的发展对战争规模、战争形态、战争手段，以及与之相适应的战争理论的影响为选题内容。书中不仅讲述了事件的发生时间，同时也讲述了事件的发生原因、发展过程和结果，以及对当时战局、乃至对现代战争的影响。军事谊文出版社 1997 年 8 月出版。

《经济节目一年间》

编辑　中央电视台经济部，主编　柳成伟，25 万字。

本书介绍了中央电视台经济部 1996 年 7 月节目改版后一年中的奋斗过程。全书分为三大部分："期望·蓝图篇"记录了李鹏、朱镕基、李铁映等中央领导人以及台领导对改版后的经济节目的指导和批示；"奋进·求索篇"共收录了经济部制片人、导演、编辑们的业务经验体会 48 篇，其中有对经济部新开辟的 9 个栏目的回顾和一些获奖节目策划文本、拍摄散记等；"管理·文化篇"则收录了经济部制定的管理方法、经验等 21 篇。书中另附经济部发展历程简介、经济部大事记和 1996 年度全国优秀电视经济节目评选结果、中央电视台经济部获奖节目名单等。新华出版社 1997 年 8 月出版。

《诱惑与回响——地方台30 分钟解说词暨评论选》（二）、（三）

主编　臧树清，副主编　朱宁，45.3 万字、49.1 万字。

本书是中央电视台《地方台 30 分钟》栏目所播出的节目解说词及评论集。这两部书收集了该栏目 1990 年至 1992 年的作品，包括了当时全国地方电视台专题节目中的大部分精品。两部书各分三个部分，共收集解说词 74 篇、创作谈 32 篇、评论 34 篇。均由东方出版社 1997 年 8 月出版。

《领导者媒介形象设计》

主编　龙永枢、杨伟光，副主编　明安香、吴尚民、王甫，19 万字。

本书是一部关于领导者媒介形象问题的专论。全书共分 10 章，分别论述了领导者媒介形象、要素、仪表、着装、口头表达、体态语言、礼仪、礼节与礼貌及如何充分认识国内外新闻媒介，如何主动运用国内外新闻媒介等。书中所论及的是我国媒介研究中的新问题，无论在学术上还是在实用上，都是很有价值的。本书着重探讨的是领导者的媒介形象表现与设计，这不仅对领导者在大众传播中，特别是在电视屏幕上出现时有参考作用，对领导者日常在公众中的形象表现也具参考价值。社会科学文献出版社 1997 年 9 月出版。

《展示辉煌——十四大以来新成就巡礼》

编辑　中央电视台新闻中心，武晋先统筹，23.5 万字。

本书是反映党的十四大到十五大五年间成就的新闻稿集。共收录了中央电视台、光明日报社、新华社等新闻单位的新闻稿 116 篇。书中通过大量翔实生动的报道，反映了党的十四大到十五大的五年间，各行各业所取得的伟大成就。书中所收文章均为 1997 年 7 月 22 日至 9 月 8 日之间播出或刊登的节目解说词、新闻稿，其中包括中央电视台播出的"展示新成就，迎接十五大"系列报道的解说词，并从《新闻联播》相应节目中提取了 92 幅电视照片配在相应的文字稿中。党建读物出版社 1997 年 9 月出版。

《电视纪实与电视艺术》

编辑　冷冶夫、张群力，20 万字。

本书是一部电视论文集，作者是中央电视台两位编导。他们在从事电视节目采编实践的基础上，结合自己的体会，对近年来我国的荧屏现象进行了理论上的探索。书中收集了两位作者1988年到1997年发表的论文35篇。内容涉及电视纪录片、电视剧、影视美学等。警官教育出版社1997年10月出版。

《中国之路》

主编　李东生，19.8万字。

本书是中央电视台《焦点访谈》特别报道《中国之路》的解说词。《中国之路》是党的十五大前夕由新闻评论部组织的《焦点访谈》特别报道，旨在展示十四大以来党和国家在社会主义现代化建设的各个领域推出的许多重大举措，凸现五年间我国改革开放取得的辉煌成就和所走过的道路。这部特别报道已成为中央电视台迎接党的十五大诸多节目中有创新、有特色、有分量的系列专题，是电视工作者献给党代会的一份精致礼品。全书分为两大部分：第一部分是14集电视系列片《中国之路》的解说词；第二部分为片中所采访的专家学者的有关论述。书中另附有照片87幅，以及《中国之路》主创人员名单。学习出版社1997年10月出版。

《中央电视台年鉴（1997）》

主编　杨伟光，副主编　于广华、赵化勇、王录，70万字。

《中央电视台年鉴（1997）》是反映中央电视台事业发展基本情况和发展变化的资料工具书，内容主要反映1996年中央电视台的重大事件和各方面工作的新情况、新资料。《中央电视台年鉴》从1994年起，每年出版一册，为16开精装本。1997年版年鉴包括以下部分：1.特载；2.概况；3.栏目、节目介绍；4.专辑；5.规章制度选载；6.专论；7.经验总结；8.文章索引；9.观众调查；10.工作会议和研讨会；11.新技术装备；12.电视书、报、刊及音像出版物；13.评奖；14.机构；15.大事记；16.人物；17.统计；18.对台、港、澳交流与合作；19.对外交流与合作；20.附录；另有图片部分。人民出版社1997年10月出版。

《世纪的呼唤——市场经济与职业道德》

执行主编　谢圣华，22万字。

本书为“电视经济节目丛书”中的一部。书中收集了电视系列片《世纪的呼唤》的解说词和创作体会等。在党的十四届六中全会通过《中共中央关于加强社会主义精神文明建设若干重要问题的决议》之际，中央电视台与经济日报社，联合天津、上海、陕西、黑龙江、山东、河南等6家省级电视台，协同进行了“世纪的呼唤——市场经济与职业道德”大型系列报道活动，通过正面典型示范及其与反面典型对比，批判错误观念，弘扬正气，促进从业人员树立正确的职业道德观念，探索与市场经济相适应的职业道德思想体系，以此进一步激发全社会对职业道德建设的高度重视和参与热情。本书还收入了有关专论数篇，并附图片21幅。中国科学技术出版社1997年11月出版。

《话说农民负担》

执行主编　傅伟，11万字。

本书是“电视经济节目丛书”中的一部。书中收集了电视系列节目《话说农民负担》的解说词。这部电视系列节目是中央电视台在国务院《农民承担费用和劳务管理条例》颁布五周年之际拍摄的专题片。片中阐述了什么是农民负担；如何界定农民负担最为合理，以及党和政府出台了哪些有关减轻农民负担的政策和条例，并介绍了农民负担的现状和各级政府为减轻农民负担所做的努力。该书分为两大部分：第一部分为专题片的解说词；第二部分为专题片的观众反映、拍摄随笔和创作体会等。中国科学技术出版社1997年11月出版。

人民出版社 1997 年 11 月出版。

《转变·突破》

执行主编　崔国旗、李强，26.3 万字。

本书是“电视经济节目丛书”中的一部。收录了《跨世纪的转变》和《难点突破》两部电视系列专题片的解说词和创作体会 27 篇。这两部电视系列片是中央电视台经济部为配合党的十五大胜利召开而特别制作的。《跨世纪的转变》以电视系列片的形式展示和证明了要使我国国民经济持续、快速、健康发展，必须积极推进经济体制和经济增长方式的根本转变。《难点突破》记录的是全国各地的农业产业化、国有企业体制改革以及建成统一、开放、竞争有序的市场体系等方面所遇到的难点问题，并对从业者知难而进，在经济体制改革的道路上迈出的艰难却坚定的步伐做了详细的记录。本书还收录了两部电视系列片主创人员名单及附照 26 幅。中国国际广播出版社 1997 年 12 月出版。

《往事如歌——老电视新闻工作者的足迹》

主编　杨伟光，副主编　夏之平、臧树清，42.1 万字。

本书收录了一些为电视事业奋斗了一生的老同志的回忆文章。中国的电视事业始创于 1958 年，老一代电视新闻工作者以革命战争年代继承下来的艰苦奋斗精神，从无到有地开辟和发展了中国电视事业。本书包括 49 位同志写的回忆录，他们当中既有早期电视事业的领导人，也有从事电视新闻的一般工作人员。文章记述的都是他们自己的经历，其中许多史料是鲜为人知的，不仅具有历史价值，还包含一定的现实意义。书中另附有中央电视台早期新闻节目大事记（1958.5～1979.10）和部分电视专题、纪录片目录。

《中国电视台简介》

编辑　央视调查咨询中心媒介研究部。

本书为中央电视台央视调查咨询中心出版的一本内部参考工具书。央视调查咨询中心作为调查、咨询、信息服务的专业机构，在本书中汇集了全国地级市以上共 292 家无线、有线电视台的最新信息。内容包括各主要电视台的地区覆盖面积、收视人口、各电视台自办节目套数、日均制作节目时间、主要栏目介绍、近几年的广告收入、最新广告时段播出费、技术概况以及台内部门联系方式和下属公司的介绍。书后另附 1997 年 8 月 1 日国务院第六十一次常务会议通过并颁布的《广播电视管理条例》。中央电视台 1997 年 12 月内部出版。

《人与自然》

主编　冯晓哲，刘东黎，姚桂松，12.6 万字。

本书以人与自然关系为基本视角，以人类文化演进为思想主线，生动描述、全景展现了人与自然关系的壮丽画卷，阐释了自然、人文、科学三位一体协调互动、生态共荣、和谐发展的新文化观，探索性地提出了人类未来发展的几条可能之路。本书分上、中、下三卷，共 10 章：1. 天地之初——自然的演进和生命的诞生；2. 崛起的文明——人类起源的文化透视；3. 歌者的乐园——中国文化的自然主义精神；4. 自然的隐退——科学革命与世界图景的诞生；5. 理性的狂欢——技术革命与技术世界的形成；6. 破损的世界——现代文明的阴影；7. 文化新世纪——生态文化的理论阐释；8. 源头活水——资源、环境和人类的再生之路；9. 点亮心灯——智能社会的形态描述；10. 春风吹又生——通向 21 世纪的绿色道路。东北林业大学出版社 1996 年 12 月出版。

二、1997年中央电视台教育节目用书要目

《QBASIC 语言》
主编 唐浩强 电子工业出版社出版
《WORD 字处理软件》
清华大学出版社出版
《EXCEL 电子表格软件》
主编 石永丰 清华大学出版社出版
《家庭百味沙拉》
主编 程仁沛、金岩 国际文化出版公司出版
《家庭凉菜制作》
主编 程仁沛、金岩 国际文化出版公司出版
《32 位财务管理软件技术》
主编 郭新平、郭延生 吉林科技出版社出版
《全国推销员职业资格鉴定考试辅导》
主编 唐立军 劳动出版社出版
《维克多英语》
外语教学与研究出版社出版
《公务员英语》
主编 胡文仲 高教出版社出版
《旅游日语》
主编 孙岩、李翠霞 北京旅游出版社出版
《随大山商访加拿大》
主编 孙建华 冯存礼 外语教学与研究出版社出版
《新世纪美语》
主编 陈卫东、冯存礼、田勇 海南出版社出版
《轻松音乐学英语》
主编 任凯、冯存礼 国际文化出版公司出版

三、1997年中央电视台报刊选介

《梅地亚报》

《梅地亚报》是中央电视台梅地亚中心主办的内部报纸，每月出一期。1994 年 3 月创刊，1997 年 8 月改版。《梅地亚报》本着“员工办报纸，报纸服务员工”的宗旨，及时传达本中心经营管理信息，报道部门员工好人好事，传播精神文明，登载员工自己创作的散文、诗歌、摄影及书法作品等。并设立了经营管理工作专栏、赵老师讲安全、经理值班台等栏目，成为梅地亚中心传递信息的载体、员工传达感情的媒介，是企业文化的标志之一。

《新闻编播月报》

《新闻编播月报》是中央电视台新闻中心主办的内部双月刊。1997 年 2 月创刊。刊物旨在通过经验交流，形成全国编辑合力，推出更多的新闻精品。内容包括与全国各地方电视台之间的新闻交流，编播经验总结，各时期宣传重点通报，对地方电视台传送的

新闻进行评析并公布由中央电视台新闻中心主办的各季度地方电视台优秀新闻评选结果，介绍中央电视台新闻改革动态、栏目设置及观众来信选登等。

《新影厂简报》

《新影厂简报》是中央新闻纪录电影制片厂办公室主办的内部周刊。1996 年创刊。周刊旨在通报全厂工作部署，反映厂内大事、重大活动的组织实施情况及好人好事，并摘登中央电视台《工作日报》内容，通报台内工作精神。

《新影通讯》

《新影通讯》是中央新闻纪录电影制片厂党委办公室主办的内部月刊。创刊于 1983 年 2 月。它的主要任务是：宣传党的方针政策；报道党内重要活动、重大事件、重要消息；加强职工队伍的思想建设，表彰本厂创作和生产工作中的先进事迹和先进人物；反映厂内职工创作、生产、工作、学习、生活简况；调动全厂职工的积极性，促进学习，交流思想，使全厂各方面的工作围绕厂内的中心工作展开。

四、1997 年中央电视台音像出版物选介

《1997 年中国中央电视台春节联欢晚会》

1997 年 2 月 6 日除夕之夜，以“团结、奋进、自豪的中国人”为主题的 1997 年春节联欢晚会在中央电视台第一套节目中播出。本片所收的正是这台晚会的内容。晚会由小品《柳暗花明》、相声《京九演义》、歌舞《祝福吉祥》及戏曲、综合类节目组成。录像带共 2 盘，全长 240 分钟。中央电视台文艺部摄制。1997 年中国国际电视总公司出版发行。

《1997 年中国中央电视台春节戏曲晚会》

1997 年 2 月 6 日除夕之夜，中央电视台第三套节目播出了春节戏曲晚会。本片收集了这台晚会的内容。晚会包括京剧、地方戏等节目。录像带 2 盘，全长 200 分钟。中央电视台文艺部摄制。1997 年中国国际电视总公司出版发行。

《1997 年中国中央电视台春节音乐歌舞晚会》

1997 年 2 月 6 日除夕之夜，中央电视台第二套节目播出了春节音乐歌舞晚会。本片所收的就是这台晚会的全部内容。晚会分为序曲、春天的呼唤、江山如画、岁月如歌、八面来风、黄河之水、民族之神、尾声等八部分。录像带 2 盘，全长 200 分钟。中央电视台文艺部摄制。1997 年中国国际电视总公司出版发行。

《百年香江知多少》

由广播电影电视部、国务院港澳办、国务院新闻办联合主办，中央电视台承办，国务院发展研究中

心、管理世界杂志社协办的“香港知识大赛”决赛及颁奖晚会，以全民参与的形式在北京举行。在初赛中成绩最为突出的12个省、自治区、直辖市及有关城市，经组委会认定后，组成6个代表队进京决赛。本片记录了决赛及颁奖晚会的全过程。录像带1盘，全长90分钟。中央电视台社教中心摄制。1997年3月中国国际电视总公司出版发行。

《背负民族的希望》

本片是中央电视台在中国人民解放军建军70周年之际拍摄的大型电视系列片。片中回顾了中国人民解放军自1927年8月1日建立以来走过的70年征程。全片共分10集：1. 重大时刻；2. 铸造军魂；3. 难忘老区；4. 正义之战；5. 将帅星河；6. 心系国土；7. 雷锋现象；8. 比武风云；9. 战旗飘飘；10. 强军之路。全长479分钟，录像带共6盘。中央电视台军事部摄制。1997年中国国际电视总公司出版发行。

《长江三峡大江截流特别报道》

三峡工程大江截流是1997年继香港回归、党的十五大以后我们国家的又一件盛事。为了让我国乃至世界人民能够亲眼目睹大江截流这一人类征服自然、改造自然的伟大壮举，中央电视台出动了近200名工作人员，在总结历次直播经验的基础上，大胆创新，团结协作，在1997年11月8日从8时至22时进行了连续14小时的大江截流直播，做到了安全、顺利、隆重、热烈，得到了党中央和全国观众的首肯。本片共10集：1. 长江三峡大江截流现场报道；2. 三峡工程大江截流合龙仪式；3. 空中看大江截流；4. 毛泽东、邓小平、江泽民与长江三峡；5. 三峡工程有关数据；6. 长江三峡的经济效益；7. 长江三峡中的风云人物；8. 国家领导人慰问三峡工程建设者；9. 三峡工程与生态环境、水利、防洪、防空、地震、移民；10. 长江之歌——世纪丰碑。VCD共10盘，全长700分钟。中央电视台新闻中心摄制。1997年内部出版发行。

《达赖喇嘛》

本片记述了十四世达赖喇嘛丹增嘉措，如何从青海湟中县祁家川一个农民的儿子补选为第十三世达赖喇嘛转世灵童的候选人，继而坐床继位成为第十四世达赖喇嘛，并经过藏传佛教极为缜密、严格的培养，成为西藏政教合一的封建农奴制度的领袖人物；以及他与中央政府签订《关于和平解放西藏的协定》，并在1954年至1956年期间与中央政府保持亲密合作关系；后来又是如何走上分裂祖国的道路的过程。纪录片反映了本世纪30年代至50年代中国西藏所发生的重大历史事件；系统地介绍了藏传佛教达赖喇嘛封号与灵童转世制度的由来及关于这一制度的历史定制与宗教仪式所包含的内容。全长110分钟，VCD1盘，录像带1盘。中央电视台海外中心摄制。1997年中国国际电视总公司出版发行。

《第 一 步》

本片记录了中央电视台经济部从1996年7月1日到1997年7月1日经济节目改版一年来经济节目的变化和新气象。内容包括《中国财经报道》、《生活》、《经济半小时》、《世界经济报道》、《商务电视》、《经营有道》、《金土地》、《欢乐家庭》、《供求热线》等9个栏目在过去一年中所报道的主要内容介绍和主要制片人介绍，并记录了广电部、中央电视台、广告经济信息中心、经济部主要领导对经济节目的要求和希望。录像带1盘，全长90分钟。中央电视台经济部制作。1997年12月内部出版发行。

《东周列国》

中央电视台摄制的大型历史题材电视剧《东周列

国》，是描写发生在2700年前春秋战国时期的故事。这段历史纷繁复杂，是一个大分化、大动荡、大改组的年代，是中国历史上奴隶制社会向封建社会的过渡时期，其时“五霸七雄”各领风骚，直到最后秦始皇统一中国。全片共60集，分为“春秋篇”和“战国篇”两部分，各30集。“春秋篇”主要表现齐桓公、晋文公、秦穆公等“五霸”发奋创业的历史，剧中诠释了许许多多的成语典故和传说故事。“战国篇”则以恢宏的气势，再现了从三家分晋到秦始皇一统江山的200多年中，商鞅、苏秦、张仪、孙膑、庞涓等诸子百家的纵横捭阖与“战国七雄”的逐鹿中原。本片展示了中华民族源头文化的博大精深，使观众在获得艺术享受的同时，还能领略到古代东方文化的深刻思想内涵。全片1350分钟，VCD共16盘，录像带共10盘。中国电视剧制作中心摄制。1997年中国国际电视总公司出版发行。

《二战回眸》

本片为大型纪实系列片。它展现了“八·一三”日军进攻上海、平型关大捷、太原保卫战、南京大屠杀、鄂西会战、百团大战、皖南事变、八路军游击战、汪精卫叛国投敌、日军轰炸重庆等战争场面，并展示了苏德激战、日军轰炸珍珠港等欧洲战场的片段。全片共分四部分：1. 日寇入侵中国；2. 全国人民奋起抗战；3. 建立敌后根据地开展游击战；4. 抗日战争胜利结束。VCD共4盘，全长240分钟。中央新闻纪录电影制片厂摄制。1997年8月中央新影音像出版社出版发行。

《丰　碑》

本片是中共中央文献研究室、中央电视台、中央新闻纪录电影制片厂联合摄制的一部反映全国人民缅怀邓小平同志的大型电影纪录片。全片分为四部分：第一部分以太行山区一位农村老太太祭奠邓小平为切入点，在人们的回忆、评述以及追悼过程中，揭示了邓小平是永存于人民心中的一座丰碑这一主题。第二部分以邓小平第三次走上领导岗位为切入点，充分运用邓小平的声音魅力，通过他对改革开放所涉及到的主要工作的讲话，以及邓小平在各地视察中的细节、故事，构筑起邓小平同志丰满的形象和人格魅力。第三部分以邓小平在1989年1月9日退休为切入点，记录了以江泽民同志为首的第三代领导核心，从十四大以来，不负众望，卓有成效地开展工作，赢得全国人民信任的历史过程。第四部分以邓小平同志“到香港自己的土地上走一走看一看”的心愿为叙事核心，表现了香港同胞对邓小平逝世的悲痛之情。从香港采集回来的鲜活资料也极大地增添了影片的感染力。整部影片以党的十五大胜利召开、江泽民总书记的重要讲话为结篇。VCD共2盘，录像带1盘，全长90分钟。中共中央文献研究室、中央电视台、中央新闻纪录电影制片厂联合摄制。1997年12月中央新影音像出版社出版。

《国粹瑰宝》

本片是经过精心整理，重新出版的戏剧系列节目。它包括京剧大师梅兰芳的传记片和许多剧种的名段名曲。如：京剧《文昭关》、《红娘》、《孙悟空大闹天宫》、《贺后骂殿》、《斩马谡》、评剧《抢状元》、豫剧《穆桂英挂帅》、黄梅戏《孟姜女》等。其中有的演员已与世长辞，有的演员年事已高，现在再也无法展示他们艺术顶峰时的光芒，因此本片极有收藏价值，是珍贵的艺术历史资料。全片长1250分钟，VCD共24盘。中央新闻纪录电影制片厂摄制。1997年中央新影音像出版社出版发行。

《和平年代》

本片是一部描写和平时期改革开放条件下部队建设的电视连续剧。该剧在1978年年底党的十一届三中全会决定全党工作中心转移的大背景下展开，着力表现了人民解放军由战争准备状态走进和平时期的历程。全剧以一支特种作战部队的组建、成长、壮大，最后发展成为驻港部队为主要线索，通过一批从战火硝烟走进和平年代、面对全新情况的军人们的变化，全面地再现了改革开放十多年来军队的建设和发展，揭示了当代军人在这一特殊年代里的心路历程。全片共23集，录像带共18盘，全长1035分钟。中央电视台、广东电视台、广州军区政治部、广东省委宣传部联合录制。1997年中国国际电视总公司出版发行。

《猴王传奇》

本片是全部采用实景追踪手法拍摄的纪录片，由摄制小组赴云南、河南、福建等地拍摄了一只普通猴子成长为猴王的过程。片中通过抢家、拜佛、猴子捞月、悬崖跳水等精彩的镜头，描写了猴子争王的传奇经历，使我们看到猴子群体生活中十分有趣的故事。片中妙趣横生的语言配上明快活泼的画面，使人忍俊不禁。VCD共2盘，分上、下集，全长80分钟。中央新闻纪录电影制片厂摄制。1997年12月中央新影音像出版社出版发行。

《近代春秋》

本片是一部介绍中国人民一百多年来，为反对帝国主义的侵略和封建势力的残酷统治所进行的英勇不屈的斗争，以及在中国共产党的领导下，彻底推翻三座大山的压迫，建立社会主义新中国的光辉历程的纪录片。全片共8集：1. 从鸦片战争说起；2. 天国风云；3. 变法之后；4. 辛亥革命；5. 五四曙光；6. 北伐始末；7. 抗日烽火；8. 走向新中国。VCD共7盘，全长390分钟。中央新闻纪录电影制片厂摄制。1997年10月中央新影音像出版社出版发行。

《劲挽强弓》

本片通过剖析全国各级纪检、监察机关近年来查处的各类大案、要案、串案、窝案，以丰富的影视资料反映了中国反腐败的内幕，以犀利的政论揭示了贪者必惩的历史规律。该纪录片是各级纪检、监察部门进行法制教育和法制宣传，教育党员群众遵守法纪，积极预防犯罪的好教材。VCD共2盘，全长130分钟。中央新闻纪录电影制片厂摄制。1997年中央新影音像出版社出版发行。

《科教兴国》

本片是中央电视台拍摄的大型系列专题片。片中着重讲述了科教兴国的意义、必要性以及近几年来我国科教兴国战略的实施和成果。全片共14集：1. 叩世纪之门；2. 无硝烟的战争；3. 创新的生命力；4. 买不来的现代化；5. 何以补天；6. 九亿人的课堂；7. 强国基石；8. 和平之盾；9. 兴国之本；10. 赢得未来；11. 信息化与中国；12. 第一推动；13. 科技的土壤；14. 写给新世纪。全长288分钟，录像带共2盘。中央电视台社教中心摄制。1997年中国国际电视总公司出版发行。

《历史抉择——邓小平南巡纪实》

本片以邓小平同志1992年初南巡活动为主线，全方位展现了深圳特区13年来的风雨历程和深圳特区在探索建立社会主义市场经济体制的道路上取得的成功经验，以及他们对全国改革的推动作用。影片融纪实性、文献性、政论性于一体，令人信服地揭示了中国现代化建设的辉煌前景。VCD共2盘，全长90分钟。中央新闻纪录电影制片厂摄制。1997年中央新影音像出版社出版发行。

《人在′97》

本片是《经济半小时》新年特别节目。全片分为传奇、沧桑、选择三个部分，分别记述了1997年中国一些名人搏击市场风云的传奇故事。其中有广东爱多电器有限公司董事长、中央电视台 1997 年广告标王——爱多 VCD 的主人胡志标，巨人集团总裁史玉柱，马家军教练马俊仁，“傻子瓜子”大王年广久等人。录像带 1 盘，全长 90 分钟。中央电视台经济部摄制。1997 年 12 月内部出版发行。

《软 着 陆》

“软着陆”是指国民经济的运行在经过一段扩张之后，平稳地回落到适度增长区间的过程。1996 年的中央经济工作会议上，江泽民总书记指出：经过三年多的努力，以抑制通货膨胀为主要任务的宏观调控基本达到了预期目标。这标志着从 1993 年开始的社会主义市场经济条件下的首次宏观调控，取得了阶段性的成果，使中国经济首次实现了低通胀下的快速增长，被理论界称为“软着陆”。5 集专题片《软着陆》真实地再现了此次宏观调控过程的每一次战略部署，分析和总结了实现“软着陆”所采取的政策措施和成功经验。VCD 共 2 盘，全长 150 分钟。中央电视台经济部、卡斯特经济评价中心联合摄制，重庆钢铁股份有限公司协助拍摄。1997 年 12 月中国广播音像出版社出版。

《戏曲名家精选》

本片以大量珍贵、翔实的历史资料，真实地再现了京剧表演艺术大师梅兰芳、萧长华、周信芳、马长礼的传世之作，以及严凤英、王文娟、新凤霞、常香玉等艺术家的名段、名曲精选。充分展现了中国传统戏曲集文学、音乐、舞蹈、美术、武术、杂技等各种艺术的综合魅力及生、旦、净、丑等行当各自不同的程式动作和唱念做打的功夫。VCD 共 1 盘，全长 60 分钟。中央新闻纪录电影制片厂摄制。1997 年 8 月中央新影音像出版社出版发行。

《香港沧桑》

《香港沧桑》是一部以香港问题的由来和香港回归祖国为题材的电视纪录片。本片记述了香港 150 年来发生的一系列重大历史事件和香港同胞为香港的发展所做的贡献，介绍了中国政府和人民对香港同胞的热情关怀以及对香港的繁荣稳定所付出的巨大努力，阐述了邓小平“一国两制”的伟大构想在香港问题上的实践。全片气势宏大，史料翔实，不仅具有较强的观赏性，而且具有很高的文献价值。本片分上下两部，共 12 集。上部：序集·百年风云；1．勿忘国耻；2．米字旗下；3．潮起潮落；4．创业年代；5．历尽劫难。下部：1．东方明珠；2．香江为证；3．根在中华；4．历史抉择；5．回归历程；6．众望所归。全长 578 分钟，录像带共 6 盘。中央电视台海外中心摄制。1997 年中国国际电视总公司出版。

《新闻评论部季度获奖节目精粹》

本片为中央电视台新闻评论部节目集粹。汇集了新闻评论部季度评奖中获奖和特别奖的节目。它们是《东方时空》、《焦点访谈》、《新闻调查》、《实话实说》4 个栏目在 1996 年第二季度至 1997 年第一季度播出的获奖节目。VCD 共 12 盘，全长 720 分钟。中央电视台新闻评论部摄制。1997 年 8 月内部出版发行。

《中国之路》

本片是在党的十五大召开前夕，由新闻评论部组织拍摄的《焦点访谈》特别报道。旨在展示十四大以来党和国家在社会主义现代化建设的各个领域推出的许多重大举措，凸现五年间我国改革开放取得的辉煌成就及所走过的道路。本片在着力体现举措与成果的同时，并未停留在事实的简单铺陈上，而是力求在内容、结构、形式上有所突破和创新，力求在每一集都能做到点面事实相结合，动态事实与背景事实相结合，新闻的共性与电视特色相结合，以增加节目的力度和说服力。本片共14集：1.旗帜；2.成功的“软着陆”；3.小农户大市场；4.海纳百川；5.走进主战场；6.攻坚八千万；7.跨世纪的校园；8.文明的约定；9.精品年代；10.战略转变；11.和平盾牌；12.你我的方舟；13.中国风范；14.向着彼岸。VCD共4盘，录像带共2盘，全长210分钟。中央电视台新闻评论部摄制。1997年9月VCD内部出版发行。

《周恩来外交风云》

本片是中央新闻纪录电影制片厂与北京建基影视文化咨询公司联合摄制的反映周恩来外交生涯的纪录片。1949年10月底，51岁的周恩来被任命为共和国总理兼外交部长。1950年10月1日前与新中国建交的只有16个国家，到1975年底周恩来逝世前几天，已有107个国家与中国建立了外交关系。周恩来一生会见外国首脑3100人次以上，1966年7月1日以前周恩来出国访问达513天。本片真实地再现了这一阶段内周恩来的音容笑貌和外交风度。VCD共2盘，录像带共2盘，全长90分钟。中央新闻纪录电影制片厂与北京建基影视文化咨询公司联合摄制。1997年12月中央新影音像出版社出版发行。

五、1997年中央电视台部分音像出版物目录

1.《敦煌》

中央新闻纪录电影制片厂摄制，中央新影音像出版社出版发行 。

2.《名胜古迹》

中央新闻纪录电影制片厂摄制，中央新影音像出版社出版发行。

3.《当代世界主战兵器大观》

中央新闻纪录电影制片厂摄制，中央新影音像出版社出版发行。

4.《中国佛教》

中央新闻纪录电影制片厂摄制，中央新影音像出版社出版发行。

5.《开国大典纪实》

中央新闻纪录电影制片厂摄制，中央新影音像出版社出版发行。

6.《欧洲抒情歌集》

中央新闻纪录电影制片厂摄制，中央新影音像出版社出版发行。

7.《热舞风暴》

中央新闻纪录电影制片厂摄制，中央新影音像出版社出版发行。

8.《浪漫小提琴》

中央新闻纪录电影制片厂摄制，中央新影音像出版社出版发行。

9.《秦兵马俑》

中央新闻纪录电影制片厂摄制，中央新影音像出版社出版发行。

10.《〈邓小平经济理论学习纲要〉重点问题讲解》

中央新闻纪录电影制片厂摄制，中央新影音像出版社出版发行。

11.《西湖、小鸟、黑猩猩》

中央新闻纪录电影制片厂摄制，中央新影音像出版社出版发行。

12.《十世班禅灵塔开光》

中央新闻纪录电影制片厂摄制，中央新影音像出版社出版发行。

13.《藏历土龙年》

中央新闻纪录电影制片厂摄制，中央新影音像出版社出版发行。

14.《北京旅游世界之最》

中央新闻纪录电影制片厂摄制，中央新影音像出版社出版发行。

15.《春天的故事》

中央电视台文艺中心制作，中国国际电视总公司出版发行。

16.《归航》

中央电视台文艺中心制作，中国国际电视总公司出版发行。

17.《十五大报告》

中央电视台社教中心制作，中国国际电视总公司出版发行。

11. 获　奖

一、新闻类

中国广播电视新闻奖 1996年度电视新闻奖 中央电视台获奖名录

中国广播电视新闻奖1996年度电视新闻奖评选活动于1997年4月20日至27日在江苏省张家港市举行。全国33个电视机构选送了228个节目参加评选，共评出获奖节目187个。

中央电视台有36个节目获各类奖。

消息类

特别奖

我军在台湾海峡成功举行三军联合作战演习

长消息一等奖

江总书记重访永常村

还水一条畅通的路

（河北电视台、山东电视台、中央电视台）

同是“114”……

长消息二等奖

江西港口村复杂的事简单办

（江西电视台、中央电视台）

肩负神圣使命的驻香港部队

长消息三等奖

安徽凤台修水利　七任县官一张图

（安徽电视台、中央电视台）

沙漠愚公

短消息一等奖

王义夫带病参赛夺得银牌

短消息二等奖

中国人民解放军驻香港部队首次亮相

（广东电视台、中央电视台）

战老汉的得失

系列(连续)报道类

一等奖

边疆行

天津和平区百姓评选“十佳公仆”

（天津电视台、中央电视台）

二等奖

真情曲——李素丽先进事迹系列报道

（北京电视台、中央电视台）

京九铁路通车

三等奖

基层学员干部的榜样——吴天祥

（湖北电视台、中央电视台）

模范团长李国安

石家庄出租车争做“文明使者”系列报道

（河北电视台、中央电视台）

乡镇党委书记的榜样——吴金印

（河南电视台、新乡电视台、中央电视台）

新闻专题类

一等奖

兄弟情　（山西电视台、中央电视台）

郭韶翔——漳州市巡警直属大队队长

三等奖

生命

新闻评论类

一等奖

咸宁工商取财有“道”

与联合国秘书长对话

二等奖

巨额粮款化为水

新闻编排、现场直播类

一等奖

晚间新闻(国内部分)(1996年8月8日)

二等奖

中、俄、哈、吉、塔五国元首在上海签订军事信任协定(上海电视台、中央电视台)

三等奖

《时事纵横》(1996年7月28日)

跨入九七(《中国新闻》特别节目)(1996年12月31日)

经济新闻类

一等奖

世纪的呼唤——市场经济与职业道德(诚信篇一)

走出贫困

二等奖

1996·秋天的故事——庄妈妈、林明刚

三等奖

我国钢年产量首次突破一亿吨

经济半小时(1996年7月2日)

长安街上的找寻——《生死攸关话名牌》系列之一

走访大兴:棚主、瓜王、县长

中国广播电视新闻奖 1996年度电视社教节目奖 中央电视台获奖名录

中国广播电视新闻奖1996年度电视社教节目评选会,于1997年6月17日在沈阳市举行。全国31家电视台选送了180个节目参评,123个节目获奖。此外,评委们还对两类委托评奖项目——科普类、电教类节目进行了终评认定。

中央电视台在本届评选中有21个节目获各类奖。

社会政治类

一等奖

商业秘密烽烟再起

二等奖

《新闻调查》:宏志班

中国人怎样养活自己

三等奖

轮椅上的两天

文化类

一等奖

《实话实说》:鸟与我们

三等奖

别弄脏了红绣衣

人物类

一等奖

心会跟爱一起走

灵芝老人(续集)

二等奖

永远的微笑

服务类

一等奖

避孕——方法篇、经验篇

何时做妈妈

二等奖

这笔抚恤金给谁

栏目奖

一等奖

《万家灯火》

二等奖

《夕阳红》(1996年12月15日)

三等奖

《人与自然》(77)

《半边天》(203)

系列片类

一等奖

热血丰碑

二等奖

唐山地震二十年祭

三等奖

相聚在雪山圣顶

电教类

一等奖

电视商务日本语(6):打电话

三等奖

电视摄像艺术(6):影调控制

中国广播电视新闻奖 1996年度电视对外节目“彩虹奖”中央电视台获奖名录

中国广播电视新闻奖电视对外节目“彩虹奖”于1991年设立,由国务院新闻办公室和广播电影电视部联合主办。初创时名为全国优秀电视对外宣传节目奖,旨在鼓励广大电视对外宣传的从业者,在中央对外报道路线、方针、政策指导下,积极从事对外报道工作。让更多的国外观众了解中国、认识中国,弘扬中华民族优秀文化,反映中国改革开放取得的伟大成就,以促进国际交流。1994年更名为全国优秀海外电视节目奖。1996年又更名为中国“彩虹奖”。1997年11月经中宣部批准立项为中国广播电视新闻奖广播电视对外节目“彩虹奖”。

该奖设长篇专题、短篇专题、系列专题、单项奖、中文文艺节目、优秀栏目等奖项。每年评选一次。中央电视台在此次评选中有44个节目、栏目和一位主持人获奖。

长篇专题

一等奖

达赖喇嘛

二等奖

五星红旗与三色旗

三等奖

运河人家 (浙江有线电视台、中央电视台)

走近越秀

中国铁路大提速

优秀奖

回家

我们的家园

短篇专题

二等奖

塔尔寺

幼儿园新来的男老师

三等奖

阿吉和他的孩子们

人生终点的慰藉

聚焦私立博物馆

中国中央电视台

优秀奖

顶碗皇后——夏菊花

你的野草是我的花园

三三秀水清如玉

全国彝族服饰展

回归儿童村

参军

行者

来自童话王国的使者

系列专题

一等奖

香港沧桑

二等奖

新亚欧大陆桥纪行

三等奖

熊猫故乡行

'96 中国沿海行

优秀奖

中国慈善之路

中国的城市交通

单项奖

编辑奖

达赖喇嘛

主持人奖

方静

技术质量奖

中国彩虹

中文文艺节目奖

一等奖

枫雪桑梓情

二等奖

第二届北京国际京剧票友电视晚会

三等奖

纪念孙中山诞辰 130 周年音乐会

(江苏电视台、中央电视台)

中国彩虹

优秀奖

欢聚一堂

改变世界

芭蕾舞表演艺术家——白淑湘

优秀栏目奖

一等奖

《中国新闻》

《中国报道》

二等奖

《中国文艺》

三等奖

《中国风》

优秀奖

《电视信箱》

《中国旅游》

《海峡两岸关系论坛》

第三届（1997 年）中国国际新闻奖中央电视台获奖名录

中国国际新闻奖于 1995 年设立,由国务院新闻办公室主办。其目的在于提高全国国际新闻质量,检阅广大新闻工作者对发生在世界各地的新闻事件,在及时快速地通过各种传媒进行报道上所取得的成就。该奖每年评选一次。

第三届中国国际新闻奖评选活动于 1998 年 4 月在广东省深圳市举行。中央电视台有 3 件作品获奖。

一等奖

新的安全模式

三等奖

西方第七次“反华提案”遭到挫败

戴安娜之死与“帕帕拉齐”

第七届(1997 年)中国新闻奖中央电视台获奖名录

中国新闻奖于 1991 年设立,由中华全国新闻工作者协会(简称中国记协)主办。其目的在于提高新闻质量,检阅广大新闻工作者在报道国内各种新闻事件方面取得的成就。该奖每年评选一次。

第七届中国新闻奖评选,中央电视台共有 5 件作品获奖。

一等奖

巨额粮款化为水(评论)

晚间新闻(1996 年 8 月 8 日)(编排)

二等奖

同是“114”……(消息)

兄弟情(专题) (山西电视台、中央电视台)

边疆行(系列)

第二届(1997年)全国“百佳新闻工作者”评选中央电视台获奖名录

在第二届全国“百佳新闻工作者”评选活动中,中央电视台有2人分获编辑和新闻节目主持人、播音员“百佳”称号。

余培侠(编辑)　(青少部)

李瑞英(新闻节目主持人、播音员)　(新闻编辑部)

第一届(1997年)中国“百佳电视艺术工作者”评选中央电视台获奖名录

中国“百佳电视艺术工作者”推荐活动,从1997年9月开始,由中国电视艺术家协会主办,每两年推荐一次。其目的在于表彰先进,加强电视艺术队伍建设,推动电视界多出人才、多出精品,建设一支德艺双馨的电视艺术队伍,以服务于社会主义精神文明建设。第一届推荐活动于1998年5月结束,并在北京颁奖。中央电视台有12人获“百佳电视艺术工作者”称号。他们是(以姓氏笔画为序):

王扶林(电视剧编导)　(中国电视剧制作中心)

邓在军(文艺编导)　(文艺部)

吕大庆(美术)　(制作部)

任大惠(制片人)　(中国电视剧制作中心)

张子扬(文艺编导)　(国际部)

张绍林(电视剧导演)　(中国电视剧制作中心)

李小沛(录音师)　(音频部)

吴珊(译制片导演)　(国际部)

邹友开(电视文艺制作人)　(文艺中心)

孟欣(文艺编导)　(戏曲·音乐部)

黄一鹤(文艺编导)　(文艺中心)

蔡晓晴(电视剧导演)　(中国电视剧制作中心)

第四届(1997年)中国残疾人事业好新闻奖中央电视台获奖名录

第四届中国残疾人事业好新闻奖评选结束。中央电视台有15件作品获奖。其中一等奖2个,二等奖4个,三等奖9个。

一等奖

愿光明洒满人间

史铁生

二等奖

报国同此任

唐山地震中的截瘫者受到社会关怀

体育——我心中的太阳

预防残疾　增进健康

三等奖

透明的日子(上、下)

假如没有妈妈

时事纵横(手语)

给特殊的孩子以特殊的爱

中华慈善总会设立星星雨基金会

第十届残奥会开幕

中国残疾人运动员奋力拼搏为国争光

中国队金牌大丰收

残疾人也要更高、更快、更强

第七届(1996年度)宣传中国共产党领导的多党合作和政治协商制度好新闻奖中央电视台获奖名录

第七届宣传中国共产党领导的多党合作和政治协商制度好新闻奖评选于1997年11月11日在北京结

束。共评出获奖作品 85 件。中央电视台有 5 件作品获奖。

一等奖

根治顽症靠改革

二等奖

民族团结之夜

春天的步伐——香港地区政协委员喜迎香港回归

三等奖

政协提案为促进中国社会经济发展产生重要作用

全国政协八届五次会议专题——拳拳报国心

第七届(1997 年)宣传人民代表大会制度好新闻奖中央电视台获奖名录

第七届宣传人民代表大会制度好新闻奖评选工作于 1997 年 8 月在北京结束。中央电视台有 3 件作品获奖。

一等奖

民族团结之夜

一等奖

依法治国——全国人大五年立法回顾

三等奖

列席人代会的外国使节认为中国未来的发展仍然充满希望和活力

第三届(1996 年度)五四新闻奖中央电视台获奖名录

第三届五四新闻奖于 1997 年 12 月 14 日揭晓。本届共有 235 件作品参评,最后评选出获奖作品 98 件。中央电视台有 5 件作品获奖。

一等奖

情系高原

《东方时空·东方之子》:蒋丞稷

二等奖

《焦点访谈》:哥哥的心愿

《东方时空·生活空间》:透明的日子(上、下)

三等奖

警察的故事:满意探长

第三届(1997 年)中国人口新闻奖中央电视台获奖名录

第三届中国人口新闻奖评选于 1998 年 2 月结束。中央电视台有 15 件作品获奖。

一等奖

我国人口已达 12 亿

中国扶贫与计划生育相结合

二等奖

托起生命的严仁英

协会在我心中

我国人口快速增长势头得到有效控制 (浙江电视台、中央电视台)

张俊杰和他的计生剧团 (河南电视台、中央电视台)

从三峡移民搬迁看人口与资源的需求矛盾——故土难离 (四川电视台、中央电视台)

爸爸的故事 (甘肃电视台、中央电视台)

三等奖

人口专家警告:中国人口警戒线为 16 亿

话说儿童性早熟

中国迎来 12 亿

吉林省计划生育率达 94.5%

罗桂英一家 (贵州电视台、中央电视台)

假冒伪劣避孕药具何时了

第一届(1997年)中央和首都新闻单位土地管理优秀新闻作品奖中央电视台获奖名录

由原国家土地管理局和中华全国新闻工作者协会共同举办的第一届"中央和首都新闻单位土地管理优秀新闻作品奖"评选活动,共收到各新闻单位推荐的参评稿件近200篇。评委会评出特别奖1篇,一等奖13篇,二等奖17篇,三等奖34篇。中央电视台有5篇作品获奖。

一等奖

四千亩耕地荒到何时

稻田何以建酒城

二等奖

豪华别墅侵占大量耕地

如此"红旗"村

三等奖

清河三问

二、文艺类

第十七届(1996年度)全国电视剧"飞天奖"中央电视台获奖名录

第十七届全国电视剧"飞天奖"共设长篇电视剧、中篇电视剧、短篇电视剧、少儿电视连续剧、少儿短篇电视剧、戏曲电视连续剧、戏曲短篇电视剧、优秀短剧、合拍片等奖项。中央电视台在本届"飞天奖"评选中,获各类奖58个。

长篇电视剧

一等奖

和平年代 (广州军区政治部、广东电视台、中央电视台影视部等)

车间主任 (武汉电视艺术中心、中央电视台影视部)

二等奖

弘一大师 (中国电视剧制作中心)

问鼎长天 (航天工业总公司、长春电视台、中央电视台影视部)

林则徐 (福建电视台、福建华兴信托投资公司、林则徐基金会、中央电视台影视部)

司马迁 (西安执信传播广告公司、中央电视台影视部)

三等奖

长征岁月 (总政话剧团、大连电视台、中央电视台影视部)

远东阴谋 (沈阳市人民政府、辽宁汽贸股份有限公司、沈阳军区政治部电视艺术中心、中央电视台影视部)

男人没烦恼 (上海文化发展总公司、中国国际电视总公司)

乡村女法官 (长春电视台、东方影视制作中心、秦皇岛电视台、中央电视台影视部)

东周列国·春秋篇 (中国电视剧制作中心、红河烟厂)

中篇电视剧

一等奖

党员二愣妈 (内蒙古东禹商贸公司、内蒙古电影制片厂、中央电视台影视部)

大漠丰碑 (北京军区战友电视艺术中

心、中央电视台影视部)

二等奖

燃烧的烛光 (龙江影视中心、中央电视台影视部)

遵义会议 (中共贵州省委宣传部、贵州电视剧制作中心、中央电视台影视部)

大渡桥横铁索寒 (成都军区政治部电视艺术中心、福建电视台、中央电视台影视部)

黑天鹅 (中共江西省委宣传部、中共萍乡市委宣传部、江西电视台、中央电视台影视部)

三等奖

月落女儿湖 (中共云南省委宣传部、北京电影学院青影厂、中央电视台影视部)

同船过渡 (湖北电视台、湖北电影制片厂、中央电视台影视部)

乡党委书记 (郑州市中原区石佛乡人民政府、郑州电视台、中央电视台影视部)

心灵的瞳孔 (陕西电视台、中央电视台影视部)

吴天祥的故事 (中国电视制作中心、中共湖北省委组织部、武汉电视艺术中心)

短篇电视剧

一等奖

午夜有轨电车 (中国电视剧制作中心、大连音像出版社)

二等奖

济南夜话 (济南电视台、中央电视台影视部)

戏 (太原有线电视台、中央电视台影视部)

民警程广泉 (公安部政治部、中共济宁市委、济宁市人民政府、济宁电视台、中央电视台影视部)

阿明的故事 (海南省公安厅政治部、中央电视台影视部)

三等奖

法官谭彦 (大连电视台、大连经济技术开发区管理委员会、中央电视台影视部)

我的奶奶 (山西省军区政治部、中共临汾地委、山西电视台、中央电视台影视部)

金兰 (泰安电视台、山东电影电视剧制作中心、中央电视台影视部)

太阳女神 (总政歌剧团电视剧部、空军电视艺术中心、中央电视台影视部)

少儿电视连续剧

一等奖

校园先锋 (河南电影制片厂、中央电视台影视部)

二等奖

贾里的故事 (中国电视剧制作中心)

三等奖

金猴小队 (中国电视剧制作中心)

少儿短篇电视剧

一等奖

太阳小队 (大连电视台电视剧制作中心、中央电视台影视部)

二等奖

嘟嘟的故事 (空军电视艺术中心、中央电视台影视部)

金豌豆 (中国电视剧制作中心、河北今日电视艺术中心)

红剪花 (中国电视剧制作中心)

三等奖

核桃哨 (天津市残疾人联合会、天津电影制片厂、中央电视台影视部)

小村风景:画画 (山西省电影学校、中央电视台影视部)

河这边河那边的孩子 (中共海南省委宣传部、海南电视台、中央电视台影视部)

戏曲电视连续剧

一等奖

春(黄梅戏)　(安徽电视台、中国电视剧制作中心)

三等奖

西厢记(蒲剧)　(山西黄河影视社、山西运城行署文化局、中央电视台影视部)

戏曲短篇电视剧

一等奖

布衣毛润之　(长沙电视台、中央电视台影视部)

二等奖

芙蓉花仙　(中共新都县委宣传部、四川电视台、中央电视台影视部)

三等奖

羊角号与ＢＰ机　(潇湘电影制片厂电视剧部、湖南省花鼓戏剧院、中央电视台影视部)

单项奖:

优秀编剧　《车间主任》的编剧

优秀导演　《和平年代》的导演

优秀摄像　《大漠丰碑》的摄像

优秀美术　《东周列国·春秋篇》的美术

优秀剪辑　《远东阴谋》的剪辑

优秀音乐　《和平年代》的音乐

优秀音响　《弘一大师》的音响

优秀男主角　张丰毅(《和平年代》)

优秀女主角　陈　瑾(《校园先锋》)

优秀男配角　王　刚(《党员二愣妈》)

优秀女配角　沈丹萍(《男人没烦恼》)

评委会特别表演奖　斯琴高娃(《党员二愣妈》)

第十五届(1997年)中国电视"金鹰奖"中央电视台获奖名录

"金鹰奖"设立于1983年,中国电视艺术家协会所属的《大众电视》杂志社主办。由电视观众和刊物读者自由投票,通过电子计算中心统计,对在上一年中向全国播出的电视剧及电视剧主创人员按照获票多少选拔出优秀节目和优秀主创人员。初创时名为大众电视"金鹰奖"。每年评选一次。从1997年第十五届开始,改由中国文联和中国电视艺术家协会共同主办,更名为中国电视"金鹰奖"。旨在贴近广大电视观众,充分发挥电视作为大众传媒的优势,采用观众投票和专家评选相结合的方式,促进多出精品,多出人才,繁荣我国电视艺术事业。该奖设电视剧、电视文艺、电视纪录片、电视动画片等四类,分作品奖和单项奖等奖项。

在第十五届中国电视"金鹰奖"评选工作中,中央电视台有6部与兄弟单位合拍的电视剧和戏曲电视剧获奖。

最佳长篇电视连续剧

和平年代　(广东电视台、广州军区政治部、中央电视台影视部等)

车间主任　(武汉电视艺术中心、中央电视台影视部)

最佳中篇电视连续剧

大漠丰碑　(北京军区战友电视艺术中心、中央电视台影视部)

深圳人　(江苏电视台、中央电视台影视部)

最佳单本电视剧

法官谭彦　(大连电视台、中央电视台影视部等)

最佳中篇戏曲电视剧

春(黄梅戏)　(安徽电视台、中国电视剧制作中心)

第十五届(1997年)中国电视"金鹰奖·戏曲电视剧奖"中央电视台获奖名录

"中国电视金鹰奖·戏曲电视剧奖"于1985年设立,由中国电视艺术家协会和中国戏曲艺术研究会共同主办。旨在继承和发扬我国戏曲的优良传统,提高戏曲电视剧质量,丰富电视屏幕。初创时名为全国戏曲电视剧奖。1997年纳入中国电视"金鹰奖",更名为

“中国电视金鹰奖·戏曲电视剧奖”，每年评选一次。

第十五届“中国电视金鹰奖·戏曲电视剧奖”评选于1997年8月在山东潍坊市举行。评委会共收到27个制作单位选送的33部84集，分属于18个剧种的参评剧目，有19部作品获奖。中央电视台有4部自拍、合拍戏曲电视剧获奖。

最佳多本戏曲电视剧

一等奖

春(黄梅戏) (安徽电视台、中国电视剧制作中心)

二等奖

桃李梅(吉剧) (吉林电视台、中央电视台影视部)

三等奖

护珠记(京剧) (湖北电视台、中央电视台)

单本戏曲电视剧

三等奖

谢瑶环(锡剧) (中国国际电视总公司)

第十一届(1996年度) 全国电视文艺“星光奖” 中央电视台获奖名录

第十一届全国电视文艺“星光奖”评选活动于1998年3月在北京结束。中央电视台有约90部作品分获各类奖(含与兄弟单位合拍作品)。

综艺节目

60′以上

特别奖

′97春节联欢晚会

一等奖

星光灿烂——中国电视文艺十周年大型晚会 (中央电视台、河北电视台、中国电视艺术委员会)

二等奖

枫雪桑梓情——′97多伦多华人华侨春节联欢会

延安颂——中央电视台“心连心”艺术团赴延安老区慰问演出

′97元宵夜 (中央电视台、深圳电视台)

走向辉煌——第五届“五个一工程”颁奖晚会 (中宣部、文化部、广播电影电视部、解放军总政治部、中央电视台)

春风里，阳光下——′97军民迎新春晚会 (全国双拥工作小组、民政部、广播电影电视部、解放军总政治部、中央电视台)

三等奖

我们的队伍向太阳——′96军旅歌曲电视大赛颁奖晚会

壮丽航程——庆祝中国共产党建党75周年晚会 (中共中央办公厅、中组部、中宣部、文化部、广播电影电视部、解放军总政治部、中央电视台)

祖国万岁——′96国庆文艺晚会

′96春兰杯颁奖晚会 (中国电视报、春兰集团)

山水情深——中央电视台“心连心”艺术团赴贵州遵义老区慰问演出 (中央电视台、贵州电视台)

60′以内

一等奖

《综艺大观》(133) (中央电视台、中国家庭文化研究会)

二等奖

《艺苑风景线》(94) (中国广播艺术团、中央电视台)

《综艺大观》(130)

三等奖

《正大综艺》(305)

《正大综艺》:长征专辑

《周末大回旋》:精编(一)

《综艺大观》(134)

专题节目

一等奖

《文化视点》:漫话艺德

二等奖

冬日里的春天
《文化视点》:文艺工作者真正的知音在哪里?

三等奖
中国的斯特拉底瓦里——小提琴制作大师郑荃
再唱《东方红》
一代风流贾作光

音乐节目

一等奖
′97新年音乐会——咏雪颂春

二等奖
天地之间
′97新春民族音乐会（中央电视台、文化部、广播电影电视部）
《音乐直播厅》(15):广东音乐专场
《音乐电视城》(1)
春之韵交响音乐会（广州电视台、中央电视台）

三等奖
花儿为什么这样红——雷振邦的电影歌曲
张映哲和她演唱的英雄赞歌
《银屏歌声》:“八一”专辑
《星星擂台》(68)
《中国音乐电视60分》(1)（中央电视台、北京正海广告公司）
第七届“双汇杯”全国青年歌手电视大赛业余组颁奖演唱会
《音乐大舞台》(37):奥地利维也纳爱乐乐团访华演出（中国对外演出公司、中央电视台）

小型音乐节目

一等奖
好日子（河北电视台、中央电视台）

二等奖
公元1997
亲亲的茉莉花

三等奖
珠穆朗玛（英冠文化发展公司、中央电视台）
归航（香港航天技术国际有限公司、中央电视台）
霸王别姬
中国娃（山东扳倒井集团、北京晓东文化艺术公司、中央电视台）

歌舞节目

一等奖
我是一个兵——“心连心”艺术团“八一”慰问演出

二等奖
大型音乐舞蹈史诗——伟大的长征（文化部、解放军总政治部、中央电视台）
月圆序曲（文化部、广播电影电视部、中央电视台）
永远的王洛宾
星河千帆舞——第三届中国长春电影节开幕式晚会

三等奖
《东西南北中》(47)（河北电视台、中央电视台）
春在九七——′97春节音乐歌舞晚会
九九重阳映夕阳
′96中国音乐电视颁奖晚会（东方电视台、上海电视台、中央电视台）
春到油田——《中国音乐电视60分》赴胜利油田演出（中央电视台、胜利油田电视台）
东西南北闹新春

戏曲节目

一等奖
中国京剧音配像精粹（中央电视台、天津市中华民族文化促进会）
菊苑颂春——′97春节戏曲晚会
′97新年京剧晚会（文化部、广播电影电视部、中直机关事务管理局、中央电视台）

二等奖
第二届北京国际京剧票友大赛颁奖晚会
中国京剧名家名段演唱系列(首场)

三等奖
狸猫换太子(京剧)
圣洁的心灵——孔繁森(京剧)

德艺双馨——忆郝寿臣先生
《名段欣赏》(113)
《九州戏苑》(52) (中央电视台、河北电视台)

曲艺杂技

一等奖

《曲苑杂坛》(54)

二等奖

黄鹤展翅——第三届武汉国际杂技艺术节 (武汉电视台、中央电视台)
《曲苑杂坛》(58)

三等奖

′97 正月正晚会

戏剧节目(含短剧、小品)

二等奖

风景这边独好——北京人艺新人新剧巡礼

三等奖

老干探 (中央电视台、管理世界杂志社)
一个打工仔的故事
人生一台戏(话剧)

优秀栏目

《综艺大观》
《正大综艺》
《神州戏坛》
《音乐直播厅》
《九州戏苑》
《东西南北中》
《旋转舞台》
《曲苑杂坛》
《′96 环球》

单项奖

优秀撰稿

星光灿烂——中国电视文艺十周年大型晚会 (中央电视台、河北电视台、中国电视艺术委员会)

优秀导演

星光灿烂——中国电视文艺十周年大型晚会 (中央电视台、河北电视台、中国电视艺术委员会)

优秀摄像

′97 春节联欢晚会

优秀编辑

天地之间

优秀音乐

星光灿烂——中国电视文艺十周年大型晚会 (中央电视台、河北电视台、中国电视艺术委员会)

优秀照明

星河千帆舞——第三届中国长春电影节开幕式晚会 (长春电视台、中央电视台)

第四届(1997 年)全国电视节目“金童奖”中央电视台获奖名录

第四届全国电视节目“金童奖”颁奖会于 1998 年 6 月 1 日在北京举行。本届“金童奖”评选范围是 1995 年 7 月 1 日至 1997 年 12 月 31 日在中央电视台及各省、自治区、市电视台播出过的各类少儿电视节目。全国 66 家电视台选送了 462 个节目参加评选，185 个节目和栏目荣获特别、等级和优秀奖。中央电视台有 66 个节目获奖(含合拍节目)。

特别奖

′96“六个一百工程” (中央电视台、新影厂、科影厂)
′97“六个一百工程”

专题节目

特别奖

小船，小船

一等奖

我的朋友
熊猫妞妞日记

二等奖

英才故事——巴金、刘炽、冯骥才 (辽宁电视台、《中华英才》半月刊、中央电视台)

神奇之窗 (中国电子报社、中央电视台)

英才故事——李小双 (《中华英才》半月刊、中央电视台)

鲜艳的营旗 (公安部政治部、江苏省公安厅、中央电视台)

三等奖

京剧小票友

小记者

城市宝贝 (中央电视台、上海电视台)

两个男孩

过年 (河北电视台、中央电视台)

文艺节目

一等奖

荧屏之花——首届中国少儿电视艺术团汇演颁奖晚会 (中央电视台、广州电视台)

同一片蓝天——′97“六一”晚会

二等奖

′97 开心聚会

三等奖

吹泡泡——第二届全国新童谣竞唱颁奖晚会 (团中央青少部、全国妇联儿童部、中央电视台)

该谁上台了

童心里的歌——首届全国少儿征歌评选电视大赛颁奖晚会

春天的敬礼 (中国优生优育协会、中央电视台)

新世纪的希望——“世界儿童广播日”专题文艺晚会 (国务院妇女儿童工作委员会、中央电视台)

“小信鸽”——中国儿童文学作品电视大赛颁奖晚会 (中国关心下一代工作委员会、辽宁少年儿童出版社、中央电视台)

小型节目

二等奖

马兰花

小船

三等奖

足球梦

爱星满天 (北京儿童台、中央电视台)

竞赛节目

一等奖

′96 亚洲少年歌手电视邀请赛 (中央电视台、中国新闻社等)

二等奖

“枫叶杯”全国青少年服装设计大赛 (中国服装研究设计中心、浙江电视台、中央电视台)

石头·剪子·布 (浙江电视台、中央电视台)

三等奖

鲤鱼跳龙门 (辽宁电视台、中央电视台)

歌声与微笑——第二届全国少儿歌曲卡拉 OK 电视大赛

游戏大战(第 1 期)

芝麻开门

大中学生节目

一等奖

云来雾去

二等奖

′95 国际大专辩论赛(半决赛场)

三等奖

真敢玩

《第二起跑线》:职业教育专辑(农业类) (国家教委、中央电视台)

《第二起跑线》(148)

叩开世纪之门——道德篇 (北京青年报社、中央电视台)

高三日记 (中央电视台、大连电视台)

戏剧、小品节目

一等奖

神奇山谷 (中央电视台、澳大利亚广播公司、澳大利亚南方之星影视制作公司)

葵花镇

二等奖

文学宝库:出卖时间的孩子

三等奖

好孩子，坏孩子 (中央电视台、中国福利儿童电视中心)

书中跳出的故事

课间加餐

动画节目

一等奖

小糊涂神 (中央电视台、深圳日中天动画艺术有限公司)

小精灵灰豆:斜眼点歪睛 (中央电视台、科影厂)

二等奖

辉煌童年——百首优秀少儿歌曲动画卡拉OK (中央电视台、辉煌动画公司)

大头儿子和小头爸爸:雪地上的绿点 (中央电视台、东方电视台)

三等奖

小猪哼哼:红蓝鲤鱼

中华传统美德故事——郑成功

太阳之子 (中央电视台、中山威力集团公司、辉煌动画公司)

优秀译制片

地球超人

海蒂

派报兵团

莱茜回家了

灯塔山的故事

牛奶盒上的头像

沙漠黑驹

克拉姆一家

优秀栏目

《大风车》

《12演播室》

《第二起跑线》

《动画城》

三、综 合 类

第六届(1996年度)“五个一工程奖”中央电视台获奖名录

第六届“五个一工程奖”颁奖大会于1997年9月2日在北京举行。来自全国各地和中央的150多位代表参加大会。丁关根、李铁映等领导同志出席会议。

本届“五个一工程奖”评选,全国共有53个省、自治区、直辖市及其他城市党委宣传部和中央单位报送的726件作品参评,227件获奖。

广播电影电视部和中央电视台选送的作品中,有23部分获各类“五个一工程奖”。

特别奖

大型电视文献纪录片——邓小平 (中央电视台、中共中央文献研究室)

电视剧

香港的故事 (中国电视剧制作中心、香港银都)

大漠丰碑 (北京军区战友电视艺术中心、中央电视台影视部)

车间主任 (武汉电视艺术中心、中央电视台影视部)

问鼎长天 (长春电视台、航天工业总公司、中央电视台影视部)
燃烧的烛光 (龙江影视制作中心、中央电视台影视部)
大渡桥横铁索寒 (成都军区政治部电视艺术中心、中央电视台影视部)
林则徐 (福建电视台、林则徐基金会等、中央电视台影视部)
黑天鹅 (江西电视台、中共江西省委宣传部、中央电视台影视部)
和平年代 (广东电视台、广州军区政治部、中央电视台影视部等)
遵义会议 (贵州电视剧制作中心、中共贵州省委宣传部、中央电视台影视部)
春 (安徽电视台、中国电视剧制作中心)
校园先锋 (河南电影制片厂、中央电视台影视部)
午夜有轨电车 (大连音像出版社、中国电视剧制作中心)
民警程广泉 (公安部政治部、济宁电视台、中央电视台影视部等)
金海岸 (武警海南总队、中央电视台影视部)
我的奶奶 (山西电视台、山西省军区政治部、中央电视台影视部等)
金兰 (山东影视中心、中央电视台影视部等)
总督张之洞 (黄石电视台、中央电视台影视部)

电视片
香港沧桑 (中央电视台海外中心)
鹤童(电影) (龙江电影制片厂、中央电视台影视部)

音乐电视
珠穆朗玛 (中央电视台戏曲·音乐部等)

电视丛书
人与自然

第三届(1997年)全国电视节目主持人“金话筒”奖中央电视台获奖名录

金 奖
倪 萍、敬一丹*、汪文华、白岩松

银 奖
阿 果(沙玛阿果)、周 涛、王雪纯、贺 斌、唐 钊(王唐钊)

铜 奖
丁羽萍、文 清(杨文清)、方 卉

*敬一丹因连续三届获“金话筒”奖而获得终身荣誉奖。

中国电视奖1996年度全国电视对外宣传外语节目奖中央电视台获奖名录

中国电视奖1996年度全国电视对外宣传外语节目评选结束。本届评奖共设英语栏目、新闻节目、专题节目、译制节目四类奖项。共评出一、二、三等奖50个。中央电视台有26件作品获奖。

英语栏目

一等奖
《英语新闻》

二等奖
《中国投资指南》

新闻节目

一等奖
中国政府和联合国难民署遣返在华老挝难民

二等奖

山西运城村委会选举

春天的怀念

胡里奥第一次登上长城(西班牙语)

三等奖

垃圾分类问题

火柴与火花

深圳劳教所一天

优秀奖

昆明国际学校

驻华大使深信邓小平去世后中国会继续改革开放

人艺推出话剧《古玩》

专题节目

二等奖

汇入主流——一个农民的故事

宝石投资指南

五星红旗与三色旗(法语)

三等奖

陈冲专访

优秀奖

外籍人士评价邓小平

中国花卉业

西藏野生动物

点燃盲童心灵之光

苗家金凤凰

译制节目

一等奖

邓小平

三等奖

唐山的故事

中国音乐电视

都市平安夜

大西北

第八届(1997年)全国电视教育节目奖中央电视台获奖名录

第八届全国电视教育节目评选活动于1997年10月在河南郑州市举行。中央和33个省、市电视台推荐98件作品参评,80件获奖。中央电视台有8件作品获奖。

普及教育类

一等奖

古代声学现象及奥秘(第1集)

二等奖

系列科普节目(第3集)

栏目类

二等奖

《田野》(第6期)

三等奖

《夕阳红》(1997年4月1日)

教学节目类

一等奖

电视旅游日语(第一讲)

二等奖

新世纪美语——社会交际(5)

三等奖

新中学生英语辅导(初三第14集)

奇妙的电(第7集)

第七届(1997年)优秀电视军事节目奖中央电视台获奖名录

系列节目类

特等奖

邓小平

一等奖

孙子兵法

背负民族的希望

军队和老百姓

二等奖

长征·英雄的诗 (中央电视台驻兰州军区记者站、成都军区记者站)

热血丰碑 (中央电视台驻国防科工委记者站)

中国武警 (中央电视台驻武警记者站)

三等奖

西北边塞 (中央电视台驻兰州军区记者站)

肝胆昆仑 (中央电视台驻兰州军区记者站)

新闻系列类

一等奖

驻港部队报道

党和人民的好干部——李国安 (中央电视台驻北京军区记者站)

海军舰艇编队出访 (中央电视台驻海军记者站)

二等奖

试飞英雄邹延龄 (中央电视台驻空军记者站)

全面建设好三连 (中央电视台驻北京军区记者站)

为党分忧、为民谋福的老红军段德彰 (中央电视台驻海军记者站)

当之无愧的时代骄子

三等奖

由士兵日记引发的反思 (中央电视台驻沈阳军区记者站)

扎根西藏的典型——单杰 (中央电视台驻成都军区记者站)

空降兵某师老兵退伍教育纪实 (中央电视台驻空军记者站)

长征精神永存

请祖国检阅

新闻单本类

一等奖

国旗的忠诚卫士 (中央电视台驻武警记者站)

我军在台湾海峡成功举行三军联合演习

胡大娘和她的22张全家福 (中央电视台驻济南军区记者站)

救人不留名,六年找恩人 (中央电视台驻二炮记者站)

我国"长二丙"改进型火箭首次发射成功 (中央电视台驻国防科工委记者站)

驻港部队首次公开亮相 (中央电视台驻广州军区记者站)

西藏军区勇救受伤喇嘛 (中央电视台驻成都军区记者站)

子弟兵奋力抢救遇险群众 (中央电视台驻武警记者站)

笔绘尊干爱兵情 (中央电视台驻沈阳军区记者站)

二等奖

军中焦裕禄——傅卫 (中央电视台驻北京军区记者站)

老对手,新朋友 (中央电视台驻空军记者站)

我军戍边官兵生存生活环境得到根本改善 (中央电视台驻总后记者站)

老兵今年四十六 (中央电视台驻北京军区记者站)

先处分后立功的救灾英雄 (中央电视台驻空军记者站)

硕士连长——沈方泉 (中央电视台驻二炮记者站)

将军千里看亲人 (中央电视台驻济南军区记者站)

某集团军为返乡途中抢救群众的19名退伍战士记功 (中央电视台驻南京军区记者站)

退伍军人成为双星集团骨干 (中央电视台驻济南军区记者站)

退伍战士李树朋义务照顾烈士母亲50年 (中央电视台驻北京军区记者站)

大学生士兵公举东 (中央电视台驻南京军区记者站)

情注英雄30年 (中央电视台驻海军记者站)

济南军区某师三千名官兵抢修红旗渠
（中央电视台驻济南军区记者站）
维族少年返乡记 （中央电视台驻武警记者站）
我国烧伤医学奠基人——黎鳌
（中央电视台驻总后记者站）

三等奖

献身国防现代化模范科技干部——黄炳华
（中央电视台驻二炮记者站）
老英雄于化虎重见光明（中央电视台驻二炮记者站）
高原茶水站 （中央电视台驻空军记者站）
张金根中校抗洪抢险英勇献身
（中央电视台驻总参记者站）
总参第一测绘大队完成藏北空间大地测量
（中央电视台驻总参记者站）
我军用新一代服装装备驻港部队
（中央电视台驻总后记者站）
甘将青春铸造防核盾牌的和平使者
（中央电视台驻总后记者站）
京城有个“徐虎队” （中央电视台驻总后记者站）
攻难战险修龙门 （中央电视台驻武警记者站）
银河Ⅲ并行计算机研制成功
（中央电视台驻国防科工委记者站）
情系“风洞”的科技将军
（中央电视台驻国防科工委记者站）
高伯龙为我国激光做贡献
（中央电视台驻国防科工委记者站）
“扶贫司令”——彭楚政
（中央电视台驻广州军区记者站）
驻港部队举行倒计时100天庆祝活动
（中央电视台驻广州军区记者站）
爱国奉献三代英雄
（中央电视台驻沈阳军区记者站）
新一代炮兵显神威
（中央电视台驻沈阳军区记者站）
抗震前线子弟兵 （中央电视台驻成都军区记者站）
英雄测绘大队高原绘图再创佳绩
（中央电视台驻成都军区记者站）
战士吴国良为抢救遇险群众光荣牺牲
（中央电视台驻济南军区记者站）
转业干部宗何琴办托老院受赞誉
（中央电视台驻南京军区记者站）
“草地党支部”的传人
（中央电视台驻南京军区记者站）
兰州军区给水团报道
（中央电视台驻兰州军区记者站）
玉树骑兵连扎根高原建功业
（中央电视台驻兰州军区记者站）
某部坦克三连沙漠苦练精兵
（中央电视台驻兰州军区记者站）
孔雀不再东南飞 （中央电视台驻兰州军区记者站）
新疆军区组织摩托化部队赴高原进行适应性训练
（中央电视台驻新疆军分区记者站）
硕士研究生侯善良申请进藏工作
（中央电视台驻国防大学记者站）
江泽民主席视察八一厂
蓝天再书新航迹
大渡河连军威壮
整装待发迎起航

专题单本类

一等奖

孟良崮（上）
赵新先和他的三九军团（下）
心会跟爱一起走
老舰长冯赞枢
一个老兵的故事 （中央电视台驻北京军区记者站）

二等奖

决战决口 （中央电视台驻北京军区记者站）
女兵班长黄圆新 （中央电视台驻武警记者站）
蓝天伞花
一个兵的电视台
跨跃时空的握手 （中央电视台驻空军记者站）
罗布泊的回声 （中央电视台驻国防科工委记者站）

三等奖

白哈巴的秋天 （中央电视台驻兰州军区记者站）
黄家医圈八代传人——黄传贵
紧急起飞 （中央电视台驻北京军区记者站）
彝族之鹰
兵校长
母亲
女特警和男队长 （中央电视台驻武警记者站）
战士艺术家
大山里的女司务长
生命 （中央电视台驻北京军区记者站）
走近高伯龙

1997年中央电视台优秀栏目、优秀节目名录

一、优秀栏目

一等奖

《新闻联播》
《焦点访谈》
《东方时空》
《足球之夜》
《军事天地》
《晚间新闻报道》
《综艺大观》
《旋转舞台》
《正大综艺》
《人与自然》
《每日佳艺》
《音乐电视城》
《九州戏苑》
《科技博览》
《大风车》
《半边天》
《社会经纬》
《中国新闻》
《英语新闻》
《中国报道》
《天涯共此时》
《经济半小时》
《生活》
《世界经济报道》

二等奖

《新闻调查》
《体育大世界》
《新闻30′》
《实话实说》
《人民子弟兵》
《时事纵横》
《中国体育》
《世界体育报道》
《夕阳红》
《万家灯火》
《12演播室》
《地方台30分钟》
《美术星空》
《电视讲座》
《中国文艺》
《中国新闻午间报道》
《神州戏坛》
《周日话题》(英)
《中国投资指南》(英)
《中华艺苑》(英)
《中国风》
《商务电视》
《金土地》
《广而告之》
《世纪回眸》
《电视你我他》
《文化视点》
《动画城》
《曲苑杂坛》
《戏剧天地》
《东西南北中》
《音乐直播厅》
《综艺走廊》
《′97环球》
《世界名片名著欣赏》

二、优秀节目

一等奖

邓小平
罚要依法——309国道交警乱罚款
中国之路——十五大特别报道
在大海中永生
孟良崮
淮河治污系列报道
背负民族的希望——八一建军节70周年
′97春节晚会系列(三台)
九七恋曲
“心连心”演出系列(五台)
继往开来——庆祝十五大胜利召开文艺晚会
为中国喝彩——′97中国之夜好莱坞碗型剧场文艺晚会
黄河的故事——旋转舞台江河湖海系列(一)
小糊涂神(26)
科教兴国
大三峡
中国家庭

"六个一百工程"
神奇山谷
香港沧桑(下部6集)
香港百题
达赖喇嘛(上部)
跨越星空——庆祝中央电视台国际频道开播五周年晚会
面向二十一世纪(英)
枫雪桑梓情——'97多伦多华人华侨春节联欢晚会
新闻综述——难忘九七
"3·15特别行动"和"3·15晚会"
千秋万代话资源
跨世纪的转变
锅碗瓢盆交响曲
香港的故事
和平年代
车间主任
党员二愣妈
午夜有轨电车
山梁
介入疗法
《电视你我他》(268):介绍国产动画片
鹤童(影片)

二等奖

1997中国、1997世界年终特别报道
孙子兵法
'97中国乒乓球擂台赛
《新闻调查》:国家的孩子
中、俄、哈、吉、塔五国边境裁军协定签字仪式
《新闻联播》:回首九七系列报道
勿以善小而不为——讲文明树新风系列报道
香港知识竞赛
渴望生活
六一晚会——同在一片蓝天
井冈山
电视旅游日语
中国一绝
拉贝日记
男儿无戏言
风展红旗
中国基层人民代表换届选举系列报道
上下五千年
三峡备忘录
跨越九七——香港走向未来
中国彩虹奖颁奖晚会
中国共产党党史介绍(英)
香港的高雅艺术(英)
逐鹿中原
白洋淀人家
中美纺织品协议达成一致
抽油烟机的市场空间
有感于观前街广告
《银幕采风》:田野的呼唤
《电视你我他》(266):把电视评论办到基层——电视剧《党员二愣妈》播后
地图上的变迁
大脑潜能
春
弘一大师
东周列国·春秋篇
潘汉年
贾里的故事
我们的老师(教师节晚会)
迎回归,爱祖国万人歌咏大会
飞越黄河
1997交响音乐会
今宵月更圆——'97中秋晚会
胡里奥·依格雷西亚斯独唱音乐会
新年京剧晚会
第五届中国艺术节闭幕式
《梨园群英》(304)
《音乐直播厅》(25):乐苑鸣春
一九九七永恒的爱
大头儿子和小头爸爸
《正大综艺》:澳门专辑
问鼎长天
林则徐
司马迁
红十字方队
燃烧的烛光
校园先锋
黑天鹅
遵义会议
民警程广泉
布衣毛润之

三、特别报道奖

鉴于1997年中央电视台出色完成了几项重大报道活动,编委会建议设立'97特别报道奖,以体现中央电视台1997年整体宣传的突出成绩。获奖的有:

邓小平治丧期间报道

香港回归电视报道
三峡工程大江截流报道
江泽民主席访美报道
第八届全运会报道
黄河小浪底截流合龙报道
漠河日全食直播

1997年度中央电视台电视节目录制技术质量奖、优秀工程奖和安全播出班组奖获奖名录

电视节目录制技术质量奖

一等奖

《今日中国》(304) (海外技术制作部)
《中国新闻》(7月4日) (录制部)
《梁祝和她的蝴蝶梦》 (录制部)
《梨园群英》(330) (录制部)
《“世亨杯”短池游泳赛》 (转播部)
《回归颂》 (转播部)
《潘汉年》 (电视剧中心技术处)

二等奖

《新闻联播》(1月16日) (新闻制作部)
《新闻30′》(2月28日) (新闻制作部)
《中国新闻》(12月25日) (录制部)
《英语新闻》(12月13日) (海外技术制作部)
《新闻联播》(9月12日) (新闻制作部)
《天鹅之乡》 (海外技术制作部)
《星星擂台》(98) 录制部)
《澳洲动植物》 (科教节目制作中心)
《血脉》(下集) (新影制作中心)
《元宵晚会》 (录制部)
《综艺大观》(140) (录制部)
《国联乐团世界名曲音乐会》 (录制部)
《星星音乐会》(8) (录制部)
《香港的故事》(5) (电视剧中心技术处)
《春》(一) (电视剧中心技术处)
《傍海人家》(第1集) (电视剧中心技术处)
《水浒》(第1集) (电视剧中心技术处)

优秀工程奖

特别奖

一号演播厅 (技术系统、房管处)

一等奖

中央电视台军博制作区工程(技术制作中心录制部)
中央电视台空调系统改造一期工程 (动力处)
计算机信息网络和管理系统工程网络中心工程 (技术管理办公室信息通信处)
DSNG移动卫星地面站系统 (播送中心播送部)
中央电视台顺义影视培训中心工程 (房管处)

二等奖

八讯道大型数字EFP制作系统 (播送中心转播部)
中央电视台闭路电视系统改造工程 (技术管理办公室工程维护处)
第一、二音乐录音棚建筑声学改造工程 (技术制作中心音频部、房管处)
舞台美术灯光电脑辅助设计系统 (技术制作中心制作部)
150/250平方米新闻演播室灯光系统综合改造工程 (新闻中心新闻制作部)
第十六演播室技术改造工程 (海外中心海外技术制作部)
录音机房改造工程 (电视剧中心技术处)

安全播出班组奖

播送部:APC—B班
APC—C班
APC—D班
APF—A班
APF—B班
APF—C班
APF—D班
APF—E班
新闻制作部:A班、B班、C班

1997年度中央电视台职能部门优秀管理服务奖获奖名录

一等奖

台办室秘书二组

计财处财务二科
服务中心食堂科
党办宣传岗位
保卫处治安科
房管处房管科
监察室廉政教育岗位
财产物资处器材科
人事处劳动工资岗位

二等奖

行政处接待科
台办室收发科
外事处接待科
人事处职称评聘岗位
教育处培训研讨岗位
计财处财务三科
老干部处生活福利岗位
审计处财务审计岗位
保卫处消防中心科

三等奖

工会女工岗位
服务中心交通科
房管处建房科
财产物资处财产设备科
经营管理处企业科
行政处综合科
计财处综合科
服务中心财务科
台办室秘书三组

四、电 影 类

第十七届(1996年度)中国电影"华表奖"中央电视台获奖名录

优秀纪录片

等奖

山梁 (新影厂)

优秀科教片

种子正传 (科影厂)
喷灌压碱洗盐造良田 (科影厂)

第十七届(1996年度)中国电影"金鸡奖"中央电视台获奖名录

最佳纪录片

一等奖

山梁 (新影厂)

最佳科教片奖

介入疗法 (科影厂)

优秀纪录片

提名奖

往日再回首 (新影厂)

1997年中央电视台荣获中国电影其他奖项名录

山梁 (新影厂)
荣获中央电视台'97优秀节目一等奖

地图上的变迁 (新影厂)
上下五千年 (新影厂)
荣获中央电视台'97优秀节目二等奖

家在中国 (新影厂)
荣获'97电视纪录片三等奖

孟光与梁红 (新影厂)
麻风女 (新影厂)
荣获'97中国电视戏曲展播三等奖

大三弦的故事 (新影厂)
荣获'97民委首届民族好新闻三等奖

第五届(1997年)
全国优秀科技音像作品奖
中央电视台获奖名录

科普类

一等奖

超新星 (科影厂)

介入疗法 (科影厂)

科技报道类

二等奖

显微镜下的工业 (科影厂)

第四届(1997年)
中国科教影视协会奖
中央电视台获奖名录

优秀作品

一等奖

介入疗法 (科影厂)

超新星 (科影厂)

第八届(1997年)
北京科技声像作品“银河奖”
中央电视台获奖名录

一等奖

月球 (科影厂)

二等奖

来自太阳辐射的威胁 (科影厂)

跟我游——蛙泳划臂运动 (科影厂)

三等奖

银杏新传 (科影厂)

奇妙的电——电压与电流 (科影厂)

五、电视报刊、论文、稿件类

第一届(1997年)
全国年鉴校对质量评比
中央电视台获奖名录

年鉴校对优秀奖

《中央电视台年鉴(1995)》

第五届(1997年)
全国广播电视学术论文评选
中央电视台获奖作品名录

由中国广播电视协会主办的第五届全国广播电视学术论文评选活动于1998年1月26日在北京结束。中央电视台共选送了18篇论文,共有9篇作品获奖。

应用理论类

一等奖

重中之重——我国电视新闻的现状、发展趋势及需注意的问题 （李东生著）

二等奖

正确把握宣传舆论——中央电视台近年新闻改革的实践认识 （王甫、王旭东、赵仙泉著）

三等奖

纪录片的“选境” （姚友霞著）

浅议会议新闻的改革 （李海明著）

从屏幕整合效应看纪实性电视剧 （张群力著）

从 CNN 世妇会报道看西方媒体的偏见 （杨刚毅著）

电视汉语系列教学节目的总体设计 （赵宇辉著）

决策和管理研究类

一等奖

我国广播电视发展要实行战略性转变 （唐世鼎著）

三等奖

中央电视台 1995 年收视率年度报告 （刘建鸣、张传玲、刘志忠著）

六、国 际 类

1997 年中央电视台荣获各种国际奖名录

（按获奖时间先后顺序排列）

种子正传(科教片) （科影厂）

1997 年 5 月，荣获日本须贺川国际短片电影节优秀影片奖荣誉证书

种子正传(科教片) （科影厂）

1997 年 6 月，在'97 斯洛伐克国际环保电影节上获共和国教育部奖

长城(影片) （科影厂）

1997 年 6 月，荣获罗马尼亚第四届国际旅游电影节旅游文化一等奖

羌塘(影片) （科影厂）

1997 年 6 月，荣获罗马尼亚第四届国际旅游电影节旅游资源一等奖

鹤童(影片)

（龙江电影制片厂、中央电视台影视部）

1997 年 7 月，荣获俄罗斯、乌克兰共同举办的第五届阿尔特克国际电影节热爱大自然浪漫题材创作奖和最佳影片音乐奖

中国中央电视台

1997 年 8 月，荣获亚广联第二十四届新闻工作特别奖

精品库(片头) （制作部）

1997 年 10 月，荣获日本富士电视网举办的第二十六届亚太地区片头设计大赛银奖

编辑：吴克勤

动物世界(片头) （制作部）

1997 年 10 月，荣获日本富士电视网举办的第二十六届亚太地区片头设计大赛铜奖

编辑：吴克勤

香港回归(电视新闻报道) （新闻中心）

1997 年 10 月，荣获亚广联新闻交换和丹尼斯纪念奖

黄河的故事(电视艺术片) （文艺中心）

1997 年 10 日，荣获亚广联第三十四届年会文化放送娱乐节目奖

我们西藏·八廓南街 16 号(纪录片)

（中央电视台、西藏文化传播公司）

1997 年 10 月，荣获法国第十九届“真实电影”国际纪录片电影节大奖真实电影奖

大脑潜能(科教片) （科影厂）

1997 年 11 月，荣获伊朗第二十七届国际教育电影节银奖

12. 机 构

1997 年中央电视台机构设置

中央电视台是中华人民共和国国家电视台,1958年5月1日试播,同年9月2日正式播出。现办有八套节目,平均每天播出144.8小时。第一套节目是以新闻为主的综合性频道;第二套节目是以经济、社会教育节目为特色的频道;第三套节目是戏曲·音乐频道;第四套节目是中央电视台的国际频道;第五套节目是以体育节目为主的频道;第六套节目是电影频道;第七套节目是由少儿、军事、科技、农业节目组成的综合频道;第八套节目是文化娱乐频道。八套节目都送上卫星覆盖全国,其中第四套节目可覆盖全球。全台现有正式职工2656人,连同中国电视剧制作中心、中央新闻纪录电影制片厂、北京科学教育电影制片厂在内,共4086人。

台设有编委会,技委会,行政办公会,分党组纪检组。台内机构分四个系统设置:党政系统,宣传系统,技术系统,经营系统。党政系统设有台办公室,党委办公室,监察室,审计处,人事处,计财处,财产物资处,工会,行政处,外事处,保卫处,房管处,教育处,老干部处。宣传系统设有总编室;新闻中心,其中包括新闻采访部、新闻编辑部、新闻评论部、新闻制作部、军事部、体育部;社教中心,其中包括专题部、科教节目部、青少部;海外电视中心,其中包括海外新闻部、海外专题部、海外电视编辑部、海外外语部、海外技术制作部;文艺中心,其中包括文艺部、影视部、国际部、动画部、戏曲·音乐部;广告经济信息中心,其中包括广告部、经济部、图文电视部;台直属的部门有研究室,中国电视报社。技术系统设有技术管理办公室,其中包括科技处、工程维护处、信息通讯处;技术制作中心,其中包括录制部、制作部、音频部;播送中心,其中包括播送部、转播部;台直属的部门有动力处。经营系统设有经营管理处;中国国际电视总公司。中国电视剧制作中心,下设办公室,人保处,党委办公室,计财处,生产处,文学部,技术处,制作部。中央新闻纪录电影制片厂,下设党委办公室,厂部办公室,纪检组,监察室,编辑部办公室,第一编辑室,第二编辑室,第三编辑室,生产经营管理处,技术管理处,人事处,保卫处,行政管理处,计划财务处,工会,劳动服务公司,多种经营办公室。北京科学教育电影制片厂,下设厂长办公室,党委办公室,总编辑室,生产管理处,技术管理处,动画部,录制部,制作部,字幕车间,特技车间,剪辑车间,计划财务处,人事处,保卫处,行政办公室,经营办公室,工会等。中央卫星电视传播中心,挂靠中央电视台。

1996年8月1日,中央机构编制委员会中编发[1996]13号文件批准《中央电视台机构编制方案》,中央电视台内设15个副局级机构:1. 办公室,2. 总编室,3. 新闻节目中心,4. 海外节目中心,5. 社教节目中心,6. 文艺节目中心,7. 广告经济信息中心,8. 评论节目中心,9. 青少节目中心,10. 技术管理办公室,11. 技术制作中心,12. 播出传送中心,13. 人事办公室,14. 财经办公室,15. 机关党委。1997年广播电影电视部广发人字[1997]320号文件,同意将"评论节目中心"调整为"体育节目中心"。

中央电视台分党组书记、台长、总编辑杨伟光,中央电视台分党组副书记赵化勇,成员有:刘宝顺、李丹、刘宜勤、李东生、贾文增、陈君、李建、万迪基、胡恩。中央电视台副台长赵化勇、刘宝顺、李丹、刘宜勤、李东生,副总编辑朱继峰、罗明,总工程师邵昌有,总会计师贾文增,分党组纪检组组长陈君、副组长张海鸽,党委书记刘宝顺,党委专职副书记南玉敏。中国电视剧制作中心主任胡恩,副主任邹庆芳、张华山。中国国际电视总公司总经理李培森。中央新闻纪录电影制片厂厂长李建,副厂长张建华、王盟盟、干颖力。北京科学教育电影制片厂厂长万迪基,副厂长任振华、杨杰亭、安伟民。

中央电视台通讯地址:北京复兴路11号,邮政编码:100859,电话:68500114。

编委会

中央电视台编委会是中央电视台宣传工作的最高决策机构。编委会在台分党组和台长的领导下，按照中央的宣传政策方针和广播电影电视部编委会的部署，负责全台节目规划的制订审查，各套节目栏目的设置、栏目出台前的论证、重大选题的审定、重要节目的审查、重大宣传战役的部署等。编委会还有责任对各节目中心和节目制作单位的舆论导向、节目内容和制作水平进行监督、检查和评估。

台编委会由下列人员组成：

总 编 辑：杨伟光

副总编辑：赵化勇(常务) 李 丹 李东生 朱继峰 罗 明

编委会成员：胡 恩 张建华 杨杰亭 谭希松 阎连俊 高长龄 邹友开 赵宇辉 刘效礼 高建民 周 经 黄平刚

台总编室为编委会的办事机构。

技委会

中央电视台技术委员会是中央电视台最高技术决策机构，其成员由主管技术的台领导及技术系统的部分负责人和专家组成。中央电视台技术委员会的主要职责是：研究把握电视台未来电视技术的发展方向；对新技术、新设备的引进做出规划和决策；审定设备购置和配备计划；审查批准电视技术工程项目；审定电视技术标准；审定大型活动的技术方案。另外，技委会还为台领导重大决策和全台管理工作提供技术依据和发挥参谋作用。

技委会由下列人员组成：

主 任：刘宜勤

副主任：邵昌有

成 员：刘广全 何宗就 许世杰 徐 威 李旋宗 丁文华 陈凤龄 陈 默 朱慰中 李树声 缪暑金 肖月桃 曹 青

台行政办公会

台行政办公会是在台分党组领导下负责全台行政职能工作的议事机构。成员包括各行政职能部门主要领导，由分管副台长或分管副台长委托台办公室主任主持。主要研究台职能部门的工作，协调宣传、技术、经营系统与职能部门间的工作关系，提出行政管理部门保障宣传工作实施的工作方案。行政办公会主要通过每两周一次的行政办公会会议开展工作。会议的组织工作和记录由台办公室负责，会议纪要由分管副台长签发。重要的决策方案报台分党组同意后实施。

分党组纪检组、监察室

1994年10月经中央纪委同意，广播电影电视部党组批准，设立中央电视台分党组纪检组，并同监察室合署办公。

分党组纪检组、监察室合署办公后的主要职责和任务是：在中纪委驻广播电影电视部纪检组、监察部驻广播电影电视部监察局和台分党组、台长双重领导下，检查本台各部门和所属单位的党组织与党员领导干部执行党的路线、方针、政策和决议的情况，对台分党组及其成员和其他党员领导干部实行党章规定范围内的监督；检查本台党员领导干部违犯党纪的案件以及所属单位的重要违纪案件，并根据有关规定提出处理意见，台纪委按照党的隶属关系和干部管理权限，对所查案件中的党员作出处理决定；协助台分党组管好党风，加强廉政建设，纠正行业不正之风；配合有关部门对党员和党员领导干部进行党风党纪教育；指导本台和所属单位党的纪律检查工作；受理本台和所属单位党员的控告和申诉；监督检查本台各部门和所属单位工作人员贯彻执行国家法律、法规和政策以及决定、命令的情况；受理对台各部门和所属单位工作人员违反国家法律，法规以及违反政纪行为的检举、控告；调查处理本台各部门和所属各单位工作人员违反国家法律、法规以及违反政纪的行为；受理台各部门和所属单位工作人员不服行政处分的申诉，以及法律、法规规定的其他由监察机关受理的申诉。

分党组纪检组、监察室现有正式职工6人。纪检组组长陈君，副组长、监察室主任张海鸽。

台办室

办公室是台分党组和台领导的主要办事机构，是综合性的职能部门。其主要职能包括：1. 协调职能：组织协调台领导的活动和日程安排；组织协调全台各部门之间在宣传、技术、行政等方面的工作和重大宣传政务活动等。2. 管理职能：负责电视台公文的撰写、处理(收发、登记、阅办、运转、缮印、立卷、归档等)工作；负责电视台机要文件的管理工作；负责电视台印章的管理工作；负责管理电视台的保密工作，包括有线和无线电话、文传机、微机的管理使用以及文件的销毁等工作；负责管理电视台办公自动化系统；负责电视台行政秘书的管理工作；负责指导各中心办公室的管理工作；负责全台法律事务的咨询、监督、管理、宣传、教育等工作。3. 处理日常事务职能：完成台领导临时交办的事务;负责台值班室值班工作;负责电视台的信息收集、汇总、整理、上报、下达的工作;负责电视台的调研、督办以及台领导交办的文字材料的整理工作等。台办公室设有秘书一组,秘书二组,秘书三组,档案科,摄影科,收发科,法律顾问室,书画院。现有正式职工 54 人。办公室主任李晓明,副主任刘俊改、唐世鼎。

党委办公室

中央电视台党委在广播电影电视部机关党委的直接领导和台分党组的指导下进行工作。台党委的具体办事机构是党委办公室,负责承办党委、纪委及团委的日常工作。台党委下设 5 个基层党委:电视剧制作中心党委、中央新闻纪录电影制片厂党委、北京科学教育电影制片厂党委、梅地亚中心有限公司党委、无锡太湖影视城党委,10 个党总支,116 个正式党支部。全台共有党员 2301 人。1997 年 12 月,成立中国国际电视总公司党委;随后,梅地亚党委、无锡太湖影视城党委、国际电视总公司党总支,直属中国国际电视总公司党委,不再直属电视台党委。

中央电视台纪律检查委员会(简称中央电视台纪委),在广播电影电视部机关纪委和中央电视台党委的双重领导下,在台纪检组的指导下进行工作。所辖有电视剧制作中心纪委、新闻纪录电影制片厂纪委、北京科学教育电影制片厂纪委、梅地亚中心有限公司纪委、无锡太湖影视城纪委 5 个基层纪委。

本届台党委于 1995 年 10 月 9 日在中央电视台第五次党员代表大会上换届选举产生,为中央电视台第五届党委,由 21 名委员组成,设常委 11 名,其中包括书记 1 名,专职副书记和副书记各 1 名,其他常委 8 名。于广华任党委书记,李建任党委专职副书记,南玉敏任党委副书记,贾文增、何宗就、李晓明、王盟盟、张晓光、郭秀英、罗明、刘振瑞为常委委员。1997 年 4 月,经上级任命,刘宝顺任党委书记;6 月,南玉敏任党委专职副书记。

本届台纪委于 1995 年 10 月 9 日在中央电视台第五次党员代表大会上换届选举产生,为中央电视台第四届纪委,由 11 名委员组成。纪委书记李建(兼),纪委专职副书记梁萍。1997 年 6 月,纪委书记南玉敏(兼)。

本届团委于 1997 年 5 月 10 日在中央电视台第七次团员代表大会上换届选举产生,为第七届团委,由 19 名委员组成,设常委 9 名,其中包括书记 1 名,专职副书记和副书记各 1 名,其他常委 7 名。赵玉东任团委书记,彭健明任团委副书记(兼),1997 年 8 月任专职副书记。郑蔚、王炜、刘春、陈忠、耿琳、仝冰雪、王丽为常委委员。

党委办公室是台党委的办事机构,是日常党务工作的综合管理部门,由 11 人组成,内设组织、宣传、精神文明建设、纪委、团委等工作。党委办公室主任南玉敏(兼),副主任任海、麻宁。

审计处

审计处成立于 1989 年 8 月,在中央电视台台长的直接领导下,负责全台的内部审计工作。其主要任务和职责是:依据国家法律、法规和政策,监督全台财务核算单位的财务收支、财务制度的执行情况;全台境内外经济组织的经济活动、经济效益、经济指标的完成情况;台内重大经济活动资金的投入、使用及经济效益情况;30 万元以上、1000 万元以下的基建、维修工程预决算执行情况。独立行使内部审计职权,对台长负责并报告工作。现有正式职工 5 人。审计处处长杨沛德。

人事处

人事处成立于 1979 年,是中央电视台的一个职能部门。其主要职能包括:负责全台机构设置和事业编制的管理;负责人员调配聘用、接收大学生、军队转业干部工作;负责职工劳动工资、奖金福利、劳动保护、劳动保险事宜;负责全台职工的考核奖惩管理和临时人员的管理及根据台分党组的要求对科、处级干部进行考核任免和管理;负责专业技术职务评聘工作;负责全台教育培训规划、计划的制定,组织、协调对各类人员的岗位培训和继续教育;管理全台人员的人事档案;负责出国人员的政审工作。现有正式职工 16 人。人事处处长王晞建,副处长罗秀兰。

计划财务处

计划财务处成立于 1984 年。其主要职责和任务是:负责中央电视台财务预算收支和管理;组织经费供应的保障和财务核算;预算开支的审批和各类报表的编制;各项财务规章制度的建立等。计划财务处设计划统计科,综合财务科,财务一科、二科、三科、四科、五科、六科、七科。现有正式职工 49 人。计划财务处处长许二春,副处长王刚健、高祥林。

财产物资处

物资处成立于 1987 年 7 月,主要负责技术设备的进口工作和台内日常物资供应,是中央电视台技术部门之一。1991 年根据广播电影电视部、财政部、国家国有资产管理局 598 号文的要求,为了适应电视事业发展的需要,加强全台固定资产的管理,经台分党组研究决定成立财产物资处,负责全台财产及物资的管理。

1993年7月,原技术管理中心所属的设备科、器材科整建制划归财产物资处,并明确财产物资处是中央电视台职能部门之一。它负责财产及物资年度预算、资金分配和全台固定资产的管理工作。财产物资处下设三个科:设备科、器材科和综合科。现有职工18人。处长陈凤龄,副处长米绍行、车临。

工会

中央电视台工会于1988年9月10日成立。工会的主要任务是:坚持在党的领导下,按照《工会章程》和上级工会的要求,紧密围绕电视宣传这个中心开展工作;关心职工生活,活跃机关文体活动;履行工会关于"维护、建设、参与、教育"四项职能;培养"四有"职工队伍,建设"职工之家"。1994年12月22日,中央电视台第三届工会委员会经换届选举产生了17位委员;12月28日经工会委员会委员选举产生工会主席王炎言,副主席马静、卢保国。现有专职工会工作人员7人。

行政处

行政处成立于1984年,是中央电视台的一个职能部门。它负责行政管理、精神文明建设方面的工作,包括计划生育、职工福利、办公家具、劳保用品、礼品纪念品、交通安全、爱国卫生、家属委员会等。行政处设综合科,行政科,接待科。现有正式职工28人。行政处处长刘振瑞,副处长李宝珊、孙镜礼、田应坪。

服务中心成立于1993年6月22日,是行政处机构调整后划分出的部门,担负中央电视台职工的后勤保障工作。服务中心设财务科,交通科,食堂科,医务室和文印科。现有正式职工47人。行政处副处长李宝珊兼任服务中心主任。

外事处

外事处成立于1984年,是中央电视台的一个职能部门。下设欧美大科,亚非拉科,接待科。其主要职责是接待外国及港、澳、台地区的电视界人士来访,安排台领导的外事活动;负责在中央电视台工作的外国专家管理工作;审核中央电视台各部门出国任务、办理出国手续;组织协调涉外合作项目,签订合作协议及其他有关的外事管理工作。现有正式职工12人。外事处处长魏平,副处长姜红。

保卫处

保卫处成立于1981年8月,是中央电视台的一个职能部门。其主要任务是负责中央电视台的安全保卫工作,包括治安、警卫、消防等项任务;配备有先进的消防监控系统及先进的治安闭路电视监控设备。保卫处设治安科,警卫科,消防科,消防中心科。现有正式职工25人。保卫处处长刘建中,副处长樊必智、吴雪民。

房屋建设管理处

房屋建设管理处(简称房管处)是中央电视台的一个职能部门。其职责是负责房屋建设管理工作;搞好业务用房和办公用房建设;做好职工宿舍的规划和建设工作。房管处设建房科,维修科,房管科,综合科。现有正式职工22人。房管处处长毛坤山,副处长刘威。

教育处

教育处成立于1991年1月,是中央电视台的一个职能部门。其主要职责和任务是:制订中央电视台在职人员长期培训规划和年度计划,组织实施各中心及部门的职工培训工作;负责出国留学人员的管理和咨询;负责实习学生的安排;管理在职人员的教育档案;组织专业人员编写岗位培训教材;为地方电视台培训专业人才提供力所能及的条件等。现有正式职工5人。教育处处长李景琴,副处长王庆忱。

老干部处

老干部处于1987年9月成立,是中央电视台管理全台离、退休干部的职能部门。其主要职责是:贯彻落实中央和国务院有关离、退休干部的方针政策;根据台里的实际情况,落实干部及工人离、退休后的政治待遇和生活待遇的有关规定,使其老有所为、老有所乐、老有所医、老有所学、老有所养。为发挥老干部作用,1993年3月创办了金手杖电视服务公司。从1996年起设立了东门上访人员接待疏导站,成立了监看中央电视台五套节目监看小组。为在全台范围内倡导尊老、敬老的良好风尚,1997年首次表彰了"尊老敬老"先进集体和先进个人。现有工作人员7人,离、退休干部307人。老干部处处长宋福民,副处长冯香琴。

总编室

中央电视台实行以编委会为核心的宣传管理体制。编委会是全台宣传工作的最高决策机构,总编室是编委会的执行机构,按照编委会的要求负责处理日常宣传业务,定期向编委会报告工作并提供决策性建议。

总编室的日常工作是在编委会领导下,根据中央的宣传精神,负责组织管理全台的宣传工作。它包括:制订全年宣传计划和重点选题计划,审定各部门的栏目选题;审批节目的录制计划,协调节目录制工作;编制每周节目播出计划,编排指挥每天的节目播出;审查部分节目,鉴定节目的技术标准;参与统筹和组织节目的引进工作;统筹调控节目制作经费;观众来信处理及收视调查研究;磁带和影片资料的管理;编制为观众服务的栏目《电视你我他》、《节目预告》、《收视指南》、《银幕采风》等,编写《宣传日报》,汇编《业务交流》、《电视信息》等;为台领导决策提供宣传参考、节目播出统计等材料;参与组织有关电视宣传的工作会议和节目评奖活动。总编室下设11个科组,即:宣传规划组,节目组,节目宣传组,播出科,技审科,审片组,节目引进组,磁带流程科,观众联系组,综合管理组和办公室。现有正式职工84人。总编室主任由台副总编辑罗明兼任,副主任周经、史启新、胡运芳。

新闻中心

新闻中心于1988年建立,1989年调整后逐步完善,实现了新闻采、编、播"一条龙"的管理体制。现有正式职工417人。新闻中心设有新闻采访部,新闻编辑部,新闻评论部,新闻制作部,军事部,体育部,《新闻30′》。受台里委托,中心代管驻香港记者站、驻美国记者站、驻比利时记者站、驻澳门记者站。新闻中心主任阎连俊,副主任孙玉胜、李挺、缪暑金,新闻中心党总支专职副书记、办公室主任郭书兰。

新闻采访部

成立于1989年7月,是在新闻中心所属原政文部的基础上调整、充实组建的。新闻采访部承担中央电视台的政治、外事、司法、经济建设、科学技术、文化教育、文学艺术、医疗卫生、社会发展等新闻采访报道工作。现有正式职工70人;其中编辑、记者69人;设有时政组,文教组,经济组,综合组,农业组,社会组。新闻采访部主任张宁,副主任王建宏、王连生、庄殿君。

新闻编辑部

其主要任务是:负责国内外新闻的组织、收集、选择、改编、汇编和编译工作;负责中央电视台第一套节目各次综合性新闻节目的设计、编排、制作和播出任务。新闻编辑部每天负责制作和播出的新闻节目14次,共计3小时15分钟,新闻节目均实现了直播。新闻编辑部设国内新闻一组,国内新闻二组,国际新闻组,对外新闻组,地方新闻组和新闻播音组;现有正式职工71人。新闻编辑部常务副主任陆伟昌,副主任侯明古、杜宝风、范昀、李昕、江和平。

新闻评论部

1993年12月21日正式成立,是中央电视台最年轻的一个制作新闻节目的部处级单位。它是由原来的《观察与思考》、《今日世界》以及《东方时空》组成。现在它设有两个每天播出的名牌专栏:《焦点访谈》和《东方时空》,两个每周播送一次的栏目:《新闻调查》和《实话实说》。其中《焦点访谈》长13分钟,在每天《新闻联播》后黄金时间播出。《东方时空》总长40分钟,每天早上7时20分至8时首播,设有《东方之子》、《面对面》、《生活空间》、《时空报道》四个栏目,它的播出填补了中央电视台没有早间节目的空白。《新闻调查》总长45分钟,每周五播出;《实话实说》40分钟,每周日按《东方时空》周日版播出。新闻评论部主任孙玉胜(兼),副主任袁正明、张海潮。它下设记者一、二、三、四组和《东方之子》、《生活空间》、《新闻调查》及编辑策划组、企划组等9个组。新闻评论部实行制片人负责制和招聘制,现有各类节目制作人员300多人,其中正式职工87人。

新闻制作部

承担新闻中心所有节目的制作和播出任务。该部设中心科,录制科,灯光科,电讯科,美工字幕科。现有正式职工82人。新闻制作部主任缪暑金(兼),副主任李志平、张宝安。

军事部

是中央电视台专门从事军事宣传报道的一个编辑部门,由中央电视台和解放军总政治部双重领导,建制在中央电视台,宣传业务由中央电视台负责。其前身是1966年4月成立的军事组。军事部设新闻组和专题组。现有现役军人26人。该部负责军事新闻的报道和《军事天地》、《人民子弟兵》等栏目的摄制;同时参与了中央电视台许多重大题材如《望长城》、《毛泽东》、《邓小平》等大型专题片的摄制任务。中央电视台第七专业频道开播后,军事部的节目制作任务又有增加。军事部对中央电视台驻军队系统的17个记者站实行业务指导。军事部主任刘效礼,副主任王增臣、赵元贵。

体育部

承担全台体育新闻和各类体育节目的采访、报道任务,下设竞赛组、栏目组和节目规划组。体育部1995年1月开始创办体育频道,目前全天播出16小时,首播量已超过8小时。转播精彩的国内国际体育比赛是体育部的重点工作,在每天四次的体育新闻中,观众可以及时了解体坛动态。体育部各类专题性节目突出宣传中国优秀运动员奋勇拼搏、为国争光的主旋律,加强对体育文化的传播和发扬,加强对体育热点的评论和研讨。体育部一批优秀栏目如《世界体育报道》、《体育漫谈》、《体育大世界》、《足球之夜》等,受到观众的喜爱。现有正式职工58人。体育部主任马国力,副主任冯一平、岑传理。

社教中心

社教中心于1990年3月建立。其主要任务是对社会教育类节目实行集中统一制作管理。社教中心现设有专题部,教育节目部,青少部,纪录片创作室,地方组和《半边天》专栏组。1996年社教中心共开办29个专栏,服务对象十分广泛,从学龄前的幼儿到少年、青年、成年、妇女、老年,都有专门为他们服务的电视节目。现有正式职工248人。社教中心主任高长龄,副主任刘桂芝、程宏,党总支专职副书记杨菁,办公室主任王玉清。

专题部

成立于1980年6月。负责法制、文化、卫生等节目宣传,现有七个栏目:《万家灯火》,《社会经纬》、《读书时间》,《书坛画苑》,《健康之路》,《中华民族》、《当代工人》。栏目均为制片人制。专题部的节目大多在第一套节目的晚间和第二套节目的白天播出。现有正式人员68人。专题部主任由社教节目中心副主任程宏兼任,副主任尹力。

科教节目部

原为教育节目部,成立于1978年,1997年改为科教节目部,是主办科技、教育类节目、对象性节目的编辑部门。该部目前设有制片组,中文编辑组,外语编辑组,《夕阳红》编辑组。中文编辑组以科技节目、知识性节目、社教节目为主,开办了《科技博览》、《田野》等栏目。制作播出了大量的科技节目,如《机器人》、《科学探索》;知识性专题节目,如《电信新技术》、《现代广告》以及大量的社教节目,如"农村科教系列"、"职业技能培训"、"精神文明系列"等。《夕阳红》编辑组在1996年对《夕阳红》栏目进行了版面调整,调整后包括以下小栏目:《老人与社会》、《怡情雅趣》、《一点一滴》、《家庭厨房》、《难忘的旋律》、《微型短剧》、《长寿天地》、《夕阳简讯》、《智慧老人擂台赛》、《服务台》、《周日特别节目——走向大自然》等。这些小栏目从生活、娱乐、健康等多方面满足了老年观众的需要。外语编辑组专门制作面向社会的非学历外语教学节目。它的教学对象主要是中、小学生,是中、小学外语教学的补充,如《TRR儿童英语》、《新中学生英语》等。此外,针对社会专业人员的需要,也制作一些专业性较强的外语节目,如《电视外贸英语》、《电视商务日语》等。科教节目部现有正式职工52人。主任丁俐丽,副主任冯存礼。

青少部

前身为少年儿童节目部,1991年4月改为青少年节目部。该部现有三个栏目,一个加扰卫星频道少儿节目,每天播出青少年儿童节目共计6小时30分。1995年6月1日,该部将原有的七个栏目合并改版为《大风车》,服务对象为3岁至12岁的少年儿童。该部现设有《大风车》栏目组,《第二起跑线》栏目组,《12演播室》栏目组,加扰卫星频道少儿节目编辑策划组,摄像组及银河少年电视艺术团。青少部现有正式职工71人。主任余培侠,副主任张小军。

社教中心直属有纪录片创作室、地方组和《半边天》栏目组。

纪录片创作室

创立于1994年底,主要承担长、短纪录片的拍摄和制作。1997年创作并播出了大型系列片《科教兴国》、《大三峡》、《井冈山》,大型专题片《风展红旗》等长纪录片,共计750分钟。其中《科教兴国》、《大三峡》获得中央电视台1997年度优秀节目一等奖;《井冈山》、《风展红旗》获得二等奖。现有正式职工26人。纪录片创作室主任魏斌,副主任刘民朝。

地方组

成立于1988年3月,1992年5月由总编室划归社教中心。主要承担全国地方电视台在中央电视台播出的社教类优秀纪录片节目,栏目为《地方台30分钟》(每周播出两次,分别在一、二套节目,时间为30分钟)、《祖国各地》(每周播出一次,每次30分钟)。现有正式职工7人。

《半边天》栏目组

成立于1994年4月,1995年1月1日正式开播,其服务对象是女性。现有正式职工17人。

海外电视中心

海外电视中心由原对外中心与第四套节目部于1993年11月合并成立,是中央电视台对外宣传和海外电视节目的制作编播部门。其主要任务是:负责中央电视台国际频道卫星电视即第四套节目和英语传送频道节目的制作和编排播出,以及对外宣传的大型系列节目的制作播出;创办和发展海外电视宣传阵地,向中国驻外使领馆以及海外电视台、电视机构提供和传送中、外文节目;协同全国各地方电视台制作播出海外宣传电视节目;承担国际电视交流、接待外国来华摄制队任务和海外观众联络工作。从以上各方面全面、及时、准确地对外宣传中国,为在国际上树立中国的形象和为中国的改革开放、实现社会主义现代化创造良好的国际舆论环境服务。

海外电视中心组织机构共一室五部:海外中心办公室,海外新闻部,海外专题部,海外外语部,海外电视编辑部,海外技术制作部。现有正式职工293人。中央电视台副台长李丹主管海外中心。海外中心主任赵宇辉,副主任盛亦来、拉白,党总支专职副书记兼海外中心办公室主任冉素霞。

海外新闻部

负责《中国新闻》、《粤语新闻》等对外新闻栏目的采访编辑制作任务。每天制作播出七次新闻。该部设政治组,社会组,文化组,经济组,编辑组,粤语组,地方组。现有正式职工43人。海外新闻部主任李海明,副主任杨刚毅、赵树清。

海外专题部

负责《中国报道》、《天涯共此时》、《中国风》、《海峡两岸关系论坛》、《中国旅游》、《龙之乡》、《希望之旅》等专题栏目的采访编辑制作任务;同时,每年还承担若干大型系列节目的采访编辑制作任务。该部设《中国报道》组,《中国旅游》组,《天涯共此时》组,纪录片组,《中国风》组,《海峡两岸关系论坛》组。现有正式职工73人。海外专题部主任吴明训,副主任张希岑。

海外电视编辑部

负责第四套节目中的综艺栏目《中国文艺》、《神州戏坛》、《欢聚一堂》和大型晚会以及《华夏掠影》、《电视信箱》等栏目的采访编辑制作任务;还负责中央电视台国际频道即第四套节目的编排播出以及与全国地方电视台联系和接待外国摄制队、海外观众联络和节目发行工作。海外电视编辑部设节目组,联络组,综合组,《中国文艺》组,戏曲组,《欢聚一堂》组,教育节目组。现有正式职工43人。海外电视编辑部主任吕斌,副主任景春寒、苏大清、郎昆。

海外外语部

负责英语传送频道和第四套节目中外语节目的采访编辑制作。英语传送频道1997年5月27日在香港回归报道中试验播出,9月20日正式开播,每天播出17个小时,设置17个外语栏目,主要有:《英语新闻》、《今日中国》、《中国各地》、《周日话题》、《华夏风情》、《中华艺苑》、《中国音乐电视》、《中华武艺》、《中国投资指南》、《教汉语》、《外国人看中国》、《中国烹饪》、《电视剧场》等。该部除负责对港、澳、台和海外的外语节目制作外,还负责定期向美国CNN、墨西哥特莱维萨电视网和乌拉圭电视台提供新闻和专题节目。该部设《英语新闻》组,《今日中国》组,《中国投资指南》组,文化专题组,纪录片组,法语组。现有正式职工75人。海外外语部主任盛亦来(兼),副主任陆金龙、野露露、王晰。

海外技术制作部

承担海外电视中心国际频道即第四套节目和英语传送频道节目的技术制作工作。1997年组建了第一、第二、第三数字电视编辑机房,合成制作机房,多媒体机房。该部设技术科,录制科,灯光科,复制科,录音科,综合科。现有正式职工58人。海外技术制作部主任李树声,副主任陈玉良。

文艺中心

文艺中心成立于1994年3月。它承担中央电视台音乐、舞蹈、曲艺、杂技、戏剧、戏曲等各类文艺节目的制作和播出任务;承担国际节目的制作播出任务;承担国内外电影、电视剧制作、引进译制片的编排播出和动画片的制作播出任务。文艺中心下设办公室,文艺部,国际部,影视部,动画部,戏曲·音乐部,中心编辑组。现有正式职工256人。文艺中心主任邹友开,副主任张子扬、苏峰,党总支专职副书记郑淑贞,办公室主任倪代光。

文艺部

成立于1962年,早在建台初期,便以文艺组的编制出现。它承担电视台各类文艺节目的录制工作。文艺部设有综艺组,歌舞组,社会文艺组,戏剧组,曲艺杂技组,摄像科,制片科。该部目前所设的栏目有:《综艺大观》、《曲苑杂坛》、《旋转舞台》、《电视剧场》、《电视书场》、《文化视点》、《戏剧天地》、《艺苑风景线》、《戏剧博览》、《专题文艺》、《周末大回旋》、《文艺广角》等。现有正式职工78人。文艺部主任邹友开(兼),副主任赵安、王晓。

国际部

成立于1987年4月,主要承担外国电视节目的引进、译制工作以及国际节目的采编工作。该部下设《正大综艺》组,"环球"组,《人与自然》组,"佳艺"组,编导组,编译组,制片组。主要栏目有:《正大综艺》、《正大剧场》、《动物世界》、《人与自然》、《世界各地》、《每日佳艺》、《佳艺剧场》、《佳艺五线间》、《佳艺影院》、《国际影院》、《午夜剧场》、《'97环球》、《外国文艺》、《世界影视城》、《世界名著名片欣赏》等。现有正式职工68人。国际部主任张子扬(兼),副主任高峰。

影视部

全称为电影电视剧管理部,是中央电视台电影、电视剧播出的主管部门,成立于1984年。该部下设编审一组,编审二组,编审三组,制片组。现有正式职工23人。影视部主任高建民,副主任冯骥、汪国辉。

动画部

成立于1991年1月,承担动画片的生产制作与播出工作。该部下设创作一组,创作二组,创作三组,编辑组,制片组。现有正式职工42人。动画部主任梁晓涛,副主任李小健。

戏曲·音乐部

成立于1995年12月，主要承担各类戏曲、音乐、歌曲等节目的录制工作。该部下设地方文艺组，戏曲组，制片科，摄像科。主要栏目有：《东西南北中》、《音乐电视城》、《中国音乐电视60分》、《地方文艺》、《每周一歌》、《银屏歌声》、《星星擂台》、《音乐直播厅》、《音乐大舞台》、《九州戏苑》、《戏曲直播》、《戏苑百家》、《戏曲大舞台》、《戏曲采风》、《名段欣赏》、《戏迷园地》、《梨园群英》、《星光舞台》、《请跟我唱》、《外国音乐》、《知识库》、《星星音乐会》、《音乐桥》、《音乐知多少》等。现有正式职工45人。戏曲·音乐部主任尹希元，副主任孟欣。

中心编辑组

成立于1995年10月，主要承担中央电视台第三套和第八套节目的编排、节目预告，以及部分编辑性栏目的节目制作。该组栏目有：《综艺走廊》、《下周屏幕》、《专题文艺》、《音乐电视赏析》、《节目预告》等。现有正式职工6人。组长邹亚丁。

广告经济信息中心

广告经济信息中心于1996年5月24日建立，设广告部、经济部和图文电视部，担负着全台广告创收、经济节目宣传及图文电视事业发展的任务。现有正式职工134人。广告经济信息中心主任谭希松，副主任兼党总支书记王进友，总支专职副书记、办公室主任李萍。

广告部

成立于1987年7月，其前身为1979年10月成立的广告科，承担中央电视台商业广告和公益广告的编辑、制作和播出工作。广告部设有编导科，业务科。现有正式职工31人。广告部主任谭希松（兼），第一副主任郑加强，副主任郑健。

经济部

成立于1984年，承担经济方面的宣传报道任务。1996年6月，经济部从新闻中心划归广告经济信息中心。从7月1日起，推出了《经济半小时》（新版）、《中国财经报道》、《生活》、《金土地》、《世界经济报道》、《经营有道》、《供求热线》、《欢乐家庭》等八个经济类新栏目，1997年4月1日开办《商务电视》栏目，形成中央电视台第二套以经济节目为主的综合频道的雏形。每天首播节目150分钟。除上述九个栏目外，经济部还设有地方组，负责与全国地方电视台联系；综合组，负责内部管理；规划组，负责节目规划。现有正式职工102人。经济部第一副主任汪文斌，副主任王晓真、刘连喜。

图文电视部

成立于1996年，负责经营中央电视台图文电视。其前身是中视电视信息传播公司，成立于1993年。中央电视台于1992年开播图文电视，至今已成功地开通了中央一套、二套、四套及其他开路频道的十几个专业信道信息和图文页信息，并初步形成了中视图文信息网。在专业信道中新增播了《全国物资商品供求、质量监测信息》、《综合经济信息》、《农业综合信息》、《金融证券实时信息》等栏目。下设办公室，金融信息部，供求信息部，图文页信息部，技术部，播出部等。现有正式职工37人。图文电视部主任蔺兴汉，副主任韩建群。

研究室

研究室成立于1983年4月，是中央电视台负责电视理论研究，编辑、出版、发行电视理论刊物、图书、年鉴，组织精品赏析活动，收集和提供电视文字资料的编辑部门。学会活动和各类评奖工作亦由研究室负责组织实施。研究室设电视理论课题组，学术活动组，图书资料科，图文技术科，《电视研究》编辑科。现有正式职工30人。研究室主任王录，第一副主任王甫，副主任孙秋萍、王亚平。

中国电视报社

《中国电视报》是中央电视台主办的报纸，每周一出刊发行。刊登中央电视台和部分省级电视台的节目表，评介重点节目内容，报道中外影视界最新消息和动态。用中、英文出版，向国内外公开发行。1981年元旦创刊时为《电视周报》，1986年易名为《中国电视报》，1992年创办了外文版。1997年，《中国电视报》北京版四开三十二版，全国版四开二十四版，报价全部0.70元。除在北京印刷外，还在22个省设立分印点，实行电话传版和飞机送版。全年平均期发量为230万份，最高发行量为290万份，名列全国第一，年利润突破1370万元，连续四年荣获中央电视台先进集体称号。报社设中文编辑组，外文编辑组，通联组，地方组，出版发行科，广告科，纸张科，综合科。现有正式职工43人。报社社长吴继尧，副社长郭卫翔、赵成璧。

中国电视剧制作中心

中国电视剧制作中心是中央电视台制作电视剧的专业机构，成立于1983年10月18日。其宗旨及主要任务是：坚持四项基本原则和“二为”方针，建设具有国家级规模的、用现代化设备装备起来的、全功能性的电视剧生产机构；向中央电视台提供电视剧，丰富广大群众的文化生活，为建设社会主义物质文明和精神文明服务。一、创作并录制各种题材和样式的电视剧；二、积极拓宽与国外或地区合拍电视剧，促进中外电视剧的艺术交流；三、收集中外电视剧的资料，协同社会有关方面，组织电视剧艺术的研究活动；四、有计划地建设和不断发展现代化的电视剧制作基地。中国电视剧制作中心自1984年起，每年生产各种题材、风格、样式的电视剧200余(部)集。在已经完成的1000多(部)集作品中，有根据古典文学名著改编的电视连续剧、革命历史剧、现实题材的电视剧、儿童剧以及与国外合拍的电视剧等。其机构设置有办公室，党委办公室，人保处，计财处，生产处，文学部，技术处，制作部，涿州影视基地。现有正式职工345人。中国电视剧制作中心主任胡恩，副主任邹庆芳、张华山，党委专职副书记兼党办主任郭秀英，办公室主任成功，主任助理兼技术处处长肖月桃，人保处处长侯向强，计财处副处长王占盈，生产处处长李汀，制作部主任陈贵林，涿州影视基地主任蔡世富，文学部副主任谢丽虹。中国电视剧制作中心通讯地址：北京市虎坊路15号，邮政编码：100052，电话：(010)63529746。

中央新闻纪录电影制片厂

中央新闻纪录电影制片厂(简称新影厂)是我国惟一生产新闻电影的专业厂。创建于1938年的延安电影团，被视为新影厂的前身。1953年7月7日，中央新闻纪录电影制片厂在北京正式成立。

建厂45年来，新影厂共摄制了5000多部新闻纪录影片，拍摄收集储存了2万多本极其珍贵的历史影片资料，这些影片真实地纪录了我们共和国发展的历史进程。新闻纪录影片曾作为我国形象化新闻报道的主要形式之一，曾在中国人民的政治社会文化生活中有着重要影响。毛泽东主席于1958年为新影厂亲笔题写厂名，周恩来总理也曾亲自修改过纪录影片的解说词。为了加强中外文化交流，增进中国人民同世界各国人民的了解和友谊，新影厂的摄制组曾到过许多国家拍摄纪录影片，向中国人民介绍世界各国的风貌；也曾把国内的纪录影片，翻译成英、法、西、阿、葡、俄等多种语言向世界发行。建厂以来，共有30余部纪录片获“百花奖”、“金鸡奖”，有50余部纪录影片在国际上获奖，数十部纪录影片荣获“政府奖”、“金桥奖”等奖项。在党和政府的关怀下，经过数十年建设，新影厂曾发展成为国内大型电影企业之一，并成为世界上最大规模的纪录电影专业生产厂。

1993年10月，经广播电影电视部批准，新影厂整建制划归中央电视台领导，亦称“新影制作中心”，迈向了影视合作的道路。几年来，在中央电视台的有力扶持下，经过全厂职工的努力，新影厂由原来生产影片为主转为主要生产电视节目，同时每年生产少量纪录影片。新影厂现有8个对编机房，3个合成机房；并拥有多媒体设备和160平方米演播室；改造了音乐录音棚，可承接大型音乐节目的录制任务；改建了简易摄影棚，可承揽影视节目拍摄任务，为建成影视节目制作基地奠定了物质基础。1997年是新影厂实行“调整、改革、提高”方针的新三年转轨规划的开头年，厂领导班子提出经营、创作、生产、经济、人事管理改革的五个具体思路和原则。加强创作管理，栏目质量提高，节目产量增加，纪录电影生产有突破性进展。新开设的《世纪回眸》、《上下五千年》栏目受到领导和观众的好评。拍摄的纪录影片《山梁》荣获电影“华表奖”、“金鸡奖”一等奖。为纪念周恩来同志诞辰100周年，新影厂摄制了大型纪录影片《周恩来外交风云》，在利用影片资料创作大型纪录影片和进行电影市场运作方面获得巨大成功。在中央电视台的直接领导下，与中央文献研究室联合摄制了长纪录片《丰碑》，播出和放映后受到各方面的好评。新影厂现有职工602人，离、退休职工429人，其中有各类专业技术职称者305人，高级职称者79人，直接从事影视创作的编导、摄影共计153人。新影厂中层管理部门有：党委办公室，厂部办公室，纪委监察室，编辑部办公室，第一编辑室，第二编辑室，第三编辑室，技术制作部，影视资料部，技术管理处，人事处，离退休办公室，保卫处，行政管理处，计划财务处，工会，多种经营办公室，新影音像出版社等。新影厂厂长李建，副厂长张建华、王盟盟、干颖力。中央新闻纪录电影制片厂通讯地址：北京市北三环中路67号，邮政编码：100088，电话：(010) 62018822，传真：(010) 62011573、(010) 62011574。

北京科学教育电影制片厂

北京科学教育电影制片厂(简称科影厂)是我国最大的科教电影生产厂家之一，建立于1960年3月12日。30多年来，科影厂共摄制了1000多部科教电影，其中既有与广大群众生产、生活息息相关，被誉为“出粮食的影片”，也有许多反映重大科技成果和普及科学知识的影片。在中国电影最高奖——“金鸡奖”17次评选中，科影厂获12个最佳科教片奖、1个最佳纪录片奖。此外还获得了包括政府奖、大众电影“百花奖”、中国儿童少年电影“童牛奖”在内的国内奖项150多部次；获国际科教电影节金奖、银奖、荣誉奖等60多部次。改革开放后，科影厂进一步加强与国外同行的合作与交流。从1979年开始，先后派出摄制组赴日、法、意、希腊、瑞士、美、泰、澳大利亚等国及香港特区拍片。1983年10月，在西班牙隆达举行的国际科学电影协会第三十六届年会上，北京科学教育电影制片厂代表中华人民共和国被接纳为正式会员国。80年代以来，科影厂努力开展多片种生产，探索电影与电视的融合。

1984年科影厂成立了电视部(现为制作部)，开始摄制电视录像片。1979年至1988年，积极组织本厂专业技术人员，研究开发了“网频时间码同步电影后期录音工艺”，在电影生产中采用了先进的时间码同步技术和视频技术，从技术上开创了影视结合的先例，因而荣获1991年度国家科技进步二等奖。动画车间(现扩大为动画部)除完成全厂科教片动画任务外，每年还制作数部美术片。根据国家对外宣传的需要，科影厂还将本厂摄制的科教片译制成英、法等10种语言对外发行，并逐渐成为固定片种。

1995年4月，科影厂整建制划归中央电视台，亦称“科教节目制作中心”，由以生产科教电影为主，转向以制作电视节目为主和动画片、译制片、科教片并存的生产模式。全厂职工积极响应厂党委提出的“第二次创业”的号召，虚心学习、努力进取，较好地适应了电视生产的要求。电视节目制作1995年完成60小时11分，1996年完成190小时，1997年完成220小时以上。最早开设的《科教片之窗》栏目，题材广泛，深入浅出，已有较为固定的观众群，至1997年底已播出193期。新组建的字幕车间，1996年5月投产，一年半完成了510集电视剧英文字幕制作。动画部两年完成21集动画片工作量。电影三年生产30部，其中《种子正传》、《长城》、《介入疗法》等影片获16个国内外重要奖项。在中央电视台分党组的领导和台各部门的大力支持下，转轨三年来科影厂年营业额、年利润逐年增加，均创历史最好水平，实现了台领导提出的“建成中央电视台科教节目、动画节目、字幕制作基地”的要求。

科影厂现有在编职工483人，其中高级职称87人、中级职称162人。主要机构有：厂长办公室，党委办公室，总编辑室，生产管理处，技术管理处，动画部，录制部，制作部，字幕车间，特技车间，影视资料编辑科，计划财务处，人事处，保卫处，行政办公室，经营办公室，工会等。科影厂厂长兼党委书记万迪基，副厂长任振华、杨杰亭、安伟民，党委副书记张晓光。

北京科学教育电影制片厂通讯地址：北京市新街口北大街74号。邮政编码：100035，电话：(010)66184449，传真：(010)66182318。

中央卫星电视传播中心

中央卫星电视传播中心是广电部直属局级事业单位，挂靠中央电视台，独立核算，自负盈亏。它负责中央电视台的电影、体育、文艺、戏曲·音乐等卫星电视频道节目的加扰传播，与全国有线电视台互助互利，采用卫星与有线电视网结合的形式，向与中心联网入网的有线电视观众提供高质量的加扰电视节目。负责卫星有线电视联网入网用户的发展和收取收视费工作；依照有关规定对加扰频道进行加扰授权控制；为全国各有线电视台(网)提供专用接收解码设备与技术服务；参与卫星频道节目的协调及影视节目的交流；依法维护中央电视台及中央卫星电视传播中心的知识产权等各项权益。下设机构有：办公室，负责人事、档案、文秘、公关、宣传、版权纠纷等项工作，参与加扰频道节目的编排，了解观众对电视节目的意见、要求和信息反馈；计划财务部，担负理财职能，安排资金的使用，协调并参与本单位的各项经济活动，核算各项费用，负责收视费的管理；网络经营部，负责卫星有线电视收视系统用户联网、运营等管理工作，不断拓展更加广泛的收视用户；工程技术部，负责加扰授权控制管理系统的正常运行，保证节目传播的技术质量，向各有线台提供加扰卫星电视专用接收解码设备，利用卫星和有线网络的技术优势积极开拓新业务。现有正式职工23人。中央卫星电视传播中心主任赵化勇(中央电视台副台长兼)，副主任田盛华、杨步亭(电影局副局长兼)。

地址：北京市复兴路11号，邮政编码：100859，电话：(010)63013101，传真：(010)63012900。

技术管理办公室

技术管理办公室成立于1991年4月，负责中央电视台全面技术管理工作。技术管理办公室设科技处、工程维护处、信息通讯处。现有正式职工77人。技术管理办公室主任何宗就，副主任徐威、曹青，办公室主任、党总支专职副书记谢和平。

科技处

1991年4月成立。承担全台技术考核，设备和技术系统技术指标测试，节目技术质量的监测，技术规章制度和技术标准的制定等工作；负责组织技术交流与培训以及技术资料的管理，电视高新技术的推广应用和电视产品的研究与开发；组织全台技术队伍进行电视设备的技术革新、技术信息和资料数据库的建立。现有正式职工19人。科技处副处长李建成、卞美瑾、金家骥。

工程维护处

1991年4月成立。负责全台技术工程及改造项目的立项、论证、验收、评估及监督检查管理工作；负责专业技术设备维护管理工作；负责技术设施维护、检测、验收的组织工作和档案管理工作；负责专业技术设备零配件、备件的管理工作；承担对全台技术系统设施和主要机型电视设备大修的组织实施；承担编辑部门电视设备的维修工作。现有正式职工11人。工程维护处处长王文祥,副处长王冀林。

信息通讯处

成立于1996年1月,由原新技术应用开发室和动力通讯处中的通讯部分组成。负责中央电视台计算机信息网络系统和通讯系统的建设、运行、管理和维护;负责提供通讯业务的技术保障和服务,为全台自动化办公系统和其他计算机应用系统提供技术服务和支持;负责全台计算机信息网络的运行和管理;负责全台计算机技术和通讯技术的引进、应用、开发工作;负责管理全台计算机设备和软件;负责管理全台通讯业务和技术设备;负责协调和处理与信息和通讯相关的各项工作。现有正式职工40人。信息通讯处处长徐威(兼),副处长季小军、丁亚建。

技术制作中心

技术制作中心于1991年3月成立。它是包括前期采录、后期制作和演播室直播录像,视音频技术、灯光、舞美和服化道为一体的电视节目制作生产单位。下设调度室、录制部、音频部和制作部。自1995年底以来,技术制作中心陆续建成了包括800平方米、400平方米和2个250平方米演播室、35套ENG、20套全功能电编合成机房在内的全数字节目制作系统;以及采用DVCPRO数字记录格式的3个演播室、50套ENG,30套各类编辑机房的军博节目制作群,用于经济频道节目制作。目前制作中心共有包括全台最大的1000平方米演播室在内的15个演播室,其中具有直播功能的大型演播室均配有先进大型视频切换台、数字特技、多路输入输出调音台和电脑灯等;有前期采录ENG设备180套;全功能编辑合成机房28间;包括大型计算机和高级胶磁转换设备在内的三维动画制作系统1套;近50个工位的二维动画制作系统1套;多媒体编辑设备14套;电视电影和带式转换机房1个;有480平方米和360平方米2个立体声录音棚,棚内配有电脑控制全自动合成调音台及48轨数字录音机,数字音频外围设备;有高质量电脑音频制作(MIDI)系统;音乐编辑机房3间,译配机房5间,配音合成机房2间,数字音频工作站3套;音频资料室1间;舞美、灯光计算机辅助设计系统1套。技术制作中心现有正式职工297人。主任李旋宗,副主任陈默、黄平刚(兼调度室主任),党总支专职副书记田敬改(兼中心办公室主任)。

调度室

是技术制作中心直属单位。负责统一调度技术制作中心内各种技术设备、设施和各种制作手段,落实除海外中心(不含海外新闻部)和新闻中心以外的各编辑部门各种电视节目的制作和全台各编辑部门使用大型演播室现场直播和录像;协调并落实台外实况转播和录像的设备制作任务,并负责节目制作使用技术设备、设施有偿服务的数据统计。

录制部

成立于1985年3月,是电视节目的视频制作部门。分管16个演播室中心机房和各类视频后期制作机房56个、多媒体14套以及ENG设备197套。其工作任务为:电视节目的演播室录像和现场直播;电视节目的采录和后期制作;全台各类节目的栏目片头和特技动画制作;全台影视节目胶转磁和带式转换;视频制作技术系统的事业发展规划、运行管理与维护。录制部设录制一科、二科、三科、四科,后期制作一科、二科、三科,采编科,特技动画科及军博制作区。现有正式职工135人。录制部主任李宏虹,副主任李勇、刘畅、徐进。

制作部

成立于1983年。下设业务管理科,美术设计科,灯光一科,灯光二科,灯光三科,服化科,灯光技术科,美术制作科。其业务范围:承担全台节目的舞台美术、灯光、服装、化妆设计、制作及全台展览会的设计制作。可承担部分节目整体包装和虚拟演播室背景+设计制作。在该部设立了美术与灯光的电脑辅助设计系统,大型电脑喷绘制作系统,及约4000平方米的景具库房;2000平方米的灯具库房;800平方米的服装库房。并管理一号演播厅和1000平方米、800平方米、600平方米的演播厅。每年自行设计制作节目量为160多台。该部现有正式职工93人。制作部主任李玉文,副主任于宝富、张旭。

音频部

成立于1991年3月,是电视节目的音频制作部门。它从事录音扩音、译配音、音乐编辑及音频系统管理与技术维护等业务。音频部分管演播室、录音室等各类机房26个,以及录音车、转播车的音频制作业务和专题片前期录音。其业务范围包括11个演播室的节目音频制作;台外录像或直播节目的音频制作;8个译配音及解说录音机房的后期音频制作;2个录音棚(480平方米和360平方米)的立体声音乐录音;4个音乐编辑、审听及复制机房和1个MIDI音乐制作系统;音频技术系统的运行管理与维护。音频部现有正式职工63人。主任朱慰中,副主任刘中胜。

播送中心

播送中心成立于1991年3月。它负责中央电视台八套节目及图文电视节目的安全播出;台内、台外节目的现场直播和录制；台外大型综合节目转播报道的组织和实施；体育部、经济部节目的前期采访与后期制作；国际、国内节目的转播和传送；卫星电路微波干线的协调、管理等重要任务。播送中心设播送部和转播部。现有正式职工 150 人。播送中心主任丁文华，副主任梁迎利、翟世德(兼党总支书记)。

播送部

全称播出传送部，1988 年 3 月成立。现拥有 2 套自动节目播出系统，8 套机械手自动播出模拟系统，4 套机械手自动播出数字系统以及 4 个直播演播室，是负责中央电视台各套节目播出运行和卫星传送技术部门。其主要任务是：承担全台八套节目及图文电视节目的安全播出和传送；向亚广联以及其他国家和地区的电视机构传送、交换新闻节目，并协助境外记者编辑节目和卫星传送业务；承担经济节目、体育节目的前期采访、后期制作、播出的全部技术工作；承担全国微波、国际卫星线路申请、办理、协调、支付费用等工作；通过光缆向发射台、卫星地球站传送各套节目，并负责所有光缆通路以及中央电视台卫星地面站的使用管理工作；负责全台进出视频、音频信号的分配、调度、交换、制式转换以及技术处理工作；负责使用移动卫星地面站在各地传送新闻节目；利用播出信号场的逆程向全国播发标准时间、频率、测试行信号以及图文电视。播送部设有播控一科，播控二科，节目传送科，主控科。现有正式职工 92 人。播送部主任王效杰，副主任程星、刘文华、肖建生。

转播部

成立于 1985 年，其前身为 1977 年成立的转播科。其主要任务是：面对全台各编播部门，承担台内外大型时政、综艺、体育等活动的实况转播，以及各种不同类型节目的直播、录像、专场录制工作。在完成台里宣传任务的前提下，承担向国外电视机构提供大型直播活动的国际视、音频信号，为国外电视机构与国内合办大型节目提供转播技术服务，以及完成海外新闻机构转播传送任务。该部设转播一科，转播二科，音频技术科，微波科。现有正式职工 52 人。转播部主任于志，副主任陈明、姜柏宁。

动力处

动力处(原名动力中心、动力通讯处)成立于 1985 年 1 月 19 日。它担负着中央电视台的供电(包括计划用电、节约用电、安全用电)、空调、供暖、供蒸汽、供水、排污(水)、排烟通风、室内外照明、电梯、移动通讯等专业设备及系统的工程维护，以及常年每天 24 小时的运行值班任务，是中央电视台完成电视宣传任务的一个重要技术保障和技术服务部门。动力处下设技术管理科、器材管理科、供配电科、空调科、水暖科、电梯科、移动通讯科、综合维修科。全处现有正式职工 92 人。动力处处长由中央电视台副总工程师许世杰兼任，副处长匡镛、王国佑、高东生。

经营管理处

经营管理处于 1992 年 11 月 17 日成立。经营管理处是在台分党组和主管台长领导下负责对台属企业及经营单位管理的职能办事机构。其主要责任是：在台分党组领导下，认真宣传、贯彻执行党和国家的经济政策和经营方针，结合中央电视台实际情况，制定经营发展规划，加快发展中央电视台第三产业；加强对现有经营单位的管理和服务，检查监督经营办法和管理制度的落实；负责新开发项目的调研、可行性论证报告，为台领导提供决策依据；负责经营活动的组织和协调，新建项目的申报办理；负责项目经费、经营状况和经营成果的统计报表及情况汇总工作；定期组织各经营单位交流经验，分析经营开发情况，及时研究解决经营活动中存在的困难和问题；根据中央电视台第三产业的发展战略和经济效益，进行可行性论证，并办理各种签约手续；加强对劳动服务企业的管理，加强同各职能部门的合作、沟通并建立系统内的经济信息网络；及时研究经营开发工作中的新问题，提出解决问题的办法供台领导决策。现有正式职工 30 人。经营管理处处长赵万一，副处长叶灵灵、赵频、安俊。

中国国际电视总公司

中国国际电视总公司是中央电视台 1984 年投资组建的国有企业。1997 年按现代集团企业模式进行了重组，并成功地将紧密层骨干企业——无锡中视股份有限公司改造成国内上市公司。集团目前拥有中国电视节目代理公司、中视实业发展有限责任公司、中视科技发展有限公司和央视调查咨询中心等 40 多家分支公司、合资公司(包括美国、日本两家境外公司)和无锡、威海、南海三大影视基地。

公司以制作发行影视节目(剧)、广告代理、电视技术咨询服务、广播电视设备安装为主导产业，同时兼营影视旅游、电子产品等相关产业。中国国际电视总公司是经国家主管部门批准的中国惟一的境外卫星节目代理公司和中央电视台惟一经营电视节目版权国际交易的公司，也是中国电视节目外销联合体和全国有线电视供片中心的办事机构，具有较强的外向经营优势。总公司系统拥有 3000 多名职工，其中有一大批高级记者、高级编辑、高级工程师、博士、教授等各类专业技术人员。总公司总部下设总经理办公室、人事部、计划财务部、广告部、项目投资部、资产经营部、企业管理部、党委办公室等机构。总公司总部正式职工 68 人。总公司董事长杨伟光,常务副董事长兼党委书记贾文增,总经理李培森,副总经理王丹洁、冷敏述、赵健。通讯地址:北京市复兴路 11 号,邮政编码:100859,电话:(010)63955896,(010)63955887,传真:(010)63955816,网址:citc @public.bta.net.cn。

中国电视节目代理公司

中国电视节目代理公司(原名节目外销办公室,简称外销办),于 1992 年 9 月建立,是我国迄今惟一经国家工商局认定的向海外推销电视节目的公司。它的任务是采用商业手段将电视节目推向世界。外销办在台领导的直接主持下,于 1993 年 1 月 11 日组织成立了中国电视节目外销联合体,全国省级和计划单列市的 47 家电视台参加了联合体。外销办同时成立了联合体的办公室,承担联合体的日常业务。由于事业单位不适宜商业经营,经中央有关方面批准,1993 年 11 月 9 日,外销办改建成立了中视电视节目代理公司。1994 年 11 月 10 日,经国务院批准,更名为中国电视节目代理公司,成为国家级公司。1997 年 2 月,中国电视节目代理公司与中国国际电视总公司合并,成为隶属于中国中央电视台中国国际电视总公司的紧密层骨干公司,是经中国广播电影电视部、国家工商行政管理局和国家版权局批准注册具有独立法人资格,以电视节目为依托的经营机构,是经国家主管部门批准中国惟一的经营电视节目版权国际交易的公司。中国电视节目代理公司受中国国际电视总公司委托,承担中外各类电视节目的策划、拍摄和制作;制作、出版、发行中外各类音像制品;策划、制作、代理中外各类广告;为全国省、市无线电视台和有线电视台提供中外各类电视节目。中国电视节目代理公司是中国电视节目外销联合体和全国有线电视供片中心的办事机构,是中央电视台、中国电视节目走向世界的一个重要环节。中国电视节目代理公司下设办公室、业务部、海外销售部、国内销售部、广告部、音像部、编辑部、技术部、财务部、储运部十个部门。现有职工 100 余人,中国电视节目代理公司总经理袁晓波,副总经理武小川、西冰、杨德祥。通讯地址:北京市复兴路戊 12 号,邮政编码:100038,电话:(010)63955704,传真:(010)63955916。

中视实业发展有限责任公司

中视实业有限责任公司成立于 1997 年 6 月 27 日,隶属于中国国际电视总公司。公司经营范围:影视文化、技术交流;场景道具、服装、化妆造型设计、制作;影视咨询;电视技术咨询及设备的安装、维修、销售;广播电视通讯网络安全防范工程的设计、安装和维修,以及与上述业务相关的设备、机械设备、电子设备、五金交电、办公设备、文化用品、日用百货、家用电器、经济信息咨询等。公司机构设置:综合办公室、经营管理部、计划财务部、企划开发部。公司下属公司有 10 多家,经营项目广泛,实力雄厚。现有员工 400 多人。公司董事长杨保亮,总经理庞建。地址:北京市复兴路戊 12 号,邮政编码:100038,电话:(010)63955802,联系人:张玉华。

中视科技发展有限公司

中视科技发展有限公司成立于 1997 年 11 月,是直接隶属于中国国际电视总公司的紧密层骨干公司。公司业务范围:国内外电视节目传送;电视技术开发;电视设备租赁、维修、销售;舞美灯光设计、制作;广播电视工程设计、安装;计算机信息网络、电视节目技术制作、承办电视设备展及技术交流会;电视技术的咨询;广播电视设备的销售等。公司下设七个部门:录制部、传播部、工程部、制作部、业务部、财务部、办公室。公司现有正式职工 210 人。总经理刘广全。通讯地址:北京市复兴路戊 12 号恩菲大厦 1029 室,邮政编码:100038,电话:(010)63955871,传真:(010)63955875。

央视调查咨询中心

央视调查咨询中心(CVSC)成立于 1995 年 6 月 29 日,是中国国际电视总公司直属专业媒介调查咨询机构。其主要业务为:电视收视率调查,电视及报纸广告监测,市场调查和媒介研究等。下设机构有:总经理办公室,负责中心行政、人事、宣传及后勤等日常工作;财务部,负责各项财务收支、计划、核算、分析和考核工作;广告监测部,为国内电视台、国内广告主和广告代理商提供及时准确的广告监测数据及广告投放等咨询服务;市场研究调查部,为国际企业集团、国内企业及中国消费者协会提供消费者固定样组调查报告和年度全国主要城市居民消费者调查报告;媒介研究部,不定期地为国内电视台、广告代理商和国际媒介购买者提供电视节目研究、广告效果研究、CM 测试和专项媒体调查;技术部,负责中心技术支持、设备维修;事业发展部,负责研究中心深度的长短线新品、企业发展规划等。

另外,央视调查咨询中心所辖的控股公司:央视—索福瑞媒介研究有限公司,其业务是为国内电视台、广告主、广告代理商及国际广告代理商、制片商、媒介购买者提供电视收视率数据和分析软件;北京央视北方新技术发展有限公司,业务是研究开发调查业专用的收视率、人员测量系统、自动传真信息系统等。

现与中心签约的合同制员工有 92 人。央视调查咨询中心监事会主席尚广礼，总经理陈若愚，副总经理于胜元、张海鹰。通讯地址：北京西城区车公庄北里甲 1 号长城办公楼，邮政编码：100044，电话：(010) 68362798，传真：(010) 68362785。

无锡太湖影视城

无锡太湖影视城是我国最早建设的影视节目生产基地，于 1987 年 4 月落成。先后建成了唐城、三国城、水浒城、欧洲城、亚洲城等。陆地面积近 133 万平方米，湖面近 200 万平方米。影视城主要为国内外影视制作单位提供拍摄景地、录制设备、生活设施和工作条件。同时利用外景区对社会开放，开展别具特色的影视文化旅游活动。为将无锡基地推向市场，中央电视台于 1997 年上半年，以唐城和三国城为主体对无锡基地进行了部分股份制改造，成立了无锡中视影视基地股份有限公司。目前，无锡太湖影视城有正式职工 35 名，主任冷敏述，副主任郭宝祥。通讯地址：江苏省无锡市中央电视台无锡太湖影视城，邮政编码：214071，电话：(0510) 5104714。无锡中视影视基地股份有限公司现有正式职工 314 名，公司董事长冷敏述，总经理崔屹平。通讯地址：江苏省无锡市大浮乡漆塘 1 号，邮政编码：214081，电话：(0510) 5555527。

威海影视城

威海影视城始建于 1995 年 12 月，占地面积 33 万平方米，位于山东省威海市海滨。首期的少儿景区由正门城堡、环形广场、大风车、骑士乐园、乡村俱乐部 5 栋建筑物和田园高尔夫球场、野外训练营、长寿快乐岛、七巧板电视台等 5 个景点组成。作为影视城的配套服务设施，还建有一幢 18 层的集餐饮、娱乐、住宿、办公于一体的多功能综合大楼，占地 3154 平方米。此外，特技摄影棚及生活区已着手规划。威海影视城现有正式职工 40 人。主任刘玉刚，副主任王良生。通讯地址：山东省威海市中央电视台威海办事处，邮政编码：264200，电话： (0631) 5819723。

南海影视城

南海影视城始建于 1996 年 7 月，占地 100 万平方米。首期工程“旧香港一条街”建有戏院、茶楼、赌馆、警署、法庭等建筑近 20 栋。为拍摄电视连续剧《太平天国》而搭建的“太平天国城”已于 1997 年 10 月破土动工，将于 1998 年 9 月交付剧组使用。今后几年，影视城将结合中央电视台电视剧的创作，向高科技的方向发展，成为集电视剧制作与旅游为一体的大型影视拍摄基地。基地现有正式职工 20 名。主任冷敏述，副主任冯宝良、穆向强。通讯地址：广东省南海市松岗镇南国桃园度假村南海影视城，邮政编码：528234，电话：(0757)5221358。

梅地亚电视中心有限公司

梅地亚电视中心有限公司成立于 1990 年 9 月 13 日，是中央电视台(CCTV)和日本广播协会(NHK)合资兴建的集电视节目制作、卫星传送、宾馆、公寓、写字楼服务设施于一体的综合性企业。1997 年 3 月归入中国国际电视总公司。宾馆拥有客房 266 间套，公寓 50 套，写字楼可供出租面积 4500 平方米，有风味餐厅 11 个和各种娱乐设施。梅地亚中心的电视业务部主要从事国内外电视节目交流，电视新闻、专题片、电视片编辑制作与合成，广告的创意、制作等业务；并能为国内外电视摄制单位来京进行拍摄、编辑、制作、卫星传送等提供场地、设备、技术和综合服务。梅地亚中心下设办公室，人事部，综合业务部，计划财务部，保卫部，工会，工程部，前厅部，客房部，电视业务部，市场营销部，餐饮部，公关部，总务部。中方工作人员 757 人，其中电视台正式职工 8 人，部、台离退休干部 3 人，合同制招聘人员 607 人，临时工 139 人。梅地亚电视中心董事长宋培福，总经理山本正郎(日方)，副总经理刘瑾如。梅地亚中心通讯地址：北京复兴路乙 11 号，邮政编码：100038，电话：(010)68514422，传真：(010)68516288，电传：22836 MEDIACN。

13. 大事记

1997 年中央电视台大事记

一　月

1月1日　12 集大型文献纪录片《邓小平》在第一套节目每晚黄金时间播出，播出后在海内外引起强烈反响。1 月 4 日，第二套节目开始重播。1 月 20 日，第四套国际频道通过卫星向海外播出。海外中心从 1 月 27 日至 2 月 5 日译制出英语版《邓小平》。此间人民日报社与中央电视台联合召开座谈会，研究室和中国电视艺术家协会合作，举办了精品赏析活动，世界各国新闻媒体也纷纷报道，一时形成了《邓》片热。1 月 3 日，大型文献纪录片《邓小平》的录像带由中国国际电视总公司出版发行。全年共售出该片的录像带 3.5 万套，VCD 3.2 万套，创造了发行套数和盘数的最高纪录。

1月1日　新闻中心精心组织元旦期间的新闻报道。新闻采访部、《新闻 30′》采访组奔赴各地采访。新闻编辑部地方组的同志们整夜接收从香港、上海等地传回的新闻，使新闻特写《百年梦圆话回归》、《天安门广场升旗仪式》、《话成就，看九七》、《各地欢度元旦》及时抢在元旦早晨的 7 时新闻节目中播出。《东方时空》播出了一期全长 53 分钟的特别节目《走进九七》。其中三峡报道组成功地使用移动上行卫星地球站（DSNG 系统）把三峡工地沸腾的施工场面传到北京，直接切入播出线，圆满完成了中央电视台首次移动卫星现场直播。DSNG 系统的使用，开辟了中央电视台节目回传的新途径，特别是为在不具备微波、卫星传送条件的偏远地区传送节目，提供了先进、有效的技术手段。

1月1日　中央电视台第十年转播维也纳新年音乐会工作顺利完成，其中插播节目《冬日里的春天》，在介绍维也纳新年音乐会历史的同时，对中央电视台转播维也纳新年音乐会十年来的工作进行了全面回顾，播出后受到好评。

1月1日　由广电部等部门联合举办的《′97 迎接香港回归新年音乐会》、中央电视台和文化部艺术局承办的《新年京剧晚会》、中央电视台主办的新年音乐会《咏雪颂春》顺利播出。

1月4日　广电部部长孙家正、副部长杨伟光和中央电视台副台长赵化勇等领导观看《′97 春节联欢晚会》的相声、小品节目。广电部领导要求作品应精益求精，剧组创作人员应根据群众关心的热点话题创作出具有时代特色、充满民族自豪感、能唤起观众共鸣、树立对未来自信心的力作。

1月4日　第二届全国广播电视主持人“金话筒”奖颁奖晚会在上海举行，10 位主持人获此殊荣。中央电视台倪萍、敬一丹、鞠萍、水均益荣膺金奖，沈力、宋世雄获特殊荣誉奖。

1月6日　副台长刘宜勤会见河北省涉县县长胡梦玲等。他们此行是代表涉县人民感谢广电部、中央电视台多年来积极支持涉县发展经济、促进精神文明建设和 1996 年抗灾自救工作。涉县是著名革命老区，也是中央电视台对口扶贫单位。中央电视台几年来拨出价值 170 余万元的有线电视设备，援建了涉县有线电视台，让 6000 余户老区人民第一次清晰地看到了电视节目。1996 年涉县遭受洪水灾害后，中央电视台为灾区人民捐献了大量钱物。

1月6日　中央电视台召开 1996 年度十佳广告公司、十佳广告意识强企业颁奖大会，电视台领导贾文增、陈君及全国 88 家企业的 200 多名代表参加了会议。企业界、广告界人士认为，中央电视台广告部一年一度的“双十佳”评比已经成为推行广告代理制、推进与国际广告业接轨、完善广告机制的一项有力措施。

1月8日　由中组部、中宣部、文化部、广电部共同主办的歌颂孔繁森声乐作品演唱比赛颁奖电视晚会在北京举行。中组部部长张全景，中宣部副部长徐光春，广电部副部长杨伟光等领导及各界人士观看了晚会。张全景对晚会的政治意义和艺术魅力给予了充分肯定。

1月9日 广电部副部长杨伟光出席广告经济信息中心召开的1996年度工作总结表彰会并讲话。他指出，广告经济信息中心自1996年6月3日成立以来，工作有成效，其中广告部工作成绩尤为突出。他要求广告经济信息中心在1997年强化四个意识：喉舌意识，观众意识，国际意识，廉政意识。电视台分党组纪检组组长陈君要求大家正确处理好精品栏目、中央电视台声誉和创收三者之间的关系。

1月9日 研究室召开1996年《中央电视台年鉴》总结表彰会。电视台副总编辑罗明、原副总编辑章壮沂、人民出版社总编室主任杨寿松等到会。《中央电视台年鉴》（1996）在首届中央级年鉴评比中荣获综合二等奖。

1月9日 中央电视台首届电视片头作品评选活动在五棵松影视之家举行。副台长刘宜勤、技术制作中心主任李旋宗及各节目部门的领导出席。由洪民生负责的评委组对征集到的126件台内外参评作品从创意、制作等方面进行了综合评价，评选出反映目前电视制作水平的优秀作品44个。

1月9日 台办室召开1996年工作总结会，副台长于广华到会。于广华强调，台办室是全台各项工作得以正常运转的枢纽，其主要工作职能有三：服务、协调、管理。

1月10日 中央党校的周锡荣教授到中央电视台，为各基层党委、总支、支部作关于精神文明建设的辅导报告。他讲解了党的十四届六中全会文件的意义及对当前精神文明建设形势的估价。重点讲解了中共中央《关于加强社会主义精神文明建设若干重要问题的决议》中的新思想、新提法和新措施，并同大家一起就开展精神文明活动遇到的问题进行了交流。这是1997年电视台党委有重点、有针对性地请一批专家、教授到电视台讲课系列活动中的第一项。

1月12日 通过数月学习，中央电视台组织的三个英语口语培训班全部结业。教育处选送到北京外国语大学英语强化班脱产学习的8名学员成绩优秀，全部取得了结业证书。在台内举办的两个英语口语中级班的19名学员也取得了结业证书。

1月13日 由人民日报社、中央文献研究室、中央电视台、光明日报社共同主办的大型文献纪录片《邓小平》座谈会在中央电视台举行。出席会议的有刘英、袁宝华、逄先知、王梦奎、齐怀远、王郁昭、龚育之、范敬宜、屈全绳、徐光春、杨伟光、陈滋英、苏星、王晨、郑科扬、许中田等领导同志及《邓小平》摄制组工作人员刘效礼、冷溶、陈晋、汪恒等。与会者认为大型文献纪录片《邓小平》思想精深、艺术精湛、史料翔实、制作精良，以恢宏的气势、写实的手法展现了邓小平的丰功伟绩，系统反映了邓小平建设有中国特色社会主义理论思想，是继《毛泽东》之后的又一历史文献片巨作，是进行党史、军史和爱国主义教育的好教材。

1月13日 在中央电视台工作例会上，副部长杨伟光向与会同志介绍了广电部新任命的中央电视台副台长李丹。他要求各部门、特别是海外中心要全力支持李丹的工作。

1月13～28日 中央电视台《健康之路》栏目和北京市卫生局等单位春节前夕共同举办的“情系老区——'97健康之路双鹤京九行”送医送药活动1月13日在人民大会堂举行出发仪式。慰问团一行29人沿京九铁路赴北京房山，湖北红安，江西修水、井冈山等革命老区开展入户巡诊、手术治疗、送药捐钱、健康调查、签订代培协议等多项活动，受到当地政府的大力支持和老区人民的热情欢迎。

1月15日 中共中央政治局委员、国务委员李铁映在1997年第一期《中央电视台简报》上批示：“伟光同志：看此件后很兴奋。为了孩子，为了中国的明天，民族的未来，多播出一些好的精神食粮是你们的一大贡献、一大责任。我替孩子们感谢你们，也替天下父母感谢你们。祝九七取得更大成绩。”这期《中央电视台简报》刊载了题为《“六个一百工程”硕果累累 少儿电视节目异彩纷呈》的文章，介绍了中央电视台1996年为实施“六个一百工程”，丰富少儿节目所做的大量工作和取得的主要成果。

1月15日 广电部副部长杨伟光、副台长赵化勇等领导看望春节歌舞、戏曲晚会的主创人员和部分演员。杨伟光对两台晚会都使用目前最先进的数字电子现场制作（EFP）系统制作节目表示满意。

1月16日 工会召开三届三次委员会扩大会议。工会委员、各分会主席（小组长）70余人参加会议。春节前夕，工会将在全台开展“家访百户”送温暖活动，慰问离退休的老领导、住院治病和病休在家的职工、有特殊病情的职工家属、援藏干部和驻外记者的家属等100余人。

1月16日 为进一步贯彻、落实江泽民总书记提出的“文艺下基层”的方针，戏曲·音乐部组织《中国音乐电视60分》栏目的全体编导、主持人及参加春节晚会的部分演员近百人，前往山东胜利油田，为常年战斗在生产第一线的石油工人举行慰问演出活动。成千上万的油田工人及其家属，冒着严寒观看演出。

1月16日 经中央电视台分党组研究决定，聘任滕云平为台办室副处级秘书，聘期两年。

1月16日 经中央电视台分党组研究批准，原社教中心教育节目部更名为科教节目部。更名后正副主任不变。

1月17日 副台长刘宜勤会见内蒙古广播电视厅副厅长兼内蒙古电视台台长刘瑞。刘瑞通报了1997年元旦内蒙古电视台蒙汉语两套电视节目成功上星播出的情况。他还带来了内蒙古电视台给副部长杨伟光和中央电视台的感谢信。

1月17日 总会计师贾文增主持召开中央电视台所属企业转制工作会，经营管理处、人事处及有关方面负责人参加会议。会议着重研究中视实业发展有限责任公司的组建方案。贾文增强调，经营管理处在1997年上半年要全力组织全台经营机构的调整和改革，制订计划，落实分党组原则批准的电视台企业的机构搭建方案。

1月19日 副部长杨伟光与副台长张长明、李丹等调看海外中心新闻部制作的百集连续报道《边疆行》部分节目。他们认为节目展示了边境地区的自然风光、民族风情、睦邻友好和改革开放的建设成就，报道十分真实，有现场感，具有一定的趣味性，是很好的对外宣传材料，他们要求认真总结成功经验，注重加强此类报道。

1月20日 中央电视台“心连心”艺术团在革命历史名城贵州遵义举行1997年首场慰问演出。演出活动主会场设在遵义会议会址楼前，并派出多个演出小分队，深入偏远、贫困的山寨进行慰问。遵义老区数万群众自发组成欢迎队伍。“心连心”艺术团的新老演员满怀热情，演出了春节晚会的部分精彩节目。老区的观众们不时举起“感谢党中央、感谢总书记”，“人民需要艺术、艺术更需要人民”，“艺术家，老区人民欢迎你”的标语。台上台下情景交融，场面感人。

1月20日 在中央电视台工作例会上，杨伟光传达了近日召开的全国宣传部长会议精神。他要求全台各部门根据会议精神，调整部署，做好1997年的重点宣传工作。

1月21日 新闻中心召开1996年工作总结表彰会。副部长杨伟光委托中心主任阎连俊转达了他对大家的问候和对新闻中心工作的意见。根据台里“稳中求进，重在提高现有节目质量”的总体思路，会议确定1997年新闻中心的工作方针为“确保重点、巩固提高、创新发展”。将精心组织、周密策划，确保香港回归、党的十五大等重大报道任务圆满完成。1997年新闻中心还将对所属各个栏目进行改进，力争栏目设置有所创新，节目质量有较大幅度提高。

1月22日 海外中心召开1996年度工作总结表彰会。台领导杨伟光、李丹和原副台长张长明出席会议并讲话。杨伟光强调1997年要注意抓好以下几方面工作：坚持“以我为主、以正面宣传为主”的外宣方针；努力提高以《中国新闻》、《中国报道》、《中国文艺》为代表的第四套节目的整体质量；抓好第四套节目在海外的落地工作。

1月22日 中直机关精神文明协调委员会，在中央电视台组织召开中直系统首都文明单位标兵和部分首都文明单位座谈会。航天总公司第三研究院、中央党校出版社等单位介绍了各自精神文明建设工作的经验。副台长李东生、精神文明协调委员会副主任李建、刘振瑞和党委办公室主任南玉敏出席会议。

1月24日 中宣部新闻局在《新闻舆论动向》上刊载文章《中央电视台〈新闻调查·张家港三问〉播出后反响强烈》，称赞中央电视台新闻中心新闻评论部制作的这期节目“影响涉及全国，再次引起轰动效应”。

1月24日 中央电视台与中纪委、监察部联合举办的反映纪检监察工作的专题晚会《综艺大观》(139)节目播出后，在中纪委八次全会的代表中引起强烈反响。大家普遍认为这台节目有效地宣传了纪检监察工作，树立了纪检监察干部的良好形象，是对目前开展的反腐倡廉工作的有力支持。为此，中纪委监察部的领导专门打电话，对文艺中心等有关部门表示感谢，并对节目的主创人员给予表扬。

1月25日 杨伟光到中国国际电视总公司机房，看望正在为赶制大型文献纪录片《邓小平》录像带而辛勤工作的同志们。近20天来，公司机房24小时连续运转，已赶制出近8000套48000盘录像带。为了满足观众更大的需求，公司还积极与上海、深圳、西安的影像出版机构联系，在这三地制作8000套录像带。

1月27日 台长杨伟光和副台长李东生出席社教中心总结表彰会。杨伟光指出，过去一年社教中心的各项工作很有起色、很有成绩，同时他提出社教中心1997年应做好的几方面的工作。社教中心主任高长龄总结了中心1996年的工作情况。他说，1997年社教中心工作的指导思想是“统一思想、振奋精神、团结鼓劲、多出精品、再上台阶”，特别要加大科技宣传力度，抓好重点栏目改版，在重点纪录片创作上实现新的突破。

1月28日 电视台领导与离退休的老领导戴临风、蒋建中、张君实、孙同耕、黄惠群、洪民生、林景云、沈纪、马瑞流等举行迎新春座谈会，畅谈中央电视台1996年取得的成绩和今后的发展前景。

1月30日 台领导杨伟光、赵化勇、李丹、李东生、陈君、罗明与广电部各司局领导座谈，认真听取广电部机关领导对中央电视台各项工作的意见和建议。广电部办公厅、总编室、科技司、机关党委、外事司、工会、计财司、纪委、教育司、人事司的领导先后发言，感谢过去一年中央电视台对广电部机关各项工作的支持，对电视台1997年的工作寄予殷切的希望。他们还就分管的工作与电视台领导交换了意见，对中央电视台管理方面存在的问题，进行了务实的分析。台内各职能部门、各中心的领导座谈时在座。

1月30日 为切实贯彻中宣部等单位最近颁布的禁止有偿新闻的若干规定，分党组通过并下发了《中央电视台关于学习〈中国新闻工作者职业道德手册〉及下发〈中央电视台关于禁止有偿新闻十项规定〉的通知》，要求全台同志认真学习，严格执行。

1月30日 中央文献研究室、中央电视台联合发出《关于表彰大型电视文献纪录片〈邓小平〉摄制组的决定》，对摄制组给予通报表彰和奖励。并要求全体同志向《邓小平》摄制组学习，制作出更多思想性和艺术性完美结合的节目，丰富电视屏幕，更好地为人民服务，为社会主义服务，为全党全国工作大局服务。

1月 中央电视台1996年组织实施的“六个一百工程”已经全面完成。“六个一百工程”由百集童话剧、百首新儿歌、百集游戏节目、百集人物系列片、百集科普系列片、百集动画片构成，是一项意义深远的电视文化工程。它的创作模式、操作方法、运行机制，为中国儿童电视精品节目的制作开辟了一条新的道路。中央电视台1997年将实施第二个少儿电视节日“六个一百工程”，内容包括：百首儿童音乐电视、百集木偶剧、百集儿童系列片（百名好儿童）、百集儿童文学宝库、百集游戏节目和百集动画片。

二 月

2月1日 台党委分别致函中央电视台驻香港、澳门、美国及布鲁塞尔记者站和驻美国、日本、香港的公司，向驻外同志们致以节日的慰问。党委办公室、新闻中心、海外中心的领导看望了在北京的部分驻外人员家属，感谢他们对中央电视台工作的支持。

2月2日 丁关根、李铁映等领导到中央电视台看望春节联欢晚会剧组的同志们。丁关根说，春节晚会深受电视观众的欢迎，大家的期望值也很高。希望大家抓紧最后的时间，再努一把力，把这台晚会办得好些、好些、再好些，在除夕之夜，给千家万户送去欢乐。李铁映代表所有的观众，向为这次节目付出艰辛努力的所有演职人员和中央电视台的工作人员表示最诚挚的感谢。随同前来的还有刘忠德、孙家正、刘云山、徐光春、刘奇葆等领导同志。

2月3日 中央电视台向社会公布《中央电视台关于禁止有偿新闻十项规定》。

2月4日 中共中央政治局委员、中宣部部长丁关根在广电部呈报的《关于中央电视台新闻播音员播音形象的情况报告》上批示：很好。请伟光同志代向中央电视台全体同志致以节日问候，祝大家新春愉快，全家幸福。这份报告向丁关根汇报了中央电视台为改善新闻播音员形象质量采取的有关措施。

2月5日 国务委员李铁映接见中央电视台副台长李东生、经济部负责同志和系列片《跨世纪的转变》剧组的工作人员，就电视经济宣传的重要意义、如何做好电视经济宣传以及1997年的重点报道工作作出重要指示。李铁映还详细询问了大型系列片《跨世纪的转变》的拍摄情况，并指示：“请中央电视台抓紧工作，一定要搞好，请有关部门大力支持，结合自己的工作，宣传好中央的精神。”

2月6日 以“团结、奋进、自豪的中国人”为主题的《'97春节联欢晚会》在第一套节目圆满播出，并通过国际频道向全世界直播。截止到23时20分，央视调查咨询中心通过国家电讯总局在20个城市随机拨通了1018户电话，收看春节联欢晚会的有923户，占调查总数的90.67%，其中83.32%家庭认为晚会“好”或“较好”。据统计，当晚中央电视台设立的10部热线电话共收到观众打来的祝贺电话1200多个。春节期间，中央电视台播出了《音乐歌舞晚会》、《菊苑颂春》戏曲晚会、《枫雪桑梓情》晚会等大型文艺节目，新闻节目中连续报道全国各地、海外华侨华人欢度春节的盛况，还播出了大量电影、电视剧、专题节目，以满足不同层次观众的需要。

2月10～16日 为支持和帮助四川残障儿童教育事业和社会福利事业，应四川省慈善总会、四川省圣爱基金会的邀请，中央电视台银河少年电视艺术团一行44人赴四川成都义演，并获成功。

2月14日 中央电视台召开《'97春节联欢晚会》工作总结会，台领导赵化勇、刘宣勤、罗明和四台晚会的主创人员、技术人员及各中心、职能部门领导、春节晚会办公室的工作人员出席会议。

2月16日 李鹏总理在中央电视台关于酒类广告发布情况的报告上批示：“对地方台的广告也要加强引导，白酒不宜提倡，既伤身体，又耗费粮食。中国果品资源丰富，应多提倡喝果酒。”“报告”汇报了中央电视台自1996年7月起，严格执行国家工商局颁发的关于控制发布酒类广告的规定，有效控制白酒类广告数量所做的工作。

2月17日 李铁映在国家体委关于足球改革与发展的报告上批示：“伟光同志并体育部：请你们按这个精神做好宣传和报道。并向同志们拜个晚年。”该报告要求足球宣传报道加强舆论的正确引导和教育，为中国足球改革、发展创造良好的氛围。

2月17日 在中央电视台工作例会上，杨伟光通报了春节期间陪同李鹏总理视察江西、广东两省的有关情况。李鹏总理很关心中央电视台的节目，他观看了《春节联欢晚会》，并给予肯定的评价，还赞扬了《柳暗花明》、《红高粱模特队》等节目。随访的各部委领导也认为晚会取得了成功。李鹏总理说，中央电视台有很多好的节目，内容很好。他说，要把我们自己的节目办好，吸引更多的观众。

2月17日 经中央电视台分党组研究决定，聘任原团委专职书记郑加强为广告经济信息中心广告部第一副主任，聘期两年，免去该同志原有职务。

2月18日 中央电视台1997年工作会议在顺义影视培训中心召开，各中心、部、处、室及所属单位的主要负责同志120多人参加会议。上午，副台长李丹主持召开全体大会，副台长赵化勇代表分党组作关于中央电视台1996年工作总结的报告。下午，杨伟光在全体会议上作题为《提高舆论引导水平，为两件大事创造良好的舆论氛围》的报告，重点部署了1997年中央电视台的工作。

2月19～25日 19日晚10时左右，正在顺义影视培训中心召开中央电视台工作会议的各级领导得知邓小平逝世的消息后，立即停止会议赶回台里，其他已经下班的干部职工接到通知后也马上赶来。大家连夜将各频道播出的节目内容全部更换，去除广告，并拟定邓小平治丧期间的报道计划。第四套节目在20日凌晨3时14分播发了《告全党全军全国各族人民书》及“邓小平同志治丧委员会名单”。美国有线电视新闻网（CNN）等西方各大媒介直接将中央电视台的电视信号切入播出节目中。全国各省、市电视台全部转播中央电视台第一套节目，其他大部分时间也录播中央电视台节目，体现了在重大事件宣传中中央电视台的权威性。在整个邓小平治丧活动期间，中央电视台根据中央部署，发挥电视优势，除及时播发重大新闻外，还制作了《万众深情送小平》、《再道一声，小平您好》、《在大海中永生》等新闻专题，并顺利完成邓小平追悼大会的现场直播。文艺中心将《春天的故事》、《好大一棵树》、《启明星》三首歌重新配以邓小平革命生涯的图像播出，对于从邓小平逝世到全国人大、政协两会召开，全国人民感情和宣传气氛的逐渐过渡起到了很好的作用。丁关根在邓小平治丧活动报道工作总结会上对中央电视台的工作给予很高的评价，认为“中央电视台不愧为中国第一大电视台，报道体现了中央的意图，反映了大家对小平同志的热爱，证明了这支队伍是能吃苦、能打硬仗的”。

2月19日 夜，惊悉邓小平逝世，广电部、中央电视台领导立即对新闻报道工作进行了周密部署。部长孙家正、副部长田聪明、副部长兼中央电视台台长杨伟光亲临现场指挥，副台长李东生召集新闻中心各部门负责同志紧急安排摄录播出工作。自晚10时至21日零时，新闻中心各部门进行了大量的拍摄和播出工作，新闻采访部派出20个报道组近50名记者，奔赴全国各地，为《新闻30′》、《新闻联播》和各次滚动新闻提供新闻13条（组）；新闻播出机房连续26小时直播、录制；从20日凌晨第四套节目首播邓小平逝世的新闻至“零点新闻”，全天共播出新闻497分钟，近正常播出状态（170分钟）的3倍。海外中心根据全球播出的特点，在第四套节目中对《中国新闻》、中英文版《邓小平》、《英语新闻》实行滚动播出。文艺中心连夜调整邓小平治丧期间第三、第八套节目播出安排，对播出节目逐个重审，确保了第三、第八套节目在大量更换节目的情况下安全播出。

2月20日 下午3时，副部长杨伟光召集台内各部门主要负责人开紧急会议，部署邓小平治丧活动期间的宣传报道工作。台办室、总编室、新闻中心从即日起24小时值班，以保障宣传之需。全台原定2月24日召开的总结表彰大会也暂缓进行。为组织好邓小平治丧活动期间的电视报道，全台成立了以杨伟光为组长的宣传领导小组。

2月20日 总编室和新闻中心密切协作，经过19个小时的连续奋战，圆满完成了《邓小平伟大光辉的一生》的制作任务。该片长达67分钟，作为《新闻联播》头条新闻播出，创下单条新闻时间最长的纪录。节目播出后观众反响强烈，认为这是已故国家领导人生平资料片中的佳作。

2月24日 在中央电视台工作例会上，杨伟光传达了江泽民总书记对中央电视台近期宣传工作给予的高度评价。江总书记认为中央电视台短时间内迅速调整节目计划很成功，《告全党全军全国各族人民书》、《邓小平伟大光辉的一生》等报道工作做得很好，十分感人。大型文献纪录片《邓小平》播出时机把握得好。这些都反映了中央电视台的职工对邓小平怀有深厚的感情。

2月24日 下午，杨伟光召集有关负责人部署邓小平追悼大会的直播工作。他说，邓小平追悼会是邓小平同志治丧期间最重要的活动，中央电视台八套节目并机直播，届时，香港凤凰卫视、亚洲电视，台湾 TVBS，美国 CNN、公用电视网也将转播，这是中央电视台报道史上规模最大的一次现场直播。中央领导同志要求整个直播隆重、庄严、深情、有序。杨伟光要求每一位同志都要怀着对邓小平同志的深厚感情做好各岗位的工作，要以制作精良的节目和不辞辛苦的工作作风体现我们对邓小平同志的怀念。会上，杨伟光、赵化勇、李东生对直播现场、台内播出环节和安全问题等作了具体指示。

2 月 25 日 9 时 50 分至 11 时 07 分，新闻中心、播送中心等部门通力协作，按照中央的指示精神，圆满完成对邓小平追悼大会的现场直播任务。直播结束后，中央办公厅主任曾庆红对中央电视台直播工作给予表扬。

2 月 26 日 杨伟光召集有关部门负责人会议，进行全国人大、政协两会报道工作动员。他指出，“两会”宣传报道要坚持正确导向，把握好宣传口径；注重突出电视特点，报道要面向基层，力求生动、活泼；加强团结协作精神，协调好与各地方电视台及其他宣传部门之间的合作关系；增强计划性，精心组织，突出主题；发扬连续作战精神，关键时刻不能松劲；发扬一丝不苟的工作作风，严格遵守纪律和各项制度，确保安全播出。会上，副台长李东生、刘宜勤分别就新闻报道和技术保障工作作出部署。

2 月 26 日 各部门、各工种相互配合，团结协作，顺利完成 1997 年“两会”首场记者招待会的实况录像和新闻采访任务。当晚，第一套节目《新闻联播》中播发了新闻《全国政协新闻发言人梁金泉答记者问》，23 时 09 分播出了 10 分钟的专题片。

2 月 26 日 央视调查咨询中心已签订 1997 年收视率调查合同金额达 4000 余万元。使得中国三大跨区域收视调查公司（央视调查咨询中心、尼尔森—SRG、华南市场调查公司）之一的华南市场调查公司于 1996 年底对国内外宣布停止进行收视调查和电视广告监测，正式退出媒介调查市场。

2 月 27 日 全国政协八届五次会议在北京召开。中央电视台除发挥新闻滚动播出的优势外，在每天的《新闻联播》、《焦点访谈》时段和 22 时 10 分两个时段开辟“两会”专题新闻。继续发挥系统优势，联合各省、自治区、直辖市电视台记者共同报道小组审议和讨论情况。

2 月 28 日 国务委员李铁映在全国政协八届五次会议期间参加了体育小组的分组讨论。讨论中，李铁映向在场的张燮林、邓亚萍两位委员询问了正在进行的“CCTV 杯中国乒乓球擂台赛”的具体情况，并称赞比赛搞得不错，形式很好。

2 月 28 日 中央卫星电视传播中心召开干部聘任动员会，副台长赵化勇、中心副主任田盛华、广电部人事司干部管理处领导及中心全体职工参加会议。会议宣布了《中央卫星电视传播中心试行干部聘用的暂行规定》。中心成立以来，按照广电部领导“新单位、新办法”的人事管理意见，在用工制度方面做了积极尝试。在 1996 年实行中层干部聘任的基础上，1997 年决定试行干部全员聘用制。

2 月 28 日 根据分党组关于组建电视产业集团的决定，中央电视台重新组建中国国际电视总公司，其企业由中央电视台控股的六个子公司组成：中视影视基地发展有限公司、中视电视节目制作有限公司、中视电视技术发展有限公司、中国电视节目代理公司、中视实业发展有限公司、央视调查咨询中心。总公司成立董事会，设立监事会，实行总经理负责制。分党组聘任李培森为总公司经理。

2 月 春节前夕，研究室举行“春节晚会与综艺节目走向”系列调研活动，与央视调查咨询中心、中国人民大学舆论研究所合作，向北京、天津、佳木斯、长春、乌鲁木齐、兰州、阳泉、南京、武汉、成都等 10 城市发出了 1000 份《我与春节联欢晚会》调查问卷。除夕前后，调研人员在北京首都机场候机楼扩建工地、四川省自贡市、海军某部通讯营、北京师范大学艺术系进行了实地调查，并与观众座谈。观众普遍对春节联欢晚会给予好评，并希望今后的晚会增加纪实性节目，多反映各行各业人员在除夕之夜坚守岗位的情况。

2 月 为了搞好春节期间的新闻报道，新闻采访部、新闻评论部、《新闻 30′》栏目组派出二十几路记者奔赴全国各地的厂矿、农村、工地采访。记者携带新装备的移动卫星地球站前往吉林公主岭和新疆塔里木油田采访制作了一批有特色、有深度的新闻，并首次利用移动卫星地球站在新闻栏目里实现了新闻直播。新闻编辑部与 15 个地方电视台及中央电视台驻香港、澳门记者站发传了新闻。周密的组织部署，使除夕之夜的新闻和大年初一的《早间新闻》丰富而生动。新闻评论部制作的特别节目：两集《实话实说——新春心愿》和《焦点访谈》三集系列节目《民工还乡》、《灾区过年》、《香港内地居民异地探亲》，形成了新的收视高峰。《东方时空》各个小栏目也从不同角度展现喜庆温馨的生活画面。据统计，除夕之夜，新闻中心有 200 多人通宵工作，保证了春节期间新闻报道的圆满成功。

2 月 在全国图书订货会上，根据电视剧《车间主任》编写的同名小说引起社会广泛重视，首批订书量达 3 万册，成为“中国′97 百种畅销书排行榜”上惟一的一部中国当代长篇小说。在不到一个月的时间内，发行量达到8万册。

三　月

3月2日　全国政协副秘书长陈进玉办公室给中央电视台打电话说：政协大会秘书处认为，近三天中央电视台有关政协会议的宣传报道及时、准确，较为生动活泼。中央电视台在政协工作的同志认真负责，非常辛苦，谨表示慰问和感谢。

3月2日　研究室协助工会购买图书2000余套，寄往江西吉安遂川荧屏小学。

3月3日　中国电视艺术家协会、中央电视台共同举办1997年学术活动交流会。会议由中国电视艺术家协会常务副主席于广华主持，中国文联副主席李准及视协领导杨伟光、阮若琳、朱景和等出席。

3月3日　杨伟光在中央电视台工作例会上传达2月26日中央召开的邓小平治丧期间宣传工作总结会的有关情况。丁关根认为中央电视台的宣传报道工作很出色，是名副其实的中国第一大电视台，面对突发情况，节目调整迅速，计划落实稳妥，充分体现"情"字。许多观众反映节目十分感人，催人泪下，较好地体现了中央的意图，体现了全党、全军、全国各族人民对邓小平的热爱。这也证明了这支队伍能吃苦、能打硬仗，经得起考验。丁关根请中央电视台领导转达中央对大家的感谢，并希望能给工作特别出色的同志记功。

3月3日　为宣传党中央、国务院"科教兴国"的战略，中央电视台摄制的14集大型系列专题片《科教兴国》在第一套节目黄金时间向全国播出。

3月4日　中央电视台1997年工作会议继续召开，会议由副台长赵化勇主持，杨伟光就做好1997年工作提出了具体要求。会上，各单位代表表示，要坚决贯彻分党组提出的"巩固、充实、提高"的工作原则，努力提高节目质量，突出各频道特色，加强管理职能，增强相互协调，力争社会效益、经济效益双丰收，以实际行动抓好宣传工作，为中央电视台事业发展再上一个新台阶做出贡献。

3月4日　分党组纪检组、监察室召开纪检专职干部联席会议，深入学习中纪委八次全会、国务院五次反腐败工作会议精神和广电部'97纪检监察工作会议精神，并结合中央电视台实际，研究具体落实意见。

3月5日　中央电视台巾帼风采演讲暨表彰大会召开，这是工会多年来在全台女职工中开展"巾帼建功"评选活动的一次成果展示。会上，新闻中心等10个部门的女职工代表进行了精彩的演讲，工会对新闻评论部等18个1996年度的"巾帼建功"先进集体和59个先进个人进行了表彰。

3月6日　解放军总政治部副主任袁守芳等领导到中央电视台与杨伟光、李东生、罗明等台领导一起座谈，双方回顾了解放军电视宣传中心成立近一年来的合作情况，并就合作的具体方式交换了意见。

3月9日　中央电视台在北京、昆明、南京、漠河4个地区7个地点对日全食——彗星同现天象奇观进行时长142分钟的现场直播并取得成功，受到科学界和广大观众的高度评价。这也是中央电视台首次对自然现象进行的一次全方位的多点传送直播。

3月12日　中央电视台召开1996年精神文明建设和治安综合治理工作总结表彰会。台领导杨伟光、于广华、赵化勇、李建及中直机关精神文明协调办公室、广电部、首都精神文明建设委员会等有关部门负责同志参加会议并为精神文明先进集体和个人颁奖。会上，杨伟光要求全台进一步搞好精神文明建设。

3月12日　中国电视艺术家协会和研究室联合举办第三期精品赏析活动，对《'97春节联欢晚会》的精品节目进行深入分析。研究室春节期间向天津、南京等10个城市发出1000份调查问卷，结果表明，有80%的观众对《'97春节联欢晚会》是满意和比较满意的。92.1%的观众认为"春节联欢晚会已经成了人们过春节不可缺少的一项内容"；96.4%的观众认为"尽管春节联欢晚会越来越难办，但还是应该好好办下去"。

3月13日　广电部人事司副司长薛大力在中国电视剧制作中心科以上干部会上宣布广电部党组的决定：任命胡恩为剧中心主任、中央电视台分党组成员。副部长杨伟光在会上要求全体同志同心同德创作出更多的电视剧精品。

3月13日　体育部在北京组织'97全国足球电视工作会议。副台长李东生、国家体委、中国足协的有关负责同志及全国20多家省、市电视台主管体育报道工作的负责人、导播及体育评论员参加。会上，李东生强调"足球转播报道也是政治"，在即将开始的足球联赛宣传报道中，将营造稳定气氛作为工作重点。会议制订出足球宣传报道降温减量的具体措施。

3月13日　经中央电视台分党组研究，确定人事处董新渝为副处级调研员。

3月15日　与《经济半小时》3月1日起推出的"3·15特别行动"系列报道相配合，第七届《世纪的力量——献给1997国际消费者权益日》专题晚会通过第一套节目进行现场直播。

3月18日　孙家正部长在海外中心编发的1997年第一期《电视海外宣传通讯》上批示：1996年电视对外宣传工作取得了长足的进步，影响渐大，势头很好。1997年的思路和计划是可行的，望突出重点，狠抓落实。(1) 1997年国内的两件大事均具有世界影响，务必有针对性地做好对外报道工作；(2)《中国新闻》、《中国报道》和《中国文艺》是海外宣传的三个支柱性栏目，一定要依托全台，办出特色，进一步扩大其影响；(3) 努力办好英语节目，积极为英语频道的设立创造条件；(4) 电视台组织一支精干的队伍专门抓节目落地问题。

3月18日 中央电视台召开1996年工作总结表彰大会。杨伟光再次作题为《提高舆论引导水平，为两件大事创造良好舆论氛围》的报告，报告总结了过去一年中央电视台取得的成绩，从宣传工作、管理工作、技术工作、加强和发展三产、党的工作和队伍建设五个方面部署了1997年中央电视台工作要点。杨伟光号召全台干部职工在新的一年，团结鼓劲，狠抓精品，扎实工作，争创一流，把中央电视台建设成为以江泽民为核心的党中央得心应手的工具。副台长赵化勇宣布了中央电视台《关于表彰1996年度先进集体、先进个人、优秀栏目、优秀节目、精神文明先进个人和先进工作者及节目录制质量和安全播出获奖单位的决定》。

3月18日 新闻中心、海外中心、播送中心、总编室、信息通信处等部门密切协作，调用两台移动卫星地面上行站，从广西百色主会场和贵州八渡 接轨点分两路现场直播南昆铁路全线铺通庆祝大会实况。这是中央电视台首次采用两台移动卫星地面站同时转播，进行二级切换。节目不仅有李鹏总理讲话、南昆铁路的背景介绍、记者的最新报道、现场直播铺轨实况及采访“南昆铁人”等内容，还设立“中国新闻特别节目”热线电话，取得较好的直播效果。

3月18～21日 广电部在中央电视台顺义影视培训中心召开1996年度精神文明活动总结表彰会。中央电视台再次被评为广电部精神文明标兵单位，职工汪恒等25人被授予广电部精神文明先进个人和先进工作者荣誉称号。

3月19日 30集电视连续剧《东周列国·战国篇》在涿州影视基地拍竣停机，副部长杨伟光出席祝贺。

3月20日 中央电视台邀请中国科学院领导、科学家及电视新闻研究工作者，就大型现场直播报道日全食——彗星同现天象奇观的成功直播和电视如何加大科技、科普宣传举行座谈。专家学者认为，此次直播报道在中国电视新闻史上创造了两个第一：第一次对自然现象进行现场直播，世界第一次对新闻事件进行全方位的多点直播。会上，中科院领导向中央电视台赠送写有“辰茀同辉呈奇观，科教兴国立殊功”的锦旗。

3月21日 《中国电视报》与文艺部、广告部、春兰集团联合举办的“春兰杯”我最喜爱的春节联欢晚会节目评选颁奖晚会在第一套节目中现场直播。经过评选，歌舞类一等奖为歌曲《春天的故事》、音乐剧《天长地久》；小品类一等奖为《鞋钉》；戏曲、曲艺及其他类一等奖为相声《两个人的世界》。

3月21日 经中央电视台分党组研究决定，中国国际电视总公司聘任张小毛为中国国际电视总公司财务总监；聘任冷敏述为中视影视基地发展有限公司总经理，任大惠、沙一曼为副总经理；聘任张永富为中国电视节目代理公司董事长，武小川、马润生、西冰、杨德祥为副总经理；聘任刘一滨为中国国际电视总公司总经理办公室副主任。

3月21日 经中央电视台分党组研究决定，聘任刘瑾如为中国国际电视总公司副总经理。

3月23日 香港回归倒计时100天。由广电部、国务院港澳办公室、国务院新闻办公室主办，中央电视台承办的《百年香江知多少——全国香港知识竞赛总决赛》在第一套节目黄金时间播出，海内外观众反响强烈。各档新闻中播出了精心制作的新闻特写《香港回家》、《回归的脚步》及全国各地的纪念活动等新闻节目。《新闻联播》开辟《香港回归倒计时》栏目。《中国新闻》、《英语新闻》、《粤语新闻》栏目推出百集系列节目《香港百题》，该节目将持续播出至6月30日，并译成多种外语版，在报道香港政权交接仪式时，向国外媒体提供。

3月24～26日 1997年全国电视对外宣传选题规划会在大连召开。来自全国47家电视台的近百名电视外宣工作主管领导及代表参加会议。广电部副部长刘习良、广电部总编室主任张振东、广电部外事司司长马元和、国务院台办新闻局局长张铭清、国务院新闻办公室三局副局长任一农出席会议并讲话，副台长李丹作工作报告，表示要围绕党的十五大的召开和香港回归这两件大事，调整栏目，规划选题，突出中央电视台国际频道以新闻和新闻性节目为主的特色，进一步提高质量，狠抓精品，再上台阶。与会代表在讨论中表示，要以中央电视台为龙头，以地方电视台为依托，发挥系统优势，开创电视外宣工作新局面。

3月24～25日 教育处、新影制作中心联合举办150集大型电视系列片《中华文明之光》研讨会。该节目自1994年开始拍摄，目前已完成100集。已完成部分获中央电视台1996年优秀系列节目一等奖。

3月24～31日 为响应广电部工会开展“助人为乐奉献爱心”活动周的倡议，科影厂党委和工会在厂内组织开展“献出一片爱心，帮帮我部困难职工”

的捐款活动。全厂捐款共计1万余元。

3月24日 经中央电视台分党组研究决定，中国国际电视总公司聘任杨宝亮为中视实业发展有限公司董事长，庞建为总经理；韩立新为副总经理。

3月26日 中央电视台举行香港回归宣传报道汇报会，曾建徽、李冰、杨伟光、王凤超、栗国安等领导及外交部、公安部、中央办公厅会议处、新华社香港分社宣传部的负责同志听取了中央三台的汇报。与会领导对中央三台所做的工作给予充分肯定，曾建徽强调，香港回归是世界关注的大事，是扬我国威的大好时机。香港回归的宣传报道，电视是主力军，要不遗余力把工作做好。领导同志还就宣传工作中应注意的一些具体问题提出意见。曾建徽、李冰、杨伟光、王凤超等领导审看《香港沧桑》下部前5集，一致认为这5集节目主题鲜明、内容丰富、制作精良。

3月27日 中央电视台召开纪检监察工作会议，副部长杨伟光，驻广电部纪检组副组长、广电部监察局局长赵声鸿，电视台分党组纪检组组长陈君到会，全台各部门54名处级干部参加。杨伟光围绕全面理解中央精神、提高反腐败工作重要性的认识、中央电视台近年来反腐败斗争取得的成绩和目前存在的问题、加强反腐败斗争力度及认真贯彻会议精神等方面的问题作重要讲话。

3月27～30日 由中国广播电视学会专业电视设备用户委员会、电视灯光研究会和中国国际电视总公司联合主办的'97广播电视设备展示及技术交流会在北京召开。来自全国各省市电视台和电视设备生产厂家的350余人参加会议。展览会推出了许多电视设备新产品。

3月28日 中国电视剧制作中心举行1997年剧目通气会。中心主任胡恩向与会的20多名记者通报了剧中心的生产和剧本情况。

3月30日 杨伟光在顺义影视培训中心召集电视台经营系统部分同志座谈，讨论加快中央电视台第三产业发展问题。总会计师贾文增和经营管理处、中国国际电视总公司、节目代理公司和实业开发公司负责人参加座谈。

3月30日 为纪念《焦点访谈》开播三周年，《东方时空》开播四周年，由三联书店出版的《焦点外的时空》在北京韬奋图书中心举行首发式。该书由《焦点访谈》、《东方时空》、《新闻调查》、《实话实说》等栏目的主持人和编导编写。

3月31日 由技术制作中心，教育处和中视电视技术开发公司联合主办的招用人员电视技术培训班在军事博物馆制作区正式开课。培训班旨在通过上岗前的专业技术培训，尽快培养出一批电视节目和动画技术制作专业人员，以适应目前节目制作量不断增加的需要。培训班将用三周时间对160多名招用人员进行专业技术知识培训。

3月 广电部副部长赵实批示："伟光部长并致化勇同志：《银幕采风》栏目1997年的开局很有起色。特别是这期《田野的呼唤》面向广大农村，宣传党的电影政策，分析新问题，树立新典型，做得比较深刻、细致。编导及剧组同志们不辞辛苦，深入到农村乡乡户户，直接反映农民及农村放映员的呼声，反响较大，效果很好。衷心感谢电视台与剧组的努力。希望再接再厉，继续坚持做下去。"《银幕采风》栏目由中央电视台总编室、广电部总编室、电影局合作主办，春节期间推出了这期反映农村电影工作情况的特别节目《田野的呼唤》。

3月 台领导杨伟光、赵化勇、邵昌有、罗明等到新影厂检查工作。新影厂党委书记、厂长李建汇报了1996年的工作和1997年的工作计划。杨伟光对三年来新影厂转轨成绩显著表示祝贺，他希望新影厂注意人才培养，抓好节目导向，提高节目质量，逐步实现自主经营，使第四年更上一层楼。

3月 广电部办公厅下发关于表彰1996年信息工作先进单位、先进个人的通报。此次评选共设三个奖项，中央电视台均榜上有名，被评为广电部"值班日报"和"部简报"两项信息工作先进单位。台办室主任李晓明获得广播影视系统信息工作先进个人（组织奖）荣誉称号。

3月 由中央电视台与西藏文化传播公司联合摄制的系列纪录片《我们西藏·八廓南街16号》获法国第十九届"真实电影"国际纪录片电影节大奖——"真实电影奖"。这是目前中国纪录片在国际上获得的最高奖项。

3月 《中国电视报》在吉林新闻出版局、吉林日报社、吉林邮电管理局等单位举办的向读者推荐优秀期刊和评选十佳报刊活动中，被读者评为"十佳报刊"。

3月 分党组纪检组和监察室制作廉政教育片《致命的诱惑》，与1996年12月制作的《梦断影视城》一起，在全台开展典型案例教育。

四 月

4月1日 中国电视节目代理公司召开重组大会，台领导杨伟光、贾文增等出席会议。

4月2日 根据分党组报请广电部党组批准的在中国电视创建40年暨中央电视台建台40周年时出版"电视丛书"的方案，研究室组织各部门负责人举行"电视丛书"编纂座谈会。台领导陈君、罗明希望保证“丛书”按质按时出版，向40周年台庆献礼。

4月2～3日　技术制作中心制作部召开春节期间5台大型综合文艺晚会的舞美、灯光、服装、化妆、道具与视频技术经验总结会。这5台节目包括《′97春节联欢晚会》、《菊苑颂春——春节戏曲晚会》、《春在′97——春节音乐歌舞晚会》、《枫雪桑梓情——′97多伦多华人华侨春节联欢晚会》、《文化部春节晚会》。

4月3日　新闻中心新闻编辑部邀请中国残疾人联合会、北京市残疾人联合会及北京聋哑学校的师生代表，在中央电视台每周一期的双语节目《时事纵横》开播两周年之际，就如何让该栏目更好地为残疾人服务进行座谈。

4月3日　经中央电视台分党组研究决定，中国国际电视总公司聘任赵健为总公司总经理助理。

4月5日　中央电视台在第一套节目黄金时段播出电视连续剧《东周列国·春秋篇》。

4月7日　海外中心进行香港回归对外报道动员，副台长李丹作动员讲话。会上要求香港回归对外报道要做到指导思想明确；工作任务落实，组织人员分工落实，工作日程时间安排落实；每周检查一次工作进展情况。

4月7日　中央电视台消防改造工程第一阶段顺利完成。电视台消防中心会同西伯乐斯公司、荧屏公司经过44天的连续奋战，提前25天完成任务，方楼四至二十四层已全部更新成具有90年代世界水平的烟雾感应报警系统。消防改造工程第二阶段将于4月17日施工，6月底前完工。

4月7～13日　工会开展助人为乐奉献爱心活动周，以帮助广电部的特困职工。全台职工共捐款78130元。

4月8日　中央电视台召开香港回归报道动员大会，杨伟光、赵化勇、李丹、李东生、李建等领导出席会议，200多名记者、编辑和工作人员参加了大会。杨伟光对参加报道工作的全体人员提出具体要求，李东生向大家通报了香港回归报道的初步方案。

4月8日　中央电视台召开计算机信息网络和管理系统图文资料分系统（一期工程）验收演示会。图文资料分系统是由技术管理办公室领导、研究室牵头组成的中央电视台图文资料分系统项目小组与北京施贝尔公司联合研制开发的。一期工程历时9个月，完成了图书、期刊、档案、剪报、图片、技术图纸等8个模块的软件设计和硬件安装，实现了对台内图文资料的计算机网络管理。

4月9日　全国政协主席李瑞环出席由中央电视台和中国曲艺家协会、天津中华民族文化促进会在人民大会堂共同举办的骆玉笙暨北方鼓曲名家音配像选萃座谈会并讲话。李瑞环高度评价中央电视台和天津中华民族文化促进会弘扬民族文化的成绩和音配像的重要意义，他希望中央电视台继续支持这一流传后世、功在千秋的实事。杨伟光说，《北方鼓曲名家音配像选萃》是《中国京剧音配像选萃》之后的又一重要成果。中央电视台将争取在不久的将来拥有一套较完整的“中国电视戏曲大全”。

4月10日　经中央电视台分党组研究决定，聘任中国电视剧制作中心主任胡恩为影视基地集团董事长。

4月11日　监察部部长曹庆泽、副部长李至伦在驻广电部纪检组组长王德新的陪同下，到中央电视台检查廉政建设工作情况。曹庆泽在听取汇报后认为，中央电视台领导重视反腐倡廉工作，对干部队伍抓得很紧，廉政建设抓得很好，特别是用发生在身边的案例教育广大职工，方法新，有成效。

4月11日　省级广播电视报西南、西北两区1996年度优秀稿件评选结束，《中国电视报》有5篇稿件和1篇论文获奖。

4月11日　1997年改版后的第一期（140期）《综艺大观》播出。当晚在现场参加直播的中纪委、监察部领导和电视台领导称赞这期节目艺术品位高，可视性强，寓教于乐。观众反响也很强烈，纷纷祝贺改版成功。

4月12日　杨伟光召集有主管宣传的副台长、各节目中心领导、总编室与台办室负责人参加的一季度宣传工作总结会。杨伟光认为：中央电视台1997年一季度的宣传工作取得了可喜成绩：新年春节宣传、邓小平治丧活动报道、“两会”报道“三大战役”连战连捷；香港回归宣传旗开得胜；物质文明（经济建设）的宣传有深度；精神文明宣传力度加强；加强了广告宣传的管理；技术手段大为改善。

4月15日　广电部副部长兼中央电视台台长杨伟光，中央党校领导小组成员、原中组部常务副部长赵宗鼐，中组部部务委员刘是龙，中共湖北省委组织部部长黄运志，中宣部文艺局局长李宝善等领导观看电视剧《吴天祥的故事》（6集）部分样片，认为这是一部政治性、艺术性、观赏性都很强的好作品。

4月15～19日　由中央电视台研究室主办、福建电视台承办的《电视研究》业务工作交流会在福州市举行，全国27个省级电视台、6个市级电视台的50多位代表参加会议。会议重点探讨了如何办好电视理论刊物，推动电视理论研究的进一步深入和发展等问题。

4月16日　国务委员李铁映指示国家文物局局

长张文彬：建议你们看一看电视片《失落的文明》。可以借鉴这部电视片的手法，由国家文物局和中央电视台合作，拍一部《中华文明五千年》（暂名）的电视片。脚本由国家文物局组织专家撰写，内容要体现我国各族人民为建立统一的多民族国家所做出的伟大贡献。4月22日，国家文物局副局长马自树、董保华到中央电视台同杨伟光副部长就贯彻李铁映指示精神，合作拍摄电视片《中华文明五千年》一事进行商讨。

4月17～18日 中央电视台在顺义影视培训中心举办首期聘用人员培训班，全台各部门的150名学员参加培训。杨伟光勉励全体聘用人员要消除不必要的思想障碍，积极大胆地开展工作，为中国的电视事业做贡献。有关部门领导就新闻职业道德与电视人的素质、廉政建设、保卫保密工作、精神文明建设与行政管理、节目宣传管理、技术设备管理、人事管理、财务管理等问题作了专题讲座。

4月17～19日 研究室组织召开《中国电视论纲》（提要）研究论证会。会议由原副总编辑章壮沂主持，研究室领导王录、王甫在会上介绍了《中国电视论纲》的研究进展情况。杨伟光肯定了前一阶段《中国电视论纲》的研究工作，他强调，研究中国特色社会主义电视理论一定要以邓小平关于社会主义精神文明建设的一系列重要论述为依据，紧密结合中国电视40年实践。部分省市电视台、高等院校的专家学者和负责各章节编撰工作的研究人员近30人参加了论证会。

4月18～19日 教育处、社教中心联合举办制片主任研讨班，与会者就制片主任的职责、组织纪律、职业道德及经济法知识等进行了学习和研讨。

4月20日 中共中央政治局常委、国务院副总理朱镕基对《焦点访谈》节目作出批示："中央电视台《焦点访谈》4月19日播放了《电脑网上的"扒手"》，效果很好。请电视台将此报道复制若干份，分送国家专业银行（工、农、中、建、交……）行长，请他们再看看，并举一反三。银行信用卡工作中的漏洞，在其他业务工作中也同样存在，必须加强管理，防范金融风险，并且保证银行队伍的纯洁。只有真正抓好'三严'（严密制度、严格执行、严肃处理），才能真正改善管理。"

4月20～23日 由副厂长任振华、厂工会主席赵布光等同志组成的科影厂"科技扶贫"小组一行5人，前往内蒙古自治区乌兰察布盟，向全盟人民赠送了300盘科影厂摄制的《防治土地荒漠化》、《塑料大棚》、《高腿羊》、《超薄地膜》、《五叶齐大葱》等科教节目录像带。双方还签署了关于建立科技普及、宣传协作关系的备忘录。广电部副部长杨伟光对此举表示赞扬。

4月21日 台长杨伟光、副台长刘宜勤到播出机房视察工作，了解安全播出情况。

4月21日 经中央电视台分党组研究决定，聘任唐世鼎为科教节目部副主任（正处级），聘期两年。不再聘任刘振宏担任原有职务。

4月22日 我国驻日内瓦代表团函谢中央电视台赴日内瓦报道组的出色工作。来函说，在刚刚闭幕的联合国第五十三届"人权会"上，我国与西方国家进行了一场激烈、复杂的较量，终于以较大优势第七次挫败西方反华图谋。这场斗争涉及我国主权和尊严，牵动着全国人民的心。中央电视台报道组对斗争的进程和胜利的喜讯进行了及时、准确的报道，极大地鼓舞了全国人民，激励了全国人民的爱国热情。来函说，李绥生等7位同志的辛勤劳动得到了代表团的一致好评，吴建民大使对中央电视台报道组的工作十分满意，特意嘱咐转告杨伟光，对7位同志予以表扬。

4月22～26日 由11人组成的中央电视台报道组对江泽民主席出访俄罗斯进行了成功报道，共播发《江泽民与叶利钦会谈》、《中俄签署联合声明》、《中俄哈吉塔五国签署边境地区相互裁减军事力量的协定》等22条新闻，现场直播了中俄哈吉塔五国元首在莫斯科举行的关于边境地区相互裁减军事力量协定的签字仪式。这是中央电视台首次在国外对重大政治活动进行现场直播，并成功地实现了国内国外现场对播。

4月24日 原北京科学教育电影制片厂厂长何文今同志因病医治无效，于19时在北京逝世，享年84岁。

4月24～25日 中宣部理论局与广电部总编室在天津联合召开十省市电视理论宣传工作座谈会。中宣部副部长白克明认为，在电视理论宣传方面，中央电视台作出了表率，取得了显著成绩，通过大家的共同努力，在全国范围内涌现出了以《邓小平》为代表的一批优秀电视理论宣传节目。他指出，当前电视理论宣传仍处于探索阶段，还要积极探索电视的形象化与理论的抽象化相结合的道路，提倡表现手法及风格的多样化，以加强电视理论宣传的针对性。会议期间，中央文献研究室和中央电视台军事部分别介绍了大型文献纪录片《邓小平》的创作经验。与会代表交流了有关电视理论宣传重点片目脚本的撰写、拍摄、制作的进展情况，观摩了一些电视理论宣传片，并就如何进一步落实宣传规划，更好地开展电视理论宣传工作进行了研讨。

4月25日 国务院总理李鹏在中南海西花厅接受经济部《跨世纪的转变》节目组采访，并对《经济半小时》栏目给予较高评价。李鹏总理说："中央电视台经济节目我不能做到天天看，但是经常看，《经济半小时》影响很大。5月5日以后，你们进入了更好的时段播出，向你们表示祝贺。希望你们继续努力，越办越好。"

4月25日 中央电视台"心连心"艺术团在大庆慰问演出。能容纳3万人的现场爆满，场外挤满了等候退票的观众。新华社、人民日报社、工人日报社等新闻单位对此次活动作了专题报道，给予较高评价。以"心连心"艺术团赴大庆演出为内容的节目《劳动赞》在5月1日播出后，全国各地观众纷纷来函，称赞演出成功，黑龙江省委、中共大庆市委、1205钻井队等还专门来函表示欢迎和感谢。

4月25日 历时五天的全国电视法制节目编辑、记者培训班在中央电视台影视之家举办，全国24家电视台的近40名编辑、记者参加培训。副台长李东生出席培训班闭幕式并讲话。

4月25日～5月5日 第四十四届世界乒乓球锦标赛在英国的曼彻斯特举行。体育部运用新闻消息、专题和现场直播等形式进行了全方位报道，共播出新闻36条、专题6个、直播9场，总播出时间约42小时。

4月26日 中国广播电视奖（原中国电视奖）′96电视新闻奖评选结果在江苏省张家港市揭晓，188个节目榜上有名。广电部副部长兼中央电视台台长杨伟光参加颁奖仪式并讲话。

4月28日 在中央电视台工作例会上，广电部机关党委副书记温治中、人事司司长雷元亮、副司长薛大力宣布了中宣部、广电部关于刘宝顺任中央电视台副台长、分党组成员和党委书记的任命。副部长杨伟光代表分党组和电视台领导欢迎刘宝顺到电视台工作。

4月29日 广电部邀请部分政协委员就电视广告播出、管理问题在中央电视台召开座谈会。政协委员周同善、席德华、刘杲、王明达、郭其侨、王广鎏等和广电部副部长兼中央电视台台长杨伟光、广电部总编室主任张振东、国家工商局广告监督管理司司长郑和平、广电部办公厅副主任黄勇及中央三台有关部门负责人参加了座谈。政协委员们对中央电视台加强社会主义精神文明建设，注重宣传的社会效益，严格广告宣传规范的做法给予肯定，同时也对电视广告宣传，尤其是酒类广告提出了一些意见和建议。

4月29日 第四十四届世乒赛男子团体半决赛和女子团体半决赛在第二套节目播出。第一套18时新闻、《新闻联播》及22时体育新闻等4次插播了现场报道，使观众及时了解到比赛动态。观众纷纷来电话，称赞"中央电视台插播新闻好"。

4月 中央军委副主席、国防部长迟浩田看完《万家灯火》栏目中的《往事——中国·1964·倒计时》节目后，特地致函张蕴玉将军说，看了节目"心情激动，感慨万千，我想到了上甘岭、长津湖、鸭绿江、大同江，还有沙漠戈壁……激动之后，平静下来，遂命笔写下随感两句——将军笑谈纸老虎，挥师戈壁建奇功。以表我这个志愿军老战士对您、对为尖端技术发展建立丰功伟绩的先辈们的崇高敬意"。张蕴玉将军的家人特意致信《万家灯火》栏目组表示感谢。该节目通过中国核试验基地第一任司令员张蕴玉将军的回忆，讴歌了国防科技战线指战员们的奉献精神。

4月 中央电视台在《音乐电视城》、《东西南北中》、《中国音乐电视60分》、《每周一歌》等栏目中陆续播出香港回归系列音乐电视作品。这些作品共50多部，包括《公元1997》、《我属于中国》、《归航》、《一九九七，永恒的爱》等。

4月 中央电视台收到中国驻伊朗使馆文化处发来的传真：北京科教电影制片厂由冯振志导演拍摄的《种子正传》一片，在伊朗举行的第二十六届"国际教育发展电影与录像节"上荣获金奖。

4月 新改版的栏目《文艺广角》录制播出《诗海扬帆》名家名诗朗诵会。这是中央电视台组织的首次电视诗会。节目播出后，《人民日报》、《光明日报》、《北京晚报》均给予报道，广受观众好评。

五　月

5月1日 国务院总理李鹏为中央电视台社教中心组织拍摄的两集电视专题片《东方之桅》题写片名，该片是为迎接香港回归，纪念中国最老的国营企业、中国第一家民用轮运企业香港招商局集团成立125周年而拍摄的。

5月1日 中央电视台第七套节目改变了过去加压、加扰方式，改为开路播出，接收时不再需要解码器。

5月2日 台长杨伟光、副台长赵化勇就如何落实年初分党组提出的"巩固、充实、提高"的目标及中央电视台未来发展问题，与编播、技术、党政部门中青年处、科级干部进行座谈。

5月3日 杨伟光召集管理部门负责人开座谈会，研究加强中央电视台管理工作。台领导赵化勇、刘宝顺、李丹、刘宜勤、陈君、贾文增、罗明及行政职能部门、技术系统的负责人参加会议。与会同志对宣传、技术、行政管理工作中存在的问题进行分析，并提出改进意见。

5月3日 新闻采访部记者采制的《我国商品零售业连锁化发展迫在眉睫》在《新闻联播》播出后，引起国家有关部门的重视和各新闻媒体的关注。次日，国务院办公厅即以明码电报紧急通知各省、直辖市及国务院各部委，立即停止地方自行审批外商投资商业企业，正在审批或已经审批的要立即清理整顿。

5月3～7日 教育处与浙江省广播电视厅联合举办广播电视节目主持人研讨班。参加学习的有200余人。

5月3～15日 李鹏总理对非洲七国及阿联酋进行国事访问，这是继江泽民主席1996年对非洲进行历史性访问后的又一次重大外交活动。中央电视台派出王连生等10人组成的报道组随行报道，共播发新闻60多条，总长60多分钟，及时、准确、充分地报道了李鹏总理的访问活动，圆满完成了报道任务，受到李鹏总理办公室和国务院新闻办公室领导的表扬。

5月4～6日 共青团中央电视台第七次代表大会召开。台长杨伟光、副台长兼党委书记刘宝顺到会并讲话，广电部团委副书记赵子忠、电视台党委副书记南玉敏也到会祝贺。大会全体代表审议通过了共青团中央电视台第六届委员会工作报告，选举产生了共青团中央电视台第七届委员会。

5月5日 中央电视台即日起在每天清晨6时增加一档15分钟的《早间新闻》，每日首播新闻的时间提前了一个小时。《晚间新闻报道》播出时间由30分钟增加到45分钟。新栏目《科技博览》取代原《九州神韵》，以加大“科教兴国”基本国策的宣传力度。在第二套以经济节目为主的综合频道，《经济半小时》、《生活》、《中国财经报道》等栏目进入黄金时段。除第五、六、七套节目外（在7月份进行适当微调），其他各套节目均有程度不同的调整。

5月6日 全国人大副委员长布赫在中央电视台演播室就民族区域自治等问题接受海外电视中心《中国报道》记者的采访，并为改版后的《中国报道》栏目题词：“向世界报道中国，让中国了解世界。”

5月6日 为保证香港回归电视宣传报道工作的顺利进行，经分党组研究决定成立香港回归电视报道总指挥部，杨伟光任总指挥，赵化勇、刘宝顺、李丹、刘宜勤、李东生任副总指挥。总指挥部下设：北京对内分指挥部，赵化勇任指挥；香港分指挥部，李东生任指挥；对外分指挥部，李丹任指挥；技术分指挥部，刘宜勤任指挥；综合指挥部，刘宝顺任指挥。总指挥部办公室为总指挥部办事机构，李晓明任总指挥部办公室主任。

5月7日 由江泽民主席题写片名的大型电视系列片《香港沧桑》（下部）首映式在北京人民大会堂举行。全国人大副委员长王光英、全国政协副主席钱伟长、新华社香港分社社长周南、国务院新闻办公室副主任李冰、广电部副部长兼中央电视台台长杨伟光、香港《大公报》社社长王国华和国务院新闻办公室、外交部、广电部、港澳办等部门的有关领导及首都各新闻单位记者、中央电视台海外电视中心《香港沧桑》摄制组工作人员近70人参加了首映式。

5月7日 经分党组研究批复，聘任王占盈为中国电视剧制作中心计划财务处副处长；聘任李功达为中国电视剧制作中心文学部副主任（副处级），聘期两年。免去张小毛中国电视剧制作中心计划财务处处长职务，免去胡恩中国电视剧制作中心文学部主任（兼）职务。

5月9日 中央电视台大型电视系列片《香港沧桑》（下部）首映酒会在香港香格里拉酒店举行，香港各界知名人士300多人出席。霍英东、董建华、周南、张浚生、曾宪梓、范徐丽泰等担任主礼嘉宾。台领导杨伟光、李丹应邀专程赴港主礼酒会。酒会上放映了《香港沧桑》（下部）第五集《回归历程》。嘉宾一致认为该片将香港回归历程浓缩为历史的精彩华章，是非常珍贵的值得欣赏的大型制作。《香港沧桑》下部从11日起，在中央电视台第一套节目黄金时段连续播出。

5月12日 播出机房自即日起不再接受BVU格式播出带。此举有利于统一机器格式，保证安全播出，保障节目质量。

5月12日 中国吸烟与健康协会发出《关于表彰第五届全国宣传控制吸烟优秀新闻单位及第三批无吸烟影视片的决定》。本次活动共评选出优秀新闻单位22家，无吸烟影视片3部。中央电视台获优秀新闻单位一等奖，中国电视剧制作中心拍摄的20集电视连续剧《绿荫》和5集电视连续剧《小梆子队儿》被评为无吸烟影视片。

5月12日 《中国电视报》从第18期和第41期起进行两次改版。第一次改版主要突出宣传好中央电视台的重点节目。第二次改版主要是调整报纸内容，改进版面设计，以方便读者阅读。

5月13日 分党组纪检组组长陈君主持召开特邀监察员工作会议。监察部驻广电部纪检组组长王德新、副台长刘宝顺参加会议并讲话。王德新向17名新聘请的第三批特邀监察员颁发了聘书。

5月13日 副台长刘宝顺主持召开紧急会议，传达5月12日下午广电部紧急部务会议精神。广电部部务会议由部长孙家正主持，副部长刘习良传达了全国安全生产电视电话会议精神及江泽民、朱镕基、吴邦国等中央领导同志对安全生产工作的重要批示。刘宝顺指出，中央电视台将由保卫处牵头，会同人事处、技管办、监察室、工会共同召开联席会议，研究部署安全播出工作。

5月15日 副台长刘宝顺主持召开香港回归电视报道综合分指挥部工作会议。会议根据总指挥部的总体部署，研究落实综合分指挥部的工作要点及小组分工。分党组纪检组组长陈君，香港回归电视报道总指挥部办公室主任、台办室主任李晓明等综合分指挥部负责同志到会。

5月15日 中央电视台综合治理委员会召开全体会议。会议根据中央和广电部领导关于安全生产的指示，结合电视台的实际情况，决定由保卫处牵头，各部门派人参加，对全台所属各系统进行全面的安全检查。

5月16日 副台长赵化勇主持召开香港回归电视报道北京对内分指挥部工作会议，研究分指挥部的主要任务和需要解决的重点问题。北京分部负责人朱继峰、罗明、邹友开、李挺及总指挥部办公室主任李晓明参加会议。

5月18日 技术管理办公室在影视之家举办电视新技术发展动态报告会。分党组成员、编委会委员、各中心主任和职能部处领导出席。报告会由技管办主任何宗就主持，技管办科技处袁辉向与会领导汇报了当前电视及相关新技术的发展动态，技管办副主任徐威汇报了中央电视台计算机信息网络和管理系统工程建设情况。听取汇报后，副部长杨伟光明确指出：全台的管理干部都要了解电视技术发展的形势，这是建设世界大台的需要。技术干部要学习、引进、掌握先进技术。要不拘一格地引进人才，对新技术的出现要有课题组进行研究。

5月19日 社教中心《当代工人》栏目正式开播。该栏目每周一期，每期30分钟，是中央电视台第一个针对全国一亿五千万工人开办的栏目。

5月20日 国务委员、国务院计划生育委员会主任彭珮云在收看《新闻联播》中播出的9集系列报道《为了九亿人民的健康》后，致函杨伟光说：中央电视台1996年重点宣传了农村合作医疗制度，对推动这项“民心工程”起到了积极的作用，希望1997年继续加强对卫生工作的宣传报道，促进各地认真贯彻落实党中央、国务院卫生改革与发展的决定。

5月20日 中央电视台无锡中视影视基地股份有限公司（筹）在上海花园饭店召开新闻发布会，宣布：“中视股份”5000万A股将于5月22日在上海上市发行。本次A股发行所募集的资金，将主要用于收购水浒城和拍摄电视连续剧《李自成》，同时加大景区建设，充实高科技影视娱乐项目，使之成为国内一流的旅游观光和度假胜地。

5月20日 副台长刘宜勤主持召开会议，宣布香港回归电视报道技术分部北京广播电视服务中心（IBC）成立并从即日起开始运行。会议对境内外记者的接待、机房及设备出租、卫星传送等问题进行了研究。

5月21日 中央电视台香港回归电视报道北京对内分部召开动员大会，并宣布北京对内分部培训班开课。广电部部长孙家正，副部长刘习良、杨伟光及台领导赵化勇、李丹、朱继峰、罗明出席会议。新闻中心、海外中心、文艺中心、总编室及技术系统近150人参加会议。孙家正作动员讲话。刘习良就北京地区电视宣传承担的任务提出具体要求。杨伟光要求这次报道要做到及时、充分、准确、全面、精彩。

5月22日 由中央电视台8位离退休老干部组成的门球队，经过三天8场激烈争夺，获得全国广电系统北方地区第二届门球赛冠军。

5月23日 ′96中国电影华表奖颁奖仪式在北京保利大厦举行。中央新闻纪录电影制片厂摄制的纪录片《山梁》荣获优秀纪录片奖第一名。由中央电视台辉煌动画公司与上海美术电影制片厂联合摄制的美术片《大森林里的小故事——春天里的歌》获优秀美术片奖第三名。

5月24日 由国务院新闻办公室和广电部主办，中央电视台海外中心和大连电视台承办的1995—1996年度中国海外电视节目“彩虹奖”颁奖晚会——《中国彩虹》，在大连通过中央电视台第四套节目和大连电视台第一套节目现场直播，取得圆满成功。这是中央电视台国际频道首次进行易地卫星现场直播。

5月24日 由中国广告协会电视委员会和中央电视台联合主办、大连电视台承办的第九届全国电视广告研讨会暨全国第三届电视公益广告研讨会在大连召开，副部长刘习良作了题为《努力创作具有浓郁的风格和时代气息的电视广告》的讲话。在这次会上，中央电视台等20家电视台和11家广告公司荣获中国电视广告“印象奖”，中央电视台广告部有15条公益广告获得“印象奖”，其中《我想有个家》、《帮助更多的人获得光明》获一等奖。

5月26日～6月11日 中共中央政治局常委、全国政协主席李瑞环对葡萄牙、希腊、德国进行正式友好访问。新闻中心派出王建宏等10名记者随团进行采访，圆满完成了报道任务，共发回新闻45条，总时长约50分钟，受到全国政协领导同志的表扬。

5月26日 上午8时15分，中央电视台香港回归报道技术设施启运仪式在方楼门前举行。副部长杨伟光在致辞中要求同志们把设备安全运抵香港，胜利完成任务，不辜负党中央、全国人民的期望，不辜负全台的重托。由7辆汽车组成的车队计划于6月2日下午到达深圳，6月中旬进入香港。

5月26日 香港回归电视报道香港分指挥部举行赴港前动员大会，台领导杨伟光、刘宝顺、刘宜勤、李东生，新影厂厂长李建等出席大会。

5月26日 国产动画片展播暨'97百集动画片播出活动开始。在历时三个多月的展播活动中，将播出动画系列片8部175集，总播出时间近1800分钟，所有参展节目均为首播，是近年来中央电视台规模最大、最集中的国产动画片展播活动。

5月27日 国务委员李铁映在中央电视台《关于筹建中央电视台经济宣传顾问组的汇报》上批示：我全力支持。李铁映指出，顾问组的任务：宣传中央经济政策；推动改革；回答社会关心的热点、难点问题；评介国内外经济形势。

5月27日 中央电视台召开'97香港回归电视报道新闻通气会。台领导杨伟光、赵化勇、刘宜勤、李东生、罗明到会向国内各主要新闻单位的记者介绍了香港回归期间中央电视台的总体报道计划、节目安排、技术方案及国际频道的报道规划。

5月27日 台领导杨伟光、赵化勇、胡恩、罗明审看52集大型动画系列片《西游记》第1至7集。杨伟光说，将古典名著改编成动画片具有相当的难度，改编工作要进一步突出动画特点，着力突出孙悟空等人物形象，完善动作设计。

5月28日 国务院新闻办公室主任曾建徽对海外电视中心制作的专题节目《香港百题》给予高度评价，认为节目的播出很有意义，很重要。他说，《香港百题》以《基本法》为根据，形象生动地介绍中国政府对香港的基本方针政策，以及中央政府、内地与香港的关系，是一部学习和宣传《基本法》的生动教材。

5月28日 中央电视台在梅地亚中心举行'97香港回归电视报道情况介绍会。副台长赵化勇、刘宜勤、李东生，副总编罗明向31家境外电视机构的64名记者介绍了中央电视台香港回归电视报道的总体计划、具体节目安排、转播与技术情况及届时可向境外记者提供的各种服务，并回答了记者提问。

5月29日 香港回归电视报道北京对内分指挥部组织召开全国8个重点城市庆祝活动宣传报道情况介绍会。副部长杨伟光指出，广电部对8个城市活动及广播电视报道的总体要求是突出一个“庆”字。与会代表通报了各自工作规划，并就庆祝活动时间安排、组织形式，及如何更好地在广播电视信号传送、播出方面进行合作初步达成一致意见。

5月30日 根据《国务院关于深化城镇住房制度改革的决定》、《中央国家机关住房公积金制度实施办法》和《广发办字［1997］85号》文件的规定，经台领导研究批准，中央电视台成立住房公积金领导小组，下设办公室。领导小组组长贾文增，副组长李晓明、许二春、王晞建、毛坤山，办公室主任杨怀文。

5月31日 由中央电视台书画院主办的“迎接香港回归祖国全国青少年书画大赛颁奖会暨获奖作品展”在电视画廊举行。原中顾委委员谭友林，中国美术家协会党组书记雷正民，中国书法家协会副主席欧阳中石，国家教委艺术教育委员会主任赵风，中央美术学院院长靳尚谊，中国书法家协会组联部主任邹德忠，广电部美协主席辛树东，书画院顾问戴临风、洪民生，台领导刘宝顺、陈君参加仪式并为获奖作者、优秀指导老师和协办单位的代表颁奖。应邀出席开幕式的香港和内地代表共80多人。

5月 李鹏总理访问非洲国家期间，对我驻外使馆能否及时收看到中央电视台的节目非常关心。在加蓬访问时，当得知因为解码器故障，使馆同志不能收看中央电视台节目时，李总理说：驻外使馆都要看中央电视台节目，要讲政治，驻外使馆看不到中央电视台节目，不了解国内消息，不利于工作。5月22日下午，驻加蓬使馆来电话说，他们已经收到了中央电视台节目。

5月 全国人大常委会委副员长王光英在接受《香港百题》节目组采访时说：“这个节目值得一看，把政策讲得很透彻。”《人民政协报》以两个整版的篇幅刊登了《香港百题》的主要内容。《中国电视报》从第19期开始陆续摘登《香港百题》部分解说词，以满足观众的要求。

5月 副台长刘宝顺、分党组纪检组组长陈君召集党委、纪委、监察室等部门的负责同志开会研究如何加强整体协调，在全台形成职责清楚、分工明晰、渠道通畅、合理有序的管理工作局面。

5月 海外中心编辑部给179个驻外机构发送《香港沧桑》缩编版节目《跨越九七——香港走向未来》，请使馆协助确认驻在国的具体播出要求。截至6月4日，已有80个国家和地区要求提供该片，共280多集。

5月 全台团员青年及干部职工积极响应团委发出的为贫困地区小学生捐献图书的倡议，纷纷捐书助教。副部长杨伟光率先捐书42册。此次活动共收到捐赠书籍2015册。

5月 北京科学教育电影制片厂拍摄的《种子正传》一片在日本须贺川国际短片电影节上，获优秀影片奖。

六 月

6月1日 国务院妇女儿童工作委员会与中央电视台联合举办“六一”晚会现场直播。党和国家领导人李铁映、陈慕华、彭珮云及有关部委的负责同志，应邀出席晚会。彭珮云看完演出后，请国务院妇工委的同志转告说，这台晚会节目很好，特别是《训练场外》、《诺言》等节目，内容和形式很有特点，不仅对孩子有教育意义，对家长、社会都很有益。香港九仓卫星电视儿童台将于7月1日播出这台晚会。

6月4日 陈君主持召开廉政建设协调小组会议，讨论中央电视台《关于健全民主集中制加强集体领导的若干规定》(征求意见稿)。

6月6日 为迎接香港回归，重温百年历史，中央电视台举办中国近代史题材电视剧展播，在第二套、第八套节目黄金时间播出《林则徐》、《北洋水师》、《总督张之洞》共3部40集。

6月6日 副台长刘宜勤主持召开香港回归电视报道技术分部领导干部会议。各部门汇报香港回归报道的准备工作情况，分析存在的问题，研究解决办法，并明确职责分工。

6月7～8日 中央电视台在顺义影视培训中心召开会议，研究审定第一套节目、国际频道和英语传送频道香港回归电视报道节目播出方案。

6月9日 李铁映打电话给国家文物局局长张文彬，对电视专题片《中华文明五千年》拍摄工作作重要指示。李铁映说，一定要将《中华文明五千年》拍成高水平的电视片。这部电视片可以按历史时代为序，分若干集，每集又可独立成篇。李铁映指出，这部电视片要通过文物载体，揭示出人民群众是中华文明的主人这一历史事实。展示中华文明的灿烂辉煌，揭露近代帝国主义列强对中国的侵略、压迫和掠夺。电视片集数安排要服从内容。他还要求做好出版中英文对照的光盘的准备工作，找高水平的电视片解说员担任解说工作。

6月10日 科影厂召开厂级领导干部专题民主生活会，结合《领导干部廉洁从政若干准则》和江泽民在中纪委八次会议上的讲话精神，针对科影厂的实际问题，提出加强管理的具体方案。

6月11日 国家副主席荣毅仁为结集出版的《香港百题》节目解说词一书作序。新华社以《荣毅仁为〈香港百题〉作序》为题全文转发了这一序言。之后，《人民日报》、《光明日报》、《人民日报》(海外版)、《经济日报》、《新华每日电讯》等报纸作了全文刊载，《中国青年报》、《北京日报》等也刊发了标题新闻。

6月11日 海外中心召开香港回归对外报道战前动员大会，副台长李丹在讲话中说，香港回归凝聚着崇高而神圣的爱国主义民族情感，海外中心就是要把这一民族的情感向全世界介绍，让全世界的人民都了解。因此，搞好香港回归对外报道的意义重大，责任重大。赵宇辉介绍了香港回归对外报道主要任务，强调了香港回归报道的政策把握、注意事项等。

6月11～12日 香港回归电视报道北京对内分部召开国内重点城市报道协调会。来自北京、上海东方、天津、重庆、江苏、广东、深圳、东莞等八个电视台的有关负责人与中央电视台就新闻报道、文艺活动报道、微波传送等问题进行充分协商。

6月12日 第一套节目黄金时间播出28集电视连续剧《香港的故事》。

6月13日 经分党组研究决定，聘任张希岑为海外电视中心专题部副主任，聘期两年；聘任朗昆为海外电视中心编辑部副主任，免去其海外电视中心专题部副主任职务。

6月16日 在中央电视台工作例会上，副台长赵化勇通报了中宣部宣传部长座谈会的有关情况。丁关根在会上向各省宣传部长通报了中央电视台香港回归电视报道的准备工作情况。他说，中央电视台的决心很大，对三天的播出做了全新安排，中央领导同志对此次宣传十分重视。丁关根对香港回归电视宣传提出三条要求：安全第一；事实准确；在前两者的基础上，报道要及时、快速。

6月16日 广电部副部长何栋材在副台长刘宜勤陪同下，视察中央电视台香港回归电视报道的部分机房和设施。何栋材指示有关部门要协调和落实好沙河地面站与云岗地面站互为备份的方案，工作中加强协作，要多通气。他还要求中央电视台协助保证中央人民广播电台、中国国际广播电台的信号和广电部领导监看、监听的信号通畅。

6月16日 总编室播出库、新闻库、资料库中的112759盘录像磁带已全部完成条形码粘贴和标题数据录入工作，节目管理系统全面实行计算机管理。

6月16日 中国广播电视新闻奖′96电视社教节目评选活动在沈阳举行。中央电视台19个节目榜上有名，其中8个节目获得社会政治类、文化类、人物类、服务类、栏目类、系列片类的一等奖。

6月17日 香港回归电视报道计算机通信系统建设工作圆满完成，并全面投入使用。这是中央电视台首次在大型报道工作中使用计算机网络系统，首次将台内程控电话分机延伸至外埠。信息通信处网络中心开始通过 Internet 网用中、英文陆续发布有关香港回归的新闻和背景资料，并设立了《香港′97》、《′97 特辑》和《新闻》等栏目。这也是首次在重大宣传报道活动中通过 Internet 网络发布信息并进行新闻报道，仅 6 月 30 日，访问中央电视台 Internet 主页的共有 1.6 万多人次，最多时每分钟访问主页的次数高达 100 多次。

6 月 18 日 中央电视台香港回归报道中心开始为境外记者提供新闻资料服务。其中有关香港问题的图像资料包括：香港的历史、政治、经济及中英两国政府关于香港问题的谈判资料等。文字稿以中、英、法、西、俄 5 种文字提供。11 集纪录片《香港沧桑》以中、英、法、西、俄、德、阿、日 8 种文版向海外电视机构提供，其缩编版《香港走向未来》也以中、英、法 3 个语种提供。

6 月 18 日 台长杨伟光到香港视察香港分部的节目和技术方案实施情况。

6 月 18 日 由北京城建集团五公司承建的天安门微波传送平台完成验收交接，北京市有关部门领导和中央电视台副台长刘宜勤出席交接签字仪式。新建成的微波传送平台位于天安门革命历史博物馆北侧，高 10.05 米，底宽 4 米，总长 31.5 米，其中顶层平台长 15 米。它为 6 月 30 日晚 20 多家海外电视机构在天安门广场对迎接回归大型活动进行报道的 20 多路微波信号通过该平台传回中央电视台后，再向全世界发送提供了方便。

6 月 19 日 副台长赵化勇主持召开北京对内分部、对外分部组长以上成员会议，通报国务院新闻办公室关于《香港回归重要活动宣传报道安排意见》及中央领导对电视报道的若干要求，传达丁关根对香港回归报道活动的重要指示：无论是香港还是北京，都要成立宣传领导小组，责任到人。前后方领导小组要定期召开通气会，及时通报最新报道计划及变动情况。后方要建立联系网，出现意外情况要有专人负责解决。

6 月 19 日 凌晨 1 时 30 分至 3 时，技术系统进行香港回归报道第一次实战模拟演练。副台长赵化勇、刘宜勤前往现场察看。这次技术演练的系统包括：主控系统、第一套节目播出系统、第四套节目播出系统、英语传送频道播出系统、国际广播电视服务中心（北京 IBC）、微波（台内）系统以及 H309 和 E304 收录系统。

6 月 20 日 中宣部宣教局致函中央电视台，转达刘云山副部长对《新闻联播》中宣传“爱国主义教育示范基地”的意见：近期中央电视台播发的爱国主义教育示范基地的新闻做得相当不错。主要表现在四个方面：（1）配合了中央的中心工作，并安排在黄金时间的显著位置播出。（2）有力地配合了香港回归宣传。（3）突出了爱国主义教育示范基地的教育作用。（4）形式多样，内容丰富。

6 月 20 日 香港分部与北京分部在晚 7 时《新闻联播》中首次实现新闻对接，并插播了一条新闻；又在《晚间新闻报道》中再次成功对接，同时插播两条新闻，为直播报道积累了可贵经验。下午，英语传送频道与香港演播室进行第一次对接演练，达到了预想效果。

6 月 20 日 北京国际广播电视服务中心（IBC）正式启用，共投入技术、服务人员近 150 人。由对外分部承办的香港回归资料服务系统启用，此项服务可为外国记者提供有关香港历史、政治、经济以及中英两国政府关于香港问题谈判的情况等 58 类图像资料以及中、英、法、西、俄 5 种译文的文字资料。

6 月 23 日 香港分部收到广电部部长孙家正致赴港新闻采访团全体同志的慰问信。孙部长鼓励同志们在采访团党委的领导下，讲政治、讲大局、讲团结、守纪律，牢牢把握正确的舆论导向。把安全播出放在第一位，竭尽全力做到万无一失。以饱满的精神和充沛的体力胜利完成香港回归报道这一具有历史意义的宣传任务。

6 月 24 日 凌晨 2 时至 3 时 20 分，中央电视台香港回归电视报道进行第一次全系统综合演练。参加演练的包括中央电视台香港分指挥部、北京对内分指挥部、对外分指挥部、技术分指挥部以及广电部科技司、无线局（沙河地球站、发射台）、中央人民广播电台、中国国际广播电台、邮电部地球站、航天工业总公司（云岗地球站）、广电部卫星公司。演练范围包括香港和北京的技术系统和节目系统两部分。

6 月 25 日 广电部领导孙家正、田聪明、杨伟光视察中央电视台第一、四套及英语传送频道节目对频道开端节目进行的实战演练。

6 月 25～29 日 在罗马尼亚举办的第四届国际旅游电影节上，由文化部外联局选送的科影厂影片《长城》荣获旅游文化一等奖、《羌塘》荣获旅游资源一等奖。

6 月 26 日 丁关根、李铁映、钱其琛、罗干等领导同志观看庆祝香港回归大型文艺晚会《回归颂》首次合成彩排，孙家正、杨伟光、赵化勇也参加了观看。丁关根认为，晚会气势宏大，情深意长，祝贺首战告捷。李铁映说，晚会有气势，有新意，是近几年来大会堂演出中最好的一场。钱其琛向现场工作人员表示慰问并感谢所有参加演出的同志，他称赞晚会充分表达和展现了中华民族迎接香港回归的心情和精湛的艺术水平。领导同志还指出了晚会的一些不足之处并提出修改意见。

6月26日　国务院副总理钱其琛、国务院秘书长罗干、中央办公厅主任曾庆红、北京市市长贾庆林等领导同志在工人体育场观看《首都各界庆祝香港回归祖国大会》和《欢庆香港回归》大型文艺演出彩排后认为，演出气势恢宏，节目新颖，感情真挚，技术先进。领导同志对这项活动的电视直播准备工作也表示满意。

6月26日　文艺中心戏曲·音乐部组织内地及香港的近百名歌手到清华大学举行迎香港回归大型演唱会——《九七恋曲》，演出获得成功。这台晚会6月28日播出后，引起社会强烈反响，收到大量观众的来信、来电，一致赞扬晚会气势宏大，场面热烈，灯光、音响效果优异。

6月26日　下午2时30分，中央电视台第一套节目、国际频道、英语传送频道分别进行了总长30分钟的应急演练。演练的内容是，在模拟信号中断、视频信号质量差、单音信号故障，以及250平方米演播室因故不能使用等紧急情况下，各频道根据预定应急方案，采取措施，保证节目正常播出。

6月26日　《香港回归电视快报》（日报）试刊号出版。《快报》将于6月29日至7月3日在北京、天津发行，将及时、准确地报道香港回归期间中央电视台各套节目，特别是第一、四套节目的播出时间、内容以及前后方记者采写的专稿和消息。

6月27日　14时30分至17时30分，北京对内分部、香港分部、技术分部进行系统演练，模拟播出7月1日15时至24时第一套节目内容。台领导赵化勇、罗明到场观看。

6月29日　17时，英语传送频道正式试播，并取得成功。同时《英语新闻》在英语传送频道成功地进行了第一次新闻直播。试播后不到24小时，海外电视机构即反映：线路畅通，图像清晰，接收良好。

6月30日～7月3日　中央电视台连续72小时播出香港回归特别报道节目并取得圆满成功。本次报道实现了9项突破：(1) 连续播出时间最长。为报道同一事件打破常规，第一套、第四套节目连续72小时播出，并加开41小时英语传送频道。(2) 报道规模最大。直接参加报道的有1500多人，赴港人员289人，派往全国8个重点城市和海外15个大城市采访的记者近百人，技术系统投入了有史以来数量最多、性能最先进的设备。(3) 新闻时效最快。三天直播25场。(4) 收视率最高。经对分布在全国33个城市的4000余户家庭的电话调查，有93%的家庭收看了天安门广场的庆典活动；94%的家庭收看了香港政权交接仪式；91%的家庭收看了香港特别行政区政府成立庆祝大会；83%的家庭收看了在北京工人体育场举行的首都人民庆祝香港回归祖国大会。重要活动的收看人数达到9亿以上。根据央视公司的收视率调查，6月30日至7月1日，第一套节目收视率是平时的4倍多，7月2日至3日也是平时的2倍多。(5) 覆盖面最广。第四套节目和英语传送频道实现了在欧洲和非洲的落地。收看中央电视台国际频道的我国驻外使领馆从69个增加到92个；转播中央电视台国际频道的海外电视台从14个增加到64个；转播英语传送频道的海外电视台达58家。(6) 在香港建成最大的报道中心。它占地485平方米，是集演播室、控制室、后期制作和信息服务为一体的综合性报道中心。(7) 节目包装最成功。专门制作了《展望辉煌》等不同长度、不同版本的宣传片，在各套节目中播出。同时，第一套节目设总主持人，香港演播室设分主持人，第四套节目和英语传送频道均设了自己的主持人，使节目更加连贯、协调、通畅。《中国电视报》在6月29日至7月3日出版了《香港回归电视快报》（日报），在北京、天津发行。(8) 三套节目特色最鲜明。第一套节目以确保重大活动报道为主；第四套节目和英语传送频道在依托第一套的基础上，充分体现对外报道的特点，广泛而有效地引导和影响着国内及世界舆论。(9) 在世界重大事件的报道中，中央电视台首次成为向世界提供主信号的电视媒体。

6月　应中国国际航空公司要求，戏曲·音乐部帮助国航录制了一批宣传香港回归的音乐电视节目，在各次航班播映。6月30日至7月1日，在中央领导人往返香港的专机上，播放了这些音乐电视节目，得到中央领导同志的好评。这套宣传香港回归的音乐电视节目在国际航空公司41条国际航线和26条国内航线的班机上播出，播出时间为一个月，得到了国内外广大旅客的一致好评。

6月初　技术管理办公室、研究室联合开发出图文资料计算机管理分系统，向香港回归总指挥部办公室、新闻中心、海外电视中心等部门提供“香港回归资料全库”（电子版）。这套资料是研究室与新华社联合编辑的，共分为人物、背景资料、组织机构、法律文件、大事记等五大类，内容包括香港1807位知名人士的档案资料与香港历史沿革、重要事件等二次文献资料，以及从国内公开发行的各大报刊上选录的一次文献资料。

6月　在1996年全国广播电视期刊优秀论文的评选中，《电视研究》编辑部选送参评的4篇文章全部获奖。

6月 第二届全国百佳新闻工作者评选揭晓，李瑞英、余培侠入选。此次共评选记者56名，编辑35名，评论员3名，节目主持人、播音员6名。

6月 北京科学教育电影制片厂拍摄的《种子正传》一片在'97斯洛伐克国际环保电影节上获教育部奖。

七 月

7月1日 江泽民总书记在从香港飞往北京的专机上对中央电视台新闻中心采访部记者马赤后说："这次中央电视台报道香港回归的新闻很及时，报道面很广，有的新闻很有深度，总的说来搞得很好。"当听说很多同志为了这次72小时直播连续两夜都没睡觉时，他关切地说："大家辛苦了。"

7月2日 江泽民总书记和李鹏、乔石、李瑞环、朱镕基、刘华清、胡锦涛、荣毅仁等党和国家领导人出席观看庆祝香港回归大型文艺晚会《回归颂》。看完演出，江泽民总书记连声说很好，并说人逢喜事精神爽，看了这样的好节目，他感到很有精神；李鹏称赞晚会很有新意；乔石说，晚会很有气势；李瑞环认为这台晚会很有层次，值得好好总结。

7月2日 丁关根给杨伟光打电话，谈了他对中央电视台香港回归报道工作的几点意见：中央电视台香港回归宣传报道工作做得不错，是一次很好的爱国主义教育。从电视上看，中央电视台工作人员的精神状态不错；在香港回归宣传中，出现了很多优秀的音乐电视作品，应进一步做好整理、出版工作，以利于推广；72小时连续播出的香港回归特别报道可以剪辑出版，其中许多镜头处理得很好。丁关根说，此次报道工作条件十分艰苦，工作人员很不容易，要认真总结今年以来数次重大报道工作的成功经验。

7月8日 李铁映与广电部参加香港回归广播电视报道工作的同志座谈，对香港回归广播电视报道的圆满成功给予祝贺，向参加香港回归广播电视报道的全体人员表示慰问。座谈会由广电部部长孙家正主持，广电部副部长刘习良、杨伟光，广电部总编室主任张振东，中央电视台副台长刘宝顺、李丹、刘宜勤、李东生，中央电视台参加电视报道的主要人员及中央人民广播电台、中国国际广播电台的代表参加了座谈。在听取工作汇报后，李铁映指出：广电部系统全面、圆满地完成了中央交给的历史性任务。香港回归祖国将永载史册，对香港回归的报道工作也将永载史册。他说，香港回归报道是对你们的一次考试，事实证明你们是合格的，优秀的，在全世界面前打了高分。国家的每一件大事，都是你们的战役，要一仗仗打好。大家要继续保持高昂的斗志，更好地完成党和国家交给的任务。

7月8日 中央电视台经济宣传顾问委员会成立大会暨第一次全体会议举行。国务委员李铁映、广电部部长孙家正、副部长兼中央电视台台长杨伟光出席会议。李铁映要求电视经济报道要紧紧地围绕两个根本转变，正确宣传党的方针政策；要注重普及经济知识，围绕当前一个时期的难点和热点进行解疑释惑；要及时评述国内外经济形势和发展趋势。中央电视台经济宣传顾问委员会是根据中央领导关于加强电视经济报道的指示精神成立的，由国家主管经济工作的部、委、办领导和有关专家学者等经济界权威人士组成。委员会主任由杨伟光担任，副主任有王春正、陈清泰、洪虎、乌杰、董辅礽、赵化勇、罗明、谭希松等。中央12个部、委、办领导和14位著名经济学家、企业家应邀担任经济宣传顾问。会上，李铁映、孙家正、杨伟光向顾问们颁发了聘书。

7月13日 中央电视台赴港人员中最后一批30余人返回北京。至此，香港回归电视报道结束。

7月15～23日 配合中宣部"讲文明、树新风"活动的开展，新闻中心新闻采访部组织近20位记者，对全国15个大中城市存在的不文明现象进行了报道和追踪采访，在一周内，先后播发新闻20余条（次），60余分钟，节目播出后在社会上产生较大反响，得到有关领导的重视和肯定。

7月16日 朱镕基委托秘书打电话说，"看了中央电视台星期六、星期日（7月12日、13日）对粮食收购的新闻报道和跟踪报道感到非常好。"朱镕基指出，"考虑到国家粮食储备的问题，今后报道国家积极向农民收购粮食的同时，可适当报道农民帮助国家分担困难的消息。国家关心农民，农民也应该体谅国家。"

7月18日 广告经济信息中心召开成立一周年暨总结表彰大会。台长杨伟光、副台长刘宝顺、机关党委专职副书记南玉敏及台办室主任李晓明等出席会议，并为优秀主持人、优秀编辑记者、优秀栏目、优秀主编组长及优秀制片人颁发获奖证书。

7月18日 中央电视台和龙江电影制片厂联合摄制的儿童影片《鹤童》，在俄罗斯和乌克兰共同举办的第五届阿尔特克国际电影节上荣获"热爱大自然浪漫题材创作奖"和"最佳影片音乐奖"。

7月22日 江泽民总书记为中央电视台摄制的纪念中国人民解放军建军70周年大型电视纪录片《背负民族的希望》题写片名。中央军委副主席刘华清、张震、张万年、迟浩田分别就该片接受记者采访。该片运用全新的电视表现手法，从十个方面展示了我军70年来的伟大历程和辉煌成就。

7月24日 中央电视台1997年年中工作会议在顺义影视培训中心召开。赵化勇代表分党组作题为《历经考验，再创辉煌——中央电视台1997年年中工作总结》的报告。杨伟光部署下半年的工作重点，对下半年的宣传、管理、技术、党政职能、经营工作作出具体部署。杨伟光说，要继续推进电视台事业上新的、更扎实的台阶，关键是要深练“内功”。他要求全台各部门重点抓好十个方面的工作：管理要制度化；决策要民主化；节目要精品化；节目规划、制作要系列化；制作设备要现代化；节目覆盖全球化；三产要集团化；节目生产要基地化；思想工作要经常化；队伍要优化。会上，各小组的代表南玉敏、李挺、赵宇辉、徐威、李培森、胡恩、王盟盟、万迪基分别汇报了各自讨论情况和各部门下半年的主要工作计划。

7月28日 第四套节目早间新闻栏目《中国新闻》(15分钟）开播。这是一个综合性要闻栏目，采用直播方式，每天上午8时播出。

7月28日 《动画城》栏目开始播出52集剪纸动画系列片《人参王国》。这是′97国产动画片展播的片目之一，也是1997年“六个一百工程”百集动画片的重点节目。

7月29日 中央电视台召开年中工作总结表彰大会。杨伟光作题为《强调国家台意识，全面提高中央电视台工作水平》的讲话，总结了中央电视台上半年的工作，并对下半年的工作作了部署。他号召全台同志一定要在以江泽民为核心的党中央领导下，团结鼓劲，狠抓精品，扎实工作，争创一流，为在短时间内建设成为世界大台而努力奋斗！副台长刘宝顺宣布了分党组《关于表彰参加′97香港回归电视报道先进集体、先进个人的决定》，出席会议的台领导向获得一等奖的先进集体代表和先进个人颁发了奖状。

7月30日 副台长刘宝顺召集有关人员研究如何做好规章制度修订工作。他强调了这次修 订工作的重要性，要求集中人力，组织好班子，全力做好这项工作。会议决定成立修 订规章制度领导小组和办公室。职能、经营、宣传、技术系统成立修订规章制度小组。

7月 国务院副总理李岚清为第二届全国少年儿童歌曲卡拉OK电视大赛题词：“让健康美妙的歌声伴随着孩子们快乐的童年。”大赛由中央电视台与国务院妇女儿童工作委员会和全国妇联联合主办。

7月 中共中央文献研究室李琦致函副部长杨伟光、副台长李东生，称赞7月20日播出的《新闻调查·中国恢复高考制度20年》“编辑、组织得较好，把问题说清楚了”。他在信中说，中央文献研究室及中央文献出版社的很多同志收看了这个节目，并由中央文献研究室室务委员、邓小平研究组组长冷溶和出版社的同志整理了两份观感反映。

7月 全国省级广播电视报′96优秀稿件评选揭晓，《中国电视报》的6篇作品获奖。其中：一等奖2篇，二等奖4篇。

7月 新影厂为健全民主集中制，加强集体领导，完善厂内规章制度，制定了关于重大决策、重要干部的任免、重要项目安排和大额度资金使用的若干规定。对于需经厂党委、厂务会讨论决定的重大决策的内容、实施程序，讨论干部聘任的范围、程序，选拔聘任干部必须遵守的纪律，及重大项目安排和大额度资金使用审批程序等方面都作了详细规定。

7月 社教中心《地方台30分钟》栏目与全国各地方电视台合作拍摄的30集大型系列节目《中国家庭》播出。该系列节目透过家庭生活这一视点反映了中华民族的风俗习惯、历史传统、伦理道德、生存环境和时代特色。

7月 《中国电视报》在重庆市建立分印点。至此，《中国电视报》已在全国21个省、直辖市建立了分印点。

八　月

8月1日 台党委召开1996—1997年度创先争优总结表彰会。来自全台基层党委、总支、支部的党员代表和受表彰的共产党员300余人参加大会。广电部机关党委常务副书记温治中，电视台领导赵化勇、刘宝顺、李丹、陈君、贾文增、李建等为获奖同志颁奖。12个党支部、11名党员行政领导干部、51名共产党员、50名党务工作者分别获得先进集体和先进个人称号。会前，40多名新入党的同志举行了隆重的入党宣誓仪式。党委专职副书记南玉敏作了题为《狠抓建设，为中央电视台事业发展提供坚强的政治保障》的讲话。

8月4～7日 北京市消防局、广电部保卫司、电视台保卫处组成联合检查组，对中央电视台消防安全状况进行全面检查。大多数部门能够遵守防火安全规定，动力处的各电站、空调机房，服务中心的交通科、食堂科，房管处的单身宿舍楼得到上级消防部门的好评。

8月5日 全国人大常委会副委员长陈慕华视察中央电视台威海影视城，听取影视城负责同志对景区建设、经营情况的汇报，并饶有兴致地参观了“大风车”景区。

8月5日 中宣部新闻局《新闻阅评》刊载题为《中央电视台“讲文明、树新风”的宣传有力度》的文章。文章说，中央电视台近半个月来，几乎每日的新闻节目中都有“讲文明、树新风”这一活动的宣传报道，有批评跟踪；有榜样；让普通群众出来讲话，加强了宣传力度，有利于群众自身素质的提高；发表了一些具有深意的论断，这些论述进一步加强了人们对于“讲文明、树新风”活动意义的认识。

8月5日 副台长刘宝顺与各职能部门、技术管理办公室、总编室的有关负责同志听取电视台教育顾问沈泰昌讲授的《如何修订规章制度》专题讲座，讲授内容包括这次修订全台规章制度的指导思想、系统论的有关知识、修订规章制度的原则、管理体系的实例分析及本次规章制度的结构设想。

8月7日 应邀来自科研机构、新闻出版单位和高等院校的12位专家、学者针对《电视研究》月刊改版后的得失进行座谈。大家认为，改版后的《电视研究》装帧精美，图文并茂，面目一新；文章题材广、视野宽，风格朴实，可读性强，提高了理论层次。专家们还就《电视研究》的定位、内容、文风、版式、标题、编者按、作者队伍等方面提出许多建设性的意见。他们希望《电视研究》能办成立足中央电视台，面向全系统，在全国电视界有学术地位的理论刊物。

8月8日 编委会讨论由总编室、信息通信处提出的《中央电视台国际互联网络站点发展设想》，决定加快国际互联网络站点建设，把中央电视台站点建设成信息量大、图片丰富，并有精彩电视活动图像的著名站点，并努力使之成为首都新闻界乃至世界一流的站点，成为世界了解中国的重要窗口。会议决定成立专门编辑班子，招聘优秀人才，力争到年底每天两次更新网上内容。

8月8日 根据广电部《关于印发〈播音员、主持人上岗暂行规定〉的通知》精神，为加强电视台对播音员、主持人的管理，经分党组研究决定，成立中央电视台播音员、主持人上岗考核领导小组。领导小组成员：组长杨伟光，副组长赵化勇，组员李丹、李东生、朱继峰、罗明、赵忠祥、敬一丹、罗京、王晞建。领导小组负责对播音员、主持人上岗的考核、资格审批。具体工作由人事处负责。

8月8日 分党组纪检组、监察室制定并下发《中央电视台关于厉行节约制止奢侈浪费行为的若干规定》。

8月8日 根据工作需要，中宣部新闻局宣教处副处长（正处级）尚墨玲到新闻中心挂职锻炼一年，任中心主任助理。

8月10日 中央电视台在武汉举行第十六届全国“飞天奖”首播获奖电视剧颁奖大会。杨伟光、赵化勇等领导为获奖人员颁奖。本届获“飞天奖”的电视剧共62部449集，其中，中央电视台参与拍摄的有24部，占获奖总数的43%。

8月10日 山东省委副书记、省长李春亭在威海市委书记臧海强、市长孙守璞的陪同下，到中央电视台威海影视城“大风车”景区视察。李春亭希望影视城在现有的基础上扩大规模，加强管理，全力发展。

8月12日 中央电视台组织《'98春节联欢晚会》总导演招标会议，广电部部长孙家正、副部长兼中央电视台台长杨伟光、广电部总编室主任张振东和台领导赵化勇、李东生、朱继峰、罗明及中央电视台编委会委员、文艺中心各部主任参加会议。参加竞标的4位导演分别陈述了各自的竞标方案，出席会议的领导对4位导演的竞标方案进行了初步评价，并对'98春节晚会的总体思路提出意见。孙家正指出《'98春节联欢晚会》在形式和内容上，既要积极尝试，又要实事求是。技术制作手段的创新一定要给观众以新的感受，总导演在考虑节目形式时思路要开阔一些。杨伟光针对中央领导关于“春节晚会要真正汇集全国精华”的指示，与到会者统一了认识。

8月12日 副部长杨伟光、副台长刘宜勤到科影厂援藏工程现场视察援藏演播室预安装等工作，并慰问包括2位西藏电视台副台长在内的8位参加培训的同志。这些设备包括可装备一个600平方米演播室的电视设备，用于转播中央电视台第一套、第二套节目的两部1千瓦电视发射机，以及为《西藏广播电视报》准备的电脑排版设备。

8月12日 广告经济信息中心广告部召开1998年广告黄金段位销售工作座谈会，征求客户意见。18家标版企业及20家中标公司代表应邀参加会议。

8月12日 广电部召开香港回归宣传报道表彰会，中央电视台有12个部门获先进集体称号，29人获先进个人称号。

8月13日 北京市政府召开庆祝香港回归祖国活动总结表彰大会。市长贾庆林、副市长张百发等领导出席大会并讲话。大会对中央电视台现场直播天安门广场“首都人民庆祝香港回归联欢活动”和工人体育场“首都各界庆祝香港回归祖国大会”直播报道工作给予表彰。文艺中心苏峰、王冼平、张晓海等也受到大会表彰。

8月14日 中直机关工委副书记王景茂一行4人到中央电视台检查贯彻落实党的十四届六中全会精神的情况。在听取汇报后，王景茂对中央电视台的精神文明建设工作给予充分的肯定，希望电视台再接再厉、狠抓实效，进一步开展“讲文明、树新风”活动，继续保持精神文明建设的良好势头，以优异的成绩迎接党的十五大的召开。

8月18日 杨伟光在电视台工作例会上通报分党组《关于加强各级领导值班和节目审查的规定》。《规定》要求：落实各级领导值班制度，处理好出国、出差与值班的关系。加强制度落实的情况检查。结合规章制度修订工作，检查各级领导干部对制度的熟悉和执行情况。完善奖惩制度，对坚持执行规章制度、堵住漏洞者给予奖励；对差错负有责任者，给予严肃处理。

8月18日 中共中央政治局委员、国务院副总理姜春云批示："中央电视台的工作积极主动，很有起色，很有成绩，特表祝贺。"

8月18～23日 广电部系统1997年接收的327名各类大学毕业生在沙河接受为期6天的入部教育。副部长田聪明到会讲话，中央人民广播电台、中央电视台、中国国际广播电台的台长亲临讲课。杨伟光专门看望了参加学习的电视台新接收的27名大学毕业生，勉励他们勤奋努力，艰苦奋斗，尽快把自己造就成优秀的电视人才。

8月19日 新闻中心召开全体工作人员会议，会议要求中心各部门全力以赴投入到十五大宣传工作中，务求全胜。副台长李东生指出：十五大的宣传报道工作是下半年宣传工作的重中之重，要坚决按中央的要求和部署优质高效地完成报道任务，做到隆重、准确、及时、充分。各部门的主任、编辑、记者，首先要学习好江泽民总书记在中央党校的讲话精神，确保宣传工作圆满成功，向党中央交一份合格的答卷。

8月19日 经分党组研究决定，聘任徐进为技术制作中心录制部副主任，聘期两年。

8月21～22日 由中央电视台研究室主办、甘肃电视台承办的全国首届电视制片人研讨会在兰州举行。全国近30个省、自治区、直辖市和地区电视台的80多名制片人和有关的领导及研究人员出席会议。研究室提交了专为这次研讨会准备的《全国省市电视台制片人情况》调查报告。根据全国调查情况，1995年是各地电视台推出制片人制的高峰期，经过两年多的建设，目前已有近80%的电视台实行或试行制片人制度，77%的栏目实行了制片人制。全国制片人制的形式因地制宜、多种多样，具体操作采取的是"允许试验，积极稳妥"的方针，制片人在电视节目制作中的作用越来越明显。

8月21～23日 为感谢威海市政府和广大市民对影视事业、特别是对中央电视台威海影视基地建设的大力支持，在威海市建市十周年之际，中央电视台银河少年电视艺术团赴威海进行了三场慰问演出，受到威海市民热烈欢迎。

8月21日 经分党组研究决定，聘任王丹洁为正处级调研员，调中国国际电视总公司任副总经理；聘任唐世鼎为台办室副主任（正处），聘期两年。免去王丹洁台办室副主任职务；免去唐世鼎社教中心科教节目部副主任职务。聘任刘瑾如为梅地亚中心中方副总经理，免去其中国国际电视总公司副总经理职务。

8月22日 海外中心召开电视系列片《香港沧桑》创作工作总结会，国务院新闻办公室、国务院港澳办公室、外交部港澳办公室等部门的领导赵秉欣、汪兴明、任一农、成绥三和中央电视台副台长李丹及有关工作人员近60人出席会议。会上，任一农转达了国务院新闻办公室主任李冰的意见：《香港沧桑》是一部具有凝重历史感的大片。这部片子以大量珍贵的历史资料对香港150多年历史风云进行了生动的描绘，对香港的荣辱兴衰作了真实的记录。

8月24日、26日、31日 由海外中心制作的大型电视纪录片《达赖喇嘛》（上集）中、英文版分别在第一套、第四套节目向海内外播出，观众反响热烈，也引起了国际各大新闻媒体的关注。《达赖喇嘛》制作了中、英、法、西、阿拉伯、德、俄、印地、藏语等多种版本，自8月中旬开始向海内外传送播映。该片还将通过在海外的中文电视机构、外语电视机构播出。

8月25日 经中央领导同志审批，拟由中央文献研究室、中央电视台、中央新闻纪录电影制片厂合作拍摄大型纪录片《丰碑》。这部反映人民群众缅怀邓小平的纪录片，将在邓小平逝世一周年前夕摄制完成，在全国播放。

8月25日～9月7日 为迎接党的十五大召开，新闻中心制作的14集系列专题片《中国之路》在第一套节目黄金时间播出。该片集中展示了我国五年来社会主义现代化建设在实践和理论上的发展和突破。节目播出后，受到各方面的好评。北京电视台国际部征得中央电视台同意，将该片进行译制，于9月8日至14日在北京电视台27频道《外语节目50分钟》栏目播出。

8月27～28日 中央电视台为27名新分配来的大学毕业生进行为期两天的入台教育。

8月28日 百首优秀少儿歌曲动画卡拉OK电视片、VCD——《辉煌童年》首映、首发式在人民大会堂举行。原中顾委委员李德生、新闻出版署署长于友先、广电部副部长兼中央电视台台长杨伟光、中宣部秘书长高明光、全国妇联副主席刘海荣、团中央少工委副主任孙寿山、广电部总编室副主任李春武、中央电视台副台长赵化勇、广东新闻出版局副局长吴至强、中央电视台副总编罗明等出席了首映、首发式。

8月29日 中央电视台向解放军陆、海、空军基层部队赠送《背负民族的希望》录像带仪式在三军仪仗大队驻地举行。广电部副部长杨伟光、北京军区副政委徐自强、总政治部副秘书长程宝山等有关领导及陆、海、空军部队代表500人出席了赠送仪式。

8月29日 河南林河集团公司、山东金贵酒业集团有限公司向电视扶贫工程捐款仪式在中央电视台举行。全国人大副委员长布赫，文化部副部长徐文伯，广电部副部长杨伟光，国务院扶贫开发领导小组副组长杨钟及两个公司的经理步兴亮、李民等出席了仪式。两公司此次分别向电视扶贫工程捐款60万元，以帮助江西井冈山地区和贵州省贫困地区建立卫星电视接收转播站。布赫高度评价了近年来文化扶贫工作取得的成绩，他希望文化部、广电部将这项工作坚持下去，进一步加强工作力度，更好地为贫困地区人民脱贫致富做贡献。

8月 由广播电影电视部部长孙家正题写片名的专题片《广播影视部掠影》由中央电视台制作完成。这部专题片全面介绍了广播电影电视部及所属各单位的职能和近年来的事业发展成就。

8月 解放军总政治部宣传部致函，对中央电视台在香港回归军事宣传中的突出贡献表示感谢。来信说，香港回归期间的军事宣传，特别是驻香港部队进驻香港的电视新闻宣传取得了圆满成功。为驻港部队顺利履行防务职责创造了积极的舆论氛围。中央电视台同志们的工作，受到总政治部、广州军区、驻港部队等有关部门的一致赞扬。

8月 在第四届中国残疾人好新闻奖评选活动中，中央电视台有14条新闻分别获特别奖、一等奖、二等奖、三等奖和优秀奖。

8月 中央电视台成立全国八运会报道前方指挥组，统一领导八运会的各项报道工作。副台长李东生任组长，副总编辑兼总编室主任罗明任第一副组长，副总工程师刘广全，新闻中心主任阎连俊，体育部主任马国力、副主任岑传理，总编室副主任周经任副组长。

8月 军事博物馆制作区空调系统工程施工和安装任务全部完工。军博制作区是中央电视台在台外租用和兴建的最大的制作区之一，包括采用DVCPRO数字技术的3个演播室、4个合成机房、10套二对一编辑、20套自编、5套非线性编辑及45套ENG系统设备。

8月 中央电视台图文电视部和中视信息传播公司在中国首届证券交易电子技术设备博览会上，首次向社会公开展出了自行研制开发生产的图文电视播出系统、接收系统和浏览分析软件，反映了中央电视台图文电视在同行业中的领头作用和在全国证券信息中的媒体优势。

九　月

9月1日 人民日报社、光明日报社、中央电视台联合主办的精神文明建设成就座谈会在中央电视台召开。会议由杨伟光主持，主题为：总结回顾十四大以来的社会主义精神文明建设取得的成就。10个单位代表就本系统、本部门和本地区5年来精神文明建设工作作总结发言。广电部总编室主任张振东谈了广播影视事业的发展情况。

9月1日 在中央电视台工作例会上，副台长赵化勇通报了1998年春节联欢晚会总导演的人选。经过公平竞标，并经文艺中心、编委会、分党组研究报广电部党组审定，由文艺中心戏曲·音乐部副主任孟欣担任1998年春节联欢晚会的总导演，文艺部副主任王晓担任总策划之一。

9月1日 副台长刘宜勤主持召开技术系统各中心、部、处一把手会议，研究部署十五大宣传任务、技术准备工作及安全播出工作。

9月1日 海外中心召开会议研究十五大对外宣传报道工作。副台长李丹强调指出，随着十五大的临近，要逐步加大对外报道力度，特别是确保高质量，要抓紧开办英语传送频道。

9月3日 中央电视台召开十五大宣传报道动员大会。杨伟光在动员会上讲话，对宣传报道工作提出十项具体要求。副台长赵化勇要求各部门贯彻落实十项要求，要做到组织落实，方案严密，宣传到位。副台长李东生传达了中央十五大宣传领导小组部署的十五大宣传计划。

9月4～5日 中央电视台在顺义影视培训中心举办十五大宣传报道培训班，台领导杨伟光、李丹、李东生出席培训动员会。新闻中心、海外中心参加宣传报道工作的部门负责人和一线编辑、记者100多人参加培训。

9月4～6日 由江泽民总书记题写片名、中组部和中央电视台社教中心纪录片室联合摄制的6集电视专题片《风展红旗》，在第一套节目21时10分播出。

9月5日 中国电视艺术家协会中央电视台分会正式成立。中国文联副主席、广电部副部长、中国视协主席、中央电视台台长杨伟光出席成立大会并致开幕词，中国视协常务副主席兼秘书长于广华到会致祝辞。大会通过了中国电视艺术家协会中央电视台分会章程，并选举赵化勇为视协中央电视台分会主席，洪民生、陈汉元、胡恩、邹友开、王录为副主席。主席团任命王录为中央电视台视协秘书长。有112名同志加入了电视台视协。

9月5日 副台长刘宜勤主持召开十五大电视报道安全播出技术保障座谈会。中央发射台、无线局频率处、云岗地球站、沙河地球站、无线通信局等单位的领导参加会议。

9月5日 1997年“五个一工程”获奖作品展播活动开始。活动历时一个月，在第一、二、八套节目播出多部精彩的电视剧获奖作品。

9月6日～10月5日 由中宣部主办的《辉煌的五年》成就展在北京展览馆举行。《新闻联播》、《新闻30′》、晚间新闻节目对此进行了集中报道，在《新闻联播》中播出新闻及新闻专题18条，在《新闻30′》中播出30条，在晚间新闻中播出32条，时长130分钟。

9月8日 在电视台工作例会上，杨伟光要求全台一定要切实发挥电视媒体的优势，使十五大的宣传报道工作做到隆重热烈、准确安全、及时充分。

9月8日 副台长刘宝顺组织召开职能部门十五大动员会，贯彻落实电视台十五大宣传报道动员大会精神。刘宝顺对职能部门做好行政后勤保障工作提出了十项具体要求。

9月8日 教师节到来之际，中央电视台向全国100所大、中、小学校赠送《旋转舞台》“中外名家名作”系列精品VCD仪式在国家教委会议室举行。国家教委和中央电视台有关领导、受赠学校代表、首都新闻界人士等出席了赠送仪式。

9月9日 十五大新闻直播报道组全面投入工作。4个采访小组分赴北京站、首都机场采访了7个代表团抵京的情况，其中包括第一个抵京的代表团、少数民族比较集中的以及在改革开放中成绩显著地区的代表团。

9月10日 新闻直播组全体工作人员50多人开始驻会，并举行新闻直播组第一次全体会议，副台长李东生要求大家在思想上要高度重视，准确、高质量地做好十五大报道工作。

9月10日 《焦点访谈》播出《万事俱备待佳期》，这期节目与11日《东方时空》播出的介绍各大媒体为十五大报道所做的准备情况的《聚焦十五大》一起，营造了大会前夕浓厚的舆论氛围。

9月11日 21时，英语传送频道正式播出，向海内外报道十五大情况。其中英语新闻有两次首播，每次30分钟。英语传送频道播出信号通过亚洲1号、2号和泛美2号、3号、4号共5颗卫星的7个转发器传送，覆盖全球98%的国家和地区。

9月11日 中央电视台十五大报道记者招待会组顺利完成首场新闻发布会的所有新闻、专题、实况录像。新闻于18时播出，《新闻联播》在19时38分播出了发布会专题。

9月11日 经总编室、信息通信处、研究室共同合作，中央电视台在国际互联网上发布了《十五大特辑》。内容包括：十五大消息、党的历次代表大会、党的重大历史事件和党内历史人物等中、英文信息。

9月12日 早7时至11时30分，第一套、第四套节目并机完成十五大开幕式直播任务。同时，海外电视中心与中国国际广播电台英语部合作，通过英语传送频道，直播了大会开幕式。美国、加拿大、法国等24家海外电视台转播了英语传送频道现场直播的开幕式。另根据协议，海外共有香港九仓KTV、南非多选电视台等76家电视台转播中央电视台第四套节目的十五大开幕式和新当选的政治局常委与中外记者见面会。

9月12日 为落实跨世纪“三六九”人才工程规划，中央电视台委托北京广播学院、北京理工大学培养39名业务技术骨干，攻读通信与电子系统专业和计算机应用专业硕士学位。

9月12日 中央电视台通报表扬刘伟民、周秉铃两位同志奋勇抢救遇险群众的事迹。8月12日，刘伟民、周秉铃在浙江省三门县蛇盘岛采访军民抗风救灾时，冒着生命危险抢救落水群众，在当地引起极大反响，中共三门县委、县政府以及解放军浙江军区司令部专门致函中央电视台，对他们的高尚行为表示崇高的敬意。刘伟民和周秉铃不是台里正式职工，经台领导研究决定，通报表扬并正式聘用两位同志，同时发给奖金予以奖励。

9月14日 到目前为止，出席十五大的36个代表团分组讨论的新闻全部播出。

9月14日 15时，十五大新闻中心举行中外记者招待会，国家计委主任陈锦华、国家经贸委主任王忠禹、国家体改委副主任张皓若答记者问。中央电视台记者招待会组对此进行了采访，并及时在16时新闻、18时新闻、《新闻联播》、22时52分新闻中播出此条新闻及30分钟的新闻专题。

9月14日 专题组制作了题为《建设中国国企的“航空母舰”》的专题节目，并于20时播出。

9月15～17日 涿州影视基地举办′97中国涿州中秋赏月大联欢活动。3000多名外宾参加这一活动，此间每日国内宾客的数量达到3万名。

9月15～18日 广电部广播电视学会和中央电视台社教中心共同组织的30集大型系列节目《中国

家庭》优秀节目评选活动在广电部招待所举行。该节目由社教中心《地方台30分钟》栏目组织全国各地电视台共同制作，反映改革开放对中国家庭产生的影响及其变化。广电部副部长刘习良到会祝贺并对《中国家庭》系列创作活动给予肯定。

9月16日 中央政治局常委、国务院副总理李岚清在中央电视台编发的刊载有《精品节目精心制作——〈一曲难忘〉将与观众见面》消息的《工作日报》上批示：伟光同志，请代我感谢为翻译制作这部名片而工作的同志们。这则消息反映了组织制作美国影片《一曲难忘》的有关情况。

9月16日 由中央电视台和江苏省连云港市人民政府联合主办，中央电视台书画院承办的《新亚欧大陆桥美术作品汇展》首展开幕式在北京中国美术馆举行。全国人大常委会副委员长王光英、江苏省省长郑斯林、中央电视台副台长刘宝顺及新华社、中央文献研究室、中国经济技术开发区协会、中国国际文化交流中心、中国美协党组、国家商检局、中共连云港市市委的有关领导出席。首展之后，这些作品将从江苏连云港市起，沿新亚欧大陆桥相关城市巡回展出。整个展览活动将在1998年底结束。

9月16日 第四套节目和英语传送频道围绕“中秋佳节话统一”的主题，采访了十五大台湾代表团、参加十五大中外记者中秋联谊会的台湾记者以及台商欢度中秋节的情景。

9月18日 中国共产党第十五次全国代表大会胜利闭幕，中央电视台圆满完成大会闭幕式实况录像、大会新闻报道、新闻综述的任务，并在大会闭幕后对薄一波进行了专访。

9月18日 到目前为止，共有9个国家和地区的33家电视机构在中央电视台通过卫星传送报道十五大有关情况。卫星传送共281次，累计传送4390分钟。

9月19日 新当选的中共中央政治局常委与中外记者见面，第一套、第四套节目和英语传送频道并机直播了实况。中午及晚上还播出一中全会和中纪委会议的新闻。至此，十五大会议期间的宣传报道圆满结束。

9月20日 中央电视台召开十五大宣传报道总结大会，台领导杨伟光、赵化勇、李丹、李东生、陈君、贾文增、李建出席会议。会上，十五大宣传报道新闻直播组、记者招待会组、专题组、后期制作编辑组、海外报道组、英语传送频道、总编室、播送中心、文艺中心、十五大宣传报道领导小组办公室负责人分别汇报了本部门十五大宣传报道情况。

9月21日 中国共产党第十五次全国代表大会新闻中心给梅地亚中心发来感谢信，向承担十五大新闻中心接待工作的梅地亚中心领导和全体员工表示感谢。

9月23日～10月4日 由卫生部、中央电视台组织的“情系老区——′97健康之路太行行送医送药慰问团”60余人从中央电视台出发。由首都各大医院的专家学者及中央电视台、十家新闻单位、企业界代表组成的慰问团赴老区河北平山县，山西左权、武乡、阳城县进行义诊、手术、讲座等医学活动。慰问团还到当地敬老院慰问曾为中国的解放事业做出贡献的革命老人。

9月23日 李铁映听取大型系列片《中华文明五千年》摄制组的工作汇报。他赞成报告提出的整体思路，并就片名、中华文明的起止时间、史实与艺术性的关系、对敏感问题的把握等提出意见。广电部副部长兼中央电视台台长杨伟光、国家文物局局长张文彬等领导同志也听取了汇报。

9月24日 国务委员李铁映在《跨世纪的转变》剧组关于该片播出情况的汇报上批示：“伟光同志：祝贺你们的成功！此片可制成录像带公开发行，可向使馆、留学生发行。望总结经验，进一步探索大型题材的拍摄艺术，提高收视率。”

9月23～25日 ′97全国电视新闻年会在福州举行。中央电视台及各省、自治区、市电视台主管新闻工作的台级领导和新闻部主任出席会议。李东生作主题发言，并就十五大精神的学习、宣传、贯彻落实作出部署。与会代表按照会议确定的“学习、贯彻十五大精神”的主题，展开了热烈的讨论。会议确定了贯彻落实十五大精神的报道重点。

9月25日 为规范用工制度，加大管理力度，经分党组研究决定，成立人力资源开发中心。管理范围包括台内待业人员，从外单位借用的人员，北京地区离、退休人员，农民工，实习人员。人力开发中心直属人事处，内设人力资源部、开发培训部、综合部。

9月26日 中央电视台“心连心”艺术团赴三峡工地慰问演出，3万多名三峡工程建设者和三峡库区移民观看了演出。这是“心连心”艺术团的第九次慰问演出活动，演出内容将作为国庆晚会于10月1日晚在第一套节目黄金时间播出。演出期间，三峡工程开发总公司副总经理袁国林代表三峡建设者向“心连心”艺术团回赠了锦旗，上书：“心连心真情溢四海，庆国庆群星汇三峡”。

9月 《中国电视报》被评为全国百佳优秀报刊。

9月 《展示辉煌：十四大以来新成就巡礼》一

书出版发行。该书以《新闻联播》节目“展示新成就，迎接十五大”的系列报道为主要内容，展示了党的十四大以来我国在各领域取得的辉煌成就，由中央组织部党建读物出版社出版，全书23万字。

9月　由中国纺织总会主办的全国服装设计“金剪”奖大赛在北京结束。中央电视台技术制作部服装设计师程均获银奖。

9月　在第六届“五个一工程”奖评选中，国际部参与合作，由东北林业大学出版社出版的《人与自然》丛书获得入选图书奖。

9月　在第六届“五个一工程”奖评选活动中，由影视部独家拍摄及合拍作品共16部榜上有名，占获奖总数的57%。影视部拍摄的儿童故事片《鹤童》在电影类评选中获“五个一工程”奖。

9月～12月　由台办室牵头，党政职能部门积极参与，在全台各系统的共同努力下，完成了全台现行规章制度的增改、修订工作，修订后的规章制度分五个分册：《中央电视台行政管理规章制度》、《中央电视台人事教育管理规章制度》、《中央电视台宣传管理规章制度》、《中央电视台技术管理规章制度》、《中央电视台财务物资管理规章制度》。这是继1996年整理汇编全台规章制度后，又一次系统、全面的建章立制工作。

十　月

10月2日　据我国驻喀麦隆使馆反映，喀麦隆电视台在其新闻节目中首次采用中央电视台第四套节目（CCTV—4）的图像，播放了李鹏总理在国庆招待会上的讲话及北京、上海等地欢度国庆的镜头。

10月3日　由主持人节目研究会主办的第三届主持人“金话筒”奖在北京揭晓。评委会从全国选送的151个参评节目中选出20个节目参加“金话筒”奖定评，最后评出了10名金奖获得者。中央电视台获金奖的主持人有4人：倪萍、敬一丹、汪文华、白岩松，获银奖的主持人5人，获铜奖的主持人3人。

10月3日、16日　《新闻联播》分别以头条和提要的显要位置播出的《银工商联合见成效》、《大工业呼唤大流通》两条新闻，披露了在银行、商业企业、工业企业之间进行的一种以高度信誉为基础、用大规模使用承兑汇票保证销售的崭新的联合模式，节目播出后在社会上引起较强反响，国内贸易部、中国建设银行总行、河南省、郑州市及科龙、康佳、熊猫等著名企业均认真研究建行郑州分行的具体做法，以资借鉴。

10月4日　分党组成员在顺义影视培训中心学习十五大文件，重点围绕江泽民总书记的报告，结合中央电视台工作实际进行讨论，畅谈学习体会和感受。

10月5日　副台长李东生主持召开全国八运会报道有关部门负责人协调会，逐项落实八运会报道的具体事宜。

10月6日　根据广电部人事司1997年交流干部安排，有4名干部到中央电视台任职：王秋菊任总编室副主任，万梅任社教中心专题部副主任，孙秀荷任播送中心播送部副主任，项仲平任文艺中心戏曲·音乐部副主任。以上同志挂职一至两年。

10月7日　中央电视台召开1998年度黄金段位广告招标动员大会，来自320多家广告公司及客户的近800名代表到会，广告经济信息中心主任谭希松就1998年黄金段位广告的销售办法及招标的有关事项进行了动员及说明。

10月7日　一号演播大厅正式开工。为确保工程按期投入使用，台里成立工程建设领导小组，组长由副台长刘宜勤担任。

10月8日　影视部在第二套、第八套黄金时段及第一套节目晚间举办历时一个月的全国短篇电视剧展播活动。

10月8日　中央电视台八运会报道团在上海新苑宾馆召开由节目、编辑、技术、后勤等部门参加的第一次工作协调会，副总工程师、八运会报道指挥部副总指挥刘广全主持会议。

10月8～11日　党委在顺义影视培训中心分两期组织十五大文件学习班，全台处以上干部190多人参加学习。分党组副书记、副台长赵化勇，副台长李丹分别为两期学习班作动员。

10月10日　研究室组织召开《中央电视台台史》编写工作会议。参加会议的有章壮沂、王甫以及黄一中、张家成、张复华、马超曾、王娴等老同志和电视史学工作者共16人。会议研究了台史的编写体例、写作提纲及工作进度。

10月12日　广电部副部长刘习良到中央电视台八运会报道团上海驻地看望参加报道的工作人员。陪同前往的有上海广播电影电视局党委书记赵凯、广电部总编室主任张振东、上海电视台台长盛重庆、东方电视台台长穆端正等。中央电视台副台长刘宜勤、李东生，副总工程师刘广全陪同。

10月12～24日　第八届全国运动会在上海举行。中央电视台派出200多人组成电视报道团前往报道，这是进行国内报道派出人员最多的一次。八运会电视报道组制订了体育频道全天播出、晚间6小时综合报道、第一套黄金时间专题报道的播出计划。在节目表现形式上采用国际上广泛流行的现场报道模式和体育频道的整体设计。报道组除了制作本台节目外，还承担制作八运会游泳、网球两个项目的电视公共信号的任务，达到了台领导提出的“中央电视台要提供最高水平信号”的总要求，受到八运会组委会和电视同行的赞誉。

10月14日 中央电视台离休干部、原副总编辑王传玉因病医治无效逝世。

10月15日 中央电视台“心连心”艺术团在湖南韶山毛泽东铜像广场举行第十次慰问演出。广电部部长孙家正、中央电视台副台长赵化勇、台办室主任李晓明与湖南省省长杨正午、省委副书记郑培华及老赤卫队员、老红军、老军烈属等约4万观众一起观看了演出。主会场演出结束后，演出团还派出小分队赴毛泽东故居、刘少奇故居、彭德怀故居、浏阳文家市秋收起义旧址慰问演出，观众总计达3万余人。演出前，广电部和中央电视台向湖南革命老区赠送了价值100万元的电视设备。

10月16日 《12演播室》新版研讨会在影视之家举行，共青团中央书记处书记姜大明等有关方面的领导、青年专家20余人参加研讨会。

10月16日 经分党组研究决定，聘任刘威为房屋管理处副处长，聘期两年。

10月17日 中央电视台召开长江三峡、黄河小浪底截流直播协调会。台领导刘宜勤、李东生、罗明和新闻中心、海外电视中心、播送中心的有关同志参加会议。新闻中心李挺、许强分别介绍了长江三峡、黄河小浪底截流直播方案和各项进展情况。会上就两项报道工作的并机播出、节目传送、机位及灯光设置、主持人衔接、演练工作、专题节目摄制播出、报道人员生活安排等问题进行了协调。

10月18日 教育处为经济部《商务电视》栏目举办业务培训班，有50多人参加。新华社高级记者吴锦才、华夏证券副总裁林义相、中国经济信息网总经理胡小明等应邀到培训班授课。

10月20～22日 全军电视宣传工作会议在北京召开，解放军总政治部副主任袁守芳、中央电视台副台长李东生出席会议并讲话。中央电视台驻全军17个记者站的负责人和解放军电视宣传中心的代表共60多人参加会议。

10月20～24日 日本富士电视台主办的第二十六届亚太地区片头与字幕制作作品交流会在日本东京召开，参赛的作品共有198件。中央电视台技术制作中心制作部美术设计吴克勤设计的戏曲栏目片头《精品库》获得银奖；录制部的《动物世界》片头获铜奖。

10月20日 社教中心、教育处、外事处与澳大利亚影视学校联合举办电视编辑、电视导演培训班。

10月21日 在韩国汉城举行的亚广联第三十四届大会上，评选出的四项大奖中，中央电视台选送的节目获得两个奖项。其中，香港回归特别报道获得亚广联新闻交换丹尼斯纪念奖，《旋转舞台》栏目“江河湖海”系列之一的《黄河的故事》获娱乐节目类最高奖——亚广联文化放送娱乐节目奖。

10月22日 国家科委副主任邓楠主持召开《生物多样性保护与可持续发展》电视系列片审稿会。参加会议的有：全国人大环境与资源委员会主任曲格平，中国社会科学院副院长陈宜瑜院士等十几位专家，以及中央电视台副总编辑罗明、科影厂厂长万迪基和国家科委、中科院、林业部、国家环保局等有关部门的负责同志。《生物多样性保护与可持续发展》电视系列片由科影厂与国家科委社发司共同策划，经半年多广泛征求专家意见和几度深入研讨之后，剧本大纲及初稿已经完成。

10月23日 电视军事节目委员会第一届理事会在北京召开。中国广播电视学会副秘书长江欧利、联络部主任张伟中，中央电视台研究室副主任王甫及电视军事节目委员会的62名理事出席会议。电视军事节目委员会是经解放军总政治部、民政部和中国广播电视学会批准成立，在中国广播电视学会指导下的全国性电视军事宣传工作者的学术团体。此次会议选举产生了电视军事节目委会员新的领导成员，讨论研究了今后的工作方针和任务。

10月24日 中央电视台捐资兴建的占地2350平方米的湖北宣恩荧屏特教楼在宣恩荧屏特殊教育学校举行落成典礼。宣恩县县长周先旺代表宣恩县委、县政府对中央电视台表示衷心感谢。

10月25日 中央电视台经济宣传顾问委员会组织召开认真学习十五大精神，切实加强电视经济宣传研讨会。国家各有关部委的领导、专家对十五大之后中央电视台经济宣传节目的重点选题、中国经济1997年的回顾及1998年的展望节目构想、对今后一段时间内的经济节目选题等发表了建设性意见。

10月25日～11月5日 第五届中国艺术节在四川成都举办。中央电视台报道组全程跟踪报道艺术节的各项活动，共播出新闻60次32条。报道组还精心制作了《艺术节——人民的节日》、《献给伟大的时代》等重点报道，在社会产生了较好的影响。中共中央政治局常委李岚清观看了《中国艺术节慰问成都高校师生音乐会》的新闻后，立即给组委会打电话说：这条新闻时效快，处理得当，分寸把握得非常适宜，应该表扬。台长杨伟光看了《艺术节——人民的节日》的新闻后也给予肯定。中国艺术节组委会总结宣传报道工作时，在几百家参加报道的新闻单位中着重表扬了两家，中央电视台是其中一家。

10月26日～11月3日 江泽民主席应美国总统克林顿的邀请对美国进行国事访问。中央电视台圆满完成了江泽民主席出访美国的对内、对外宣传报道任务。对内报道共播出新闻50多条，达1小时5分钟。播出《焦点访谈》三期，《新闻调查》一期。对外报道共播出新闻和专题节目约120条，时长788分钟。中央对此次报道十分满意，江泽民主席委托外交部副部长李肇星转达了他对此次报道的意见，说电视台的同志辛苦了，报道很成功。

10月27日 中央电视台书画院“小书画家”联谊会在北京成立。中国书法家协会顾问欧阳中石、美术评论家夏硕琦、电影表演艺术家李仁堂、中央电视台书画院顾问洪民生、硬笔书法家庞中华及来自辽宁美术出版社、《小书画家》杂志社驻各地工作站的代表和北京市各少年宫的师生代表参加了会议。

10月28日 中央电视台和河南电视台合作，对黄河上最大的水利枢纽工程小浪底工程截流合龙的盛况进行了长达两个半小时的现场直播，并取得圆满成功，受到观众和电视界的一致好评。

10月28日 中央电视台举行“荧屏杯”法规教育小品比赛，中纪委常委傅杰、中央电视台台长杨伟光、中纪委驻广电部纪检组组长王德新及中纪委宣教室、中纪委三室、监察部驻广电部监察局、中纪委电教中心、中国纪检监察报、广电部机关纪委等领导出席。

10月28日 国家教委组织北京大学、清华大学、中央音乐学院部分师生座谈收看中央电视台《世界名著名片欣赏》栏目播出的《一曲难忘》节目的感受。会议由国家教委思政司司长瞿振元主持。教授们一致肯定此片在思想教育方面的积极作用。

10月28日 广告经济信息中心主任谭希松率广告部业务员赴成都参加中央电视台黄金段位广告招标西南片区座谈会。座谈会由中央电视台、四川省经贸委、华西都市报、四川省名牌战略促进会联合主办，四川省省长助理柳斌杰及四川企业、广告、新闻界代表共200余人到会。在此之前，广告部召开了山东、广东、华东片区的招标座谈会。

10月29日 信息通信处在国际互联网络上推出中央电视台第三版 Internet Homepage 主页。

10月29日 中央电视台召开第三届职工教育工作会议。台长杨伟光、副台长刘宝顺、教育顾问沈泰昌、广电部教育司副司长王伟国出席会议并讲话。全台各部门负责同志和北京广播学院研究生部、首都师范大学英语系的特邀代表参加了会议。

10月 山东省冠县县委、县人民政府来函感谢中央电视台播出扶贫电视广告，给冠县地区带来了巨大经济效益和社会效益。

10月 1996年度中国新闻奖评选揭晓。中央电视台选送的《焦点访谈·巨额粮款化为水》被评为评论类节目一等奖；“晚间新闻编排”被评为节目编排类一等奖；消息《同是114》、系列报道《边疆行》被评为二等奖。

10月 在广电部老干部局召开的“敬老养老”表彰大会上，台长杨伟光被评为“好领导”，沈力等6位老同志被评为“老有所为”先进个人。

十一月

11月1～4日 副台长刘宜勤前往三峡工地检查大江截流电视转播工作的各项准备情况。

11月2日 三峡工程大江截流电视转播技术系统进行模拟演练。整个转播区域涉及的系统和机位均试通了信号。

11月3日 副台长赵化勇在中央电视台工作例会上传达广电部部务扩大会议内容。中共中央组织部日前正常调整了广播电影电视部领导班子，中央电视台台长杨伟光不再担任广播电影电视部副部长职务。

11月3日 三峡工程大江截流电视转播工作进行全区第一次合练，各系统和岗位人员认真投入，合练取得预定效果。

11月4日 中央电视台长江三峡工程大江截流特别报道团进行第二次模拟演练。报道指挥部对两个特殊内容进行了重点演练：一是直升机信号切入船载演播中心；二是湖北电视台转播车和中央电视台转播车的信号交叉切换。

11月4日 副台长李东生赴中央电视台三峡工程大江截流特别报道团驻地，查看船载播控中心、主持人演播景区、录制节目制作区及生活区，并观看电视报道团的第二次实战演练。

11月4日 经分党组研究决定，聘任王晰为海外中心外语部副主任，聘期两年；聘任田应坪为行政处副处长，聘期两年。

11月6日 中共中央政治局委员、国务院副总理姜春云现场观看广告经济信息中心经济部推出的特别节目《丰收之歌——'97农民专题晚会》，并代表党中央、国务院，代表全国9亿农民感谢中央电视台关注和支持农村工作和农业发展。

11月6日 台长杨伟光召集总编室、新闻中心、海外电视中心、技术管理办公室负责人，听取三峡工程大江截流直播工作汇报。副台长刘宝顺、李丹和副总编辑罗明参加了汇报会。

11月7日 中共中央政治局常委、国务院总理李鹏到位于三峡大江截流工地的中央电视台报道专用船上，慰问正在紧张工作的编辑、记者和工程技术人员。陪同李鹏总理前来慰问的有丁关根、罗干等领导同志。在播控中心控制机房，李鹏总理详细了解了14小时大江截流报道的准备情况，并对次日报道工作提出要求。

11月7日 广电部副部长田聪明到中央电视台，对新闻中心、海外电视中心、社教中心、文艺中心、广告经济信息中心经济部等宣传部门的业务工作进行了解、调研。副台长刘宝顺向田聪明副部长介绍了三峡工程大江截流现场直播的准备情况，副总编辑兼总编室主任罗明、台办室主任李晓明介绍了中央电视台宣传工作概况和节目制作流程。

11月8日 中央电视台长江三峡工程大江截流特别报道团与湖北电视台通力合作，圆满完成了三峡工程大江截流特别报道任务。自8时至22时，第一套、第四套节目进行了连续14小时的现场直播；11时至17时，第九套英语传送频道进行了连续6小时的现场直播。

11月8日 中央电视台1998年度黄金段位广告招标大会取得圆满成功，124家企业和客户代表参加本届招标会。招标会当晚，广告部在梅地亚举办了1998年度黄金段位招标新闻发布会。

11月10日 中央电视台召开清产核资动员大会。清产核资领导小组组长陈君出席会议并作动员。经营管理处、物资处、审计处、总公司领导和30余家电视台所属企业的负责人和财务主管人员参加会议。

11月11～16日 国务院总理李鹏对日本进行正式友好访问。中央电视台派出11人组成的报道组随行采访，圆满完成电视报道任务，共发回并播出36条新闻。

11月12日 中央电视台召开《中央电视台台史》撰稿人会议，重点讨论台史各章节的框架结构。台长杨伟光和副总编辑兼总编室主任罗明、研究室主任王录参加会议。杨伟光就台史的编纂工作提出指导性意见。

11月12日 总工程师邵昌有召集春节剧组、技术管理办公室、技术制作中心、录制部、制作部、音频部、房管处领导和各有关工种负责人会议，研究'98春节晚会舞美设计。

11月12～14日 团委在顺义影视培训中心举办'97团干部培训班，在重点学习十五大报告的基础上，交流加强团组织建设的经验。各团总支、团支部的60多名团干部及团委委员参加培训。团中央书记处书记周强，电视台副总编辑兼总编室主任罗明、党委专职副书记兼党委办公室主任南玉敏、纪委专职副书记梁萍到会作报告。

11月13～16日 中国广播电视学会电视法制节目委员会第三次代表大会在上海举行，来自全国46家电视台的代表出席会议。会议改选了委员会的会长、副会长，组成了新一届理事会，中央电视台副台长李东生当选为会长。会议通过了修订的《电视法制节目委员会章程》和《电视法制节目评奖条例》，组织了第三届全国优秀电视法制节目评选活动。

11月13日 中央办公厅致函中央新闻纪录电影制片厂，对该厂姜英杰等三位同志作为随团记者赴美采访江泽民主席对美国事访问期间的出色表现提出表扬。

11月14日 文化部邀请参加第五届中国艺术节新闻报道的在京中央新闻单位开座谈会，艺术节组委会主任李源潮（文化部副部长）、副主任潘震宙（文化部副部长）在讲话中说，中央领导充分肯定了艺术节的成功；这届艺术节在人民群众中产生了广泛影响，宣传报道工作发挥了重要作用。李源潮、潘震宙特别指出，中央电视台十分重视对此届艺术节的宣传报道，无论是现场直播还是新闻报道都产生了良好的反响。他们请与会同志向杨伟光台长转达他们的谢意。

11月14日 台长杨伟光出席影视部获奖作品表彰总结会并讲话。

11月16日 我国驻伊朗使馆文化处给北京科学教育电影片厂发出传真：科影厂影片《大脑潜能》在伊朗举办的第二十七届国际教育电影节上荣获银奖。

11月17日 《焦点访谈》栏目播出《都市里兴起的家庭工业》后，国家经贸委新闻处打电话向《焦点访谈》栏目通报了中央政治局常委、国务院副总理朱镕基的意见。朱镕基副总理对国家经贸委主任王忠禹说：这个节目很好，希望以后多做这类报道。王忠禹建议重播该节目。

11月18～19日 中国电视节目外销联合体第三次全体会议在北京召开，来自40家联合体成员台的63名代表参加会议。广电部副部长田聪明、中央电视台台长杨伟光、国家版权局局长沈仁干、广电部外事司副司长安利到会并讲话。大会选举中央电视台、北京电视台、广东电视台、上海电视台、四川电视台为常务理事台，并推选中央电视台副台长赵化勇为理事长。

11月18～21日 处级干部管理科学培训班在顺义影视培训中心举办。全台编播、技术、行政三个系统正、副处级干部共47人参加了第一期学习。台长杨伟光、副台长刘宝顺专程到培训班就如何当好领导和做好管理工作讲了话。中国科学院研究生院导师、软科学研究所副所长、国务院发展研究中心兼职研究员卢存岳教授就管理科学与领导艺术作了精彩生动的演讲。

11月19日　中央办公厅主任曾庆红到新影厂观看资料影片《江泽民主席首次正式访美》。对新影厂在人员少、时间紧的情况下，拍出大量资料给予肯定。

11月23日～12月4日　中央电视台成功报道了江泽民主席对加拿大、墨西哥进行国事访问和在加拿大出席亚太经合组织领导人非正式会议。这次报道共播出新闻70余条，拍摄资料近10个小时。

11月24日　'98春节晚会办公室成立并召开全体人员会议。办公室主任李晓明提出春节晚会办公室工作要求，春节晚会办公室副主任邹友开、史启新、许二春分别通报了有关情况。

11月25日　丁关根、孙家正、刘奇葆、刘云山等领导听取春节剧组的汇报。领导同志同意晚会确定的中华民族春节大团圆、万众一心迈向新世纪的主题和热烈、祥和、欢乐、团结、祝福、自豪、奋进的基调，要求剧组一定要明确责任，把晚会办好。

11月25日　《焦点访谈》播出反映山西长治公路“三乱”的节目《“罚”要依法——309国道交警乱罚款》。

11月26日　罗干给中央电视台打电话说：“中央电视台昨天晚上播出的《焦点访谈》很好，社会反响很大。中央其他领导同志也认为很好，应给予表扬。交警大队横行霸道，应严肃处理。此事我已同纠风办、公安部等有关部门打招呼。他们已有处理意见，要开现场会，开除有关警员，处理结果中央电视台可做报道。”中纪委党风室副主任、国务院纠风办地方组组长王寿祥、公安部部长陶驷驹、山西省委书记胡富国也打电话表示关注并对中央电视台记者表示慰问。

11月26日～12月5日　经营管理处、计财处、物资处、审计处、总公司等部门根据清产核资办公室的部署，组成清产核资小组，分赴威海基地、无锡基地进行财产清查。

11月28日　研究室召开各专业研究委员会和视协分会领导干部会议。中国广播电视学会副会长兼秘书长郭宝新和中央电视台副总编辑罗明到会讲话。会议增补王录为中国广播电视学会中央电视台分会秘书长。台属13个专业研究委员会的秘书长在会上通报了各委员会在1997年的学术研究工作。

11月30日　中央电视台召开国际频道开播五周年座谈会，20多位海外电视机构人士参加。他们热情称赞中央电视台国际频道开播五年取得的成绩，分别介绍了与中央电视台合作的情况，并就今后双方进一步合作等问题提出了建议。

11月　由全国政协举办的第七届宣传中国共产党领导的多党合作和政治协商制度好新闻评选结果在北京揭晓。此次共评选出85件获奖作品，中央电视台选送的5件作品全部获奖。

11月　第十五届世界石油大会优秀新闻作品评选揭晓，中央电视台马叶英、吴方、张晓阳等同志的七件作品榜上有名。这些获奖作品是由第十五届世界石油大会组委会委托中国记协并邀请中央新闻单位参加共同评选出来的。

11月　由广电部防火委员会、保卫司举办的两年一次的消防知识竞赛结束，中央电视台再次获得团体优胜奖，13位同志获得个人优胜奖，其中一等奖1名、二等奖4名、三等奖8名。

11月　中央电视台连续五年被授予首都精神文明单位标兵、北京市卫生红旗单位称号。连续三年被评为北京市无偿献血先进单位和广电部计划生育标兵单位。此外，彩电中心宿舍被评为海淀区文明小区。

11月　中央电视台与德国慕尼黑青少年基金会歌德学院北京分院联合举办第三期国际儿童电视节目研讨班。

十二月

12月2日　'97北京电视技术研讨会开幕。来自全国各地方电视台和有关单位的代表、海外嘉宾以及部分电视设备生产厂家和代理公司的代表参加了开幕式，台长杨伟光在会上致辞。自1993年以来，北京电视技术研讨会已经举办五届。

12月2日　海外中心召开纪念国际频道开播五周年外宣工作座谈会，台长杨伟光、副台长李丹出席。

12月5日　广电部部长孙家正、副部长张海涛到中央电视台观看虚拟演播室演示，孙家正要求中央电视台及早运用这一新技术进一步提高新闻节目质量。他们还视察了正在承担系列动画片《西游记》后期制作任务的计算机卡通动画制作系统。

12月5日　中国共产党中国国际电视总公司第一次代表大会在北京召开。大会选举产生了总公司第一届党的委员会和纪律检查委员会。台领导杨伟光、刘宝顺、陈君到会祝贺。

12月5～7日　'97全国省级电视台电视理论年会在湖南省江华召开。副总编辑兼总编室主任罗明到会并讲话，研究室主任王录主持会议。罗明说，我国的电视理论研究工作应紧密联系电视发展实际，注重提高研究的深度和广度，选准理论研究课题，加强对电视大型直播活动、专栏节目的定位和高科技、市场经济等社会因素对电视发展的影响等重大课题的研究。他希望各电视台研究室、总编室之间加强联系，及时交流经验，为我国电视理论工作的繁荣与发展而努力。

12月5～6日 ′97电视媒体应用计算机网络技术研讨会在北京举行，全国各地方电视台和有关单位的代表共150多人参加了此次研讨会。国家科委副主任邓楠，广播电影电视部副部长张海涛，航天工业总公司科技委副主任梁思礼，中央电视台副台长李丹、刘宜勤、总工程师邵昌有等领导出席研讨会的开幕式。来自海外、香港特别行政区以及国内有关方面专家就计算机网络技术在电视媒体中应用的若干热点问题共进行了8场专题演讲。

12月9日 总编室、社教中心召开座谈会，就1998年社教宣传工作进行研讨。副总编辑兼总编室主任罗明到会并讲话，社教中心主任高长龄通报了社教中心1998年宣传工作设想。

12月10日 海外中心节目编辑部邀请我国驻外使馆人员召开第四套节目海外落地情况座谈会。应邀参加座谈会的有我国驻巴西、加拿大、荷兰、马来西亚、罗马尼亚、巴基斯坦、刚果、孟加拉、埃及使馆的参赞、一秘等14人。副台长李丹出席座谈会。14位同志分别介绍了中央电视台第一套、第二套、第四套、第七套节目在各驻在国落地和各驻外使馆以及华人华侨、外国观众收视和反应的情况，并就今后如何进一步搞好落地，提高节目质量，改进报道方式，加强针对性、时效性，搞好对外宣传提出了许多意见和建议。

12月11日 广电部部长孙家正、中央电视台台长杨伟光、副台长赵化勇等领导观看《′98春节联欢晚会》第三批语言类节目，并与剧组主创人员进行座谈，对节目进行分析，提出意见。

12月12日 第十五届中国电视“金鹰奖”评选在上海揭晓，有28部（位）作品和创作人员获奖。

12月12日 中央电视台和中国电视剧制作中心在人民大会堂山东厅举行大型电视连续剧《水浒传》首映式。全国政协副主席万国权和中央电视台领导杨伟光、赵化勇、罗明及《水浒传》的主创人员、主要演员、首都40余家新闻单位的记者出席，仪式由中国电视剧制作中心主任胡恩主持。至此，我国四大古典文学名著全部经过改编搬上屏幕。

12月12日 经济部《世界经济报道》栏目邀请世界知名跨国公司的代表召开座谈会。来自波音公司、美国电报电话公司、可口可乐公司、爱德曼公司、东芝公司、奔驰公司、三星集团、现代集团、诺基亚公司、雪佛龙集团、大和证券等40多家跨国公司的近60名代表参加会议。

12月15日 科影厂拍摄的影片《介入疗法》在第十七届电影“金鸡奖”评选活动中，获最佳科教片奖。

12月16日 全国政协副主席、中央统战部部长王兆国，统战部副部长李德洙接见《中国心，民族情》节目的主创人员及参加节目制作的赵德清、赵维能、农世英、莫文珍等。王兆国说：“9月份我在中央电视台节目中看到了介绍你们的事迹，你们用22年时间开通了一条460米长的隧道，你们打开的不是一条简单的隧道，而是一条致富之路，我们中华民族就是需要你们这种愚公移山精神。”李德洙说：“这个题材国家民委推荐得好，中央电视台拍得好，你们干得好。”

12月18日 国务院副总理李岚清在中央电视台《关于加强国产动画片制作的措施的报告》上批示：“伟光同志，看到你们为开发国产动画片做了这样多的工作，很高兴，请代为向国产动画从业同志们问候！据我所知，动画已成为少年儿童最爱看的节目，对孩子的潜移默化影响很大。总的说，目前外国动画的比重还是大些，而且有一些不是健康的。我希望国产动画再发展快一些，请你们继续努力。”

12月18日 总编室召开观众来信管理网会，总结、交流一年来的工作经验和体会。新闻中心、社教中心、文艺中心、海外中心、中国电视报社、卫星传播中心、农业频道、经济部、动画部的有关同志及观众来信管理网的全体通讯员出席座谈会。

12月19日 广电部召开1997年中青年优秀科技论文交流颁奖大会。副部长张海涛和人事司司长雷元亮、科技司司长陈智教、科技委副主席章之俭到会讲话并为获奖者颁发证书。这是广电部举办的首届中青年科技论文评选交流活动。中央电视台选送的论文中有5篇获奖。

12月20日 研究室和中国电视报社联合主办《人民子弟兵》栏目获奖作品研讨会。来自首都影视界和新闻界的20多位专家学者参加观摩和研讨。

12月20日 中央电视台举行首届保龄球友谊赛，台内各个部门的32个代表队150多人参赛。台领导赵化勇、李丹和李东生参加比赛，并为获奖者颁奖。

12月23日 《新闻30′》栏目记者梁文刚对山东临沭造纸厂弄虚作假行为进行采访时，拒贿2万元人民币，并将情况向部门领导做了汇报。25日，新闻中心淮河报道组将此事向山东省纪委做了反映，纪委负责同志表示要严肃处理，并对中央电视台记者高尚的职业道德表示敬意。

12月23～24日 工会在顺义影视培训中心召开中央电视台工会委员会扩大会议，工会委员、各分会主席（小组长）共60余人参加会议。广电部工会联合会副主席、中央电视台党委专职副书记南玉敏出席会议。会议的主要内容是认真学习贯彻党的十五大精神，传达贯彻广电部工会第三届会员代表大会精神，回顾总结1997年电视台工会工作，讨论确定1998年工会工作要点，讨论修改《中央电视台工会工作条例》，布置元旦、春节期间的工会工作。

12月24日 广电部综合治安治理委员会和保卫司检查验收中央电视台1997年综合治理工作。检查组认为，中央电视台领导和各部门重视综合治理工作，组织落实、经费落实、制度落实，责任制抓得有效。

12月25日 乔石委员长办公室工作人员打电话说，乔石委员长评价中央电视台播出的电视剧《司马迁》“很好，很成功，很深刻，很有教育意义”。

12月26～28日 ′98全国电视经济宣传工作会议在北京召开，全国66家省、市电视台的80位负责经济宣传的台长、副台长、经济部主任、副主任和代表参加会议。国务委员李铁映对会议做了批示，要求电视经济宣传工作者要“研究经济，宣传经济，服务经济”。中宣部副部长徐光春、广电部常务副部长田聪明、中央电视台台长杨伟光分别到会并讲话。徐光春副部长认为中央电视台经济宣传呈现出导向正确、质量上乘、特点突出、贴近生活、管理有招等五个方面的特点。他同时提出了1998年经济宣传工作的总任务。广电部副部长田聪明强调，从事电视经济宣传的同志要不断加强学习，认真领会中央经济建设的方针政策，深入生活，深入实际，调查研究，吃透两头。中央电视台台长杨伟光总结和分析了电视经济报道改革及发生的变化。国家经贸委副主任陈清泰、国家体改委副主任乌杰、中国人民银行总行副行长殷介炎、中央财经工作领导小组办公室副主任段应碧、全国人大常委、财经委副主任董辅礽、国家计委秘书长白和金等也应邀到会作专题发言。

12月26日 中央电视台召开电视观众座谈会。台领导杨伟光、李丹、罗明和各节目中心的负责人与首都各界的近20位代表参加座谈。观众代表对中央电视台一年来的成绩给予肯定，对节目中错别字问题、文艺晚会如何突破模式化问题、加强科技节目问题、部分频道节目重播率过高问题、节目播出时间欠准确等问题提出意见。

12月26日 央视调查咨询中心监事会召开项目经理以上干部年终总结会。监事会主席尚广礼代表监事会作工作报告，分党组成员、监事会副主席胡恩，总编室副主任、监事会监事胡运芳，监事会顾问沈泰昌出席会议。

12月27日 广电部部长孙家正、副部长田聪明和台长杨伟光、副台长赵化勇等领导观看春节联欢晚会部分节目。孙家正代表广电部党组向春节晚会各工种和编创人员表示慰问，并与春节联欢晚会剧组的主创人员进行座谈。

12月28日 全国政协副主席万国权到中央电视台观看′98春节戏曲晚会部分节目。副台长李丹陪同观看。万国权说，中央电视台一直支持戏曲事业的发展。这台晚会规模很大，节目内容丰富，同志们很不容易。他要求做好戏曲晚会的字幕，以便于观众收看。

12月28日 由中国优生优育协会和中央电视台主办的《′98“三优”专题晚会》在中央电视台进行实况录像。国务委员李铁映在杨伟光陪同下和卫生部、国家教委、全国妇联等部委领导观看了演出。演出前，李铁映为晚会题词“优生优育，托起明天的太阳”。

12月29日 中共中央政治局常委、国务院总理李鹏与夫人朱琳到中央电视台视察工作。陪同李鹏总理视察的有中共中央政治局委员、国务委员李铁映，中共中央政治局委员、国务委员、国务院秘书长罗干，国务院副秘书长刘奇葆，广电部部长孙家正、副部长田聪明等。在听取了有关情况汇报后，李鹏总理先后视察了三楼播出机房、二楼新闻中心演播室和军博动画制作区，对中央电视台工作给予充分肯定。他说，1997年是不平凡的一年，我国经历了许多重大事件。这些重大事件通过中央电视台报道到全国、全世界，前台、后台的同志们都做出了贡献，你们功不可没。李鹏总理指出，电视是所有传媒中时效最快、收视率最高、效果最好、最广泛的新闻媒介。希望中央电视台在新的一年里，继续贯彻十五大精神，牢牢地把握舆论导向，表扬先进，揭露社会时弊。通过新闻媒介，鼓舞全国人民的志气，把我们中国建设好。

视察中，李鹏总理分别在新闻中心、新闻采访部时政组和新闻评论部欣然题词：“发展我国电视事业，全心全意为现代化做出贡献”；“祝贺中央电视台《新闻联播》节目创办二十周年”；“焦点访谈，表扬先进，批评落后，伸张正义”。

12月29日 丁关根到春节联欢晚会剧组驻地看望剧组的工作人员。他详细询问了《′98春节联欢晚会》的准备情况，并向剧组全体工作人员表示慰问。

台长杨伟光、副台长赵化勇陪同丁关根看望了大家。

12月29日 广电部总编室召开《视听评议》小组年终总结会，副部长田聪明出席会议并讲话。会上，中央电视台的《视听评议》意见反馈工作受到表扬。

12月29日 中央电视台精神文明建设协调委员会召开会议，总结第一阶段“讲文明、树新风”活动取得的经验，部署第二阶段开展的主要工作及新年、春节期间走访慰问困难职工、离退休人员等活动安排。

12月30日 中央电视台节目监看组召开全年工作总结会。副台长赵化勇代表台长杨伟光对大家一年的辛勤工作表示感谢。他充分肯定了老同志们为把好电视宣传质量关所起的重要作用，并对做好1998年的节目监看工作提出建议。罗明副总编辑在会上说，1998年电视节目监看工作不仅要把握宏观导向，还要把握微观导向，并加强监看组与总编室及各编播、技术部门的联系。监看组1997年共编发《监看情况反映》48期，共5万多字，对各节目部门提高工作质量起到十分积极的作用。

12月31日 经过85天的紧张施工，一号演播厅工程完工并交付春节晚会剧组使用。中央电视台举行隆重的表彰会，台领导杨伟光、赵化勇、刘宝顺、刘宜勤、陈君、贾文增、邵昌有，副总编辑罗明和春节晚会办公室主任李晓明出席。台领导向为一号演播厅建设做出贡献的台内有关部门和台外协作单位颁奖。杨伟光台长代表分党组和全台职工向参加一号演播厅施工的建设者们表示敬意，向北京市领导和有关协作单位的大力支持表示感谢。

12月31日 海外中心与上海电视台、上海东方电视台在上海联合举办的《我们共同的亚细亚——'98新年晚会》，通过卫星向全世界100多个国家现场直播。参加晚会的有来自中国、印度、马来西亚、韩国、日本、新加坡、越南、以色列等16个国家的400名演员。在日本东京、新加坡、印度的新德里、耶路撒冷及中国苏州设立了外景点，通过卫星现场直播 。其中以色列是首次与我国进行电视卫星直播传送。晚会开始前，中央政治局委员、上海市委书记黄菊在演出现场接见了主要演员并向工作人员表示慰问。节目播出后，海内外反响热烈。截止到晚会结束时，海内外的观众共打进热线电话近3万个，纷纷表达观看晚会的喜悦心情，对晚会的成功表示祝贺。

12月 经济部《经济半小时》栏目《四千亩耕地荒到何时》节目播出之后，引起了国务院副总理邹家华的重视。邹家华副总理专门调看了节目带，对节目中涉及的广东省吴川市四千亩耕地撂荒情况作了重要批示，并请中央电视台继续追踪报道，直到完全妥善处理为止。

12月 1997年，研究室共举办17次精品赏析学术活动，依次为：大型电视文献纪录片《邓小平》，第六十五届奥斯卡五项奖影片《勇敢的心》，《'97春节联欢晚会》，大型系列电视专题片《科教兴国》、《东方时空》，电视剧《东周列国·春秋篇》，中央电视台“心连心”艺术团大型慰问演出，20集电视连续剧《车间主任》，中央电视台“香港回归特别报道”，大型电视专题片《香港沧桑》，中央电视台“党的十五大宣传报道工作”，6集电视剧《党员二愣妈》，14集电视连续剧《红十字方队》、《旋转舞台·黄河的故事》，电视新闻直播——三峡工程大江截流、黄河小浪底截流合龙，中央电视台的全国八运会报道，电视连续剧《潘汉年》。

12月 《中国电视报》取得良好的社会效益和经济效益，全年每期平均发行230万份，名列全国各报之首，实现利润1200万元，超额完成包干任务。

12月 中央电视台收到澳大利亚南方之星影视制作公司关于《神奇山谷》销售情况的报告。该报告显示：《神奇山谷》在世界各地的播出和销售情况都非常好。该剧在澳大利亚广播公司电视台播出后，立即成为悉尼、墨尔本、布里斯班等大城市儿童节目收视率的第一名。《神奇山谷》的前26集在中央电视台播出后，一个月内就收到观众来信2万多封。据央视调查咨询中心对此剧做的专项调查，90%以上的儿童都看了这个节目，有50%的儿童认为该剧比动画片好看（以往儿童最爱看的是动画片）。据统计，自4月在法国戛纳电视节举行首发式以来，《神奇山谷》已经销售到全世界61个国家和地区的电视机构。

1997年中央电视台贯彻“巩固、充实、提高”的方针，较好地完成了全年各项宣传任务。与此同时，不断加强社会主义精神文明建设和廉政建设，工作人员的政治素质和业务素质进一步提高，电视宣传工作和电视工作者的出色表现受到社会各界的赞扬。据不完全统计，全年仅台办室收到的来自各方面的感谢信就有153封。

14. 人 物

一、享受政府特殊津贴人员名录（1997 年评定）

中央电视台：
李东生 贾文增 匡 镛

中国电视剧制作中心：
邹庆芳

中央新闻纪录电影制片厂：
应小英

北京科学教育电影制片厂：
任振华

二、正高级专业职务人员名录（1997 年评聘）

中央电视台：
高级编辑：
孙玉胜 郎 昆 李殿云 张长江
康 平 李小萍 师旭平 余培侠
李金熔 王 晓 张淑芬 王晓明
朱宽涛 佟占武
高级记者：
马国力 王光龙
译 审：
李 丹 张 丹
播音指导：
敬一丹
一级文学编辑：
冯万友

中国电视剧制作中心：
一级导演：
张绍林 潘小扬
高级工程师：
刘贡生
一级摄像师：
王东明

中央新闻纪录电影制片厂：
高级记者：
刘仁宽 张舜琦 邵振堂 凌嘉陵

北京科学教育电影制片厂：
一级导演：
于秀芝 于中宁 阎永铎
一级摄影师：
刘允良
一级录音师：
许启珍
高级工程师（享受教授级待遇）：
薛殿玉

中国国际电视总公司：
高级记者：
曹兴成

三、副高级专业职务人员名录（1997 年评聘）

中央电视台：
主任编辑：
王 甫 张 斌 罗 琴 马叶英
陈 征 武晋先 赵 微 张海潮

孙　慧　尹　力　马敬仁　应　红
苏　峰　王冼平　刘铁民　郑瑞霞
吴兆龙　郭维安　杨东升　马百山
王广令　李晓山　苏大清　王少华
安仲凯　张冬彧　魏　平　张令振
庄殿军　水均益　夏　骏　赵淑静
王　洁　汪文斌　王晓真

主任记者：

骆汉城　杨　斌　邢增福　张希岑

主任播音员：

韩乔生　肖晓琳

副译审：

毕冰宾　姜　红

高级工程师：

赵安利　赵　航　张宝安　李　宁
齐小朵　粟　非　王翠霞　张　鹤
胡为国　崔　建　刘　畅　沈　雁
冯　奇　吕薇薇　杨　健　李跃山
郑淑英　傅学勤　谢贺添　孙长庚
钟　全

高级会计师：

高祥林

灯光主任技师：

董　楠

高级经济师：

周　红

服装主任技师：

赵　岚

中国电视剧制作中心：

二级文学编辑：

张　敬　曾晓凌

二级音乐编辑：

王　莉

二级导演：

谢晓嵋

主任化妆师：

王丽娟

二级美术设计师：

王燕民

二级录音师：

陈　刚

二级演员：

孙梦泉　董国光

高级制片经济师：

林　萌　王　璞

高级会计师：

王占盈

高级工程师：

王巧红　张　平

中央新闻纪录电影制片厂：

主任记者：

刘大良　俞乐观　陶运钰

主任播音员：

田洪涛

副译审：

白大中

二级录音师：

张淑敏

二级剪辑师：

景　华

北京科学教育电影制片厂：

二级文学编辑：

孙　菡

二级导演：

林　静　冯振志　宫一宁　廖　烨
薛继军　高　萱　张　力　刘　竞
张宝金　薛雨宁　张　跃　李明伦
史晓强　谢九如　张保群　莫　骄
孟传辉

二级演员：

牟卫红

二级摄影师：

程受琦　张砥生　袁明福　秘光明
李　江　张书梓

二级美术师：

秦明亮　张晓豫　钟玉屏

高级工程师：

高毅民　沈继成　甄国良

高级经济师：

薛海波　翟跃琴

主任技师：

刘　勇　李继刚

中国国际电视总公司：

主任编辑：

敖丽蓉

高级工程师：

冀彤彤

副译审：

吕春光

四、人物志

刘宝顺（1947.12— ）福建省霞浦县人。中共党员。现任中央电视台副台长。经济师。1963年12月参加工作，1963年12月至1964年12月在福建省霞浦县财政局工作；1964年12月参军到人民解放军6703部队25队；1969年2月转业到中央广播事业局552台任人保部干事；1976年3月至1984年6月在广播电视部761台任台长；1984年7月至1986年7月在福建师范大学政教系读书；1986年7月至1989年7月在广播电影电视部871台任台长、党委书记；1989年9月至1990年8月在中央党校培训部进修；1990年9月至1991年6月在广播电影电视部871台任台长；1991年7月至1997年4月在广播电影电视部任副司长、司长；1997年4月始任现职。

李　丹（1944.5— ）天津市静海人。中共党员。现任中央电视台副台长。译审。1967年外语院校毕业后入中国国际广播电台英语部从事播音、翻译、编辑、采访工作，历任新闻组副组长、组长。1988年3月任英语部主任。1992年3月任副台长。期间，1974年至1976年在加拿大麦吉尔大学和布·哥伦比亚大学留学；1984年至1986年在美国斯坦福大学和美利坚大学学习，获硕士学位；1990年至1991年在中央党校培训部学习。1992年当选为全国翻译工作者协会副秘书长。兼任中国国际交流协会理事、中华海外联谊会理事、中国广播电视主持人学会常务副会长。曾获全国优秀广播节目奖特等奖、全国好新闻奖一等奖。1996年12月始任现职。

郎　昆（1959.12— ）北京人。中共党员。1983年毕业于中央音乐学院。1983年7月分配到中央电视台文艺部任导演。1994年任中央电视台文艺部副主任，1996年7月调至中央电视台海外中心编辑部任副主任至今。在第二届至第八届全国电视文艺“星光奖”中获一等奖（含特等奖）6次，二、三等奖若干。在第五届全国电视外宣“彩虹奖”中获一等奖、二等奖各一次。主持中央电视台1991年、1994年两届春节联欢晚会的编导工作，任总导演。获全国电视文艺“星光奖”特等奖。开创《综艺大观》栏目，任导演及制片人。该栏目连续三年获全国电视文艺“星光奖”的优秀栏目奖。大型晚会《丰收大地》任总导演，获全国电视文艺“星光奖”一等奖及优秀导演奖。《中华之声》大型文艺晚会，任总导演，获全国电视文艺“星光奖”一等奖。主持中央电视台首次《世界电影展播》活动。开创《世界名著名片欣赏》栏目。1993年至1997年共发表论文7篇。其中《浅谈春节联欢晚会的走向》（1995年第一期《电视研究》）一文在全国36家报刊杂志登载，在第四届全国广播电视学术论文评选中获一等奖。1997年被评聘为高级编辑。

李殿云（1937.11— ）女。山东省莱阳县人。中共党员。1962年8月毕业于山东曲阜师范学院中文系，同年9月至1983年12月先后在山东莱州一中、山东莱阳三中和北京外语师范学院任教。1984年1月调入中央电视台总编室从事电视观众调研工作。当年参与创办了电视专栏节目《电视与观众》，并有多个节目获得了全国优秀电视节目奖。自80年代末，主要从事电视观众收视率调查和观众心理研究工作；参与组建了中央电视台全国电视观众调查网，开创了中央电视台电视观众心理调研工作；先后主持、参与了中央电视台三次全国电视观众大型抽样调查工作，并主持了第四届世妇会《中国妇女问题》调查工作。1994年7月出席汉城国际大众传播研讨会第十九届年会，书面发表了《影响观众收视行为的因素分析》论文。在多年的电视观众调研工作中，撰写发表了《青年观众心理分析》、《中国妇女问题调查报告》等10多篇文章，编辑出版了《回声》、《国外电视研究译文》等五本文集共100多万字，其中，出版的文集、发表的文章获得全国受众调研成果一等奖、二等奖各两项。1997年被评聘为高级编辑。

张长江（1947.1— ）辽宁省沈阳市人。1975年9月辽宁大学中文系毕业后，分配到中央电视台新闻部，从事新闻编辑工作。曾任新闻部副主任、新闻中心编辑部副主任以及中国科技记者协会常务理事等职，1991年被评聘为主任编辑。20多年来，多次担任大型专题、重点系列报道的主编，推出一批在全国有一定影响的电视新闻类节目。其中系列报道《弹指一挥间》、《祖国大家庭》，单条新闻《北京牡丹集团厂庆新办》获得“中国新闻奖”一等奖；7集电视专题片《肝胆千秋》获得全国优秀电视专题二等奖；此外，在历次全国电视好新闻和各专业新闻评比中，获得一、二、三等奖20多次。在从事新闻编辑工作的同时，还在《新闻战线》、《中国记者》、《电视研究》等全国性刊物上发表过10多篇学术理论文章，并以专题片《肝胆千秋》的解说词为基础配以大量资料，出版了10万字的专著《肝胆千秋》；《弹指一挥间》、《看今朝》、《祖国大家庭》等系列报道也分别以解说词为基础出版了专集。1997年被评聘为高级编辑。

康　平（1943.1—　）天津市人。1960年9月入北京广播学院播音班学习，毕业后分配到中央人民广播电台播音部任播音员。1966年到该台新闻部任编辑。1988年调中央电视台。先后在新闻部评论组、《观察思考》栏目任编辑。1994年到《焦点访谈》任编辑。曾担任国庆35周年阅兵游行、全国人大、政协会议、北京亚运会等大型活动广播电视报道的领导工作。电视新闻《天津大邱庄集体致富》、《从一家工厂停产想到的》、《迟发的报道》等分别获全国好新闻特等奖、一等奖。1985年被评聘为主任编辑，1997年被评聘为高级编辑。

李小萍（1952.11—　）女。北京市人。中共党员。中央电视台第五届党委委员。1976年9月广州中山大学中文系毕业后，分配到中央电视台，先后在时政部、新闻部、国际新闻部、新闻评论部工作，做过时政新闻编辑、国际新闻编辑、国际时事专题节目编辑、国际新闻部国际专题节目组组长、新闻评论部《焦点访谈》、《东方时空》国际节目编辑、制片人。1989年12月在英国利兹大学电视研究中心获硕士学位。1985年7月被评聘为编辑，1992年12月被评聘为主任编辑。在中央电视台20多年的时间中曾编辑了大量的时政新闻、国际新闻，并和同事共同创办了中央电视台专题节目《历史上的今天》、国际时事专题节目《今日世界》。从1994年开始，做《焦点访谈》、《东方时空》国际节目，参与组织协调了一些重大国际热点及突发事件的报道和对外国政要的采访。与同事合作的《焦点访谈》节目《再见，怀柔》获第四次世界妇女大会好新闻评选一等奖；《为了即将到来的和平——以色列总理拉宾遇刺》获首都女新闻报道工作者第二届优秀新闻作品奖；《新的安全模式——中国与俄、哈、吉、塔四国签署边境军事裁军协定》获第三届中国国际新闻奖一等奖。1997年被评聘为高级编辑。

师旭平（1949.9—　）湖北省黄陂县人。中共党员。1976年由部队复员入中央电视台从事编辑工作。1992年被评聘为主任编辑。在中央电视台新闻部和体育部工作期间，摄制了大量优秀的电视专题节目。1983年自摄自编的专题片《早起的北京人》曾代表中央电视台参加亚广联优秀专题片评选，是该年度惟一的中国大陆参评节目。1988年编辑的《世界同唱一首歌》获1989年国际体育电影节优秀节目奖。从1984年以来，多次参与国内外大型运动会的报道，如全运会、亚运会、奥运会、世界杯足球赛等，主要担负重要的采访及编辑专题报道等任务。采访的重要人物包括国际奥委会主席萨马兰奇、“球王”贝利、“足球皇帝”贝肯鲍尔等。编辑的专题报道多次获全国优秀体育节目一等奖。1995年以来，主持每周一期的大型谈话节目《体育漫谈》（原名《体育沙龙》），从举世瞩目的重大赛事到普通百姓的日常锻炼无不一一涉及，不少节目获得好评。1996年又开始担任《世界体育报道》的总编导和制片人，采访了不少著名国外体育团体和明星。在既担任主持人，又担任记者、编辑的同时，还多次应邀到北京广播学院电视系、新闻系、播音系介绍有关体育采访及体育专题节目制作的情况及经验。赴北京大学、中国人民大学等校开办讲座，并于1993年、1995年、1997年应邀前往广州为全国各省市电视台体育记者培训班讲课，均获好评。1997年被评聘为高级编辑。

李金熔（1941.11—　）山东省历城县人。中共党员。1965年北京广播电视大学中文系毕业。1977年以来，在电视剧、综艺晚会、专题片、译制片、竞赛游戏节目、木偶剧、广播剧等领域有所建树，均有节目获奖。其中，特别奖、一等奖、二等奖20余个。1980年调到中央电视台少儿部任导演至今。1981年首办除夕晚8时黄金时间春节晚会《春天的童话》（创作脚本，与人合导），获全国电视文艺一等奖。1993年创意、策划、与人合导《“六一”直播晚会》获政府一等奖。1988年导演的电视剧《这一双双眼睛》获“金童奖”一等奖。电视木偶剧《野葡萄》获慕尼黑国际电视节美术片第二名。1997年作为制片人和总导演之一，拍摄的百集系列剧《文学宝库》（中央电视台“六个一百工程”之一），获政府特别奖。创作、出版了剧作、论文等50万字。作为栏目负责人之一，曾创办了第一个大学生、中学生栏目《我们这一代》，开办了青年栏目《12演播室》及《大风车剧场》等。培养了20多位影视新人，他们均成为中央电视台、北京电视台、上海电视台骨干主持人及影视明星。获得国家级“宋庆龄樟树奖”、广电部嘉奖，被评为部级优秀共产党员和中央电视台先进工作者。1997年被评聘为高级编辑。

王　晓（1952.11—　）江苏省南京市人。中共党员。1982年毕业于武汉大学，文学学士。1984年由文化部调入中央电视台，先后从事编辑、导演、文艺部副主任工作。曾多次担任春节联欢晚会的主创人员。组织并参与了创作一批在社会上影响较大的作品，如相声《领导·冒号》、小品《超生游击队》等。担任文艺部曲艺杂技组组长期间，开创了中央电视台名牌栏目《曲苑杂坛》。导演了数十期栏目和上千个各种类型的相声、小品等节目。创造了一些新的节目表现形式，如相声TV、绝活系列节目等；推出了一批有影响的“新面孔”演员，他们分别在《洛桑学艺》、《聪明的剧务》、《新疆妹妹买买提》等节目当中被包装后走红全国。1996年起开始着手将文艺部戏剧组老栏目《人间万象》改版为《戏剧天地》。以《梦想剧场》为主干的新栏目一问世便备受欢迎。开创了由观众直接参与的一种文艺节目的样式。自1991年起，编导的栏目和电视文艺晚会先后获电视文艺“星光奖”一等奖5个、二等奖、三等奖20多个、优秀栏目奖3个。曾5次率团参加香港一年一度的国庆晚会。1995年被评为“全国电视十杰制片人”。1997年被评聘为高级编辑。

张淑芬（1937.12— ）女。彝族。云南省楚雄彝族自治州人。中共党员。大专学历。1950年参军，任总政歌舞团独舞演员。1973年调中央电视台文艺部任编导至今。从事电视编导25年来，连续任8届春节联欢晚会主要导演之一。共获得电视文艺“星光奖”等大奖22次。因奖项档次高，数量多，届别长而被中国电视艺委会授予“星光奖”对电视事业有贡献的特别荣誉证书。多次被评为中央电视台先进工作者，并被收入《中国少数民族名人大辞典》，荣获中国舞蹈家协会金质奖章。现为中国电视艺术家协会会员，中国舞蹈家协会会员，中国音乐家协会会员。1997年被评聘为高级编辑。

朱宽涛（1946.2— ）上海市人。1970年毕业于中央戏剧学院舞台美术系设计专业。1973年到中央电视台从事美术设计工作至今。1991年被评聘为主任编辑。二十几年来曾担任过200余台电视文艺节目、专题节目、电视片头、片花以及电视剧等类型样式的美术设计。其中有相当数量的电视节目获奖，包括全国电视文艺“星光奖”一等奖、全国优秀电视教育节目一等奖在内的各种奖项。有些作品被编入《中国应用电视学》一书中作为教学范例。1997年被评聘为高级编辑。

佟占武（1942.11— ）黑龙江省哈尔滨市人。1967年从北京公安学校外语班英语专业毕业后，到中国国际广播电台从事英语播音、翻译、编辑、记者工作。曾由国际电台派往联合国纽约总部新闻司广播处从事华语广播工作。1985年被评为国际电台先进工作者。后调中央电视台体育部从事国际联络、翻译、体育节目交换、编辑、记者、导演、制片等工作。1993年，编辑采访的《海峡两岸长跑活动》新闻获全国体育新闻一等奖。组织、策划的'95/'96全国男篮甲级联赛专题报道，获全国好新闻评选电视类一等奖。负责组织协调和编导的全国足球甲级联赛及参与策划的CCTV杯中国乒乓球擂台赛现场直播节目，获中央电视台优秀节目二等奖。1985年将中国登山协会撰写的11万余字的《纳木那尼，1985》一书与人合作译成英文在国外出版。1996年亚特兰大奥运会之后，为《电视研究》撰写了《难忘的17个日日夜夜》文章。1997年10月始任中国国际电视总公司体育推广分公司办公室主任兼节目部经理。1997年被评聘为高级编辑。

王光龙（1945.9— ）四川省金阳县人。彝族。中共党员。1967年毕业于北京广播学院新闻系。70年代在中央电视台新闻部从事各类新闻采访报道，在时政组工作期间曾多次随国家党政代表团出访报道。80年代起，先后在《祖国各地》、《兄弟民族》、《神州风采》、《九州神韵》、《科技博览》等栏目从事采拍、编辑工作。采拍的各类纪录片有十多部在全国优秀电视节目评选中获奖。主拍的《长白山四季》获全国优秀专栏节目摄影奖；《蓬莱新八仙》获全国优秀专栏系列片一等奖和全国改革题材优秀节目二等奖；《德昂族》获全国民族节目二等奖，《黑暗中的奉献》获《神州风采》节目一等奖；《内核烧结法——垃圾处理新技术》获国家科委和广播电视学会评选的电视专题类科技宣传一等奖。曾任《神州风采》栏目副组长。1984年，被评为全国民族团结进步先进个人，受到国务院和国家民委的表彰。1997年被评聘为高级记者。

冯万友（1945.4— ）北京市人。中共党员。1968年12月于中央戏剧学院表演系毕业后分配到广州军区话剧团工作。1976年转业到北京159中学做语文教员，1978年进入空政话剧团工作，1985年转业到中央电视台作译制片导演。1986年被评聘为三级编辑，1991年被评聘为二级文学编辑。曾发表过散文、故事、电视小说十几篇；作为第一副主编，参与了《中国电视译制大全》一书的编辑工作。译制导演的《简·爱》、《失踪之谜》、《开出租车的姑娘》在

“飞天奖”的评选中获优秀译制片奖。1993年被推选为中国广播电视学会电视译制研究委员会秘书长；1997年在中国广播电视学会第三届理事会上被选为理事。1997年被评聘为一级文学编辑。

张　丹（1941.6—　）女。广东省潮州人。中共党员。1964年7月于中山大学外语系毕业后，分配到中央电视台从事翻译工作至今，是中央电视台法语语种的开创人。1985年7月受聘为副译审，中国翻译工作者协会会员、中法比较文化研究会会员。在30多年工作期间，曾多次完成重大的口译、笔译任务，编、译的《奠边府大捷》、《三国四方会议》、《周总理和他的办公室》、《改革中的中国人》、《中国妇女专辑》等对外宣传节目播出后，反响强烈；编、译的《舞狮人》获1991年度全国电视对外宣传优秀节目奖；参与拍摄并撰写解说稿的《汕头行》获1991年度全国电视对外节目评比专题类二等奖。多次完成外国国家元首访华活动卫星转播的现场翻译；1982年随中国政府代表团出访非洲11国，出色完成了卫星传送的翻译工作，当年被评为中央电视台先进工作者。1984年负责组织举办“法国电视周”活动，《人民日报》、中央人民广播电台、《北京晚报》及中央电视台《新闻联播》均对电视周活动作了报道。1995年、1996年同法国电视台合作，在法国电视台举办《中国春节特别节目》。翻译了丁玲的小说《奔》、法国小说《羽毛蛇的秘密》及《小法岱特》、《蓝眼睛》、《包法利夫人》等40多部电影、电视剧，译著约70多万字。1997年被评聘为译审。

张绍林（1949.6—　）河北省成安人。中共党员。1968年4月应征入伍，1971年初复员到山西电视台工作，1997年4月调入中国电视剧制作中心。在山西电视台工作期间，历任山西电视台新闻记者、电视剧部副主任、主任、副台长职务；1988年被评聘为主任编辑，1993年被评聘为高级编辑。1983年起，从事电视剧导演艺术工作，十几年来自导、自摄近200部（集）电视剧。其中许多作品获得“飞天奖”、“五个一工程奖”，特别是由他担任导演、摄像的大型电视连续剧《水浒传》播出后，收到了非常好的社会效果。曾当选为山西省劳模；获得过全国优秀新闻工作者、中国文联的“世纪之星”、中国“百佳电视艺术工作者”等称号；是首批享受国务院颁发的政府特殊津贴人员之一。1997年被认定为一级导演。

潘小扬（1953.12—　）四川省成都市人。中共党员。1987年毕业于上海戏剧学院电视导演专业。现为中国电视剧制作中心一级导演。1992年获国务院政府特殊津贴。作品《巴桑和她的弟妹们》、《希波克拉底的誓言》蝉联第六届、第七届全国电视“飞天奖”单本剧一等奖，并被选送伦敦电视周展播。1988年获得新时期十佳影视导演提名；1989年导演的寓言式电视剧《无人知晓的世界纪录》获得第十届“飞天奖”单本剧三等奖、优秀剪辑提名荣誉。1991年导演的《南行记——边寨人家的历史》获′91中国四川国际电视节最佳电视剧“金熊猫”大奖，同时获得中宣部“五个一工程”优秀电视剧奖；1992年《南行记——人生哲学第一课》获首届中国电视节目展播一等奖、最佳导演奖；同年《南行记》系列剧三部六集获第十二届电视剧“飞天奖”中篇连续剧一等奖、优秀导演奖、优秀摄影奖；《我有一片辽阔的蓝天》获第十二届“飞天奖”儿童剧二等奖。1994年应日本广播协会（NHK）和中央电视台的邀请担任中日合拍大型电视剧《大地之子》的导演；1996年《大地之子》获法国蒙特卡罗国际电视节大奖（金仙女奖）。1996年担任中日合作长距离移动式卫星直播《悠久的长江三峡》总导演，此节目获NHK会长奖；1997年导演了26集电视连续剧《人间正道》。1992年当选为第三届“中国十大杰出青年”；1995年当选为全国劳动模范；1996年当选为第六次全国文代会代表。在电视理论方面：1988年参加了亚洲国际电视剧研讨会并发表了题为《电视文化特性与电视导演》的论文；1991年参加′91中国国际电视研讨会，发表了题为《中国电视工作者历史的责任》的论文；1994年由中国电影出版社出版了《南行记——从小说到屏幕》的专著；1995年应巴西里约热内卢大学的邀请，作了题为《中国文化与中国电视剧》的专题学术讲演。1997年被认定为一级导演。

刘贡生（1939.9—　）湖南省新化县人。中共党员。1966年8月毕业于西安军事电信工程学院（现名西北电子科技大学）无线电遥控遥测专业。同年分配至北京航空学院从事国防科研工作。1984年调至中央电视台中国电视剧制作中心。1982年被评聘为工程师，1991年被评聘为高级工程师，1996年被评聘为教授级高级工程师。在北航工作期间，曾负责长虹号高空无人驾驶侦察飞机地面遥控遥测系统的研制工作。该项目于1982年研制成功，并获国家科技进步二等奖。调入中国电视剧制作中心后，主要从事电视剧后期制作系统的设计、安装、调试以及各种制作设备的维修等技术工作。曾先后负责了多个磁带录像机制作机房和综合机房的设计、安装与系统测试，其中包括电视剧制作中心第一套全功能数字特技系统机房。1993年负责开发了磁带与生产管理软件，1994年为电视剧磁带脱机编辑开发了时码自动读出器，提高了电视剧生产效率。在电视剧制作中心新楼搬迁工作中，负责了所有制作机房的新建工作。1997年被认定为高级工程师（教授级）。

王东明（1947.8— ）辽宁省辽阳市人。中共党员。1969年毕业于北京电影学院，现任中国电视剧制作中心摄像科长。1985年被评为二级摄像师；1988年被评为优秀摄像师。中国电影电视摄影师学会会员；中国电视艺术家协会会员。多年来参加摄制了大量的影视作品，曾在数十部（集）获奖电视剧中任主摄像。主要剧目有：《末代皇帝》、《弘一大师》、《生命的故事》、《樱花梦》、《酒友》、《奖金》、《多梭镜》等。1992年5幅摄影作品被选为《韩素音自传》一书封面，该书获'94国际文学奖。1997年被评聘为一级摄像师。

刘仁宽（1937.5— ）山东省掖县人。中共党员。1958年毕业于北京28中学。1958年到中央新闻纪录电影制片厂工作。历任摄影助理、见习摄影师、摄影师、编导等工作。1992年被评聘为主任记者。30多年来，先后参加过近百部影片的拍摄工作。其中《天鹅》1998年获全国环保优秀电影电视奖；《军犬》1980年获文化部短片奖；《超级明星伟伟》（任摄影）获文化部优秀纪录片奖、"童牛奖"；《猴子趣谈》1995年获广电部短片奖、中央电视台文艺类一等奖、德国慕尼黑电影节特别奖、"童牛奖"；《山梁》1996年获全国电影"华表奖"、优秀纪录片一等奖、第十七届中国电影"金鸡奖"最佳纪录片奖、1997年度中央电视台节目类一等奖。1997年被评聘为高级记者。

张舜琦（1942.5— ）河北省港城县人。中共党员。1964年北京电影学院摄影系毕业，同年进入中央新闻纪录电影制片厂。先后从事摄影助理、摄影、编导等工作。1987年被评聘为主任记者。在30多年的创作生涯中，先后拍摄过包括故事片和电视片在内的许多片种。其中故事片《娇娇小姐》获北京电视台优秀儿童故事片奖和"童牛奖"评委奖；纪录片《网上群星》获中国电影摄影师学会颁发的优秀摄影奖；纪录片《东京风情》获新影厂优秀摄影奖；任编导的电视纪录片《追寻唐风》获全国海外电视节目评比一等奖和中央电视台新闻专题类节目二等奖。1997年被评聘为高级记者。

邵振堂（1943.9— ）浙江省临安县人。中共党员。1961年毕业于浙江地质学校普查与勘探专业。1963年入伍服役，1966年调入中央新闻纪录电影制片厂，历任摄影助理、摄影师兼编导、主任记者。30多年来，摄制纪录片、电视专题片100多部。编导兼摄影的大型纪录片《南极，我们来了》获1985年全国最佳纪录片奖和第六届"金鸡奖"提名；大型纪录片《开滦奇迹》获1977年全国最佳纪录片奖；《一段奇妙的长城》获第一届中国电影优秀摄影奖；电视专题片《生命第一年》获1996年第四届中国人口文化奖"普仁杯"一等奖。1984年参加了首届南极科学考察，被国家南极委员会记三等功。论文《论〈南极，我们来了〉的创作构想》入选1985年度《中国电影年鉴》。曾被选为广电部第七届机关党委委员和中国共产党第十二次全国代表大会代表。1997年被评聘为高级记者。

凌嘉陵（1940.9— ）湖南省平江县人。中共党员。1958年至1960年任湖北省话剧团演员。1965年毕业于上海复旦大学中文系，同年分配到文化部电影剧本创作研究室工作。1973年调至中央新闻纪录电影制片厂任编导至今。1986年被评聘为主任记者。20多年来，曾编导了《中国蜡染之乡》、《姑苏情》、《奇妙的画廊》等新闻片、长短纪录片和电视纪录片近百部。其中纪录影片《超级明星伟伟》获文化部1984年优秀纪录片奖和1985年首届"童牛奖"的中国儿童少年纪录片奖。1989年编导的《难忘的日子》获中国首届电影节奖。大型文献纪录片《陈嘉庚》获1995年政府"华表奖"的优秀纪录片奖、1995年中国"金鸡奖"提名。参与编导的大型纪录片《伟大的领袖和导师毛泽东永垂不朽》获得了1976年文化部优秀纪录片奖。1997年被评聘为高级记者。

王建生（1947.10— ）河北省衡水县人，中共党员。1967年高中毕业，1968年到延安地区插队。1970年8月调入陕西飞机制造公司。历任工人、调度、调度主任、运八机工装型架会战总调度。曾多次被评为厂先进工作者。1983年调入郑州冶金工具厂，任调度室主任、车间副主任。后转入中国有色金属总公司六建金属结构厂二分厂，任副厂长、工会主席。1986年1月至12月于河南省委党校学习。1990年调入中央新闻纪录电影制片厂，历任生产处调度、"开发公司"清查小组组长。1996年1月任多种经营办公室副主任。1997年7月任行政处处长。

于秀芝（1936.8— ）女。河北省唐山市人。中共党员。毕业于北京师范学院数学系。1958年分配到首都教育电影制片厂。1960年进入北京科学教育电影制片厂，历任摄影、编导，创作科教片数十部。其中,《生命河》获1984年全国优秀卫生科教片奖、1986年北京声像协会“银河奖”、1989年第四届意大利帕马国际医学科学电影节最佳影片奖、金奖。《微波通信》获第一届全国电子科普积极分子大会优秀影片奖。《人体泌尿系统》获1988年捷克第三十九届国际科教电影协会电影节特别奖；1989年第四届意大利帕马国际医学科学电影节最佳影片奖、金奖；《光盘》获1989年广电部政府奖、北京声像协会第四届“银河奖”；《音乐电疗》获第四届意大利帕马国际医学科学电影节表彰奖。编写出版了科普知识丛书《生命河》。发表过科教电影剧本《苹果食心虫》、《微波通信》及有关影片创作文章数篇。1997年被评聘为一级导演。

于中宁（1949.6— ）山东省潍坊市人。中共党员。1968年12月到河北农村插队。1970年12月入伍。1976年进入北京科学教育电影制片厂，任选题编辑、编导。编导影片48部及数部电视片。其中《欧洲古建筑保护》1991年获文化部政府奖；《不朽的古代建筑》获1994年“金鸡奖”提名；《欧洲建筑》、《悠久的文化名城》、《不朽的古代建筑》获科影厂优秀影片奖、优秀导演奖；《瑰丽的风景名胜——美在自然》1989年获瑞士洛桑城市建筑及规划电影节特别奖；《不朽的古代建筑之四——自然与意境》1996年获日本须贺川国际短片电影节优秀影片荣誉证书。专著有《现代管理新视野——管理的创新发展与信息时代经营管理》（经济日报出版社出版）共计50多万字。应邀为有关部委、中央党校、北京市干部培训班讲课700小时以上。1994年被评为有突出贡献的中青年专家。1997年被评聘为一级导演。

阎永铎（1936.3— ）天津市人。中共党员。北京师范学院数学系毕业。1958年参加工作，被派往八一电影制片厂学习摄影，在中苏合拍《密林小路中》摄制组学习。1960年转入北京科学教育电影制片厂，历任摄影、编剧、导演。40年来，编导数十部影片。70年代拍摄的《油莎豆》影片，由于内容清新，拍摄手法有所突破，曾为当时科教片经典之作；相继拍摄的《山村小水电》，由于内容层次分明，实用性强，曾创当年发行量最高纪录；《预防矽肺病》被文化部、劳动部等五部委授予全国优秀劳保影片奖。80年代拍摄的《预防小儿麻痹症》获文化部首届政府奖、全国优秀卫生片奖；《第二次全国人口普查》得到国家民政部门赞赏；《蚜茧蜂》影片获文化部第三届政府奖和电影“金鸡奖”提名。90年代拍摄的《抓髌器治髌骨骨折》获意大利第五届帕马国际医学科学电影节优秀影片表彰奖；《斜视与治疗》获中国儿童少年电影第六届“童牛奖”；《恐龙化石》获北京声像协会第七届“银河奖”一等奖；《介入疗法》获第十七届中国电影“金鸡奖”最佳科教片奖、第五届全国优秀科技音像作品一等奖、第四届中国科教影视协会优秀作品一等奖、1997年度中国电影“华表奖”。撰写的《知识、魅力及其他——〈恐龙化石〉析》一文，1996年获北京地区科技声像学术年会优秀论文奖。1997年被评聘为一级导演。

刘允良（1943.5— ）北京市人。中共党员。1960年调入北京科学教育电影制片厂工作。1960年5月至1962年5月在北京电影学院科教班学习。回厂后任摄影助理、摄影。独立摄制完成了40余部科教片。其中《古潜山油田》（普及版）1979年获东京国际科技电影节竞赛大会能源特别奖；《高效率三齿轮钻头》1982年获文化部使用国产彩底技术质量优秀摄影奖；《黄河与森林》获1983年度文化部优秀影片奖及第四届“金鸡奖”提名。《崛起的第三金属——钛》1986年获第六届中国电影“金鸡奖”最佳科教片奖、广电部政府奖、1992年中国电影摄影师协会优秀摄影奖。80年代后，曾在山东电视台、中国电视剧制作中心等单位摄制的10余部电视连续剧中任摄像、总摄像。主要作品《今夜有暴风雪》1984年获优秀电视剧“金鹰奖”、“飞天奖”、“飞天奖”优秀摄像奖；《擎天柱》获1992年度“飞天奖”二等奖、“五个一工程”优秀电视剧奖；《苍天在上》1995年获“飞天奖”二等奖、1997年度中央电视台技术质量一等奖。近年来拍摄的作品有：获1997年度中央电视台优秀节目一等奖的专题片《科教兴国》；获科影厂优秀影片奖的短故事片《红枫谷》、《葵花向太阳》等。1997年被评聘为一级摄影师。

许启珍（1940.12— ）女。山东省济南市人。中国电影电视技术学会声音专业委员会委员。1964年7月毕业于北京电影学院工程系电声专业，同年分配到上海海燕电影制片厂录音组工作。1973年2月调入北京科学教育电影制片厂，任录音师。录制了科教片、美术片、翻译片、短故事片300多部；《科教片之窗》、《科技博览》等电视专题片60多集。其中《灰喜鹊》、《长城》获第四届、第十六届中国电影“金鸡奖”最佳科教片奖、最佳纪录片奖；《绿叶之谜——光合作用》、《紧凑型高产玉米》、美术片《兰花花》等8部影片获文化部、广电部政府奖;《小水珠讲故事——啊!三角形》获第二届中国儿童少年电影“童牛奖”;《遗传与优生》、《青岛贝雕》、《玩与玩具》等10余部影片获国际金奖、银奖、荣誉奖。另外,《灰喜鹊》在1987年中国电影电视技术学会首届影视声音评比中获提名荣誉奖,《机械化旱作农业》、《礼赞中文电子出版系统》获科影厂优秀录音奖;电视片《珍禽朱鹮》获1996年度中央电视台专题片技术质量一等奖。1997年被评聘为一级录音师。

李露光(1953.11—)女。河南省孟津县人。中共党员。大专学历。经济师。1969年8月在内蒙古生产建设兵团参加工作。1975年6月到北京科学教育电影制片厂工作。历任洗印车间洗片员,政治处干事,人事科干事、科长,人事处副处长。1997年4月任人事处处长。

张庆池(1945.9—)山东省肥城市人。中共党员。工程师。1964年参加中国人民解放军。1974年毕业于北京电影学院美术系,同年分配到北京科学教育电影制片厂,任动画车间副主任。曾在科教片《山村小水电》、《铁路养护机械化》中任动画设计、制作。1978年后历任政治处干事,保卫科副科长、科长,人保处副处长。1985年受公安部通令嘉奖一次;1992年受厂记功一次;多次被文化部、广播电影电视部评为消防、治安综合治理先进工作者。1997年4月任保卫处处长。

曹兴成(1941.11—)陕西省延安市人。中共党员。1961年毕业于北京电影学院摄影系,分配到北京科学教育电影制片厂从事摄影工作。参加拍摄过《对虾》、《花为谁开》、《大寨田》等获奖科教片。1973年调到中央电视台新闻部从事新闻记者工作。长期深入基层,采制报道工业、农业、文教、军事、儿童、科技、妇女、少数民族等题材的新闻、专题节目。编摄的获奖纪录片有:《丝绸之路》、《著名舞蹈家——陈爱莲》、《日本社会与电子计算机》、《苗岭的春天》、《清水江畔》等。编导的大型电视系列片《今天的中国人》和《你好,北京》在国际上有较大的影响。曾出访过美国、日本、英国、法国、奥地利、意大利、德国、苏联、泰国、马来西亚、韩国、澳大利亚、新西兰等国家。采访拍摄了一批介绍各国风土人情的纪录片。1997年被评聘为高级记者。

王丹洁(1952.1—)女。北京市人。中共党员。1969年至1985年在中国人民解放军野战部队医院和北京重型机电厂任助理军医、妇产医师。1985年调中央电视台办公室工作。后到北京广播学院社科系学习。1990年毕业后,在中央电视台先后任秘书、台分党组秘书、办公室副主任等职。1997年8月调到中国国际电视总公司任副总经理(正处级)至今,为总公司董事会成员。在中央电视台工作期间,曾参与春节晚会和各类重大活动的组织协调工作,直接参与了香港回归报道的行政管理工作。曾被评为优秀党员和优秀党员领导干部。到中国国际电视总公司后,主抓了建立健全总公司党委、团委、工会和总公司广告、境外卫星节目代理等经营方面的工作。

15. 统　计

一、事业发展概况

全国电视事业发展概况

公　元 (年)	无线电视台 (座)	节目套数 (套)	人口覆盖率 (%)	电视机社会拥有量 (万台)	平均每百人拥有电视机 (台)	卫星电视地球接收站 (座)
1980	38	40	—	902	0.9	—
1981	42	48	49.5	1562	1.6	—
1982	47	54	57.3	2761	2.7	—
1983	52	60	59.9	3611	3.5	—
1984	93	104	64.7	4763	4.6	—
1985	202	219	68.4	6965	6.6	—
1986	292	325	71.4	9214	8.7	1598
1987	366	405	73	11601	10.7	4609
1988	422	465	75.4	14344	13.2	8233
1989	469	512	77.9	16593	14.7	12658
1990	509	554	79.4	18546	16.2	19505
1991	543	596	80.5	20671	17.8	28271
1992	586	644	81.3	22843	19.5	39627
1993	684	755	82.3	—	—	54084
1994	766	848	83.3	27500	23	73337
1995	837	932	84.5	28600	24	96528
1996	880	983	86.2	—	—	133000
1997	923	1032	87.68	—	—	149962

(广播电影电视部统计处提供)

中央电视台事业发展概况

公元（年）	节目套数（套）	设置栏目（个）	平均每日播出时间（小时）	全年播出总时数（小时）	全年制作电视剧（集）	全年播出（首播）电视剧（集）	全年播出新闻节目时数（时、分）	馆藏图书（册）	观众来信（万封）	全台正式职工（含招聘）（人）	全台专业技术职务评聘情况				中国电视报期平均发行量（万份）	电视研究期平均发行量（册）	历年节目录制总时数（小时）
											正高	副高	中级	初级			
1987	2	…	25	9125	384	399	969:48	31200	140000	2617	…	…	…	…	140	…	…
1988	3	…	28	10220	327	1155	780	35845	198800	2308		…	…	…	161	…	…
1989	3	…	30	10950	341	1839	1313:5	42806	156200	2388	…	…	…	…	131	…	…
1990	3	…	30	10950	465	1570	1295:40	46717	136900	2005	24	183	506	555	141	…	…
1991	3	…	31	11315	516	1752	1081:36	51156	218000	2040	…	…	…	…	228	…	…
1992	4	…	49	17885	1070	1630	2039:16	53804	250000	2487	30	197	762	473	238	…	…
1993	4	86	54	22987	978	1907	3542:04	59018	200000	3200	50	257	893	391	286	…	176000
1994	5	111	64	23389	1002	1829	4405:16	63739	360000	3212	51	262	903	393	241	4500	178568
1995	7	167	103	37720	1167	1580	7961:43	69904	300000	3767	61	326	890	393	265	5000	328457
1996	8	200	147	53927	1040	1854	7155:23	77381	300000	3685	74	364	806	322	276	5942	413178
1997	8	222	144.8	52858.32	1795	1579	8219.47	约 94000	约 300000	4086	74	353	908	303	230	8704	419542

注：全台正式职工人数中，含电视剧制作中心、新影厂、科影厂。

二、业务建设概况

1997年中央电视台各类节目播出时数一览表

节目名称	播出时数(小时)
新闻节目	8219.47
专题节目	17527.82
教育节目	1638.60
文艺节目	22300.93
服务性节目	3171.5
合计	52858.32

1997年中央电视台各类节目播出时数构成比例

节目名称	所占比例(%)
新闻节目	15.55
专题节目	33.16
教育节目	3.1
文艺节目	42.19
服务性节目	6.0
合计	100

(总编室综合组、播送中心提供)

1997年中央电视台各套节目播出时数一览表

节目套数	播出时数(小时)
第一套	7094.09
第二套	7108.12
第三套	6289.43
第四套	8527.57
第五套	5979.56
第六套	6126.15
第七套	5734.51
第八套	5998.89
合计	52858.32

1997年中央电视台节目录制情况一览表

名称	时数(时、分)
直播	521小时
录像	18752小时
排练	3304小时
搭景	3416小时
布光	3360小时
ENG采录	160882小时
电编	124709小时
自编	136290小时
电影	975小时

续表

名　　称	时数(时、分)
转　　带	2572 小时
字　　幕	2803 小时
录　　音	5402 小时
音　　响	51526 小时
译　　配	11732 小时
三 维 动 画	6760 秒(约 2 小时)
灯　　光	51397 小时
合　　计	577643 小时

(技术制作中心调度室提供)

1997 年中央电视台第一套节目全国收视率排行榜

1996 年 12 月 29 日～1997 年 1 月 18 日

排名	节 目 名 称	万人	%
1	新闻联播	36125	42.4
2	焦点访谈	20959	24.6
3	九州神韵·德格风情	17977	21.1
4	曲苑杂坛	11246	13.2
5	′96 中国音乐电视大赛颁奖晚会	10054	11.8
6	血战万源(4)	9713	11.4
7	浦江叙事(13)	9457	11.1
8	电视剧场:公仆颂	7924	9.3
9	电视你我他(225)	4856	5.7
10	世界报道	4090	4.8
说明	1.《新闻联播》收视率包含地方电视台转播该节目的收视率(下同)。 2. 相同栏目或连续节目,本表只取收视率最高的一个(下同)。		

1997 年 1 月 19 日～1997 年 2 月 15 日

排名	节 目 名 称	万人	%
1	′97 春节联欢晚会	38596	45.3
2	新闻联播	36210	42.5
3	九州神韵:八方迎春(2)	33739	39.6
4	焦点访谈	33228	39.0
5	′97 正月正晚会	13717	16.1
6	公安部′97 春节晚会	13632	16.0
7	总督张之洞(1)	10991	12.9
8	血战万源(6)	10224	12.0
9	深圳人(1)	9883	11.6
10	晚间新闻	7753	9.1

1997 年 2 月 16 日～1997 年 3 月 15 日

排名	节 目 名 称	万人	%
1	新闻联播	40896	48.0
2	焦点访谈	33569	39.4
3	“两会”专题新闻	25816	30.3
4	九州神韵	22493	26.4
5	长河入海(7)	12524	14.7
6	深圳人	10565	12.4
7	国旗之子	9116	10.7
8	《世纪的力量——献给 1997 国际消费者权益日》专题晚会	9031	10.6
9	电视你我他	7412	8.7
10	读书时间	5879	6.9

1997年3月16日～1997年4月12日

排名	节 目 名 称	万人	%
1	新闻联播	40001	46.95
2	焦点访谈	23958	28.12
3	九州神韵:无锡太湖影视基地	19979	23.45
4	综艺大观(140)	14177	16.64
5	东周列国(1)	11238	13.19
6	′97春兰杯晚会	10139	11.9
7	黑天鹅(7)	8946	10.5
8	问鼎长天(12)	8350	9.8
9	东西南北中:走到一起来	8179	9.6
10	再现辉煌	7668	9.0

1997年4月13日～1997年5月3日

排名	节 目 名 称	万人	%
1	新闻联播	40427	47.45
2	焦点访谈	23822	27.96
3	九州神韵:百年梧桐引凤鸣	19860	23.31
4	彭真同志光辉战斗的一生	17120	20.09
5	东周列国(19)	12931	15.18
6	综艺大观(141)	12857	15.09
7	曲苑杂坛(63)	12218	14.34
8	特别节目:劳动赞	8214	9.64
9	电视你我他(241)	6968	8.18
10	晚间新闻	6378	7.49

1997年5月4日～1997年6月14日

排名	节 目 名 称	万人	%
1	新闻联播	41961	49.25
2	焦点访谈	23568	27.66
3	科技博览:21世纪的蛋白质	19306	22.66
4	九州神韵:太白灯会	18672	21.92
5	综艺大观(144)	12432	14.59
6	曲苑杂坛(65)	11670	13.70
7	香港的故事(1)	9177	10.77
8	东周列国(30)	9148	10.74
9	东西南北中(52)	8778	10.30
10	车间主任(16)	8294	9.73

1997年6月15日～1997年7月12日

排名	节 目 名 称	万人	%
1	新闻联播	49246	57.80
2	直播:首都各界庆祝香港回归祖国大会	35435	41.59
3	焦点访谈	27989	32.85
4	直播:庆祝香港回归大型文艺晚会——回归颂	25706	30.17
5	每周一歌:1997永恒的爱	24870	29.19
6	科技博览:利用原生动物探索生命奥秘	23447	27.52
7	新闻专题:展现辉煌	22044	25.87
8	晚间新闻	9360	10.99
9	万家灯火(40)	8122	9.53
10	世界报道	7474	8.77

1997年7月13日～1997年8月16日

排名	节目名称	万人	%
1	新闻联播	38706	45.43
2	焦点访谈	23908	28.06
3	科技博览：穿山破谷	20148	23.65
4	综艺大观	15204	17.85
5	香港的故事(22)	13102	15.38
6	曲苑杂坛(67)	12866	15.10
7	纪念中国人民解放军建军70周年大型歌舞	11402	13.38
8	和平年代(10)	11144	13.08
9	专题片：背负民族的希望(1)	9367	10.99
10	电视你我他(252)	6380	7.49

1997年9月14日～1997年10月18日

排名	节目名称	万人	%
1	新闻联播	40513	47.55
2	焦点访谈	24704	29.00
3	科技博览：辉煌科技(23)	21395	25.11
4	十五大专题新闻	18432	21.63
5	直播：第八届全运会开幕式	16339	19.18
6	综艺大观(152)	15464	18.15
7	特别节目：今宵月更圆	13225	15.52
8	红十字方队(9)	12028	14.12
9	校园先锋	9467	11.11
10	晚间新闻	7504	8.81

1997年8月17日～1997年9月13日

排名	节目名称	万人	%
1	新闻联播	39720	46.62
2	焦点访谈	22757	26.71
3	科技博览：移花接木	18927	22.21
4	十五大新闻专题	17287	20.29
5	综艺大观(149)	14014	16.45
6	和平年代(21)	12291	14.43
7	曲苑杂坛(68)	11683	13.71
8	东西南北中(55)	10837	12.72
9	党员二愣妈(1)	9842	11.55
10	校园先锋(3)	8305	9.75

1997年10月19日～1997年11月8日

排名	节目名称	万人	%
1	新闻联播	40410	47.43
2	焦点访谈	24216	28.42
3	科技博览：月球(1)	19887	23.34
4	现场直播："心连心"艺术团赴港演出	18720	21.97
5	特别节目：第二届相声比赛	13140	12.50
6	红十字方队(14)	11031	12.95
7	综艺大观(153)	10647	12.50
8	司马迁(10)	8354	9.81
9	专题片：大三峡(1、2)	7755	9.10
10	电视你我他	5784	6.79

1997年11月9日～1997年12月13日

排名	节目名称	万人	%
1	新闻联播	40351	47.36
2	焦点访谈	24813	29.12
3	科技博览:中国航空史话(1)	20498	24.06
4	综艺大观(156)	14138	16.59
5	曲苑杂坛(71)	11803	13.85
6	东西南北中(59)	10218	11.99
7	潘汉年(19)	10132	11.98
8	司马迁(18)	7781	9.13
9	电视你我他(272)	5354	6.28
10	军事天地(189)	4299	4.96

1997年12月14日～1998年1月10日

排名	节目名称	万人	%
1	新闻联播	40479	47.51
2	水浒传(7)	28499	33.45
3	焦点访谈	26599	31.22
4	科技博览:电子地图	23379	27.44
5	东西南北中(60)	19034	22.34
6	综艺大观(157)	13487	15.83
7	特别节目:相聚水浒城	12320	14.46
8	军事天地(193)	10531	12.36
9	潘汉年(25)	9534	11.19
10	驱逐舰舰长(2)	8989	10.55

(根据观联处提供资料制作)

1997年中央电视台制作、首播电视剧一览表

播出日期(月.日)	剧名	部	集	制作单位
1.2	唐伯虎三哭	1	2	天津电视台
1.3	天若有情	1	8	中央电视台影视部、四川省视协等
1.8	村魂	1	4	安徽电影制片厂
1.11	窦娥冤	1	3	保定有线电视台
1.13	毛泽东的秘使	1	6	西安电影制片厂
1.14	平汉战役前奏曲	1	4	河北电影制片厂
1.14	血战万源	1	10	八一电影制片厂、中共万源市委、市政府等
1.16	第三军团	1	12	北京电视台
1.20	金龙与蜉蝣	1	4	上海电视台
1.20	乌蒙情	1	4	贵州六盘水市委
1.23	石林是我家	1	7	珠江电影制片厂

续表

播出日期(月.日)	剧 名	部	集	制 作 单 位
1.24	这山路不再遥远	1	2	河南电视台
1.25	相约在春天	1	8	上海文联、总工会
1.28	市井人生	1	3	河南电影制片厂
1.29	山菊	1	2	保定电视台
2.3	时代变奏曲	1	2	中国电影文化发展中心
2.6	一号机密	1	8	上海永乐公司
2.6	小鹤飞飞	1	1	齐齐哈尔电视台
2.7	炎黄二帝	1	14	河南电视台
2.7	平平常常的故事	1	20	中央电视台影视部、河南电视台、河南亚太电视公司
2.7	月光花园	1	2	中央电视台影视部、福建影视中心
2.7	王先生和小陈	1	10	华艺音像
2.8	王参谋的双休日	1	1	济南军区
2.8	假新郎	1	2	北京银屏广告公司
2.9	客家女	1	8	广州电视台
2.10	毛泽东在陕北	1	10	西安电视台
2.11	远亲不如近邻	1	20	中央电视台影视部、中影公司等
2.12	罗贯中	1	7	中央电视台影视部 、太原电视台、山西电视台
2.12	深圳人	1	8	中央电视台影视部、江苏电视台、深圳金彬影视策划公司
2.13	芙蓉花仙	1	2	中央电视台影视部、四川电视台
2.14	兰子	1	2	武汉电视台
2.14	青春的记忆	1	2	北京银屏广告公司
2.15	孤岛	1	2	中央电视台影视部、山东影视中心
2.17	血的旋律	1	6	中央电视台影视部、南京电影制片厂
2.18	长河入海	1	20	中央电视台影视部、山东影视中心
2.19	乡村女法官	1	15	中央电视台影视部、长春电视台等
2.20	阿里山之恋	1	18	福建电视台
2.28	燃烧的烛光	1	6	中央电视台影视部、龙江影视中心
3.4	同在蓝天下	1	9	浙江电视剧制作中心
3.5	蝴蝶的传说	1	4	上海电视台

续表

播出日期(月.日)	剧名	部	集	制作单位
3.5	侗女情	1	2	广西电影制片厂
3.7	萤火虫,点灯笼	1	2	江西电视台
3.8	金豌豆	1	2	中国电视剧制作中心、河北今日电视艺术中心
3.9	国旗之子	1	2	中国电视剧制作中心、武警电视艺术中心
3.10	重案探组	1	17	天津市公安局、北京电影制片厂
3.11	昨天的故事	1	1	总政话剧团
3.11	柳条又发青	1	8	辽宁人艺
3.12	黑天鹅	1	8	中央电视台影视部、江西电视台等
3.12	战地金达莱	1	9	延边电视台
3.14	春	1	6	中国电视剧制作中心、安徽电视台
3.16	梦幻懒人国	1	1	江苏电视台
3.17	问鼎长天	1	16	中央电视台影视部、长春电视台、航天工业总公司
3.18	月圆月缺	1	8	中央电视台影视部、中影公司影视制片厂
3.19	迎春花	1	22	中央电视台影视部、北京托玛蒂公司
3.20	城市的 B 面	1	2	中央电视台影视部、北京文化艺术音像社
3.21	月魂	1	6	上海电视台
3.24	天亦有情	1	24	广西电视台
3.24	啊!琼纵女兵	1	8	海南影业公司
3.24	风雨夏令营	1	5	中央电视台影视部、中影公司
3.24	护珠记	1	4	中央电视台影视部、湖北电视台
3.24	成功少年	1	16	中央电视台影视部、江苏电视台
3.27	和平年代	1	23	中央电视台影视部、广州军区政治部、广东电视台等
3.31	东坡劝学	1	3	海南电视台
3.31	坐标	1	6	总政话剧团
3.31	那女人	1	13	中央电视台影视部、内蒙古电视台
3.31	西厢记	1	5	中央电视台影视部、山西黄河影视文化中心
4.1	贺帅钓鱼	1	1	中国体育杂志社
4.1	金猴小队	1	8	中国电视剧制作中心
4.2	小小蒲公英	1	2	湖南电视台

续表

播出日期（月．日）	剧　　名	部	集	制 作 单 位
4.2	羊角号与BP机	1	2	中央电视台影视部、潇湘电影制片厂
4.2	我心中的故事	1	5	中央电视台影视部、人口音像社等
4.2	司马迁	1	18	中央电视台影视部、西安执信传播广告公司
4.3	防盗门里的孩子	1	2	中央电视台影视部、安徽电视台
4.3	婆媳湾	1	2	宁夏电视台
4.3	他那一片天	1	4	中央电视台影视部、宁夏市委宣传部
4.3	乡党委书记	1	7	中央电视台影视部、郑州电视台
4.3	来到人间	1	1	成都经济电视台
4.3	彩云追月	1	4	浙江电视剧制作中心
4.4	生死交叉口	1	3	辽宁影视中心
4.4	经堂杀妻	1	1	中央电视台影视部、河北电视台
4.4	党员二愣妈	1	6	中央电视台影视部、内蒙古电影制片厂等
4.4	郑后绝叹	1	1	上海电视台
4.5	东周列国·春秋篇	1	30	中国电视剧制作中心、红河烟厂
4.5	深山有远亲	1	2	中央电视台影视部、辽阳市委宣传部
4.6	黄泥庄	1	7	陕西电视台
4.6	夏天的故事	1	2	总后电视艺术中心
4.7	甘泉	1	6	河北电影制片厂
4.7	金色海湾	1	31	青岛电视台
4.7	北大荒有座青山	1	5	龙江影视中心
4.8	还是那首歌	1	4	新疆电视台、乌鲁木齐市公安局
4.8	男人没烦恼	1	30	上海文化发展总公司、中国国际电视总公司
4.9	河这边河那边的孩子	1	2	中央电视台影视部、海南电视台
4.9	陈三两	1	2	浙江电视台
4.9	巴掌大的地方	1	12	中央电视台影视部、天天影视公司
4.9	爱在深秋	1	2	中央电视台影视部、福建电视台
4.9	红十字方队	1	14	中央电视台影视部、总后电视艺术中心
4.10	咱们的老百姓	1	3	威海电视台
4.10	他们不会忘记	1	2	潇湘电影制片厂

续表

播出日期 (月.日)	剧　　名	部	集	制　作　单　位
4.10	林则徐	1	18	中央电视台影视部、福建电视台
4.10	校园先锋	1	18	中央电视台影视部、河南电影制片厂
4.10	民警程广泉	1	2	中央电视台影视部、济宁电视台、公安部政治部
4.11	站长	1	2	中央电视台影视部、长沙电视台
4.11	月落女儿湖	1	8	中央电视台影视部、云南省委宣传部等
4.11	车间主任	1	20	中央电视台影视部、武汉电视艺术中心
4.13	心灵的瞳孔	1	5	中央电视台影视部、陕西电视台
4.14	鱼鹰王	1	2	河北电影制片厂
4.14	春阳	1	2	衡阳电视台
4.14	还乡	1	25	中央电视台影视部、长春电影制片厂
4.15	岳桦树	1	3	长春电影制片厂
4.15	吴天祥的故事	1	6	中国电视剧制作中心、湖北省委组织部等
4.15	爱我所爱	1	7	湖北电视剧制作中心
4.18	贾里的故事	1	8	中国电视剧制作中心
4.18	地平线下的太阳	1	2	江苏省委宣传部、江苏电视台
4.20	冰雪情怀	1	8	中国电视剧制作中心、哈尔滨市国税局
4.21	山警	1	2	江西电影制片厂
4.21	大都市小税官	1	6	中央电视台影视部、湖南光前影视中心
4.21	雷雨	1	20	中国国际电视总公司
4.23	生命中的七日七夜	1	2	浙江电影制片厂
4.23	雪野追踪	1	1	哲里木电视台
4.25	牛六宝哭田	1	2	浙江电影制片厂
4.25	泉	1	7	延吉电视台
5.1	紧急夜航	1	2	北京天勤影视艺术公司
5.6	热血天歌	1	10	广州电视台
5.6	广州市长叶剑英	1	7	中央电视台影视部、珠江电影制片厂
5.12	大老板	1	6	广州电视台
5.14	珍珠塔	1	4	无锡电视台
5.15	孙武	1	20	三国影人文化艺术发展中心、广东电视台

续表

播出日期（月．日）	剧　　　　名	部	集	制 作 单 位
5.16	无言的界牌	1	2	湖南电视台
5.18	这条村路	1	2	潇湘电影制片厂
5.19	贝江女	1	4	广西电视台
5.19	律师的使命	1	17	中央电视台影视部、司法部
5.19	芒砀忠魂	1	8	河南跨世纪文化艺术中心
5.23	唐山的故事	1	3	唐山市委、市政府
6.11	感恩之地	1	4	飞天影视公司
6.12	县委书记	1	16	花城音像公司
6.13	香港的故事	1	29	中国电视剧制作中心、香港银都有限公司
6.20	红土地黄棉袄	1	36	中央电视台影视部、三星影视公司
6.23	黄金高原	1	4	贵州电视台
6.24	大命运	1	8	中央电视台影视部、北京文化艺术中心
7.3	无悔的承诺	1	3	上海永乐公司
7.3	情洒太行	1	20	中央电视台影视部、山西电视台
7.4	韦拔群传奇	1	11	中央电视台影视部、广西电影制片厂
7.7	洪泽湖往事	1	3	安徽电视台
7.9	怪王别传	1	18	中央电视台影视部、长春电影制片厂
7.10	夜明珠	1	2	延边电视台
7.11	血染紫晶	1	2	江苏电视台
7.11	天涯恋	1	8	中央电视台影视部、海南省委宣传部
7.13	太阳部落的女人	1	2	成都经济电视台
7.15	永远的马头琴	1	11	中央电视台影视部、国际文化音像出版社
7.16	蓝色卫士	1	4	江苏电视台
7.17	迎亲马队	1	8	内蒙古电视台
7.21	梁山人	1	4	北京电影制片厂
7.22	黄家医圈	1	20	总政话剧团
7.28	面对青山	1	3	内蒙古环保局
8.6	水藻行	1	2	杭州电视台
8.6	英雄孟良崮	1	6	中央电视台影视部、南京军区电视艺术中心

续表

播出日期（月．日）	剧　　名	部	集	制　作　单　位
8.7	新岁烛光	1	8	河北电视台
8.7	我的土地我的家	1	2	峨眉电影制片厂
8.12	粟裕大将	1	7	中央电视台影视部、湖南省广播电视厅
8.14	红魂 1935	1	8	中央电视台影视部、广元电视台
8.17	大围剿	1	10	中央电视台影视部、广西军区电视艺术中心
8.18	乡里乡亲	1	5	安阳有线电视台
8.22	兵妈妈	1	3	大同有线电视台
8.22	无悔的选择	1	2	山东临沂电视台
8.25	珠海人	1	7	中央电视台影视部、珠海蒙太奇影视公司
8.25	球迷	1	8	峨眉电影制片厂
8.27	尉官二十刚出头	1	7	中央电视台影视部、沈阳军区电视艺术中心
8.31	王灵芬	1	4	石家庄电视台
9.2	情洒巴山	1	2	北京电影制片厂
9.4	牡丹亭	1	4	上海电视台
9.5	沃土	1	23	河北电影制片厂
9.10	刑警林勇	1	2	浙江电视剧制作中心
9.24	寻找金穗	1	3	上海文化发展总公司
10.1	九七方队	1	3	中央电视台影视部、广东电视台
10.6	血灯	1	2	浙江电影制片厂
10.8	山里扶贫人	1	2	太原电视台
10.8	卜宗亮	1	2	中央电视台影视部、山西电视台
10.8	雨夜	1	2	中央电视台影视部、四川电视台
10.9	没有风雨的日子	1	2	中央电视台影视部、金盾影视中心
10.9	杨家埠年画的故事	1	2	山东影视中心
10.10	鼓浪屿的兵	1	2	中央电视台影视部、厦门电视台
10.10	初二六班	1	2	中央电视台影视部、河北电影制片厂
10.13	景颇汉子	1	2	云南电视台、中央电视台影视部
10.13	我的同桌“老玉米”	1	2	中央电视台影视部、山东影视中心
10.13	古堡风流	1	2	江西电视台、中央电视台影视部

续表

播出日期（月．日）	剧 名	部	集	制 作 单 位
10.14	雏燕飞	1	2	湖北电视剧制作中心
10.15	伍豪之秤	1	1	郑州田野影视公司
10.15	三爷	1	2	中国电视剧制作中心
10.15	期待	1	2	河北省文联、河北电影制片厂
10.16	交警故事	1	2	西安电视台
10.16	红帆	1	2	中央电视台影视部、大连电视台
10.17	移民县长	1	2	宜昌市委宣传部
10.17	舰长的女儿	1	2	海政电视艺术中心
10.18	三峡的孩子	1	2	宜昌有线电视台
10.19	河渠来了王书记	1	2	邢台电视台
10.20	永恒的生命	1	2	中央电视台影视部、四川海外影视文化中心
10.21	荷花淀的故事	1	2	沧州市委
10.21	光明使者	1	2	中央电视台影视部、四川省电力局
10.21	耶达山的雪	1	2	内蒙古呼伦贝尔有线电视台、成吉思汗公司
10.21	爱车爱你	1	8	万科文化传播公司
10.22	同桌	1	2	龙江影视中心
10.22	巡警的日记	1	2	中央电视台影视部、北京福林升歌公司
10.23	那年十二月	1	2	陕西电视台
10.23	寻呼妈妈	1	2	中央电视台影视部、云南电视台
10.23	退休工人周德福	1	2	河南中原电视台
10.24	奇异的假日	1	2	中央电视台影视部、中国儿童福利教育电视中心
10.25	大雷雨后	1	4	中国文采声像出版公司
10.26	军旗在我心中	1	2	宁夏电影制片厂
10.27	退休村支书	1	2	中央电视台影视部、山东泰安电视台
10.27	银手铐	1	10	中央电视台影视部、中影公司
10.28	三个姑娘一个兵	1	2	中央电视台影视部、大连电视台
10.28	赵宁的故事	1	2	湖南电视台
10.29	红柳歌	1	2	铁路文工团
10.29	军中厨星	1	2	中央电视台影视部、沈阳军区电视艺术中心

续表

播出日期(月.日)	剧　　名	部	集	制作单位
10.29	天地之间	1	2	湖北荆门电视台
10.30	县委书记的故事	1	2	陕西电视台
10.30	无品芝麻官	1	2	青岛电视台
10.31	少校警官蒋世昆	1	2	广东电视台
10.31	生命如歌	1	2	中央电视台影视部、山东影视中心
10.31	小月亮	1	2	湖南电视台
11.1	血液“1.22”	1	2	三星影视中心
11.2	只饮江南一杯水	1	1	南京电影制片厂
11.3	雾圈	1	10	北京电影制片厂
11.3	山的女儿	1	2	枣庄电视台
11.3	没有写完的信	1	2	南京电影制片厂
11.3	燕子窝	1	2	广西电视台
11.4	羊城骑楼下	1	2	广东电视台
11.4	看不见的太阳	1	2	中央电视台影视部、郑州电视台
11.4	乡里的媳妇	1	2	河南电影制片厂
11.4	暗流	1	2	贵州电视台
11.5	太阳雨	1	2	中央电视台影视部、潇湘电影制片厂
11.5	岗九醒酒	1	2	河南电视台、漯河电视台
11.6	生命因你而辉煌	1	2	南京电影制片厂
11.6	村女	1	2	湖南电视台节目中心
11.7	我的长城你的海	1	2	中央电视台影视部、北京电影学院
11.7	热巴、黑人、龙头琴	1	2	中央电视台影视部、甘肃电视艺术中心
11.7	小辛庄的烦恼	1	2	中国电视剧制作中心
11.7	我和爸爸们	1	2	承德电视台
11.8	我的妈妈我的家	1	8	长春电影制片厂
11.10	姜淑琴的世界	1	2	中央电视台影视部、中国人口音像社
11.10	饮马流花河	1	25	中国电视剧制作中心、玉溪卷烟厂
11.11	平安家信	1	2	天津有线电视台
11.11	喊叫水	1	2	中央电视台影视部、宁夏电视台

续表

播出日期（月．日）	剧 名	部	集	制 作 单 位
11.11	鸽子	1	1	中央电视台影视部、上海电视台求索社
11.12	回归太平洋彼岸	1	2	南宁市恒方广告中心
11.12	我想要朵小红花	1	1	中央电视台影视部、太原电视台
11.12	与爱同行	1	21	北京华威特影视文化传播中心
11.13	山乡邮人	1	2	河南电影制片厂
11.13	亭亭咸青花	1	2	中央电视台影视部、浙江电视剧中心
11.13	情感的守望	1	2	中国电视剧制作中心、武警总队电视艺术中心
11.14	缉毒科长	1	8	陕西电视台
11.16	潘汉年	1	28	中国电视剧制作中心、上海市委宣传部、江苏省委宣传部
11.20	俄罗斯邻居	1	8	天津电视台
11.27	叶赫那拉公主	1	28	长春电影制片厂
11.28	反贪利剑	1	8	四川省政法委
11.29	虎门大桥	1	8	中央电视台影视部、广东省委宣传部
12.3	大路情深	1	2	齐齐哈尔艺术中心
12.9	桑植起义	1	4	张家界市委宣传部
12.9	感谢生命	1	8	中国电视剧制作中心
12.11	难舍真情	1	2	长春电影制片厂
12.11	海峡的诱惑	1	15	厦门电视台
12.12	走不完的路	1	9	漯河电视台
12.17	山上有座庙	1	17	中央电视台影视部、华诚集团
12.18	驱逐舰舰长	1	5	中央电视台影视部、海政电视艺术中心
12.22	墙外面是海	1	8	中央电视台影视部、冶金部
12.25	雪太阳	1	4	中央电视台影视部、沈阳军区电视艺术中心
12.26	小豆庄风情	1	2	江苏电视台
12.29	情归何处	1	5	中央电视台影视部、山东省话剧团
12.30	市民天秀	1	23	天津电影制片厂
12.31	如果有来生	1	3	河南省委宣传部
合 计		271	1726	

（影视部提供）

1997年中国电视剧制作中心制作电视剧一览表

剧名	部	集	制作单位(含联合制作)
人间正道	1	28	中国电视剧制作中心 江苏省文化经济发展中心
天下财富	1	22	中国电视剧制作中心
生活两次	1	20	中国电视剧制作中心
我儿我女	1	18	中国电视剧制作中心
傍海人家	1	16	中国电视剧制作中心
十七岁不哭	1	10	中国电视剧制作中心
双筒望远镜	1	10	中国电视剧制作中心
秋	1	8	中国电视剧制作中心 安徽电视台
感谢生命	1	8	中国电视剧制作中心
家有小丑	1	6	中国电视剧制作中心
第六演播室	1	6	中国电视剧制作中心
都荣扎那	1	4	中国电视剧制作中心 内蒙古自治区锡林郭勒盟
三爷	1	2	中国电视剧制作中心
春天的烦恼	1	2	中国电视剧制作中心
情感的守望	1	2	中国电视剧制作中心 武警总队电视艺术中心
赴任	1	2	中国电视剧制作中心 海南省电影电视艺术家协会
水上童声	1	2	中国电视剧制作中心
西线铁骑兵	1	2	中国电视剧制作中心 新疆军区政治部电视中心
东周列国·战国篇	1	30	中国电视剧制作中心
合计	19	198	

(中国电视剧制作中心提供)

1997年中央电视台一、二、八套黄金时段电视剧播出一览表

第一套

开播日期(月.日)	剧名	部	集	供片单位
96.12.29	浦江叙事	1	20	中国电视剧制作中心
97.1.14	血战万源	1	10	八一电影制片厂军事教育部、中共达川地委行署、中共万源市委、市政府
1.25	相约在春天	1	8	上海市文联、总工会
2.2	总督张之洞	1	8	黄石电视台、中央电视台影视部
2.12	深圳人	1	8	江苏电视台、深圳金彬影视策划公司、中央电视台影视部
2.18	长河入海	1	20	山东影视中心、中央电视台影视部
3.8	国旗之子	1	2	中国电视剧制作中心、武警电视艺术中心
3.12	黑天鹅	1	8	江西电视台、中央电视台影视部
3.17	问鼎长天	1	16	长春电视台、航天工业总公司、中央电视台影视部
4.5	东周列国·春秋篇	1	30	中国电视剧制作中心、红河烟厂
5.16	车间主任	1	20	武汉电视艺术中心、中央电视台影视部
6.13	香港的故事	1	29	中国电视剧制作中心、香港银都
7.24	和平年代	1	23	广东电视台、广州军区政治部、广东省委宣传部、中央电视台影视部
8.26	党员二愣妈	1	6	内蒙古电影制片厂、内蒙古东禹商贸公司、中央电视台影视部
9.2	民办教师	1	4	贵阳电视台、中央电视台影视部
9.7	校园先锋	1	18	河南电影制片厂、中央电视台影视部
10.2	红十字方队	1	14	总后电视艺术中心、中央电视台影视部

开播日期（月．日）	剧名	部	集	供片单位
10.20	司马迁	1	18	西安执信传播广告公司、中央电视台影视部
10.31	少校警官蒋世昆	1	2	广东电视台
11.15	潘汉年	1	28	中国电视剧制作中心
12.18	驱逐舰舰长	1	5	海政电视艺术中心、中央电视台影视部
12.25	雪太阳	1	4	沈阳军区电视艺术中心、中央电视台影视部
合　　计		22	301	

第二套

开播日期（月、日）	剧名	部	集	供片单位
97.1.24	这山路不再遥远	1	2	河南电视台
1.31	青岛有个李高令	1	2	山东影视中心、中央电视台影视部
2.14	兰子	1	2	武汉电视台
2.24	长征岁月	1	10	总政话剧团、大连电视台、中央电视台影视部
2.28	燃烧的烛光	1	6	龙江影视中心、中央电视台影视部
3.7	萤火虫，点灯笼	1	2	江西电视台
3.14	春	1	6	中国电视剧制作中心、安徽电视台
4.4	经堂杀妻	1	1	河北电视台、中央电视台影视部
4.10	他那一片天	1	4	宁夏电视台、中央电视台影视部
4.18	地平线下的太阳	1	2	江苏电视台
4.25	河这边河那边的孩子	1	2	中共海南省委宣传部、海南电视台、中央电视台影视部
5.1	紧急夜航	1	2	北京天勤影视艺术公司
5.6	广州市长叶剑英	1	7	珠江电影制片厂、中央电视台影视部
5.15	孙武	1	20	广东电视台、三国影人文化艺术发展中心

开播日期（月、日）	剧名	部	集	供片单位
6.13	林则徐	1	18	福建电视台、林则徐基金会、中央电视台影视部
7.9	弘一大师	1	20	中国电视剧制作中心
8.6	英雄孟良崮	1	6	南京军区电视艺术中心、中央电视台影视部
8.14	红魂（一）1935	1	8	四川广元电视台、中央电视台影视部
8.27	尉官二十刚出头	1	7	沈阳军区电视艺术中心、中央电视台影视部
9.5	沃土	1	23	河北电影制片厂
10.8	卜宗亮	1	2	山西电视台、中央电视台影视部
10.10	鼓浪屿的兵	1	2	厦门电视台、中央电视台影视部
10.13	我的同桌“老玉米”	1	2	山东影视中心、中央电视台影视部
10.15	三爷	1	2	中国电视剧制作中心
10.18	三峡的孩子	1	2	湖北宜昌有线电视台
10.21	光明使者	1	2	四川省电力局、中央电视台影视部
10.23	寻呼妈妈	1	2	云南电视台、中央电视台影视部
10.29	军中厨星	1	2	沈阳军区电视艺术中心、中央电视台影视部
10.31	生命如歌	1	2	山东影视中心、中央影视部
11.4	看不见的太阳	1	2	郑州电视台、中央电视台影视部
11.7	热巴、黑人、龙头琴	1	2	甘肃电视艺术中心、中央电视台影视部
11.11	鸽子	1	1	上海电视台求索社、中央电视台影视部
11.12	我想要朵小红花	1	1	太原电视台、中央电视台影视部
11.13	情感的守望	1	2	中国电视剧制作中心、武警总队电视艺术中心
11.29	虎门大桥	1	8	广东省委宣传部、中央电视台影视部

开播日期(月、日)	剧名	部	集	供片单位
12.11	海峡的诱惑	1	15	厦门电视台
合计		36	199	

第八套

开播日期(月、日)	剧名	部	集	供片单位
97.1.27	弘一大师	1	20	中国电视剧制作中心
2.11	远亲不如近邻	1	20	中影公司、中央电视台影视部
2.17	血的旋律	1	6	南京电影制片厂、中央电视台影视部
2.20	长乐之战	1	2	
2.20	解放重庆	1	3	
2.23	在他们的青春岁月里	1	8	
2.28	小鹤飞飞	1	1	齐齐哈尔电视台
2.28	七战七捷	1	8	南京军区电视艺术中心
3.2	平平常常的故事	1	20	河南亚太电视公司、中央电视台影视部
3.10	重案探组	1	17	天津市公安局、北京电影制片厂
3.16	梦幻懒人国	1	1	江苏电视台
3.20	城市的B面	1	2	北京文化艺术音像社、中央电视台影视部
4.1	金猴小队	1	8	中国电视剧制作中心
4.9	爱在深秋	1	2	福建电视台、中央电视台影视部
4.10	民警程广泉	1	2	济宁电视台、公安部政治部、中央电视台影视部
4.14	还乡	1	25	长春电影制片厂、中央电视台影视部
4.14	潘汉年	1	28	中国电视剧制作中心、上海市委宣传部等
5.13	来到人间	1	1	
5.14	珍珠塔	1	4	无锡电视台
5.16	无言的界牌	1	2	湖南电视台
5.19	律师的使命	1	17	司法部、中央电视台影视部
6.2	乡党委书记	1	6	郑州电视台、中国电视台影视部
6.6	北洋水师	1	12	中央电视台影视部
6.17	总督张之洞	1	8	黄石电视台、中央电视台影视部
6.24	大命运	1	8	北京文化艺术中心
7.3	情洒太行	1	20	山西电视台、中央电视台影视部
7.9	怪王别传	1	18	长春电影制片厂、中央电视台影视部
7.22	黄家医圈	1	20	总政话剧团
8.7	雷雨	1	20	中国国际电视总公司
8.22	无悔的选择	1	2	山东临沂电视台
8.25	小镇名流	1	1	武汉电视艺术中心、中央电视台影视部
8.26	车间主任	1	20	武汉电视艺术中心、中央电视台影视部
9.2	情洒巴山	1	2	北京电影制片厂
9.3	大漠丰碑	1	4	北京军区战友电视艺术中心、中央电视台影视部
10.7	我的土地我的家	1	2	
10.8	雨夜	1	2	四川电视台、中央电视台影视部
10.9	杨家埠年画的故事	1	2	山东影视中心
10.10	初二六班	1	2	河北电影制片厂、中央电视台影视部

开播日期(月、日)	剧名	部	集	供片单位
10.13	古堡风流	1	2	江西电视台
10.14	雏燕飞	1	2	湖北电视剧制作中心
10.15	期待	1	2	河北电影制片厂、河北省文联
10.16	红帆	1	2	大连电视台、中央电视台影视部
10.17	舰长的女儿	1	2	海政电视艺术中心
10.20	永恒的生命	1	2	四川海外影视文化中心、中央电视台影视部
10.21	耶达山的雪	1	2	内蒙古呼伦贝尔有线电视台、成吉思汗公司
10.22	巡警的日记	1	2	北京福林升歌公司、中央电视台影视部
10.23	退休工人周德福	1	2	河南中原电视台
10.24	奇异的假日	1	2	中国儿童福利教育电视中心、中央电视台影视部
10.27	退休村支书	1	2	山东泰安电视台、中央电视台影视部
10.28	赵宁的故事	1	2	湖南电视台
10.29	天地之间	1	2	湖北荆门电视台
10.30	无品芝麻官	1	2	青岛电视台
10.31	小月亮	1	2	湖南电视台
11.3	没有写完的信	1	2	南京电影制片厂
11.4	乡里媳妇	1	2	河南电影制片厂
11.5	太阳雨	1	2	潇湘电影制片厂、中央电视台影视部
11.6	生命因你而辉煌	1	2	南京电影制片厂
11.7	小辛庄的烦恼	1	2	中国电视剧制作中心
11.10	饮马流花河	1	25	中国电视剧制作中心、玉溪卷烟厂
11.27	叶赫那拉公主	1	28	长春电影制片厂
12.17	山上有座庙	1	17	华诚集团、中央电视台影视部
12.30	市民天秀	1	23	天津电影制片厂
合计		62	479	

(影视部提供)

1997年中央电视台译制片首播一览表

播出时间(月.日)	片名	长度(分.秒)	来源
1.3	别告诉她是我	102′40″	美国
1.4	凯旋门	94′15″	法国
1.4	义愤填膺	85′20″	法国
1.5	非洲猎豹	90′30″	美国
1.6	跳舞能手	72′03″	瑞典
1.8	失忆疑云	94′	英国
1.10	埃德温·杜鲁德的隐密	90′18″	英国
1.11	西线无战事	204′48″	德国
1.11	跟随她的心	88′59″	美国
1.12	熊的故事	88′30″	法国
1.18	誓不低头	94′55″	美国
1.18	双城记	278′07″	法国
1.19	克拉姆一家(三)	86′34″	丹麦
1.19	狼的影子	98′26″	法国、加拿大
1.22	哈克回来了	88′48″	美国
1.25	步步追踪	94′02″	美国
1.26	自由的猩猩	99′	美国
1.29	吉他手	93′27″	美国

播出时间(月.日)	片名	长度(分.秒)	来源
2.1	马克我爱你	96′47″	
2.1	悲惨世界	138′	法国
2.2	有一个春天	92′15″	法国
2.2	狮子和我	93′57″	英国
2.5	神怪海奇	93′15″	美国
2.5	意外收获	102′57″	美国
2.9	小不点先生	85′55″	美国
2.11	水晶奇缘	94′20″	美国
2.15	威尼斯商人	208′27″	美国
2.15	铁骨男儿	92′10″	美国
2.16	舞之恋	100′39″	法国
2.16	白狮	87′17″	美国
2.19	年轻的心	90′59″	美国
3.5	小小天堂	90′22″	美国
3.8	遭遇落基山	97′41″	美国
3.8	礼物——“根”之续集	91′33″	美国
3.9	狗侦探	106′22″	美国
3.12	心心相通	100′04″	美国
3.15	南北乱世情	260′07″	美国
3.15	冰上交易	98′12″	美国
3.16	拥抱	55′29″	日本
3.16	孤豹奇缘	153′20″	美国
3.19	孩子的选择	87′35″	美国
3.23	明年再说	93′	美国
3.23	白海豚	92′30″	意大利
3.26	母子情深	89′12″	法国
3.29	情系东瀛	132′31″	美国
4.2	乡村情恋	155′45″	法国
	我的朋友艾礼		英国
4.5	孤星血泪	166′32″	美国
4.5	时钟倒转	95′02″	美国
4.6	他长大了	25′55″	

播出时间(月.日)	片名	长度(分.秒)	来源
4.6	鹈鹕的故事	84′30″	美国
4.12	给一个孩子的爱	97′22″	美国
4.12	铁面人	101′54″	英国
4.13	非洲历险记	101′	美国
4.16	丹尼尔的歌	91′	德国
4.19	战地巾帼	99′11″	美国
4.19	逃往雅典娜	104′	美国
4.20	小狗千里寻主记	87′16″	美国
4.25	我的左脚	95′16″	美国
4.26	信任	158′02″	美国
4.26	傲慢与偏见	308′09″	英国
4.27	味浓情更浓	95′59″	德国
4.27	海豹的故事	95′	
4.30	山的女儿	94′29″	法国
5.2	春潮	95′21″	意大利
5.3	跳水	87′19″	美国
5.4	人猿泰山在曼哈顿	94′08″	美国
5.9	即兴之作	100′42″	美国
5.10	急诊室	94′40″	美国
5.10	巴黎惊魂	95′26″	美国
5.11	伙伴	92′05″	
5.11	金色池塘	105′44″	美国
5.12	小岛历险记	180′	英国
5.16	大家都好	118′08″	意大利
5.17	斗牛士	151′45″	西班牙
5.17	模特探案	131′	美国
5.23	英雄们	159′16″	英国
5.24	麦克白	216′06″	英国
5.24	卡桑德拉大桥	124′30″	英国、意大利、西德
5.24	丹尼尔·世界冠军	136′	英国
5.25	野性的呼唤	99′48″	美国
5.25	索菲的抉择	93′41″	美国

播出时间(月.日)	片名	长度(分.秒)	来源
5.30	牛奶盒上的头像	87′09″	美国
5.31	迟来的信	123′	美国
6.6	心灵的阴影	87′07″	美国
6.6	龙卷风之夜	96′27″	美国
6.7	玛丽亚,一个真实的故事	108′27″	美国
6.8	圣诞之恋	85′35″	美国
6.8	金发女孩	84′20″	美国
6.13	打开记忆之门	86′31″	美国
6.14	弄巧成拙	91′24″	美国
6.15	爱情是什么	50×27″	韩国
6.20	爱的礼物	81′21″	
6.21	网络迷案	131′15″	美国
6.21	有爱心相连	209′	美国
6.21	河王	200′	澳大利亚
6.27	日德兰王子	103′22″	法、英、丹、德
6.27	伪装者	45′×22	美国
6.28	局外人	99′49″	美国
7.5	格瑞的阴影	99′14″	美国
7.5	紧急降落:174 航班	91′59″	美国
7.6	西部红石镇	87′19″	美国
7.11	从天而降	87′18″	法国
7.12	派报兵团	126′	美国
7.12	制作玩偶的女人	142′01″	美国
7.12	移民足迹	142′01″	美国
7.18	为了阿伦	89′11″	加拿大
7.19	鲨鱼的故事	89′20″	
7.20	致命的魅力	92′52″	美国
7.25	从普鲁来的人	89′37″	英国
7.26	壮美草原	94′43″	美国
7.26	圣徒兹蒂丝拉娃	94′43″	波兰
7.26	欢迎光临	90′19″	美国
7.26	友谊万岁	90′19″	美国

播出时间(月.日)	片名	长度(分.秒)	来源
8.1	冰上浪漫曲	95′17″	美国
8.2	友人的厄运	107′26″	英国
8.2	诺斯特罗莫	206′01″	英国
8.3	心中的地图	87′25″	美国
8.8	心灵的四季	98′	美国
8.15	返回故乡	143′	美国
8.16	神探与流浪汉	103′44″	美国
8.22	靠我们自己	153′28″	
8.23	摩羯星一号	159′56″	美国
8.23	莫尔·弗兰德斯	190′	美国
8.24	情浓于血	88′24″	德国
8.29	革命	153′28″	美国
8.30	收容所的狗声	87′05″	英国
9.6	卡勒和天使	85′27″	瑞典
9.7	保镖	89′38″	美国
9.12	难舍难分	86′	美国
9.13	成长岁月	90′52″	
9.20	音乐家系列	50′×7	加拿大
9.20	两个失踪少年	87′35″	美国
9.20	斯基泽	94′23″	美国
9.20	一曲难忘	108′57″	美国
9.21	瓦尔迪兹号抢险记	90′38″	英国
9.27	玻璃女儿心	232′	英国
9.27	难忘的夏季	100′11″	加拿大
10.3	友情天地	83′05″	美国
10.10	疯狂的梦想	86′42″	美国
10.11	抗租记	189′44″	英国
10.11	进退两难	84′28″	美国
10.12	圈套	86′42″	美国
10.18	防盗者	50′×28	美国
10.18	舞中情	135′	美国
10.18	猜猜谁来吃晚餐	89′37″	美国

播出时间(月.日)	片名	长度(分.秒)	来源
10.25	谁的责任	90′	美国
10.25	迈克与我	175′	美国
10.25	火车上的追捕	82′	英国
10.26	罗斯威尔	92′	美国
11.1	我的朋友乔	99′29″	德国
11.1	街上的孩子	89′14″	法国
11.8	奥利弗	142′45″	英国
11.9	无情却有情	187′59″	美国
11.15	侥幸	117′52″	法国
11.15	心的转变	93′35″	加拿大
11.22	起点和终点	175′	英国
11.22	毒效	85′46″	美国
11.22	爱的记忆	124′	法国
11.28	安娜	87′06″	美国
11.29	回忆	126′44″	美国
11.29	未完结的爱	106′12″	法国
11.29	星期五与鲁宾逊	112′28″	墨西哥
12.6	黑美人	78′32″	英国
12.6	戒指	219′	美国
12.6	骑手	95′15″	法国
12.7	加州法岸路公寓	68′22″	美国
12.13	梵高	100′	英国
12.13	警官赛蒂和她的儿子	92′37″	美国
12.19	看得见风景的房间	148′29″	英国
12.20	电话之父——贝尔	93′41″	美国
12.20	你,就是你	95′×25	墨西哥
12.20	极度孤独	92′27″	美国
12.21	青春家族	80′×26	日本
12.21	合家喜庆	94′	美国
12.27	假期圆梦	92′27″	美国
12.28	海蒂	200′	意大利
合计	177部		

(海外中心提供)

1997年中央新闻纪录电影制片厂纪录片制作和播出一览表

播出时期(月.日)	片名	长度(分)
1.4	田老汉造田	15′
1.11	轮椅上的事业	15′
1.18	东海第一所	15′
1.25	漫话鲜花业	15′
2.1	孤岛灯塔工	15′
2.8	小香玉办学	15′
2.15	石头迷李宝祥	15′
2.22	种子画	15′
3.1	天一阁	15′
3.8	好人孙丽丽	15′
3.15	顺义农村的探索	15′
3.22	绿色的家园	15′
3.29	翰墨情	15′
4.5	金州的周末	15′
4.12	金箔	15′
4.19	青铜器修复专家	15′
4.26	土家族导游员	15′
5.3	青春无悔	15′
5.8	丹青梦	15′
5.10	女交警日记	15′
5.15	染得一方彩霞飞	15′
5.17	丈夫·妻子·前妻	15′
5.22	为有源头净水来	15′
5.24	秦宪明家庭剧团	15′

播出时期（月．日）	片 名	长度（分）
5.29	近邻	15′
5.31	阿毛嫂搬家	15′
6.5	叶雕	15′
6.7	老年模特	15′
6.12	广场养鸽人	15′
6.14	联合铲毒	15′
6.19	静静的山林	15′
6.21	三十里营房医疗站	15′
6.26	香浪节	15′
6.28	金花千万朵	15′
7.3	南隍城岛带头人	15′
7.5	麦贤得与他的妻子	15′
7.10	法官张国喜	15′
7.12	永常村的春天	15′
7.17	四等小站	15′
7.19	香山菜站	15′
7.21	罗依新寨	15′
7.26	浏阳一家人	15′
7.31	张贺林办学	15′
8.2	杆栏村的故事	15′
8.7	甘加牧羊人	15′
8.7	血脉(一)	15′
8.9	血脉(二)	15′
8.14	战士王国显	15′
8.16	花儿依旧这样红	15′
8.21	深山送宝人	15′
8.23	家园	15′
8.30	老艺人与戏迷	15′
9.4	劳教生活	15′
9.11	带着父亲上学的孩子	15′
9.13	家在延安	15′
9.16	我有妈妈了	15′

播出时期（月．日）	片 名	长度（分）
9.20	扁担刘晓箫	15′
9.25	小张庄生存之道	15′
9.27	冯时的故事	15′
10.2	秦际昌小传	15′
10.4	影集里的故事	15′
10.9	女骑警	15′
10.11	总经理与打工仔	15′
10.16	荷花夫妻	15′
10.18	走近龟鳖	15′
10.23	睢宁儿童画	15′
10.25	袁洪滨的丝绵画	15′
10.27	母亲的胸怀	15′
10.30	面乡师徒	15′
11.1	康老汉的山中小屋	15′
11.6	邵伯卖水	15′
11.8	为了明天	15′
11.13	硕士猪倌石昊春	15′
11.15	旱土·硕果	15′
11.20	余音犹存	15′
11.22	女警群英	15′
11.27	龙井问茶	15′
11.29	无臂冠军的故事	15′
12.4	比翼齐飞	15′
12.6	芝麻官	15′
12.11	女护林员	15′
12.13	山里一家	15′
12.18	下岗夫妻创业记	15′
12.20	砚雕之家	15′
12.25	鸭子文章	15′
12.27	老州长召存信	15′

（新影厂提供）

1997年中央新闻纪录电影制片厂制作和播出《名段欣赏》一览表

播出时期(月.日)	剧目	长度(分)
1.2	西施	15′
1.4	秦香莲	15′
1.7	杨乃武与小白菜(曲剧)	15′
1.9	西厢记、诗文会	15′
1.11	借东风、清官册	15′
1.14	春秋配	15′
1.16	张羽煮海(评剧)	15′
1.18	空城记	15′
1.21	锁五龙、二进宫	15′
1.23	杨门女将(河北梆子)	15′
1.28	太君辞朝	15′
1.30	桑园会、二进宫、战太平	15′
2.1	吴汉杀妻(河北梆子)	15′
2.4	野猪林、白毛女	15′
2.8	黛诺、花为媒(评剧)	15′
2.10	浣纱记	15′
2.12	打金枝、打渔杀家	15′
2.14	盗御马	15′
2.16	淮河营	15′
3.4	贺后骂殿	15′
3.6	曹雪芹、啼笑因缘、方珍珠(曲剧)	15′
3.8	勘玉钏、香罗帕	15′
3.11	辕门斩子(秦腔)	15′
3.13	红娘、贵妃醉酒	15′
3.15	定军山	15′
3.18	战太平	15′
3.20	活捉三郎	15′
3.22	三上轿(秦腔)	15′
3.25	苏武牧羊	15′
3.27	七郎托兆	15′
3.29	情探、逼婚	15′
4.1	九伐中原、古城会	15′
4.3	六月雪	15′
4.5	姊妹易嫁、穆桂英挂帅(吕剧)	15′
4.8	朱痕记	15′
4.10	珍珠塔、陈三两爬堂:花中君子	15′
4.12	千里送京娘(昆曲)	15′
4.15	玉堂春	15′
4.17	洪湖赤卫队、满盘错(晋剧)	15′
4.19	白蟒台、四郎探母	15′
4.22	夕鹤(昆曲)	15′
4.24	岳母刺字(昆曲)	15′
4.26	牡丹亭·还魂记、西厢记、梁祝姻缘(晋剧)	15′
4.29	小宴、蝴蝶杯·藏舟(晋剧)	15′
5.1	打神·告庙(蒲剧)	15′
5.3	李慧娘·救裴生(蒲剧)	15′
5.6	梳妆楼(晋剧)	15′
5.10	宇宙锋·装疯(豫剧)	15′
5.11	楚宫恨	15′
5.13	金水桥·绑子、蝴蝶杯·献杯(晋剧)	15′
5.17	四郎探母、楼妆楼	15′
5.18	清官册	15′
5.20	改容战父	15′
5.24	西厢记·长亭饯别、桃花庵(评剧)	15′
5.25	清官册、空城计	15′

播出时期（月．日）	剧 目	长 度（分）
5.27	御碑亭（山东梆子）	15′
5.31	杀嫂（山东蒲剧）	15′
6.1	海瑞罢官、南天门	15′
6.3	法门寺、三家店	15′
6.7	打金枝、卖妙郎（评剧）	15′
6.8	锁玉龙、断密涧	15′
6.10	辕门射戟、周仁献嫂	15′
6.14	情探·行路、穆桂英挂帅	15′
6.15	二进宫、捉放曹·行路	15′
6.17	雍凉关、哭刘表	15′
6.21	白蛇传·断桥、卖油郎独占花魁（评剧）	15′
6.22	御花园、牧虎关之一、二	15′
6.24	辕门斩子、武家坡	15′
6.28	牡丹亭·寻梦一、二（昆剧）	15′
6.29	捉放曹·宿店、上天台	15′
7.5	梁祝·回十八、吴王悲歌（越剧）	15′
7.6	范进中举、奇怨报	15′
7.8	狄龙案之一、二	15′
7.8	陆文龙、三看御妹（越剧）	15′
7.12	拜月记·拜月·抗婚（评剧）	15′
7.13	渭水河、串龙珠、将相和	15′
7.15	玩会跳船、关灯（柳子戏）	15′
7.19	月下来迟（秦腔）	15′
7.20	碰碑	15′
7.22	杨三姐告状·哭灵 杨八姐游春·要彩礼	15′
7.26	打神告庙（秦腔）	15′
7.27	孝感天、玉门关	15′
7.29	李二嫂改嫁（吕剧）	15′
8.2	长生殿·弹词（昆曲）	15′
8.3	乌盆记、四郎探母	15′

播出时期（月．日）	剧 目	长 度（分）
8.5	断太后、吴王悲歌、二堂放子	15′
8.9	火焰驹·表花 拾玉镯·捻线（蒲剧）	15′
8.10	珠帘寨、击鼓骂曹	15′
8.12	三拉房（吕剧）	15′
8.16	凤冠梦·织网、阿哥·大堂	15′
8.17	抢状元·梳妆（评剧） 柳荫记·楼台会	15′
8.19	打柴劝弟	15′
8.23	长生殿·弹词、长生殿·酒楼	15′
8.24	锁麟囊·三让椅	15′
8.26	三看御妹、穆桂英挂帅（越剧）	15′
8.30	花木兰·巡营、花木兰·归家（评剧）	15′
8.31	南天门、甘露寺	15′
9.2	连环套·坐寨盗马	15′
9.6	包公三勘蝴蝶梦、村南柳（评剧）	15′
9.7	击鼓骂曹、南阳关、秦琼卖马	15′
9.9	穆桂英大战洪州	15′
9.13	窦女（五音戏）	15′
9.14	王佐断臂	15′
9.16	宇宙锋	15′
9.20	孙安动本（柳子戏）	15′
9.21	桃花扇、野猪林	15′
9.22	杜鹃山、除三害、汉宫惊魂	15′
9.27	玉门关	15′
9.28	徐策跑城（蒲剧）	15′
9.29	收姜维（太平调）	15′
10.4	飞虎山、沙陀国	15′
10.5	柳荫记·思兄、柳荫记·哭坟	15′
10.7	火焰驹·贩马（蒲剧）	15′
10.11	六月雪·坐监	15′
10.12	上天台、汾河湾	15′

播出时期(月.日)	剧目	长度(分)
10.14	龙凤呈祥、柳荫记·思兄	15′
10.18	蝴蝶梦·说亲回话	
10.19	牡丹亭·惊梦(昆曲) 白蛇传、谢瑶环·花园	15′
10.21	谢瑶环·大堂 花枪缘(豫剧)	15′
10.25	花亭会、向阳商店·夸手(评剧)	15′
10.26	双阳公主、汉明妃	15′
10.28	铜台会(柳琴戏)	15′
11.1	劈棺(川剧)	15′
11.3	凤还巢、柳荫记	15′
11.4	建游宫(柳戏)	15′
11.8	八珍汤	15′
11.9	陆逊·三关点帅(晋剧)	15′
11.11	首阳山(川剧)	15′
11.15	四进士、借东风	15′
11.16	吴汉杀妻、佛堂托孤(川剧)	15′
11.18	西施、梁红玉(高甲戏)	15′
11.22	审苏三(川剧)	15′
11.23	高山下的花环(评剧)	15′
11.25	双玉蝉、小二黑结婚(柳琴戏)	15′
11.29	斩浪子、赤桑镇	15′
11.30	花木兰、三哭殿(豫剧)	15′
12.2	李世民斩子、唐王选妃(高甲戏)	15′
12.6	李逵探母、孝义节	15′
12.7	珍珠塔、昭君出塞(高甲戏)	15′
12.9	贺后骂殿、五世请缨(豫剧)	15′
12.13	春花走雪(川剧)	15′
12.14	钟离剑、朱痕记(评剧)	15′
12.16	穆杨会(豫剧)	15′
12.20	花为媒(评剧)	15′
12.21	孝感天、李逵探母	15′
12.23	打猎井会、无双传(评剧)	15′
12.27	问病逼宫、怀玉惊梦(川剧)	15′
12.28	李逵探母、横槊赋诗	15′
12.30	贵妃醉酒、霸王别姬	15′

(新影厂提供)

1997年北京科学教育电影制片厂《科教之窗》节目播出一览表

播出时期(月、日)	片名	长度(分)
1.3	水稻旱育稀植丰产技术	15′
1.10	现代室内污染	15′
1.17	生命的能源	15′
1.24	治沙保土先锋树种——沙棘	15′
1.31	新科技筑起北京西客站	15′
2.3	京剧基础知识之一:行当——生行、旦行	15′
2.4	京剧基础知识之二:行当——净行、丑行	15′
2.5	京剧基础知识之三:唱腔	15′
2.6	京剧基础知识之四:虚拟表演	15′
2.7	长城、两栖动物的故事(1)	15′×2
2.9	两栖动物的故事(2)	15′
2.10	两栖动物的故事(3、4)	15′×2
2.13	崛起的第三金属——钛(上)	15′
2.14	崛起的第三金属——钛(中、下)　旱地水窖	15′×3
2.17	李时珍与《本草纲目》(医学篇)	15′
2.18	李时珍与《本草纲目》(药学篇)	15′

播出时期(月、日)	片 名	长 度(分)
2.19	苏颂与水运仪象台	15′
2.28	小耳再造与复聪	15′
3.4	碳 14 揭秘	15′
3.7	李四光与第四纪冰川	15′
3.14	螺旋藻传奇	15′
3.21	螺旋藻开发	15′
3.28	苹果园优化改造	15′
4.4	走在育种前	15′
4.11	人工晶体	15′
4.18	话说照像机	15′
4.22	喷灌压碱洗盐造良田	15′
4.25	花为谁开	15′
5.2	中国苏铁	15′
5.9	新疆地理大观(上)	15′
5.17	新疆地理大观(中)	15′
5.23	新疆地理大观(下)	15′
5.30	第三代橡胶	15′
6.6	银杏新传	15′
6.13	香港交通(上)	15′
6.20	香港交通(中)	15′
6.27	香港交通(下)	15′
7.4	中国林蛙	15′
7.11	抽水蓄能发电	15′
7.18	中国骨科复位疗法	15′
7.25	鸟的乐园	15′
8.1	科技兴林	15′
8.8	特殊自然环境研究	15′
8.15	人沙之战	15′
8.19	人与机器人(上、下)	15′×2
8.20	网络系列 之一:我与国际互联网络 之二:我们与国际互联网络	15′×2
8.21	网络系列 之三:各行各业与国际互联网络 之四:信息社会与国际互联网络 欧洲古建筑(典雅与和谐、宏伟与豪华、神秘与欢乐)	15′×5
8.22	棒球 磁王——钕铁硼永磁材料 让草原富饶	15′×3
8.25	中国民族乐器知识组片(1、2)	15′×2
8.26	中国民族乐器知识组片(3、4)	15′×2
8.27	水体资源开发	15′
8.31	中国民族乐器知识组片(5、6、7)	15′×3
9.1	未来汽车烧什么 电脑化银行	15′×2
9.5	澳大利亚动植物	15′
9.12	畜力发电与微型电站	15′
9.19	支撑生命的钙	15′
9.26	钨	15′
10.	科学种植五叶齐大葱	15′
10.10	潮汐发电	15′
10.17	人体经络	15′
10.24	草海沉浮	15′
10.	视觉污染	15′
11.7	竹荪的人工栽培	15′
11.14	羌塘	15′
11.21	河姆渡访古	15′
11.28	女性更年期保健	15′
12.5	冠心病与介入疗法	15′
12.12	脑血管病与介入疗法	15′
12.19	水稻抛秧技术	15′
12.26	辐射成像	15′
合 计	1305′	

(科影厂提供)

中央电视台“心连心”艺术团1997年慰问演出活动一览表

节目名称	演出时间	演出地点	慰问对象	观众人数	领队	撰稿人	策划人	导演	制片人	主持人	播出时间
山水情深	1月20日	贵州遵义	老区群众和少数民族	约1万	赵　安	全维润 王荣起	赵　安 王荣起	齐宪役	李永生	赵忠祥 周　涛	2月11日
劳动赞	4月27日	大　庆	大庆工人	约4万	杨伟光	凯　传 任志苹	刘万捷 凯　传 任志苹	刘万捷	尹希元 孟　欣	倪　萍 刘　璐 张　政 朱　军 阚丽君 黄　宏	5月1日
和祖国心连心	9月28日	长江三峡工地	三峡工地建设者	约3万	李　丹	曹　勇 任卫新	尹希元 孟　欣	张海潮	孟　欣	赵忠祥 倪　萍 朱　军	9月30日
情满潇湘	10月15日	湖南韶山	老区群众	约4万	赵　安	王荣起	石　林 沈永年	齐宪役	李永生	赵忠祥 周　涛 朱　军	10月26日
万水千山总是情	11月3日 11月4日	香　港	香港特区群众	约7000	邹友开	赵忠祥 倪　萍	王宪生 陈雨露	王宪生 陈雨露	牟　星	赵忠祥 倪　萍	11月3日

（文艺部提供）

1997年中央电视台经费收支概况一览表

单位:元

财政补助收入	0.31亿
事业收入	44.86亿
支出合计	42.87亿

(计划财务处提供)

三、队伍构成概况

1997年中央电视台各系统在职职工人数一览表

单位:人

党政系统	367
采编播系统	1542
技术系统	624
经营系统	123
中国电视剧制作中心	345
新影厂	602
科影厂	483
合计	4086

(台人事处提供)

1997年中央电视台在职人员各类专业技术职务一览表

单位:人

级别	专业技术职务	人数	备注
高级	高级记者	10	
	高级编辑	41	
	译　审	4	
	播音指导	5	
	高级工程师(教授级)	12	
	一级文学编辑	1	
	一级导演	1	
	合　计	74	

续表

级别	专业技术职务	人数	备注
副高级	主任记者	47	
	主任编辑	131	
	主任播音员	11	
	副　译　审	13	
	高级会计师	7	
	副研究馆员	2	
	高级工程师	117	
	高级经济师	7	
	高级审计师	1	
	副主任医师	1	
	二级导演	2	
	二级录音师	8	
	主任技师	5	
	二级摄影师	1	
	合　计	353	
中级	记者	69	
	编辑	400	聘用 230
	翻译	36	
	一级播音员	31	
	会计师	27	
	统计师	3	
	经济师	38	
	工程师	214	
	馆员	15	
	三级导演	7	
	三级灯光师	2	
	三级录音师	21	
	三级美术师	4	
	技师	28	
	三级编剧	2	
	主管药剂师	1	
	三级演员	1	
	三级摄影师	9	
	合　计	908	

续表

级别	专业技术职务	人数	备注
初级(助级)	各类初级专业技术职务	303	
	合　　计	303	

(台人事处提供)

1997年中国电视剧制作中心在职人员各类专业技术职务一览表

单位:人

级别	专业技术职务	人数
高级	高级编辑	2
	高级工程师(教授级)	2
	一级导演	11
	一级编剧	5
	一级美术师	2
	一级摄像师	1
	一级录音师	1
	一级演员	2
	合　计	26
副高级	二级编剧	13
	二级导演	12
	二级演员	13
	二级摄像	6
	二级录音师	8
	二级美术师	4
	主任技师	7
	高级工程师	12
	高级经济师	13
	高级会计师	2
	二级音乐编辑	4
	合　计	94

续表

级别	专业技术职务	人数
中级	三级编剧	9
	三级导演	22
	三级演员	10
	三级摄像	4
	三级剪辑	2
	三级录音师	4
	三级美术师	4
	技　师	18
	馆　员	3
	工程师	23
	经济师	9
	会计师	8
	编辑	1
	合　计	117
初级	各类初级专业技术职务	38
	合　计	38
总　　计		275 人

（剧中心人事处提供）

1997 年中央新闻纪录电影制片厂在职人员各类专业技术职务一览表

单位：人

级别	专业技术职务	人数
高级	高级记者	3
	一级美术师	1
	一级作曲	2
	合　计	6

续表

级别	专业技术职务	人数
副高级	主任记者	51
	主任编辑	3
	二级美术师	1
	二级录音师	4
	主任播音	2
	副译审	2
	二级剪接师	4
	高级工程师	4
	主任技师	4
	合　计	75
中级	记　者	51
	编　辑	3
	一级播音	1
	三级美术师	4
	三级美工摄影	4
	三级剪接师	4
	会计师	6
	经济师	6
	三级录音师	3
	馆员	3
	工程师	8
	统计师	1
	主管护师	1
	技师	33
	政工师	2
	教师	2
	主治医师	1
	合　计	133
初级	各类初级专业技术职务	60
	合　计	60

（新影厂提供）

1997年北京科学教育电影制片厂在职人员各类专业技术职务一览表

单位:人

级别	专业技术职务	人数
高级	一级导演	5
	一级摄影师	1
	一级美术师	1
	一级录音师	1
	高级工程师(教授级)	1
	合　计	9
副高级	二级文学编辑	2
	二级导演	27
	二级演员	1
	二级摄影师	17
	二级美术师	9
	二级录音师	2
	二级剪辑师	3
	二级配音演员	1
	高级工程师	7
	高级经济师	3
	高级政工师	1
	中学高级教师	1
	主任技师	4
	合　计	78

级别	专业技术职务	人数
中级	三级文学编辑	4
	三级音乐编辑	1
	三级导演	22
	三级摄影师	42
	三级美术师	24
	三级录音师	3
	三级剪辑师	1
	一级播音员	1
	主治医师	1
	工程师	6
	经济师	17
	会计师	7
	统计师	1
	化妆师	1
	技师	28
	馆员	3
	合　计	162
初级	各类初级专业技术职务	91

(科影厂提供)

16. 对港、澳、台交流与合作

1997 年对港、澳、台交流与合作大事记

1月19日 副台长李东生会见香港华懋集团主席龚如心女士。龚女士是联合国有关机构支持的“青年亚洲”电视网的股东之一。李东生认为，目前全球青年节目的市场十分广大，应努力把健康的节目提供给亚洲乃至世界的青年观众。龚女士希望通过交流、制作或播出青年节目，让世界更了解亚洲青年，公正、客观地报道中国及亚洲所发生的事情。双方就中央电视台与华懋集团在电视领域的合作进行了探讨。

1月27日 大型文献纪录片《邓小平》在香港亚洲电视台每星期一至五晚8时黄金时间原版播映。亚视播出时，配以粤语旁白、附字幕，保留片中的原声讲话。香港报纸连续刊载大量关于文献纪录片《邓小平》的评论文章，称此片的拍摄、播出具有重要历史意义。香港《快报》18日刊登文章，盛赞“邓小平提出‘一国两制’这一举世无双的革命性治港方针，是600万港人的福气。这也是大型电视纪录片《邓小平》为广大港人所喜爱的原因”。

3月19日 副部长杨伟光会见台湾中华海峡两岸企业交流协会理事长黄建雄先生。黄先生表示，台湾中华海峡两岸企业交流协会的会员们在大陆有很多投资项目，他们愿意为祖国的繁荣尽微薄之力，并希望能够得到中央电视台的支持。

3月19日 副台长李东生会见香港九仓有线电视公司有线新闻台赵应春先生一行4人。双方就1997年香港回归报道事宜交换了意见，表示届时将进行技术、信号发送等项目的密切合作。

3月30日 《正大综艺·澳门专辑》在新华社澳门分社和澳门基本法协进会的大力帮助下，顺利录制完成，并于澳门基本法颁布4周年之际播出。节目播出后，澳门及内地、海外广大观众反响热烈。新华社澳门分社致函称赞这台节目内容充实，把握准确，宣传澳门和澳门基本法深入浅出，有较强的针对性；在形式上突破以往模式，两个现场交流互补，吸引了两地观众，具有较高水准。

5月21日 据中央电视台第四套节目(CCTV—4)在台湾的代理台湾无线卫星电视台(TVBS)发来的传真反馈，台湾已有112家有线电视台在全岛转播中央电视台第四套节目，台湾有近274万户可以看到中央电视台第四套节目，占台湾有线电视410万用户总数的67%，转播中央电视台第四套节目的112家有线电视台遍布台湾全岛的各个地区。这标志着中央电视台第四套节目在台湾落地工作有了较大的进展。

6月1日 中央电视台与香港凤凰卫视中文台合作完成的庆祝香港回归系列报道之一《飞越黄河》大型节目现场直播圆满结束。

6月9日 中国电视剧制作中心、香港银都有限公司在北京人民大会堂联合举行大型电视连续剧《香港的故事》首映式。全国人大常委会副委员长陈慕华、程思远，广电部副部长杨伟光，中国文联副主席李准以及国务院新闻办公室、中宣部、中国电视艺术家协会、新华社香港分社等有关单位领导和数十家新闻单位的记者、摄制组部分主创人员、香港无线电视的代表出席了首映式。有关方面人士对该片给予高度评价，认为这是祖国内地和香港地区电视文艺工作者向香港回归祖国奉献的一份厚礼。

6月11日 广电部副部长兼中央电视台台长杨伟光、副台长李丹会见台湾无线电视台董事长邱复生一行。杨伟光副部长介绍了中央电视台香港回归报道的有关情况，并欢迎台湾无线电视台使用中央电视台直播信号。双方还就中央电视台第四套节目在台湾的收视情况及技术质量问题进行了讨论。

6月15日 香港会议展览中心新闻及广播中心正式启用。世界各大新闻媒体的百余名记者及嘉宾出席了新闻及广播中心启用仪式。香港回归政权交接仪式统筹处处长林瑞麟和香港政府新闻处处长陈镇源在国务院新闻办公室田进局长陪同下，专门参观了中央

电视台的报道中心，对报道中心的设计及准备情况给予高度评价。

6月20日 香港特区首任行政长官董建华接受中央电视台记者的专访。

6月26日 由中央电视台书画院主办、香港荣兴国际集团协办的迎接香港回归祖国——当代中国画家精品展在电视画廊开幕。画展于7月中旬赴香港展出，并出版展出作品的画册。

7月7日 副台长李丹会见台湾环球电视有限公司董事长周天瑞先生。台湾环球电视有限公司是由民间资金兴办，以新闻为主的电视台。周天瑞先生对中央电视台的新闻类节目表示出浓厚的兴趣，并希望加强此类节目的交流与合作，使台湾的观众更加了解中国大陆的社会与经济发展。

8月14日 副台长赵化勇会见香港卫星电视有限公司副总裁兼澳大利亚新闻集团副总裁布鲁斯·多弗先生一行。双方对7月香港回归报道期间双方互相交换信号以及直播柯受良飞越黄河等项目的合作表示满意。多弗先生介绍了他们开发生产的供商业及家庭使用的电视解码盒，并希望与中央电视台合作生产适合于中国市场的解码盒。赵化勇副台长表示愿意通过技术展示会等方式进一步了解卫视公司的技术及使用情况，以便进行具体合作洽谈。

8月26日 副台长赵化勇会见以执行董事长盛建南为首的台湾“广电基金”代表团。该代表团来访的目的是了解大陆在影视方面的法律规定，并探讨节目交流与合作的可能性。“广电基金”已成立13年，其宗旨是提高广播电视事业水准及发展公共电视。基金会的电视节目由台湾3家无线电视台制作，内容涉及文化、儿童教育、社会服务、艺术戏剧、科技、新闻等。

9月8日 中央电视台台长杨伟光与澳门广播电视有限公司执行总裁江濠生分别代表两个机构签署了电视节目及新闻交换协议书。

10月28日～11月16日 应香港中文大学邀请，研究室副主任王甫博士赴香港讲学，这是研究室成立之后首次向海外派出访问学者。

10月30日 副台长赵化勇会见应国务院新闻办公室邀请来访的由新闻司司长简明思率领的澳门新闻高层访问团一行6人。赵化勇副台长表示，随着澳门回归的临近，我们将更加关注澳门的发展，并加强对其政治、经济、文化等领域的报道。

11月3～8日 以中央电视台台长杨伟光为团长的“心连心”艺术团在香港文化中心大剧院举行成立以来的第十一次大型文艺演出。此次赴港演职员共108人，阵容空前强大。演出得到了香港友好协进会、香港联艺机构有限公司等机构的大力支持及传媒机构的积极配合。演出前举行了首演酒会，全国政协副主席安子介，香港特别行政区行政长官董建华，新华社香港分社社长姜恩柱、副社长张浚生，外交部驻香港特派员马毓真以及香港特区政府的主要官员出席酒会。首场演出共有4家电视台（中央电视台、香港亚洲电视、香港凤凰卫视、香港九仓有线电视）的5个频道向全世界现场直播。

11月24日 副台长李丹会见由国务院台湾事务办公室接待的台湾“中央广播电台”董事长朱婉清一行。

11月30日 中央电视台向全球现场直播国际频道开播五周年大型文艺晚会《跨越星空》并获得成功。应邀出席晚会的曾建徽、孙家正、马庆雄、刘习良、杨伟光等领导及各界对晚会给予高度评价。前来参加纪念活动的中国香港九仓有线电视台、中国香港电台、中国香港无线电视台、中国台湾卫星电视、澳门远东集团实业有限公司、美国泛美卫星公司、美国映佳公司、美国亚洲商业电视台、墨西哥特莱维萨电视台、南非多选台等10多家海外电视媒体负责人也盛赞晚会的成功。

12月3～7日 以副台长赵化勇为团长、广电部外事司司长马元和、社管司司长才华为副团长的中国电视代表团一行28人赴香港参加′97亚洲电视交易市场会，并成功地举办了“中国电视剧日”活动。亚洲电视交易市场会由法国戛纳电视节组委会主办，来自世界各地的100多家电视台和电视公司参加了大会。本次大会中央电视台与境外电视机构共签订节目合同总金额达90万美元。5日举行的“中国电视剧日”系列活动成为本次大会的高潮，上午举行的“中国电视剧日”新闻发布会吸引了众多境外记者。下午举行“中国电视剧日”研讨会，会上放映了《水浒传》和《西游记》的精彩片段。晚上在香港君悦酒店举行的“中国电视剧日”招待会，规模盛大，约有300多位中外来宾参加。

17. 对外交流与合作

一、对外交流与合作综述

1997年中央电视台接待来访的外国广播电视团组和个人及相关行业的代表团组和个人共200多批，1700多人次；出访外国的团组共244批，960多人次。与来自11个国家的11家电视机构签订了合作协议。聘请在中央电视台长期工作的外国专家6人。截止到1997年底，中央电视台已与145个国家和地区的224个电视机构有了业务联系。

1997年来访的外国团组和个人，其中比较重要的有：

印度新闻广播部国务秘书那瓦尼；

越南广播电视副部长；

古巴广播电视总局局长；

泰国陆军第五台副台长；

美国CNN总裁汤姆·约翰逊、副总裁依森·乔丹；

日本富士电视台社长；

波兰电视股份公司董事会主席；

南非多选公司副总裁；

蒙古国广播电视局局长；

蒙盖拉夫人（第四次世妇会秘书长）率领的坦桑尼亚妇女代表团；

牙买加影视中心首席执行官；

菲律宾ABS-CBN总裁洛佩兹一行；

美国映佳媒介集团公司董事长谢诚刚；

伊朗声像组织主席；

美国特纳广播有限公司副董事长雷因哈特；

厄瓜多尔总统候选人、独立制作公司电视制片人、节目主持人弗雷迪；

罗马尼亚共和国总统康斯坦丁内斯库；

日本索尼公司常务董事大木充；

美国泛美卫星公司亚洲高级副总裁乔恩柱；

叙利亚广播电视总局局长；

澳大利亚新闻集团主席兼总裁默多克；

德国巴伐利亚州副州长齐特迈尔；

澳大利亚广播公司总经理；

美国美联电视总经理兼首席执行官；

美国环球影视娱乐集团高级副总裁；

韩国国立影像制作所所长金景海；

意大利报刊书画公司总裁；

斯洛伐克电视台台长伊哥尔·库比斯；

澳大利亚新闻集团公司副总裁布鲁斯·多佛、卫星电视公司行政总裁戴格理。

1997年中央电视台与下列国外电视机构签订了协议和备忘录：

与南非多选公司签订合作协议；

与菲律宾ABS-CBN签订合作协议；

与波兰电视股份公司签订合作协议；

与印度国家电视台签订合作协议；

与日本富士电视台签订合作协议；

与美国映佳媒介集团公司签订合作备忘录；

与斯洛伐克电视台签订合作协议；

与韩国公报处音像制作所签订合作协议；

与乌拉圭传播电台电视台及演出总署签订谅解备忘录；

与巴西四月电视台（TVA）签订备忘录；

与墨西哥特莱维萨集团公司签订合作备忘录。

1997年，中央电视台国际频道（CCTV—4）海外落地情况有很大发展，共与境外影视机构签订或执行了关于使用中央电视台国际频道的合作协议书6项，合作意向书2项，备忘录3项，另外还有17个洽谈中项目。各项合作项目范围涉及五大洲的18个国家。其中有：

亚　洲：韩国、菲律宾、日本。

欧　洲：法国、英国、匈牙利。

美　洲：美国、加拿大。

拉　美：墨西哥、乌拉圭、巴西、玻利维亚、巴拿马。

非　洲：南非、喀麦隆。

大洋洲：新西兰、巴布亚新几内亚、马绍尔。

1997年，中国电视节目代理公司积极推进海外销售工作，全年共外销各类节目66部，1159.8小时。其中，卡通片5部，300小时；电视剧27部，594小时；纪录片17部，198.3小时；其他节目与资料16部，66小时；电影1部，1.5小时。其中有：

亚洲：缅甸2部，43小时。

伊朗1部，1.5小时。

日本12部，79小时。

韩国4部，114小时。

新加坡20部，325小时。

泰国1部，12小时。

美洲：美国4部，35小时。

1997年，中国电视节目代理公司对海外代理商除了进行必要的调整、巩固工作外，继续加强发行录像带的供片工作。其中：

美国、加拿大	609小时节目
澳大利亚	566小时节目
法国	609小时节目
日本	150小时节目
越南	63小时节目
马来西亚	420小时节目
总计	2417小时节目

另外，还向海外电视机构提供电视播映节目。计有：

美国	546小时节目
加拿大	320小时节目
泰国	50小时节目
总计	916小时节目

1997年，海外中心共接待了外国电视摄制组17个，摄制组来自日本、法国、美国、德国、加拿大、瑞典、摩尔多瓦、贝宁等国；其中日本6次，美国3次，德国2次，其他国家各1次。

德国ZDF电视二台派摄制组于5月16日至6月7日来华21天，拍摄了纪录片《中国的崛起》。该片向德国电视观众较客观地介绍了中国的方方面面。该节目已在德国电视二台播出。德国电视台二台向海外中心赠送锦旗一面，称海外中心为“中国的窗口、文化的桥梁”。

日本朝日电视台《中国沿海城市》摄制组拍摄了一部跨年度的纪录片，前后来华拍摄六次，历时三个月。该节目制作完成后，于我香港回归前夕6月29日在日本的黄金时间向全日本播出，有力地配合了我香港回归的宣传。朝日电视台向中央电视台赠送了“感谢状”奖牌。

法国亚洲影视传播机构摄制组于1月29日至2月9日来华12天，拍摄一部介绍中国春节的纪录片。法国记者向中央电视台海外中心赠送了“光荣使者”的锦旗。

美国C—SPAN（国会电视台）摄制组于12月1日至13日来华两周，通过对中国政治、经济界领导人的采访和在北京、上海两城市的实地拍摄，从几方面介绍了中国政治、经济的发展状况。

日本朝日电视台于3月27日至4月11日和7月5日至7月15日分两次共25天来华拍摄了一部《绿色长城》纪录片。节目主要介绍了日本民间组织“绿色地球网络”出资与山西省大同市共青团市委合作，帮助较贫困地区种植希望果园、绿化沙化土地，共同改造环境，在中日两国人民之间架起了友谊的桥梁。该节目已在朝日电视台播出。

美国美中文化友好交流协会派摄制组于3月19日至4月4日来华16天拍摄《中国人——美国人目击中国巨变纪实》纪录片。完成片将在美国PBS播出。

德国《电视时间》摄制组于4月30日至5月13日来华13天，在上海、桂林、三峡等地拍摄《世界江河》节目的中国部分。

摩尔多瓦电视台于8月29日至9月5日来华8天拍摄纪录片。该片向摩电视观众详细介绍了中国改革开放的方针政策，积极探索双边合作的可能性。该节目已在摩台播出。

瑞典电视广播公司于9月13日至22日派摄制组来华10天进行采访。摄制组采访了一些企业、家庭，反映了中国经济的发展对人民生活及对世界贸易和市场的影响。该节目已在瑞典国家电视台播出。

加拿大国家电影局于6月27日至7月15日派摄制组来华19天拍摄《女书》纪录片。女书是一种在中国极少数女性中代代相传已上千年之久的由女性创造的文字。该片从一个侧面对中国女性进行了介绍。

外国电视摄制组所拍摄的节目播出后，观众反应良好，能收到对外宣传较好的效果。节目所反映的真实性更容易被电视观众所接受。

二、对外宣传

1997年是中央电视台对外宣传再上新台阶、走向更加成熟的一年。一年来，海外中心以香港回归和党的十五大为龙头和契机，抓住国际舆论有利的大好时机，加大对外宣传力度，圆满完成了1997年各项重大对外宣传任务，取得了很好的效果。成功地进行了“邓小平逝世”、“香港回归”、“党的十五大”、“江泽民主席访美”和“大江截流”等重大新闻事件的对外报道；开办了英语传送频道；制作播出了《香港沧桑》、《达赖喇嘛 》等10多部大型系列专题和文艺节目；成功地举办了国际频道开播五周年志庆活动；第四套节目和英语传送频道在海外落地，进入外国主流社会取得了突破性进展，自1996年4月实现全球覆盖之后短短的一年，又实现了在亚洲、澳洲、非洲、欧洲、北美和拉丁美洲全球的落地播出，加快中国电视走向世界的步伐，进一步扩大了中国电视在海外的影响，为在国际上树立中国的良好形象，为中国改革开放和实现社会主义现代化创造良好的国际舆论环境做出新的贡献。成绩主要表现为十个方面：

一、圆满完成了党和国家的各项重大宣传任务，取得了很好的对外宣传效果

1997年海外中心对外圆满完成了“邓小平逝世”、“两会”、“香港回归”、“党的十五大”、“江泽民主席访美”、“李鹏总理访日”、“长江三峡截流”等重大活动，以及“′97元旦春节”、“国庆”、“八运会”、“中国第五届艺术节”、“第三届国际电影电视节”、“大路南昆”、“中央财经会议”、“世行会议”、“第五十二届联大”、“第五十三届世界人权大会”、“石油大会”、“第二十三届国际人口大会”等一系列对外报道任务，取得了很好的对外宣传效果。

新年伊始，第四套节目对外播出12集大型文献纪录片《邓小平》，在海外产生强烈反响。2月初，经过10个昼夜的奋战，在春节前夕圆满完成了中央电视台分党组下达的在春节前必须完成《邓小平》英文版译制的任务。《邓小平》英文版译文字幕约14万字，翻译、配音和节目包装等都达到了较高水平。

在邓小平逝世报道中，从2月19日至3月2日整个治丧期间，第四套节目整个频道及时进行了调整，根据世界不同地区时差的特点，加大了新闻播出的密度，重点编排播出了《中国新闻》、12集中、英文版的《邓小平》和《英语新闻》节目，连续10天全天24小时滚动播出，并专门开辟英语传送频道现场直播同声传译《邓小平同志追悼大会》，突出了对外报道特点。据不完全统计，对外播出和寄送有关邓小平治丧活动的节目，共约780小时。其中制作播出有关中、英文新闻和专题，共约5700分钟，计95小时；有关的影视剧7部共约1200分钟，计20小时；调整有关栏目节目约170期，10347分钟，计172小时；向国外寄送的大型文献片《邓小平》共592盘，约493小时。美国、澳大利亚、泰国、新加坡、越南、蒙古、香港、台湾等15家电视台全场转播了第四套节目和英语传送频道播出的《邓小平同志追悼大会》和12集文献片《邓小平》，节目播出后，在海外产生强烈反响。

在长达一年多的香港回归报道中，制作播出了大型系列片《香港沧桑》、《香港百年》、《香港百题》，为香港回归营造了良好的舆论氛围。从1997年6月30日至7月2日，海外中心以72小时中文频道和41小时英语传送频道，连续三天113小时对外直播香港回归重大庆典活动，受到海外观众的热烈欢迎和高度评价。三天报道中，现场直播重大活动共47次，时长27小时；中、英文新闻直播51次，约1110条，时长15小时；专题节目62部，时长37.7小时；文艺节目约12小时；并且改编重大活动节目播出19次，时长11小时。制作播出了有关香港回归的中、英文新闻约6000条，时长160小时。同时还译制《香港沧桑》等400多集英、法、西、阿、俄、日7种文版节目，约130多小时，译文约120多万字。对外发行节目374盘，时长310小时。两个频道在海外落地也取得了突破性进展。

圆满完成党的十五大对外报道任务。据不完全统计，海外中心第四套节目和英语传送频道从8月20日拉开序幕至9月25日历时35天，分三个阶段报道，共播出和寄送节目219.7小时。其中播出约175.4小时，对外寄送节目44.3小时。两个频道向世界四次现场直播大会开幕式和中央政治局常委会见中外记者，共有45个国家和地区的78家电视台进行转播。

江泽民主席访美，为世界所瞩目，引起国际舆论的普遍关注。中央电视台第四套节目和英语传送频道抓住这一有利时机，成功向海外全方位、多层面地报道了这一具有重要历史意义的事件。据不完全统计，共制作播出新闻和专题节目约 120 个，时长 788 分钟，约 13 小时。其中专题节目 17 个，中文新闻 90 条，专题 11 个；英文新闻 28 条，专题 6 个。播出中、英文节目主要有：国务院新闻办公室专门为江主席访美发表的《中国宗教信仰自由状况》白皮书，《中国》，《中国国家主席江泽民》；向美国 FOX 电视台卫星传送播出的《开放的中国》，《基督教在中国》，《达赖喇嘛》，《中美交往的历史回顾与展望》，《中美经贸合作》，《中美经贸关系回顾》，《中美文化交往回顾》，新闻综述《中美关系进入新阶段》，《江主席访美的历史意义》等。

长江三峡和黄河小浪底水利枢纽工程截流现场直播圆满成功。长江三峡和黄河小浪底水利工程是我国 1997 年经济建设的重点工程，为世界所关注。10 月 28 日，第四套节目和英语传送频道现场直播了对黄河上最大的水利枢纽工程小浪底工程截流合龙的盛况，时长两个半小时。11 月 2 日第四套节目和英语传送频道又向海外播出 12 集、每集 30 分钟、共 360 分钟的电视系列片《三峡备忘录》。11 月 8 日，第四套节目和英语传送频道从早 8 时开始，连续 20 个小时再次成功地现场直播了长江三峡工程大江截流，其中中文 14 小时，英文 6 小时，全面展示了三峡工程的风貌，受到海外观众的好评。

对外播出中、英文节目数量之多为历年之最。1997 年中、英文两个频道对外播出节目约 11922 小时，这是历年来最多的。其中第四套节目播出约 8760 小时，英语传送频道播出约 3162 小时；其中中文约 6240 小时，英文约 5682 小时。两个频道关于重大活动对外现场直播 51 次，大大提高了对外宣传的时效性。另外复制节目累计约 16666 盘，对外寄送节目 6970 盘，约 8053 小时。

二、出色完成了 10 多部大型系列专题和文艺节目的制作、译制和播出

1997 年，在圆满完成各项重大活动的对外报道任务中，除制作播出大量的新闻节目外，还根据形势的需要，出色地完成了 10 多部约 550 多集的大型系列专题和文艺节目的制作、译制和播出，主要节目有：

12 集文献片《邓小平》，12 集系列片《香港沧桑》，360 集《香港百年》，100 集《香港百题》，《达赖喇嘛》(上部)，16 集《和平统一，一国两制》，6 集《三峡备忘录》，4 集《走过半个世纪》，6 集《同根同心》，3 集《大路南昆》，25 集《边疆行》等。这些节目作为精品系列节目播出，在海外产生了广泛影响，分别为每一个重大活动的对外报道，创造了良好的舆论氛围，同时也进一步加强了关于台湾、西藏等问题的国际舆论斗争。

三、栏目改版工作迈出了可喜的一步

根据中央电视台分党组提出的“制作精品栏目”和“办出频道特色”、“提高节目质量，更上一层楼”的指示，1997 年第四套节目整个频道进行调整：加强重点栏目，提高一般栏目，合并同类栏目，停办较差栏目，进一步突出了以新闻和新闻性栏目为主的特色。

《中国新闻》在继 1996 年实行现场直播之后，又开播了《午间报道》，每天 10 分钟，并实行现场直播，后又开播了《早间报道》。至此《中国新闻》实现了全天 12 次滚动播出，进一步加强了新闻对外报道的力度。5 月 5 日《中国报道》改版为时事类栏目，内容是围绕当天发生的国际社会普遍关心的新闻，进行深度跟踪报道，每天播出一期，每期 15 分钟，播出 240 多期，时长 2600 分钟。改版后的《中国报道》在香港回归和党的十五大、江泽民主席访美等对外报道中都发挥了重要作用。同时，《天涯共此时》、《中国旅游》、《中国风》、《中国文艺》等栏目也进行了改版工作，均取得了比较好的效果。

四、自办文艺节目日益显得活跃

1997 年春节对外报道，第四套节目除对外现场直播了第一套节目的《′97 春节联欢晚会》以及一系列丰富多彩的春节节目外，还针对对外特点，大年初一播出了在加拿大摄制的《枫雪桑梓情——多伦多华人华侨春节联欢会》，时长 120 分钟，在海外华人中产生很好的反响。这是海外中心继′96 洛杉矶《祝福你，中国》春节晚会之后，再次制作和播出的海外华人欢度春节的节目。2 月 15 日至 16 日，在加拿大最大的华人台新时代电视台和加拿大主流社会的多元文化台播出。

5 月 24 日，由海外中心和大连电视台承办的 1995 年至 1996 年度中国海外电视节目“彩虹奖”颁奖晚会——《中国彩虹》在大连举行，并通过中央电视台第四套节目和大连电视台第一套节目现场直播，时长 120 分钟，取得圆满成功。这是中央电视台国际频道首次进行的易地现场直播全国海外电视获奖节目颁奖晚会。中央外宣办主任曾建徽、广电部副部长刘

习良对晚会的成功举办给予很高评价。

在香港回归报道中，又制作了《祝福你，香港》和《梦圆九七——迎回归优秀歌曲演唱会》等文艺节目。还制作播出了《跨越星空》、《我们的亚细亚——′98 元旦晚会》、《第二届北京国际京剧票友电视大奖赛颁奖晚会》、《希望之旅发明与创新电视竞赛颁奖晚会》、《海上生明月——′97 中秋晚会》等。

五、成功地举办了国际频道开播五周年庆祝活动，海外观众联络工作有了进展

举办中央电视台国际频道（CCTV—4）开播五周年庆祝活动圆满成功。11 月 30 日晚国际频道向海外现场直播了《跨越星空——庆祝中央电视台国际频道开播五周年晚会》，时长 100 分钟。整台晚会主题鲜明、节奏流畅、高潮迭起，突出了海外特色和可视性，受到应邀出席庆祝活动和晚会的中央外宣办、广电部等有关领导以及世界电视同仁的赞扬，扩大了中央电视台第四套节目在海外的影响。

海外观众联络工作有了进展，为此志庆活动还举办了“CCTV—4 电视知识竞赛”系列活动，收到海内外观众来信 26000 多封，其中境外来信 6000 多封，来自全球五大洲 108 个国家和地区，反映国际频道信号落地情况，为了解国际频道全球覆盖情况取得了第一手的宝贵资料。在 1998 年春节期间，成功地组织了美国、比利时、巴基斯坦、日本、加拿大、香港、台湾、澳门等国家和地区的 12 名幸运观众来中国旅游参观欢度春节等一系列活动。同时，还召开了应邀参加纪念活动的 10 多家海外电视机构的负责人座谈会和我驻外使领馆文化参赞与一秘座谈会，就中央电视台第四套节目落地情况和节目内容进行了广泛交流。通过以上活动，使海外观众联络工作有了新的进展。

六、开办了英语传送频道，为正式开办奠定了基础，锻炼了队伍

1997 年在香港回归对外报道中，海外中心抓住有利时机，于 6 月 27 日开办了英语传送频道。创办栏目 10 多个，每天播出 17 小时；在香港回归、党的十五大、长江三峡工程大江截流等一系列重大报道中发挥了重要作用，在海外落地进入外国主流社会也有了新的突破。

英语传送频道的开办，开辟了中央电视台以中、英文两个频道并举对外宣传的格局。同时，经过一年多的实践，特别是经过重大活动的实战考验，也锻炼了年轻的外语人才队伍，为 1998 年后正式开办英语频道奠定了良好的基础。

七、全国“彩虹奖”评奖取得好成绩

海外中心制作的电视节目获得 1996 年至 1997 年度全国外宣中文系列专题部分、中文长篇专题部分、中文栏目部分、中文文艺节目一等奖的是：《香港沧桑》、《达赖喇嘛》、《中国报道》、《中国新闻》、《枫雪桑梓情》；获二等奖的是：《新亚欧大陆桥纪行》等 6 个；三等奖 12 个；优秀奖 19 个。英语节目一等奖栏目和节目 3 个：英文译制片《邓小平》，英文栏目《英语新闻》，外语新闻《中国政府与联合国难民署遣返在华老挝难民》；获二等奖 7 个；三等奖 6 个；优秀奖 8 个。

八、第四套节目和英语传送频道在海外工作取得了突破性进展，基本实现了在亚洲、澳洲、欧洲、非洲、北美和拉丁美洲的全球落地播出

1997 年，海外中心把拓展第四套节目在海外落地，使其进入外国主流社会当作对外宣传的一项重要工作来抓。第四套节目和英语传送频道在海外落地播出取得了突破性进展。主要表现为：

第一，美国有线电视新闻网（CNN）、美国国会电视台（C—SPAN）等转播中央电视台第四套节目和英语传送频道节目，取得了良好的宣传效果。

一年中，美国 C—SPAN、美国 CNN 等都全部转播了中央电视台播出的江泽民主席的元旦献词《为创造美好的未来而共同努力》、“邓小平追悼大会”、“八届全国人大五次会议开幕式”、“香港政权交接仪式”、“党的十五大”、“三峡工程大江截流”、“国庆招待会”、“江泽民主席访美”等新闻节目。美国 C—SPAN、美国 CNN 等电视机构转播以上节目，对于西方观众特别是美国政界了解和正确评价中国在邓小平逝世之后的中国政策的走向和未来的发展等起到了积极作用。在香港回归报道中，美国观众史蒂文·格迪纳来信说：“我们许多人通过 C—SPAN 观看了中国电视节目，非常激动兴奋地看到了从未见过的中国的事情。的确，能观看到世界另一个半球的现场报道使人感到激动。”美国 C—SPAN 播出中央电视台节目，这是中国电视进入美国电视媒体和主流社会的又一个重要渠道。

与此同时，为了更好地与海外合作，保证中国电视节目在北美落地和安全播出，1997 年 10 月 8 日，中央电视台第四套节目通过卫星传送，使用 Ku 波段覆盖北美，直接在北美播出，北美观众可以使用直径

小于1米的天线直接接收，顺利地实现和保证了第四套节目在北美地区更大范围的落地和播出。

第二，香港回归报道节目在海外落地取得突破性进展，并首次实现在非洲和欧洲落地播出。

香港回归对外报道中，海外中心以中文和英文两个频道，从6月30日早6时至7月3日早6时，三天连续播出113小时中、英文香港回归特别节目，通过五颗卫星的六个转发器向全世界播出。根据海外信息反馈，遍布亚洲、欧洲、非洲、美洲、澳洲共54个国家和地区的125家电视台全部或部分转播上述两个频道的节目约2170多小时。收看中央电视台第四套节目或英语传送频道节目的我驻外使领馆从1996年的69个增加到92个，转播第四套节目的海外电视台从14个增加到27个国家和地区的64个电视台，增幅达457%。转播英语传送频道香港回归报道的有27个国家和地区的58家电视台，实现了英语频道对外报道在海外落地播出直接进入外国主流社会零的突破。

第三，第四套节目在拉丁美洲落地。

1997年，中央电视台第四套节目首次实现了在拉丁美洲全频道落地播出，填补了中国电视节目在海外落地播出的最后一块空白。11月首先进入巴西全境落地播出；12月15日之前，在墨西哥落地播出。我驻墨西哥使馆来函反映，播出效果很好。

第四，第四套节目在台湾落地工作取得较大进展。

根据台湾无线卫星电视台（TVBS）5月发来的传真反馈，第四套节目在台湾已有112家有线电视转播，台湾有274万户可以收看到第四套节目，占台湾有线电视用户总数410万户的67%。台湾转播第四套节目的112家有线电视台遍布台湾全岛各个地区。1997年2月台湾TVBS现场转播了“邓小平追悼大会”和多次播出了12集系列文献片《邓小平》。香港回归期间和党的十五大期间，又在台湾全部转播了72小时中文频道节目和党的十五大开幕式等实况。

1997年中央电视台第四套节目和英语传送频道，自1996年4月实现覆盖后又基本上实现了在亚洲、澳洲、欧洲、非洲、北美和拉丁美洲全球落地播出，进入外国主流社会，取得了较大进展。

九、海外节目技术制作又上新台阶

海外技术制作部门出色地完成了1997年对外重大宣传战役和日常宣传工作的技术保障和节目制作任务。完成的大型艺术片和专题片有：《邓小平》、《香港沧桑》、《三峡备忘录》、《达赖喇嘛》、《大路南昆》等。复制《邓小平》中、英文300套共3600盘。完成了550分钟的《香港沧桑》7种语言的译制工作。完成了《香港百题》100集的翻译节目的制作。建立多路信号收录系统，总计收录686小时节目，753盘磁带。为墨西哥特莱维萨公司收录、编辑、配音、传送10个节目，计31小时。为第四套节目和英语传送频道72小时和41小时播出、制作、改编香港回归节目40多个；“两会”报道录送697盘节目磁带。

1997年完成技术工作量：演播室1192单元，合成机房3505单元，自编机房5714单元，ENG设备18610单元，译配合成676单元。同时还圆满完成了技术援藏任务并开通了E—mail电子邮件信箱。

十、与地方电视台合作进一步加强

以中央电视台为龙头，以地方电视台为依托，加强与地方电视台的合作，形成外宣的合力，走“大外宣”的道路，这是搞好外宣的一条成功之路。

1997年海外中心继续坚持这一方针，进一步加强与地方电视台的合作，并且在合作方式和提高节目质量方面都有了新的进展，取得了显著的成绩。主要表现在以下几个方面：

1. 开好全国外宣选题规划会议。

2. “彩虹奖”评奖取得好成绩。1997年评奖中，全国约有几十家地方电视台的节目获奖，进一步提高了全国外宣节目的质量，加强全国电视外宣队伍的凝聚力，并且完成了1997年出国考察任务。

3. 地方电视台向中央电视台提供了大量的比较好的中、英文新闻、专题和文艺节目，进一步丰富了中央电视台国际频道节目，也全面展示了全国改革开放建设发展的时代风貌。

4. 与地方电视台联合制作有对外特色的文艺晚会节目，这是合作方式的一种新的发展。如5月与大连电视台首次合作举办了“彩虹奖”颁奖晚会，并实行现场直播，取得了圆满成功。

5. 1997年11月16日至22日，中央电视台与重庆电视台联合举办了《开放的重庆》易地采访活动，参加的有全国20多个省级电视台，制作播出了《重庆人与重庆火锅》、《铜梁龙》等30个节目。这些节目充分展示了重庆作为新的直辖市改革开放和发展建设的风貌。

三、1997 年海外电视机构在中国三大活动中卫星报道简介

一、报道悼念邓小平同志活动的基本情况

邓小平同志逝世后，从 2 月 20 日至 2 月 25 日，有 13 个国家及中国香港和台湾地区的 37 家电视台通过卫星传送治丧活动 456 次，合计 203 小时 55 分钟。这些电视机构是：

美国 7 家：美国环球电视（WTN）、美国有线电视（CNN）、美国广播公司（ABC）、全美广播网（NBC）、伍德公司（WOLD）、美联社电视（APTV）、美国福克斯公司（FOX）

法国 2 家：法国电视一台（TF1）、法国电视二台（FT2）

德国 2 家：德国电视一台（ARD）、德国电视二台（ZDF）

英国 4 家：英国广播公司（BBC）、英国独立电视（ITN）、英国蓝天电视（SKY）、路透社电视（REUTERS）

韩国 2 家：韩国广播公司（KBS）、文化放送（MBC）

日本 6 家：日本广播协会（NHK）、富士电视（FUJI TV）、日本电视网（NTV）、东京电视（TV TOKYO）、朝日电视（ASAHI TV）、东京放送（TBS）

香港 4 家：九仓有线电视（CABLE）、传讯电视（CTN）、亚洲电视（ATV）、无线电视（TVB）

台湾 2 家：无线卫星电视（TVBS）、东森电视（ETV）

加拿大 1 家：加拿大广播公司（CBC）

挪威 1 家：挪威广播公司（NRK）

俄罗斯 2 家：俄罗斯公众电视（ORT）、俄罗斯国家电视台（RTR）

墨西哥 1 家：LARCOM

瑞士 1 家：SRG

荷兰 1 家：NOS

澳大利亚 1 家：澳大利亚广播公司（ABN）

二、′97 香港回归中央电视台北京 IBC（国际广播电视服务中心）基本情况

（一）来京报道的海外电视机构

有 15 个国家及中国香港和台湾地区的 48 家电视机构来京报道′97 香港回归。他们是：

香港 6 家：九仓有线电视（CABLE）、传讯电视（CTN）、香港 CNBC 财经台、凤凰卫视中文台、无线电视（TVB）、亚洲电视（ATV）

日本 6 家：日本广播协会（NHK）、东京放送（TBS）、富士电视（FUJI TV）、日本电视网（NTV）、朝日电视（ASASHI TV）、日本东京电视（TV TOKYO）

台湾 6 家：台湾电视（TTV）、中国电视（CTV）、环球电视（GLOBAL）、中华电视（CTS）、无线卫星电视（TVBS）、超级电视（STV）

英国 5 家：英国广播公司（BBC）、英国独立电视（ITN）、英国蓝天电视（SKY）、路透社电视（REUTERS）、英国电视 4 台（CH-4）

美国 7 家：美国广播公司（ABC）、美国福克斯公司（FOX）、全美广播网（NBC）、美联社电视（APTV）、美国有线电视（CNN）、美国环球电视（WTN）、美国哥伦比亚广播公司（CBS）

德国 2 家：德国电视一台（ARD）、德国电视二台（ZDF）

俄罗斯 2 家：俄罗斯公众电视（ORT）、俄罗斯国家电视台（RTR）

泰国 1 家：泰国电视 5 台

加拿大 1 家：加拿大广播公司（CBC）

韩国 3 家：汉城电视台（SBS）、韩国广播公司（KBS）、文化放送（MBC）

欧洲广播联盟（EBU）代表 16 家：

英国广播公司（BBC）、美国福克斯公司（FOX）、美联社电视（APTV）、英国蓝天电视（SKY）、英国独立电视（ITN）、澳大利亚广播公司（ABN）、德国电视一台（ARD）、德国电视二台（ZDF）、西班牙电视（TVE）、法国电视一台（TF1）、法国电视二台（FT2）、挪威电视（NRK）、意大利电视台（RAI）、芬兰电视（YLE）、俄罗斯国家电视台

(RTR)、葡萄牙电视台（RTR)

40家海外电视机构办理了256个中央电视台IBC证件。

（二）从6月20日至7月3日海外电视机构卫星传送419节次，共累计时间长度约206小时。其中80节次是通过中央电视台DSNG向外传送的。

（三）20家海外电视机构租用微波设备在天安门单边注入作现场直播。如此大规模提供单边服务还是第一次。在工体微波单边注入的有4家海外电视机构。从6月28日至7月2日在天安门和工体微波单边注入作现场直播93节次，传送时间183小时。其中欧广联（EBU）6月30日至7月1日24小时连续开通微波传送。

（四）17家海外电视机构在中央电视台租用工作间（包括在梅地亚中心的5家)。

（五）6家租用ENG设备8套。

（六）5家租用1:1编辑设备7套，录像机3台(准备了10套1:1编辑机)。

（七）海外电视机构租用工作间安装IDD电话46部，传真6部。在天安门直播使用电话48部（准备了50部)，工体直播用电话8部（准备了10部)。

（八）9家海外电视机构租用中央电视台车辆22台。

三、报道中国共产党第十五次全国代表大会卫星传送情况

（一）7个国家及中国香港和台湾地区的33家电视机构在中央电视台通过卫星报道中国共产党第十五次全国代表大会。卫星传送281次，累计传送4390分钟（9月10日至9月19日)。

这些电视机构是：

美国4家：美联社电视（APTV)、美国有线电视（CNN)、美国环球电视（WTN)、美国广播公司(ABC)

英国2家：路透社电视（REUTERS)、英国广播公司（BBC)

香港5家：无线电视（TVB)、亚洲电视(ATV)、传讯电视（CTN)、香港CNBC财经台、九仓有线电视（CABLE)

台湾9家：中华电视（CTS)、台湾电视(TTV)、中国电视（CTV)、东森电视（ETV)、无线卫星（TVBS)、环球电视（GLOBAL)、民间电视(FTV)、超级电视（STV)、华人电视

日本6家：日本广播协会（NHK)、日本电视网(NTV)、东京放送（TBS)、朝日电视（ASAHI TV)、东京电视（TV TOKYO)、富士电视（FUJI TV)

德国2家：德国电视一台（ARD)、德国电视二台（ZDF)

韩国3家：韩国广播公司（KBS)、汉城电视(SBS)、文化放送（MBC)

澳大利亚1家：澳大利亚广播公司（ABN)

加拿大1家：加拿大广播公司（CBC)

（二）4家机构租用工作间和编辑设备。

这4家电视机构是：台湾东森电视（ETV)、台湾环球电视（GLOBAL)、香港CNBC财经台、英国路透社电视（REUTERS)。

（三）美国CNN用中央电视台英语传送频道直播了十五大开幕式实况和十五大新的中常委会见记者的实况。

日本广播协会（NHK)、日本电视网（NTV)、朝日电视（ASAHI TV)、东京电视（TV TOKYO)、富士电视（FUJI TV）卫星传送了十五大开幕式实况和十五大新的中常委会见记者的实况。

（肖建生）

（为统计方便，此《简介》中收入了中国香港和台湾电视机构。特此说明。)

四、对外交流与合作大事记

一　月

1月14日　广播电影电视部副部长兼中央电视台台长杨伟光会见美国环球影视公司执行副总裁R·克莱曼一行，双方探讨了在节目制作、娱乐、影视及相关产品的开发等项目的合作意向。

1月17日　副部长兼台长杨伟光会见了法国陈氏兄弟有限公司总裁陈克光先生一行。杨伟光欢迎陈克光的来访，并感谢他为中央电视台国际频道进入法国巴黎有线电视所付出的努力。陈克光介绍了巴黎有

线电视的情况。

1月20日 副台长李丹会见以越南之声电台副台长潘文儒为团长的“越南之声”广播代表团一行4人。客人希望通过此次访问，了解中国广播电视的运作机制及发展前景。

1月22日 副台长刘宜勤会见美国通用仪器公司（GI）通信事业部副总裁杰弗里·S·罗曼先生一行。双方就GI公司产品在中央电视台的使用情况及今后的合作前景交流了看法。罗曼表示GI公司非常重视中国市场的开发，将为中国用户提供质量高、价格低、性能稳定的产品和优质的服务。

1月23日 副台长刘宜勤会见了泰国斯纳瓦拉卫星公司海外销售部经理房元先生和蔡泰华先生。斯纳瓦拉卫星公司主要从事生产、经营、销售移动电话、计算机及卫星等业务，此次来访希望进一步加强同中央电视台在卫星领域的合作。

二 月

2月26～3月3日 应美国熊氏集团邀请，以李晓明为团长的中央电视台经营管理考察团一行18人赴美进行了为期15天的培训考察。期间，考察团参观了美国NBC、ABC、CNN、洛杉矶电视公司、洛杉矶市政府等部门，全面了解了美国电视业务机构及其生产和管理情况。

三 月

3月1日 中央电视台与日本东海电视台和梅地亚中心合作，顺利完成了1997年北京国际女子马拉松接力赛的转播及信号传送工作。这是中央电视台第七次电视转播春季马拉松赛。

3月5日 副台长赵化勇会见了来访的墨西哥Protele公司总裁方特先生一行。赵化勇希望Protele公司能够把中央电视台的节目介绍到南美各国去，方特对此表示赞赏并详细交换了合作意见。

3月7日 副部长兼台长杨伟光会见了美国亚洲商业电视公司董事长王恩良、总裁王昆及中国驻旧金山总领事馆常务副总领事王雨生。双方就亚洲商业电视的广告经营、卫星地球站扩建以及双方进一步合作等问题进行了磋商，并达成共识。

3月11日 台领导杨伟光、李丹会见了由执行总裁贝克先生率领的南非多选（MIH）公司访问团。杨伟光介绍了中央电视台国际频道的业务开展情况，希望南非多选公司能够代理中央电视台卫星节目在非洲、欧洲的落地业务。随后，李丹与贝克商讨了代理中央电视台国际频道节目落地的具体合作事宜。南非多选公司是电子传媒跨国集团，主要经营电视业务及电视技术、产品的开发，并在开展国际合作方面具有丰富的经验，希望能同中央电视台进行多方面、多领域的合作。

3月11日 日本旭通社社长稻坦正夫先生一行4人拜会了副台长赵化勇。首先日方介绍了旭通公司最近的发展情况，表示想通过某些途径与中央电视台进行广告业务方面的合作。赵化勇表示，中央电视台的电视事业发展很快，现有的八个频道都有有自己特色的节目。为丰富电视屏幕，多出精品，制作节目的经费也会不断增加，旭通公司是有很大潜力的，愿今后有新的机会合作。

3月14日 副部长兼台长杨伟光会见了哥伦比亚全国电视委员会主席莫尼卡·格里菲女士及哥伦比亚驻华大使艾斯克龙先生。杨伟光表示，哥电视台可以免费接收中央电视台第四套的英语节目。莫尼卡·格里菲邀请杨伟光1997年访问哥伦比亚，届时正式签署双方合作备忘录。

3月28日 台领导杨伟光、刘宜勤会见了美国以执行副总裁戴维·斯瑞格利为团长的美国BAY网络公司代表团。双方表示要加强在计算机网络领域的合作。

四 月

4月1日 副部长兼台长杨伟光会见了澳大利亚新闻集团董事、澳大利亚新闻有线公司总裁、香港卫视副总裁拉克兰·默多克一行4人。默多克介绍了澳大利亚新闻集团在澳大利亚、英国、美国和亚洲一些国家的业务发展情况。杨伟光希望继续扩大和加强双方在电视领域的合作，并向客人着重介绍中央电视台国际频道的节目内容，建议通过直播卫星把国际频道的节目介绍给英国观众。默多克表示新闻有线公司将再次认真讨论有关调整频道转播中央电视台节目的问题。

4月2日 副台长李丹会见了泰国陆军第五台副台长勒尔瑞特少将一行10人。该台是泰国独家报道香港回归的电视机构，此次来访的目的是了解中央电视台对于香港回归的电视报道情况和信号发射及接收的技术事宜，希望届时能借助中央电视台提供的技术协作，更加全面、客观地向泰国观众介绍这一盛事。

4月8日 副台长赵化勇会见了美国HBO亚洲公司新任总裁马瑞安先生一行。

4月11日 副台长李丹会见了南非多选公司亚太区商业发展部副总裁伊安·巴纳德一行。多选公司表示愿意接收中央电视台国际频道，并负责节目信号在非洲及欧洲部分地区落地事宜。

4月11日 由中央电视台与澳大利亚广播公司、澳大利亚南方之星影视制作公司联合摄制的52集人偶童话剧《神奇山谷》，在法国戛纳电视节上举行首发式。来自美国迪斯尼、福克斯儿童电视网等世界170多个国家的电视机构代表参加了首发式。

4月15日 副部长兼台长杨伟光会见了以总裁洛佩兹为首的菲律宾ABS—CBN代表团，并签署ABS—CBN公司转播中央电视台国际频道节目的正式协议。双方商定转播节目所得广告收入按五五分成。菲方也授权中央电视台免费使用该公司的新闻节目。

4月25日 中国驻澳大利亚悉尼总领事馆组织在澳访问的中央电视台梅地亚少儿艺术团，在悉尼市政厅举行了一场别开生面的演出——“中国小信使之夜”，拉开了当地庆香港回归活动的序幕。悉尼市政厅礼堂出现了前所未有的爆满场面。

五　月

5月5日 副部长兼台长杨伟光会见了美国国际有线频道合伙公司总裁肯特·赖斯先生，双方就在美合资成立中文有线频道事宜交换了意见。杨伟光建议可先将中央电视台第四套节目和一个专门传送中文影视节目（加中文字幕）的频道通过卫星进入美国有线电视网。肯特·赖斯对此表示赞同。

5月6日 副部长兼台长杨伟光会见了以出马专务为首的日本富士电视台代表团。出马专务希望在香港回归等重大历史事件的报道中进一步加强与中央电视台的合作。

5月8日 副部长兼台长杨伟光、副台长李丹会见了以总裁汤姆·约翰逊、副总裁伊森·乔丹为首的美国有线电视新闻网代表团。汤姆·约翰逊强调了美国有线电视新闻网与中央电视台合作的诚意，希望能够在香港回归等重大历史事件的报道中与中央电视台通力合作，向全世界提供全面、客观、公正的报道。

5月16～23日 应中央电视台邀请，以波兰电视股份公司（原波兰中央电视台）董事会主席理查德·米阿日克为团长的波兰电视代表团一行5人访华。其间副部长兼台长杨伟光和米阿日克主席签署了中国中央电视台和波兰电视股份公司合作协议。

5月27日 副部长兼台长杨伟光会见了伊朗伊斯兰共和国驻华大使米尔法哈尔先生一行3人。双方就孙家正部长邀请伊朗声像组织主席拉里贾尼先生率广播电视代表团于1997年下半年访华一事达成一致意见。

5月30日 副台长赵化勇会见了牙买加影视制作培训中心首席执行官贝内特先生及夫人。赵化勇对客人的来访表示欢迎。他说，中央电视台希望能将牙买加的情况介绍给中国观众，计划派摄制组赴牙拍摄一部反映牙买加历史、文化、风光等的纪录片。客人对此表示欢迎，并答应予以必要的协助与支持。贝内特说，目前牙买加居住着6万中国人，希望同中央电视台合作拍摄一部名为《中国人在牙买加》的纪录片，反映中国人在牙买加的历史、现状及对牙经济、文化等方面的贡献。对此，赵化勇表示将尽可能予以协助。赵化勇还回答了客人提出的有关电视领域的问题。双方一致同意在今后要加强合作与交流，并相信这种合作具有广阔前景。

六　月

6月3日 副部长兼台长杨伟光会见了以古巴广播电视总局局长恩里克·罗曼·艾尔·南德斯为团长的古巴广播电视代表团，宾主双方就进一步加强两国电视交流达成共识。杨伟光代表中央电视台向古巴广播电视总局提供了一套卫星接收设备和一部电视连续剧《末代皇帝》。

6月11日 副台长李丹会见了以非洲经济委员会成员、联合国第四次世界妇女大会秘书长蒙盖拉夫人为首的坦桑尼亚妇女代表团。蒙盖拉夫人希望媒体在提高女性地位等方面起到良好的教育、宣传作用。会谈后，蒙盖拉夫人接受了中央电视台记者的采访。

6月12日 副台长李丹会见了韩国教科文全委会新任秘书长全太俊先生。全太俊对中央电视台的规模和先进的技术装备甚为赞叹。他说韩国KBS电视台与中央电视台一直有着友好的合作关系，他此次访问的目的之一，是探讨联合亚洲几个有较强实力的电视机构合作制作节目事宜。李丹对他们具有创新意义的设想表示赞赏，并指出中央电视台有兴趣合作，只要各方面条件具备，中央电视台愿意成为合作者之一，有关节目合作细节有待于今后协商。

6月16日 副台长刘宜勤会见了美国泰克公司总裁邓纳·特派克一行。双方就如何扩大数字电视技术在中国的应用领域交换了意见。

6月23日 副部长兼台长杨伟光会见了来访的瑞士中欧公司总裁凯恩斯先生一行。双方就如何在欧洲推广中国的电视节目，打开欧洲市场交换了意见。凯恩斯表示欧洲观众非常需要了解中国，希望将中国优秀的电视节目，特别是纪录片节目引入欧洲。

七　月

7月8日 台领导杨伟光和李丹会见了美国特纳广播有限公司副董事长雷因哈特先生。双方表示愿意继续发展合作关系。雷因哈特希望中央电视台能够一如既往地支持CNN，让世界更加了解中国。

7月21日 副部长兼台长杨伟光会见了以日枝久社长为团长的富士电视代表团，双方讨论了中央电视台第四套节目在日本落地事宜，表示要加强相互间的合作。会谈后，双方签订了合作协议书及备忘录。

7月29日 副部长兼台长杨伟光会见了应邀来台进行工作访问的南非多选公司执行总裁科伯斯·斯托夫伯格先生一行。他感谢南非多选公司协助中央电视台国际频道顺利在非洲和欧洲落地，使非洲和欧洲国家的华人华侨能及时收看到关于香港回归的中英文报道，这是中央电视台与南非多选公司合作的第一步，意义深远，标志着中国电视通过国内外电视同行的共同努力正在走向世界。杨伟光说，中央电视台与南非多选公司的合作是具有诚意和富有成果的，合作领域宽广，前景美好，应继续巩固、加强这一合作。斯托夫伯格表示，与中央电视台的合作愉快而富有成果，多选公司将协助中央电视台继续拓展海外落地业务。

八 月

8日8日 副台长赵化勇会见了以金景海为首的韩国KTV电视台代表团一行。KTV电视台是韩国惟一的国立电视台，该台希望与中央电视台建立长期的合作伙伴关系，并就中央电视台有关中国国情、教育、文化及历史题材的纪录片进行交流与合作。

8月21日 总编室主任罗明会见了越南海外越南人委会副主任范克览一行。范克览对中央电视台所发生的巨大变化深表祝贺与赞赏。他说越南人非常喜欢观看中国拍摄的电视节目。罗明向客人介绍了近年来我国电视业的发展状况及前景。会谈后，罗明陪同客人参观了中央电视台播出设施。

8月26日 副台长李丹会见了应邀参加第六届北京国际广播电视设备展览会的阿尔巴尼亚广播电视总局局长阿尔伯特·明加先生及阿尔巴尼亚驻华大使塔希尔·埃莱兹博士一行3人。

九 月

9月2日 副部长兼台长杨伟光会见了泰国正大有限公司董事长翁炳荣、总经理江吉雄、副总经理陈慧贞一行。他对客人们的来访表示欢迎，认为正大集团与中央电视台合作的《正大综艺》节目办得很成功，希望今后加强合作，把节目办得更好。

9月5日 副部长兼台长杨伟光会见了美国伊利诺斯州议员代表团。伊州议员们认为，他们看到的中国与美国媒体宣传的完全不相同，感到“被国家的媒体误导了”。团长亚克布斯说：“我们通过西方媒体看到中国人面黄肌瘦，面容愁苦，非常抑郁。到中国后发现事实并非如此，人们非常热情、真诚，又有幽默感，与我们媒体宣传的完全不相同。但是世界上许多人对美国的了解，远比美国人了解其他国家更多，我们已被国家媒体误导了。我们回国后会带去更多的信息、观点，告诉我国人民：中国是个有着良好价值观、良好道德观的标准的新兴国家。”

9月5日 副台长李丹会见并宴请了以厄瓜多尔著名电视制片人、节目主持人弗雷迪·埃雷斯为首的摄制组一行。该摄制组此行的目的是希望介绍中国改革开放的成果，拍摄反映中国政治、经济、文化、历史、民俗等多方面的电视片，并拟于1997年我国国庆期间在厄瓜多尔电视四台播放，向厄瓜多尔人民全面介绍中国。弗雷迪希望中央电视台能派摄制组赴厄瓜多尔拍摄反映厄瓜多尔的经济、文化等领域以及厄瓜多尔土著人及现代人生活的片子，介绍给中国观众。双方希望以后加强交流与合作，以增进相互了解。

9月9日 正在我国访问的罗马尼亚共和国总统康斯坦丁内斯库来中央电视台传送中心接受了罗马尼亚电视台的采访。台领导杨伟光、赵化勇、刘宝顺在采访前拜会了康斯坦丁内斯库。康斯坦丁内斯库感谢中央电视台对他此次中国之行的报道，同时称赞中央电视台是一个宏伟的、很有实力的电视台。

9月11日 台领导杨伟光、赵化勇会见了以蒙古国广播电视局局长蒙赫特日为团长的蒙古国广播电视代表团一行。蒙古国代表团此次来访的目的是同广电部续签合作协议，并商讨同中央电视台的合作事宜。杨伟光表示，愿意给予蒙古国家电视台实际的支持。具体包括：帮助修建一座地面接收站，接收中央电视台国际频道如《中国报道》等节目；赠送一部电视片；派中央电视台技术人员前往蒙古国安装赠送设备。蒙赫特日表示感谢，并希望同中央电视台进行多方面的交流与合作。

9月12日 副台长赵化勇会见了前来参加梅地亚中心董事会的以田恬和宏为首的日方董事和代表共11人。

9月12日 副台长李东生会见了日本索尼公司常务董事长大木充先生一行4人，双方就今后如何加强交流与合作交换了意见。

9月17日 副部长兼台长杨伟光会见了美国泛美卫星公司亚洲高级副总裁乔恩柱先生一行4人。杨伟光说：中央电视台对泛美卫星公司的服务表示满意，但目前通过泛美3号卫星转发的中央电视台第四套节目在加拿大部分地区覆盖不很理想，希望泛美公司通过5号卫星转发。乔恩柱表示泛美公司非常重视中央电视台的意见，并研究决定采用泛美5号卫星上的一个C波段转发器替代3号卫星上的C波段转发器来转发中央电视台第四套节目，使之在加拿大和北美地区可以用小天线接收。

9月19日 副部长兼台长杨伟光会见了美国谢尔曼·思特灵律师事务所行政委员会欧洲事务协调员大卫·W·赫利尼克一行。谢尔曼律师事务所已有125年历史，业务范围包括融资、直接投资、企业兼并等多种业务。客人对中央电视台的影视基地建设兴趣浓厚，表示将尽快向有关机构推荐，促进这些影视基地的开发。

9月21～24日 美国映佳国际集团及国际有线频道合伙公司董事长谢诚刚先生应邀率高级代表团来京进行友好访问。9月24日，国务委员李铁映亲切会见了谢诚刚。此前，台领导杨伟光、赵化勇、李丹会见了该代表团，经过三天的工作会谈，双方签署《中央电视台（CCTV）与国际有线频道合伙公司(ICCP)之间的备忘录》、《中国中央电视台与美国映佳国际传播公司会谈备忘录》、《关于中国中央电视台与美国映佳国际传播公司合作〈世界名著名片欣赏〉意向书》、《关于映佳节目广告销售备忘录》等四项意向文件。

十　月

10月9～25日 副部长兼台长杨伟光率广播影视代表团访问乌拉圭、巴西、墨西哥三国并签署了中央电视台国际频道节目进入三国电视网的合作备忘录。11月，第四套节目通过巴西TVA卫星电视网在当地落地。12月，通过墨西哥特莱维萨卫星电视网落地，并覆盖整个西班牙语地区，从而基本解决了中央电视台第四套节目在拉美地区的落地入户问题。

10月4日 副台长赵化勇会见了法国穆立业家族集团董事帕特里克·穆立业先生及其家族成员等一行46人。穆立业家族在法国富豪榜排名第二，此次来访的目的主要是考察中国的投资环境，了解中国媒介的基本情况。巴黎陈氏兄弟有限公司董事、总经理陈克光先生陪该代表团一同来访。

10月22日 副台长李丹会见了来访的澳大利亚新闻集团主席兼总裁默多克先生一行5人。李丹向客人介绍了近年来中央电视台各频道的发展概况，特别是国际频道节目在全球的覆盖状况。默多克主要介绍了该新闻集团的业务发展情况。

10月23日 副台长李丹会见并宴请了叙利亚广播电视总局局长阿迪尔·亚泽基一行。李丹向客人介绍了中央电视台频道及节目方面的发展情况。亚泽基说，叙中两国同在亚洲大陆，具有许多相似之处，同样是发展中国家。叙在中东起着越来越重要的作用，而中国在亚洲及国际事务中的作用也是十分重要的。李丹对此表示赞同，并感谢叙政府在国际事务中的支持。双方表示今后要通过互访等方式加强在电视领域的交流与合作。会谈后，客人参观了中央电视台播出系统。

十一月

11月5日 副台长刘宝顺会见了由巴伐利亚州副州长齐特迈尔率领的德国影视制片人代表团一行24人。德国客人此行旨在与中央电视台建立联系，探讨合作的可能性。齐特迈尔表示，德国的影视业很有实力，应成为中国影视界的合作伙伴之一。刘宝顺欢迎德国影视界同行与中央电视台建立联系，加强合作。

11月11日 副台长李丹会见了澳大利亚广播公司总经理布莱恩·约翰先生。双方就电视节目的制作及合作前景等问题交换了意见。

11月13日 副台长李丹会见了以美国驻华大使馆新任公使衔参赞保罗·P·布莱克本先生为首的4人代表团。客人表示将尽一切努力帮助两国工作人员加强交流和合作，协助他们顺利完成在美国和中国的采访和其他任务。

11月14日 副台长李丹会见并宴请了应广电部邀请来华访问的伊朗声像组织主席阿里·拉里贾尼率领的伊朗广播电视代表团一行7人。代表团此次来访的目的是与中国广播电影电视部商讨合作事宜并续签合作协议。客人希望同中央电视台加强在动画片、纪录片及电视剧方面的交流与合作。双方还探讨了数字化技术在电视领域的使用现状及其前景。

11月17日 副台长李东生会见了以总经理兼首席执行官斯蒂文·克莱普先生为首的美联电视代表团，并与克莱普共同签署了本年度中央电视台与美联电视合作协议。双方还就卫星传送等问题取得了共识。

11月18日 台长杨伟光会见了美国环球影视娱乐集团公司资深副总裁布莱恩·麦克格拉斯先生。客人介绍说，环球公司目前库存的电影有3000部，电视剧15000多部集，该公司还在投入大量的人力、物力进行新的影视节目的生产。双方就进一步合作等问题交换了意见。

11月20日 副台长李丹会见了以金景海所长为团长的韩国国立影像制作所代表团一行4人，双方签署了合作协议书。11月21日上午，台副总编罗明与韩方就合作事宜进行了业务会谈。经协商，双方就以下内容达成共识：1. 相互提供有关两国文化、艺术、音乐、旅游等题材的节目，经选编后在各自电视台播放或备用。2.联合制作一部有关两国人民生活方面的节目，于1998年7月分别播出。3.韩国KTV电视台接收中央电视台第四套节目的《中国报道》等新闻节目，每周30分钟。4.1998年3、4月间，双方签署中央电视台第四套节目新闻节目接收、合作拍摄等有关协议。5.双方将在平等的基础上进行节目交流。

11月26日 台长杨伟光会见了意大利报刊书画公司总裁莫第·瑞飞瑟·玛丽亚·露依萨女士一行。杨伟光表示愿意通过露依萨与意大利电视台建立合作关系，共同为增进两国的文化交流做出贡献。露依萨家族从事报刊事业已有一百多年的历史，有意与中央电视台建立联系，探讨合作可能性。

11月26～28日 斯洛伐克电视台台长伊哥尔·库比斯先生率领的电视代表团应邀来华，对中央电视台进行工作访问。台长杨伟光代表中央电视台签署了与斯洛伐克电视台的合作协议。库比斯说，斯洛伐克电视台一直有着制作优秀动画片的传统，可在这方面进行合作。

十二月

12月5日 台长杨伟光会见了以澳大利亚新闻集团公司副总裁布鲁斯·多佛和卫星电视公司行政总裁戴格理为首的澳大利亚新闻集团代表团。戴格理表示新闻集团希望与中国电视同行从技术方面开始逐步扩大合作。

12月17日 副台长刘宜勤会见了美国C－Cube公司副总裁徐乃丁先生，双方就中央电视台目前正在进行的节目存储项目的有关技术问题进行了讨论。节目存储项目是中央电视台1997年启动的数字化改造工程的关键项目。美国C－Cube公司是世界上MPEG－1、MPEG－2编、解码芯片的最大供应商，对中央电视台节目存储项目非常关注，并表示愿意在这一项目上为中央电视台提供技术支持和可能的帮助。

18. 附 录

1996—1997年度中央电视台荣获社会先进集体称号名录

首都文明单位标兵(连续五年)
全国新闻界“精神文明示范单位”
全国文化、科技、卫生“三下乡”先进集体
北京市卫生红旗单位(连续五年)
中直机关卫生先进单位
广电部卫生先进单位
北京市无偿献血先进单位(连续四年)
广电部献血工作标兵单位
中直机关计划生育先进集体
广电部计划生育标兵单位
北京市消防先进集体
广电部消防先进单位
海淀区交通安全先进单位
海淀区绿化先进单位
彩电宿舍小区被评为海淀区文明小区

1996—1997年度中央电视台荣获社会先进个人称号名录

首都法制新闻工作者：

王连生 李 毅 王新中

中国百佳电视艺术工作者：

王扶林 邓在军 吕大庆 任大惠 张子扬 张绍林 李小沛 吴 珊 邹友开 孟 欣 黄一鹤 蔡晓晴

全国百佳新闻工作者：

李瑞英 余培侠

全国新闻资料先进工作者：

刘 珊 付天利 史启新

全国文化、科技、卫生“三下乡”活动先进工作者：

齐宪役

1996—1997年度中央电视台荣获广播电影电视部先进集体称号名录

广电部离退休工作先进集体

1996—1997年度中央电视台荣获广播电影电视部先进个人称号名录

宋福民(离退休工作先进个人)

1996—1997年度荣获中央电视台先进集体、先进个人称号名录

先进集体：

新闻中心采访部时政组
新闻中心评论部记者四组
新闻中心《新闻30′》组
海外电视中心外语部
海外电视中心专题部《中国报道》组
社教中心地方组
社教中心专题部《健康之路》组
文艺中心文艺部歌舞组
文艺中心动画部编辑组
文艺中心影视部
广告经济信息中心广告部
播送中心播送部
技术制作中心录制部录制二科
技术制作中心制作部灯光技术科
技术管理办公室工程维护处
《中国电视报》编辑部
监察室
台办公室
房屋建设管理处
动力通讯处空调科
党委办公室
老干部处
服务中心食堂科
保卫处
总编室播出科
计划财务处
中央新闻纪录电影制片厂第一编辑室
中央新闻纪录电影制片厂第四编辑室
中央新闻纪录电影制片厂录制工作间
中央新闻纪录电影制片厂运输科
北京科学教育电影制片厂房管科
北京科学教育电影制片厂字幕车间
北京科学教育电影制片厂第四编辑室
中国电视剧制作中心涿州影视基地
中国电视剧制作中心文学部
中国电视剧制作中心技术处录制二科
中国电视剧制作中心《水浒传》剧组
中国国际电视总公司上海分公司
北京未来广告公司

先进个人：

新闻中心：白岩松 曹 友 杨 华 徐 磊 李 鹰
海外中心：刘家俊 丁 勇 刘洪志
社教中心：李 央 李国强 林协中
文艺中心：翟建斌 崔晓茜 郑淑贞
播送中心：陈 明 张聚增
技术制作中心：王晋宁 关海龙 姚 凯
技术管理办公室：杨德新 顾 军
广告经济信息中心：骆幼伟 任学安
卫星电视传播中心：杜群山
中央新闻纪录电影制片厂：
傅红星 赵平阳 吴小娟 任燕群 王 和 张永立
北京科学教育电影制片厂：
贾永平 刘志雄 刘积昆 沈继成 薛雨宁
中国电视剧制作中心：
张绍林 杨英凯 孟 健 吴铁婴
中国国际电视总公司：
崔屹平 杜 浩 张美珠 任海平
财产物资处：肖 彤
教育处：李景琴
经营管理处：赵 频
审计处：陈元铮
动力处：何 新
人事处：杨晓民
研究室：尹桂馥
总编室：刘建鸣
台办室：肖文俊
外事处：刘小京
行政处：刘 燕
工 会：孙文锁

第二届中央电视台“十位优秀青年”名录

优秀青年：

范 昀 昌 力 时 间 吴晓娟 王晓真

赵淑静 严 波 石 村 杨 明 林 远

优秀青年提名:

秦明新 刘 军 王 晶 韩 青 薛继军
王 进 马 勇 杨劭劼 聂自非 刘伟民

1996—1997年度中央电视台先进党支部、优秀党员行政领导干部、优秀共产党员和优秀党务工作者名录

(排名不分先后)

先进党支部:

中国电视剧制作中心技术处支部
中央新闻纪录电影制片厂一编室支部
北京科学教育电影制片厂行政一支部
无锡太湖影视基地唐城支部
新闻中心采访部支部
海外中心技术制作部支部
文艺中心国际部支部
技术制作中心音频部支部
社教中心科教部支部
中国电视报支部
服务中心支部
党委办公室支部

优秀党员行政领导干部:

李晓明 刘建中 毛坤山 谭希松 孙玉胜
赵宇辉 程 宏 苏 峰 丁文华 肖月桃
任振华

优秀共产党员:

程庆生 杨 明 孙镜礼 周凤英 雷竹梅
匡 镛 于桂苓 周金华 孙建萍 杨沛德
杨淑英 骆幼伟 周 红 柏 杨 郁 洁
赵浩东 周建国 王世林 周丽芳 王雄先
田 勇 王玉清 钟 勇 张淑芬 张国森
蔡启华 叶双印 沈 力 杜文林 李明英
沈朝周 贺常余 谢增贵 谢晓嵋 冯景山
高二林 刘永恩 刘仁宽 杜庆恩 任燕群
陆 黎 雷克谦 董志民 朱海峰 杨乱生
魏长平 刘志雄 薛继军 姚树立 姚大禹
游裕泰

优秀党务工作者:

王丹洁 郑世生 张海鸽 罗秀兰 李景琴
陈 忠 冀彤彤 周爱华 周火星 孙文锁
郑俊生 赵明亮 李 萍 高讲文 王建宏
白 钢 张文华 郭书兰 张宝安 冉素霞
吴明训 张小军 冯存礼 杨 菁 刘桂芝
郑淑贞 李小健 卞美瑾 谢和平 沈 雁
朱慰中 丁京平 王建敏 刘 申 张君实
郭秀英 肖桂林 李芝云 张 兴 王宏哲
杨之举 姚秀芳 于立华 郝强国 许致和
张庆池 高淑敏 任清静 周益平 王大海

(党委办公室提供)

1997年中央电视台驻港、澳记者名录

驻香港记者站:

高丽萍 董石才 孙 迅 马百山 吴晟伟
吴玉兰 马维军 孟凡鲁 刘开平

驻澳门记者站:

张玉山 韩 卫

1997年中央电视台驻外记者名录

驻美记者站:

高 军 刘正铸

驻比利时记者站:

顾玉龙 王晓琨

(新闻中心提供)

1997年中央电视台(1—8套)节目播出时间一览表

中央电视台—1(2频道) (新闻为主的综合频道)

<table>
<tr><th>星期
节目
时间</th><th>一</th><th>二</th><th>三</th><th>四</th><th>五</th><th>六</th><th>日</th></tr>
<tr><td>6:00</td><td>早间新闻</td><td>早间新闻</td><td>早间新闻</td><td>早间新闻</td><td>早间新闻</td><td>早间新闻</td><td>早间新闻</td></tr>
<tr><td>6:15</td><td>每周一歌</td><td>每周一歌</td><td>每周一歌</td><td>每周一歌</td><td>每周一歌</td><td>每周一歌</td><td>每周一歌</td></tr>
<tr><td>6:20</td><td>闻鸡起舞</td><td>闻鸡起舞</td><td>闻鸡起舞</td><td>新闻专题</td><td>人与自然</td><td>音乐电视城</td><td>地方文艺</td></tr>
<tr><td>6:53</td><td>健美五分钟</td><td>健美五分钟</td><td>健美五分钟</td><td>健美五分钟</td><td>健美五分钟</td><td>健美五分钟</td><td>健美五分钟</td></tr>
<tr><td>6:58</td><td>东方时空晨曲</td><td>东方时空晨曲</td><td>东方时空晨曲</td><td>东方时空晨曲</td><td>东方时空晨曲</td><td>东方时空晨曲</td><td>东方时空晨曲</td></tr>
<tr><td>7:00</td><td>新闻</td><td>新闻</td><td>新闻</td><td>新闻</td><td>新闻</td><td>新闻</td><td>新闻</td></tr>
<tr><td>7:20</td><td>东方时空</td><td>东方时空</td><td>东方时空</td><td>东方时空</td><td>东方时空</td><td>东方时空</td><td>实话实说</td></tr>
<tr><td>8:00</td><td>新闻</td><td>新闻</td><td>新闻</td><td>新闻</td><td>新闻</td><td>新闻</td><td>新闻</td></tr>
<tr><td>8:20</td><td>收视指南</td><td>收视指南</td><td>收视指南</td><td>收视指南</td><td>收视指南</td><td>收视指南</td><td>收视指南</td></tr>
<tr><td>8:22</td><td>焦点访谈</td><td>焦点访谈</td><td>焦点访谈</td><td>焦点访谈</td><td>焦点访谈</td><td>焦点访谈</td><td>焦点访谈</td></tr>
<tr><td>8:35</td><td>夕阳红</td><td>夕阳红</td><td>夕阳红</td><td>夕阳红</td><td>夕阳红</td><td>夕阳红</td><td rowspan="2">夕阳红
(周日版)</td></tr>
<tr><td>9:05</td><td rowspan="2">电视剧</td><td rowspan="2">电视剧</td><td rowspan="3">电视剧</td><td rowspan="3">电视剧</td><td rowspan="2">电视剧</td><td rowspan="3">大风车
(地方版)</td></tr>
<tr><td>9:10</td><td rowspan="2">国际影院</td></tr>
<tr><td>9:52</td><td>请您欣赏</td><td>请您欣赏</td><td>收视指南</td></tr>
<tr><td>10:00</td><td>新闻</td><td>新闻</td><td rowspan="2">新闻</td><td>新闻</td><td>新闻</td><td>新闻</td><td rowspan="4">新闻</td></tr>
<tr><td>10:05</td><td>收视指南</td><td>收视指南</td><td>收视指南</td><td>收视指南</td><td>收视指南</td></tr>
<tr><td>10:10</td><td rowspan="2">地方文艺</td><td rowspan="2">综艺走廊</td><td>人民子弟兵</td><td rowspan="2">12演播室</td><td rowspan="2">中国旅游</td><td rowspan="2">人民子弟兵</td></tr>
<tr><td>10:25</td><td>科教片之窗</td></tr>
<tr><td>10:40</td><td rowspan="3">当代工人</td><td rowspan="3">中华民族</td><td rowspan="3">音乐电视城</td><td rowspan="3">半边天</td><td rowspan="3">半边天</td><td rowspan="3">半边天</td><td>专题片</td></tr>
<tr><td>10:56</td><td>科技博览</td></tr>
<tr><td>11:00</td><td rowspan="3">半边天</td></tr>
<tr><td>11:10</td><td>科技博览</td><td>科技博览</td><td>科技博览</td><td>科技博览</td><td>科技博览</td><td>科技博览</td></tr>
<tr><td>11:20</td><td rowspan="2">读书时间</td><td rowspan="2">人民子弟兵</td><td rowspan="2">健康之路</td><td rowspan="2">地方台
30分钟</td><td rowspan="2">美术星空</td><td rowspan="2">健康之路</td></tr>
<tr><td>11:30</td><td>中国人口</td></tr>
<tr><td>11:55</td><td>每周一歌</td><td>每周一歌</td><td>每周一歌</td><td>每周一歌</td><td>每周一歌</td><td>每周一歌</td><td>时事纵横</td></tr>
<tr><td>12:00</td><td>新闻30′</td><td>新闻30′</td><td>新闻30′</td><td>新闻30′</td><td>新闻30′</td><td>新闻30′</td><td>新闻30′</td></tr>
<tr><td>12:30</td><td>收视指南</td><td>收视指南</td><td>收视指南</td><td>收视指南</td><td>收视指南</td><td>收视指南</td><td>收视指南</td></tr>
<tr><td>12:37</td><td>评书</td><td>评书</td><td>评书</td><td>评书</td><td>评书</td><td>评书</td><td>希望之旅</td></tr>
</table>

续表

时间＼节目＼星期	一	二	三	四	五	六	日
13:00	曲苑杂坛	戏剧天地	欢聚一堂 特别节目	军事天地	第二起跑线	中国京剧 音配像精粹	人民子弟兵
13:15				科技博览			
13:20				每周一歌			
13:25				祖国各地			
13:30							家庭凉菜制作
13:35							青少年 科普节目
13:45		科技博览					
13:50	科技博览	每周一歌	科技博览		科技博览	每周一歌	系列科普节目
14:00	新闻	新闻	新闻	新闻	新闻	新闻	新闻
14:05	收视指南	收视指南	收视指南	收视指南	收视指南	收视指南	第二起跑线
14:10	农村科教 系列节目	外语教学	讲座	外语教学	讲座	欢聚一堂	
14:30							
14:40	外语教学						
15:00						地方台 30 分钟	中华民族
15:10	体育大世界	新闻调查	万家灯火	社会经纬	'97 环球		
15:25						专题片	美术星空
15:30							
15:55	气象信息	气象信息	气象信息	气象信息	气象信息	气象信息	气象信息
16:00	新闻	新闻	新闻	新闻	新闻	新闻	新闻
16:05	收视指南	收视指南	收视指南	收视指南		收视指南	收视指南
16:07							正大综艺 正大剧场
16:10	电视剧	电视剧	电视剧	电视剧	连续剧	讲座	
16:35						家庭凉菜制作	
16:40						电视你我他	
16:55						科技博览	
16:57		请您欣赏			收视指南		
17:00	华夏掠影	中国人口	世纪回眸	纪录片之窗	科教片之窗	纪录片之窗	
17:15			科技博览	科技博览	科技博览	周末导视	
17:20	芝麻开门	芝麻开门	芝麻开门	芝麻开门	芝麻开门	芝麻开门	
17:30	动画城	动画城	动画城	动画城	动画城	动画城	
17:57							周末导视

续表

星期 节目 时间	一	二	三	四	五	六	日
18:00	新闻	新闻	新闻	新闻	新闻	新闻	新闻
18:09	大风车	大风车	大风车	大风车	大风车	大风车	大风车
18:56	上下五千年 节目预告	上下五千年 节目预告	上下五千年 节目预告	上下五千年 节目预告	上下五千年 节目预告	上下五千年 节目预告	上下五千年 节目预告
19:00	新闻联播	新闻联播	新闻联播	新闻联播	新闻联播	新闻联播	新闻联播
19:31	天气预报	天气预报	天气预报	天气预报	天气预报	天气预报	天气预报
19:38	焦点访谈	焦点访谈	焦点访谈	焦点访谈	焦点访谈	焦点访谈	焦点访谈
19:55	科技博览	科技博览	科技博览	科技博览	科技博览	科技博览	科技博览
20:00	收视指南	收视指南	连续剧	收视指南	收视指南	收视指南	收视指南
20:05		连续剧		连续剧	连续剧	曲苑杂坛	连续剧
20:10	连续剧						
21:00			新闻	新闻	新闻	新闻	新闻
21:05							
21:09		收视指南	收视指南	收视指南	收视指南	电视你我他	收视指南
21:10	军事天地	军事天地	'97 环球	社会经纬	新闻调查		体育大世界
21:25	人与自然	人与自然				旋转舞台	
21:54							
22:00	晚间新闻 世界报道 体育新闻 天气预报 收视指南	晚间新闻 世界报道 体育新闻 天气预报 收视指南	晚间新闻 世界报道 体育新闻 天气预报 收视指南	晚间新闻 世界报道 体育新闻 天气预报 收视指南	晚间新闻 世界报道 体育新闻 天气预报 收视指南	晚间新闻 世界报道 体育新闻 天气预报 收视指南	晚间新闻 世界报道 体育新闻 天气预报 收视指南
22:48							
22:52	天涯共此时	地方台 30 分钟	专题片	专题片	周末导视	世界名著 名片欣赏	艺苑风景线
22:55					读书时间		
23:27	连续剧	专题片					电视剧
23:37			12 演播室	万家灯火	人间万象		
23:45							
00:00	新闻	新闻	新闻	新闻	新闻	新闻	新闻
00:07							
00:12							
00:13							
00:17			连续剧				
00:25	连续剧	连续剧		连续剧	电视剧	NBA 集锦	电视剧
00:27							

续表

时间 \ 星期 节目	一	二	三	四	五	六	日
00:32	连续剧	连续剧	连续剧	连续剧	电视剧	NBA 集锦	结束
01:04							
01:15	结束		结束	结束	结束		
01:20		结束				结束	

中央电视台－2(8 频道) (经济为主的综合频道)

时间 \ 星期 节目	一	二	三	四	五	六	日
6:00	中国财经报道	中国财经报道	中国财经报道	中国财经报道	中国财经报道	中国财经报道	中国财经报道
6:15	生活	生活	生活	生活	生活	生活	世界经济报道
6:45	电大课程	电大课程	电大课程	电大课程	电大课程	NBA 赛场	电视剧场
8:15							
8:25	商桥	商桥	商桥	商桥	商桥	商桥	
8:30	中国财经报道	中国财经报道	中国财经报道	中国财经报道	中国财经报道	中国财经报道	中国财经报道
8:40	商务电视	商务电视	商务电视	商务电视	商务电视	商务电视	商务电视
9:10	供求热线	供求热线	供求热线	供求热线	供求热线	供求热线	供求热线
9:30	人与自然	12 演播室	旋转舞台	艺苑风景线	健康之路	国际影院	儿童剧场
10:00	第八套广播体操	第八套广播体操	第八套广播体操	第八套广播体操	第八套广播体操		
10:09	请您欣赏	请您欣赏			周末导视		
10:10	收视指南	收视指南	健美五分钟	健美五分钟			
10:17	连续剧	连续剧	连续剧	连续剧	连续剧		
11:05	收视指南	请您欣赏	半边天	当代工人	收视指南		
11:07						周末导视	
11:10	半边天	半边天	供求热线	供求热线	中华民族	美术星空	人民子弟兵
11:25			生活	生活			电视你我他
11:40	供求热线	供求热线	中国财经报道	中国财经报道	供求热线	供求热线	供求热线
12:00	生活	生活	农业教育与科技	星火科技	生活	生活	中华文明之光
12:30	中国财经报道	中国财经报道	欢乐家庭	金土地	中国财经报道	中国财经报道	中国财经报道
12:40	农业教育与科技	农业教育与科技			星火科技	祖国各地	中国风
13:10	世界经济报道	金土地			经营有道	金土地	欢乐家庭

续表

时间 \ 节目 \ 星期	一	二	三	四	五	六	日
13:40	经济半小时	经济半小时	经济半小时	经济半小时	经济半小时	经济半小时	经济半小时
14:10	收视指南	收视指南			收视指南	收视指南	供求热线
14:15	新闻 30′	新闻 30′	新闻 30′	新闻 30′	新闻 30′	新闻 30′	
14:30							现场直播
14:45	科技博览	科技博览	科技博览	科技博览	科技博览	科技博览	
14:50	夕阳红	夕阳红	夕阳红	夕阳红	夕阳红	夕阳红	
15:25	新闻调查	电视剧	电视剧	电视剧	电视剧	供求热线	
15:50						现场直播	
16:10	每周一歌						
16:13		收视指南			收视指南		
16:20	天涯共此时	银屏歌声	美术星空	银屏歌声	读书时间		
16:35							周末导视
16:38							新闻 30′
16:50	外语教学	青少年科普节目	青少年科普节目	青少年科普节目	外语教学		
17:00		外语教学	讲座	外语教学			
17:05	讲座				讲座		
17:13							收视指南
17:15							夕阳红
17:30	供求热线	供求热线	供求热线	供求热线	供求热线		
17:50	中国财经报道	中国财经报道	中国财经报道	中国财经报道	中国财经报道	中国财经报道	中国财经报道
18:00	商务电视	商务电视	商务电视	商务电视	商务电视	商务电视	商务电视
18:30	金土地	欢乐家庭	金土地	经营有道	金土地	欢乐家庭	世界经济报道
19:00	外语教学	农村科教系列节目	外语教学	农业科技系列节目	外语教学	音乐桥	音乐桥
19:33		收视指南			收视指南		
19:35	中国财经报道	中国财经报道	中国财经报道	中国财经报道	中国财经报道	中国财经报道	
19:38							正大综艺 正大剧场
19:55	商桥	商桥	商桥	商桥	商桥	商桥	
20:00	生活	生活	生活	生活	生活	生活	
20:30	经济半小时	经济半小时	经济半小时	经济半小时	经济半小时	经济半小时	
21:07	世界体育报道	系列片	连续剧	连续剧	连续剧	连续剧	
21:30							经济半小时

续表

时间＼节目＼星期	一	二	三	四	五	六	日
22:00	中国新闻	中国新闻	中国新闻	中国新闻	中国新闻	中国新闻	中国新闻
22:33	东方时空	东方时空	东方时空	东方时空	东方时空	东方时空	实话实说
23:13	中国报道	中国报道	中国报道	中国报道	中国报道	中国报道	中国报道
23:30	英语新闻	英语新闻	英语新闻	英语新闻	英语新闻	英语新闻	英语新闻
00:00	祖国各地	中国投资指南	今日中国	中国投资指南	中华艺苑周末版(英)	今日中国(英)	今日中国(法)
00:30	中国财经报道	中国财经报道	中国财经报道	中国财经报道	中国财经报道	中国财经报道	中国财经报道
00:45	经济半小时	经济半小时	经济半小时	经济半小时	经济半小时	经济半小时	经济半小时
01:15	供求热线	供求热线	供求热线	供求热线	供求热线	供求热线	供求热线
01:35	结束	结束	结束	结束	结束	结束	结束

中央电视台—3(15频道) (戏曲·音乐频道)

<table>
<tr><th>时间＼节目＼星期</th><th>一</th><th>二</th><th>三</th><th>四</th><th>五</th><th>六</th><th>日</th></tr>
<tr><td>8:30</td><td>每周一歌</td><td>每周一歌</td><td>每周一歌</td><td>每周一歌</td><td>每周一歌</td><td>每周一歌</td><td>每周一歌</td></tr>
<tr><td>8:38</td><td>音乐桥</td><td rowspan="3">中国音乐电视60分</td><td rowspan="7">戏苑百家</td><td rowspan="3">中国音乐电视60分</td><td rowspan="6">戏苑百家</td><td rowspan="3">中国音乐电视60分</td><td rowspan="2">戏迷园地</td></tr>
<tr><td>8:48</td><td rowspan="2">音乐电视城</td></tr>
<tr><td>9:08</td><td rowspan="5">戏苑百家</td></tr>
<tr><td>9:40</td><td>请跟我唱</td><td>音乐电视赏析</td><td>请跟我唱</td><td>音乐电视赏析</td></tr>
<tr><td>9:50</td><td>星星擂台</td><td>银屏歌声</td><td>星星擂台</td><td>星星擂台</td></tr>
<tr><td>10:20</td><td rowspan="4">音乐知多少</td><td rowspan="4">音乐知多少</td><td rowspan="4">音乐知多少</td><td rowspan="4">音乐知多少</td></tr>
<tr><td>10:30</td><td rowspan="2">戏曲采风</td></tr>
<tr><td>10:35</td><td rowspan="4">梨园群英</td><td rowspan="2">知识库</td></tr>
<tr><td>10:40</td><td>戏迷园地</td></tr>
<tr><td>10:52</td><td rowspan="6">音乐大舞台</td><td rowspan="4">音乐桥</td><td rowspan="6">音乐大舞台</td><td>知识库</td><td rowspan="6">星星音乐会</td><td rowspan="2">名段欣赏</td></tr>
<tr><td>11:00</td><td rowspan="5">戏苑百家</td></tr>
<tr><td>11:07</td><td>戏曲采风</td><td>戏曲采风</td></tr>
<tr><td>11:20</td><td rowspan="2">戏迷园地</td><td rowspan="2">戏迷园地</td></tr>
<tr><td>11:22</td><td rowspan="2">外国音乐</td></tr>
<tr><td>11:30</td><td>戏苑百家</td><td>戏苑百家</td></tr>
</table>

续表

<table>
<tr><th>星期
节目
时间</th><th>一</th><th>二</th><th>三</th><th>四</th><th>五</th><th>六</th><th>日</th></tr>
<tr><td>11:55</td><td>戏曲采风</td><td rowspan="3">星星擂台</td><td rowspan="8">戏苑百家</td><td rowspan="3">银屏歌声</td><td rowspan="7">戏苑百家</td><td rowspan="3">银屏歌声</td><td rowspan="9">戏苑百家</td></tr>
<tr><td>12:05</td><td>名段欣赏</td></tr>
<tr><td>12:20</td><td>知识库</td></tr>
<tr><td>12:28</td><td>九州戏苑</td><td rowspan="3">中国音乐
电视 60 分</td><td rowspan="3">中国音乐
电视 60 分</td><td rowspan="3">中国音乐
电视 60 分</td></tr>
<tr><td>13:13</td><td>戏迷园地</td></tr>
<tr><td>13:23</td><td>每周一歌</td></tr>
<tr><td>13:28</td><td rowspan="4">星星擂台</td><td rowspan="4">银屏歌声</td><td rowspan="4">星星擂台</td><td rowspan="4">银屏歌声</td></tr>
<tr><td>13:30</td><td rowspan="3">梨园群英</td></tr>
<tr><td>13:38</td><td>名段欣赏</td></tr>
<tr><td>13:53</td><td>知识库</td><td>知识库</td></tr>
<tr><td>14:00</td><td>音乐桥</td><td>音乐桥</td><td>梨园群英</td><td>音乐桥</td><td>星星擂台</td><td>音乐桥</td><td>梨园群英</td></tr>
<tr><td>14:30</td><td rowspan="5">戏曲大舞台</td><td>音乐大舞台</td><td rowspan="3">戏曲大舞台</td><td>音乐大舞台</td><td rowspan="6">戏曲大舞台</td><td>音乐大舞台</td><td rowspan="4">戏曲大舞台</td></tr>
<tr><td>15:30</td><td>银屏歌声</td><td>银屏歌声</td><td>星星擂台</td></tr>
<tr><td>16:00</td><td rowspan="3">中国音乐
电视 60 分</td><td rowspan="3">中国音乐
电视 60 分</td><td rowspan="3">中国音乐
电视 60 分</td></tr>
<tr><td>16:30</td><td rowspan="3">星星擂台</td></tr>
<tr><td>16:41</td><td rowspan="2">名段欣赏</td></tr>
<tr><td>16:44</td><td>名段欣赏</td></tr>
<tr><td>17:00</td><td>每周一歌</td><td>每周一歌</td><td>每周一歌</td><td>每周一歌</td><td>每周一歌</td><td>每周一歌</td><td>每周一歌</td></tr>
<tr><td>17:08</td><td rowspan="3">中国音乐
电视 60 分</td><td rowspan="3">戏苑百家</td><td rowspan="3">中国音乐
电视 60 分</td><td>知识库</td><td rowspan="3">中国音乐
电视 60 分</td><td rowspan="3">戏苑百家</td><td rowspan="2">音乐桥</td></tr>
<tr><td>17:13</td><td rowspan="2">戏苑百家</td></tr>
<tr><td>17:38</td><td>外国音乐</td></tr>
<tr><td>18:10</td><td>请跟我唱</td><td>戏迷园地</td><td>请跟我唱</td><td>戏迷园地</td><td>请跟我唱</td><td>戏迷园地</td><td>请跟我唱</td></tr>
<tr><td>18:20</td><td>东方时空</td><td>东方时空</td><td>东方时空</td><td>东方时空</td><td>东方时空</td><td>东方时空</td><td>实话实说</td></tr>
<tr><td>19:00</td><td>音乐知多少</td><td>梨园群英</td><td>音乐知多少</td><td>梨园群英</td><td>音乐知多少</td><td>梨园群英</td><td>音乐知多少</td></tr>
<tr><td>19:32</td><td rowspan="4">音乐桥</td><td rowspan="2">名段欣赏</td><td rowspan="5">音乐大舞台</td><td>知识库</td><td rowspan="5">音乐直播厅</td><td rowspan="2">名段欣赏</td><td rowspan="5">音乐大舞台</td></tr>
<tr><td>19:40</td><td rowspan="6">戏苑百家</td></tr>
<tr><td>19:47</td><td>戏迷园地</td><td>戏曲采风</td></tr>
<tr><td>20:00</td><td rowspan="4">戏苑百家</td><td rowspan="4">戏苑百家</td></tr>
<tr><td>20:02</td><td>外国音乐</td></tr>
<tr><td>20:35</td><td rowspan="2">星星擂台</td><td rowspan="2">银屏歌声</td><td rowspan="2">银屏歌声</td><td>音乐电视赏析</td></tr>
<tr><td>20:45</td><td>名段欣赏</td></tr>
</table>

续表

时间＼节目＼星期	一	二	三	四	五	六	日
21:00	星星擂台	戏苑百家	银屏歌声	戏苑百家	银屏歌声	戏苑百家	世界名著名片欣赏
21:08	中国音乐电视 60 分		中国音乐电视 60 分		中国音乐电视 60 分		
22:14	星星擂台	戏迷园地	星星擂台	梨园群英	星星擂台		
22:15							戏曲采风
22:24		知识库					知识库
22:30	新闻联播	新闻联播	新闻联播	新闻联播	新闻联播	新闻联播	新闻联播
23:00	音乐大舞台	戏曲大舞台	音乐大舞台	戏曲大舞台	音乐大舞台	戏曲大舞台	戏曲大舞台
00:00	银屏歌声		银屏歌声		星星擂台		
00:30	中国音乐电视 60 分		中国音乐电视 60 分		中国音乐电视 60 分		
00:47							
00:55							
00:57							
01:30	结束	结束	结束	结束	结束	结束	结束

中央电视台—4(32 频道) (国际频道)

时间＼节目＼星期	一	二	三	四	五	六	日
4:30	天涯共此时	变化中的中国	龙之乡	中华大地	中国投资指南	中国旅游	中国风
5:00	欢聚一堂	美术星空	神州戏坛	中华民族	中国文艺	健康之路	海峡两岸关系论坛
5:20							中华文明之光
5:30		华夏掠影		希望之旅		电视信箱	
6:00	新闻	新闻	新闻	新闻	新闻	新闻	新闻
6:15	中国报道	中国报道	中国报道	中国报道	中国报道	中国报道	中国报道
6:30	健美五分钟	健美五分钟	健美五分钟	健美五分钟	健美五分钟	健美五分钟	实话实说(海外)
6:35	东方时空(海外)	东方时空(海外)	东方时空(海外)	东方时空(海外)	东方时空(海外)	东方时空(海外)	
7:00	中国体育	连续剧	连续剧	连续剧	连续剧	连续剧	中国音乐电视 60 分
7:55		科技博览	科技博览	科技博览	科技博览	科技博览	
8:00	中国新闻	中国新闻	中国新闻	中国新闻	中国新闻	中国新闻	中国新闻
8:15	中国报道	中国报道	中国报道	中国报道	中国报道	中国报道	中国报道

续表

<table>
<tr><th>星期
节目
时间</th><th>一</th><th>二</th><th>三</th><th>四</th><th>五</th><th>六</th><th>日</th></tr>
<tr><td>8:30</td><td>夕阳红</td><td>夕阳红</td><td>夕阳红</td><td>夕阳红</td><td>夕阳红</td><td>夕阳红</td><td>夕阳红</td></tr>
<tr><td>9:05</td><td>今日中国</td><td>今日中国</td><td>今日中国</td><td>今日中国</td><td>今日中国</td><td>今日中国</td><td>今日中国</td></tr>
<tr><td>9:35</td><td>外国人看中国</td><td>教汉语</td><td>投资指南</td><td>教汉语</td><td>投资指南</td><td>教汉语</td><td>投资指南</td></tr>
<tr><td>9:50</td><td>中国音乐电视</td><td>中国音乐电视</td><td>中国音乐电视</td><td>中国音乐电视</td><td>中国音乐电视</td><td>中国音乐电视</td><td>中国音乐电视</td></tr>
<tr><td>10:00</td><td>中华武艺</td><td>中华武艺</td><td>中华武艺</td><td>中华武艺</td><td>中华武艺</td><td>中华武艺</td><td>中华武艺</td></tr>
<tr><td>10:10</td><td>英文字幕连续剧</td><td>英文字幕连续剧</td><td>英文字幕连续剧</td><td>英文字幕连续剧</td><td>英文字幕连续剧</td><td>英文字幕连续剧</td><td>英文字幕连续剧</td></tr>
<tr><td>11:00</td><td>中华艺苑</td><td>中华艺苑</td><td>中华艺苑</td><td>中华艺苑</td><td>中华艺苑</td><td>中华艺苑</td><td>中华艺苑</td></tr>
<tr><td>11:30</td><td>英语新闻</td><td>英语新闻</td><td>英语新闻</td><td>英语新闻</td><td>英语新闻</td><td>英语新闻</td><td>英语新闻</td></tr>
<tr><td>12:00</td><td>中国新闻</td><td>中国新闻</td><td>中国新闻</td><td>中国新闻</td><td>中国新闻</td><td>中国新闻</td><td>中国新闻</td></tr>
<tr><td>12:20</td><td>中国报道</td><td>中国报道</td><td>中国报道</td><td>中国报道</td><td>中国报道</td><td>中国报道</td><td>中国报道</td></tr>
<tr><td>12:35</td><td>粤语新闻</td><td>粤语新闻</td><td>粤语新闻</td><td>粤语新闻</td><td>粤语新闻</td><td>粤语新闻</td><td>粤语新闻</td></tr>
<tr><td>12:50</td><td>科技博览</td><td>科技博览</td><td>科技博览</td><td>科技博览</td><td>科技博览</td><td>科技博览</td><td>科技博览</td></tr>
<tr><td>13:00</td><td rowspan="2">欢聚一堂</td><td rowspan="2">美术星空</td><td rowspan="3">神州戏坛</td><td rowspan="2">中国民族</td><td rowspan="3">中国文艺</td><td>健康之路</td><td>海峡两岸关系论坛</td></tr>
<tr><td>13:20</td><td rowspan="2">电视信箱</td><td rowspan="2">中华文明之光</td></tr>
<tr><td>13:30</td><td>华夏掠影</td><td>华夏掠影</td><td>希望之旅</td></tr>
<tr><td>13:55</td><td rowspan="12">科技博览</td><td>科技博览</td><td>科技博览</td><td>科技博览</td><td>科技博览</td><td>科技博览</td><td>科技博览</td></tr>
<tr><td>14:00</td><td>连续剧</td><td>连续剧</td><td>连续剧</td><td>连续剧</td><td>连续剧</td><td rowspan="2">中国音乐电视60分</td></tr>
<tr><td>14:50</td><td>芝麻开门</td><td>芝麻开门</td><td>芝麻开门</td><td>芝麻开门</td><td>芝麻开门</td></tr>
<tr><td>15:00</td><td>中国新闻</td><td>中国新闻</td><td>中国新闻</td><td>中国新闻</td><td>中国新闻</td><td>中国新闻</td></tr>
<tr><td>15:20</td><td>生活</td><td>生活</td><td>生活</td><td>生活</td><td>生活</td><td>生活</td></tr>
<tr><td>15:50</td><td rowspan="3">半边天</td><td rowspan="3">半边天</td><td rowspan="5">中国乒乓球擂台赛</td><td rowspan="4">半边天</td><td>电视信箱</td><td rowspan="6">全国国际象棋赛</td></tr>
<tr><td>16:10</td><td>科技博览</td></tr>
<tr><td>16:15</td><td>健美五分钟</td></tr>
<tr><td>16:20</td><td rowspan="2">象棋世界</td><td rowspan="2">象棋世界</td><td>世界体育报道</td></tr>
<tr><td>17:10</td><td>芝麻开门</td><td>芝麻开门</td></tr>
<tr><td>17:20</td><td>夕阳红</td><td>夕阳红</td><td>夕阳红</td><td>夕阳红</td><td>夕阳红</td></tr>
<tr><td>17:55</td><td>科技博览</td><td>科技博览</td><td>科技博览</td><td>科技博览</td><td>科技博览</td><td>科技博览</td></tr>
<tr><td>18:00</td><td>动画城</td><td>动画城</td><td>动画城</td><td>动画城</td><td>动画城</td><td>动画城</td><td>动画城</td></tr>
<tr><td>18:30</td><td rowspan="2">中国新闻（粤语）</td><td rowspan="2">中国新闻（粤语）</td><td rowspan="2">中国新闻（粤语）</td><td rowspan="2">中国新闻（粤语）</td><td>中国新闻（粤语）</td><td rowspan="2">中国新闻（粤语）</td><td>中国新闻（粤语）</td></tr>
<tr><td>19:00</td><td>新闻联播天气预报</td><td>新闻联播天气预报</td></tr>
<tr><td>19:35</td><td>变化中的中国</td><td>龙之乡</td><td>中华大地</td><td>中国投资指南</td><td>中国旅游</td><td>中国风</td><td>天涯共此时</td></tr>
</table>

续表

星期 节目 时间	一	二	三	四	五	六	日
20:05	美术星空	神州戏坛	中华民族	中国文艺	健康之路	海峡两岸关系论坛	综艺大观
20:35	华夏掠影		希望之旅		电视信箱		
21:00	中国新闻	中国新闻	中国新闻	中国新闻	中国新闻	中国新闻	中国新闻
21:30	中国报道	中国报道	中国报道	中国报道	中国报道	中国报道	中国报道
21:45	粤语新闻	粤语新闻	粤语新闻	粤语新闻	粤语新闻	粤语新闻	粤语新闻
22:00	英语新闻	英语新闻	英语新闻	英语新闻	英语新闻	英语新闻	英语新闻
22:30	中华艺苑	中华艺苑	中华艺苑	中华艺苑	中华艺苑	中华艺苑	中华艺苑
23:00	中华武艺	中华武艺	中华武艺	中华武艺	中华武艺	中华武艺	中国烹饪
23:10	英文字幕连续剧	英文字幕连续剧	英文字幕连续剧	英文字幕连续剧	英文字幕连续剧	英文字幕连续剧	英文字幕连续剧
00:00	中国各地	中国各地	中国各地	中国各地	中国各地	中国各地	中国各地
00:30	教汉语	投资指南	教汉语	投资指南	教汉语	投资指南	外国人看中国
00:45	神州风采	神州风采	神州风采	神州风采	神州风采	神州风采	神州风采
00:50	华夏风情	华夏风情	华夏风情	华夏风情	华夏风情	华夏风情	华夏风情
01:00	英语新闻	英语新闻	英语新闻	英语新闻	英语新闻	英语新闻	英语新闻
01:30	今日中国	今日中国	今日中国	今日中国	今日中国	今日中国	今日中国
02:00	中国新闻	中国新闻	中国新闻	中国新闻	中国新闻	中国新闻	中国新闻
02:30	中国报道	中国报道	中国报道	中国报道	中国报道	中国报道	中国报道
02:45	粤语新闻	粤语新闻	粤语新闻	粤语新闻	粤语新闻	粤语新闻	粤语新闻
03:00	经济半小时	经济半小时	经济半小时	经济半小时	经济半小时	经济半小时	经济半小时
03:30	中国体育	芝麻开门	芝麻开门	芝麻开门	芝麻开门	芝麻开门	中国音乐电视60分
03:43		连续剧	连续剧	连续剧	连续剧	连续剧	

中央电视台—5(33频道) (体育频道)

星期 节目 时间	一	二	三	四	五	六	日
8:35	系列体育教学片	体育教学片	体育教学片	系列体育教学片	系列体育教学片	系列体育教学片	系列体育教学片
8:55	健康城	体育商城	黑白世界	电视教练	健康城	体育商城	名将说牌
9:25	体育漫谈	国内竞技场	国内竞技场	世界体育报道	实况录像	体育大百科	国际篮球集锦
9:55							实况录像

续表

<table>
<tr><th>星期
节目
时间</th><th>一</th><th>二</th><th>三</th><th>四</th><th>五</th><th>六</th><th>日</th></tr>
<tr><td>10:00</td><td rowspan="3">体育漫谈</td><td rowspan="3">国内竞技场</td><td rowspan="3">国内竞技场</td><td>世界体育报道</td><td rowspan="3">实况录像</td><td rowspan="5">实况录像</td><td rowspan="4">实况录像</td></tr>
<tr><td>10:21</td><td>第八套
广播体操</td></tr>
<tr><td>10:30</td><td>健康城</td></tr>
<tr><td>11:00</td><td rowspan="2">体育广场</td><td rowspan="2">拳击台</td><td>名将说牌</td><td rowspan="2">车王世界</td><td rowspan="2">拳击台</td></tr>
<tr><td>11:35</td><td>健康城</td><td>电视教练</td></tr>
<tr><td>12:00</td><td rowspan="3">卫星赛场</td><td>足球俱乐部</td><td>足球俱乐部</td><td rowspan="4">实况录像</td><td>足球俱乐部</td><td>体育广场</td><td rowspan="10">足球之夜</td></tr>
<tr><td>13:00</td><td rowspan="4">实况录像</td><td>电视教练</td><td rowspan="2">台球城</td><td rowspan="2">台球城</td></tr>
<tr><td>13:25</td><td>瑜珈功</td></tr>
<tr><td>14:00</td><td rowspan="4">运动休闲</td><td rowspan="4">网球世界</td><td rowspan="6">乒乓球</td><td rowspan="4">体育漫谈</td></tr>
<tr><td>14:05</td><td rowspan="4">实况录像</td></tr>
<tr><td>14:40</td><td>健康城</td></tr>
<tr><td>15:05</td><td rowspan="9">卫星赛场</td></tr>
<tr><td>15:30</td><td rowspan="7">国内竞技场</td><td rowspan="6">象棋世界</td><td rowspan="4">系列体育
教学片</td></tr>
<tr><td>15:35</td><td rowspan="4">国际篮球集锦</td></tr>
<tr><td>15:40</td><td rowspan="4">体育广场</td></tr>
<tr><td>15:45</td><td rowspan="7">实况录像</td></tr>
<tr><td>15:50</td><td rowspan="7">现场直播</td></tr>
<tr><td>16:05</td><td>电视教练</td></tr>
<tr><td>16:35</td><td>国际篮球集锦</td><td>黑白世界</td><td>名将说牌</td></tr>
<tr><td>17:05</td><td rowspan="2">电视教练</td><td rowspan="4">健康城</td><td rowspan="3">瑜珈功</td><td rowspan="2">瑜珈功</td></tr>
<tr><td>17:10</td><td>黑白世界</td></tr>
<tr><td>17:35</td><td rowspan="2">系列体育
教学片</td><td rowspan="2">体育教学片</td><td rowspan="2">系列体育
教学片</td></tr>
<tr><td>17:40</td><td>系列体育
教学片</td><td>系列体育
教学片</td></tr>
<tr><td>18:00</td><td>体育新闻</td><td>体育新闻</td><td>体育新闻</td><td>体育新闻</td><td>体育新闻</td><td>体育新闻</td><td>体育新闻</td></tr>
<tr><td>18:20</td><td rowspan="2">拳击台</td><td rowspan="2">车王世界</td><td rowspan="2">台球城</td><td rowspan="5">乒乓球</td><td rowspan="2">车王世界</td><td rowspan="6">运动休闲</td><td>体育商城</td></tr>
<tr><td>19:00</td><td rowspan="2">体育专题报道</td></tr>
<tr><td>19:20</td><td rowspan="2">体育商城</td><td rowspan="2">国际篮球集锦</td><td rowspan="2">体育大百科</td><td rowspan="2">体育商城</td></tr>
<tr><td>19:30</td><td rowspan="4">现场直播</td></tr>
<tr><td>19:45</td><td>健美五分钟</td><td>健美五分钟</td><td>健美五分钟</td><td>健美五分钟</td></tr>
<tr><td>20:00</td><td>体育新闻</td><td>体育新闻</td><td rowspan="2">现场直播</td><td>体育新闻</td><td>体育新闻</td></tr>
<tr><td>20:20</td><td>实况录像</td><td>网球世界</td><td>足球之夜</td><td>体育漫谈</td><td>中国体育</td></tr>
</table>

续表

<table>
<tr><th>星期
节目
时间</th><th>一</th><th>二</th><th>三</th><th>四</th><th>五</th><th>六</th><th>日</th></tr>
<tr><td>21:05</td><td rowspan="3">实况录像</td><td rowspan="3">网球世界</td><td rowspan="2">现场直播</td><td rowspan="14">足球之夜</td><td rowspan="3">体育漫谈</td><td rowspan="2">中国体育</td><td>现场直播</td></tr>
<tr><td>21:20</td><td rowspan="5">实况录像</td></tr>
<tr><td>21:35</td><td rowspan="2">体育商城</td><td rowspan="4">车王世界</td></tr>
<tr><td>21:55</td><td rowspan="5">实况录像</td><td rowspan="2">体育大百科</td><td rowspan="4">象棋世界</td></tr>
<tr><td>22:00</td><td rowspan="6">实况录像</td></tr>
<tr><td>22:20</td><td rowspan="4">足球俱乐部</td></tr>
<tr><td>22:35</td><td rowspan="7">实况录像</td><td rowspan="5">象棋世界</td></tr>
<tr><td>23:00</td><td rowspan="5">体育大世界</td></tr>
<tr><td>23:05</td><td rowspan="7">中国体育</td></tr>
<tr><td>23:15</td><td rowspan="5">世界体育报道</td></tr>
<tr><td>23:35</td><td rowspan="2">体育新闻</td></tr>
<tr><td>23:40</td><td>体育新闻</td></tr>
<tr><td>23:50</td><td rowspan="7">结束</td><td rowspan="2">体育新闻
晚间新闻</td><td rowspan="7">结束</td></tr>
<tr><td>23:55</td><td>体育新闻
晚间新闻</td></tr>
<tr><td>00:08</td><td rowspan="3">体育新闻</td><td rowspan="2">体育新闻</td><td rowspan="5">结束</td><td rowspan="5">结束</td></tr>
<tr><td>00:10</td><td rowspan="3">体育新闻
晚间新闻</td></tr>
<tr><td>00:15</td><td rowspan="3">结束</td></tr>
<tr><td>00:18</td><td rowspan="2">结束</td></tr>
<tr><td>00:20</td><td>结束</td></tr>
</table>

中央电视台—6(18 频道) (电影频道)

<table>
<tr><th>星期
节目
时间</th><th>一</th><th>二</th><th>三</th><th>四</th><th>五</th><th>六</th><th>日</th></tr>
<tr><td>8:30</td><td rowspan="2">纪录片</td><td>科教片</td><td rowspan="3">世界纪录片
长廊</td><td>科教片</td><td rowspan="3">世界纪录片
长廊</td><td>科教片</td><td rowspan="3">世界纪录片
长廊</td></tr>
<tr><td>8:45</td><td rowspan="3">科教片</td><td rowspan="3">电影市场写真</td><td rowspan="3">纪录片</td></tr>
<tr><td>8:51</td><td rowspan="4">故事片</td></tr>
<tr><td>9:00</td><td rowspan="2">新片现场追踪</td><td rowspan="2">新片现场追踪</td><td rowspan="2">新片现场追踪</td></tr>
<tr><td>9:09</td><td rowspan="2">故事片</td><td rowspan="2">故事片</td><td rowspan="2">故事片</td></tr>
<tr><td>9:20</td><td>故事片</td><td>故事片</td><td>儿童剧场</td></tr>
</table>

续表

<table>
<tr><th>星期
节目
时间</th><th>一</th><th>二</th><th>三</th><th>四</th><th>五</th><th>六</th><th>日</th></tr>
<tr><td>10:29</td><td rowspan="5">故事片</td><td rowspan="2">故事片</td><td rowspan="3">故事片</td><td rowspan="2">故事片</td><td rowspan="4">故事片</td><td>故事片</td><td rowspan="4">儿童剧场</td></tr>
<tr><td>10:36</td><td rowspan="6">故事片</td></tr>
<tr><td>10:51</td><td rowspan="6">故事片</td><td rowspan="12">故事片</td></tr>
<tr><td>11:00</td><td rowspan="6">故事片</td></tr>
<tr><td>11:08</td><td rowspan="7">故事片</td><td rowspan="7">故事片</td></tr>
<tr><td>12:11</td><td rowspan="7">美术片</td></tr>
<tr><td>12:21</td></tr>
<tr><td>12:28</td><td rowspan="6">美术片</td></tr>
<tr><td>12:34</td><td rowspan="2">银波旋律</td></tr>
<tr><td>12:43</td><td rowspan="6">美术片</td></tr>
<tr><td>12:47</td><td rowspan="7">美术片</td></tr>
<tr><td>12:49</td><td rowspan="4">美术片</td><td rowspan="5">美术片</td></tr>
<tr><td>12:55</td><td rowspan="8">译制片</td></tr>
<tr><td>13:05</td><td rowspan="8">译制片</td></tr>
<tr><td>13:09</td><td rowspan="5">美术片</td></tr>
<tr><td>13:16</td><td rowspan="7">故事片</td><td rowspan="3">美术片</td></tr>
<tr><td>13:20</td><td rowspan="8">译制片</td></tr>
<tr><td>13:24</td><td rowspan="8">译制片</td></tr>
<tr><td>13:34</td><td rowspan="5">译制片</td></tr>
<tr><td>13:44</td><td rowspan="8">译制片</td></tr>
<tr><td>14:33</td><td rowspan="8">故事片</td></tr>
<tr><td>14:42</td><td>周末电影乐园</td></tr>
<tr><td>14:52</td><td rowspan="7">故事片</td><td rowspan="8">故事片</td></tr>
<tr><td>14:55</td><td rowspan="7">故事片</td></tr>
<tr><td>15:00</td><td rowspan="2">流金岁月</td></tr>
<tr><td>15:07</td><td rowspan="6">故事片</td></tr>
<tr><td>15:11</td><td rowspan="5">故事片</td></tr>
<tr><td>15:23</td><td rowspan="4">故事片</td></tr>
<tr><td>16:24</td><td rowspan="3">故事片</td></tr>
<tr><td>16:34</td><td rowspan="2">故事片</td></tr>
<tr><td>16:40</td><td>故事片</td><td>故事片</td></tr>
</table>

续表

<table>
<tr><th>星期
节目
时间</th><th>一</th><th>二</th><th>三</th><th>四</th><th>五</th><th>六</th><th>日</th></tr>
<tr><td>16:44</td><td rowspan="2">故事片</td><td rowspan="5">故事片</td><td rowspan="3">故事片</td><td rowspan="6">故事片</td><td rowspan="3">故事片</td><td rowspan="4">故事片</td><td>故事片</td></tr>
<tr><td>17:17</td><td rowspan="7">故事片</td></tr>
<tr><td>18:09</td><td rowspan="3">美术片</td></tr>
<tr><td>18:19</td><td rowspan="6">美术片</td><td rowspan="4">美术片</td></tr>
<tr><td>18:26</td><td rowspan="7">美术片</td></tr>
<tr><td>18:35</td><td rowspan="5">美术片</td><td rowspan="7">美术片</td></tr>
<tr><td>18:41</td><td rowspan="4">美术片</td></tr>
<tr><td>18:47</td><td rowspan="3">银波旋律</td></tr>
<tr><td>18:53</td><td rowspan="6">美术片</td></tr>
<tr><td>18:59</td><td rowspan="4">科教片</td></tr>
<tr><td>19:00</td><td rowspan="3">科教片</td><td rowspan="5">世界纪录片长廊</td><td rowspan="3">科教片</td></tr>
<tr><td>19:05</td><td rowspan="6">世界纪录片长廊</td></tr>
<tr><td>19:10</td><td rowspan="6">世界纪录片长廊</td></tr>
<tr><td>19:15</td><td rowspan="3">科教片</td><td rowspan="3">电影市场写真</td><td rowspan="2">纪录片</td></tr>
<tr><td>19:32</td><td rowspan="6">科教片</td></tr>
<tr><td>19:38</td><td rowspan="4">新片现场追踪</td><td rowspan="9">今日影视</td></tr>
<tr><td>19:41</td><td rowspan="12">流金岁月</td><td rowspan="13">时代风云录</td></tr>
<tr><td>19:43</td><td rowspan="4">新片现场追踪</td></tr>
<tr><td>19:48</td><td rowspan="5">新片现场追踪</td></tr>
<tr><td>19:53</td><td rowspan="8">故事片</td></tr>
<tr><td>19:55</td><td rowspan="3">边看边说</td></tr>
<tr><td>19:57</td><td rowspan="5">故事片</td></tr>
<tr><td>20:02</td></tr>
<tr><td>20:18</td><td rowspan="7">故事片</td><td rowspan="7">故事片</td></tr>
<tr><td>20:23</td><td>周末电影乐园</td></tr>
<tr><td>20:34</td><td rowspan="6">故事片</td></tr>
<tr><td>21:39</td><td rowspan="5">海外剧场</td></tr>
<tr><td>21:41</td><td rowspan="4">海外剧场</td></tr>
<tr><td>21:46</td><td rowspan="3">流金岁月</td></tr>
<tr><td>21:49</td><td rowspan="2">译制片</td></tr>
<tr><td>21:58</td><td>译制片</td><td>译制片</td></tr>
</table>

续表

<table>
<tr><th>星期
节目
时间</th><th>一</th><th>二</th><th>三</th><th>四</th><th>五</th><th>六</th><th>日</th></tr>
<tr><td>22:04</td><td rowspan="8">流金岁月</td><td rowspan="4">译制片</td><td rowspan="2">译制片</td><td>海外剧场</td><td rowspan="5">译制片</td><td rowspan="6">海外剧场</td><td rowspan="3">译制片</td></tr>
<tr><td>23:02</td><td rowspan="6">故事片</td></tr>
<tr><td>23:14</td><td rowspan="6">故事片</td></tr>
<tr><td>23:30</td><td rowspan="6">故事片</td></tr>
<tr><td>23:35</td><td rowspan="8">故事片</td></tr>
<tr><td>23:41</td><td rowspan="5">故事片</td></tr>
<tr><td>00:01</td><td rowspan="5">故事片</td></tr>
<tr><td>00:29</td><td rowspan="6">结束</td></tr>
<tr><td>00:42</td><td rowspan="5">结束</td><td rowspan="5">结束</td></tr>
<tr><td>01:04</td><td rowspan="4">结束</td></tr>
<tr><td>01:16</td><td rowspan="3">结束</td></tr>
<tr><td>01:42</td><td rowspan="2">结束</td></tr>
<tr><td>02:11</td><td>结束</td></tr>
</table>

中央电视台—7(30 频道) (少儿、军事、科技、农业频道)

<table>
<tr><th>星期
节目
时间</th><th>一</th><th>二</th><th>三</th><th>四</th><th>五</th><th>六</th><th>日</th></tr>
<tr><td>8:30</td><td>学前节目</td><td>学前节目</td><td>学前节目</td><td>学前节目</td><td>学前节目</td><td>学前节目</td><td>学前节目</td></tr>
<tr><td>9:00</td><td rowspan="3">少儿节目</td><td>一周节目早知道</td><td rowspan="3">少儿节目</td><td rowspan="3">少儿节目</td><td rowspan="3">少儿节目</td><td rowspan="3">少儿节目</td><td rowspan="3">少儿节目</td></tr>
<tr><td>9:05</td><td>大风车(地方版)</td></tr>
<tr><td>9:55</td><td>一周节目早知道</td></tr>
<tr><td>10:03</td><td>军事新闻</td><td>军事新闻</td><td>军事新闻</td><td>军事新闻</td><td>军事新闻</td><td>军事新闻</td><td>军事新闻</td></tr>
<tr><td>10:13</td><td>兵林史话</td><td>兵林史话</td><td>兵林史话</td><td>兵林史话</td><td>兵林史话</td><td>兵林史话</td><td>兵林史话</td></tr>
<tr><td>10:18</td><td>特别节目</td><td>生命线</td><td>军事纵横</td><td>后勤战线</td><td>和平树下</td><td>军事百科</td><td>军营文化</td></tr>
<tr><td>10:29</td><td>生命线</td><td>军事纵横</td><td>后勤战线</td><td>生命线</td><td>军事纵横</td><td>祝你成才</td><td>祝你成才</td></tr>
<tr><td>10:59</td><td>兵林史话(一周综述)</td><td>生命线</td><td>和平树下</td><td>军事纵横</td><td>后勤战线</td><td>特别节目</td><td>军事百科</td></tr>
<tr><td>11:35</td><td>科技之光</td><td>科技之光</td><td>科技之光</td><td>科技之光</td><td>科技之光</td><td>科技之光</td><td>科技之光</td></tr>
<tr><td>12:33</td><td rowspan="2">农村经济</td><td rowspan="2">农村经济</td><td rowspan="2">农村经济</td><td rowspan="2">农村经济</td><td rowspan="2">农村经济</td><td rowspan="2">农村经济</td><td rowspan="2">农村经济</td></tr>
<tr><td>12:48</td></tr>
</table>

续表

星期 节目 时间	一	二	三	四	五	六	日
12:55	科技苑	农业教育	科技苑	科技苑	科技苑	科技苑	农村文艺
13:27	农村文艺	农村经济	致富经	农村经济	致富经	四季风	荧屏内外
14:00	农业教育	农业教育	农业教育	农业教育	农业教育		
14:03						军营文化	军事百科
14:30							军事纵横
15:00	学前节目	学前节目	学前节目	学前节目	学前节目	学前节目	儿童剧场
15:30	第二起跑线	儿童剧场	儿童剧场	儿童剧场	儿童剧场	儿童剧场	
16:20	大风车	大风车	大风车	大风车	大风车	大风车	大风车
17:02	祝你成才	军营文化	祝你成才	后勤战线	生命线	祝你成才	祝你成才
17:31	军事百科			和平树下	神州军旅		后勤战线
18:06	农村各地	农村各地	农村各地	农村各地	农村各地	农村各地	农村各地
18:08							
18:28	农业教育	科技苑	科技苑	科技苑	科技苑	农村文艺	科技苑
19:00	农业教育	农业教育	农业教育	农业教育	农业教育	农业教育	农业教育
19:30	军事新闻	军事新闻	军事新闻	军事新闻	军事新闻	军事新闻	军事新闻
19:41	兵林史话	兵林史话	兵林史话	兵林史话	兵林史话	兵林史话	兵林史话
19:47	生命线	军事纵横	后勤战线	后勤战线	和平树下	军营文化	特别节目
20:00	一周节目早知道	少儿节目	少儿节目	少儿节目	少儿节目	少儿节目	少儿节目
20:05	大风车(地方版)						
21:07	农村经济	致富经	农村经济	致富经	四季风	荧屏内外	农村文艺
21:19						农事指南	
21:45	科技之光	科技之光	科技之光	科技之光	科技之光	科技之光	科技之光
22:40	农村各地	农村各地	农村各地	农村各地	农村各地	农村文艺	农村文艺
23:15	农村经济	农村经济	农村经济	农村经济	农村经济		
23:30							
23:35	农业教育	农业教育	农业教育	农业教育	农业教育		
23:37						农业教育	农业教育
00:05	结束	结束	结束	结束	结束		
00:07						结束	结束

中央电视台－8(29 频道) (文艺频道)

<table>
<tr><th>星期
节目
时间</th><th>一</th><th>二</th><th>三</th><th>四</th><th>五</th><th>六</th><th>日</th></tr>
<tr><td>8:35</td><td>动画城</td><td>动画城</td><td>动画城</td><td>动画城</td><td>动画城</td><td>动画城</td><td>动画城</td></tr>
<tr><td>9:05</td><td>每周一歌</td><td>每周一歌</td><td>每周一歌</td><td>每周一歌</td><td>每周一歌</td><td>每周一歌</td><td>每周一歌</td></tr>
<tr><td>9:15</td><td rowspan="4">佳艺剧场</td><td>佳艺五线间</td><td rowspan="4">每日佳艺</td><td rowspan="4">每日佳艺</td><td rowspan="4">每日佳艺</td><td rowspan="2">佳艺剧场</td><td rowspan="5">连续剧</td></tr>
<tr><td>9:45</td><td rowspan="2">专题文艺</td></tr>
<tr><td>9:56</td><td rowspan="2">戏曲采风</td></tr>
<tr><td>10:00</td><td>每周一歌</td></tr>
<tr><td>10:07</td><td rowspan="2">连续剧</td><td rowspan="2">连续剧</td><td rowspan="2">连续剧</td><td rowspan="2">连续剧</td><td rowspan="2">连续剧</td><td rowspan="2">连续剧</td></tr>
<tr><td>10:57</td><td rowspan="5">中国音乐
电视 60 分</td></tr>
<tr><td>11:00</td><td>综艺走廊</td><td>综艺走廊</td><td>读书时间</td><td>艺苑风景线</td><td rowspan="3">周末大回旋</td><td rowspan="3">曲艺与杂技</td></tr>
<tr><td>11:30</td><td>专题文艺</td><td rowspan="2">世界各地</td><td>专题文艺</td><td rowspan="2">动物世界</td></tr>
<tr><td>11:45</td><td rowspan="2">戏曲采风</td><td rowspan="2">音乐电视赏析</td></tr>
<tr><td>11:50</td><td>每周一歌</td><td>每周一歌</td><td>每周一歌</td><td>每周一歌</td></tr>
<tr><td>12:00</td><td>电视书场</td><td>电视书场</td><td>电视书场</td><td>电视书场</td><td>电视书场</td><td>电视书场</td><td>电视书场</td></tr>
<tr><td>12:20</td><td rowspan="4">连续剧</td><td rowspan="4">连续剧</td><td rowspan="4">连续剧</td><td rowspan="4">连续剧</td><td rowspan="4">连续剧</td><td rowspan="4">连续剧</td><td>电影</td></tr>
<tr><td>13:45</td><td rowspan="2">电视剧场</td></tr>
<tr><td>13:58</td></tr>
<tr><td>14:35</td><td rowspan="6">世界名著
名片欣赏</td></tr>
<tr><td>14:50</td><td rowspan="6">正大综艺
正大剧场</td><td>美术星空</td><td>半边天</td><td>半边天</td><td>半边天</td><td>人与自然</td></tr>
<tr><td>15:20</td><td rowspan="2">每周一歌</td><td rowspan="8">星光舞台</td><td>每周一歌</td><td rowspan="7">电视剧场</td><td>每周一歌</td></tr>
<tr><td>15:25</td><td rowspan="2">九州戏苑</td><td rowspan="2">'97 环球</td></tr>
<tr><td>15:30</td><td rowspan="5">文艺广角</td></tr>
<tr><td>16:10</td><td rowspan="5">中外歌舞</td><td rowspan="5">综艺大观</td></tr>
<tr><td>16:15</td><td rowspan="2">专题文艺</td></tr>
<tr><td>16:40</td><td rowspan="3">动物世界</td></tr>
<tr><td>16:45</td><td rowspan="2">名段欣赏</td></tr>
<tr><td>16:50</td><td>音乐电视赏析</td></tr>
<tr><td>17:00</td><td>动画城</td><td>动画城</td><td>动画城</td><td>动画城</td><td>动画城</td><td>动画城</td><td>动画城</td></tr>
<tr><td>17:35</td><td>电视书场</td><td>电视书场</td><td>电视书场</td><td>电视书场</td><td>电视书场</td><td>电视书场</td><td>电视书场</td></tr>
<tr><td>17:55</td><td>每周一歌</td><td>每周一歌</td><td>每周一歌</td><td>每周一歌</td><td>每周一歌</td><td>每周一歌</td><td>每周一歌</td></tr>
</table>

续表

<table>
<tr><th>星期
节目
时间</th><th>一</th><th>二</th><th>三</th><th>四</th><th>五</th><th>六</th><th>日</th></tr>
<tr><td>18:05</td><td>电视剧场</td><td>每日佳艺</td><td>每日佳艺</td><td>每日佳艺</td><td>曲艺与杂技</td><td>地方文艺</td><td>中外歌舞</td></tr>
<tr><td>18:55</td><td>音乐桥</td><td>音乐桥</td><td>音乐桥</td><td>音乐桥</td><td>音乐桥</td><td>音乐桥</td><td>音乐桥</td></tr>
<tr><td>19:25</td><td>每周一歌</td><td>每周一歌</td><td>每周一歌</td><td>每周一歌</td><td>每周一歌</td><td>每周一歌</td><td>每周一歌</td></tr>
<tr><td>19:35</td><td rowspan="5">电视剧场</td><td rowspan="5">星光舞台</td><td rowspan="5">戏剧博览</td><td>地方文艺</td><td rowspan="7">佳艺影院</td><td rowspan="4">世界影视城</td><td rowspan="3">文艺广角</td></tr>
<tr><td>20:25</td><td>动物世界</td></tr>
<tr><td>20:45</td><td rowspan="3">综艺走廊</td></tr>
<tr><td>21:05</td><td>每周一歌</td></tr>
<tr><td>21:10</td><td rowspan="2">综艺走廊</td><td>下周屏幕</td></tr>
<tr><td>21:18</td><td rowspan="3">佳艺五线间</td><td rowspan="8">连续剧</td><td rowspan="7">连续剧</td><td rowspan="7">连续剧</td><td rowspan="5">周末大回旋</td></tr>
<tr><td>21:40</td><td rowspan="5">专题文艺</td></tr>
<tr><td>21:41</td><td rowspan="6">连续剧</td></tr>
<tr><td>21:48</td><td>专题文艺</td></tr>
<tr><td>22:05</td><td rowspan="3">连续剧</td></tr>
<tr><td>22:10</td><td rowspan="3">佳艺剧场</td></tr>
<tr><td>22:12</td><td>佳艺剧场</td></tr>
<tr><td>22:54</td><td rowspan="2">每周一歌</td><td rowspan="2">每周一歌</td><td rowspan="2">每周一歌</td><td rowspan="3">音乐电视赏析</td></tr>
<tr><td>22:55</td><td>每周一歌</td><td>每周一歌</td><td>每周一歌</td></tr>
<tr><td>23:02</td><td rowspan="2">午夜剧场</td><td rowspan="3">午夜剧场</td><td rowspan="3">午夜剧场</td><td rowspan="2">午夜剧场</td><td rowspan="3">午夜剧场</td><td rowspan="3">午夜剧场</td></tr>
<tr><td>23:05</td><td rowspan="3">午夜剧场</td></tr>
<tr><td>00:39</td><td rowspan="3">结束</td><td rowspan="3">结束</td></tr>
<tr><td>00:41</td><td rowspan="2">结束</td><td rowspan="2">结束</td><td rowspan="2">结束</td><td rowspan="2">结束</td></tr>
<tr><td>00:44</td><td>结束</td></tr>
</table>

(此表根据《中国电视报》1997年有关资料编制。)

中央电视台广告价目表

（1997年7月1日起执行）

单位：人民币 元

<table>
<tr><th colspan="3" rowspan="2">播出时间 广告长度每次
分类</th><th rowspan="2">5秒</th><th colspan="2">15秒</th><th colspan="2">30秒</th></tr>
<tr><th>周一至周四</th><th>周五、六、日</th><th>周一至周四</th><th>周五、六、日</th></tr>
<tr><td rowspan="11">一
套</td><td>白 天</td><td>7:00后</td><td colspan="3">6000</td><td colspan="2">9000</td></tr>
<tr><td>少儿节目</td><td>18:06</td><td colspan="3">11000</td><td colspan="2">17000</td></tr>
<tr><td>榜上有名</td><td>19:00前</td><td>17000</td><td>29000</td><td>33000</td><td>47000</td><td>52000</td></tr>
<tr><td>A</td><td>约19:52</td><td></td><td>65000</td><td>69000</td><td></td><td></td></tr>
<tr><td>B1</td><td>约20:01</td><td>30000</td><td>55000</td><td>59000</td><td>88000</td><td>93000</td></tr>
<tr><td>B2</td><td>约20:55</td><td>22000</td><td>39000</td><td>43000</td><td>62000</td><td>67000</td></tr>
<tr><td>C</td><td>约21:05</td><td>20000</td><td>37000</td><td>40000</td><td>59000</td><td>64000</td></tr>
<tr><td>D</td><td>约21:55</td><td>15000</td><td>27000</td><td>30000</td><td>43000</td><td>48000</td></tr>
<tr><td>E1</td><td>约22:45</td><td rowspan="2">9000</td><td rowspan="2">16000</td><td rowspan="2">19000</td><td rowspan="2">25000</td><td rowspan="2">29000</td></tr>
<tr><td>E2</td><td>约22:49</td></tr>
<tr><td>F</td><td>23:00后</td><td>6000</td><td colspan="2">11000</td><td colspan="2">17000</td></tr>
<tr><td rowspan="14">二
套</td><td>白天</td><td>7:00后</td><td colspan="3">4000</td><td colspan="2">6500</td></tr>
<tr><td>A</td><td>19:30</td><td>9000</td><td colspan="2">18000</td><td colspan="2">29000</td></tr>
<tr><td>B</td><td>19:50</td><td>9000</td><td colspan="2">18000</td><td colspan="2">29000</td></tr>
<tr><td>C(名不虚传)</td><td>21:02</td><td>9000</td><td colspan="2">18000</td><td colspan="2">29000</td></tr>
<tr><td>D</td><td>21:55</td><td>8000</td><td colspan="2">15000</td><td colspan="2">24000</td></tr>
<tr><td>E</td><td>22:30</td><td>5000</td><td colspan="2">10000</td><td colspan="2">16000</td></tr>
<tr><td>正大综艺前</td><td>19:35</td><td colspan="3">30000</td><td colspan="2">48000</td></tr>
<tr><td>正大剧场1</td><td>20:05</td><td colspan="3" rowspan="2">38000</td><td colspan="2" rowspan="2">61000</td></tr>
<tr><td>正大剧场2</td><td>20:35</td></tr>
<tr><td>供求热线</td><td>9:10</td><td colspan="5">每日播出四次 15000/60秒</td></tr>
<tr><td>商务电视</td><td>18:00</td><td colspan="5">重播一次 15000/60秒</td></tr>
<tr><td>商 桥</td><td>19:55</td><td colspan="5">重播一次 15000/60秒</td></tr>
</table>

续表

分类 \ 播出时间 \ 广告长度每次			5 秒	15 秒		30 秒	
				周一至周四	周五、六、日	周一至周四	周五、六、日
三套	白天	7:00 后	3000			4500	
三套	晚上	18:00 后	5000			7000	
四套	卫星		4000			6500	
五套	白天套播(3 次)	9:20－12:00	2000	3600		6000	
五套	A	19:00－20:30	5200	9600		16000	
五套	B	20:30－23:40	4000	7500		12000	
五套	C	18:00－19:00	3000	5500		9000	
五套	D	13:00－18:00	2000	3600		6000	
五套	E	12:00－13:00	1500	2800		4500	
五套	F	23:40－结束	1000	1800		2800	
六套	A	18:00－21:00	17000		19000	29000	31000
六套	B	21:00－23:00	16000		18000	27000	29000
六套	C	其他时间	8000		10000	13000	15000
七套	A	18:00－21:00	4000			6500	
七套	B	其他时间	3000			4500	
八套	白天	7:00 后	3000			4500	
八套	晚上	18:00 后	7000			9000	

中国中央电视台(国内企业)广告价目表
一类(商品)广告电视播放价格表(1997年1月1日起执行)

单位:人民币 元

分类		播出时间＼广告长度每次	5秒	15秒		30秒	
				周一至周四	周五、六、日	周一至周四	周五、六、日
一套	榜上有名	19:00前	16000	27000	32000	43000	47000
	A	约19:52		56000	60000		
	B1	约20:01	27000	50000	54000	80000	84000
	B2	约20:57	20000	36000	40000	57000	61000
	C	约21:06	18000	32000	36000	50000	54000
	D	约21:56	13000	22000	26000	35000	39000
	E	约22:35	8500	14000	18000	21000	25000
	F	23:00后	5000	9000		13000	
	白天	7:00后	5000			8000	
	少儿节目	18:06	9000			13000	
二套	白天	7:00后	3000			5000	
	普通	18:00后	6400	12000		19000	
	名不虚传	21:30前	6400	12000		19000	
三套	白天	7:00后	2000			3000	
	晚上	18:00后	4000			6500	
四套	卫星		3000			5000	
五套	D	8:30后	1200		1600	2000	2200
	B	18:00后	3000			5000	
	A	19:00后	4500			7200	
	C	22:00后	1800		2000	3000	3200
六套	A	18:00后	14000		15000	25000	26000
	B	21:00后	13000		14000	23000	24000
	C	其他时间	7000		8000	11000	12000
七套	A	18:00－22:00	3200		3700	5300	6400
	B	其他时间	2100		2700	3200	4300
八套	白天	7:00后	2000			3000	
	晚上	18:00后	5000			7000	
正大	正大综艺前	每套二次	29000			46000	
	正大剧场前	每套二次	37000			59000	

中国中央电视台(外国企业)广告价目表
CHINA CENTRAL TELEVISION STATION
ADVERTISEMENT PRICE LIST FOR FOREIGN ENTERPRISES
一类(商品)广告电视播放价格表 1997年1月1日
Production Advertisement Price List January Ist. 1997

美元:US $

分类 Categories \ 长度 Length			15秒 15Second		30秒 30Second	
			周一至周四 Mon.-Thus.	周五、六、日 Fri.-Sun.	周一至周四 Mon.-Thus.	周五、六、日 Fri.-Sun.
一套(二频道) Channel Two	A	18:00－21:00	10000	11000	16000	17000
	B	21:00－22:00	9000	10000	15000	16000
	C	22:00后 After22:00	7000	8000	12000	13000
二套(八频道) Channel Eight			5000		8000	
三套(十五频道) Channel Fifteen			2500		4000	
四套(三十二频道) Channel Thirty-two			2000		3200	
五套(三十三频道) Channel Thirty-three			1200		1900	

注明代理费:一代理15%(境外广告公司),二代理15%(国内广告公司)

Commission: The First Agency(Foreign Ad. Company)15%

The Second Agency(Domestic Ad. Company)15%

收费节目(企业介绍)电视播放价格表
Enterprise Introduction Advertisement Price List

分类 Categories \ 长度 Length	10分钟 10minute		15分钟 15minute	
	内 Local(Rmb)	外 Foreign($)	内 Local(Rmb)	外 Foreign($)
一套(二频道)Channel Two	100000	80000	150000	140000
二套(八频道)Channel Eight	70000	50000	110000	80000

中国中央电视台广告部

CCTV Advertising Dept.

说 明

1. 凡在中央电视台办理电视广告业务时，一律执行先有广告录像带，先收费，后播出的原则。

2. 与广告部签订广告播出合同时，必须具备以下手续：营业执照、商标注册证明、生产许可证，其中药品、化妆品、医疗器械、食品应按国家有关部门的具体规定办理。广告经营单位除具备以上手续外，还应持本单位委托书和与客户签订的合同。

3. 法定节假日广告费加价 30%，其中包括：4 月 30 日、5 月 1 日、9 月 30 日、10 月 1 日、10 月 2 日、12 月 31 日、1 月 1 日。

4. 指定固定栏目广告在相应的广告段落价格上加价 40%，5 秒标版，则按相应广告段落 15 秒钟广告价格的1/3，再加 60% 收费。

5. 凡中央电视台重点栏目内广告，价格随广告价格的调整进行浮动。

6. 各段广告，指定第一条和最后一条加价 20%，指定第二条和倒数第二条加价 15%。

7. 凡签订第二套、第三套、第八套节目、少儿节目、《名不虚传》的广告，广告次数以周为单位计算。

8. 凡与广告部业已签订的广告播出合同，原则上不予撤销。若在播出前 30 日内要求停播，退款 50%，10 日之内要求停播，不予退款。

9. 从 1997 年 1 月 1 日起，凡签订 A、B1、B2、C 段广告达到一定量的，可给予一定条件的赠播。凡签订次数不满一周的，没有赠播；签订次数超过一周不足二周的，给予一周的赠播，超过二周不足三周的，给予二周的赠播，依此类推。A 段赠播第八套晚间广告，B1 段、B2 段赠播第四套晚间广告，C 段赠播第三套晚间广告；赠播的广告内容与在第一套播出内容相同。

10. 电视广告在制作内容上必须按广告部制定的《中央电视台广告须注意的问题》进行制作。

11. 本价目表从 1997 年 7 月 1 日起执行。以前印制的中国中央电视台电视广告价目表和说明同时作废。

12. 汇款请汇：

单　　位：中央电视台计财处五科

开 户 行：中国建设银行北京市分行营业部

账　　号：26349012

地　　址：中国北京市海淀区复兴路 11 号

邮政编码：100859

电　　话：(010) 68515531　68522561　68507403　68507404　68507424　68507425

传　　真：(010) 68511134

《中央电视台年鉴(1998)》资料员一览表

部门	资料员
办公室	何新宇　孙秀琴
党委办公室	杨　蔚
监察室	曾进清
审计处	宿兰妮
人事处	董　葵
教育处	王　红
保卫处	姜　萍
外事处	韩亚男
行政处	郑华维
服务中心	于桂玲
经营管理处	丁　京
计划财务处	范丽娟
财产物资处	周火星
房屋建设管理处	刘越红
工会	张梅英
老干部处	南　敏
总编室	张百莉　贺淑霞
新闻中心	郭淑兰　徐　瑛
新闻采访部	吴桂英
新闻评论部	刘晓燕
新闻编辑部	刘焕玲
新闻制作部	王燕菊
军事部	孙　华
体育部	吴淑环
社教中心	王玉清　徐兰梅
教育节目部	杨利加
专题部	常　清
青少部	周淑琴
海外电视中心	冉素霞　申翠海　杜德森
海外新闻部	王玉兰
海外专题部	卞金花
海外编辑部	蔡桂芬
海外外语部	胡　怡
海外技术制作部	郝　麟
文艺中心	倪代光　陆　维　田　姗
文艺部	高菊莲
戏曲·音乐部	王　兰
国际部	黄瑞英
影视部	陈柳松
动画部	韩明春
研究室	李秀英
中国电视报	宋　红
技术管理办公室	谢和平　王　丹
科技处	邓炯慧
信息通讯处	马晓红
工程维护处	王　肖
播送中心	俞　勤
播送部	季奕军
转播部	翟淑琴
技术制作中心	田敬改　张建华
录制部	张玉兰
制作部	刘淑英
音频部	陆　蕾
广告经济信息中心	李　萍
经济部	何海明　郑　蔚
广告部	刘晓如
图文电视部	王惠玲　齐　伟
动力处	张京娜
中国国际电视总公司	张胜利
中国电视节目代理公司	赵　辉
梅地亚中心	吴军红　戴红新
央视调查咨询中心	小　农
中国电视剧制作中心	任　力
中央新闻纪录电影制片厂	周慧娟
北京科学教育电影制片厂	王金秀
中央卫星电视传播中心	金　红